Helmut Hoping

Mein Leib für euch gegeben

Helmut Hoping

Mein Leib für euch gegeben

Geschichte und Theologie der Eucharistie

3. aktualisierte Auflage

FREIBURG · BASEL · WIEN

Für Alexander Gerken OFM

3., aktualisierte Auflage 2022
© Verlag Herder GmbH, Freiburg im Breisgau 2011
Alle Rechte vorbehalten
www.herder.de
Umschlaggestaltung: Verlag Herder
Satz: Barbara Herrmann, Freiburg im Breisgau
Herstellung: CPI books GmbH, Leck
Printed in Germany
ISBN 978-3-451-39259-7
ISBN E-Book (PDF) 978-3-451-83097-6

„Was an unserem Erlöser
sichtbar war, ist in die
Mysterien übergegangen."

Papst Leo der Große

Inhalt

Vorwort zur 3., aktualisierten Auflage 11

Einleitung
SACRIFICIUM CRUCIS
Die Eucharistie als Mitte der Theologie 13

Kapitel I: CENA DOMINI
Das letzte Abendmahl Jesu mit seinen Jüngern 25
   1. Die biblischen Abendmahlsberichte 28
   2. Das letzte Abendmahl – ein Pessachmahl? 41
   3. Die Rede vom Himmelsbrot und die Fußwaschung 47

Kapitel II: DIES DOMINICA
Die Feier der Eucharistie in frühchristlicher Zeit 55
   1. Die christliche Mahlfeier im Neuen Testament 58
   2. Die Eucharistiegebete der Didache 71
   3. Die Eucharistie als Opfer und die Verba Testamenti 79

Kapitel III: OBLATIO MUNDA
Die Eucharistie in der Zeit der Kirchenväter 90
   1. Die Eucharistie in der griechischen Patristik 92
   2. Die Eucharistie in der lateinischen Patristik 105
   3. Eucharistiegebete: „Traditio Apostolica", Ambrosius 126

Kapitel IV: MISSA ROMANA
Die römische Messe bis zur ersten Millenniumswende 135
   1. Die Messfeier in Rom bis zur Spätantike 138
   2. „Canon Romanus": Das römische Eucharistiegebet 151
   3. Karolingische Reform und Messallegorese 171

Inhalt

Kapitel V: HOC EST ENIM CORPUS MEUM
Die Wirklichkeit der Eucharistie und ihre Verehrung 182
   1. Die mittelalterlichen Eucharistiekontroversen 183
   2. Die Ontologie der Transsubstantiationslehre 209
   3. Eucharistiefrömmigkeit im Mittelalter 221

Kapitel VI: SACRIFICIUM MISSAE
Die Reformation und das Konzil von Trient 235
   1. Luthers Kampf gegen die römische Messe 237
   2. Der innerreformatorische Abendmahlsstreit 251
   3. Das Sakrament der Eucharistie und das Messopfer . 263

Kapitel VII: MISSALE ROMANUM
Die Geschichte der „tridentinischen" Messe 276
   1. Auf dem Weg zum Einheitsmissale 277
   2. Das „Missale Romanum" (1570) 283
   3. Neuausgaben und Reformansätze 288

Kapitel VIII: MYSTERIUM PASCHALE
Das Zweite Vatikanische Konzil und die Messbuchreform 297
   1. Liturgische Bewegung und Liturgiereform 298
   2. Die Durchführung der Messbuchreform 319
   3. Die Vitalität der alten Liturgie 333

Kapitel IX: ORDO MISSAE
Die Feier der Messe im Römischen Ritus 354
   1. Die Messe in der Form von 1970 355
   Exkurs: „Traditio Apostolica" und Hochgebet II 372
   2. Die Messe in der Form von 1962 380
   3. Gebetsrichtung und ars celebrandi 387

Kapitel X: PRO VOBIS ET PRO MULTIS
Zur Theologie der Einsetzungsworte 400
   1. Jesus starb für Israel und die Völker 401
   2. Die Teilhabe an der Eucharistie 406
   3. Die Stimme der Kirchen 410

Kapitel XI: Communio eucharistica
Eucharistische Ekklesiologie und Ökumene 415
  1. Eucharistie: Sakrament der Einheit 417
  2. Ökumene mit den reformatorischen Kirchen 428
  Exkurs: „Gemeinsam am Tisch des Herrn"? 440
  3. Ökumene mit den Kirchen der Orthodoxie 457

Kapitel XII: Convivium paschale
Die Eucharistie als Sakrament der Gabe 465
  1. Gabe des Lebens und der Darbringung 466
  2. Gabe der Gegenwart und Kommunion 478
  Exkurs: Leibliche, sakramentale und virtuelle Präsenz . 492
  3. Gabe der Verwandlung und ewiges Leben 503

Abkürzungen 512

Anhang 517

Sekundärliteratur 532

Personenregister 586

Sachregister 599

Vorwort zur 3., aktualisierten Auflage

Die Dogmatik hat den Sinngehalt der Eucharistie in der Vergangenheit zumeist unter Absehung ihrer liturgischen Feiergestalt behandelt, mit der man sich dagegen in der Liturgiewissenschaft lange begnügte. Sinngehalt und Feiergestalt der Eucharistie lassen sich aber ebenso wenig trennen wie Liturgie und Dogma oder Pastoral und Lehre. Denn bei der Liturgie der Kirche handelt es sich nicht um etwas der christlichen Offenbarung Äußerliches, sondern um die „in Glaube und Gebet aufgenommene Offenbarung" (Joseph Ratzinger). Nirgendwo ist die Kirche so in ihrem Element wie in der Liturgie. Auch wenn sich das Leben der Kirche nicht in der Liturgie erschöpft – gehören zu ihren Grundvollzügen doch ebenso Martyria und Diakonia –, so ist die Liturgie der Kirche Quelle und Höhepunkt des ganzen christlichen Lebens (SC 10; LG 11). Die Liturgie, vor allem die Feier der Eucharistie, ist die gestaltgebende Form der Kirche als Leib Christi und Volk Gottes. Da Glaube und Gottesdienst untrennbar zusammengehören, verbindet das vorliegende, in dritter Auflage erscheinende Buch den systematisch-theologischen Zugang der Dogmatik zur Eucharistie mit der liturgiewissenschaftlichen Perspektive.

Eine italienische Ausgabe der 1. Auflage (2011) meiner Geschichte und Theologie der Eucharistie erschien bei „Queriniana" (2015); bei „Ignatius Press" (2019) erschien eine amerikanische Ausgabe der 2. Auflage (2015). Diese enthält eine vergleichende Analyse des Zweiten Eucharistischen Hochgebets mit seiner historischen Vorlage, ein Kapitel zur Theologie der Einsetzungsworte und ein Sachregister sowie im Anhang zusätzlich zum lateinischen und deutschen Text des Ersten Eucharistischen Hochgebets den Text der Teile des von Ambrosius überlieferten Eucharistiegebets, des Eucharistiegebets der „Traditio Apostolica" und des Zweiten Eucharistischen Hochgebets.

In der 3. Auflage wurde neben einigen sprachlichen Veränderungen neue Forschungsliteratur eingebarbeitet. Kapitel VII enthält einen Nachtrag zur Feier der Messe nach dem Messbuch von 1962 im Pontifikat von Franziskus, Kapitel XI einen Exkurs zur Debatte um das Votum „Gemeinsam am Tisch des Herren" (2019/2020) des Ökumenischen Arbeitskreises evangelischer und katholischer Theologen und Kapitel XII einen Exkurs zur Frage des Verhältnisses von leiblicher, sakramentaler und virtueller Präsenz.

Biblische Texte werden nach der neuen katholischen Einheitsübersetzung (2016) zitiert. Bei historischen Personen werden bei ihrer ersten Nennung, soweit gesichert, Geburts- und Sterbejahr angegeben, sonst nur das Sterbejahr, mit Ausnahme der Päpste, bei denen die Zeit ihres Pontifikats notiert ist. In den Fußnoten wird die Literatur unter Angabe von Autor, Kurztitel, Jahr der Veröffentlichung und Seitenzahl zitiert. Die vollständigen Angaben finden sich im Verzeichnis der Sekundärliteratur. Primärquellen werden nach den üblichen Editionen zitiert, lehramtliche Texte der Katholischen Kirche, soweit möglich, nach Denzinger-Hünermann, sonst mit Jahresangabe und Kapitel bzw. Nummer. Übersetzungen können im Einzelnen von den zitierten Textausgaben abweichen. Bei Internetquellen wird der letzte Aufruf angegeben.

Für die tatkräftige Mithilfe bei der Vorbereitung der 3. Auflage danke ich herzlich Emilia Lutz und Jan Temme. Dr. Stephan Weber, Lektor des Verlags Herder, gebührt Dank für die bewährt gute Zusammenarbeit zwischen Verlag und Autor.

Freiburg i. Br., im Advent 2021

Helmut Hoping

Einleitung
SACRIFICIUM CRUCIS

Die Eucharistie als Mitte der Theologie

Die Eucharistie geht zurück auf das letzte Abendmahl Jesu mit seinen Jüngern. Sie gründet im Dankgebet, das Jesus bei diesem Mahl über Brot und Wein sprach. Eucharistie, abgeleitet vom griechischen εὐχαριστία, bedeutet Danksagung, Lobpreis und Segnung. Mit der Feier der Eucharistie meinen wir zumeist die Feier der heiligen Messe. Im engeren Sinne ist die Eucharistiefeier der zweite Teil der Messfeier nach dem Wortgottesdienst. Zur Eröffnung der Messfeier ist der Gesang der *antiphona ad introitum* vorgesehen, der heute in der Regel durch ein Eröffnungslied ersetzt wird. *Introitus* bedeutet Eingang, Einzug, Anfang oder Vorspiel. Der *Introitus* hat die Funktion, thematisch in die Messfeier einzuführen.

In ein Buch einzuführen, ist die Aufgabe seiner Einleitung. Thema des vorliegenden Buches sind Geschichte und Theologie der Eucharistie. Die Kirche feiert die Eucharistie zum Gedächtnis des Todes und der Auferstehung Jesu Christi. Das Gedächtnis der Eucharistie ist mehr als eine Erinnerung an das letzte Abendmahl Jesu mit seinen Jüngern. In der Eucharistie wird das Opfer unserer Erlösung sakramental gegenwärtig. Dazu erklärt die Konstitution „Sacrosanctum Concilium" (1963) des Zweiten Vatikanischen Konzils (1962–1965) über die heilige Liturgie: „Unser Erlöser hat beim letzten Abendmahl in der Nacht, in der er verraten wurde, das eucharistische Opfer *(sacrificium eucharisticum)* seines Leibes und Blutes eingesetzt, um das Opfer des Kreuzes *(sacrificium crucis)* durch die Zeiten hindurch bis zu seiner Wiederkunft fortdauern zu lassen."[1] Wer die Eucharistie verstehen will, muss deshalb das Kreuzesopfer Christi bedenken. Dies ist nicht möglich ohne Rekurs auf das Opferverständnis in der Religionsgeschichte. Nach

---

1 SC 47.

Karl Rahner (1904–1984) besteht das dogmatische Problem des Opferbegriffs darin, einen Opferbegriff zu entwickeln, der der allgemeinen Religionsgeschichte gerecht wird, ohne dem neutestamentlichen Verständnis des Kreuzesopfers Christi Gewalt anzutun.[2]

Der Apostel Paulus sagt über Jesus Christus, den Gekreuzigten: „Ihn hat Gott aufgerichtet als Sühnemal – wirksam durch Glauben – in reinem Blut." (Röm 3,25) Das Kreuz als Sühneopfer – was ist damit gemeint? Friedrich Nietzsche (1844–1900) sah im Kreuzesopfer einen Rückfall ins Heidentum. Im „Antichrist" schreibt er: „Auf die Katastrophe des Kreuzes fand die gestörte Vernunft der kleinen Gemeinschaft eine geradezu schrecklich absurde Antwort: Gott gab seinen Sohn zur Vergebung der Sünden, als *Opfer*. Wie war es mit einem Male zu Ende mit dem Evangelium! Das *Schuldopfer*, und zwar in seiner widerlichsten, barbarischsten Form, das Opfer des *Unschuldigen* für die Sünden der Schuldigen! Welches schauderhafte Heidentum!"[3]

Von Beginn an haben Menschen Göttern ihre Opfer dargebracht: Speise- und Tieropfer, teilweise auch Menschenopfer, aber nicht in der Religionsgeschichte Israels. Die Erzählung von der Bindung Isaaks (Gen 22) dürfte ursprünglich eine Kritik an Menschenopfern gewesen sein. Nach Paulus, den Nietzsche als „Falschmünzer"[4] denunziert, ist das „Wort vom Kreuz" (1 Kor 1,18) den Heiden eine Torheit und den Juden ein empörendes Ärgernis (1 Kor 1,23). Doch der Gott Jesu Christi ist nicht ein Gott der Gewalt, der auf Golgotha ein menschliches Blutopfer gefordert hat.[5] Dies ist nicht der Gott, den Jesus verkündete und auf den er noch in der Gottverlassenheit seines Sterbens vertraute. Das Kreuzesopfer müssen wir vom Opfer des Lebens *(sacrificium, sacrifice)*

---

2 Vgl. *Rahner*, Opfer (²1962), 1174. Einen groß angelegten Beitrag in diese Richtung hat Joachim Negel mit seiner Untersuchung zum Opferbegriff vorgelegt. Vgl. *ders.*, Ambivalentes Opfer (2005).
3 *Nietzsche*, Der Antichrist (Werke, ed. Schlechta, 1997), 1203.
4 Ebd. 1204.
5 Vgl. *Baudler*, Die Befreiung von einem Gott der Gewalt (1999).

Die Eucharistie als Mitte der Theologie

her verstehen, das Jesus für uns dahingegeben hat, nicht vom Gekreuzigten als Gewaltopfer *(victima, victim)*.[6]

Das Wesen des Opfers ist nicht die Gewalt des „homo necans"[7] das Gewaltopfer *(victima, victim)*, und nicht die Viktimisierung des „Sündenbocks"[8], sondern die Gabe[9], bis hin zum Opfer des eigenen Lebens, wie beim Opfer Jesu am Kreuz. In der Botschaft vom Kreuz vollzieht sich eine „Revolution des Opfers"[10]. Das Kreuz steht für das radikal gewendete Opfer, die Gabe, die Gott selbst gibt und die der Mensch empfängt. Das Sterben Jesu am Kreuz ist Gottes äußerste Gabe an uns. Der Gekreuzigte hat sein Leben dahingegeben, er ist für uns gestorben *(crucifixus etiam pro nobis)*, in ihm hat Gott „die Welt mit sich versöhnt" (2 Kor 5,19). Die Kreuzigung Jesu ist kein Kultopfer, sondern die brutale Hinrichtung eines unschuldigen Menschen. Der Tod Jesu am Kreuz ratifizierte das Ende aller menschlichen Kultopfer.[11] Gleichwohl wird die Heilsbedeutung des Todes Jesu im Neuen Testament mit Hilfe von Kultsprache gedeutet (z. B. Röm 3,25). Dies hängt damit zusammen, dass Jesus am Kreuz für uns sein Leben dahingegeben hat.

In welchem Sinne können wir von der Eucharistie als Opfer sprechen? Die Eucharistie ist ein Opfer *sui generis*, denn die eucharistischen Gaben von Brot und Wein unterscheiden sich von den

---

6 Vgl. *Hoping*, Einführung in die Christologie ([3]2014), 58–62.156–159. Schon Max ten Hompel hat in seiner bedeutenden, heute weithin vergessenen Dissertation zum Opferbegriff den Inhalt des Kreuzesopfers und seiner sakramentalen Gegenwart in der Eucharistie in der „Selbsthingabe" gesehen. Vgl. *ders.*, Das Opfer als Selbsthingabe und seine ideale Verwirklichung im Opfer Christi (1920). *Nagel*, Ambivalentes Opfer (2005), hat auf die Bedeutung der Dissertation ten Hompels aufmerksam gemacht.

7 Vgl. *Burkert*, Homo necans ([2]1997).

8 Vgl. *Girard*, Das Heilige und die Gewalt (1992); *ders.*, Ich sah den Satan vom Himmel fallen wie einen Blitz (2002); *ders.*, Das Ende der Gewalt (2009).

9 Vgl. *Mauss*, Die Gabe ([3]1996); *van der Leeuw*, Phänomenologie der Religion ([3]1970); *Godolier*, Das Rätsel der Gabe (1999); *Hénaff*, Der Preis der Wahrheit (2009).

10 Vgl. *Angenendt*, Die Revolution des geistigen Opfers (2011).

11 Vgl. *Gestrich*, Opfer in systematisch-theologischer Perspektive (2000), 283.293; *Brandt*, Opfer als Gedächtnis (2001).

Tieropfern, die im Tempel in Jerusalem dargebracht wurden. Sie unterscheiden sich aber auch von Getreideopfern, die man Gott darbrachte. Die Kirchenväter nennen die Eucharistie ein „geistiges Opfer" (λογικὴ θυσία). Der Gedanke des geistigen Opfers wurde durch die griechische Philosophie, etwa bei Seneca (1–65 n. Chr.), und dem jüdischen Religionsphilosophen Philo von Alexandrien (10/15–40 n. Chr.) vorbereitet. Für Philo ist es nicht angemessen, Gott materielle Gaben und Opfer darzubringen. Gott gebühre es vielmehr, ihm zu danken. Den Dank bezeichnet Philo als eine Art geistiges Opfer, als „Opfer der Danksagung" (τῆς εὐχαριστίας θυσία).[12] Der Dank gibt zurück, was wir empfangen haben: εὐχαριστεῖν (danksagen) meint, sich gegenüber Gott wie jemand zu verhalten, der empfangen hat. Das „Brot des Lebens" und der „Kelch des Heils"[13] werden Gott dargebracht, um ihm zu danken für die Gabe, die er uns im Kreuz seines Sohnes und im Sakrament der Eucharistie schenkt. Die Eucharistie ist ein Opfer danksagender Darbringung.[14] Der zentrale Inhalt des Dankes sind nach biblischem Verständnis die *magnalia Dei*, die Großtaten Gottes. Das Gebet der Kirche ist an erster Stelle Lobpreis und Dank, es kennt aber auch die Bitte, mitunter auch die Klage.

Die offizielle Bezeichnung für die Feier der Eucharistie ist „Messe", abgeleitet vom lateinischen *missa*. Bis zum Mittelalter dominierten die allgemeinen Bezeichnungen *officium divinum* oder *opus Dei*. Im Osten wird die Feier der Eucharistie seit dem 5. Jahrhundert als „göttliche Liturgie" bezeichnet. In der katho-

---

12 Vgl. *Philo von Alexandrien*, De specialibus legibus I 297 (zitiert nach *Leonhardt-Balzer,* Jewish Worship in Philo of Alexandria (2001), 187). Zur Theologie von Opfer und Danksagung bei Philo von Alexandrien vgl. *Laporte*, La doctrine eucharistique chez Philon d'Alexandrie (1972); *ders.*, Théologie liturgique de Philon d'Alexandrie et d'Origène (1995).
13 Erstes Hochgebet (s. Anhang).
14 Zum Opfercharakter der Eucharistie vgl. *Witt*, Repraesentatio sacrifici (2002); *McGuckian*, The Holy Sacrifice of the Mass (2005); *Hoping*, Gottes äußerste Gabe (2002); *ders.*, Freiheit, Gabe, Verwandlung (2006), 417–431; *Daly*, Sacrifice Unveiled (2009). Zum Opfer der Kirche bei Odo Casel, Karl Rahner und Hans Urs von Balthasar vgl. *Hesse*, Die Eucharistie als Opfer der Kirche (2015).

Die Eucharistie als Mitte der Theologie

lischen Kirche etablierte sich der Liturgiebegriff erst beginnend mit dem Humanismus. Liturgie im engeren Sinne meint heute den gesamten öffentlichen Kult des römischen Ritus der katholischen Kirche.[15] Kult kommt vom lateinischen *cultus*, von dem auch das Wort Kultur abgeleitet ist. Im Bereich der Religion bezeichnet *cultus* die Anbetung und Verehrung, die Gott gebührt. Traditionell spricht man daher auch vom *cultus debitus*.

Liturgie kommt vom griechischen λειτουργία. In der Antike bezeichnete man den Dienst des Volkes bzw. den Dienst am Volk als λειτουργία.[16] In der Septuaginta kommt das Wort λειτουργία etwa hundertmal vor, davon vierzigmal in kultischer Bedeutung. In Röm 15,16 nennt sich Paulus „Diener (λειτουργός) Christi Jesu" und vergleicht sein Amt der Verkündigung mit dem Priesterdienst (ἱερουργοῦντα τὸ εὐαγγέλιον τοῦ θεοῦ). In Phil 2,17 spricht der Apostel vom „Opfer (θυσία) und Gottesdienst (λειτουργία)" unseres Glaubens. Hebr 8,2 nennt Jesus Christus den Hohepriester und Mittler des Neuen Bundes, den Diener (λειτουργός) des wahren Heiligtums. Obschon im Neuen Testament selten, wird der Begriff schon früh aufgegriffen.[17]

In der Liturgie vollzieht sich die Kirche des priesterlichen Gottesvolkes als *Ecclesia orans*. Doch das primäre Subjekt der Liturgie ist Christus, der wahre Hohepriester, die Kirche ist das sekundäre Subjekt der Liturgie. Subjekt der Liturgie ist also der *totus Christus*, Christus und die Glieder seiner Kirche. Die Konzilskonstitution „Sacrosanctum Concilium" sagt über die heilige Liturgie, sie sei das „Werk Christi, des Priesters, und seines Leibes, der die Kirche ist"[18]. „Die Liturgie ist der Gipfelpunkt, zu dem das Tun der Kirche strebt, und zugleich die Quelle, aus der alle ihre Kraft strömt"[19]. In besonderer Weise gilt dies für das „eucharistische

---

15 Vgl. *Kalb*, Liturgie (1991), 366; *Gerhards*, Liturgie (2005), 7.
16 Vgl. *Häußling*, Liturgie (³1997).
17 Vgl. Didache 15,1 (FC 1, 134f.); 1 Clem 40–44 (*Berger – Nord* (1999), 708–711).
18 SC 7.
19 SC 10: „Liturgia est culmen ad quod actio Ecclesiae tendit et simul fons unde omnis eius virtus emanat."

Opfer" *(sacrificium eucharisticum)*, das „Quelle und Höhepunkt des ganzen christlichen Lebens"[20] ist. Schon Pius XII. (1939–1958) nannte die Eucharistie „Hauptstück und gleichsam Mittelpunkt der christlichen Religion" *(christianae religionis caput ac veluti centrum)*.[21] Nach Johannes Paul II. (1978–2005) hat die Kirche in der Eucharistie ihren Ursprung und ihr Lebenszentrum.[22] Papst Benedikt XVI. (2005–2013) bezeichnet die Eucharistie im Anschluss an das letzte Konzil als „Mitte und Ziel des gesamten sakramentalen Lebens"[23].

Wenn die Gläubigen im Namen Jesu Christi in der Kraft des Heiligen Geistes zur Liturgie versammelt sind, treten sie ein in die Gegenwart Gottes, um im Gedächtnis seiner geschichtlichen Heilstaten Dank zu sagen für das, was er ihnen geschenkt hat. In der Feier der Eucharistie erfährt die Gemeinschaft der Gläubigen *(communio fidelium)* wie sonst nirgendwo die Präsenz Christi und des in ihm begründeten Heils. Die Eucharistie ist das zentrale Sakrament der Christusbegegnung. In der Eucharistie ist Christus auf vielfältige Weise gegenwärtig: Gegenwärtig ist er nicht nur in der versammelten Gemeinde, sondern auch im Gebet, im Gotteswort der Heiligen Schrift und in der Person des Priesters, der der Feier der Eucharistie vorsteht. Schließlich ist er in einzigartiger Weise mit seinem Leib und seinem Blut gegenwärtig in den Zeichen von Brot und Wein.[24] Denn im „Brot des Lebens" und im „Kelch des Heils" empfangen wir das für uns dahingegebene und durch die Auferweckung von den Toten verwandelte Leben Christi. Die Tradition nennt das eucharistische Brot daher auch „Arznei der Unsterblichkeit" *(pharmacum immortalitatis)*.[25]

---

20 LG 11: „Sacrificium eucharisticum, totius vitae christianae fontem et culmen".
21 DH 3847.
22 Vgl. *Johannes Paul II.*, Enzyklika „Ecclesia de Eucharistia" über die Eucharistie in ihrem Verhältnis zur Kirche (2003).
23 *Benedikt XVI.*, Nachsynodales Apostolisches Schreiben „Sacramentum Caritatis" (2007), Nr. 17.21.
24 Vgl. SC 7.
25 Vgl. u. a. *Ignatius von Antiochien*, Ad Ephesios XX (PG 5, 755A).

Bedeutende Impulse für die Liturgie- und Eucharistietheologie gingen in der ersten Hälfte des 20. Jahrhunderts von der Mysterientheologie des Benediktiners Odo Casel (1886–1948) aus.[26] Ziel seiner Theologie war es, die Feier des Heilsmysteriums Jesu Christi wieder in das Zentrum christlicher Existenz und Spiritualität zu rücken. Die Wiederentdeckung der Einheit von Glaubensgeheimnis und gemeinschaftlicher Kulthandlung ist bis heute das Hauptverdienst der Theologie Casels. Mysterium ist für Casel zunächst der heilige Gott selbst, sodann das Mysterium des menschgewordenen Sohnes Gottes, das im Paschamysterium kulminiert, schließlich das Mysterium der Kirche und das gottesdienstliche Kultmysterium. Wenn Casel vom christlichen Kult- und Opfermysterium spricht, geschieht dies in Analogie zu den antiken Kultmysterien; es wird von Casel keine religionsgeschichtliche Abhängigkeit behauptet. Casel hat die Differenz zwischen den antiken Kultmysterien und dem christlichen Kultmysterium aber nicht klar genug erkannt. So tendiert er zu einer Entgrenzung und Entzeitlichung des Paschamysteriums Christi.[27] Dies hängt damit zusammen, dass bei Casel der volle biblische Begriff des Gedächtnisses Gottes und seiner Heilstaten und damit das Verhältnis von geschichtlicher Heilstat und Gedächtnis der zur Liturgie versammelten Gemeinde weithin unbedacht bleiben.[28]

Eine kritische Fortschreibung des mysterientheologischen Ansatzes erfolgte vor allem durch Gottlieb Söhngen (1892–1971), Johannes Betz (1914–1984), Edward J. Kilmartin SJ (1923–1994)

---

26 Aus den Schriften Casels ist vor allem seine unvollendet gebliebene „Trilogie" zu nennen. Vgl. *ders.*, Das christliche Kultmysterium (1932); *ders.*, Das christliche Festmysterium (1941); *ders.*, Das christliche Opfermysterium (1968). – Zur Bedeutung der Mysterientheologie Casels vgl. *Schilson*, Theologie als Sakramententheologie ([2]1987); *ders.*, Die Gegenwart des Ursprungs (1993), 6–29; *Meyer*, Odo Casels Idee der Mysteriengegenwart in neuer Sicht (1986), 388–395; *Krahe*, Der Herr ist der Geist (1986).

27 Vgl. *Schilson*, Theologie der Sakramententheologie (1982), 207–209; *Hoping*, Die Mysterientheologie Odo Casels und die Liturgiereform ([2]2013), 167f.

28 Zum biblischen Verständnis des Gedächtnisses vgl. *Wahle*, Gottes-Gedenken (2006).

und Hans Bernhard Meyer SJ (1924–2002).[29] Das Paschamysterium Christi ist ein Ereignis, das nicht aus dem Raum der Vergangenheit, sondern vielmehr aus der Zukunft Gottes kommend im christlichen Kult gegenwärtig wird. Denn es ist Christus, der erhöhte Herr, der sich in seiner Lebenshingabe für uns selbst vergegenwärtigt durch den Geist. Im Wort und im Sakrament führt Christus die in seinem Namen versammelte Gemeinde in die Gegenwart Gottes hinein. Die Gegenwart der Offenbarung gründet in der Gegenwart des erhöhten Herrn, des *Christus praesens*. Es ist Christus selbst, der vor Gott, seinem Vater, den „Kult" vollzieht; dieser wird der Kult der Menschen, „indem sie sich mit ihm und um ihn versammeln"[30]. Die Liturgie der Kirche ist die Liturgie des „Sohnes" bei uns Menschen, ihr Adressat ist Gott, der Vater im Himmel. Die Liturgie ist der zentrale Lebensraum der Offenbarung, in dem diese für uns sakramental präsent wird.

Die Liturgie der Kirche beruht auf der „durchlittenen Passion eines Menschen", der mit seiner Existenz „in das Mysterium des lebendigen Gottes selbst hineinreicht"[31]. Sie vermittelt „die irdische Zeit in die Zeit Jesu Christi und ihre Gegenwart hinein"[32]. Liturgie ist Feier des Paschamysteriums Christi, ritueller Vollzug des Erlösungswerkes Christi in seiner Kirche – gemäß dem Diktum Papst Leos des Großen (440–461): „Was an unserem Erlöser sichtbar war, ist in die Mysterien übergegangen."[33] In einer Oration des Priesters zur Darbringung der Opfergaben heißt es: „Allmächtiger Gott, nimm die Gaben an, die wir nach deinem Willen

---

29 Vgl. *Söhngen*, Der Wesensaufbau des Mysteriums (1938); *ders.*, Das sakramentale Wesen des Messopfers (1946); *ders.*, Christi Gegenwart in uns durch den Glauben (^{2}1953), 14–28; *Betz*, Eucharistie als zentrales Mysterium (1973), 263–311; *Kilmartin*, The Eucharist in the West (1998), 275–277; *Meyer*, Odo Casels Idee der Mysteriengegenwart in neuer Sicht (1986), 388–395; *ders.*, Eucharistie (1989).
30 *Ratzinger*, Der Geist der Liturgie, in: JRGS 11 (2008), 69 [55].
31 Ebd. 65 [51].
32 Ebd. 68 [54].
33 *Leo der Große*, Sermo LXXIV, 2 (CCL 138A, 457): „Quod itaque Redemptoris nostri conspicuum fuit, in sacramenta transivit."

darbringen. Vollende in uns das Werk der Erlösung und der Heiligung durch die Geheimnisse, die wir zu deiner Verherrlichung feiern. Darum bitten wir durch Christus, unseren Herrn."[34] Durch ihre geschichtlich gewachsene Feiergestalt hat die Eucharistie Anteil an der Herrlichkeit der Offenbarung Gottes, an ihrem *splendor veritatis*.[35] Denn in der Liturgie der Kirche spricht der Logos „selbst zu uns" und kommt zu uns „mit Leib und Seele, Fleisch und Blut, Gottheit und Menschheit", um uns „mit sich zu vereinigen, zu einem ‚Leib' zu machen"[36].

In diesem Sinne kann die Eucharistie gleichsam als *theologia prima* gelten, als erste Theologie vor aller wissenschaftlichen Glaubensreflexion. Seit ihren Anfängen gehören Liturgie und Glaube eng zusammen. Der christliche Gottesdienst hat nicht nur die Entstehung des Kanons der neutestamentlichen Schriften, der primären Urkunde des christlichen Glaubens, entscheidend beeinflusst, sondern ebenso die Entstehung des christlichen *Credo*, das seinen genuinen Ort in der Liturgie der christlichen Initiation (Katechumenat, Taufeucharistie) besitzt. Die Liturgie war auch eine entscheidende Quelle der Theologie. In dem aus der Zeit der Patristik stammenden Adagium *lex orandi – lex credendi*, das Gesetz des Betens ist das Gesetz des Glaubens, kommt das Zueinander von Liturgie und Glaube formelhaft zum Ausdruck. Das Adagium geht auf Prosper Tiro von Aquitanien (gest. nach 455) zurück. Die ungekürzte Fassung lautet *legem credendi lex statuat supplicandi* – das Gesetz des Betens stellt ein Gesetz des Glaubens dar.[37]

Der historische Kontext des Adagium *lex orandi – lex credendi* ist die Frage nach der Bedeutung des fürbittenden Gebets der Messliturgie für das rechte Verständnis des Zueinanders von Freiheit und Gnade. Die Fürbitten des Litaneigebets, das von Prosper auf apostolische Überlieferung zurückgeführt wird, lehren,

---

34 MB ²1988, 240.241.
35 Vgl. *Guardini*, Vom Geist der Liturgie (²⁰1997), 71.
36 *Ratzinger*, Theologie der Liturgie, in: JRGS 11 (2008), 655.
37 Vgl. Capitulum VIII (DH 246). Dieses Kapitel der „Capitula Coelestini" steht in Verbindung mit *Prosper von Aquitanien*, De vocatione omnium gentium I, 12.

Sacrificium crucis

richtig über die Gnade Gottes und die Freiheit des Menschen zu denken.[38] Im fürbittenden Gebet des Priesters, das dieser stellvertretend für die Gläubigen vor dem eucharistischen Opfer spricht und in dem er um die Gnade des Glaubens für jene bittet, die noch nicht zur Erkenntnis Christi gelangt sind, kommt für Prosper die Überzeugung der Kirche zum Ausdruck, dass auch der Glaube von Gott als Geschenk empfangen wird. Die *lex supplicationis* (1 Tim 2,1–4), wonach für alle und alles zu beten ist, auch für den Glauben jener, die noch nicht zu Christus gefunden haben, macht deutlich, dass selbst der Anfang des Glaubens als Geschenk Gottes zu betrachten ist.[39] Denn was haben wir, so fragt Prosper mit dem Apostel Paulus, was wir nicht von Gott empfangen hätten (vgl. 1 Kor 4,7)?

Dem Adagium Prospers wuchs im Laufe der Zeit eine grundsätzliche Bedeutung für das Verhältnis von Liturgie und Theologie zu. Man erkannte, dass die Liturgie die primäre Voraussetzung der theologischen Reflexion ist oder doch sein sollte.[40] Auf der anderen Seite erschließt sich die Feier der Eucharistie in ihrer ganzen Wirklichkeit sowie in ihrem diachronen und synchronen Verständnis nur dort, wo auch die authentische Lehrtradition der Kirche, die mit der Liturgieentwicklung in Verbindung steht, berücksichtigt wird. Liturgie und Dogma gehören untrennbar zusammen.[41] Prosper Guéranger (1805–1875) sah in der Liturgie die „Tradition in ihrer machtvollsten und feierlichsten Gestalt"[42]. Die dogmatische Konstitution „Dei Verbum" (1965) über die Offenbarung des Zweiten Vatikanischen Konzils zählt den öffent-

---

38 Vgl. DH 246 (Indiculus de gratia Dei). Wie *Maïeul Cappuyns* nachgewiesen hat, ist der Verfasser der sogenannten Capitula Coelestini nicht Papst Coelestin I., sondern Prosper von Aquitanien. Vgl. *ders.*, L'origine des Capitula pseudo-célestiniens contre le semipél
igianisme (1929).
39 Vgl. *Federer*, Liturgie und Glaube (1950), 15f.
40 Vgl. dazu *Knop*, Ecclesia orans (2012).
41 Eine deutliche Verbindung findet sich bei *Vagaggini*, Theologie der Liturgie (1959).
42 *Guéranger*, Institutions liturgiques I (^{2}1878), 3: „La Liturgie est la tradition même à son plus haut degré et de sollennité."

lichen Kult *(cultus)* der Kirche zur *sacra traditio,* zur heiligen Überlieferung der Kirche.[43]

Als Quelle und zugleich Höhepunkt des kirchlichen Lebens verdient die Eucharistie die ganze Aufmerksamkeit der Theologie. Dies gilt nicht nur für die Frage der *ars celebrandi* der sakramentalen Feier, sondern ebenso für ihre *ars intelligendi.* Eine Theologie der Eucharistie darf nicht nur ihren Sinngehalt erheben, sie muss auch ihre Feiergestalt in den Blick nehmen. Da Sakramente ihrem Wesen nach liturgische Feiern sind, kann die Eucharistie nicht ohne den *textus sacer* und die anderen Elemente ihrer Feiergestalt verstanden werden. Die Erschließung und theologische Reflexion der Sakramente hat immer den „Kontext der gefeierten Handlung"[44] zu berücksichtigen, aber auch die Liebe. Vielfach ist in der akademischen Theologie bis heute eine Separation von liturgiewissenschaftlicher und dogmatischer Hermeneutik der Eucharistie anzutreffen.[45]

So werden bei der Darstellung von Geschichte und Theologie der Eucharistie Fragestellungen der historischen und der systematischen Liturgiewissenschaft aufgegriffen.[46] Der römische Ritus, in dem der Autor beheimatet ist, bildet die Grundlage der vorliegenden Geschichte und Theologie der Eucharistie. Andere Liturgiefamilien werden dort, wo dies geboten scheint, einbezogen. Es geht im Folgenden nicht um eine Geschichte der römischen Messe, wie sie Josef Andreas Jungmann (1889–1975) meisterhaft in seinem Werk „Missarum Sollemnia" (1948 u. ö.) vorgelegt hat, auch nicht um eine Erläuterung des Messritus in der Tradition der systematisierenden

---

43 Vgl. DV 8.

44 *Grillo,* „Intellectus fidei" und „intellectus ritus" (2000), 163.

45 Das Verhältnis von Dogmatik und Liturgiewissenschaft ist immer noch ein spannungsvolles. Dies belegen die Polemiken gegen die Dogmatik bei *Berger,* Die Feier der Heiligen Messe (2009), 58–60, und *Lurz,* Erhebet die Herzen (2011), 15f.

46 Vgl. dazu *Baumstark,* Vom geschichtlichen Werden der Liturgie (1923); *ders.,* Liturgie comparée ([3]1954); *Guardini,* Über die systematische Methode in der Liturgiewissenschaft? (1921); *Jungmann,* Missarum Sollemnia ([5]1962; [6]2003); *Giraudo,* Eucaristia par la chiesa (1989); *Meßner,* Was ist systematische Liturgiewissenschaft? (1998), 257–274.

Messkommentare, in der Johannes Brinktrine (1889–1965) mit seinem Buch „Die heilige Messe"[47] steht. Es geht um eine Geschichte und Theologie der Eucharistie, wobei die formale Perspektive des vorliegenden Buches durch das systematisch-theologische Frageinteresse bestimmt ist.[48] So enthält das Buch neben liturgiehistorischen Überblicken systematisch-theologische Kapitel zu zentralen Themen der Eucharistietheologie:

Behandelt werden das letzte Abendmahl Jesu mit seinen Jüngern, die Feier der Eucharistie in urchristlicher Zeit, das Verständnis der Eucharistie in der Patristik, die mittelalterlichen Eucharistiekontroversen, die Lehre von der Transsubstantiationslehre, Martin Luthers (1483–1546) Kritik am Messopfer, sein Verständnis des Abendmahls, der innerreformatorische Abendmahlsstreit, die Antwort des Konzils von Trient auf Luther und die tridentinische und die vatikanische Messbuchreform. Am Ende stehen drei Kapitel zur Theologie der Einsetzungsworte, zum Stand des ökumenischen Gesprächs um das Herrenmahl und zur theologischen Hermeneutik der Eucharistie als *Sakrament der Gabe*.

Bei der vom Zweiten Vatikanischen Konzil eingeleiteten Liturgiereform handelt es sich um eine Reform, „wie es sie in der fast zweitausendjährigen Geschichte der Kirche noch nicht gegeben hat"[49]. Dies erklärt die anhaltenden Kontroversen um die Messbuchreform, zu denen es nach dem Konzil kam. Die Entscheidung Papst Benedikts XVI., die Messe in der Form von 1962 wieder allgemein zuzulassen, machte es erforderlich, auch auf den *usus antiquior* der römischen Messe und die Frage nach der Einheit des römischen Ritus näher einzugehen. Das Interesse an der klassischen Form des römischen Ritus besteht weiterhin. Und eine „Reform der Reform", die auf der Grundlage von „Sacrosanctum Concilium" zu erfolgen hätte, bleibt ein wichtiges Anliegen, trotz der Entscheidung von Papst Franziskus in seinem Motu proprio „Traditionis custodes" (2021).[50]

---

47 Vgl. *Brinktrine*, Die heilige Messe ([4]1950; [5]2015).
48 So auch bei *Kilmartin*, Eucharist in the West (1998).
49 *Heinz*, 25 Jahre Liturgiekonstitution (1988), 197.
50 Vgl. unten Seite 345–353.

Kapitel I

Cena Domini

Das letzte Abendmahl Jesu mit seinen Jüngern

Mit der Messe „in Cena Domini" beginnt im römischen Ritus die Feier des „Sacrum Triduum Paschale". Im Messbuch für das deutsche Sprachgebiet trägt die Feier den Namen „Messe vom letzten Abendmahl"[1]. Das letzte Abendmahl, das auf die Lebenshingabe Jesu am Kreuz vorausweist und sie zugleich zeichenhaft antizipiert, hat abends bzw. nachts stattgefunden. Doch die ältesten christlichen Quellen und die Tradition sprechen nicht vom Abendmahl, wenn sie sich auf das „Herrenmahl" (1 Kor 11,20: κυριακὸν δεῖπνον) beziehen.[2] Die urchristliche Herrenmahlsfeier wird „Eucharistie" genannt.[3] Martin Luther (1483–1546) führte mit seiner Rede vom christlichen Abendmahl eine neue Sprachregelung ein.[4]

Zur Herkunft der Eucharistie und ihrer Feiergestalt werden in der Forschung unterschiedliche Theorien vertreten. Traditionell wird die Eucharistie auf das letzte Abendmahl Jesu mit seinen Jüngern zurückgeführt: „Die Geschichte der Messe, und zwar auch die Geschichte ihrer liturgischen Form, beginnt im Abendmahlssaale."[5] „Die Feier der heiligen Messe hat ihren

---

1 MB [2]1988, [22].
2 So der evangelische Theologe *Löhr*, Entstehung und Bedeutung des Abendmahls im frühen Christentum (2012), 53. *Jacob Kremer* meint, dass mit κυριακὸν δεῖπνον nicht das Herrenmahl, sondern die „Herrenspeise" gemeint sei. Vgl. *ders.*, „Herrenspeise" – nicht Herrenmahl. (1996).
3 Vgl. Didache 14 (FC 1, 132–136); *Ignatius von Antiochien*, Ad Ephesios XIII (PG 5, 745B); *Justin der Märtyrer*, Dialogus cum Tryphone Judaeo 41, 1.3 (PG 6, 564B). Zur Terminologie vgl. *Blomquist – Blomquist*, Eucharistic Terminology in Early Christian Literature (2017).
4 Vgl. *Jungmann*, „Abendmahl" als Name der Eucharistie (1971), 93.
5 *Ders.*, Der Gottesdienst der Kirche (1955), 101.

Anfang genommen ‚in der Nacht, in der Er verraten wurde'"[6]. Daneben gibt es die seit Hans Lietzmann (1875–1942) in verschiedenen Variationen vorgetragene Auffassung, die Eucharistie sei im Kreis des hellenistischen Judenchristentums entstanden. Danach hat der paulinische Typ des „Herrenmahls" seinen Ursprung in Antiochia.[7] Vom „Herrenmahl" wird das Brotbrechen unterschieden, das in freudiger Erwartung der Wiederkunft Christi (Apg 2,46) vollzogen wurde und die Tischgemeinschaft des historischen Jesus fortsetzte.[8]

Auf Rudolf Bultmann (1884–1976) geht die These zurück, die Narrative des letzten Abendmahls seien keine historisch belastbaren Berichte, sondern ätiologische Kultlegenden: Jesus habe vor seinem Sterben zwar ein Abschiedsmahl mit seinen Jüngern gehalten, die Einsetzungsworte seien aber nachösterlichen Ursprungs, um die sich hellenistischen Einflüssen verdankende Feier des Herrenmahls auf Jesus selbst zurückzuführen.[9] Bultmanns These vom legendären Charakter der Abendmahlsberichte wird in der heutigen Exegese kaum noch vertreten. Allerdings gibt es prominente Ausnahmen, etwa Dominic Crossan vom umstrittenen „Jesus-Seminar". Er hält das letzte Abendmahl Jesu mit seinen Jüngern in der uns überlieferten Form für eine literarische Fiktion.[10] Jürgen Becker schreibt in seinem Jesusbuch: „Kein [Abendmahls-] Text will berichten, was einst war, sondern begründen, warum die Gemeinde das Herrenmahl gerade so feiert."[11] Das Herrenmahl sei nicht in Anknüpfung an das letzte Abendmahl Jesu mit seinen Jüngern entstanden. Der

---

6 *Ders.*, Missarum Sollemnia I ([6]2003), 9.
7 Vgl. *Lietzmann*, Messe und Herrenmahl ([3]1955).
8 Vgl. *Meßner*, Entwicklung des eucharistischen Gebets (2005), 4f.
9 Vgl. *Bultmann*, Theologie des Neuen Testaments ([9]1984), 150. So auch *Bradshaw*, Reconstructing Early Christian Worship (2009).
10 Vgl. *Crossan*, The Historical Jesus (1991), 360–367. Beim „Jesus-Seminar" handelt es sich um eine Gruppe liberaler angloamerikanischer Bibelwissenschaftler. Siehe dazu *Meier*, The Eucharist at the Last Supper (1995), 335–351.
11 *Becker*, Jesus von Nazaret (1996), 420. Vgl. auch *Schröter*, Das Abendmahl (2006), 123–134.157–167; *ders.*, Nehmt – esst und trinkt (2010), 122–129; *Ebner*, Jesus von Nazaret (2007), 152–154.

historische Ursprung der Eucharistie sei vielmehr die Mahlpraxis Jesu.[12] Die Deuteworte Jesu im Rahmen der Segensgebete über Brot und Wein seien sekundär.[13]

Doch schon Hans Lietzmann konstatierte: „Von der Feier der Jerusalemer Urgemeinde führt keine Brücke zu dem Gleichniswort vom Brot und Leib: es bleibt ein selbständiger und nicht ableitbarer Faktor. Mit anderen Worten: die Überlieferung von Jesu letztem Mahl und dem dabei gesprochenen Todesgleichnis ist als gegebene Tatsache einer historisch zuverlässigen Tradition anzuerkennen."[14] Auch Willi Marxsen (1919–1993) meinte anfänglich noch: „Die Urform rückt so nahe an das letzte Mahl Jesu heran, dass kein Platz mehr bleibt für eine (nun ja in der palästinischen Urgemeinde) erfundene ätiologische Kultlegende."[15] Wenig später übernahm Marxsen die Position Bultmanns, wonach es sich bei den Abendmahlsberichten um hellenistische Kultlegenden handelt.[16]

Heute findet die Annahme eines historischen Kerns der Abendmahlsberichte in der exegetischen Forschung eine breite Zustimmung. Hätte Jesus „seinen Jüngern *nicht* Brot und Wein als seinen Leib und sein Blut gereicht", wäre „auch die Eucharistiefeier der Kirche leer – eine fromme Fiktion und nicht Realität"[17]. In Detailfragen gehen die Meinungen der Exegeten dagegen weit auseinander. Dies betrifft nicht nur die Frage, welcher der überlieferten Abendmahlsberichte der älteste ist, sondern ebenso die Frage einer möglichen Rekonstruktion der Deuteworte Jesu sowie die Frage, wann das letzte Abendmahl Jesu stattfand und welchen Charakter es hatte.

---

12 Ebenso *Fiedler*, Probleme der Abendmahlsforschung (1982), 57; *Kollmann*, Ursprung und Gestalten der frühchristlichen Mahlfeier (1990), 251–258; *Klinghardt*, Gemeinschaftsmahl und Mahlgemeinschaft (1996).
13 So auch *Bradshaw – Johnson*, The Eucharistic Liturgies (2012), 19–24.
14 *Lietzmann*, Messe und Herrenmahl (^{3}1955), 253.
15 *Marxsen*, Der Ursprung des Abendmahls (1952/53), 303.
16 Vgl. *ders.*, Anfangsprobleme der Christologie (1960), 46.
17 *Ratzinger*, Jesus von Nazareth II, in: JRGS 6/2 (2014), 496 [121].

1. Die biblischen Abendmahlsberichte

Das gemeinsame Essen Jesu mit Zöllnern und Sündern (Mk 2,15; Mt 11,19; Lk 14,21; 15,2) ist ein Zeichen für das Reich Gottes, das in seiner Person und seinem Handeln anbricht. Auch die Mahlgleichnisse (z. B. Lk 14,21) und die Brotvermehrungs- bzw. Speisungswunder (Mt 14,13–21; 15,32–39; Mk 6,30–44; 8–9; Lk 9,10–17; Joh 6,1–13) gehören zur Botschaft Jesu vom anbrechenden Reich Gottes. Die Mahlfeiern Jesu sind Antizipationen der Mahlgemeinschaft in der Vollendung des Reiches Gottes (Mt 8,11; vgl. Lk 14,25–34 par; vgl. Jes 25,6–8), auch wenn sie im Neuen Testament nicht explizit als Mahlfeiern des Messias bezeichnet werden.[18] Wie der eschatologische Ausblick Jesu bei den synoptischen Abendmahlsberichten zeigt (Mk 14,25 par), hat auch das letzte Abendmahl Jesu mit seinen Jüngern einen Bezug zur Mahlgemeinschaft in der Vollendung des Reiches Gottes. Das letzte Abendmahl unterscheidet sich von allen anderen Mahlfeiern dadurch, dass Jesus es ausschließlich mit den Zwölfen feierte und aufs Engste mit seinem Sterben verband.

Die Erinnerung an das letzte Mahl Jesu mit seinen Jüngern gehört zum ältesten Bestand der Jesusüberlieferung. Das Neue Testament überliefert vier Abendmahlsberichte: Mt 26,26–29; Mk 14,22–25; Lk 22,14–20; 1 Kor 11,23–26. Traditionsgeschichtlich gehören Mk 14,22–25 und Mt 26,26–29 sowie 1 Kor 11,23–26 und Lk 22,14–20 zusammen. Der Abendmahlsbericht, den der Apostel Paulus in seinem um 54 n. Chr. geschriebenen Brief an die Korinther überliefert (1 Kor 11,23–26), verweist mit großer Wahrscheinlichkeit in die syrische Stadt Antiochia um 40 n. Chr.[19] Dorthin war die Gruppe der Hellenisten um Stephanus nach dessen Martyrium versprengt worden (Apg 11,19). In Antiochia wurden die Jünger Jesu erstmals „Christen" (χριστιανοί) genannt (Apg 11,26). Literarisch gesehen handelt es sich bei 1 Kor 11,23–26 um den ältesten Abendmahlsbericht.[20]

---

18 Zum Motiv des messianischen Mahls vgl. äthHen 62,14.
19 Vgl. *Wilckens*, Theologie des Neuen Testaments (2007), 77.
20 Das Evangelium nach Markus wurde nach allgemeiner exegetischer Auf-

Umstritten ist, ob dies auch traditionsgeschichtlich der Fall ist.[21] Während 1 Kor 11,23–26 primär an der Stiftung des Herrenmahls durch Jesus interessiert ist, bildet der Abendmahlsbericht bei Mk 14,22–25 einen Teil der Schilderung der letzten Tage Jesu vor seinem Tod. Der Abendmahlsbericht Mt 26,26–29 ist eine offensichtliche literarische Weiterbildung von Mk 14,22–25. Die Traditionsgeschichte des lukanischen Abendmahlsberichtes (Lk 22,14–20)[22] ist unklar. Er könnte unabhängig von 1 Kor 11,23–26 überliefert worden sein, aber auf dieselbe antiochenische Tradition zurückgehen. Möglich ist auch eine lukanische Markusredaktion, wobei nicht auszuschließen ist, dass Lukas Zugang zur antiochenischen Tradition hatte, diese aber mit Aspekten der Version des Abendmahlsberichtes bei Markus verknüpfte.[23] Der Evangelist Johannes erzählt zwar von einem letzten Mahl Jesu mit seinen Jüngern (Joh 13,1), in dem Jesus seinen Jüngern die Füße gewaschen hat, informiert aber nicht über den Ablauf des Mahls selbst.

Bei den Synoptikern sind die Berichte vom letzten Abendmahl Teil der Passionserzählungen. Der Abendmahlsbericht, den der Evangelist Markus überliefert, lautet: „Während des Mahls nahm er das Brot (ἄρτος) und sprach den Lobpreis (εὐλογήσας);

---

fassung um 70 n. Chr. verfasst, während die Evangelien nach Matthäus, Lukas und Johannes jünger sind. Abweichend vom exegetischen Konsens sieht *Klaus Berger*, Im Anfang war Johannes (1997), im Johannesevangelium das älteste Evangelium.

21 Für eine traditionsgeschichtliche Priorität des (vor-)paulinisch-lukanischen Abendmahlsberichtes plädieren u. a. *Neuenzeit*, Das Herrenmahl (1960); *Merklein*, Erwägungen zur Überlieferungsgeschichte der neutestamentlichen Abendmahlstradition (1977), 88–101; *Klauck*, Herrenmahl und hellenistischer Kult (1982), 285–332.

22 Heute geht man davon aus, dass die Langfassung des Berichts ursprünglich ist und nachträglich, wie in manchen Handschriften, um die vermeintlichen Doppelungen in Lk 22,19–20 gekürzt wurde.

23 Vgl. *Klauck*, Herrenmahl und hellenistischer Kult (1982), 299; *Schröter*, Nehmt – esst und trinkt (2010), 49. Die von *Schürmann*, Eine quellenkritische Untersuchung des lukanischen Abendmahlsberichts Lk 22,7–38 (1953–1957), und *Betz*, Die Eucharistie in der Zeit der griechischen Väter II/1 (1961), 26, vorgenommene Priorisierung des lukanischen Abendmahlsberichts gegenüber dem paulinischen wird heute kaum noch vertreten.

dann brach (ἔκλασεν) er das Brot, reichte (ἔδωκεν) es ihnen und sagte: Nehmt (λάβετε), das (τοῦτό) ist mein Leib (σῶμα). Dann nahm er den Kelch (ποτήριον), sprach das Dankgebet (εὐχαριστήσας), gab ihn den Jüngern und sie tranken alle daraus. Und er sagte zu ihnen: Das ist mein Blut (αἷμα) des Bundes (τὸ αἷμα τῆς διαθήκης), das für viele (ὑπὲρ πολλῶν) vergossen (ἐκχυννόμενον) wird. Amen, ich sage euch: Ich werde nicht mehr von der Frucht des Weinstocks trinken bis zu dem Tag, an dem ich von Neuem davon trinke im Reich Gottes" (Mk 14,22–25).

Über das Brot sprach Jesus einen Lobpreis/Mahlsegen (εὐλογήσας), über den Kelch ein Dankgebet (εὐχαριστήσας). Die εὐλογία über das Brot könnte der Brot-b^erākāh entsprochen haben, die beim jüdischen Mahl am Anfang steht.[24] Das Dankgebet (εὐχαριστία) über den Kelch (Mk 14,23) scheint mit der aus jüdischen Quellen bekannten *birkat hammāzôn* (Nachtischgebet) verwandt zu sein. Ein Unterschied zwischen εὐλογία und εὐχαριστία ist kaum auszumachen, da das Dankgebet auch ein Segensgebet ist. Der Ausdruck σῶμα (aramäisch und hebräisch *gūpāh*) meint „Leib" und bezieht sich auf die Person Jesu in seiner Lebenshingabe, ähnlich der Ausdruck σάρξ / Fleisch (aramäisch und hebräisch *bāśār*) in der Rede Jesu in Kafarnaum.

Der Kelch ist im Alten Testament zumeist negativ konnotiert. Als Zornesbecher steht er für Untergang und Vernichtung (Ps 75,9; Jes 51,17.22; Jer 25,15; Ez 23,33). Der Leidensbecher, den Jesus zu trinken hat (Mk 14,36 parr), wird zum Teil als Zornesbecher gedeutet: Jesus nahm stellvertretend für die Sünder das Gericht Gottes auf sich und leerte so den Becher des göttlichen Zorns.[25] Knut Backhaus nennt dies eine „gewagte soteriologische Auslegung"[26]. Doch könnte es durchaus sein, dass der Leidensbecher für den Willen Gottes steht, der Jesus zu unserem Heil in

---

24 Vgl. *Rouwhorst*, Christlicher Gottesdienst und der Gottesdienst Israels (2008), 556.
25 Vgl. *Gnilka*, Das Evangelium nach Markus (1979), 260; *Backhaus*, „Lösepreis für viele" (1995), 101f.
26 Ebd. 102.

Das letzte Abendmahl Jesu mit seinen Jüngern

den Tod gibt, ohne dass damit die Vorstellung eines von Gott verhängten stellvertretenden Strafleidens Christi verbunden ist. Neben dem Zornesbecher gibt es im Alten Testament auch die Vorstellung vom „Becher des Heils" (Ps 116,13). Einen „Becher des Segens" erwähnt die pseudepigraphische Schrift „Joseph und Asenath" (JosAs 19,5).

Im Hintergrund des Kelchwortes „Dies ist mein Blut, das Blut des Bundes" steht die Erzählung vom Bundesschluss (Ex 24,1–18; vgl. auch Hebr 9,20, wo das Kelchwort zitiert wird). Nach der Besprengung des Volkes mit dem Bundesblut stieg Mose zusammen mit Aaron und den siebzig Ältesten auf den Berg Sinai. Dort durften sie Gott schauen und vor ihm ein Mahl halten, ohne vor der Herrlichkeit Gottes zu vergehen: „Da nahm Mose das Blut [des Opfertieres], besprengte damit das Volk und sagte: Das ist das Blut des Bundes, den der HERR aufgrund all dieser Worte mit euch schließt [...] Gott streckte seine Hand nicht gegen die Vornehmen oder Israeliten aus; sie durften Gott schauen und sie aßen und tranken" (Ex 24,8.11).[27] Mit dem „Blut des Bundes" wird der bevorstehende Tod Jesu als Stiftung des eschatologischen Bundes gedeutet. Wenn Jesus vom Blut des Bundes spricht, so wird deutlich, dass Jesus für Israel stirbt. Das ὑπὲρ πολλῶν (für viele) des Kelchwortes unterstreicht, dass es sich beim Tod Jesu um einen stellvertretenden Sühnetod handelt. Die Referenz ist hier der leidende Gottesknecht (Jes 53,1–12^{LXX}), der sein Leben gibt „für die vielen"[28]. Doch Israel hat eine eigene Sendung für die Völker. Und so stirbt Jesus nicht nur für Israel, sondern für die Menschen aller Völker.[29]

Der Abendmahlsbericht bei Matthäus weicht von demjenigen des Markus nur geringfügig ab: „Während des Mahls nahm Jesus das Brot (ἄρτος) und sprach den Lobpreis (εὐλογήσας); dann brach (ἔκλασεν) er das Brot, reichte (δούς) es den Jüngern

---

27 Die Targumim Onkelos und Jerushalmi I verbinden die rituelle Bundesstiftung mit dem Sühnemotiv.
28 Vgl. *Pesch*, Das Markusevangelium II (1977), 359.
29 Zur Diskussion um das Kelchwort vgl. unten Kapitel X Pro vobis et pro multis.

und sagte: Nehmt (λάβετε) und esst (φάγετε); das ist mein Leib (σῶμα). Dann nahm er den Kelch (ποτήριον), sprach das Dankgebet (εὐχαριστήσας) gab ihnen den Jüngern und sagte: Trinkt alle daraus; das ist mein Blut des Bundes (τὸ αἷμα τῆς διαθήκης), das für viele (περὶ πολλῶν) vergossen wird (ἐκχυννόμενον) zur Vergebung der Sünden (εἰς ἄφεσιν ἁμαρτιῶν). Ich sage euch: Von jetzt an werde ich nicht mehr von dieser Frucht des Weinstocks trinken, bis zu dem Tag, an dem ich mit euch von Neuem davon trinke im Reich meines Vaters" (Mt 26,26–29).

Der Bericht ist weitgehend, bis in die Schlüsselworte hinein, mit dem Abendmahlsbericht bei Markus identisch. Es bestehen nur einige wenige, aber durchaus markante Unterschiede. Vor dem Deutewort zum Brot folgt bei Matthäus nach dem „nehmt" (λάβετε) die zusätzliche Aufforderung „esst" (φάγετε). Beim Kelchwort wird aus der Aussage „und sie tranken alle daraus" der Imperativ „Trinkt alle daraus". Der Zusatz zum Kelchwort „zur Vergebung der Sünden" ist sekundär (vgl. Hebr 9,12.15). Während Matthäus bei der Verkündigung der Taufe durch Johannes den Täufer die Wendung „zur Vergebung der Sünden" streicht (Mt 3,1; anders Mk 1,4; Lk 2,3), verbindet er sie mit dem Kelchwort.

Ulrich Wilckens vermutet, dass die Wendung aus der Taufliturgie, in der sie früh einen festen Ort hatte, dem Kelchwort hinzugewachsen ist: „Der Evangelist zitiert die *verba testamenti* in der Form, wie er sie aus der Liturgie einer Eucharistiefeier, die sich unmittelbar an den Taufakt anschloß, gekannt hat."[30] Statt ὑπὲρ πολλῶν steht bei Matthäus περὶ πολλῶν, was sachlich keinen Unterschied macht. Die Aussage „für viele" ist wie bei Markus mit dem Verb ἐκχυννόμενον verbunden. Joachim Jeremias (1900–1979) vermutete bei dem Verb ἐκχύννειν einen Bezug zum hebräischen Text des vierten Gottesknechtsliedes (Jes 53,12: „Er hob die Sünden der Vielen auf und trat für die Abtrünnigen ein.").[31] In Ex 29,12^{LXX} wird das Ausgießen des Blutes geschächteter Tiere am Fuße des

---

30 *Wilckens*, Theologie des Neuen Testaments I/2 (2003), 71 (kursiv, H.H.).
31 Vgl. *Jeremias*, Die Abendmahlsworte Jesu (^{3}1960), 170.

Opferaltars mit ἐκχέειν bezeichnet und als kultische Sühnehandlung verstanden (vgl. Lev 4,18.25; 17,11).

Der vom Evangelisten Lukas überlieferte Abendmahlsbericht lautet: „Als die Stunde gekommen war, legte er sich mit den Aposteln zu Tisch. Und er sagte zu ihnen: Mit großer Sehnsucht habe ich danach verlangt, vor meinem Leiden dieses Paschamahl mit euch zu essen. Denn ich sage euch: Ich werde es nicht mehr essen, bis es seine Erfüllung findet im Reich Gottes. Und er nahm einen Kelch (ποτήριον), sprach das Dankgebet (εὐχαριστήσας) und sagte: Nehmt diesen und teilt ihn untereinander! Denn ich sage euch: Von nun an werde ich nicht mehr von der Frucht des Weinstocks trinken, bis das Reich Gottes kommt. Und er nahm Brot (ἄρτος), sprach das Dankgebet (εὐχαριστήσας), brach es und reichte es ihnen mit den Worten: Das ist mein Leib (σῶμα), der für euch hingegeben wird (ὑπὲρ ὑμῶν διδόμενον). Tut dies zu meinem Gedächtnis! Ebenso nahm er nach dem Mahl den Kelch (ποτήριον) und sagte: Dieser Kelch ist der Neue Bund in meinem Blut (ἡ καινὴ διαθήκη ἐν τῷ αἵματί μου), das für euch vergossen wird (ὑπὲρ ὑμῶν ἐκχυννόμενον)" (Lk 22,14–20).

Der Bericht weist mehrere Besonderheiten auf. Den Einsetzungsworten geht ein Abschnitt voraus, der das Mahl in den Horizont des endzeitlichen Pascha rückt. Anders als bei Markus und Matthäus steht bei Lukas der eschatologische Ausblick mit der Verzichtserklärung am Anfang. Beim Brotwort findet sich bei Lukas der Zusatz „der für euch hingegeben wird". Sowohl für die Brot- als auch für die Kelchhandlung begegnet bei Lukas das Wort εὐχαριστήσας. Anders als in Mk 14,22–25 ist der Gedächtnisbefehl zwischen Brot- und Becherwort platziert. Das Kelchwort ist bei Lukas nicht mit der Formel ὑπὲρ πολλῶν (für viele) verbunden, sondern parallel zum Brotwort mit ὑπὲρ ὑμῶν (für euch). Ulrich Wilckens erkennt darin eine deutliche liturgische Prägung der *Verba Testamenti* bei Lukas.[32] Wie bei Markus dürfte mit ἐκχυννόμενον nicht nur das am Kreuz vergossene Blut gemeint sein, sondern die Zueignung des darin begründeten Heils durch

---

32 Vgl. *Wilckens*, Theologie des Neuen Testaments I/2 (2003), 72.

Cena Domini

das Trinken aus dem Kelch: Der Kelch des Bundesblutes wird denen gereicht, die mit Christus verbunden sind. Bei Lukas steht im Hintergrund des Kelchwortes nicht Ex 24,8, sondern Jer 31,31[LXX] (der neue Bund: καινὴ διαθήκη).

Dies ist auch beim paulinischen Abendmahlsbericht der Fall. Er lautet: „Denn ich habe vom Herrn empfangen, was ich euch dann überliefert habe: Jesus, der Herr, nahm in der Nacht, in der er ausgeliefert wurde, Brot, sprach das Dankgebet (εὐχαριστήσας), brach das Brot und sagte: Das ist mein Leib für euch. Tut dies zu meinem Gedächtnis! Ebenso nahm er nach dem Mahl den Kelch und sagte: Dieser Kelch ist der Neue Bund in meinem Blut (ἡ καινὴ διαθήκη ἐν τῷ ἐμῷ αἵματι). Tut dies, sooft ihr daraus trinkt, zu meinem Gedächtnis! Denn sooft ihr von diesem Brot esst und aus dem Kelch trinkt, verkündet ihr den Tod des Herrn, bis er kommt" (1 Kor 11,23–26). Mit dem Kelch des „Neuen Bundes in meinem Blut" wird stärker der endzeitliche Charakter des Heilsgeschehens herausgestellt. Wie bei Lukas ist die Brot- und Kelchhandlung mit einem Sättigungsmahl verbunden. Doch bleibt unklar, ob die Brot- und Kelchhandlung das Mahl umrahmten, wie es dem Ablauf eines jüdischen Mahls entsprach[33], oder ob sie am Ende des Sättigungsmahles erfolgte.[34]

Der von Paulus überlieferte Abendmahlsbericht enthält den Gedächtnisbefehl zweimal: nach dem Brotwort und nach dem Kelchwort. An den zweiten Gedächtnisbefehl schließt sich ein eschatologischer Ausblick an, der – anders als bei den Synoptikern – von Jesus in der dritten Person gesprochen wird und in dieser Form kaum auf ihn selbst zurückgehen dürfte, seinen Sitz vielmehr im gottesdienstlichen Leben hat: „Denn sooft ihr von diesem Brot esst und von diesem Wein trinkt, verkündet ihr den Tod des

---

33 Vgl. *Hofius*, Herrenmahl und Herrenmahlsparadosis (1988), 383f.; *Kollmann*, Ursprung und Gestalten der urchristlichen Mahlfeier (1990), 42.
34 Vgl. *Schürmann*, Die Gestalt der urchristlichen Eucharistiefeier (1970), 85–88; *Theobald*, Eucharistie als Quelle sozialen Handelns (2012), 72. – *Wucherpfennig*, Wie hat Jesus Eucharistie gewollt? (2011), 77, ist der Meinung, dass Paulus im letzten Abendmahl vor allem „ein ethisches Vorbild für das Mahl der Gemeinde" sieht.

Herrn, bis er kommt" (1 Kor 11,26). Der doppelte Gedächtnisbefehl bei Paulus erscheint gegenüber Lukas als sekundär, da eine
nachträgliche Streichung des Befehls nach dem Brotwort wenig
wahrscheinlich ist.[35] Ursprung des Gedächtnisbefehls ist mit großer Wahrscheinlichkeit der Gottesdienst. Die Einsetzung des Herrenmahls darf nicht im juridischen Sinne einer formellen Stiftung
aufgefasst werden. Die liturgische Prägung des paulinischen
Abendmahlsberichtes zeigt sich auch daran, dass in ihm – anders
als bei Markus, Matthäus und Lukas – nicht von den Jüngern
Jesu die Rede ist.

Manche Forscher sehen im Gedächtnisbefehl einen Hinweis
auf den Einfluss hellenistischer Totengedächtnismähler auf die
Entstehung der Feier des Herrenmahls. Bei der Identifizierung
von Gemeinsamkeiten zwischen Totengedächtnismählern und urchristlicher Eucharistie kommt man aber über Äußerlichkeiten
kaum hinaus (Brot, Wein, Essen, Trinken). Die Mysterienkulte
mögen einen Einfluss auf das sakramentale Denken gehabt haben.
Entscheidend wird hier aber das Gedenken der Heilstaten Gottes
(*zikkārôn*; Ex 12,14; 13,19: *pæsaḥ*) im jüdischen Kult gewesen sein.
„Im Gedächtnismotiv begegnen sich semitisches und hellenisti-
sches Denken."[36] Der Gedächtnisbefehl gibt Aufschluss darüber,
wie die christliche Gemeinde das Herrenmahl verstanden hat: als
Gedächtnis des in den Tod gegebenen Lebens Jesu.

Seit Jeremias erkennen zahlreiche Exegeten in den Deutewor-
ten zum Brot und Kelch ihrer Substanz nach *ipsissima verba Jesu*.
Die Vorschläge zu ihrer Rekonstruktion variieren freilich, je nachdem ob man traditionsgeschichtlich die markinische Überliefe-
rungslinie priorisiert[37] oder die (vor-) paulinisch-lukanische Überlieferung – so gegenwärtig eine breite Mehrheit der Ausleger.[38] Ein

---

35 Vgl. *Klauck*, Herrenmahl und hellenistischer Kult (1982), 317.
36 Ebd.
37 Für das höhere Alter der vormarkinischen Abendmahlstradition argumentieren u. a. *Pesch*, Markusevangelium II (1977), 364–377; *Söding*, Das Mahl des
Herrn (1995).
38 Die Mehrheitsmeinung vertritt u. a. *Backhaus*, Hat Jesus vom Gottesbund
gesprochen? (1996), 344f.

Cena Domini

weitgehender Konsens besteht darin, dass Jesus seinen Jüngern das gebrochene Brot reichte und sagte: „Das ist mein Leib"[39]. Manche Forscher meinen, dass sich das Deutewort nicht auf das Brot, sondern auf die Handlung an dem Brot beziehe, da das neutrische Demonstrativpronomen τοῦτο (dies) syntaktisch nicht zu ἄρτος passen würde.[40] Doch dürfte das Demonstrativpronomen τοῦτο in Angleichung an das folgende, ebenfalls neutrische σῶμα gewählt worden sein.[41] Einige sehen in dem auf die Jünger bezogenen Gabewort „Das ist mein Leib *für euch*" (1 Kor 11,24) das Deutewort Jesu zum gebrochenen Brot.[42] Andere rekonstruieren als Deutewort: „Das ist mein Leib *für viele gegeben*"[43]. Zwar kennen das Hebräische und Aramäische nicht die Kopula „ist", gleichwohl darf man annehmen, dass Jesus das Brot mit seinem Leib, das heißt der Hingabe seines eigenen Lebens in den Tod, identifiziert hat, und das „Deutewort" daher zugleich „Gabewort" ist.[44] Es könnte zudem sein, dass Jesus mit dem Brechen des Brotes auf seinen gewaltsamen Tod hinweisen wollte, was dann durch das Sprechen vom Blut des Bundes noch verstärkt würde.

Auch das Kelchwort wird vielfach der Substanz nach auf Jesus selbst zurückgeführt. Freilich hält man die damit verbundene Blutformel zum Teil für nachösterlich.[45] Denn Leib (σῶμα), heb-

---

39 Vgl. *Pesch*, Das Abendmahl und Jesu Todesverständnis (1978); *Merklein*, Erwägungen zur Überlieferungsgeschichte der neutestamentlichen Abendmahlstradition (1987), 157; *Theobald*, Das Herrenmahl im Neuen Testament (2003), 262; *Heininger*, Das letzte Mahl Jesu (2005), 26–28.
40 Vgl. *Lutz*, Das Herrenmahl im Neuen Testament (2002), 2–8.
41 Vgl. *Theißen – Merz*, Der historische Jesus (²1997), 373.
42 Vgl. *Merklein*, Erwägungen zur Überlieferungsgeschichte der neutestamentlichen Abendmahlstradition (1987), 167; *Hofius*, Herrenmahl und Herrenmahlsparadosis (1989), 224–226.
43 Vgl. *Löhr*, Entstehung und Bedeutung des Abendmahls im frühesten Christentum (2012), 57.
44 Vgl. ebd. 58.
45 Vgl. *Pesch*, Das Abendmahl und Jesu Todesverständnis (1987), 93–101; *Blank*, Weißt du, was Versöhnung heißt? (1987), 81f.; *Stuhlmacher*, Biblische Theologie des Neuen Testaments I (1992), 136f.; *Gnilka*, Jesus von Nazaret (1990), 287f.

Das letzte Abendmahl Jesu mit seinen Jüngern

räisch *bāśār*, meint den hinfälligen Menschen als ganzen[46], so dass eine zusätzliche Erwähnung des Blutes nicht nötig gewesen sei. Zudem sei es schwierig, die im Neuen Testament vielfach und unabhängig vom Kelchwort anzutreffende Vorstellung vom Opfer- und Sühnetod Jesu aus dem Kelchwort abzuleiten.[47] Es wird in der Forschung auch in Erwägung gezogen, ob nicht Mk 14,25[48] das ursprüngliche Kelchwort darstellt, das bundes- und sühnetheologische Kelchwort in Mk 14,24 dagegen in Analogie zum Brotwort gebildet wurde. Dafür könnte sprechen, dass es sich bei dem Bild von der „Frucht des Weinstocks" um ein semitisches Idiom handelt, das für das Getränk des Weines steht.[49] Das ὑπὲρ πολλῶν, so wird vermutet, könnte ursprünglich mit dem Brotwort in Verbindung gestanden haben.[50]

Zahlreiche Forscher rechnen mit einer auf Jesus zurückgehenden Version des (vor-) paulinisch-lukanischen Kelchwortes, zumal die Version bei Markus und Matthäus für jüdische Ohren nur schwer erträglich gewesen sei.[51] Dagegen spricht, dass in Jer 31,31 der Gedanke des Neuen Bundes nicht mit dem Gedanken an ein Opfer bzw. Blut verbunden ist, weshalb schon Lietzmann angenommen hat, dass das Kelchwort bei Paulus sekundär sei.[52] „Für viele vergossen" (Mk 14,24) wird gegenüber der stärker liturgisch geprägten Formel „für euch vergossen" (Lk 22,20) aus sprachlichen und traditionsgeschichtlichen Gründen vielfach als ursprünglich angesehen.[53] Da Jer 31,31 keine Verbindung von

---

46 Vgl. *Wolff*, Anthropologie des Alten Testaments ([4]1984), 49–56.
47 Vgl. *Theobald*, Leib und Blut Christi (2007), 126; *Söding*, Das Mahl des Herrn (1995), 160.
48 „Amen, ich sage euch: Ich werde nicht mehr von der Frucht des Weinstocks trinken bis zu dem Tag, an dem ich von Neuem davon trinke im Reich Gottes."
49 Vgl. *Merklein*, Jesu Botschaft von der Gottesherrschaft ([3]1989), 137–144; *Niemand*, Jesu Abschiedsmahl (2002), 81–122.
50 Vgl. *Theobald*, Das Herrenmahl im Neuen Testament (2003), 262.
51 Vgl. *Theißen – Merz*, Der historische Jesus ([2]1997), 372f.; *Theobald*, Das Herrenmahl im Neuen Testament (2003), 266.
52 Vgl. *Lietzmann*, Messe und Herrenmahl ([3]1955), 253.
53 Vgl. *Hengel – Schwemer*, Jesus und das Judentum (2007), 584.

Bund, Blut und Mahl kennt, diese vielmehr durch Ex 24,8 vorbereitet ist (vgl. Dtn 12,7), und Jer 31,31 auch in der frühjüdischen Tradition weder mit dem Motiv der Sündenvergebung in Zusammenhang steht noch einen Bezug zum messianischen Mahl Jes 25,6–8 hat, spricht letztlich alles dafür, dass die Bezugnahme des Kelchwortes auf Ex 24,8 ursprünglich ist. Warum sollte auch die schwierige Version des Kelchwortes sekundär sein und nicht viel eher die leichtere Version?[54] Es geht ja auch nicht darum, das physische Blut Jesu zu trinken; Leib und Blut Christi bezeichnen jeweils seine Person in ihrer Lebenshingabe für uns.

Hatte Jesus beim letzten Abendmahl mit seinen Jüngern seinen gewaltsamen Tod schon vor Augen, und davon wird man ausgehen müssen (vgl. Mk 2,20; 8,31; 9,31; 10,32f.; Lk 12,50), dann ist es sehr wohl möglich, dass Jesus selbst sein Sterben mit Hilfe des Bildes vom „Blut des Bundes" (Ex 24,8) auf dem Hintergrund von Jes 53 als stellvertretenden Sühnetod gedeutet hat, zumal in den Gottesknechtsliedern das Bundesmotiv an zwei Stellen thematisiert wird (Jes 42,6; 49,8).[55] In seiner Lebenshingabe für „die vielen" identifizierte sich Jesus mit dem Gottesknecht, der durch seine „Existenzstellvertretung"[56] die Sühne als Gabe Gottes vermittelt (Jes 53,10–12). Da weder das Lied vom leidenden und sterbenden Gottesknecht noch die Vorstellung vom Märtyrertod in der frühjüdischen Messiaserwartung als Schriftbeleg auftaucht, erscheint es wenig wahrscheinlich, dass Christen nach Ostern Jes 53 aufgegriffen haben, um dem gewaltsamen Tod Jesu einen Sinn zu geben. Historisch wahrscheinlicher dürfte es sein, dass Jesus selbst es gewesen ist, der sein Todesgeschick im Lichte des vierten Got-

---

54 Vgl. *Söding*, Das Mahl des Herrn (1995), 141.
55 Vgl. *Backhaus*, Hat Jesus vom Gottesbund gesprochen? (1996), 347.355; *Merklein*, Wie hat Jesus seinen Tod verstanden (1998), 183–186; *Söding*, Das Mahl des Herrn (1995), 140; *Wilckens*, Theologie des Neuen Testaments I/2 (2003), 15–18.65–85; *Hengel*, Zur Wirkungsgeschichte von Jes 53 in vorchristlicher Zeit (1996); *Stuhlmacher*, Biblische Theologie des Neuen Testaments I (1992), 125–143.
56 Zum Begriff der „Existenzstellvertretung" vgl. *Stuhlmacher*, Existenzstellvertretung für die vielen (1980).

tesknechtsliedes gedeutet hat.[57] Dafür spricht das Wort Jesu, wonach der Menschensohn gekommen sei, „sein Leben hinzugeben als Lösegeld für viele" (Mk 10,45b; vgl. auch Mk 9,31). Mit dem Lösegeld (Jes 43,4) ist die Vorstellung einer „Auslösung des verwirkten Lebens" im Sinne der „Existenzstellvertretung" verbunden.[58] Auch sonst spielt das Jesajabuch für Jesus eine zentrale Rolle, etwa in der Auslegung der Schriften in der Synagoge von Kapharnaum (Lk 4,16–21; vgl. Jes 61,1–3a.6b).

Noch Rudolf Bultmann hatte in seiner berühmten Akademieabhandlung von 1959 die These vertreten, „daß wir nicht wissen können, *wie Jesus seinen Tod verstanden hat*", dass seine Hinrichtung „aufgrund eines Mißverständnisses seines Wirkens als eines politischen" erfolgte und die Möglichkeit bestehe, „daß er zusammengebrochen ist"[59]. Im Zuge der von Ernst Käsemann (1906–1998), einem Schüler Bultmanns, eingeleiteten neuen historischen Rückfrage nach Jesus *(Second Quest)* kam eine Reihe prominenter Exegeten durch Analysen der Leidensweissagungen und Abendmahlsberichte zu der Überzeugung, dass Jesus seinen Tod als Sühnetod „für die vielen" verstanden hat.[60] Die Substanz der Deuteworte Jesu zu Brot und Wein dürfte in folgenden Aussagen bestehen: *Das ist mein Leib für die vielen gegeben. Das ist der Kelch des [Neuen] Bundes in meinem Blut* oder *Das ist mein Leib. Das ist mein Blut des Bundes für die vielen.*[61]

---

57 Vgl. *Betz*, Eucharistie in der Schrift und Patristik (1979), 11.
58 Vgl. *Janowski*, Auslösung des verwirkten Lebens (1983), 25–59.
59 *Bultmann*, Das Verhältnis der urchristlichen Christusbotschaft zum historischen Jesus (1960), 11f.
60 Zum Beispiel Joachim Jeremias, Leonhard Goppelt (1911–1973), Otto Betz (1917–2005) und Martin Hengel (1926–2009). Vgl. *Stuhlmacher*, Biblische Theologie des Neuen Testaments I (1992), 126f.
61 So *Klauck*, Herrenmahl und hellenistischer Kult (1982), 304–314, und *Merklein*, Erwägungen zur Überlieferungsgeschichte der neutestamentlichen Abendmahlstradition (1987), 157–167 (orientiert am paulinisch-lukanischen Abendmahlsbericht). Beim Becherwort ohne Ergänzung in der Klammer handelt es sich um die Rekonstruktion von Klauck, im anderen Falle um die Rekonstruktion Merkleins.

Doch wie lässt sich die mit dem Kelchwort verbundene Deutung des Todes Jesu als stellvertretender Sühnetod[62] mit der Verkündigung der Gottesherrschaft als zentralem Thema des Wirkens Jesu in Galiläa zusammendenken? Anton Vögtle (1910–1996) und Peter Fiedler (1940–2009) haben die These vertreten, Jesu Botschaft vom anbrechenden Gottesreich und ein stellvertretender Sühnetod Jesu seien miteinander unvereinbar, da Gottes Vergebung, die Jesus den Menschen zusprach, an keine Bedingungen geknüpft gewesen sei.[63] Warum sollte also am Ende ein stellvertretender Sühnetod Jesu „notwendig" gewesen sein? Die Antwort, die Rudolf Pesch (1936–2011), Helmut Merklein (1940–1999), Peter Stuhlmacher, Ulrich Wilckens u. a. gegeben haben, dürfte wohl immer noch die plausibelste sein: Da Israel größtenteils die Verkündigung der Gottesherrschaft nicht annahm, eröffnete Gott eine neue Chance zur Errettung Israels, indem sein Messias das eigene Leben stellvertretend „für die vielen" dahingab.[64] Das Abschiedsmahl mit den Zwölfen, die in der endzeitlichen Sammlung Jesu ganz Israel repräsentieren, steht für die Lebenshingabe Jesu am Kreuz – symbolisiert durch das gebrochene Brot und den Kelch des Bundes. Das gebrochene Brot und das entsprechende Deutewort stehen für das in den Tod gegebene Leben Jesu. Das Kelchwort mit dem Bild des vergossenen Blutes verstärkt die Lebenshingabe Jesu in den Tod. Leib und Blut Jesu verhalten sich nicht zueinander wie Leib und Seele, sondern stehen für sein Lebensopfer.

---

62 Vgl. *Hengel*, Der stellvertretende Sühnetod Jesu (1980), 1–25.135–147.
63 Vgl. *Vögtle*, Grundfragen der Diskussion um das heilsmittlerische Todesverständnis Jesu (1985); *Fiedler*, Jesus und die Sünder (1976), 277–283. Vgl. auch *Häfner*, Nach dem Tod Jesu fragen (2002), 154.
64 Vgl. *Pesch*, Wie Jesus sein Abendmahl hielt ([2]1978), 83; *Merklein*, Die Gottesherrschaft als Handlungsprinzip ([2]1981), 139–144; *ders.*, Wie hat Jesus seinen Tod verstanden (1988); *Stuhlmacher*, Biblische Theologie des Neuen Testaments I (1990), 130–143. *Patsch*, Abendmahl und historischer Jesus (1972), 141–230, hat mit beachtlichen Argumenten den Nachweis zu führen versucht, dass Jesus in souveräner Weise auf den Gedanken einer universalen Sühne in Jes 53 zurückgegriffen hat.

Die *Verba Testamenti* dürften also der Sache nach auf Jesus selbst zurückgehen. Warum sollten die ersten Christen auch den Ablauf des letzten Abendmahls mit der Brot- und Becherhandlung Jesu erfunden haben? Um die urchristliche Praxis der Eucharistie zu legitimieren? Angesichts der eminent kurzen Zeitspanne zwischen den letzten Tagen Jesu und den Anfängen der christlichen Eucharistie bedarf diese Praxis selbst einer Erklärung. „Historiker können nicht erklären, wie die früheste christliche Gemeinde das Wesentliche an der Eucharistieüberlieferung so kurze Zeit nach Jesu Weggang einfach hätte erfinden können.“[65] Die Annahme, dass Jesus beim Abschiedsmahl mit seinen Jüngern eine prophetische Symbolhandlung vornahm und Brot und Wein auf sein bevorstehendes Leiden und Sterben bezog, findet daher unter den Neutestamentlern heute breite Zustimmung.[66] Es ist auch kaum vorstellbar, dass die urchristliche Eucharistie ohne Ursprung in den letzten Tagen Jesu hätte entstehen können.

2. Das letzte Abendmahl – ein Pessachmahl?

Mit dem Pessachfest verbinden die Juden die Rettung vor dem Engel des Verderbens durch das Blut des Pessachlammes, den Exodus, den Durchzug durch das Rote Meer und die Erwartung des gelobten Landes – also das für das Volk Israel konstitutive Geschichtshandeln Gottes. Das Pessachfest ist zugleich das „Fest der ungesäuerten Brote“ (Ex 34,18). Ursprünglich war es ein selbstständiges Fest der Gerstenernte (Mazzotfest), das man später mit dem eiligen Aufbruch der Israeliten im Zuge der Befreiung aus Ägypten in Verbindung brachte. Neben dem Schlachten der Lämmer im Tempel am Rüsttag (14. Nisan) gehörte zum Pessachfest der Sederabend am Vorabend des 15. Nisan.[67] Die Synoptiker be-

---

65 Vgl. *Vorgrimler*, Sakramententheologie (^{3}1992), 155.
66 Vgl. *Theobald*, Leib und Blut Christi (2007), 123f.
67 Nach jüdischer Zeitrechnung beginnt der neue Tag nach Einsetzen der Abenddämmerung.

richten, dass Jesus das letzte Abendmahl am Sederabend des Pessachfestes gefeiert hat und am Tag des Festes gekreuzigt wurde. Doch genannt werden neben dem Pessachlamm nur Brot (ἄρτος) und Wein, die für jede Art des jüdischen Festmahls charakteristisch sind, nicht aber Mazzen und Bitterkräuter. Das Wort für ἄρτος bedeutet in der Regel auch gesäuertes, nicht ungesäuertes Brot, das in der Septuaginta ἄζυμα (das Ungesäuerte) genannt wird.

Die Angaben für den Gottesdienst des Sederabends (Pessachhaggada) stammen aus der Mischna um 200 n. Chr.[68] Die Texte, die Joachim Jeremias in seiner Studie „Die Abendmahlsworte Jesu" herangezogen hat, um zu belegen, dass es sich beim letzten Abendmahl Jesu mit seinen Jüngern um eine Pessachfeier gehandelt hat, sind deutlich jünger als bislang angenommen. Sie dürfen daher nicht einfach in die Zeit Jesu zurückprojeziert werden.[69] Heute geht man davon aus, dass es nach der Zerstörung des zweiten Tempels im Jahre 70 n. Chr. zu einer Weiterentwicklung der Pessachhaggada gekommen ist.[70] Wahrscheinlich hat die Entwicklung der christlichen Eucharistiefeier dabei einen Einfluss gehabt.[71]

Nach der Chronologie der letzten Tage Jesu bei Johannes starb Jesus nicht am Tag des Pessachfestes, sondern am Rüsttag vor dem

---

68 Vgl. Mischna Pesachim X.
69 Vgl. *Leonhard*, Pesach and Eucharist (2017).
70 Vgl. *Stemberger*, Pesachhaggada und Abendmahlsbericht des Neuen Testaments, (1990). Noch *Markus Barth* geht davon aus, dass man die Pessachhaggada zur Zeit Jesu aus dem Traktat „Mischna Pesachim X" rekonstruieren könne. Vgl. *ders.*, Das Mahl des Herrn. Gemeinschaft mit Israel, mit Christus und unter den Gästen (1986), 22: „Wie sich die Feier in hellenistischer Zeit entwickelt hat und unter frühem rabbinischen Einfluss wohl auch zur Zeit Jesu gestaltet war, kann aus dem Mischna-Traktat Pesachim ersehen werden."
71 Vgl. *Yuval*, Pessach und Ostern (1999), 10–23; *ders.*, Zwei Völker in deinem Leib (2007), 69–75.210–256. Die Praxis, am Gründonnerstag nach der Messe vom letzten Abendmahl entsprechend der Pessachhaggada ein jüdisches „Pessach" zu feiern, um sich so der geschichtlichen Wurzeln der christlichen Eucharistiefeier zu vergewissern, kollidiert nicht nur mit der historischen Entwicklung. Es ist theologisch fragwürdig, wenn Christen einen zentralen jüdischen Ritus imitieren.

Sederabend des Pessachfestes. Am Rüsttag wurden im Tempel die Lämmer für das Pessachfest geschlachtet (Joh 18,39). Außerhalb Jerusalems musste das Pessachfest ohne das Pessachlamm gefeiert werden. Tausende von Juden pilgerten daher zum Pessachfest nach Jerusalem. Es könnte sein, dass auch Paulus vom Rüsttag als Datum der Kreuzigung Jesu ausgeht, wenn er davon spricht, dass Christus „als unser Paschalamm geopfert" wurde (1 Kor 5,7). Der Rüsttag ist der 14. Nisan, so dass spätestens am Vorabend dieses Tages das letzte Abendmahl Jesu mit seinen Jüngern stattgefunden haben muss. Auch wenn es kein Pessachmahl war, wurde es in unmittelbarer Nähe zum Pessachfest gefeiert (Joh 13,1).

Bis heute beschäftigt die exegetische Forschung die Frage, wie die unterschiedlichen Chronologien der Synoptiker und des vierten Evangelisten zu erklären sind. Der Versuch, diese durch die Annahme unterschiedlicher Kalender, des offiziellen Jerusalemer Mondkalenders und des Sonnenkalenders von Qumran, zu harmonisieren, findet heute kaum noch Zustimmung.[72] Welche Chronologie der letzten Tage Jesu ist also die historisch wahrscheinlichere? Zuletzt hat Martin Hengel (1926–2009) noch einmal die These verteidigt, dass es sich beim letzten Abendmahl Jesu mit seinen Jüngern um ein Pesachmahl gehandelt habe. Im Anschluss an Joachim Jeremias führt Hengel dafür eine Reihe gewichtiger Argumente an: (1) Das letzte Abendmahl Jesu fand im übervölkerten Jerusalem während der Nacht statt; nächtliche Mahlzeiten waren beim einfachen Volk aber nicht üblich. (2) Es handelte sich um ein wirkliches Festmahl, da man auf Liegepolstern zu Tische lag. (3) Zu den Speisen wurden deutende Worte gesprochen. (4) Schließlich sang man die Hallelpsalmen, die mit größter Wahrscheinlichkeit schon Teil der damaligen Pessachhaggada waren.[73] Ulrich Wilckens, der ebenfalls davon ausgeht, dass es sich beim letzten Abendmahl um ein Pessachmahl gehandelt

---

72 Nach *Jaubert*, La date de la cène (1957), war das letzte Abendmahl Jesu ein antizipiertes Pessachmahl nach dem solaren Kalender der Gemeinde von Qumran.

73 Vgl. *Hengel – Schwemer*, Jesus und das Judentum (2007), 583.

hat[74], sieht in der Schale, aus der die Jünger nach Mk 14,20 mit Jesus aßen, einen Hinweis auf die Schale mit den Bitterkräutern.[75]

Gleichwohl scheint die Datierung des letzten Abendmahls auf die Pessachnacht historisch nicht sehr wahrscheinlich. Wenn das letzte Abendmahl Jesu mit seinen Jüngern eine Pessachfeier war, würde dies voraussetzen, dass Jesus noch in der Nacht auf den 15. Nisan von den Hohepriestern verhört, ausgeliefert und am Tag des Pessachfestes nach einem Todesurteil des römischen Statthalter Pilatus gekreuzigt worden ist. Angesichts des Auftriebs in Jerusalem während des Pessachfestes ist dies nur schwer vorstellbar, sowenig wie es vorstellbar ist, dass die Hohepriester am Pessachfest zur Ort der Kreuzigung Jesu gegangen sind, um den Gekreuzigten zu verhöhnen (Mk 27,29). Einer Kreuzigung am Pessachfest steht auch eine Stelle bei Markus entgegen, wo es heißt, die Hohepriester und Schriftgelehrten hätten nach einer Möglichkeit gesucht, „Jesus mit List in ihre Gewalt zu bringen, um ihn zu töten", aber „ja nicht am Fest, damit es im Volk keinen Aufruhr gibt" (Mk 14,1f.). So tendieren heute zahlreiche Forscher dazu, der johanneischen Chronologie zu folgen, nach der Jesus am Rüsttag vor Beginn des Pessachfestes gekreuzigt wurde.[76] Auch wenn das letzte Abendmahl Jesu vermutlich kein Pessachmahl war, so hat es sich in jedem Fall um ein festliches Mahl gehandelt, da es bei einem normalen Mahl nicht üblich war, Wein zu trinken.[77]

Zum jüdischen Mahl gehörten verschiedene Benediktionen, die durch anamnetischen Dank und Lobpreis sowie Bitten charakterisiert waren. Die Elemente, die genannt werden, begegnen in jedem ritualisierten jüdischen Festmahl: Benediktionen

---

74 Vgl. *Wilckens*, Theologie des Neuen Testaments I/2 (2003), 83.
75 Vgl. ebd. 78.
76 So zum Beispiel *Meier*, A Marginal Jew (1991), 372–433, und *Theißen – Merz*, Der historische Jesus (^{2}1997) 152–154.373–376; *Roloff*, Jesus (2000), 110, ebenso *Ratzinger*, Jesus von Nazareth II, in: JRGS 6/1 (2013), 498–505 [125–134].
77 Zur Verwendung des Brotes und anderer Speisen des jüdischen bzw. des frühchristlichen Mahles vgl. *Berger*, Manna, Mehl und Sauerteig (1993).

(bᵉrākôt) über das Brot am Beginn der Mahlzeit und das Gebet über den „Kelch des Segens" am Ende des Mahles *(birkat hammāzôn)*, bestehend aus zwei anamnetischen Segenssprüchen (1. Schöpfung; 2. Land/Tora) und einem interzessorischen Segensspruch (*birkat jᵉrūšālajīm*, Bitte für Jerusalem).[78] Die *birkat hammāzôn* gilt als eines der ältesten jüdischen Gebete, das bis in die Zeit des zweiten Tempels zurückreicht.[79] Am Beginn steht der symbolische Akt des Brotbrechens mit dem Segensspruch über das Brot als Gabe der Schöpfung. Beim „Segensbecher" kommt zum Motiv der Schöpfungsgabe der Lobpreis Gottes als Geber des Landes und des Bundes sowie die Bitte um sein eschatologisches Eingreifen zugunsten des Bundesvolkes hinzu. In unmittelbarer Nähe zum Pessachfest dürfte Jesus bei einem Festmahl mit seinen Jüngern die vorgesehenen Benediktionen zum gebrochenen Brot und zum „Kelch des Segens" (1 Kor 10,16) mit speziellen Deute- und Gabeworten verbunden haben.

Zu Beginn des Mahles sprach Jesus eine Benediktion über das Brot und deutete das Brot, das er an die Jünger verteilte. Nach dem gemeinsamen Mahl folgte die *birkat hammāzôn* über den „Kelch des Segens" und die Deutung des Kelches mit dem Wein, den er den Jüngern reichte. Ob Jesus, wie es die Verzichtserklärung bei Lukas andeutet (Lk 22,15–18), selbst beim Mahl nicht mehr vom Brot gegessen und vom Wein getrunken hat, muss offenbleiben, auszuschließen ist das nicht. Wenn Jesus seine Jünger aus einem Kelch trinken lässt (Mk 13,24; Mt 26,27), dürfte er damit vom damaligen jüdischen Brauch abgewichen sein. Hartmut Gese hat die These vertreten, dass es sich beim letzten Abendmahl Jesu mit seinen Jüngern um eine Dankopferfeier *(zæbaḥ tôdāh)* gehandelt habe.[80] Εὐχαριστεῖν entspricht in der Tat dem hebräischen *hôdāh* (danken), εὐλογεῖν dagegen *bᵉrākāh* (segnen bzw. loben). Doch begegnen *hôdājôt* (Dankgebete) nicht nur

---

78 Vgl. *Meßner*, Einführung in die Liturgiewissenschaft (²2009), 154.
79 Vgl. *Heinemann*, Prayer in the Talmud (1977), 113–122.
80 Vgl. *Gese*, Die Herkunft des Abendmahles (1977). Vgl. auch *Lindsey*, „Todah" and the Eucharist (1997).

bei einer Dankopferfeier *(zæbaḥ tôdāh)*, sondern auch bei anderen Festmählern.

Das letzte Abendmahl Jesu mit seinen Jüngern war nicht gegen den Tempel gerichtet, wie Bruce Chilton und andere annehmen. Für Chilton hat Jesus Brot und Wein, die Opfermaterie des Tempels sind (Num 15,1–10; Ex 29,38), als Ersatz für die Tieropfer eingesetzt.[81] Auch Gerd Theißen und Annette Merz halten dies für wahrscheinlich.[82] Dies würde allerdings erhebliche Veränderungen am überlieferten Text der Deuteworte über Brot und Wein erforderlich machen. Denn dieser spricht von *Jesu Leib und Blut*, nicht davon, dass das Brot- und Weinopfer die Tieropfer des Tempels ersetzen sollen.[83] Die Apostelgeschichte sieht auch keinen Gegensatz zwischen dem „Brotbrechen" und dem Gottesdienst im Tempel (zumindest, was das Gebet im Tempel betrifft). Von den ersten Christen in Jerusalem heißt es: „Tag für Tag verharrten sie einmütig im Tempel, brachen in ihren Häusern das Brot und hielten miteinander Mahl in Freude und Lauterkeit des Herzens" (Apg 2,46).[84] Bei Paulus spielt die Bildwelt der Kult- und Opfersprache eine bedeutende Rolle, um das Sterben Christi, den eigenen Dienst als Apostel und den christlichen Gottesdienst zu verstehen.[85]

Folgende Annahme erscheint daher wahrscheinlich: Jesus sah voraus, dass er das Pessachlamm nicht mehr würde essen können. So versammelte er die Zwölf zu einem besonderen Abschiedsmahl, bei dem er sich selbst als das wahre Lamm schenkte und damit sein eigenes Pascha stiftete.[86] Darauf könnte die geheimnisvolle Ankündigung Jesu hindeuten, auf das Pessach zu verzichten: „Mit

---

81 Vgl. *Chilton*, A Feast of Meaning (1994), 46–74; *ders.*, The Temple of Jesus (1992), 150–154; ebenso *Lang*, Heiliges Spiel (1998), 241–254.

82 Vgl. *Theißen – Merz*, Der historische Jesus (²1997), 359–386; ähnlich *Karrer*, Jesus Christus im Neuen Testament (1998), 283.

83 Gegen die kultkritische Interpretation des letzten Abendmahls bei Theißen und Merz wendet sich auch *Byrskog*, The Meal and the Temple (1017).

84 Vgl. *Klawans*, Interpreting the Last Supper (2002), 9f.

85 Darauf weist *Klawans*, ebd. 10–15, hin.

86 So etwa *Meier*, A Marginal Jew (1991), 399; *Klawans*, Interpreting the Last Supper (2002), 15f.; dieser Position schließt sich auch *Ratzinger*, Jesus von Nazareth II, in: JRGS 6/1, 504 [133], an.

großer Sehnsucht habe ich danach verlangt, vor meinem Leiden dieses Paschamahl mit euch zu essen. Denn ich sage euch: Ich werde es nicht mehr essen, bis es seine Erfüllung findet im Reich Gottes" (Lk 22,15f.). Das Entscheidende ist nicht mehr das Pessachlamm, sondern das neue Pascha des Leidens und Sterbens Jesu. So sieht es auch der Apostel Paulus: „Schafft den alten Sauerteig weg, damit ihr neuer Teig seid! Ihr seid ja schon ungesäuertes Brot; denn als unser Paschalamm ist Christus geopfert worden" (1 Kor 5,7). Das geopferte Lamm ist Christus – darin stimmen Paulus und Johannes letztlich überein.

3. Die Rede vom Himmelsbrot und die Fußwaschung

Im Johannesevangelium scheint zunächst nichts auf die Feier der Eucharistie hinzudenken. Im Mittelpunkt der johanneischen Erzählung vom letzten Mahl Jesu mit seinen Jüngern stehen die Fußwaschung (13,2–11) und das *mandatum novum* (Joh 13,12–15). Die Fußwaschung, die Jesus an seinen Jüngern vornahm, war für die Jünger ein Zeichen seiner Liebe bis zum Äußersten (Joh 13,36). Die Deutung der Fußwaschung als Zeichen für die Lebenshingabe Jesu steht für Johannes nicht im Gegensatz zum paradigmatischen Liebesdienst.[87] Was also spricht dagegen, dass schon für Johannes bzw. Jesus selbst beides untrennbar zusammen gehört?

Aus dem Fehlen eines Abendmahlsberichtes haben manche geschlossen, dass in den johanneischen Gemeinden anfänglich keine Eucharistie gefeiert wurde. Dagegen spricht der dritte Teil der Brotrede (Joh 6,52b–58), in dem sehr realistisch vom Essen von Jesu Fleisch und vom Trinken von Jesu Blut die Rede ist. Eine eucharistische Interpretation ist naheliegend.[88] Die direkte Sprache der Brotrede macht es wenig wahrscheinlich, dass das Fehlen des Einsetzungsberichts mit Arkandisziplin (von lat. *arca-*

---

87 Vgl. *Schnackenburg*, Das Johannesevangelium II (1971), 7.12.
88 Vgl. *Gnilka*, Johannesevangelium (²1985), 50; *Reiser*, Eucharistische Wissenschaft (1995), 164–177.

num, Geheimnis) zu tun hat.[89] Nach der Arkandisziplin wurden Kultbräuche und Rituale nur einem Kreis von Eingeweihten zugänglich gemacht. Einige Forscher wollen im Schlusteil der Brotrede eine redaktionelle Erweiterung sehen, die im Gegensatz zu den nichtsakramentalen Intentionen des Evangelisten stehe.[90] Andere führen dagegen auch den Schlussteil auf den Evangelisten zurück.[91] Wieder andere meinen, dass er aus der johanneischen Schule stamme.[92]

Jesus hielt die Brotrede kurz vor dem Pessachfest (Joh 6,4) – nach der Brotvermehrung (Joh 6,1–15) und dem Gang über das Wasser (Joh 6,16–21). Eingeleitet wird die Rede durch einen Rückbezug auf die Brotvermehrung: „Von Tiberias her kamen andere Boote in die Nähe des Ortes, wo sie nach dem Dankgebet des Herrn das Brot gegessen hatten (ἔφαγον τὸν ἄρτον εὐχαριστήσαντος τοῦ κυρίου)" (Joh 6,23). Im „Dankgebet des Herrn" sehen manche Forscher einen Hinweis auf die christliche Eucharistie. Im Zentrum der Brotrede steht ein Midrasch zu Ps 78,24[93]: „Er ließ Manna auf sie regnen als Speise, er gab ihnen Korn vom Himmel" (vgl. Ex 16,4).[94] Der Aussage „Brot vom Himmel gab er ihnen zu essen" (Joh 6,31) liegen wahrscheinlich Weish 16,20, Ps 78,24 und Ex 16,4.15 zu Grunde.[95] Jesus macht denen, die beim Wunder der Brotvermehrung dabei waren und ihm nun in der Synagoge zuhören, den Vorwurf, nicht wegen der Zeichen zu glauben, sondern weil sie Brot erhalten haben und satt geworden sind (Joh 6,27–29). „Müht euch nicht ab für die Speise, die verdirbt, sondern für die Speise, die für das ewige Leben bleibt und die der Menschensohn euch geben wird" (Joh 6,27). Dies könnte eine Klammer zu Joh 6,52b–59, dem dritten Teil der Brotrede, sein.

---

89 So die Erklärung von *Jeremias*, Die Abendmahlsworte Jesu (³1960), 130.
90 Zum Beispiel *Bornkamm*, Die eucharistische Rede im Johannes-Evangelium (1956).
91 Etwa *Wilckens*, Das Abendmahlzeugnis im vierten Evangelium (1958).
92 Vgl. *Brown*, The Gospel according to John (1966), 286f.
93 Ein Midrasch ist eine Schriftauslegung im rabbinischen Judentum.
94 Vgl. *Schnackenburg*, Das Johannesevangelium II (1971), 13.53.
95 Vgl. *Betz*, Eucharistie in der Schrift und Patristik (1979), 22.

Die Leute, die Jesus in der Synagoge zuhören, verweisen auf das Manna (Ex 16,4.31), das die Väter in der Wüste gegessen haben und von dem geschrieben steht: „Korn vom Himmel gab er ihnen zu essen" (vgl. Ps 78,24). Darauf entgegnet Jesus: „Amen, amen, ich sage euch: Nicht Mose hat euch das Brot (ἄρτος) vom Himmel gegeben, sondern mein Vater gibt euch das wahre Brot (ἄρτος ἀληθινός) vom Himmel. Denn das Brot, das Gott gibt, kommt vom Himmel herab und gibt der Welt das Leben. Da baten sie ihn: Herr, gib uns immer dieses Brot! Jesus antwortete ihnen: Ich bin das Brot des Lebens; wer zu mir kommt, wird nie mehr hungern, und wer an mich glaubt, wird nie mehr Durst haben" (Joh 6,32–35). Der Gegensatz von Manna und wahrem Himmelsbrot ist typologisch zu verstehen. Nicht das Manna, das Mose den Israeliten in der Wüste zu essen gab, ist das Brot des Lebens. Das wahre und wirkliche Brot, in dem das Manna zu seiner Erfüllung kommt, ist das Brot, das vom Himmel herabgekommen ist und der Welt das Leben gibt. Jesus selbst ist das „Brot des Lebens"[96] in Person.

Der Ausdruck „Brot des Lebens" ist eine bildhafte Selbstbezeichnung Jesu. Sie steht in Verbindung mit Joh 6,38 (vgl. Joh 6,42), wo Jesus von sich sagt, dass er vom Himmel herabgekommen und von Gott gesandt sei, den Willen des Vaters zu tun, der darin bestehe, dass alle, die den Sohn sehen und an ihn glauben, das ewige Leben haben (Joh 6,39). Das Brot des Lebens ist in der Brotrede zunächst geistig-personal zu deuten. Dafür spricht, dass zu Beginn der Rede nicht vom Essen (φαγεῖν) des Brotes die Rede ist und das Doppelbild vom Hungern und Dürsten verwendet wird: Wer zu Jesus kommt, wird nicht mehr hungern, wer an ihn glaubt, wird nicht mehr dürsten. Das Doppelbild verbindet das Manna in der Wüste mit dem Wasser aus dem Felsen (vgl. Ex 17,1 7). Wahrscheinlich ist auch eine Verbindung des Bildes mit Aussagen über die Weisheit: „Kommt, esst von meinem Mahl und trinkt vom Wein, den ich mischte" (Spr 9,5). Speise und Trank der Weisheit aber vermitteln nicht das ewige Leben: „Die

---

96 Vgl. *Schnackenburg*, Das Johannesevangelium II (1971), 58.

Cena Domini

mich essen, werden noch hungern, die mich trinken, werden noch durstig sein." (Sir 24,21).

Als die Leute murrten, erklärt Jesus, niemand komme zum Vater außer durch ihn und niemand habe den Vater gesehen außer derjenige, der von Gott ist (Joh 6,44.46). Daraufhin unterstreicht Jesus unter der Verwendung der ἐγώ εἰμι-Formel seinen göttlichen Vollmachtsanspruch: „Ich bin (ἐγώ εἰμι) das Brot des Lebens. Eure Väter haben in der Wüste das Manna gegessen und sind gestorben. So aber ist es mit dem Brot, das vom Himmel herabkommt: Wenn jemand davon isst, wird er nicht sterben. Ich bin das lebendige Brot, das vom Himmel herabgekommen ist. Wer von diesem Brot isst, wird in Ewigkeit leben. Das Brot, das ich geben werde, ist mein Fleisch (σάρξ) (ich gebe es hin) für das Leben der Welt" (Joh 6, 48–51c). Auch hier geht es um die Gemeinschaft mit Jesus, der von himmlischer Herkunft ist, wogegen sich Leute, die Jesus zuhören und ihn als Sohn Josefs kennen, auflehnen (Joh 6,41). Jesus aber verweist auf seine Sendung durch den Vater im Himmel, den niemand gesehen hat, außer derjenige, der von Gott kommt.

Der eucharistische Teil der Brotrede beginnt nach Heinz Schürmann nicht schon mit Joh 6,51c, denn hier gehe es um die Hingabe Jesu in den Tod.[97] Mit dem Motiv des „Essens" ist der Vers wahrscheinlich eine bewusste Überleitung zum eucharistischen Teil der Brotrede, die mit Joh 6,52b eingeleitet wird.[98] Die Juden, die sich über die Rede Jesu streiten (vgl. Ex 17,2), fragen: „Wie kann er uns sein Fleisch zu essen geben?" (Joh 6,52b). Jesus antwortet ihnen: „Amen, amen, ich sage euch: Wenn ihr das Fleisch des Menschensohnes (υἱὸς ἀνθρώπου) nicht esst (φάγητε) und sein Blut nicht trinkt, habt ihr das Leben nicht in euch. Wer mein Fleisch isst (τρώγων) und meint Blut trinkt, hat das ewige Leben, und ich werde ihn auferwecken am Jüngsten Tag. Denn mein Fleisch ist wahrhaft eine Speise (ἀληθής ἐστιν βρῶσις) und mein Blut ist wahrhaft ein Trank (ἀληθὴς ἐστιν πόσις). Wer mein Fleisch isst und mein Blut trinkt, der bleibt in mir und ich bleibe

---

97 Vgl. *Schürmann*, Joh 6,51c (1958), 244–262: 249f.
98 Vgl. *Schnackenburg*, Das Johannesevangelium II (1971), 83.

Das letzte Abendmahl Jesu mit seinen Jüngern

in ihm. Wie mich der lebendige Vater gesandt hat und wie ich durch den Vater lebe, so wird jeder, der mich isst, durch mich leben. Dies ist das Brot, das vom Himmel herabgekommen ist. Er ist nicht wie das Brot, das die Väter gegessen haben, sie sind gestorben. Wer aber dieses Brot isst, wird leben in Ewigkeit" (Joh 6,53–58).

Die meisten griechischen und lateinischen Kirchenväter interpretieren die Brotrede sakramental, während Clemens von Alexandrien (ca. 150–215) und Origenes (185–253/4) sie auf den fleischgewordenen Logos beziehen, der uns geistig nährt.[99] Mit zahlreichen katholischen und evangelischen Exegeten wird hier davon ausgegangen, dass die Brotrede von einem geistig-personalen zu einem „sakramentalen" Verständnis des wahren Himmelsbrotes voranschreitet.[100] Die Entwicklung innerhalb des Textes dürfte wahrscheinlich im Kontext einer *relecture* und *reécriture* der Texte innerhalb des johanneischen Kreises zu sehen sein.[101] Der Bezug zur Eucharistie, der in der Brotrede Joh 6,23.27 vorweggenommen wird, ist für Joh 6,52b–58 jedenfalls offensichtlich.[102] Joachim Gnilka vertritt die Mehrheitsmeinung der Exegeten, wenn er schreibt: „Das Essen ist jetzt nicht mehr bildlich, sondern sakramental zu verstehen"[103].

Jens Schröter meint dagegen, dass es auch in Joh 6,52b–58 ausschließlich um die Gemeinschaft mit Christus durch den Glauben gehe, die durch das Bild des Essens und Trinkens zum Ausdruck gebracht werde.[104] Doch auffallend ist, dass das Essen (φαγεῖν) durch das Kauen (τωγεῖν) verstärkt wird. Weitere Termini in der Brotrede, die auf die Eucharistie hindeuten, sind: ἄρτος, αἷμα,

---

99 Zur Auslegungsgeschichte vgl. ebd. 96–102.
100 Vgl. die Literatur ebd. 87.
101 Vgl. *Scholtissek*, Mit ihm sein und bleiben (2000), 194–210.
102 Für Johannes Betz ist dagegen die ganze Brotrede eucharistisch zu lesen. Vgl. *ders.*, Die Realpräsenz des Leibes und Blutes Jesu im Abendmahl nach dem Neuen Testament II/1 (1961), 175.
103 *Gnilka*, Johannesevangelium (^{2}1985), 53. Gnilka erkennt in Joh 6,53–58 einen Midrasch zur Abendmahlstradition (Mt 26,26–28par).
104 Vgl. *Schröter*, Nehmt – esst und trinkt (2010), 54–59.

ἐστιν und ὑπέρ. Fleisch und Blut sind eine wirkliche Speise und ein wirklicher Trank. Die Verwendung des Menschensohntitels (υἱὸς ἀνθρώπου) verhindert das mögliche Missverständnis der Anthropophagie: Nicht das physische Fleisch und Blut Jesu werden in der Eucharistie empfangen. Er ist der erhöhte Herr, der sich mit seinem geisterfüllten Fleisch und Blut in den eucharistischen Gaben schenkt. Ob das Bild vom Weinstock in Joh 15,1–8 in Verbindung mit der urchristlichen Mahlfeier steht, wie dies in Did. 9,2 der Fall ist, muss offen bleiben.

Warum im eucharistischen Teil der Brotrede vom Fleisch (σάρξ) des Menschensohnes die Rede ist, statt vom Leib (σῶμα), ist nur schwer entscheidbar. Es könnte sich um eine Übersetzungsvariante der zugrundeliegenden Worte *gūpāh* und *bāśār* handeln. So verwendet Ignatius von Antiochien (gest. um 110) σάρξ als eucharistischen Terminus.[105] Für die Bezeichnung des eucharistischen Brotes als Fleisch (σάρξ) in Joh 6,52b–58 spielt vielleicht die johanneische Logos-Sarx-Christologie (vgl. σάρξ Joh 1,14) die entscheidende Rolle. Der Sakramentenrealismus im letzten Teil der Brotrede (man hat hier vom kapharnaitischen Abendmahlsverständnis gesprochen, da die Brotrede Jesu in Kapharnaum angesiedelt ist), entspricht jedenfalls ganz dem antignostischen Akzent der johanneischen Christologie. Wahrscheinlich wendet sich Joh 6,52b–58 gegen eine gnostisch-doketische Gruppe, welche die Inkarnation und den Kreuzestod Jesu bestritt und den Empfang der Eucharistie ablehnte. Fleisch meint nicht wie beim Tempelkult die vom Blut getrennte Wirklichkeit, sondern den ganzen Menschen. Während die ersten beiden Teile der Brotrede eine innerjüdische Auseinandersetzung im Blick haben, richtet sich der dritte Teil gegen eine nicht rechtgläubige christliche Gruppe. Dass die sakramentalen Elemente von Brot und Wein selbst nicht genannt werden, ist kein Gegenargument, denn entscheidend sind Fleisch und Blut als Speise des Menschensohnes.

---

105 Vgl. *Ignatius von Antiochien*, Ad Romanos VII (PG 5, 693B); *ders.*, Ad Philadelphios IV (PG 5, 700B); *ders.*, Ad Smyrnos VII (PG 5, 713A).

In Joh 6,52b–58 haben wir es nicht mit einem magischen Verständnis des sakramentalen Mahles zu tun. Das eucharistische Essen bedeutet keinen Automatismus, der die Verbindung mit Christus bewirkt. Nur durch den gläubigen Empfang der eucharistischen Gaben wird die bleibende Verbindung mit Christus geschenkt. Das reine, nichtsakramentale Essen nützt nichts. So ist auch Joh 6,63 zu verstehen: „Der Geist ist es, der lebendig macht; das Fleisch nützt nichts". Vom ‚Kauen' des eucharistischen Brotes ist die Rede, um das ‚sakramentale Essen' vom ‚bildhaften Essen', das heißt dem gläubigen Aufnehmen Jesu, des Lebensbrotes in Person, zu unterscheiden. Wie bei den Synoptikern ist die Eucharistie bei Johannes Unterpfand der eschatologischen Vollendung. Das Leben, das die Eucharistie schenkt, findet seine Erfüllung in der Auferweckung von den Toten (Joh 6,54). Das sakramentale Mahl ist ein Zeichen des Glaubens an die Offenbarung Jesu und die Teilhabe an seinem österlichen Leben.[106]

Die Zeichenhandlung der Fußwaschung, die der vierte Evangelist als Teil des letzten Mahles Jesu mit seinen Jüngern erwähnt, verdeutlicht den Sinn des Sterbens Christi, aber auch der Eucharistie, die darauf zielt, die Gabe des für uns dahingegebenen Lebens von dem zu empfangen, der sich in seinem Sterben zum Diener aller gemacht hat. Im eucharistischen Brot erhalten wir Anteil am ewigen Leben (Joh 6,33.50). Für Johannes ist „die Eucharistie eine besondere Weise der Lebensvermittlung und Lebenserhaltung durch den Gottessohn …, der nach seinem Kreuzestod als erhöhter Menschensohn sein Fleisch und Blut den Glaubenden sakramental darbietet"[107]. Der Gedanke der Realpräsenz des inkarnierten und verherrlichten Christus ist hier nicht mehr fern, wobei die Präsenz Christi in der Feier des Brotbrechens personal-sakramental und nicht substanzhaft-dinglich aufzufassen ist.

In der Messe „In cena Domini" ist die Fußwaschung bis heute ein sprechendes Zeichen für die Hingabe Jesu bis in den Tod. In der Liturgie der Messe vom letzten Abendmahl hat die

---

106 Vgl. *Wick*, Die urchristlichen Gottesdienste (2002), 334.
107 *Schnackenburg*, Das Johannesevangelium II (1971), 100.

Fußwaschung ihren Platz im Anschluss an die Homilie.[108] In ihrem liturgischen Kontext ist die Fußwaschung keine allgemeine humanitäre Demutsgeste, die man daher auch an Nichtchristen vollziehen könnte. Es handelt sich vielmehr um eine gottesdienstliche Handlung innerhalb der Messe vom letzten Abendmahl, die den Dienst Jesu an seinen Jüngern und der Jünger untereinander symbolisiert.[109] Durch die Fußwaschung erhalten die Jünger Gemeinschaft mit Christus (Joh 13,9). Die sakramentale Deutung der Fußwaschung war deshalb bei den Kirchenvätern und im Mittelalter stark verbreitet und wurde auch später immer wieder vertreten.[110] Das *mandatum novum* besteht darin, dass die Jünger einander die Füße waschen (Joh 13,14). In den johanneischen Gemeinden dürfte die Fußwaschung unter den Christen eine besondere Bedeutung als Zeichen der Liebe untereinander gehabt haben. Ambrosius erwähnt die Fußwaschung als Teil des Taufsakramentes.[111] Die Fußwaschung gibt Anteil an Christus. Die Wassertaufe befreit von den Sünden, die Tauffußwaschung ist ein Remedium gegen das selbstsüchtige Begehren.

---

108 Vgl. MR (^{3}2002), 300. Das römische und deutsche Messbuch sehen vor, dass (zwölf) Männern die Füße gewaschen werden. Mit dem Dekret „In missa in cena Domini" der Kongregation für die Glaubenslehre vom 6. Januar 2016 wurde die Bestimmung geändert. Es können Männern wie Frauen die Füße gewaschen werden. Zur Fußwaschung im Johannesevangelium vgl. *Thomas*, Footwashing in John 13 and the Johannine Community (1991) – *Niemand*, Die Fußwaschungserzählung des Johannesevangeliums (1993), 383–395, sieht die Fußwaschung in Verbindung mit der Aufnahme von Jüngern des Johannes, die schon die Bußtaufe empfangen hatten.
109 Zur Interpretationsgeschichte der Fußwaschung vgl. *Lohse*, Die Fußwaschung (1967); *Richter*, Die Fußwaschung im Johannesevangelium (1967).
110 Vgl. *Richter*, Die Fußwaschung im Johannesevangelium (1967), 1–124.
111 Vgl. *Ambrosius*, De sacramentis 3, 4–5 (FC 3, 120–123); *ders.*, De mysteriis 31 (FC 3, 228f.). Siehe dazu *Schmitz*, Einleitung (1990), 45.

Kapitel II

Dies dominica

Die Feier der Eucharistie in frühchristlicher Zeit

„In Gemeinschaft mit der ganzen Kirche feiern wir den ersten Tag der Woche als den Tag, an dem Christus von den Toten erstanden ist"[1]. So beginnt das Heiligengedächtnis *(Communicantes)* im Ersten Hochgebet an Sonntagen im Jahreskreis. In der Liturgiekonstitution „Sacrosanctum Concilium" heißt es zum inneren Zusammenhang von Ostern, Sonntag und Eucharistie: „Aus apostolischer Überlieferung *(ex traditione apostolica)*, die ihren Ursprung auf den Auferstehungstag Christi zurückführt, feiert die Kirche Christi das Pascha-Mysterium *(mysterium Paschale)* jeweils am achten Tage, der deshalb mit Recht Tag des Herrn oder Herrentag *(dies Domini seu dies dominica)* genannt wird."[2] Gemäß dem Zeugnis der Schrift ist Jesus am ersten Tag der Woche (Mk 16,2; Joh 20,1.19), dem Tag nach dem Sabbat (κατὰ μίαν σαββάτου), von den Toten auferstanden. Am ersten Tag der Woche haben die ersten Christen daher Gottesdienst gefeiert. Nach jüdischer Tradition ist der Tag nach dem Sabbat, der die sieben Tage umfassende Woche abschließt, der erste Tag der Woche. Nach christlichem Verständnis ist der erste Tag der Woche der Tag des Herrn.[3]

Schon für Ignatius von Antiochien stellt das Leben „nach dem Tag des Herrn"[4] das Unterscheidungsmerkmal der Christen gegenüber denen dar, die den Sabbat feiern. Der früheste Zeuge für die Bezeichnung des ersten Tages der Woche als „Sonntag"

---

1 MB (²1988), 465.
2 SC 106.
3 Vgl. *Koch*, Eucharistie (2005), 11; *Kunzler*, Sein ist die Zeit (2012), 73–113.
4 *Ignatius von Antiochien*, Ad Magnesios IX (PG 5, 768A–769A).

Dies dominica

(ἡλίου ἡμέρα) ist Justin der Märtyrer (um 100–165).[5] Der Sonntag ist nicht nur der erste Tag der Woche, sondern wird zugleich als der achte Tag, nämlich als der Tag der neuen Schöpfung in Christus, betrachtet. Die Wurzeln der sonntäglichen Herrenmahlsfeier reichen bis in die apostolische Zeit zurück. Auf der Grundlage einiger neutestamentlicher Texte (1 Kor 16,2; Apg 20,7–12; Offb 1,10) und anderer frühchristlicher Quellen (Didache, Ignatius von Antiochien)[6], erscheint es wahrscheinlich, dass der Beginn der sonntäglichen Feier der Eucharistie bis in die erste Hälfte des ersten Jahrhunderts zurückreicht.[7]

Paulus bezeichnet das eucharistische Mahl als „Herrenmahl" (κυριακὸν δεῖπνον: 1 Kor 11,20). Schon die Didache (Zwölfapostellehre)[8] und Ignatius von Antiochien[9] nennen die Feier des Herrenmahls εὐχαριστία (Danksagung): „Wenn ihr am Herrentag (κυριακὴ [ἡμέρα] κυρίου) zusammenkommt, brecht das Brot und sagt Dank (κλάσετε ἄρτον καὶ εὐχαριστήσατε), nachdem ihr zuvor eure Übertretungen bekannt habt, damit euer Opfer (θυσία) rein sei."[10] Die ältesten Quellen für die Existenz der sonntäglichen Herrenmahlsfeier stammen aus dem zweiten Jahrhundert.[11] „Am sogenannten Sonntag findet eine Zusammenkunft aller, die in

---

5 Vgl. *Justin der Märtyrer*, Apologia I pro Christianis 67 (PG 6, 432A).
6 Vgl. Didache 14 (FC 1, 132–136); *Ignatius von Antiochien*, Ad Magnesios IX (PG 768A–769A).
7 Vgl. *Taft*, The Frequency of the Celebration of the Eucharist throughout History (2000), 77f. Von anderen wird der frühe Ursprung der sonntäglichen Eucharistiefeier bezweifelt: *Thraede*, Noch einmal (2004), 102–128; *Leonhard*, The Jewish Pesach and the Origins of the Christian Easter (2006), 119–140: 123f.; *Bradshaw – Johnson*, The Origins of Feasts and Seasons in Early Christianity (2011), 3–5.
8 Vgl. Didache 9,1 (FC 1, 120–123): Περὶ δὲ τῆς εὐχαριστίας.
9 Vgl. *Ignatius von Antiochien*, Ad Ephesios XIII (PG 5, 745B); *ders.*, Ad Philadelphios IV (PG 5, 700B); *ders.*, Ad Smyrnos VII (PG 5, 713A).
10 Didache 14, 1 (FC 1, 132f.). Die Datierung von Kapitel 14 ins 1. Jahrhundert ist nicht unumstritten.
11 Vgl. Barnabasbrief 15, 8f. (*Berger – Nord*, 257); *Justin der Märtyrer*, Apologia I pro Christianis 67 (PG 6, 429–432). *Wilson*, Related Strangers (1995), 231f., und *Paget*, The Epistel of Barnabas (1994), 9–30, datieren den Barnabasbrief um 96–98.

Städten oder auf dem Land wohnen, an einem Ort statt."[12] Es lässt sich nicht mit letzter Sicherheit entscheiden, ob die Eucharistie am Sonntag[13], oder (was für Judenchristen wahrscheinlicher sein dürfte) am Samstagabend nach dem Sabbat, also nach jüdischem Kalender zu Beginn des ersten Tages der Woche, gefeiert wurde.[14] Da Jesus sich nicht gegen den Sabbat gewendet hatte, kann man davon ausgehen, dass die Judenchristen anfänglich weiter den Sabbat gefeiert haben (vgl. Apg 17,2; 18,4). Zwar gibt es dafür im Neuen Testament keinen sicheren Beleg, doch könnte Jakobus, Sprecher der Judenchristen in Jerusalem, in Apg 15,21 auf diese Praxis anspielen.

Der Sonntag ist der Tag des erhöhten Herrn. Er wird als „dies dominicae resurrectionis"[15] oder auch als ἀναστάσιμος ἡμέρα (Auferstehungstag) bezeichnet.[16] Während die „Sol-Christologie" noch bei Justin dem Märtyrer fehlt, setzt sie sich im vierten Jahrhundert auf breiter Front durch.[17] Christus ist die „wahre Sonne" bzw. die „Sonne des Heils" *(sol salutis)*. Kaiser Konstantin I. (270/280–337) führte den Sonntag als arbeitsfreien Ruhetag ein (321 n. Chr.). Vom Gesetz der Sonntagsruhe waren unter anderem landwirtschaftliche Arbeiten sowie das Abhalten von Märkten ausgenommen.[18] Der arbeitsfreie Sonntag ermöglichte die ungehinderte Teilnahme am christlichen Kult. Es ist unklar, ob die Entscheidung

---

12 *Justin der Märtyrer*, Apologia I pro Christianis 67 (PG 6, 430B).
13 So *Rordorf*, Der Sonntag (1962) und *ders.*, Sabbat und Sonntag in der Alten Kirche (1972), der eine Entstehung des Sonntags unabhängig vom Sabbat annimmt.
14 Dazu neigt die neuere Forschung: *Rouwhorst*, The Reception of the Jewish Sabbath in Early Christianity (2001), 251f.; *ders.*, Christlicher Gottesdienst und der Gottesdienst Israels (2008), 538; *Bauckham*, Sabbat and Sunday in the Post-Apostolic Church (1982); *Bradshaw – Johnson*, The Origins of Feasts and Seasons in Early Christianity (2011), 10–13.
15 *Tertullian*, De oratione 23 (CCL 1, 271).
16 *Bradshaw – Johnson*, The Origins of Feasts and Seasons in Early Christianity (2011), 14–24, verfolgen Spuren, die bis in das frühe 3. Jahrhundert zurückreichen.
17 Vgl. *Wallraff*, Christus versus Sol (2001), 41–59.
18 Vgl. Codex Iustinianus III 12, 2.

Konstantins von christlicher Seite beeinflusst war oder auf eigene Initiative zurückgeht.[19] Das erste Zeugnis für den christlichen Sonntag als Tag der Ruhe findet sich bei Eusebius von Caesarea (260/264–339/340).[20] Der Sonntag als Ruhetag dürfte nicht unabhängig vom Sabbat entstanden sein, da der Sonntag ursprünglich nicht mit dem Motiv der Schöpfungsruhe verbunden war.[21] Eine eigene liturgische Gestaltung des Samstags ist erst für das vierte Jahrhundert nachweisbar. Gottesdienstliche Versammlungen von Heidenchristen am Sabbat hat es zunächst wohl nicht gegeben.

1. Die christliche Mahlfeier im Neuen Testament

Das Neue Testament kennt unterschiedliche Bezeichnungen für die christliche Mahlfeier. Die älteste ist die Bezeichnung ‚Brotbrechen'. Damit ist nicht ein gewöhnliches Essen gemeint, sondern die Mahlfeier mit dem Auferstandenen. In der Apostelgeschichte heißt es von den Christen: „Sie hielten an der Lehre der Apostel (διδαχή τῶν ἀποστόλων) fest und an der Gemeinschaft (κοινωνία), am Brechen des Brotes (κλάσις τοῦ ἄρτου) und an den Gebeten (προσεύχαι). Tag für Tag (καθ᾽ ἡμέραν) verharrten sie einmütig im Tempel, brachen in ihren Häusern das Brot und hielten miteinander Mahl (μετελάμβανον τροφῆς) in Freude und Lauterkeit des Herzens" (Apg 2,42.46). Das καθ᾽ ἡμέραν (Tag für Tag) in Apg 2,46 bezieht sich auf den täglichen Aufenthalt im Tempel zum Gebet, nicht auf das „Brotbrechen" im Kreis der Judenchristen. Eine tägliche Eucharistie in urchristlicher Zeit wird es anfänglich kaum gegeben haben. Beim „Brotbrechen" ist das eucharistische Brot gemeint, welches die Teilnahme am Leib Christi schenkt. „Ist das Brot, das wir brechen, nicht Teilhabe am Leib Christi?" (1 Kor 10,16).

---

19 Vgl. *Bradshaw – Johnson*, The Origins of Feasts and Seasons in Early Christianity (2011), 25.
20 Vgl. *Bauckham*, Sabbat and Sunday in the Post-Apostolic Church (1982), 283f.
21 Vgl. *Rouwhorst*, Christlicher Gottesdienst und der Gottesdienst Israels (2008), 539.

Das ,Brotbrechen' erfolgte unter eschatologischem Jubel (ἀγαλλίασις), in freudiger Erwartung der Wiederkunft Christi.[22] Die Bezeichnung der Eucharistie als ,Brotbrechen' begegnet vor allem in judenchristlichen Gemeinden. Die ersten Christen waren überzeugt davon, in der Eucharistie schon jetzt Anteil zu erhalten am eschatologischen Mahl, auf das Jesus beim Letzten Abendmahl vorausblickte: „Amen, ich sage euch: Ich werde nicht mehr von der Frucht des Weinstocks trinken bis zu dem Tag, an dem ich von Neuem davon trinke im Reich Gottes" (Mk 14,25; vgl. Lk 22,16). Nach Apg 2,46 haben die Juden, die zum Glauben an Jesus Christus gekommen waren, die Verbindung zum Tempel nicht vollständig aufgegeben. Bis zu seiner Zerstörung blieb er für die Judenchristen ein zentraler Ort des Gebets.

Es ist möglich, dass die Judenchristen im Tempel nicht nur beteten, sondern auch weiterhin Opfer darbrachten (Apg 21,26; Num 6,1–20), allerdings dürfte es sich dabei um ein Speiseopfer (minḥāh), nicht um eines der Tieropfer gehandelt haben. Die Tempelliturgie hatte auch Einfluss auf die Entwicklung der christlichen Liturgie, nicht nur den synagogalen Gottesdienst. Dies zeigen vor allem der Hebräerbrief und die Offenbarung des Johannes. Der Rahmen für das eucharistische Mahl war in Jerusalem anfänglich die Gemeindeversammlung. Dazu gehörten Gespräche, Gebete, Wortverkündigung, die Sorge für die Armen und ein gemeinsames Mahl (Apg 20,9; vgl. Apg 2,42). In diesem Kontext wurde das eucharistische Brot gebrochen und der Segensbecher gereicht.[23]

Da in der Gemeinde in Korinth die reichen Gemeindemitglieder auf die armen, die aufgrund eines langen Arbeitstages erst später zur Versammlung der Gemeinde dazustoßen konnten, nicht warteten, verzehrten sie sogleich die mitgebrachten Speisen. Und so „hungert der eine, während der andere schon betrunken

---

22 Vgl. Acta Ioannis 49 und 109: Prex Eucharistica. Textus e variis liturgiis antiquioribus selecti (Spicilegium Friburgense 12), hg. von A. Hänggi und I. Pahl (1968), 76f.; Acta Ioannis 49 (ebd.).
23 Vgl. *Kremer*, „Herrenspeise" – nicht „Herrenmahl" (1996), 234–239.

59

ist" (1 Kor 11,21). Dagegen wendet sich Paulus: Entscheidend ist bei der Zusammenkunft, dass nicht ein „eigenes Mahl" (ἴδιον δεῖπνον), sondern das „Herrenmahl" (κυριακὸν δεῖπνον) gefeiert wird (1 Kor 11,20f.). Der Apostel empfiehlt daher jenen, die Hunger haben, zu Hause zu essen und zu trinken (1 Kor 11,22.34), das Herrenmahl aber gemeinsam zu feiern (1 Kor 11,33). Wer beim Herrenmahl die Armen demütigt, „verachtet die Kirche Gottes" (1 Kor 11,22), er isst und trinkt „unwürdig" und „macht sich schuldig am Leib und am Blut des Herrn" (1 Kor 11,27). Es ist unklar, ob die Brot- und Becherhandlung das Sättigungsmahl rahmte, wie dies einem jüdischen Mahl entspricht[24] oder am Ende des Sättigungsmahles erfolgte.[25] Für die Eucharistie wurde jedenfalls die Brot- und Kelchhandlung als konstitutiv betrachtet.[26]

Seit der Untersuchung „Herrenmahl und hellenistischer Kult" (1982) von Hans-Josef Klauck wurde die Bedeutung des letzten Abendmahls für die Entstehung der urchristlichen Eucharistie und ihrer Feiergestalt teilweise stark zugunsten der Mahlkultur des hellenistischen Kultraums in Frage gestellt. Doch aus den Kultmählern der griechischen Mysterienreligionen lässt sich die christliche Eucharistie nicht ableiten. Dafür sind die Beziehungen und Analogien zu äußerlich und der jüdische Ideolekt des letzten Abendmahls zu offensichtlich. Die urchristliche Eucharistie erklärt sich auch nicht durch die rituellen Mahlfeiern mit Brot und Wein, die wir aus Qumran kennen, da auch hier die Gemeinsamkeiten zu äußerlich sind.

Das Herrenmahl ist „Christusanamnese", es wird zum „Gedächtnis" (1 Kor 11,24f.; vgl. Lk 22,19) des Todes und der Auferstehung Christi gefeiert. Anamnese im vollen biblischen Sinne meint, dass das Heil, das in einem Gründungsereignis grundgelegt ist, in einer rituellen Handlung gegenwärtig wird, wie dies für das

---

24 Vgl. *Hofius*, Herrenmahl und Herrenmahlsparadosis (1988), 383f.; *Kollmann*, Ursprung und Gestalten der frühchristlichen Mahlfeier (1990), 42.

25 Vgl *Schürmann*, Die Gestalt der urchristlichen Eucharistiefeier (1970), 85–88; *Klauck*, Präsenz im Herrenmahl (1989), 320–322.

26 Vgl. *Meßner*, Entwicklung des eucharistischen Gebets (2005), 19.

Die Feier der Eucharistie in frühchristlicher Zeit

Exodusereignis in der Pessachfeier der Fall ist. Die eucharistische Christusanamnese vollzieht sich „in der rituellen Handlung eines Kultmahles und im Wort"[27]. Dem liegen die liturgisch geprägten Erzählungen von den Mahlfeiern mit dem Auferstandenen (Lk 24,28–32; vgl. Apg 10,41; Joh 21,12) zugrunde.

Wie die Didache zeigt, hat es in den Anfängen der Eucharistie zunächst Mahlfeiern ohne explizite Anamnese von Kreuz und Auferstehung Jesu gegeben.[28] Dieser Typus einer christlichen Mahlfeier konnte sich aber nicht durchsetzen. Denn da der erhöhte Herr, der in seiner Wiederkunft erwartet wird, kein anderer ist als der auferweckte Gekreuzigte, lässt sich die eucharistische Mahlfeier nicht vom Kreuzestod Jesu ablösen. Schon der älteste, vom Apostel Paulus überlieferte Abendmahlsbericht versteht das Herrenmahl als Gedächtnis des Kreuzestodes Jesu, der das letzte Abendmahl feierte, „in der Nacht, in der er ausgeliefert wurde" (1 Kor 11,23). Das gebrochene Brot und der Kelch des Weines sind Zeichen seines Sterbens für die vielen. Im Anschluss an den Gedächtnisbefehl heißt es: „Denn sooft ihr von diesem Brot esst und aus dem Kelch trinkt, verkündet ihr den Tod des Herrn" (1 Kor 11,26). Da die Eucharistie als Gedächtnis des Paschamysteriums gefeiert wurde, ist es durchaus möglich, dass beim korinthischen Herrenmahl an die Stelle des Tischgesprächs die Passionsgeschichte trat.

Paulus beansprucht, dass er das, was er der Gemeinde von Korinth überliefert (παρέδωκα), vom Herrn selbst, der ausgeliefert wurde (παρεδίδετο), empfangen hat (παρέλαβον). Παραδιδόναι ist eine verstärkte Form von διδόναι (geben) und bedeutet so viel wie preisgeben, an jemanden ausliefern. Der Sohn wird nicht nur von Menschen, sondern von Gott selbst hingegeben: Gott hat seinen Sohn „nicht verschont, sondern für uns alle hingegeben (παρέδωκεν)" (Röm 8,32). Der Sohn gibt sich zugleich selbst dahin: Er hat „mich geliebt und sich für mich hingegeben (παραδόντος ἑαυτὸν ὑπὲρ ἐμοῦ)" (Gal 2,20). Im Sterben ratifiziert Jesus die Pro-

---

27 *Meßner*, Einführung in die Liturgiewissenschaft (²2009), 164.
28 Siehe unten Abschnitt 2.

61

Dies dominica

existenz seines Lebens: Die Hingabe des Sohnes entspricht dem Willen des Vaters, der den Sohn ausliefert. Schließlich ist Jesus der Gewalt der Menschen ausgeliefert, die ihn töten.[29]

Das eucharistische Mahl ist nicht nur ein Gedächtnis von Tod und Auferweckung Jesu Christi, sondern zugleich ein eschatologisches Heilszeichen. Das Mahl des Herrn wird gefeiert „bis er kommt" (1 Kor 11,26) in Herrlichkeit. Zur urchristlichen Liturgie gehörte daher der aramäische Ruf *marana'tha* („Unser Herr, komm!": 1 Kor 16,22; Offb 22,20). Jesus selbst hat von sich gesagt, er werde von der Frucht des Weinstocks nicht mehr trinken bis zur Vollendung des Reiches Gottes (Mt 26,29; vgl. Mk 14,25; Lk 22,15–18.30). So ist die Eucharistie durch die eschatologische Spannung von „schon" und „noch nicht" geprägt. Der auferstandene Herr ist immer schon im Kommen und wird in der Gemeinde gegenwärtig. Zugleich erwartet sie ihn an „dem Tag" (Mt 26,29), an dem er wiederkommen wird in Herrlichkeit.

Die christliche Herrenmahlsfeier hat die Form des Lobgebets und der Danksagung, weshalb sich auch der Name „Eucharistie" ($\varepsilon\grave{\upsilon}\chi\alpha\rho\iota\sigma\tau\acute{\iota}\alpha$) zur Bezeichnung der christlichen Herrenmahlsfeier schnell durchsetzte. Das Brot des Lebens und der Kelch des Segens, die in der christlichen Mahlfeier ausgeteilt werden, sind Zeichen der Lebenshingabe Jesu in den Tod. Wenn Paulus vom Leib Christi spricht, kann er wie in 1 Kor 12 neben dem eucharistische Brot auch die Gemeinde meinen. Beides wird von ihm in 1 Kor 10,16f. im Gedanken der gemeinsamen Teilhabe am Leib Christi miteinander verbunden: „Ist der Kelch des Segens, über den wir den Segen sprechen, nicht Teilhabe ($\kappa\omega\iota\nu\omega\nu\acute{\iota}\alpha$) am Blut Christi? Ist das Brot, das wir brechen, nicht Teilhabe am Leib Christi? Ein Brot ist es. Darum sind wir viele ein Leib; denn wir alle haben teil an dem einen Brot" (1 Kor 10,16f.). $K\omega\iota\nu\omega\nu\acute{\iota}\alpha$ meint Gemeinschaft durch Teilhabe. Paulus unterscheidet den „Kelch des Herrn" ($\pi\sigma\tau\acute{\eta}\rho\iota\sigma\nu$ $\tau\sigma\~{\upsilon}$ $\kappa\upsilon\rho\acute{\iota}\sigma\upsilon$: 1 Kor 11,27; 10,21), der die Gemeinschaft mit dem Blut Christi meint, von einer Teilhabe am „Kelch der Dämonen"

---

29 Zur mehrfachen Bedeutung von $\pi\alpha\rho\alpha\delta\iota\delta\acute{\sigma}\nu\alpha\iota$ vgl. *Verweyen*, Gottes letztes Wort (^{4}2002), 51–57.

(1 Kor 10,21), das heißt am Götzendienst. Paulus spricht auch vom „Tisch des Herrn" (τραπέζα τοῦ κυρίου), von dem er den „Tisch der Dämonen (τραπέζα δαιμονίων: 1 Kor 10,21) abgrenzt.[30]

Zur Frage des Ablaufs der urchristlichen Eucharistiefeier werden verschiedene Hypothesen vertreten. Der englische Liturgiehistoriker Gregory Dix (1901–1952) ging davon aus, dass sich der Ablauf anfänglich an demjenigen des letzten Abendmahls orientierte, so dass die urchristliche Eucharistie zunächst sieben Handlungen umfasste: (1) Jesus nahm das Brot, (2) brach es, (3) sprach das Dankgebet, (4) reichte es seinen Jüngern mit entsprechenden Worten, (5) dann nahm er [nach dem Mahl] den Kelch, (6) sprach das Dankgebet und (7) reichte ihn seinen Jüngern mit den entsprechenden Worten.[31] Nach Abfassung des ersten Korintherbriefes und der synoptischen Evangelien habe sich die Eucharistie vom Sättigungsmahl gelöst und umfasste seitdem vier Zentralhandlungen: (1) *Darbringung*: Brot und Wein werden genommen und auf den Altartisch gestellt; (2) *Gebet*: Der Vorsteher der Eucharistie spricht über die Gaben von Brot und Wein das Dankgebet; (3) *Brechung*: Das eucharistische Brot wird gebrochen; (4) *Kommunion*: Das eucharistische Brot und der Kelch des Heiles werden gereicht.[32]

Nach Paul F. Bradshaw gab es schon zu Beginn unterschiedliche Formen der christlichen Mahlfeier. Dies scheint angesichts der Quellenlage überzeugender als die Annahme eines einzigen Grundtyps. Eine Form könnte der Praxis in Qumran entsprochen haben, bei der man über Brot und Wein vor dem gemeinsamen

---

30 Mit guten Gründen argumentiert *Heid*, Altar und Kirche (^{2}2109), 27–32, gegen *Mazza*, Tavola e altare (2005) dafür, dass es sich bei dem „Tisch des Herrn" nicht um einen gewöhnlichen Tisch gehandelt hat.

31 Vgl. *Dix*, The Shape of the Liturgy (2005), 48–102.

32 Zur Hypothese von Dix vgl. *Bradshaw*, Did the Early Eucharist ever have a Sevenfold Shape (2002); *Jones*, Introduction (2005), X–XXVIII. *Brian Spinks* zählt die Worte „Dies ist mein Leib" und „Dies ist mein Blut" als eigene Sprachhandlungen und kommt so gegenüber Dix auf neun Zentralhandlungen. Vgl. *ders.*, Mis-Shapen (1990), 161.

Mahl das Dankgebet sprach (1QS6; 1QSa), während es in der rabbinischen Tradition üblich wurde, das Dankgebet über das Brot vor und dasjenige über den Kelch nach dem gemeinsamen Mahl zu sprechen.[33]

Neben der Feier des Herrenmahls am ersten Tag der Woche könnte es schon in urchristlicher Zeit eine jährliche christliche Paschafeier gegeben haben.[34] Die Praxis, in der Nacht vom 14. auf den 15. Nisan, also zeitgleich mit dem jüdischen Pessach, das christliche Osterfest zu feiern, dürfte die ursprüngliche gewesen sein.[35] Die quartodezimanische Praxis, die das Pessachlamm als τύπος Christi, des neuen und wahren Paschalammes, interpretiert, muss vor oder kurz nach Zerstörung des Tempels entstanden sein, als die Beziehung zwischen Christen und Juden noch sehr eng war. Wenig plausibel scheint die Annahme, das quartodezimanische Osterfest habe sich erst im zweiten Jahrhundert in bewusster Abgrenzung vom jüdischen Pessachfest entwickelt.[36] Es ist möglich, dass man bei der christlichen Paschafeier von Anfang an die Passionsgeschichte mit der Erzählung vom letzten Abendmahl kommemorierte. Dies würde die Einbettung des letzten Abendmahls in ein Pessachmahl bei den Synoptikern erklären.[37] Ab dem zweiten Jahrhundert wurde das christliche Osterfest zunehmend auf den Sonntag nach dem 14./15. Nisan gelegt.[38]

Reginald H. Fuller (1912–2007) hat gegenüber Lietzmanns These vom doppelten Ursprung der Eucharistie die Auffassung vertreten, dass der ursprüngliche liturgische Ort des Abendmahlsberichts zusammen mit dem überlieferten Gedächtnisbefehl eine

---

33 Vgl. *Bradshaw*, Eucharistic Origins (2004), 43f.

34 Vgl. *Schille*, Das Leiden des Herrn (1955); *Feneberg*, Christliche Paschafeier und Abendmahl (1971).

35 Vgl. *Auf der Maur*, Die Osterfeier in der alten Kirche (2003).

36 So *Leonhard*, The Jewish Pesach and the Origins of the Christian Easter (2006), 435.

37 Vorbereitet wurde diese These durch *Feneberg*, Christliche Paschafeier und Abendmahl (1971).

38 Vgl. *Rouwhorst*, Christlicher Gottesdienst und der Gottesdienst Israels (2008), 540–543.

Die Feier der Eucharistie in frühchristlicher Zeit

jährliche christliche Paschafeier war.[39] Die Juden, die sich zum Messias Jesus bekannten, hätten in Jerusalem weiter das Pessachfest gefeiert, allerdings im Glauben an den Opfertod Jesu als die wahre eschatologische Errettung. Statt in der Nacht das Pessachlamm zu essen, hätten sie gefastet und erst im Morgengrauen bei einem festlichen Mahl des Todes und der Auferweckung des Gekreuzigten gedacht.[40] Schon Erik Peterson (1890–1960) hatte vermutet, dass der Gedächtnisbefehl ursprünglich auf die österliche Feier des Jahres- und Todesgedächtnisses Jesu bezogen war.[41]

Michael Theobald sieht im christlichen Paschafest nicht nur den ursprünglichen Rahmen für die Kultätiologie des Gedächtnisbefehls. Auch die Blutformel ἐν τῷ αἵματί μου, die Theobald für eine sekundäre Überformung des Kelchwortes durch die Vorstellung vom Sühnetod Jesu hält, habe ihren ursprünglichen Sitz im Leben in der christlichen Paschafeier gehabt.[42] Neben der christlichen Paschafeier existierte ein anderer Typ des Herrenmahls, bei dem nicht das Leiden Christi, sondern seine Parusie im Mittelpunkt gestanden habe. In eine ähnliche Richtung geht Gerard Rouwhorsts These von der prägenden Unterscheidung zwischen Pascha- und Sabbatmahl.[43] Vieles muss hier wegen der Quellenlage offen bleiben. Doch dürfte es schon in neutestamentlicher Zeit in Jerusalem eine jährliche christliche Paschafeier und eine wöchentliche Herrenmahlsfeier gegeben haben.

Neben der Apostelgeschichte und Paulus setzt auch die Offenbarung des Johannes eine christliche Mahlfeier voraus, dessen Verlauf sich aber nicht mehr rekonstruieren lässt. Die Offenbarung des Johannes zeichnet das Bild eines Mahles, das als aszetisches Gegenmodell zu den Kultmählern der kulturellen Umwelt mit exzessivem Weingenuss, Essen von Götzenfleisch (1 Kor 8,1–13) und sexuellen Ausschweifungen (Offb 2,14f.20) profiliert wird: Das

---

39 Vgl. *Fuller*, The Double Origin of the Eucharist (1963).
40 Vgl. dazu *Lohse*, Das Passafest der Quartodezimaner (1953), 74–89.
41 Vgl. *Peterson*, Der erste Brief an die Korinther (2006), 254.
42 Vgl. *Theobald*, Leib und Blut Christi (2007), 126–129.
43 Vgl. *Rouwhorst*, Christlicher Gottesdienst und der Gottesdienst Israels (2008), 536–539.

Dies dominica

christliche Mahl ist ein Essen vom Lebensbaum (Offb 2,7; 22,2.14.19), eine Speisung mit der verborgenen Himmelsspeise des wahren Manna (Offb 2,17); es ist ein Hochzeitsmahl des Lammes (Offb 19,6–9), bei der Christus Gastgeber und zugleich Gast des Mahles (Offb 3,20f.) ist.[44] An der Mahlpraxis entscheidet sich, ob man zu Gott und dem Lamm gehört[45] oder zur Hure Babylon (Rom) und an den von ihr gereichten Todesgaben von Fleisch und Wein zugrunde geht.[46] Das irdische Mahl der Christen ist verbunden mit dem himmlischen Gottesdienst (Offb 19,1–10), der sich in den Bildern des Tempels (Offb 7,15; 11,1.19; 14,15) und Altares (Offb 6,9; 11,1) sowie in hymnischen Gesängen wie dem Halleluja (Offb 19,1.3–4.6), dem Trishagion (Offb 4,8) und den Würdigungsrufen gegenüber Gott (Offb 4,11) und dem Lamm (Offb 5,9f.12.13) verdichtet.[47]

Das Lamm (ἀρνίον, nicht ἀμνός wie in Joh 1,29 und 1 Petr 1,19) ist das christologische Leitbild der Offenbarung des Johannes und begegnet erstmals in der großen Christusvision Offb 5,6–14. Das Lamm, das „geschlachtet ist" (Offb 5,12; 13,8; vgl. 7,14; 12,11), deutet auf den Kreuzestod Jesu hin, so wie das Blut Christi in Offb 1,5 auf seinen stellvertretenden Sühnetod verweist. Im Hintergrund des Bildes vom geschlachteten Lamm steht das Blut des Pessachlammes (Ex 12,5f.). Christus, das geschlachtete Lamm, lässt inmitten einer Welt des Bösen das neue Gottesvolk entstehen (Offb 5,9f.) und schützt es vor seinen Feinden (Offb 14,1–5). Die Tatsache, dass das Lamm steht (Offb 5,6; vgl. 7,17),

---

44 Vgl. *Delling*, Zum gottesdienstlichen Stil der Johannes-Apokalypse (1970).
45 Vgl. *Söding*, Gott und das Lamm (2001).
46 Ob die von der Offenbarung des Johannes voraugesetzte Mahlfeier wie bei den Therapeuten mit Brot und Wasser statt mit Brot und Wein gefeiert wurde und damit die Mahlaskese der Ebioniten, Enkratiten und anderer Gruppen vorbereitete, lässt sich nicht mit Sicherheit entscheiden. Vgl. *Stein*, Frühchristliche Mahlfeiern (2008), 319; *McGowan*, Ascetic Eucharists (1999), 143–174.
47 *Töth*, Der himmlische Kult (2006), 35, hält es für möglich, dass die Hymnen schon früh in gottesdienstlichen Versammlungen von Christen Verwendung fanden, auch wenn das Trishagion erst langsam Eingang in die Feier der Eucharistie gefunden hat. Erstmals greifbar ist dies in der Anaphora des Serapion (4. Jh.).

Die Feier der Eucharistie in frühchristlicher Zeit

verweist auf die Auferweckung und Erhöhung Christi. Der Auferstandene partizipiert an der Macht und Herrlichkeit Gottes, des Vaters, der auf dem Thron sitzt. Dem Lamm ist die Vernichtung der Feinde aufgetragen (Offb 6,16), damit alle, für die Jesus sein Blut vergossen hat (Offb 5,9) und die ihre Gewänder im Blut des Lammes weiß gemacht haben (Offb 7,14), am „Hochzeitsmahl des Lammes" (Offb 19,9) teilnehmen können. Gott und das Lamm vermitteln das eschatologische Heil. Daher gebührt ihnen nicht nur die Herrschaft, sondern auch Lob und Ehre (Offb 5,12). Ein Heer von Engeln und Heiligen dient Gott und dem Lamm in Anbetung und Verherrlichung. In der „heiligen Stadt" (Offb 21,2) des himmlischen Jerusalems gibt es keinen sichtbaren, steinernen Tempel mehr. „Denn der Herr, ihr Gott, der Herrscher über die ganze Schöpfung, ist ihr Tempel, er und das Lamm" (Offb 21,22). Der Tempel ist der Ort der Gegenwart und der Anbetung Gottes.

Die zum Mahl versammelte Gemeinde erwartet die Wiederkunft Christi (Offb 22,17.10). „Das gegenwärtige Kommen des Herrn in der von ihm gewährten Mahlgemeinschaft ist dabei als vergewissernder Ausblick auf sein zukünftiges Kommen verstanden."[48] In einer Variante des ältesten Gebetsrufes *marana'tha* (1 Kor 16,22) findet diese Erwartung am Ende der Offenbarung des Johannes ihren liturgischen Ausdruck. Dabei beschreibt die Brautmetaphorik die Liebe der Kirche zu ihrem Bräutigam Jesus Christus. „Der Geist und die Braut aber sagen: Komm! Wer hört, der rufe: Komm! Wer durstig ist, der komme! Wer will, empfange unentgeltlich das Wasser des Lebens" (Offb 22,17). Die Eucharistie ist der Ort der Begegnung mit dem erhöhten und gegenwärtigen Herrn. Jedem, der zu Christus gehört, gilt die Verheißung: „Siehe, ich stehe vor der Tür und klopfe an. Wenn einer meine Stimme hört und die Tür öffnet, bei dem werde ich eintreten und Mahl mit ihm halten, ich mit ihm und er mit mir" (Offb 3,20).[49] Die

---

48 *Roloff*, Die Kirche im Neuen Testament (1993), 172.
49 Martin Luther übersetzt Offb 3,20 mit „zu dem werde ich hineingehen und das Abendmahl mit ihm halten". Vgl. Das Neue Testament. Griechisch und Deutsch, hg. von K. u. B. Aland (^{26}1986), 639.

Dies dominica

Symbolik der himmlischen Gottesstadt stellt den Heilsraum der versammelten Gemeinde dar. Die zum Gottesdienst versammelte Gemeinde hat zwar keinen Tempel mehr als Heiligtum (Offb 22,2). Doch führt dies nicht zur Aufhebung der Vorstellung vom Kultraum, da der Gottesdienst Gott und dem Lamm dient und Anbetungscharakter hat (λατρεύειν: Offb 22,3). Die christliche Mahlfeier der Johannesoffenbarung wird daher wohl auch einen Altartisch gekannt haben.[50]

Auch der Hebräerbrief setzt die Existenz einer urchristlichen Mahlfeier voraus. Das zentrale Motiv des Hebräerbriefes ist der erhöhte Hohepriester Jesus Christus, der Liturge des Neuen Bundes (Hebr 8,1; 9.15), der mit seinem Blut in das himmlische Heiligtum eingetreten ist und eine ewige Erlösung bewirkt hat (Hebr 9,12). In Melchisedek[51], dem Priester des „Höchsten Gottes" (Gen 14,18; vgl. Ps 110,4), von dem weder Geburt noch Tod erwähnt werden, sieht der Hebräerbrief wegen der himmlischen Herkunft und endgültigen Dauer seines Priestertums einen τύπος für das Hohepriestertum des Gottessohnes. Dabei ist zu beachten, dass nach der Interpretation des Hebräerbriefes das biblische Urbild Melchisedeks der himmlischen Wirklichkeit des Sohnes nachgebildet ist. Melchisedek dient dazu, das immerwährende Priestertum Christi zu beleuchten, bleibt aber ansonsten vollständig im Hintergrund. Das Priestertum Christi vollendet das irdische Priestertum des Alten Bundes.[52] Für den Hebräerbrief spielt die Typologie von Brot und Wein in der Deutung der Gestalt des Melchisedek noch keine Rolle, sie wird von Kirchenvätern aber immer wieder hervorgehoben.[53]

Der ewige Hohepriester Jesus Christus unterscheidet sich von den Opferdienern des Tempels dadurch, dass er sich selbst am Kreuz dargebracht hat.[54] Kennzeichen des alttestamentlichen

---

50 Anders *Stein*, Frühchristliche Mahlfeiern (2008), 324.
51 Der Name bedeutet soviel wie „(Mein) König ist (der Gott) Zedek" oder „(Mein) König (d. h. die Gottheit) ist gerecht".
52 Vgl. *Backhaus*, Der Hebräerbrief (2009), 256–275.
53 Vgl. *Cyprian*, Epistola LXIII, 4 (PL 4, 375b–376A); *Ambrosius*, De mysteriis 45f. (FC 3, 238–241); *Augustinus*, De civitate Dei XVI, 22 (CCL 48, 524f.).
54 Vgl. *Backhaus*, Der Hebräerbrief (2009), 282.

Priestertums war es, dass der sterbliche Hohepriester zunächst für sich selbst Sühne leisten musste (Hebr 5,3), bevor er Sühne für das Volk erwirkte. Während der irdische Hohepriester einmal im Jahr am Großen Versöhnungstag *(jôm hakippurîm)* Sühne für das Volk erwirkte, tritt der ewige Hohepriester Jesus Christus „Tag für Tag" für jene ein, die zu ihm gehören. Denn ein für allemal hat er am Kreuz das entscheidende Sühneopfer dargebracht. Dadurch ist das Ende aller menschlichen Kultopfer ratifiziert.[55] Jeder Hohepriester aber wird eingesetzt, „um Gaben und Opfer darzubringen". Daher ist es notwendig, dass auch der ewige Hohepriester Jesus Christus etwas darbringt.

Das Opfer Christi „ist die eigene Lebenshingabe, die Darbringung seiner selbst, die auf Golgatha, dem untersten Erdenplatz, vollzogen, himmlische Wirklichkeit erlangt"[56] (Hebr 7,27; 10,5–10). An dieser himmlischen Wirklichkeit hat die sichtbare Darbringung der Opfergaben von Brot und Wein Anteil. Die Opfergabe von Brot und Wein, die Melchisedek Abraham entgegenbringt, „wurde bereits im Frühchristentum typologisch auf die Eucharistie gedeutet und fand so neben den ‚Gaben Deines gerechten Dieners Abel' und dem ‚Opfer unseres Vaters Abraham' als ‚die heilige Gabe, das reine Opfer Deines Hohepriesters Melchisedek', Eingang in den Römischen Messkanon"[57].

Hebr 9,20 zitiert die Formel vom Bundesblut Ex 28,4 in der Fassung des Becherwortes in Mk 14,24. Anders als im Frühjudentum, das den „Blutkanon" (Lev 17,11) deutlich relativiert, bleibt er für die Schriftauslegung des Hebräerbriefes wesentlich (Hebr 9,22: „ohne dass Blut vergossen wird, gibt es keine Vergebung"). Der deutlichste Hinweis auf die Eucharistie wird allgemein in Hebr 13,9f. gesehen: „Lasst euch nicht von vieldeutigen und fremden Lehren irreführen; denn es ist gut, dass durch Gnade ($\chi\acute{\alpha}\rho\iota\varsigma$) das Herz gefestigt wird und nicht durch Speisevorschriften, die denen, die sich daran hielten, keinen Nutzen brachten.

---

55 Vgl. ebd. 284
56 Ebd. 290.
57 Ebd. 258.

Wir haben einen Altar (θυσιαστήριον), von dem zu essen (φαγεῖν) die Diener des Zeltes keine Erlaubnis haben." Zwar wird auch eine nichteucharistische Deutung von χάρις, θυσιαστήριον und φαγεῖν vertreten. Wegen der starken Kulttypologie im Hebräerbrief vermag diese Deutung aber nicht zu überzeugen. Dass mit χάρις (Hebr 10,29; 12,15) auch die Gnade der Eucharistie gemeint sein kann, zeigt Did. 10,6. Das θυσιαστήριον (Hebr 13,10) ist typologisch zu verstehen, was den Bezug auf einen christlichen Altar, einen heiligen Tisch, nicht ausschließt.[58]

Christus ist der Hohepriester des wahren Zeltes (Hebr 8,2). Hebr 9,11–14 sieht in Christus den Hohepriester des Neuen Bundes, der eine ewige Erlösung bewirkt hat durch sein Blut und der in die Gottesgegenwart des himmlischen Heiligtums eingegangen ist. Durch seine Lebenshingabe am Kreuz, die Summe seiner irdischen Proexistenz, brachte Christus, der zugleich Priester und Opfer ist, dem Vater ein makelloses Opfer dar. Dadurch hat er den Heiligkeitsraum Gottes zugänglich gemacht und so für immer die Kluft zwischen Gott und dem Menschen geschlossen. Der Dienst für den lebendigen Gott, zu dem der Mensch durch das Opfer Christi befähigt wird, ist nicht nur Gottesdienst, sondern zugleich Weltdienst.[59] Der Hebräerbrief zeigt, dass das Christentum niemals eine kultferne Religion war. Sofern kultisches Handeln nicht Selbstzweck wird, ist es auch keineswegs unbiblisch.[60]

Im 1. Clemensbrief (90–100), der wie der Hebräerbrief stadtrömischer Herkunft ist, wird die Kulttypologie auf den christlichen Kult hin noch deutlicher ausgeweitet.[61] In 1 Clem 44,4 ist von der Darbringung der Opfer (προσφέρειν τὰ δῶρα) durch die bischöflichen Amtsträger die Rede. Der Ausdruck προσφέρειν τὰ δῶρα bezeichnet in der griechischen Übersetzung des Alten Testaments die dargebrachten Opfer (Lev 2,1.4.13; 4,32;

---

58 Als Altar deutet *Heid*, Altar und Kirche (²2919), 32–42, θυσιστήριον.
59 Vgl. *Backhaus*, Der Hebräerbrief (2009), 315.
60 Vgl. ebd. 276.
61 Schon in altkirchlicher Zeit fiel eine stilistische und inhaltliche Nähe zwischen Hebräerbrief und 1. Clemensbrief auf.

7,38^{LXX} u. ö.), so dass sich die Darbringung der Opfer in 1 Clem 44,4 nicht nur auf Gebetsopfer (θυσίαν αἰνέσεως) beziehen wird (so 1 Clem 52,3f.; vgl. Hebr 13,15), sondern, wie bei Ignatius von Antiochien[62], ebenso auf die Opfergaben der Eucharistie.[63]

2. Die Eucharistiegebete der Didache

Bei der Didache handelt es sich um die älteste erhaltene Kirchen-ordnung.[64] Sie stammt aus dem syrischen Raum und behandelt Fragen des ethischen Lebens, der Liturgie und der Gemeindever-fassung. Die Abfassung der Schrift fällt noch in neutestamentliche Zeit.[65] Zwar konnte sich eine Frühdatierung der Didache um 50/65 n. Chr. bislang nicht durchsetzen.[66] Doch sind die Texte der Didache größtenteils älter als die Schlussredaktion der Kirchen-ordnung (80/100 n. Chr.). Dies gilt wahrscheinlich auch für die Eucharistiegebete der Didache mit ihrem stark judenchristlichen Kolorit.[67] Wie die Apostelgeschichte spricht die Didache vom „Brechen des Brotes" am „Tag des Herrn": „Wenn ihr aber am Herrentag (κυριακὴ [ἡμέρα] κυρίου/Herrentag des Herrn) zu-sammen kommt, dann brecht das Brot und sagt Dank (κλάσετε

---

62 Vgl. *Ignatius von Antiochien*, Ad Smyrnos VII (PG 5, 713A); *ders.*, Ad Phi-ladelphios IV (PG 5, 700B).

63 Zum θυσιστήριον in 1 Clem 32,11 vgl. *Heid*, Altar und Kirche (^{2}2019), 42–46.

64 Zur Wiederentdeckung des Textes der Didache durch Philotheos Byren-nios (1873) vgl. *Niederwimmer*, Die Didache (^{2}1993), 33–36.

65 Die Didache wird zumeist in die Zeit um 80 n. Chr. datiert.

66 Vgl. *Mazza*, The Origins of the Eucharistic Prayer (1995), 12–29 (50 n. Chr.); *Berger*, in: *ders. – Nord*, Das Neue Testament und frühchristliche Schriften (1999), 302 (65 n. Chr.).

67 Vgl. Didache 9,1–10,6 (FC 1, 120–127). Siehe dazu *Talley*, Von der Be-rakha zur Eucharistia (1976), 93–115; *Rouwhorst*, Didache 9–10 (2005), 143–156. *Koch*, Eucharistische Vollendung und Eucharistieverständnis in der Didache (2017). *Dünzel*, Herrenmahl ohne Herrenworte? (2005), 51, datiert die Didache um 90–120 n. Chr. Die Spätdatierung (erste Hälfte des 2. Jahr-hunderts) vertritt auch *Niederwimmer*, Die Didache (^{2}1993), 79.

ἄρτον καὶ εὐχαριστήσατε), nachdem ihr zuvor eure Übertretungen bekannt habt, damit euer Opfer (θυσία) rein sei. Keiner aber, der einen Streit mit seinem Nächsten hat, soll mit euch zusammenkommen, bis sie sich ausgesöhnt haben, damit euer Opfer nicht entweiht werde. Das ist nämlich (der Sinn) des vom Herrn Gesagten: ‚An jedem Ort und (jeder) Zeit (ist) mir ein reines Opfer (καθαρὰ ἡ θυσία) darzubringen; denn ein großer König bin ich, spricht der Herr, und mein Name wird bewundert unter den Heiden.“[68]

Das „Brechen des Brotes“ bezieht sich wie in Apg 2,42, 20,7.11 und Lk 24,30.35 mit großer Wahrscheinlichkeit auf die regelmäßige sonntägliche Eucharistie.[69] Unter Bezugnahme auf Mal 1,11 wird die Mahlfeier ein Opfer (θυσία) genannt (hebr. *minḥāh*). Mit *minḥāh* war zur Zeit des Tempels das Speiseopfer gemeint. Nach der Zerstörung des Jerusalemer Heiligtums bezeichnete *minḥāh* zunehmend das Nachmittagsgebet der Juden. Das „reine Opfer“, das die Christen darbringen, besteht in der Danksagung und im Brechen des Brotes.[70] In Mt 5,23f. dürfte mit dem Opfer der Tempelkult gemeint sein: „Wenn du deine Opfergabe zum Altar bringst (προσφέρῃς τὸ δῶρόν) und dir dabei einfällt, dass dein Bruder etwas gegen dich hat, so lass deine Gabe dort vor dem Altar liegen; geh und versöhne dich zuerst mit deinem Bruder, dann komm und opfere deine Gabe.“[71]

Die frühchristlichen Mahlgebete sind Gebete mit komplexer Struktur. Wie andere Gebete, etwa 1 Clem 59–61[72], das Tauf-

---

68 Didache 14,1–3 (FC 1, 132–135). Teilweise wird Kapitel 14 als späterer Zusatz betrachtet.

69 Vgl. *Bradshaw*, Eucharistic Origins (2004), 55–59.

70 Vgl. *Meßner*, Entwicklung des eucharistischen Gebets (2005), 16. *Hanson*, Eucharistic Offering in the Early Church (1979), 5, wendet sich gegen diese weit verbreitete Interpretation. Er sieht im Opfer das christliche Selbstopfer als Gebetsakt.

71 Der Barnabasbrief neigt stärker zu einer Verinnerlichung des Opfers. Vgl. Der Barnabasbrief (ed. *Prostmeier* [1999]), 165–189. Mit προσφέρειν τὰ δῶρα ist in 1 Clem 44,4 vermutlich die eucharistische Darbringung gemeint.

72 Vgl. *Löhr*, Studien zum frühchristlichen und frühjüdischen Gebet (2003).

Die Feier der Eucharistie in frühchristlicher Zeit

wasserweihgebet oder die Gebete zur Ordination, haben auch die Mahlgebete zumeist zwei Teile, einen anamnetischen und einen epikletischen Teil. Um die Feier des Herrenmahls zu bezeichnen, sprechen die frühchristlichen Autoren zumeist von εὐχαριστεῖν nicht von εὐλογεῖν. Denn εὐχαριστεῖν, das dem hebräischen *hôdāh* entspricht, betont stärker den Charakter des Gebets als Danksagung, *barak* (εὐλογεῖν *benedicere*) dagegen stärker den Charakter des Gebets als Bitte. Bei den jüdischen *b^{e}rākôt* (Segensbitten) sind kurze und lange Bitten zu unterscheiden. Die kurzen beginnen mit der *bārûk*-Formel ("Gepriesen bist du, Herr, unser Gott, König des Alls") und es folgt das Motiv für die Bitte *(b^{e}rākāh)*. Die längeren *b^{e}rākôt* werden eröffnet mit einem kurzen Lobpreis; es folgen ein Gedächtnis der Heilstaten Gottes und schließlich die einzelnen Bitten. Abgeschlossen wird die längere Form der *b^{e}rākôt* mit einer kurzen *b^{e}rākāh* als Siegel.

Die Kapitel 9 und 10 der Didache enthalten Danksagungsgebete: über den Kelch, das Brot und "nach der Sättigung".[73] Handelt es sich um Eucharistiegebete oder um Gebete einer nichteucharistischen Mahlfeier?[74] Früher dominierte die Auffassung, die Danksagungsgebete der Didache seien keine Eucharistiegebete, sondern Gebete für eine Agapefeier.[75] Arthur Vööbus (1909–1988) sprach sich als einer der ersten für eine eucharistische Deutung aus.[76] Eine vermittelnde Position nahm Erik Peterson ein: Die Gebete seien ursprünglich Eucharistiegebete gewesen, später aber nur noch bei Agapefeiern verwendet worden, da sie kein Gedächtnis

---

73 Vgl. *Rouwhorst*, Didache 9–10 (2005).

74 Für eine Eucharistie plädierten in den Anfängen der Didacheforschung u. a. Adolf von Harnack (1851–1930) und Karl Völker (1866–1937), für eine Agapefeier Friedrich Wilhelm Kattenbusch (1851–1935) und Gregory Dix. Dazu vgl. *Niederwimmer*, Die Didache (²1993), 176f. Es ist nicht möglich, hier auf alle Lösungsvorschläge, die seit den Anfängen der Didacheforschung vorgelegt wurden, einzugehen. Einen guten Forschungsüberblick gibt *Bradshaw*, Eucharistic Origins (2004), 26–35. Vgl. auch *Draper*, The Didache in the Modern Research (1996).

75 So Rudolf Bultmann, Martin Dibelius u. a. Vgl. *Niederwimmer*, Die Didache (²1993), 178.

76 Vgl. *Vööbus*, Liturgical Traditions in the Didache (1968).

Dies dominica

des Todes und der Auferstehung Christi enthalten, welches für die Feier des Herrenmahls schon bald als konstitutiv angesehen wurde.[77] Auch wenn wir über den Ablauf der Eucharistie im ersten Jahrhundert nur wenig wissen, erscheint eine eucharistische Deutung der Danksagungsgebete der Didache doch überzeugender.[78]

Die Danksagungsgebete erinnern an jüdische Tischgebete. Gewisse Parallelen bestehen auch zu Aussagen im jüdischen Bekehrungsroman *Joseph und Aseneth*, in dem vom „gesegneten Brot des Lebens" und vom „gesegneten Becher der Unsterblichkeit" die Rede ist. Auch in der Didache sind die Heilsgüter, die Jesus geoffenbart hat und die durch Brot und Wein vermittelt werden, Leben und Unsterblichkeit.[79] Die Danksagungsgebete der Didache sind aber mehr als christianisierte Übernahmen jüdischer Vorlagen.

In Kapitel 9 erwähnt die Didache zunächst eine Danksagung (εὐχαριστία) über den Kelch und das Brot, verbunden mit einer Bitte um die Einheit der Kirche: „(1) Was die Eucharistie betrifft (περὶ δὲ τῆς εὐχαριστίας), sagt folgendermaßen Dank (εὐχαριστήσατε). (2) Zuerst beim Kelch: ‚Wir danken dir, unser Vater, für den heiligen Weinstock Davids, deines Knechtes, den du uns offenbar gemacht hast durch Jesus, deinen Knecht. Dir sei Herrlichkeit [Ehre] in Ewigkeit.' (3) Beim gebrochenen Brot (κλάσμα): ‚Wir danken dir, unser Vater, für das Leben und die Erkenntnis, die du uns offenbar gemacht hast durch Jesus, deinen Knecht bzw. Sohn (υἱός). Dir sei Herrlichkeit [Ehre] in Ewigkeit. (4) Wie dieses gebrochene Brot zerstreut war auf den Bergen und zusammengebracht eins geworden ist, so soll zusammengeführt werden deine Kirche von dem Ende der Erde in dein Reich; denn dein ist die Herrlichkeit [Ehre] und die Kraft durch Jesus Christus in Ewigkeit.' Doch niemand soll essen und trinken von eurer Eucharistie außer denen, die auf den Namen

---

77 Vgl. *Peterson*, Über einige Probleme der Didache-Überlieferung (1969), 146–182. Dieser Position hat sich *Betz*, Die Eucharistie in der Didache (1969), 10–39, angeschlossen.
78 Vgl. auch die Analogie von *Gerhards*, Liturgie in den ersten Jahrhunderten (2018), 122–124.
79 Vgl. Didache 10, 1–7 (FC 1, 122–127).

des Herrn getauft sind. Denn auch darüber hat der Herr gesagt: ‚Gebt das Heilige nicht den Hunden.'"[80]

Von der εὐχαριστία über den Kelch und das Brot[81] hat die Mahlfeier ihren Namen. Die Eucharistie ist nur für jene bestimmt, die auf den Namen des Herrn getauft sind. Deutlich erkennbar ist in der Einleitungsformel „Wir danken dir"[82] das jüdische Vorbild der *hôdājāh* (Lobpreis, Danksagung). Die *hôdājôt* begegnen auch im Nachtischgebet der Didache.[83] Sie entstammen judenchristlichem Milieu und reichen möglicherweise in den palästinischen Raum zurück.[84] Das griechische Wort κλάσμα meint ursprünglich nicht ein ganzes Brot, sondern ein Brotstück. Die Rede vom „gebrochenen Brot" könnte proleptisch gemeint sein. Vorstellbar ist auch ein sekundärer Gebrauch von κλάσμα im Sinne von ἄρτος (Brot).[85] Kapitel 9,4 erinnert an die Bitten um die Sammlung Israels in der zehnten Bitte der *Amidah* und des *Musaf*-Gebets an *Jom Kippur*.[86] Der christologische Titel παῖς θεοῦ lässt an die Gottesknechtstheologie Deuterojesajas denken, womit ein Bezug zum Leiden Christi gegeben wäre. Ein explizites Gedächtnis des Leidens, Sterbens und der Auferstehung Christi enthält das Eucharistiegebet der Didache nicht.[87]

---

80 Didache 9, 1–5 (FC 1, 120–123). Teile aus Didache 9 kehren wieder in den Constitutiones Apostolorum VII 25–26 (Didache 9, 3–5), im Euchologium Serapionis 13,13 (Didache 9,4) und in der Liturgie von Dêr-Balyzeh (Didache 9, 2–4).

81 Diese Reihenfolge, die mit dem *Qiddûš* am Schabbat übereinstimmt, hat 1 Kor 10,16–17.

82 Didache 9, 2.3 (FC 1, 120f.).

83 Vgl. ebd. 10, 2.4 (FC 1, 122–125).

84 Vgl. *Dünzel*, Herrenmahl ohne Herrenworte? (2005), 57.

85 Vgl. *Vööbus*, Liturgical Traditions in the Didache (1968), 35–39.137–157.

86 Vgl. *Rouwhorst*, Didache 9–10 (2005), 149.

87 Die „Apostolischen Konstitutionen" (eine Kompilation von Kirchenordnungen, um 380) fügen eine solche Memoria ein. Der Dank umfasst auch „das kostbare Blut Jesu Christi" und „den kostbaren Leib", „als dessen Entsprechung (ἀντίτυπα) wir dies hier vollbringen, da er selbst uns aufgetragen hat, seinen Tod zu verkünden" (Constitutiones Apostolorum VII 25, 4: SChr 336,54). Neben den Eucharistiegebeten der Didache enthalten die „Apostolischen Konstitutionen" auch die „Clementinische Liturgie", ein ausführliches

Geht man von der Einheit der Danksagungsgebete in den Kapiteln 9 und 10 sowie ihrer eucharistischen Deutung aus, folgte auf die Eucharistie ein Sättigungsmahl mit einer abschließenden *Postcommunio*: (1) „Nach der Sättigung (μετὰ δὲ τὸ ἐμπλησθῆναι) sagt folgendermaßen Dank (εὐχαριστήσατε): (2) ‚Wir danken dir, heiliger Vater für deinen heiligen Namen (ἁγίου ὀνόματος), den du in unseren Herzen hast Wohnung nehmen lassen, und für die Erkenntnis und den Glauben und die Unsterblichkeit, die du uns offenbar gemacht hast durch Jesus, deinen Knecht (παῖς). Dir sei Herrlichkeit [Ehre] in Ewigkeit! (3) Du, allmächtiger Herrscher, hast das All geschaffen um deines Namens willen, Speise und Trank hast du den Menschen gegeben zum Genuß, damit sie dir danken. Uns aber hast du (aus Gnade) geistliche Speise und Trank (πνευματικὴ τρωφὴ καὶ) (πότον) und ewiges Leben durch (Jesus), deinen Knecht, geschenkt. (4) Vor allem aber danken wir dir, weil du mächtig bist. Dir sei die Herrlichkeit in Ewigkeit! (5) Gedenke, Herr, dass du deine Kirche befreist von allem Bösen und sie vollendest in deiner Liebe. Und führe sie zusammen von den vier Winden, die Geheiligte, in dein Reich, das du ihr bereitet hast. Denn dein ist die Macht und die Herrlichkeit in Ewigkeit. (6) Es komme die Gnade und es vergehe diese Welt! Hosanna dem Gott Davids! Wer heilig ist, der soll kommen. Wer es nicht ist, tue Buße! Maranatha. Amen‘.“[88]

Es wird weithin angenommen, dass der *Postcommunio* das jüdische Nachtischgebet *(birkat hammāzôn)* zugrunde liegt. Der heilige Name in Kapitel 10 bezeichnet Gottes wirkmächtige Präsenz, die durch die geistliche Speise und den geistlichen Trank seines Knechtes, Jesus Christus, die ewiges Leben verleihen, geschenkt wird. Dies könnte ein Indiz dafür sein, dass der Didachist bzw. der christliche Autor, der das jüdische Nachtischgebet christianisierte, unter dem Einfluss johanneischer Kreise stand.[89] Wie Kapitel 9 erinnert auch Kapitel 10 an die Bitten um die Sammlung

---

Messformular mit einem umfangreichem Hochgebet. Vgl. Constitutiones Apostolorum VIII 12, 4–51: SChr 336, 178–205 (ed. Hänggi – Pahl 82–95).

88 Didache 10, 1–7 (FC 1, 122–127).

89 Vgl. *Betz*, Die Eucharistie in der Didache (1969).

Die Feier der Eucharistie in frühchristlicher Zeit

Israels in der zehnten Bitte der *Amidah* und des *Musaf*-Gebets an *Jom Kippur*.[90] Die liturgische Akklamation am Ende betont wie der aramäische Ruf *Maranatha* das Kommen des Herrn in der Eucharistie und sein für die Zukunft erwartetes Kommen in Herrlichkeit. Die geistliche Speise und der geistliche Trank, die durch Jesus Christus empfangen werden, schenken ewiges Leben. Dies spricht für die eucharistische Deutung der Danksagungsgebete in den Kapiteln 9 und 10 der Didache.[91] Der schwierige Schluss in Kapitel 10 kann sich dann nicht auf die Kommunion beziehen.[92] Gut vorstellbar ist, dass hier die Teilnahme am eschatologischen Heil in der Vollendung des Reiches Gottes im Blick ist.[93]

Gegen eine eucharistische Deutung der Danksagungsgebete wird zumeist eingewandt, dass sie keine Anamnese des Todes und der Auferstehung Jesu enthalten und auch die Einsetzungsworte nicht zitiert werden. Josef Andreas Jungmann hat daher bezweifelt, dass es in den Kapiteln 9 und 10 der Didache um die Eucharistie geht, vorausgesetzt sei vielmehr eine Agapefeier.[94] Dieser Position haben sich Klaus Wengst und Kurt Niederwimmer angeschlossen.[95] Es gibt aber keine gesicherten Hinweise dafür, dass die christlichen Gemeinden in den ersten beiden Jahrhunderten neben der Eucharistie eine eigenständige Agapefeier kannten.[96] Die Dida-

---

90 Vgl. Didache 9, 4 (FC 1, 122f.); ebd. 10, 5 (FC 1, 124f.).

91 Vgl. ebd. 9,1–10,6 (FC 1, 120–127). Willy Rordorf erkennt in den Ausdrücken „geistliche Speise" und „geistlicher Trank" einen deutlichen Bezug auf die eucharistischen Elemente. Doch nach Rordorf folgt der Empfang der Eucharistie erst auf das Gebet Didache 10,1–6. Vgl. *ders.*, La Didaché (1976), 18.

92 Vgl. Didache 10,6 (FC 1, 124–127). So *Niederwimmer*, Die Didache (²1993), 179.

93 Vgl. *Meßner*, Entwicklung des eucharistischen Gebets (2005), 12.

94 Vgl. *Jungmann*, La Liturgie des premiers siècles (1962), 63–65.

95 Vgl. *Wengst*, Didache (Apostellehre), Barnabasbrief, Zweiter Klemensbrief, Schrift an Diognet (1984), 43–57; *Niederwimmer*, Die Didache (²1993), 173–209. Dazu tendiert neuerdings auch *Rordorf*, Die Mahlgebete der Didache (1997), der ursprünglich eine eucharistische Deutung der Mahlgebete der Didache vertrat.

96 Vgl. *McGowan*, Naming the Feast (1997), 314–318.

77

Dies dominica

che überliefert daher wohl eine Form der Eucharistie, die schon bald nicht mehr praktiziert wurde.[97]

Anders als das korinthische Herrenmahl hat die von der Didache überlieferte Mahlfeier die Struktur einer jüdischen Hauptmahlzeit: mit *Qiddûš*-Becher zu Beginn, dem Brotbrechen, der Mahlzeit und dem Nachtischgebet *(birkat hammāzôn).*[98] Gelegentlich wurde versucht, die Eucharistie insgesamt auf eine Christianisierung der *birkat hammāzôn* mit der Grundform „Lobpreis – Danksagung – Bitten" zurückzuführen.[99] Ohne Zweifel bildet die *birkat hammāzôn* einen Vorläufer der späteren Eucharistiegebete.[100] Doch wird sie nicht das einzige Modellgebet der christlichen Anaphora gewesen sein. Die synagogalen Morgengebete können ebenfalls einen Einfluss auf die Genese der Eucharistiegebete gehabt haben.

Die These von Hans Lietzmann, ursprünglich habe es zwei voneinander unabhängige christliche Mahlfeiern gegeben, wird heute nur noch vereinzelt vertreten. Als ersten Ursprung der Eucharistie nahm Lietzmann eine Mahlgemeinschaft an, die judenchristliche Gemeinden in eschatologischer Erwartung und in freudiger Stimmung gefeiert hätten. Das Zeugnis für eine solche Feier, erkannte Lietzmann in Apg 2,42: „Sie hielten an der Lehre der Apostel fest und an der Gemeinschaft, am Brechen des Brotes und an den Gebeten". Diese Mahlfeier sei im Anschluss an die Mahlfeiern Jesu zum Zeichen des anbrechenden Reiches Gottes ohne Bezug zum letzten Abendmahl Jesu mit seinen Jüngern ge-

---

97 Vgl. *Fürst*, Die Liturgie der Alten Kirche (2008), 33. Auch *Klinghardt*, Gemeinschaftsmahl und Mahlgemeinschaft (1996), 98–129.387–405, vertritt eine eucharistische Deutung, allerdings sieht er die Mahlfeier der Didache in der Tradition des hellenistischen Symposiums, was wegen des jüdischen Charakters der Mahlgebete aber wenig wahrscheinlich ist. Vgl. *Rouwhorst*, Didache 9–10 (2005), 145–147.
98 Vgl. *Vööbus*, Liturgical Traditions in the Didache (1968), 61–171; *Mazza*, The Origins of the Eucharistic Prayer (1995), 14. Mazza (vgl. ebd. 66–97) deutet die Mahlfeier in Didache 9–10 im Sinne des paulinischen Herrenmahls.
99 Vgl. *Ligier*, The Origins of the Eucharistic Prayer (1973); *Talley*, Von der Berakha zur Eucharistia (1976); *Wegman*, Genealogie des Eucharistiegebets (1991).
100 Vgl. *Stuflesser – Winter*, Geladen zum Tisch des Herrn (2004), 65.

feiert worden. In den Kapitel 9 und 10 sah Lietzmann eine entwickelte Form dieses Typs des urchristlichen Mahles. Davon unterschied er das Herrenmahl als Gedächtnis des Todes und der Auferstehung Christi, wie es in den paulinischen Gemeinden gefeiert wurde (1 Kor 11,17–34).[101] Reinhard Meßner steht der These Lietzmanns mit seiner eigenen Herleitung der Eucharistie am nächsten: Die urchristliche Mahlfeier sei zunächst unabhängig vom letzten Abendmahl Jesu entstanden und habe die Tischgemeinschaft Jesu mit seinen Jüngern und Jüngerinnen sowie Armen und Ausgestoßenen fortgesetzt.[102] Allerdings gibt es in den Eucharistiegebeten der Didache durchaus Hinweise auf eine Passionsanamnese, die für einen Zusammenhang der Mahlfeier mit dem Abendmahl sprechen: die Bezeichnung Jesu als Knecht[103], die an sein Leiden erinnert, sowie der Dank für das Leben[104], der ein Hinweis auf die Auferstehung Jesu sein könnte, in der das neue Leben begründet ist.

3. Die Eucharistie als Opfer und die Verba Testamenti

Schon im 2. Jahrhundert bezeichnen εὐχαριστεῖν und εὐχαριστία nicht nur das Dank- und Segensgebet über Brot und Wein, sondern ebenso die Feier[105] und die geheiligten Zeichen von Brot und Wein. So ist das Herrenmahl nach Justin dem Märtyrer Eucharistie gewordene Speise.[106] Das Verb εὐχαριστεῖν kann auch im Sinne von „zur Eucharistie machen" verwendet werden.[107] Ignatius von Antiochien sieht in der Eucharistie die Einheit der Kirche und die

---

101 Vgl. *Lietzmann*, Messe und Herrenmahl (³1955).
102 Vgl. *Meßner*, Entwicklung des eucharistischen Gebets (2005), 4. Ähnlich *Wucherpfennig*, Wie hat Jesus Eucharistie gewollt? (2021), 58–62.
103 Vgl. Didache 9, 2.3 (FC 1, 120f.).
104 Vgl. ebd. 9, 3; 10, 2f. (FC 1, 120f.122f.).
105 Vgl. ebd. 9, 1 (FC 1, 120f.); *Ignatius von Antiochien*, Ad Ephesios XIII (PG 5, 745B).
106 Vgl. *Justin der Märtyrer*, Apologia I pro Christianis 66 (PG 6, 428C): εὐχαριστηθεῖσα τροφή.
107 Vgl. ebd. 66 (PG 6, 429A).

Einheit mit Christus bezeichnet: „Seid bedacht, eine Eucharistie zu praktizieren – denn eines ist das Fleisch unseres Herrn Jesus Christus und einer der Kelch zur Einheit mit seinem Blut, eine die Opferstätte, wie einer auch der Bischof zusammen mit seinem Presbyterium und den Diakonen."[108] Im Einklang mit der eucharistischen Brotrede (Joh 6) betont Ignatius, „dass die Eucharistie das Fleisch (σάρξ) unseres Herrn Jesus Christus ist, das für unsere Sünden gelitten hat und das der Vater in seiner Güte auferweckt hat"[109]. Dabei unterstreicht Ignatius die Identität von historischem und sakramentalem Leib Christi, ohne beide einfach gleichzusetzen: „Ich will Jesus als Brot und Trank, sein Fleisch und sein Blut, Jesus als Mensch aus Davids Samen und als unvergängliche Liebe."[110]

Mit θυσιαστήριον wird bei Ignatius der christliche Altar gemeint sein.[111] Jedenfalls hat die Eucharistie für Ignatius den Charakter einer Opferfeier (vgl. auch 1 Kor 10,21). Wenn die Feier der Eucharistie als Opfer (θυσία) bezeichnet wird, geschieht dies vor allem im Anschluss an die Verheißung des reinen Opfers in Mal 1,11. In seiner Lebenshingabe, die uns in der Eucharistie geschenkt wird, hat sich Christus als reines Opfer dargebracht. Die Eucharistie ist das Gedächtnis dieses Opfers. Dieser Gedanke findet sich schon im Brief an die Hebräer: „Um wie viel mehr wird das Blut Christi, der sich selbst als makelloses Opfer (προσήνεγκεν ἄμωμον) kraft des ewigen Geistes dargebracht hat, unser Gewissen von toten Werken reinigen, damit wir dem lebendigen Gott dienen" (Hebr 9,14).

Justin nennt Brot und Wein, über die der Bischof das Dankgebet spricht, Darbringung bzw. Opfergabe (προσφορά).[112] In der Darbringung der Eucharistie vollzieht sich das reine Opfer.[113] Die Gabenbereitung versteht er als Gaben*darbringung*, also als eine Art

---

108 *Ignatius von Antiochien*, Ad Philadelphios IV (PG 5, 700B). Zum Folgenden vgl. *Wehr*, Die Eucharistie in den Briefen des Ignatius von Antiochien (2017).
109 *Ders.*, Ad Smyrnos VII (PG 5, 713A).
110 *Ders.*, Ad Romanos VII (PG 5, 693B).
111 Vgl. *Heid*, Altar und Kirche (^{2}2019).
112 Vgl. *Justin der Märtyrer*, Dialogus cum Tryphone Judaeo 41 (PG 6, 564B); *Lindemann*, Die eucharistische Mahlfeier bei Justin und Irenäus (2017), 902–920.
113 Vgl. ebd. (PG 6, 563C).

Opferhandlung.[114] Dank und Opfer sind Antwort auf die Zuwendung Gottes in Christus, der uns in der Eucharistie schenkt. Das Opfer von Weizenmehl (Lev 14,10) betrachtet Justin als Hinweis auf das Brot der Eucharistie zum Gedächtnis an das Leiden Jesu.[115] Zum Opfer der Eucharistie schreibt Justin: „Dass nun Gebete (εὐχαί) und Danksagungen (εὐχαριστίαι), wenn sie von würdigen Personen dargebracht werden, allein vollkommene und Gott angenehme Opfer (θυσίαι) sind, behaupte ich auch. Gemäß ihrer Tradition haben auch die Christen nur diese Opfer; sie bringen dieselben dar, wenn sie bei Brot und Kelch das Gedächtnis feiern, wobei sie gerade die Erinnerung an das Leiden begehen, welches der Sohn ihretwegen erduldet hat."[116]

In Justins erster Apologie findet sich das früheste Zeugnis über den Ablauf der sonntäglichen Eucharistie.[117] Man hat in diesem Zusammenhang vom „Messschema" gesprochen[118], dessen Grundstruktur sich bis heute erhalten hat: „Und an dem nach der Sonne benannten Tag wird eine gemeinsame Versammlung aller gehalten, die in den Städten oder auf dem Land wohnen, und man liest die Denkwürdigkeiten der Apostel [= die Evangelien] oder die Schriften der Propheten vor, solange es die Zeit erlaubt. Wenn der Vorleser geendet hat, hält der Vorsteher eine Ansprache, durch die er zur Nachahmung all dieser schönen (Lehren) mahnt und ermuntert. Danach stehen wir alle zusammen auf und senden Gebete empor. Und wenn wir das Gebet beendet haben, wird Brot herbeigebracht und Wein und Wasser. Und der Vorsteher sendet Gebete ebenso wie auch Danksagungen empor nach seinem Vermögen, und das Volk akklamiert mit dem Amen. Und dann geschehen für jeden die Verteilung und der Empfang der Gaben, über die Dank gesagt worden ist, und den Abwesenden wird davon durch die Diakone gesandt. Die Wohlhabenden und die wollen,

---

114 Vgl. ebd. 117 (PG 6, 746B).
115 Vgl. ebd. 41 (PG 6, 564B).
116 Ebd. 117 (PG 6, 746B–748A).
117 Vgl. *ders.*, Apologia I pro Christianis 65 und 67 (PG 6, 428A–C; 429A–432A).
118 Vgl. *Meßner*, Einführung in die Liturgiewissenschaft ([2]2009), 168–170.

Dies dominica

geben nach ihrem Dafürhalten, was jeder will, und das Eingesammelte wird beim Vorsteher hinterlegt, und dieser sorgt für die Waisen und Witwen und für die, welche wegen Krankheit oder aus einem anderen Grund Not leiden, und für die, welche in Fesseln sind, und für die in der Fremde weilenden Gäste; kurz gesagt, er wird zum Fürsorger für alle, die in Not sind."[119]

Die Entstehung der Schriftlesung im christlichen Gottesdienst liegt weitgehend im Dunkeln. Es werden dazu verschiedene Theorien vertreten. Während Anton Baumstark (1872–1948), Hans Lietzmann und Gregory Dix noch der Meinung waren, dass die Wortliturgie ihren Ursprung im synagogalen Gottesdienst hat, wird dies heute aufgrund der recht schmalen Quellenbasis nicht mehr so affirmativ behauptet. Denn vor der Zerstörung des Tempels im Jahre 70 n. Chr. dürfte es in Jerusalem und Galiläa nur wenig Synagogen mit einer im engeren Sinne gottesdienstlichen Funktion gegeben haben (vgl. aber Lk 4,16.33). Die Synagogen waren Gemeinschaftshäuser zum Zwecke der Schriftlesung und Unterweisung. Natürlich kann nicht ausgeschlossen werden, dass in den Synagogen auch Benediktionen gesprochen wurden.[120] In der Diaspora waren die entsprechenden Versammlungsräume dagegen wohl primär Gebetshäuser. Dafür spricht vor allem ihre griechische Bezeichnung als προσευχή (Gebet, Stätte des Gebets).[121]

Bei Justin ist nicht von einer Lesung aus der Tora die Rede, sondern von den „Denkwürdigkeiten der Apostel" und den „Schriften der Propheten".[122] Für eine Abhängigkeit der Schriftlesung im christlichen Gottesdienst von der jüdischen Schrift-

---

119 *Justin der Märtyrer*, Apologia I pro Christianis 67 (PG 6, 429B–C). Zu den frühen Eucharistiegebeten vgl. den Forschungsüberblick bei *Cuming*, The Early Eucharistic Liturgies in Recent Research (1981).
120 Für wenig wahrscheinlich hält dies *von der Osten-Sacken*, Von den jüdischen Wurzeln des christlichen Gottesdienstes (2005), 138. Vgl. auch *Maier*, Zwischen den Testamenten (1990), 243.
121 Vgl. *Hengel*, Proseuche und Synagoge (1971), 180; *von der Osten-Sacken*, Von den jüdischen Wurzeln des christlichen Gottesdienstes (2005), 137 (hier weitere Literatur zur Funktion der Synagoge in der Diaspora).
122 Vgl. dazu *Meyer*, Eucharistie (1989), 117.

Die Feier der Eucharistie in frühchristlicher Zeit

lesung spricht die Praxis, wöchentlich Abschnitte einzelner Bücher zu lesen, so dass die Vermutung nahe liegt, dass die der Eucharistie vorangehende Liturgie des Wortes durch die jüdische Sabbatliturgie beeinflusst wurde. Beim Gebet nach der Ansprache dürfte es sich um ein Fürbittgebet gehandelt haben.[123] An Akklamationen des Volkes in Verbindung mit dem Eucharistiegebet erwähnt Justin nur das Amen des Volkes, das als einzige Akklamation in den ersten beiden Jahrhunderten mit Sicherheit nachweisbar ist. Die εὐχαριστία des Vorstehers wird durch das Amen des Volkes bestätigt. Der einleitende Dialog des eucharistischen Gebets (*dignum et iustum*) ist vor dem 3. Jahrhundert nicht belegt, dürfte aber wohl älter sein, was auch für das *sursum corda – habemus ad Dominum* gilt.[124]

In der Kommunion empfangen die Gläubigen die Eucharistie. Das Brot des Himmels und der Kelch des Heils werden Eucharistie genannt, weil Brot und Wein durch das Gebet, das über sie gesprochen wird, „eucharistisiert" werden.[125] Justin ist der früheste Zeuge für eine Kommunion außerhalb der eucharistischen Liturgie. Bei den „Abwesenden", denen die Diakone die Kommunion bringen, handelt es sich mit großer Wahrscheinlichkeit um Kranke, wobei die Verbindung ihrer Kommunion mit der vorausgehenden eucharistischen Liturgie betont wird. Justin lehrt eine somatische Realpräsenz des Fleisches und Blutes Christi. Die Analogie zur Inkarnation – Justin betrachtet die Menschwerdung als von Christus auf sich genommenes Opfer – ist der Schlüssel für Justins Verständnis der Eucharistie. Die Inkarnation bildet die Erklärung für die Gegenwart Christi in Brot und Wein. Johannes Betz spricht in diesem Zusammenhang vom „eucharistischen Inkarnationsprinzip"[126].

---

123 Der 1. Clemensbrief überliefert ein Gebet, bei dem es sich vermutlich um ein der römischen Liturgie entnommenes Allgemeines Gebet (*oratio fidelium*) handelt. Vgl. 1 Clem 59,2–61,3 (*Berger – Nord* 719–721).
124 So *Meßner*, Entwicklung des eucharistischen Gebets (2005), 39, mit Berufung auf die Arbeiten zur Anaphora der Byzantinischen Liturgie von Robert Taft (1932–2018).
125 Vgl. *Justin der Märtyrer*, Apologia I pro Christianis 66 (PG 6, 429A).
126 *Betz*, Eucharistie in der Schrift und Patristik (1979), 34.

Bei Justin finden wir ebenso den frühesten Beleg für die *Verba Testamenti* außerhalb des Neuen Testaments. Allerdings zitiert Justin sie nicht im Kontext eines Eucharistiegebetes, sondern in einer Reflexion über die Eucharistie: „Nachdem Jesus das Brot genommen und Dank gesagt hatte, sagte er: ‚Tut dies zu meinem Gedächtnis; dies ist mein Leib'. Ebenso sagte er, nachdem er den Kelch genommen und Dank gesagt hat: ‚Dies ist mein Blut'. Und er gab ihnen (den Apostel) allein."[127] Während die Interpretation dieser Stelle keine große Schwierigkeit bereitet, ist die Auslegung des vorausgehenden Textabschnittes kontrovers: „Nicht als gemeines Brot und als gemeinen Trank nehmen wir sie; sondern wie Jesus Christus, unser Erlöser, als er durch Gottes Logos Fleisch wurde, Fleisch und Blut um unseres Heiles willen angenommen hat, so sind wir belehrt worden, dass die durch das Gebet eines Wortes von ihm geweihte Nahrung (τὴν δι᾽ εὐχῆς λόγου τοῦ παρ᾽ αὐτοῦ εὐχαριστηθεῖσαν τροφὴν), mit der unser Fleisch und Blut durch Umwandlung genährt wird, Fleisch und Blut jenes fleischgewordenen Jesus sei."[128]

Die ältere Forschung sah in der Wendung τὴν δι᾽ εὐχῆς λόγου τοῦ παρ᾽ αὐτοῦ in der Regel eine Logos-Epiklese und übersetzte sie daher mit „Gebet um den Logos"[129]. Dieser Interpretation folgen Otfried Hofius und Paul F. Bradshaw.[130] Anthony Gelston[131] und Reinhard Meßner[132] meinen, dass sich die Wendung auf das Eucharistiegebet als Ganzes bezieht, das Justin vor Augen hat-

---

127 *Justin der Märtyrer*, Apologia I pro Christianis 66 (PG 6, 429A).
128 Ebd. (PG 6, 428C–429A).
129 Vgl. *Dölger*, Die Eucharistie nach Inschriften frühchristlicher Zeit (1922), 53–57; *Betz*, Eucharistie in der Schrift und Patristik (1979), 34; *ders.*, Die Eucharistie in der Zeit der griechischen Väter I/1 (1955), 268–272.
130 Vgl. *Bradshaw*, Eucharistic Origins (2004), 92f.
131 Vgl. *Gelston*, ΔΙ᾽ ΕΥΧΗΣ ΛΟΓΟΥ (Justin, Apology, I, 66, 2) (1982), 172–175. So auch schon *Ratcliff*, The Eucharistic Institution Narrative of Justin Martyr's „First Apology" (1976), 46.
132 Vgl. *Meßner*, Entwicklung des eucharistischen Gebets (2005), 25f. In diesem Sinne interpretiert Meßner auch die Epiklese, durch die das Brot nach Irenäus zur Eucharistie wird: „Denn wie das von der Erde genommene Brot in dem Augenblick, da es die Anrufung (Epiklese) Gottes (*invocatio Dei*,

te, das aber noch nicht die Einsetzungsworte enthalten habe.[133] Geoffrey Cuming vertritt dagegen die These, dass sich Justin mit der Wendung τὴν δι᾽ εὐχῆς λόγου τοῦ παρ᾽ αὐτοῦ (durch das Gebet eines Wortes von ihm) auf das Eucharistiegebet inklusive der Deuteworte Jesu zur Brot- und Kelchhandlung beziehe.[134] Da Justin die Eucharistie mit dem Mitraskult vergleicht, bei dem als wiederholbare rituelle Feier bestimmte Formeln zu sprechen waren, ist es sehr gut möglich, dass er mit der Wendung τὴν δι᾽ εὐχῆς λόγου τοῦ παρ᾽ αὐτου tatsächlich die *Verba Testamenti* im Blick hat. Davon geht auch der evangelische Exeget Gerd Theißen aus.[135] Eine formelle Epiklese als Teil des Eucharistiegebetes ist bei Justin nicht nachweisbar.

An dieser Stelle ist es notwendig, auf die vor allem von Liturgiewissenschaftlern vertretene Auffassung einzugehen, der Einsetzungsbericht habe erst im 4. Jahrhundert Eingang in das Eucharistiegebet gefunden. Da es sich bei den frühen Eucharistiegebeten nicht um vollständige Formulare, sondern um Paradigmen handelt, ist der Hinweis auf das Fehlen der *Verba Testamenti*, mit dem in diesem Zusammenhang argumentiert wird, zunächst nicht mehr als ein *argumentum ex negativo*. Es kann aber nicht ausgeschlossen werden, dass die *Verba Testamenti*, die in Ost und West eine eigene Überlieferungsgeschichte haben[136], nicht erwähnt wurden, weil sie in den jeweiligen Ortskirchen bekannt waren. Ob dies auch für die entwickelte ostsyrische Anaphora der Apostel Addai und Mari (3. Jh.) angenommen werden kann, ist umstritten, da die frühesten Handschriften, die keine Einsetzungsbericht

---

ἐπίκλησιν τοῦ θεοῦ) empfangen hat, kein gewöhnliches Brot mehr ist, sondern Eucharistie …" (*Irenäus von Lyon*, Adversus haereses IV 18, 5: FC 8/4, 147).
133 Vgl. auch *Gerhards*, Liturgie in den ersten Jahrhunderten (2018), 127.
134 Vgl. *Cuming*, ΔΙ᾽ ΕΥΧΗΣ ΛΟΓΟΥ (Justin, Apology, I, 66, 2) (1980). Zur Kontroverse zwischen Gelston und Cuming vgl. *Heintz*, Cuming and Gelston Revisited (2003).
135 Vgl. *Theißen*, Sakralmahl und sakramentales Geschehen (2007), 176f.
136 Vgl. *Hamm*, Die liturgischen Einsetzungsberichte im Sinne vergleichender Liturgiewissenschaft untersucht (1928); *Jungmann*, Missarum Sollemnia I (⁶2003), 10.

Dies dominica

enthalten, erst aus dem 10. Jahrhundert stammen.[137] Auf die Praxis, die *Verba Testamenti* nicht schriftlich festzuhalten, könnte Basilius von Caesarea (330–379) in seinem Traktat „De Spiritu Sancto" (um 370) hindeuten: „Die Worte der Epiklese (τῆς ἐπικλήσεως ῥήματα) bei der Konsekration des Brotes der Eucharistie (ἀνάδειξις τοῦ ἄρτου τῆς εὐχαριστίας) und des Kelches der Segnung (ποτηρίου τῆς εὐλογίας) – wer von den Heiligen hat sie uns schriftlich hinterlassen? Wir begnügen uns ja nicht mit dem, was der Apostel oder das Evangelium anführen, sondern sprechen vorher und nachher noch andere Worte, die wir aus der nichtschriftlichen Lehre empfangen haben, und die eine große Bedeutung für das Geheimnis haben."[138] Mit dem, was der Apostel (Paulus) und das Evangelium anführen, könnte sich Basilius auf die Einsetzungsworte beziehen, die für ihn schon zur gegebenen Tradition gehören. Mit der Epiklese ist an der zitierten Stelle vermutlich die Anaphora als epikletisches Gebet gemeint. Basilius hat den christlichen Osten weit bereist, so dass er als Zeuge nicht nur für die Praxis in Kappadokien gelten kann.

Cesare Giraudo hat die These vertreten, dass die urchristlichen Eucharistiegebete nach dem jüdischen *todah*-Gebet mit der für sie typischen Doppelstruktur (Anamnese – Epiklese mit einem Embolismus in der Mitte) gestaltet waren und die *Verba Testamenti* dabei als „eucharistischer Embolismus" gesprochen wurden.[139] Giraudos These ist von einigen Forschern sehr positiv aufgenom-

---

137 Zur Diskussion vgl. *Botte*, L'anaphora chaldéenne des Apôtres (1949); *Spinks*, The Original Form of the Anaphora of the Apostels (1977); *ders.*, Addai and Mari – The Anaphora of the Apostles (1980); *Gelston*, The Eucharistic Prayer of Addai and Mari (1992); *Yarnold*, Anaphoras without Institution Narratives? (1997); *Taft*, Mass Without the Consecration? (2003); *Lang* (Hg.), Die Anaphora von Addai und Mari (2007); *Santogrossi*, Historical and Theological Argumentation in Favour of Anaphoras without Institution Narrative (2007); *Russo*, The Validity of the Anaphora of *Addai and Mari* (2010); *Heringer*, Die Anaphora der Apostel Addai und Mari (2013).
138 *Basilius von Caesarea*, De Spiritu Sancto 27, 66 (FC 12, 275).
139 Vgl. *Giraudo*, La struttura letteraria della preghiera eucaristica (1981), 357–370; *ders.*, Le récit de l'institution dans la prière eucharistique a-t-il de précédents? (1984).

men worden.[140] Doch darf man sich die Entwicklung nicht so vorstellen, dass die *Verba Testamenti* überall zur gleichen Zeit Eingang in das eucharistische Gebet gefunden haben.[141] Denn so homogen war die Überlieferung der Eucharistie wohl nicht.[142] Doch gegen die These, dass die *Verba Testamenti* erst im 4. Jahrhundert in das Gebet über die Gaben von Brot und Wein aufgenommen wurden, steht ein recht breiter Konsens unter Neutestamentlern, die auf die mehr oder weniger starke liturgische Prägung der Abendmahlsberichte hinweisen.[143] Dagegen argumentieren Reinhard Meßner u. a., dass die Einsetzungsberichte, auch der paulinische, ursprünglich in keiner Beziehung zur kultischen Mahlfeier der Gemeinden gestanden hätten, es sich bei ihnen vielmehr um eine katechetische Tradition handelt, so dass keine Rückschlüsse auf ein kultisches Ritual möglich seien.[144]

Unter Exegeten hat diese These bislang kaum Zustimmung gefunden, sie kann auch den Gedächtnisbefehl im Abendmahlsbericht bei Lukas und Paulus nicht erklären.[145] In der Katechese dürfte eher eine Formel wie 1 Kor 10,16f. Verwendung gefunden haben.[146] Neben dem Gedächtnisbefehl gibt es zudem andere

---

140 Vgl. *Talley*, The Literary Structure of the Eucharistic Prayer (1984); *Léon-Dufour*, Abendmahl und Abschiedsrede im Neuen Testament (1983), 62–66.
141 Vgl. *Meyer*, Eucharistie (1989), 99f.
142 Vgl. *Bradshaw*, ‚Zebah Todah' and the Origins of the Eucharist (1991); *Gerhards*, Entstehung und Entwicklung des Eucharistischen Hochgebets im Spiegel der neueren Forschung (1992), 80. Positiv ist die Beurteilung von Giraudos These durch Albert Gerhards noch in: *ders.*, Die literarische Struktur des eucharistischen Hochgebets (1983).
143 Vgl. etwa *Wilckens*, Theologie des Neuen Testaments I/2 (2003), 73, der die ältesten Abendmahlsberichte von Markus und Paulus als „liturgische Texte" bezeichnet. Der Konsens scheint aber zu bröckeln. Vgl. *Theobald*, Anfänge christlichen Gottesdienstes in neutestamentlicher Zeit (2018), 64.
144 Vgl. *Meßner*, Entwicklung des eucharistischen Gebets (2005), 20; *McGowan*, „Is there a Liturgical Text in this Gospel?" (1999); *Bradshaw*, Eucharistic Origins (2004), 15.
145 So auch *Rouwhorst*, Didache, 9–10 (2005), 155.
146 Vgl. *Klauck*, Herrenmahl und hellenistischer Kult (1982), 298.

Elemente in den Abendmahlsberichten, die für einen liturgischen Sitz im Leben sprechen, etwa das „für euch" im Kelchwort bei Paulus. Von einer liturgischen Prägung der Abendmahlsberichte auszugehen, bedeutet nicht zwangsläufig, ein negatives Urteil über ihren historischen Wert zu fällen. Nur ist es unmöglich, von ihnen direkt auf die *ipsissima verba* Jesu zu schließen.[147] Hilfreich ist Klaucks Unterscheidung „zwischen Kultsage oder Stiftungsbericht (nur kultbegründend, ohne direkte Funktion für die Feier), Kultanamnese (kultbegleitende Erzählung, zur Rezitation bestimmt) und liturgischer Rubrik oder Gottesdienstnorm (reglementiert den äußeren Ablauf der Feier)"[148].

Gegen die Annahme, dass mit einem liturgischen Gebrauch der *Verba Testamenti* in der Feier des Herrenmahls erst ab dem 4. Jahrhundert zu rechnen ist, dürfte – trotz der Einwände Enrico Mazzas[149] – vor allem der von Paulus überlieferte Abendmahlsbericht (1 Kor 11,23–26) sprechen.[150] Der gottesdienstliche Gebrauch der *Verba Testamenti* würde damit bis in die neutestamentliche Zeit zurückreichen.[151] Die Einsetzungsworte könnten während des Herrenmahls als Kultanamnese rezitiert worden sein. Damit ist nicht gesagt, dass die *Verba Testamenti* überall und von Beginn an in der Feier des Herrenmahls gesprochen wurden. Wenn es ein jährliches christliches Osterfest schon in urchristlicher Zeit gegeben hat, wäre es auch denkbar, dass eine Rezitation der *Verba Testamenti* zunächst nur in dieser Feier er-

---

147 Vgl. ebd.
148 Ebd.
149 Vgl. *Mazza*, The Origins of the Eucharistic Prayer (1995), 66–97.
150 Noch *Jungmann*, Messe im Gottesvolk (1970/2003), 21*, war davon überzeugt, dass in Korinth bei der Feier des Herrenmahls die Deuteworte Jesu zu Brot und Wein zitiert wurden. So auch *Stuflesser – Winter*, Geladen zum Tisch des Herrn (2004), 20.68–71; *Stuflesser*, Eucharistie (2003), 34–36.
151 Vgl. *Kollmann*, Ursprung und Gestalten der frühchristlichen Mahlfeier (1990), 170. *Klauck*, Herrenmahl und hellenistischer Kult (1982), 298, nimmt an, dass die *Verba Testamenti* zunächst als Begleit- und Spendeformel zur Kommunion verwendet wurden.

folgte[152] und später in der Feier der sonntäglichen Eucharistie nach und nach übernommen wurden[153].

---

152 Vgl. *Fuller*, The Double Origin of the Eucharist (1963); *Theobald*, Leib und Blut Christi (2007), 127f. Rouwhorst geht aber davon aus, dass die Einsetzungsworte in der sonntäglichen Eucharistie erst im 3. Jahrhundert gesprochen wurden. Vgl. *ders.*, Frühchristliche Eucharistiefeiern (2017), 782.
153 Vgl. *Rouwhorst*, Didache 9–10 (2005), 155; *ders.*, Anfänge christlichen Gottesdienstes in neutestamentlicher Zeit (2018), 49.61f.

Kapitel III

OBLATIO MUNDA

Die Eucharistie in der Zeit der Kirchenväter

„Ja, du bist heilig, großer Gott, und alle deine Werke verkünden dein Lob. Denn durch deinen Sohn, unseren Herrn Jesus Christus, und in der Kraft des Heiligen Geistes erfüllst du die ganze Schöpfung mit Leben und Gnade. Bis ans Ende der Zeiten versammelst du dir ein Volk, damit deinem Namen das reine Opfer dargebracht werde, vom Aufgang der Sonne bis zum Untergang."[1] Das *Postsanctus* des Dritten Eucharistischen Hochgebets zitiert eine Stelle aus dem Buch Maleachi: „Ja, vom Aufgang der Sonne bis zu ihrem Untergang steht mein Name groß da bei den Völkern und an jedem Ort wird meinem Namen ein Rauchopfer dargebracht *(sacrificatur)* und eine reine Opfergabe *(oblatio munda;* καταρὰ θυσία; hebräisch *minḥāh)*; ja, mein Name steht groß da bei den Völkern, spricht der Herr der Heerscharen" (Mal 1,11).[2] Schon die Didache[3], Justin der Märtyrer[4], Irenäus von Lyon (um 135–200)[5], und nach ihnen viele andere, beziehen die Verheißung des „reinen Opfers" auf die Eucharistie der Völker umspannenden Kirche.[6] In der Zeit der Kirchenväter kommt es zu einer Vertiefung

---

1 MB [2]1988, 490. Der Schluss des *Postsanctus* im „Missale Romanum" lautet: „populum tibi congregare non desinis, ut a solis ortu usque ad occasum oblation munda offeratur nomini tuo" (MR [3]2002, 585).
2 Mal 1,11 (Vulgata): „Ab ortu enim solis usque ad occasum magnum est nomen meum in gentibus et in omni loco sacrificatur et offertur nomini meo oblatio munda quia magnum nomen meum in gentibus dicit Dominus exercituum."
3 Vgl. Didache 14, 3 (FC 1, 132–135).
4 Vgl. *Justin der Märtyrer*, Dialogus cum Tryphone Judaeo 117 (PG 6, 745A–749A).
5 Vgl. *Irenäus von Lyon*, Adversus haereses IV 17, 5; IV 18, 1 (FC 8/4, 134–137; 138–139).
6 Vgl. *Frank*, Maleachi 1,10ff. in der frühen Väterdeutung (1978), 70–79.

Die Eucharistie in der Zeit der Kirchenväter

des Gedankens der eucharistischen Darbringung sowie einer verstärkten Reflexion auf den sakramentalen und ekklesialen Leib Christi. Προσφέρειν *(offerre)* wird ab dem 2. Jahrhundert zu einem zentralen Begriff für die Feier der Eucharistie.

In der „Epistula apostolorum" (um 150) wird die Eucharistie als „Gedächtnis" des Todes Christi und seines „Pascha" (πάσχα) charakterisiert. Pascha bezeichnet im zweiten Jahrhundert sowohl die christliche Opferfeier insgesamt als auch speziell die dabei vollzogene eucharistische Darbringung.[7] Das erste sichere Zeugnis für die Existenz einer christlichen Osterfeier ist die Osterpredigt von Melito von Sardes (gest. um 180).[8] In Kleinasien leitete man πάσχα zumeist von πάσχειν (leiden) ab.[9] Zwar ist diese Ableitung etymologisch falsch, doch wurde sie traditionsbildend. Der Wortbedeutung nach meint πάσχα Vorübergang. In diesem Sinne versteht Origenes unter dem πάσχα Christi seinen *transitus* vom Tod zum Leben.[10] Augustinus (354–430) verbindet beide Deutungen miteinander: „Von gewissenhaften und gelehrten Leuten ist herausgefunden worden, dass Pascha ein hebräisches Wort ist, und sie übersetzen es nicht mit ‚Leiden', sondern mit ‚Übergang'. Durch Leiden ging nämlich der Herr vom Tod zum Leben hinüber, und er bereitete uns, den Gläubigen, den Weg in seine Auferstehung, damit auch wir vom Tod zum Leben hinübergehen."[11]

---

7 Vgl. Epistula Apostolorum VIII, 15–18.

8 Vgl. *Melito von Sardes*, Peri Pascha (ed. J. Blank, Die älteste christliche Osterpredigt [Sophia 3], Freiburg 1963).

9 Vgl. ebd. 46 (Blank 112); *Irenäus von Lyon*, Epideixis 25 (FC 8/1, 50).

10 Vgl. *Origenes*, De Pascha I, 1 (ed. B. Witte, Die Schrift des Origenes „Über das Pascha". Textausgabe und Kommentar [Arbeiten zum spätantiken und koptischen Ägypten 4], Altenberge 1993, 88f.). Ebenso *Hieronymus*, In Matthaeum IV 26, 2 (CCL 77, 245) und *Ambrosius*, De sacramentis I, 12 (FC 3, 86f.).

11 *Augustinus*, Enarrationes in Psalmos CXX, 6 (CCL 40, 1791).

1. Die Eucharistie in der griechischen Patristik

Irenäus von Lyon betrachtet die Eucharistie als *oblatio*/προσφορά (Darbringung, Opfergabe). Von dem aus Smyrna stammenden griechischen Theologen, der nach der Überlieferung der zweite Bischof von Lyon war, sind nur zwei Werke erhalten: zum einen sein Hauptwerk gegen die Gnostiker Ἔλεγχος καὶ ἀνατροπὴ τῆς ψευδωνύμου γνώσεως, lateinisch kurz „Adversus haereses", und die nur armenisch erhaltene Ἐπίδειξις τοῦ ἀποστολικοῦ κηρύγματος (Darlegung des apostolischen Glaubens). In griechischer Sprache existieren von „Adversus haereses" nur einzelne Fragmente. Das Werk wurde in lateinischer Sprache überliefert, Buch IV und V auch in armenischer Sprache. Im vierten Buch von „Adversus haereses" kommt Irenäus auf die Opfer des Alten Bundes und ihr Verhältnis zur Eucharistie zu sprechen.[12]

Wie die Didache und Justin der Märtyrer bringt auch Irenäus die Eucharistie mit Mal 1,11 in Verbindung. Die Eucharistie, das Opfer des Neuen Bundes *(Novum Testamentum)*, ist die Darbringung des reinen Opfers *(sacrificium purum)*.[13] Nach Irenäus hat Jesus seinen Aposteln beim letzten Abendmahl aufgetragen, Gott ein Opfer darzubringen: „Aber auch seinen Jüngern gab er den Rat, die Erstlingsfrüchte aus seinen Geschöpfen Gott zu opfern, nicht weil er darauf angewiesen gewesen wäre, sondern damit sie ihrerseits nicht unfruchtbar und undankbar seien. Er nahm das aus der Schöpfung stammende Brot, sagte Dank und sprach: ‚Das ist mein Leib' (Mt 26,26 par). Und genau so bekannte er den Kelch, der aus der für uns eingerichteten Schöpfung kommt, als sein Blut und erklärte, dass es sich dabei um das neue Opfer des neuen Bundes handelt (vgl. Mt 26,28 par); die Kirche hat es von den Aposteln bekommen und bringt es auf der ganzen Welt Gott dar, ihm, der uns ernährt, die Erstlinge seiner Gaben im Neuen Bund."[14]

---

12 Zu Irenäus vgl. *Moll*, Die Lehre von der Eucharistie als Opfer (1975); *Lindemann*, Die eucharistische Feier bei Justin und Irenäus (2017), 921–929.
13 Vgl. *Irenäus von Lyon*, Adversus haereses IV 17, 5 (FC 8/4, 134–137).
14 Ebd. (FC 8/4, 134f.).

Zumeist verwendet Irenäus den Opferbegriff anabatisch – mit Bezug auf die Darbringung von Brot und Wein. Er kann aber auch katabatisch vom Kreuz Christi als Opfer sprechen, das im Opfer Abrahams, der Bindung Isaaks (Gen 22,1–18), typologisch vorausbezeichnet ist: „Gott hat es gefallen, seinen geliebten und einziggezeugten Sohn zu unserer Erlösung als Opfer darzubringen."[15] Für Irenäus hat das Opfer, das wir darbringen, mit dem Dank an Gottes erlösendes Heilshandeln am Kreuz zu tun. Gegenüber den Gnostikern betont Irenäus, dass das Opfer nicht als solches verworfen sei *(non genus oblationum reprobatum est)*.[16]

Die Art des Opfers im Neuen Bund ist aber eine andere geworden. Gott braucht keine Opfer, der Mensch hat es nötig, Gott durch Opfer zu danken.[17] Wir bringen Gott das reine Opfer dar, indem wir ihm danken. „Das Opfer der Kirche *(ecclesiae oblatio)*, das nach der Lehre des Herrn auf der ganzen Welt dargebracht wird, ist als reines Opfer *(purum sacrificium)* von Gott angerechnet und von ihm angenommen, und zwar nicht, weil er auf ein Opfer von uns angewiesen wäre, sondern weil derjenige, der opfert, seinerseits durch das Opfer, das er darbringt, verherrlicht wird, wenn seine Gabe angenommen wird [...] Worin der Mensch seinen Dank ausdrückt, darin wird ihm sein Dank angerechnet, und er empfängt die Ehre, die von ihm kommt."[18] Irenäus nennt die Darbringung der Eucharistie die *nova oblatio* der Kirche[19], ohne damit die Vorstellung zu verbinden, in der Eucharistie würde

---

15 Ebd. IV 5, 4 (FC 8/4, 42f.). Zur typologischen Auslegung von Gen 22 bei den Kirchenvätern vgl. *Dassmann*, „Bindung" und „Opferung" in jüdischer und patristischer Auslegung (2002); *Böhm*, Die Bindung Isaaks in ausgewählten Texten der Kirchenväter (2009).

16 Vgl. *Irenäus von Lyon*, Adversus haereses IV 18, 2 (FC 8/4, 138–141).

17 Vgl. ebd. IV 17, 1; IV 18, 3; IV 18, 6 (FC 8/4, 124f., 140f., 146f.).

18 Ebd. IV 18, 1 (FC 8/4, 138): „Igitur ecclesiae oblatio, quam dominus docuit offerri in universo mundo, purum sacrificium reputatum est apud Deum et acceptum est ei, non quod indigeat a nobis sacrificium, sed quoniam is qui offert glorificatur ipse in eo quod offert, si acceptetur munus eius [...] in quibus gratus exstitit homo, in his gratus ei deputatus, eum qui est ab eo percipiat honorem".

19 Vgl. ebd. IV 17, 5 (FC 8/4, 134–137).

Christus je neu geopfert, wie dies später manche mittelalterliche Theologen annehmen werden.

Wie der Verfasser der Didache fordert Irenäus – mit Verweis auf Mt 5,23f. –, die Opfergabe mit reinem Herzen zum Altar zu bringen.[20] Wenn wir das Opfer in „reiner Gesinnung" *(sententia pura)*[21] darbringen, dann nimmt Gott unsere Gaben wie von Freunden an[22]. Die Kirche opfert *(ecclesia offert)*[23], um mit Hilfe der von Gott geschenkten Gaben von Brot und Wein „zu danken und um die Schöpfung zu heiligen"[24]. Begrifflich sehr präzise spricht Irenäus davon, dass „die Kirche dem Schöpfer das reine Opfer dar[bringt] *(oblationem puram offert)*, indem sie ihm unter Danksagung aus seiner Schöpfung opfert *(offerens cum gratiarum actione)*"[25]. Das Opfer der Eucharistie ist aber mehr als die Darbringung von Brot und Wein. Durch Epiklese, die Anrufung Gottes (hier ist noch nicht die spezielle Wandlungsepiklese gemeint), werden die Gaben von Brot und Wein zu Leib und Blut Christi, die uns – und dies ist gegen die Gnostiker formuliert – die leibliche Auferweckung verheißen: „Denn wie das von der Erde genommene Brot in dem Augenblick, da es die Anrufung (Epiklese) Gottes erfährt, kein gewöhnliches Brot *(non communis panis)* mehr ist, sondern Eucharistie, die aus zwei Elementen *(duabus rebus)* besteht, einem irdischen und einem himmlischen, so sind auch unsere Leiber, wenn sie an der Eucharistie teilnehmen, nicht mehr verweslich, da sie die Hoffnung auf Auferstehung für immer haben."[26]

Durch die Epiklese nehmen Brot und Wein den Logos Gottes auf. Sie werden so zur Eucharistie und verbinden den, der sie empfängt, mit dem auferstandenen Herrn und schenken Anteil am ewigen Leben: „Wenn nun sowohl der Mischbecher als auch das zube-

---

20 Vgl. ebd. IV 18, 1 (FC 8/4, 138f.).
21 Vgl. ebd. IV 18, 4 (FC 8/4, 144f.).
22 Vgl. ebd. IV 18, 3 (FC 8/4, 142f.).
23 Vgl. ebd. IV 18, 4 (FC 8/4, 144f.).
24 Ebd. IV 18, 6 (FC 8/4, 146f.).
25 Ebd. IV 18, 4 (FC 8/4, 144f.). „Gratiarum actione!" entspricht im nicht erhaltenen griechischen Text vermutlich εὐχαριστία.
26 Ebd. IV 18, 5 (FC 8/4, 146f.).

reitete Brot das Wort Gottes (*verbum Dei*/λόγος τοῦ θεοῦ) aufnehmen und zur Eucharistie des Blutes und Leibes Christi werden, und wenn daraus die Substanz unseres Fleisches gestärkt wird und besteht, wie können sie dann bestreiten, dass das Fleisch aufnahmefähig ist für Gottes Geschenk, das das ewige Leben ist, und welches [= Fleisch] vom Blut und Leib des Herrn ernährt und eines seiner Glieder wird?"[27] Irenäus spricht sehr realistisch von Leib und Blut Christi: Das eucharistische Brot ist Christi eigener Leib und der Kelch des Segens enthält Christi eigenes Blut. Natürlich meint Irenäus damit nicht Christi physischen Leib und sein physisches Blut, sondern ihre sakramentale Realität. Ziel des Empfangs der eucharistischen Speise ist die Mitteilung des Logos an unsere sterbliche Natur. Wie Brot und Wein das Wort Gottes empfangen und zur Eucharistie, zu Leib und Blut Christi verwandelt werden, so wird auch unsere sterbliche Natur verwandelt. Der Logos gewährt uns „die Auferweckung ‚zur Ehre Gottes des Vaters' (Phil 2,11)", „umgibt das Sterbliche mit dem Unsterblichen"[28]. Eucharistie bedeutet Logosmitteilung, Mitteilung des menschgewordenen Logos.

Clemens von Alexandrien (um 140/150–220): Der christliche Platoniker betont auf der Linie Philos von Alexandrien, dass die Christen Gott kein gewöhnliches, materielles Opfer darbringen, das Gott wegen seiner Bedürfnislosigkeit auch nicht brauche. In seinem Hauptwerk „Stromateis"[29] schreibt Clemens zum Opfer des Neuen Bundes: „Aus diesem Grunde bringen wir mit Recht Gott kein Opfer dar, weil er bedürfnislos ist und allen alles geschenkt hat; wir preisen aber den für uns Geopferten und opfern uns selbst zu immer größerer Bedürfnislosigkeit und zu immer größerer Freiheit von den Leidenschaften."[30] Clemens, der die Vereinbarkeit von griechischer Philosophie und christlichem Glauben sowie die Überlegenheit des Glaubens aufzeigen will, betrachtet

---

27 Ebd. V 2, 3 (FC 8/5, 34f.).
28 Ebd. (FC 8/5, 36f.).
29 Der Name „Stromateis" (Teppiche, Flickwerk) bezieht sich auf den „unsystematischen" Charakter des Werkes.
30 *Clemens von Alexandrien*, Stromateis VII 3, 14 (GCS III 11, 9–12).

Oblatio munda

das Christentum als die wahre Philosophie. In Jesus, dem inkarnierten Logos, sieht er den göttlichen Offenbarer, den Weisheitslehrer und den Hohepriester. Die christliche Gnosis (γνῶσις) ist der Weg, das Heil zu erlangen. Von den häretischen Gnostikern unterscheidet sich Clemens dadurch, dass er am Glauben der Apostel festhält, wonach uns in den Zeichen von Brot und Wein das Fleisch (Leib) und das Blut Christi geschenkt werden.[31]

Auch Clemens denkt die Gegenwart Christi in Brot und Wein in Analogie zur Inkarnation. In den konsekrierten Gestalten von Brot und Wein erkennt er das „fleischgewordene Pneuma" Gottes. Der Logos Gottes bzw. sein Pneuma gehen eine Verbindung mit den Elementen ein: „Das ‚Fleisch' nimmt er (Christus) als andere Bezeichnung für das heilige Pneuma, weil von diesem das Fleisch geschaffen wurde. Mit dem ‚Blut' deutet er uns den Logos an; denn wie reichliches Blut ist der Logos auf das Leben ausgegossen. Die Mischung (κρᾶσις) von beiden aber ist der Kyrios, die Speise (τρωφή) der Unmündigen. Der Kyrios ist Pneuma und Logos. Die Speise ist der Kyrios Jesus, der Logos Gottes, Fleisch gewordenes Pneuma (πνεῦμα σαρκούμενον), geheiligtes himmlisches Fleisch (ἁγιαζομένη σὰρξ οὐράνιος) [...] Er selbst, der Geliebte und unser Ernährer, der Logos, hat sein Blut für uns vergossen zur Erlösung der Menschheit."[32]

Christus, der als Weltvernunft die Quelle aller Wahrheit ist, schenkt sich uns in den Zeichen von Brot und Wein. Dabei ist die Gegenwart des Leibes und Blut Christi personal, nicht dinghaft zu verstehen. In der kleinen Schrift „Welcher Reiche wird gerettet werden?", einer Auslegung von Mk 10,17–31 über Reichtum und Nachfolge, findet diese Überzeugung einen poetischen Ausdruck: Christus, der „Lehrer überhimmlischer Weisheit", tritt vor die Seele des Kommunikanten hin und spricht: „Ich bin dein Ernährer, da ich mich selbst als Brot (ἄρτον) gebe – und wer davon isst, erleidet den Tod nicht mehr – und mich täglich als Trank der Un-

---

31 Vgl. *ders.*, Paidagogos I 6, 42, 3 (GCS I 115, 20–24).
32 Ebd. I 6, 43, 2–3 (GCS I 115, 30–116, 6).

sterblichkeit (ἐνσισοὺς ἀθανασίας) darbiete."[33] Wie Irenäus sieht Clemens in der Eucharistie eine Darbringung (προσφωρά), die ihre Voraussetzung im Kreuzesopfer Christi hat.[34]

Obgleich Clemens platonisch denkt, fehlt bei ihm nicht die Idee der Wandlung der sakramentalen Elemente. Da für Clemens das Wesen eines Dinges in seiner Kraft besteht, denkt er die Verwandlung der Gaben von Brot und Wein als Wandlung ihrer Kraft.[35] Clemens unterscheidet zwischen der sakramentalen Eucharistie und der Eucharistie der Erkenntnis. Die gegenüber der sakramentalen Kommunion angemessenere Weise der Kommunion ist für ihn die geistige Kommunion, die in der Schau der Erkenntnis besteht: „So hat man unter Milch die erste Unterweisung gleichsam als erste Nahrung der Seele zu verstehen, unter Speise das höchste unmittelbare Schauen (ἐποπτικὴ θεωρία); das ist das Fleisch und Blut des Logos, das heißt Begreifen der göttlichen Macht und Wesenheit. ‚Kostet und sehet, dass der Herr gütig ist', heißt es; denn so teilt er sich denen mit, die auf pneumatischere Weise (πνευματικότερον) an einer solchen Speise teilhaben, wenn die Seele sich selbst nährt nach dem Wort des wahrheitsliebenden Platon. Denn Speise und Trank des göttlichen Logos bedeuten die Erkenntnis (γνῶσις) des göttlichen Wesens."[36] Für Clemens schließen sich sakramentales und geistiges Eucharistieverständnis aber nicht aus. Für die geistige Kommunion, die in der Schau bzw. Erkenntnis besteht, beruft er sich auf Platon[37], der für ihn die höchste Instanz der griechischen Philosophie darstellt.[38] Die Kommunion

---

33 *Clemens von Alexandrien*, Quis dives salvetur 23, 4 (GCS III 175, 11–13).

34 Vgl. *ders.*, Stromateis V 10, 66, 5 (GCS II 370, 23–25).

35 Vgl. *ders.*, Excerpta ex Theodoto 82, 1–2 (GCS III, 132, 10–14): hier für die Elemente Brot und Öl (δύναμιν εἰς δύναμιν μεταβέλληται).

36 *Clemens von Alexandrien*, Stromateis V 10, 66, 2–3 (CGS II 370, 14–21).

37 Vgl. v. a. *Platon*, Politeia VI, 509b.

38 *Brinktrine*, Der Messopferbegriff in den ersten zwei Jahrhunderten (1918), 107–109, bezieht Stromateis V 10, 66, 3 nicht auf die pneumatische, sondern die sakramentale Eucharistie. Nach *Betz*, Eucharistie in der Schrift und Patristik (1979), 46f., spricht Clemens an der zitierten Stelle von der Eucharistie der Erkenntnis.

Oblatio munda

der eucharistischen Gaben ist das Begreifen der sichtbaren Erscheinung des platonisch gedachten Ersten Prinzips.

Origenes (um 185–253): Auch der zweite große alexandrinische Theologe unterscheidet zwischen der sakramentalen Eucharistie und der Eucharistie der Erkenntnis.[39] Dabei verstärkt sich die Tendenz zu einer Spiritualisierung der Eucharistie.[40] Dass für Origenes die Eucharistie vor allem ein Wortgeschehen ist, wird besonders deutlich in seinem Kommentar zum Abendmahlsbericht des Matthäus: „Das Brot, das der Logos Gottes als seinen Leib *(corpus)* bekennt, ist das Wort, das die Seelen nährt, das Wort, das vom Logos Gottes ausgeht [...] Und der Trank, den das Wort Gottes als sein Blut *(sanguis)* bekennt, ist das Wort, das die Herzen der Trinkenden tränkt [...] Wie denn auch das Brot das Wort Christi ist, bereitet aus jenem Weizen, der in die Erde fällt und viele Frucht hervorbringt. Denn nicht jenes sichtbare Brot, das er in den Händen hielt, nannte der Logos Gottes seinen Leib, sondern das Wort, in dessen Sakrament *(in cuius mysterio)* jenes Brot gebrochen werden sollte. Und nicht jenen sichtbaren Trank nannte er sein Blut, sondern das Wort, in dessen Sakrament jener Trank vergossen werden sollte. Denn Leib oder Blut des Wortes Gottes, was kann es anders sein als das Wort, das nährt, und das Wort, das das Herz erfreut."[41]

---

39 Vgl. *Lies*, Wort und Eucharistie bei Origenes (²1982).

40 Zum christlichen Platonismus bei Origenes und den anderen Kirchenvätern vgl. *Ivánka*, Plato Christianus (1964).

41 *Origenes*, In Matthaeum commentariorum series 85 (CGS XXXVIII 196, 19–197, 6): „Panis iste, quem deus verbum *corpus* suum esse fatetur, verbum est nutritorium animarum, verbum de deo verbo procedens [...] et potus iste, quem deus verbum *sanguinem* suum fatetur, verbum est potans et inebrians praeclare corda bibentium [...] sicut et panis est verbum Christi factum de tritico illo quod ‚cadens in terram' ‚multum reddidit fructum'. Non enim *panem* illum visibilem quem tenebat in manibus *corpus* suum dicebat deus verbum, sed verbum in cuius mysterio fuerat panis ille frangendus. Nec potum illum visibilem *sanguinem* suum dicebat, sed verbum in cuius mysterio potus ille fuerat effundendus. Nam *corpus* dei verbi aut *sanguis* quid aliud potest esse, nisi verbum quod nutrit, et verbum quod ‚laetificat cor'?" Das Werk des alexandrinischen Theologen ist nur teilweise griechisch erhalten und überwie-

Das eigentliche Sakrament *(mysterium)* ist also das Wort, Brot und Wein sind sichtbare Zeichen, die an sich weder nützen noch schaden.[42] Denn „eucharistisiert" werden sollen durch das über Brot und Wein gesprochene Wort die Seelen der Menschen.[43] Das verkündigte Wort darf daher nicht geringer geachtet werden als der eucharistische Leib. Denn „auch das Wort Gottes ist uns Brot"[44], ist eucharistische Speise[45]. Für den pneumatischen Menschen ist das Wort gegenüber dem sichtbaren Zeichen sogar die angemessenere Präsenz des göttlichen Logos. Obschon Origenes zu einer Spiritualisierung der Eucharistie neigt, finden sich bei ihm doch immer wieder auch realpräsentische Aussagen. Origenes bestreitet nicht eine sakramentale Eucharistie, in der uns der Leib und das Blut Christi gereicht werden. Die Eucharistie ist das Fleisch (Leib) und das Blut des Logos: „Wenn du mit ihm [Jesus] hinaufsteigst, um das Pascha zu feiern, gibt er dir den Kelch des Neuen Bundes, gibt er dir das Segensbrot, gewährt er seinen Leib und sein Blut."[46] Die Christen „essen als Pascha den für uns geopferten Christus *(pascha immolatum Christum pro nobis)* [...] und indem sie sein Blut als wahren Trank trinken, salben sie die Oberschwellen der Häuser ihrer Seelen"[47]. Die Salbung könnte eine Anspielung auf die Kommunionpraxis sein, mit der zuvor in den Kelch getauchten Hostie die Augen zu berühren.[48] Origenes fordert, den Leib des Herrn mit aller Sorgfalt und Ehrfurcht zu be-

---

gend in der lateinischen Übersetzung des Rufinus von Aquileia (gest. 411/2) überliefert.

42 Vgl. *Origenes*, In Evangelium secundum Matthaeum t. XI, 14 (CGS XL 57, 11–58, 13).

43 Vgl. ebd. 16–18 (CGS X 186, 8–189, 33).

44 *Ders.*, In Exodum homilia VII, 8 (CGS XXIX 214, 24): „Nobis et panis verbum Dei est."

45 Vgl. *ders.*, In Numeros homilia VII, 2 (CGS XXX 39, 27–40, 2).

46 *Ders.*, Homilia in Jeremiam XIX, 13 (GCS VI 169, 30–33).

47 *Ders.*, In Matthaeum commentariorum series 10 (GCS XXXVIII 21, 11–15): „manducant etiam pascha immolatum Christum pro nobis [...] et per hoc quod bibunt sanguinem eius, verum potum, unguent superlimina domorum animae suae".

48 Vgl. *Betz*, Eucharistie in der Schrift und Patristik (1979), 47.

handeln, „damit auch nicht ein Krümelchen auf die Erde falle, damit nichts von der geweihten Gabe verloren gehe"[49].

Johannes Chrysostomus (349–407): Der große Lehrer der Eucharistie in der griechischen Patristik ist Johannes von Antiochien, Erzbischof von Konstantinopel, dem wegen seiner herausragenden rhetorischen Begabung im 6. Jahrhundert der Beiname Χρυσόστομος (Goldmund) gegeben wurde. Wegen seiner Bedeutung für die Eucharistie erhielt Johannes Chrysostomus den Ehrentitel *doctor eucharistiae*.[50] Für Johannes besteht der Zeichencharakter der Eucharistie darin, dass in sinnenfälligen Dingen eine nur im Denken erfassbare Wirklichkeit enthalten ist. Die Form der Eucharistie ist die danksagende Anamnese: „Die beste Bewahrung einer Wohltat ist das Gedächtnis dieser Wohltat und die stete Danksagung. Deshalb werden ja auch die erhabenen Mysterien, die voll des Heils sind und in jedem Gottesdienst vollzogen werden, Eucharistie (Danksagung) genannt, weil sie das Gedächtnis vieler Wohltaten sind, die Summe der Vorsehung Gottes anzeigen und grundsätzlich das Danken in Gang setzen."[51]

In der Eucharistie ist der für uns gekreuzigte Christus, der mit seinen Aposteln das letzte Abendmahl feierte, gegenwärtig. Er selbst lässt die Gaben von Brot und Wein zu seinem Leib und Blut werden: „Gegenwärtig ist Christus auch jetzt. Er, der jenen Tisch verwirklichte, verwirklicht auch diesen jetzt."[52] Die Eucharistie ist das Gedächtnis des Sterbens Christi, in dem jener Tod kultisch vollzogen wird.[53] In der Eucharistie wird „das schauererregende Mysterium verkündet, dass Gott sich selbst für die Welt dahinge-

---

49 *Origenes*, In Exodum homilia XIII, 3 (CGS XXIX 274, 9).

50 Vgl. *Naegle*, Die Eucharistielehre des heiligen Johannes Chrysostomus, des Doctor Eucharistiae (1900); *Brändle*, Eucharistie und christliches Leben bei Johannes Chrysostomos und Theodor von Mopsuestia (2017), bes. 1191–1196.

51 *Johannes Chrysostomus*, In Matthaeum homiliae XXV (XXVI), 3 (PG 57, 331).

52 *Ders.*, De proditione Iudae homiliae I, 6 (PG 49, 380).

53 Vgl. *ders.*, In Acta Apostolorum homiliae XXI 4 (PG 60, 170): τοῦ θανάτου ἐπιτελουμένου ἐκείνου τῆς φρίκτης θυσίας.

Die Eucharistie in der Zeit der Kirchenväter

geben hat"[54]. Aufgrund der Identität Christi, der auch jetzt gegenwärtig und wirksam ist, kann die an verschiedenen Orten gefeierte Eucharistie nur eine einzige sein. Auch das Opfer der Eucharistie ist ein einziges, weil es, wo immer es gefeiert wird, auf das einmalige Opfer Christi bezogen ist. Daher wird in allen Feiern der Eucharistie auch nur eine einzige Opfergabe dargebracht.

Die dichtesten Ausführungen zur Eucharistie bei Johannes Chrysostomus enthält sein Kommentar zum Hebräerbrief: „Opfern nicht auch wir jeden Tag? Jawohl, auch wir opfern (täglich), aber indem wir ein Gedächtnis seines Todes begehen: und dies (Gedächtnisopfer) ist eines, nicht viele. Wieso eines und nicht viele? Weil er nur einmal dargebracht wurde, wie jenes ins Allerheiligste gebrachte Opfer. Dieses ist ein Typos von jenem, und ebenso ist das unsrige ein Typos von jenem.[55] Denn wir bringen immer denselben (Christus) dar, nicht heute dieses und morgen jenes Lamm, sondern immer dasselbe. Also ist es nur ein einziges Opfer (Opfergabe). Sind es nun deshalb, weil vielerorts dargebracht wird, viele Christusse? Keineswegs! Vielmehr ist es überall der eine Christus, hier in seiner Ganzheit und dort in seiner Ganzheit, ein einziger Leib. Wie nun der vielerorts Dargebrachte (nur) ein Leib ist und nicht viele Leiber, so ist es auch nur ein einziges Opfer (Opferhandlung). Unser Hohepriester ist jener, der das uns reinigende Opfer (am Kreuz) dargebracht hat. Jenes bringen wir auch jetzt dar, das einst dargebrachte, das unausschöpfbare. Das jetzt geschieht nämlich zum Gedächtnis des einst geschehenen. Denn er sagt: ,Tut dies zu meinem Gedächtnis!' Nicht ein anderes (Opfer) als der Hohepriester damals, sondern dasselbe bringen wir allezeit dar, oder vielmehr wir vollziehen ein Gedächtnis des Opfers."[56]

Etwa zur gleichen Zeit wie Ambrosius von Mailand (333/334–397) betrachtet Johannes Chrysostomus die *Verba Testa-*

---

54 Ebd.
55 Der Sinn der Aussage ist nicht eindeutig. Wahrscheinlich ist das Verhältnis von alttestamentlichem Versöhnungsopfer, Kreuzesopfer und eucharistischem Gedächtnisopfer gemeint.
56 *Johannes Chrysostomus*, In epistolam ad Hebraeos XVII 3 (PL 63, 131).

menti als Wandlungsworte. Der Priester bewirkt die Wandlung aber nicht aus eigener Kraft die Konsekration. Es ist Christus, der die Gaben von Brot und Wein zu seinem Leib und seinem Blut macht: „Nicht der Mensch bewirkt, dass die Gaben Leib und Blut Christi werden, sondern Christus selbst, der für uns gekreuzigt worden ist. Der Priester, der jene Worte spricht, stellt Christus dar, aber die Kraft und die Gnade ist Gottes. ‚Das ist mein Leib', sagt er: dieses Wort wandelt (μεταρρυθμίζει) die Gaben."[57] Bei Johannes Chrysostomus findet sich, wie später bei Johannes von Damaskus (geb. um 650)[58] und Thomas von Aquin (1224/5–1274)[59], auch schon die Vorstellung, dass sich die Wirkkraft der Worte Christi beim letzten Abendmahl über Brot und Wein auf alle Eucharistiefeiern der Kirche entfaltet. An anderen Stellen betont Chrysostomus die Bedeutung der Geistepiklese für die Konsekration.[60] Der Geist kommt auf die Gaben herab und umgibt sie, er bewirkt das mystische Opfer. Letztlich gehören beide Elemente untrennbar zusammen: die Worte Christi *(Verba Testamenti)* und das Wirken des Geistes (Geistepiklese).[61]

Theodor von Mopsuestia (um 350–428): Der Studienkollege von Johannes Chrysostomus beschäftigt sich in seinen „Katecheti-

---

57 *Ders.*, De proditione Iudae homiliae I, 6 (PG 49, 380).
58 Vgl. *Johannes von Damaskus*, De fide orthodoxa IV 13 (PG 94, 139B–1142A).
59 Vgl. *Thomas von Aquin*, STh III, q. 78, a. 5.
60 Zum Beispiel *Johannes Chrysostomus*, De coemeterio et de cruce 3 (PG 49, 397). Weitere Stellen bei *Betz*, Eucharistie in der Schrift und Patristik (1979), 104.
61 Dies gilt auch für die Chrysostomusliturgie, in der auf die *Verba Testamenti* und die Anamnese die Geistepiklese folgt: „Sende deinen Heiligen Geist auf uns und diese vorliegenden Gaben herab […] Und mache dieses Brot zum kostbaren Leib deines Christus […] Und was in diesem Kelch ist, zum kostbaren Blut deines Christus" (Die Göttliche Liturgie des heiligen Chrysostomos. Griechisch-Deutsch-Neugriechisch, eingeleitet, übersetzt und erläutert von A. Kallis [Doxologie. Gebetstexte der Orthodoxen Kirche IX], Münster 2004, 120). Christus ist also der eigentlich Handelnde und zwar dadurch, dass er denjenigen, „der mit der Gnade des Priestertums" bekleidet ist, befähigt, „vor diesem deinen heiligen Altar zu stehen und deinen heiligen und makellosen Leib und dein kostbares Blut zu zelebrieren" (Die Göttliche Liturgie des heiligen Chrysostomos, 88–89: Großer Einzug: Priestergebet; Vorbereitung).

Die Eucharistie in der Zeit der Kirchenväter

schen Homilien" in zwei Kapiteln ausführlich mit dem eucharistischen Opfer und dem liturgischen Vollzug seiner Darbringung.[62] Auch bei Theodor spielt das Verhältnis von Gedächtnis und Opfer eine zentrale Rolle.[63] Das Eucharistiegebet nennt der antiochenische Theologe ἀναφορὰ τῆς προσφορᾶς (Darbringung des Opfers).[64] In der Eucharistie sieht Theodor ein Gedächtnis des Todes Christi.[65] Zugleich betont er, dass der irdische Priester bei der Darbringung der Eucharistie den Hohepriester Christus abbildet: „Notwendigerweise muss also (auf Erden) ein gewisses Bild (εἰκών) des Hohepriesters dargestellt werden. Dazu gibt es also die, die zum Dienst an den Sinnbildern (τύποι) bestimmt sind. Diesen [Dienst] nämlich, so glauben wir, hat unser Herr Christus tatsächlich erfüllt und erfüllt ihn noch, den die, die durch die Gnade Gottes zu Priestern des Neuen Bundes [bestellt sind], durch den Heiligen Geist, der wahrhaft auf sie herabgekommen ist, in den Sakramenten (μυστήρια), so glauben wir, zur Festigung und Ermahnung der Teilhaber an den Sakramenten erfüllen."[66]

Bei der Darbringung der Eucharistie ist das Verhältnis von Kreuzesopfer und eucharistischem Opfer zu beachten. Im eucharistischen Opfer wird das Kreuzesopfer Christi wirksam: „Aber alle Priester des Neuen Bundes bringen beständig, allerorten und jederzeit ein und dasselbe Opfer dar, denn ein einziges ist auch jenes Opfer, das für uns alle dargebracht worden ist, nämlich das (Opfer) Christi, der für uns den Tod empfangen und in der Darbringung dieses Opfers uns die Vollkommenheit erworben hat, wie der selige Paulus gesagt hat: ‚Durch ein einziges Opfer nämlich hat er auf ewig die, die sich heiligen, vollendet' (Hebr 10,14)."[67] Bei der Eucharistie handelt es sich um ein Op-

---

62 Vgl. *Theodor von Mopsuestia*, Homiliae catecheticae 15, 1–16, 44 (FC 17/2, 387–456). Vgl. dazu *Bruns*, Den Menschen mit dem Himmel verbinden (1995), 345–370; *Gerber*, Theodor von Mopsuestia und das Nicänum (2000), 225–230.
63 Vgl. *Wegman*, Liturgie in der Geschichte des Christentums (1994), 153f.
64 Vgl. *Theodor von Mopsuestia*, Homiliae catecheticae 15, 19 (FC 17/2, 404).
65 Vgl. ebd. 15, 7 (FC 17/2, 392).
66 Ebd. 15, 19 (FC 17/2, 403).
67 Ebd. (FC 17/2, 404).

Oblatio munda

fer, in dem die sakramentale Erneuerung des Opfers Christi erfolgt. Der sichtbare Opferdienst ist das Gleichnis (ὁμοίωμα) der himmlischen Liturgie: „Wir denken dabei daran, dass Christus im Himmel ist, der für uns gestorben, auferstanden und in den Himmel aufgefahren ist, dass er es ist, der auch jetzt sinnbildlich (ἐν τύποις) geopfert wird."[68]

Damit will Theodor nicht sagen, dass sich beim Opfer der Eucharistie eine blutige Wiederholung des Kreuzesopfers vollzieht. Das Paschamysterium Christi wird in der vom Priester dargebrachten Eucharistie unter den Zeichen von Brot und Wein sakramental gegenwärtig. Dies geschieht für Theodor durch die Kraft des Heiligen Geistes.[69] Durch den Geist, der auf die Gaben von Brot und Wein herabkommt, werden diese zu Leib und Blut Christi: „Wenn also der Priester sagt, sie [Brot und Wein] seien Leib und Blut Christi, dann macht er überaus klar, dass sie es durch Ankunft des Heiligen Geistes geworden sind und durch ihn unsterblich geworden sind, da ja auch der Leib unseres Herrn, der gesalbt worden ist und den Geist empfangen hat, derart deutlich sichtbar geworden ist. In derselben Weise geschieht auch jetzt, wenn der Geist kommt, eine Art von Salbung mit der angekommenen Gnade, die, so meinen wir, Brot und Wein nach ihrer Bereitung empfangen haben. Wir halten sie nun für Leib und Blut Christi, unsterblich und unverweslich, leidensunfähig und unwandelbar von Natur (φύσει) aus, wie es der Leib unseres Herrn durch die Auferstehung geworden ist."[70]

Die Abläufe des liturgischen Geschehens ordnet Theodor einzelnen Heilsmysterien des Lebens Jesu zu. Das Herbeibringen der Opfergaben symbolisiert die Herausführung Jesu zur Passion.[71] Das Niederlegen der Opfergaben auf dem Altar steht für die Grablegung Jesu, der Altar für das Grab Jesu und das Altartuch für das Grablinnen.[72] Das Schweigen bei der eucharistischen Litur-

---

68 Ebd. 15, 20 (FC 17/2, 404).
69 Vgl. ebd. 16, 11 (FC 17/2, 430f.).
70 Ebd. 16, 12 (FC 17/2, 431).
71 Vgl. ebd. 15, 25 (FC 17/2, 408).
72 Vgl. ebd. 15, 26 (FC 17/2, 409f.).

Die Eucharistie in der Zeit der Kirchenväter

gie deutet darauf hin, dass sich die Jünger beim Leiden Jesu aus Furcht verbargen und die Engel in stiller Sammlung auf die Auferstehung Jesu warteten.[73] Die Bezeichnung der eucharistischen Elemente als „Leib" und „Blut" Christi steht für die Passion und den Tod Jesu (Darbringung und Einsetzungsbericht).[74] Der Auferstehung korrespondiert die nachfolgende Epiklese.

Analog zur Auferstehung Jesu aus dem Grab, in der sein sterblicher Leib den Heiligen Geist empfing und unsterblich wurde, werden die Gaben von Brot und Wein durch die vom Priester gesprochene Epiklese zu Leib und Blut Christi und so unsterblich.[75] Das Brechen und Zerteilen des Brotes erinnert nach Theodor an die Erscheinungen des Auferstandenen.[76] Die Kommunion weist noch einmal auf die Auferstehung hin: Wie von einer Art Grab ist Christus vom Altar auferstanden und wird uns geschenkt.[77] Wie kaum ein anderer stellt Theodor auch die eschatologische Dimension der Eucharistie heraus. Durch Tod, Auferstehung und Himmelfahrt Jesu wird innerhalb der Geschichte eine Zeit der Ewigkeit eröffnet. Der auferweckte Gekreuzigte empfängt die Unsterblichkeit, an der wir durch die Feier der heiligen Mysterien schon jetzt Anteil gewinnen. Daher gehört zur kultischen Anamnese des Paschamysteriums Christi immer auch die Ausrichtung auf das Eschaton.[78]

2. Die Eucharistie in der lateinischen Patristik

Die lateinischen Kirchenväter betrachten die Eucharistie wie die griechischen Väter als *oblatio* (Darbringung) und *sacrificium* (Opfer). Insgesamt sind die Kirchenväter im Westen stärker an der Gabe des sakramentalen Leibes Christi sowie am ekklesialen Charakter der Eucharistie interessiert. Bedeutende Beiträge zum Ver-

---

73 Vgl. ebd. 15, 28 (FC 17/2, 410f.).
74 Vgl. ebd. 15, 9; 16, 16 (FC 17/2, 393.433f.).
75 Vgl. ebd. 15, 10; 16, 11f. (FC 17/2, 393f.430f.).
76 Vgl. ebd. 16, 17 (FC 17/2, 434).
77 Vgl. ebd. 16, 26 (FC 17/2, 442).
78 Vgl. ebd. 15, 3.6; 16, 12 (FC 17/2, 388f.391.431).

ständnis der Eucharistie lieferten von Tertullian (um 160–220), Cyprian von Karthago (gest. 258), Ambrosius von Mailand und Augustinus (354–430). Die letzten beiden hatten erheblichen Einfluss auf die westliche Eucharistielehre. Die mittelalterlichen Eucharistiekontroversen lassen sich ohne ihr Eucharistieverständnis nicht verstehen.

Tertullian: Bei dem Theologen aus Karthago im heutigen Tunesien wird *oblatio* die übliche Bezeichnung für die Eucharistie, da ihm *oratio* und *prex* als zu unspezifisch erscheinen. Zur Bezeichnung des Opfercharakters der Eucharistie bevorzugt Tertullian die Ausdrücke *immolare* und *sacrificium*. Für Tertullian handelt es sich beim Opfer der Eucharistie nicht um ein blutiges Opfer, das Opfer der Eucharistie besteht vielmehr in *pura prece*.[79] „Wir sind die wahren Beter und wahren Priester, die, indem sie im Geiste beten, ihr Gebet als Gott eigenes und ihm wohlgefälliges Opfer im Geist darbringen."[80] Mit der Darbringung der *oratio* ist das Eucharistische Hochgebet gemeint, das durch Christus an Gott den Vater gerichtet ist.[81] Das eucharistische Opfer wird in der Form eines Opfers des Lobes *(sacrificium laudis)* dargebracht: „Durch ihn also lasst uns Gott allezeit das Opfer des Lobes darbringen, nämlich die Frucht der Lippen, die seinen Namen bekennen" (Hebr 13,15). In Verbindung mit dem eucharistischen Hochgebet spricht Tertullian von den *gratiarum actiones* bzw. der *actio gratiarum*.[82] Die Messe nennt Tertullian insgesamt die *sacrificiorum orationes*, „wobei der Begriff als *pars pro toto* vom Eucharistischen Hochgebet abgeleitet sein dürfte"[83]. Für das Eucharistie-

---

79 *Tertullian*, Ad Scapulum II, 8 (CCL 2, 1128). Zu Person und Theologie Tertullians vgl. *Zilling*, Tertullian (2004); *Wilhite*, Tertullian the African (2007).
80 *Tertullian*, De oratione XXVIII, 3 (CCL 1, 273): „Nos sumus veri adoratores et veri sacerdotes, qui spiritu orantes spiritu sacrificamus orationem hostiam Dei propriam et acceptabilem".
81 Vgl. ebd. XXVIII, 1–4 (CCL 1, 273); *ders.*, Adversus Marcionem IV 9, 9 (CCL 1, 560).
82 Vgl. ebd. I 23, 9 (CCL 1, 466).
83 *Klöckener*, Das Eucharistische Hochgebet in der nordafrikanischen Liturgie der christlichen Spätantike (2005), 51.

Die Eucharistie in der Zeit der Kirchenväter

gebet gab es in der Zeit Tertullians noch kein festes Formular. Während das Eucharistische Hochgebet gesprochen wurde, stand die Gemeinde mit erhobenen Händen Richtung Osten und blickte zum Himmel.[84] Das eucharistische Opfer erschöpft sich nicht in der Darbringung der *oratio*; in ihr wird der Opfertod Christi sakramental gegenwärtig.[85]

Die Vaterunserbitte um das tägliche Brot bezieht Tertullian, wie die meisten Kirchenväter, auf das eucharistische Brot: „Denn Christus ist ‚unser Brot‘, weil Christus das Leben und Brot das Leben ist [...] und dann, weil auch sein Leib als ‚Brot‘ gilt: ‚Dies ist mein Leib‘. Deshalb begehren wir durch die Bitte um das tägliche Brot, in Christus und untrennbar von seinem Leib zu sein."[86] Christus „bildete das Brot zu seinem Leib" und er „weihte sein Blut im Wein".[87] Denn Christus „machte das Brot, das er nahm und an seine Jünger verteilte, zu seinem Leibe, indem er sprach: ‚Dies ist mein Leib‘, d.i. das Symbol meines Leibes *(figura corporis mei)*. Ein Symbol hätte es nicht gegeben, wenn der Leib nicht in Wirklichkeit gewesen wäre. Ein inhaltsloser Gegenstand, ein Phantasma, könnte übrigens ein Symbol gar nicht zulassen. Oder soll er vielleicht deshalb das Brot sich zum Leibe gebildet haben, weil er keinen wirklichen Leib hatte? Dann musste er also das Brot für uns dahingeben!"[88]

---

84 Vgl. ebd. 56.
85 Vgl. *Tertullian*, De pudicitia IX, 11 (CCL 2, 1298).
86 *Ders.*, De oratione VI, 2 (CCL 1, 261): „Christus enim *panis noster* est, quia vita Christus et vita panis [...] tunc quod et corpus eius in pane conseritur: *hoc est corpus meum*. Itaque petendo panem quotidianum perpetuitatem postulamus in Christo et individuitatem a corpore eius."
87 *Ders.*, Adversus Marcionem IV 40, 3.5 (CCL 1, 656f.). Tertullian erwähnt, dass die Gläubigen das eucharistische Brot mit nach Hause nehmen und vor jeder anderen Speise *(ante omnem cibum)* empfangen. Vgl. *ders.*, Ad uxorem II 5, 2 (CCL1, 389).
88 *Ders.*, Adversus Marcionem IV 40, 3 (CCL 1, 656): „panem et distributum discipulis corpus suum illum fecit *hoc est corpus meum* dicendo, id est *figura corporis mei*. Figura autem non fuisset nisi veritatis esset corpus. Ceterum vacua res, quod est phantasma, figuram capere non posset. Aut si propterea panem corpus sibi finxit, quia corporis carebat veritate, ergo panem debuit tra-

Die Wirklichkeit des Leibes Christi sucht Tertullian auch mit Hilfe des Blutes zu belegen: „Auch dadurch hat er die Wirklichkeit des Leibes bestätigt *(substantiam corporis confirmavit)*, dass er bei der Erwähnung des Kelches sein Testament aufrichtete und dieses mit Blut besiegelte. Denn Blut kann keinem anderen Körper angehören als einem aus Fleisch. Denn wenn auch eine nichtfleischliche Beschaffenheit des Körpers uns begegnet, so wird sicher nur eine fleischliche Beschaffenheit Blut haben."[89]

Cyprian von Karthago hat mit seinem berühmten 63. Brief in gewisser Weise die erste Abhandlung zur Eucharistie geschrieben. Der Brief zeigt, dass die *Verba Testamenti* in Karthago zur Zeit Cyprians schon fester Bestandteil des Eucharistischen Hochgebets waren. Da Cyprian sowohl die matthäische Fassung als auch die paulinische zitiert, lässt sich nicht entscheiden, wie die liturgische Fassung der Einsetzungsworte lautete.[90] Das Eucharistische Hochgebet bezeichnet Cyprian als *prex* oder, wo er einzelne Gebetselemente im Blick hat, als *preces*.[91] Wenn Cyprian von *eucharistia* spricht, meint er sehr oft die sakramentalen Gaben.[92] Die konsekrierten Gaben von Brot und Wein sind für Cyprian nicht nur Leib und Blut Christi; sie symbolisieren zugleich die Kirche. Das eine Brot aus vielen Körnern und der aus vielen Trauben gekelterte Wein stellen das in Christus geeinte Volk des Neuen Bundes dar.[93] Die Einheit der Kirche ist nicht nur Frucht der Eucharistie, son-

---

dere pro nobis." Es wird vermutet, dass die Wendung *figura corporis mei* zur Zeit Tertullians Teil des Eucharistischen Hochgebetes war. Vgl. *Klöckener*, Das Eucharistische Hochgebet in der nordafrikanischen Liturgie der christlichen Spätantike (2005), 52.

89 *Tertullian*, Adversus Marcionem IV 40, 4 (CCL 1, 656f.): „Sic et in calicis mentione testamentum constituens sanguine suo obsignatum substantiam corporis confirmavit. Nullius enim corporis sanguis potest esse nisi carnis. Nam et si qua corporis qualitas non carnea opponuntur nobis, certe sanguinem nisi carnea non habebit."

90 Vgl. *Klöckener*, Das Eucharistische Hochgebet in der nordafrikanischen Liturgie der christlichen Spätantike (2005), 60–62.

91 Vgl. *Cyprian von Karthago*, Epistola LX, 4 (PL 4, 361C–362A).

92 Vgl. *ders.*, De bono patientiae XIV (PL 4, 651C).

93 Vgl. *ders.*, Epistola LXIII, 13 (PL 4, 383B–384B).

Die Eucharistie in der Zeit der Kirchenväter

dern zugleich ihre Voraussetzung. Die Feier der Eucharistie ist Vollzug und Ausdruck der kirchlichen Einheit.[94] Bei Häretikern kann die Eucharistie nicht wirksam gefeiert werden, da sie den Heiligen Geist nicht haben; denn wo der Heilige Geist fehlt, wird die Opfergabe nicht geheiligt.

Die sakramentale Opfersprache Cyprians kreist um den Begriff der Darbringung *(oblatio, offerre)*.[95] Wie Tertullian verbindet auch Cyprian mit den Termini *offerre* und *oblatio* die Vorstellung des Opfers.[96] Christus hat seinen Leib und sein Blut dem Vater als Opfer dargebracht: „Wer ist mehr Priester des höchsten Gottes als unser Herr Jesus Christus, der Gott dem Vater ein Opfer darbringt. Und zwar bringt er dasselbe dar, wie Melchisedek, das heißt Brot und Wein, nämlich seinen Leib und sein Blut."[97] Zum Gedächtnis des Sterbens Christi wird das Opfer der Eucharistie gefeiert.[98] Dabei handelt der geweihte Priester in der Person Christi.[99] Er bringt ein wirkliches, aber unblutiges Opfer dar. Christi Kreuzesopfer wird gegenwärtig im Opfer der Kirche. „Wir tun des Leidens in allen Opfern Erwähnung, denn das Leiden des Herrn ist das Opfer, das wir darbringen *(quod offerimus)*."[100] Letztlich ist es Christus selbst, der sich als Hohepriester des Neuen Bundes in unserem Opfer darbringt. Die Deutung der Eucharistie als Opfer gehört zu den nachhaltigsten Wirkungen Cyprians auf die westliche Theologie.

---

94 Vgl. *ders.*, De unitate ecclesiae VIII (PL 4, 472A–473A).

95 Zur Eucharistie als Opfer bei Cyprian vgl. *Norderval*, The Eucharist in Tertullian and Cyprian (2017), 947–951.

96 Vgl. dazu *Berger*, Die Wendung „offerre pro" in der römischen Liturgie (1965), 55–63.

97 *Cyprian von Karthago*, Epistola LXIII, 4 (PL 4, 376A): „Nam quis magis sacerdos Dei summi quam Dominus noster Iesus Christus, qui sacrificium Deo Patri obtulit, et obtulit hoc idem quod Melchisedech obtulerat, id est panem et vinum, suum scilicet corpus et sanguinem."

98 Vgl. ebd. 14 (PL 4, 383B).

99 Vgl. ebd. 9 (PL 4, 381A).

100 *Ders.*, Epistola LXIII, 17 (PL 4, 387A): „passionis eius mentionem in sacrificiis omnibus faciamus (passio est enim Domini sacrificium quod offerimus)".

109

Ambrosius entfaltet seine Eucharistielehre in seinen Katechesen „De sacramentis" und „De mysteriis".[101] In ihnen zeigt sich der Bischof von Mailand von griechischer Theologie beeinflusst, besonders von den Cyrill von Jerusalem (um 313–386/387) zugeschriebenen Katechesen.[102] Wie kein anderer unterstreicht Ambrosius die Wandlung der Gaben von Brot und Wein in den Leib und das Blut Jesu Christi.[103] Gegenüber den alttestamentlichen Schatten *(umbrae)* und Vorbildern *(figurae)* der Sakramente (z. B. Manna, Wasser des Felsens) wird die Eucharistie als Wahrheit *(veritas)* und Licht *(lux)* bezeichnet.[104] Brot und Wein sind Leib und Blut Christi nicht nur im Glauben, sondern im sakramentalen Zeichen: „Es ist durchaus das wirkliche Fleisch Christi, das gekreuzigt und begraben worden ist. Hier ist also wirklich das Sakrament dieses Fleisches."[105]

Während Ambrosius in seinem Werk „De fide ad Gratianum" (378/380) über den Glauben davon spricht, dass die Gaben von Brot und Wein „durch das Mysterium des heiligen Gebetes *(per sacrae orationis mysterium)* in Fleisch und Blut (Christi) umgewandelt werden"[106], konzentriert er sich in seinen Katechesen (ab 390) auf die *Verba Testamenti.* Er vertritt die für die lateinische Kirche traditionsbildend gewordene Lehre, dass die Elemente durch die Worte Christi, die der Priester bei der „göttlichen Konsekration" *(consecratio divina)* spricht, zu Fleisch und Blut Christi werden. Vor der

---

101 Vgl. *Slenczka*, Heilsgeschichte und Liturgie (2000), 144–196.
102 Vgl. *Betz*, Eucharistie in der Schrift und Patristik (1979), 147. Zur Diskussion um die „Mystagogischen Katechesen", die wahrscheinlich nicht auf Cyrill von Jerusalem, sondern auf Johannes von Jerusalem (gest. 417) zurückgehen, vgl. *Slenczka*, Heilsgeschichte und Liturgie (2000), 99–143. Anders als *Mazza,* L'anafora eucaristica (1992), 350f., geht Slenczka wie *Kretschmar*, Die frühe Geschichte der Jerausalemer Liturgie (1956/57), 28f., davon aus, dass die Liturgie in Jersualem zur Zeit der Mystagosichen Katechesen einen Einsetzungsbericht kannte.
103 Zu Ambrosius vgl. *Dassmann*, Ambrosius von Mailand (2004).
104 Vgl. *Ambrosius*, De mysteriis 48–49 (FC 3, 242f.).
105 Ebd. 53 (FC 3, 248f.): „Vera utique caro Christi, quae crucifixa est, quae sepulta est: vero ergo carnis illius sacramentum est."
106 *Ders.*, De fide IV 10, 124 (FC 47/2, 552).

Konsekration ist das Brot gewöhnliches Brot, nach der Konsekration der Leib Christi: „Aber dieses Brot ist Brot vor den sakramentalen Worten *(verba sacramentorum)*. Sobald die Konsekration *(consecratio)* erfolgt ist, wird aus dem Brot das Fleisch Christi. Wir wollen nur durch Beweise stützen, wie das, was Brot ist, der Leib Christi sein kann. Durch welche Worte geschieht denn die Konsekration, und wessen Worte sind es? Die des Herrn Jesus. Denn alles andere, was vorher gesagt wird, wird vom Bischof gesprochen: Gott wird Lobpreis dargebracht, es wird ein Gebet verrichtet, es werden Bitten für das Volk, für die Herrscher und für die übrigen vorgetragen (vgl. 1 Tim 2,1f.). Sobald der Augenblick naht, das verehrungswürdige Sakrament zu vollziehen, verwendet der Bischof nicht mehr seine eigenen Worte, sondern verwendet Worte Christi. Also bewirkt das Wort Christi dieses Sakrament."[107]

„Das Paradigma für die Wirklichkeit des Sakraments ist die Performativität des Wortes Christi, die im Zentrum der eucharistischen Liturgie steht" – so der Philosoph Giorgio Agamben in seinen Analysen zum Begriff des Mysteriums.[108] Die Performativität

---

107 *Ders.*, De sacramentis IV, 14 (FC 3, 142f.): „Sed panis iste panis est ante verba sacramentorum; ubi accesserit consecratio, de pane fit caro Christi. Hoc igitur astruamus, quomodo potest, quis panis est, corpus esse Christi. Consecratio igitur quibus verbis est et cuius sermonibus? Domini Iesu. Nam reliqua omnia, quae dicuntur in superioribus, a sacerdote dicuntur: laus deo, defertur oratio, petitur pro populo, pro regibus, pro ceteris. Ubi venitur, ut conficiatur venerabile sacramentum, iam non suis sermonibus utitur sacerdos, sed utitur sermonibus Christi. Ergo sermo Christi hoc conficit sacramentum." Vgl. dazu *Schmitz*, Gottesdienst im altchristlichen Mailand (1975), 407–409. Eine Verzerrung der von Ambrosius vertretenen Position findet sich bei *Tymister*, Epiklese und Opfer (2007), 154: „Die Suche nach einem genauen ,Wandlungszeitpunkt' ist aber erst zu späterer Zeit an unseren Text herangetragen worden. Für die Theologie des Hl. Ambrosius († 397), bei dem wir die älteste bekannte Fassung des Römischen Kanons finden, spielt diese Frage keine Rolle. Das Hochgebet wird als Einheit gesehen und erst nach dem abschließenden und zustimmenden *Amen* der Versammlung kann man von einer vollendeten Wandlung der Gestalten reden."
108 *Agamben*, Opus Dei (2013), 87. Agamben vermutet, dass die Beschreibung performativer Sprechakte durch die moderne Linguistik ihre Wurzeln in der eucharistischen Signifikation hat. Vgl. ebd. 88.

Oblatio munda

des Wortes Christi für die Wirklichkeit der Eucharistie unterstreicht Ambrosius auch an anderer Stelle: „Denn das Sakrament, das du empfängst, wird durch ein Wort Christi bereitet. Wenn nun aber das Wort des Elija eine derartige Macht besaß, Feuer vom Himmel herabzurufen (vgl. 1 Kön 18,36–38), soll dann das Wort Christi nicht die Macht haben, die Elemente in ihrer Art zu verändern *(ut species mutet elementorum)*?"[109] „Der Herr Jesus selbst ruft: ‚Das ist mein Leib' (1 Kor 11,24; Mt 26,26; Mk 14,22; Lk 22,19). Vor der Segnung *(benedictio)* durch die himmlischen Worte spricht man von einer anderen Art, nach der Konsekration *(consecratio)* wird sie als Leib bezeichnet. Er selbst spricht von seinem Blut. Vor der Konsekration heißt es anders, nach der Konsekration wird es Blut genannt."[110]

Die verwandelnde Kraft der *Verba Testamenti* bringt Ambrosius in Zusammenhang mit der schöpferischen Kraft des göttlichen Wortes. „Du siehst also, wie wirkmächtig das Wort Christi ist. Wenn also im Wort des Herrn Jesus solche Kraft enthalten ist, dass entstehen konnte, was vorher nicht war, um wie viel mehr kann es dann bewirken, dass etwas bleibt, was es war, und es gleichzeitig in etwas anderes verwandelt wird *(in aliud commutentur)*."[111] „Vor der Konsekration war es nicht der Leib Christi, aber nach der Konsekration, so versichere ich dir, ist es nunmehr der Leib Christi. Er selbst hat gesprochen, und es entstand; er gab einen Befehl, und es wurde geschaffen."[112] Die Mahlgaben erhalten

---

109 *Ambrosius*, De mysteriis 52 (FC 3, 246f.): „Nam sacramentum istud, quod accipis, Christi sermone conficitur. Quod si tantum valuit sermo Heliae, ut ignem de caelo deposceret, non valebit Christi sermo, ut species mutet elementorum?"

110 Ebd. 54 (FC 3, 248f.): „Ipse clamat dominus Iesus: ‚Hoc est corpus meum'. Ante benedictionem verborum caelestium alia species nominatur, post consecrationem corpus significatur. Ipse dicit sanguinem suum. Ante consecrationem aliud dicitur, post consecrationem sanguis nuncupatur."

111 *Ders.*, De sacramentis IV, 15 (FC 3, 142–145): „Vides ergo, quam operatoribus sermo sit Christi. Si ergo tanta vis est in sermone domini Iesu, ut inciperent esse, quae non erant, quanto magis operatoribus est, ut sint, quae erant, et in aliud commutentur."

112 Ebd. IV, 16 (FC 3, 144f.): „non erat corpus Christi ante consecrationem,

in der Eucharistie nicht nur eine neue Bedeutung, sondern werden in den Leib und das Blut Christi verwandelt, eine Verwandlung, die sich freilich den äußeren Blicken entzieht, da die *species* der Elemente bestehen bleibt.[113] Die heilige Konsekration bewirkt eine reale Verwandlung *(mutatio, conversio)* von Brot und Wein zu Leib und Blut Christi.[114] Das heißt nicht, dass Brot und Wein zerstört werden. Durch das schöpferische Wort Christi in der Konsekration werden sie zu einem „Sinnbild" *(similitudo)*, einem Realsymbol für Leib und Blut Christi.[115]

Die Herrenworte des Einsetzungsberichts werden von Ambrosius als „verba sacramentorum"[116] oder „sermo caelestis"[117] bezeichnet. In seinen Katechesen „De mysteriis" spricht Ambrosius von *benedictio consecravit*[118] und er unterstreicht, dass es bei der göttlichen Konsekration *(divina consecratio)* das Wort Christi sei, welches die Macht habe, die Elemente zu verändern *(Christi sermo species mutet elementorum)*.[119] Auch wenn für Ambrosius die somatische Realpräsenz Christi in den Gaben von Brot und Wein im Vordergrund steht, berücksichtigt er ebenso die anamnetische Dimension des eucharistischen Geschehens: „Auch du hörst, dass der Tod des Herrn, die Auferstehung des Herrn, die Erhöhung des Herrn und die Vergebung der Sünden verkündet wird *(significetur)*,

---

sed post consecrationem dico tibi, qua iam corpus est Christi. Ipse dixit et factum est, ipse mandavit et creatum est." Zur Performativität des richtenden und aufdeckenden Wortes Christi vgl. *ders.*, De fide 4, 7 (PL 16, 631), wo er Hebr 4,12 zitiert.
113 Vgl. *ders.*, De sacramentis IV, 20 (FC 3, 146–149); De mysteriis 52 (FC 3, 246f.). Für den Vorgang der Wandlung verwendet Ambrosius eine Reihe unterschiedlicher Begriffe, neben *convertere* u. a. *consecrare, transfigurare, mutare* und *commutari*.
114 Vgl. *Ambrosius*, De sacramentis IV, 15 16 (FC 3, 142–145).
115 Vgl. ebd. IV, 20 (FC 3, 146f.).
116 Ebd. IV, 14 (FC 3, 142).
117 Ebd. IV, 19 (FC 3, 146).
118 *Ders.*, De mysteriis 50 (FC 3, 244). *Schmitz*, Gottesdienst im altchristlichen Mailand (1975), 383f., versteht unter *benedictio consecravit* die *Verba Testamenti*.
119 Vgl. *Ambrosius*, De mysteriis 52 (FC 3, 246).

Oblatio munda

sooft das Opfer dargebracht wird *(offertur sacrificium)*, und du nimmst dieses Brot des Lebens nicht täglich zu dir?"[120]

Augustinus betont gegenüber Ambrosius stärker die geistliche Dimension der Eucharistie und ihre ekklesiale Bedeutung. In der Einheit mit Christus und untereinander vollzieht sich für Augustinus die eigentliche Gabe des Sakraments.[121] In den eucharistischen Elementen sieht er die Gabe der Einheit zeichenhaft dargestellt. Die Eucharistie ist für ihn ein Zeichen des Leibes Christi, der Kirche. Das Brot ist die Einheit aus vielen Ähren, der Wein die Einheit aus vielen Trauben.[122] Das eucharistische Brot stellt die Einheit der Vielen im einen Leib Christi dar. Die Einheit mit Christus steht auch im Hintergrund der sich von Nordafrika ausbreitenden Praxis, am Jahrestag des Martyriums der christlichen Blutzeugen Eucharistie zu feiern. Augustins Bericht vom Begräbnis seiner Mutter Monika belegt die Feier der Eucharistie als Teil der Begräbnisliturgie in Italien schon für das vierte Jahrhundert.[123] Es wird vermutet, dass die Eucharistie als Teil der Begräbnisliturgie das heidnische *refrigerium*, eine gemeinschaftliche Totenfeier am Grab, zurückgedrängt hat.[124]

In der Eucharistie empfangen wir das Mysterium des Leibes Christi. „Wenn ihr der mystische Leib Christi und seine Glieder seid, dann liegt euer Mysterium auf dem Altar des Herrn, dann empfangt ihr euer Mysterium."[125] „Seid, was ihr seht, und empfangt, was ihr seid"[126] – so die beiden berühmten Zitate Augustins. Der Leib Christi zusammen mit seinem Haupt bildet den *totus*

---

120 *Ders.*, De sacramentis V, 25 (FC 3, 174f.): „Ergo tu audis, quod, quotienscumque offertur sacrificium, mors domini, resurrectio domini, elevatio domini significetur et remissio peccatorum, et panem istum vitae non cottidianus adsumis?"

121 Vgl. *Augustinus*, In Iohannis evangelium tractatus XXVI, 18 (CCL 36, 268).

122 Vgl. ebd. XXVI, 17 (CCL 36, 268).

123 Vgl. *ders.*, Confessiones IX 12, 29–33 (CCL 27, 150–152).

124 Vgl. *Mitchell*, Cult and Controversy (1982), 32.

125 *Augustinus*, Sermo 272 (PL 38, 1247): „Si ergo vos estis corpus Christi et membra, mysterium verstrum in mensa Dominica positum est: mysterium vestrum accipitis."

126 Ebd. (PL 38, 1247f.): „Estote quod videtis, et accipite quod estis."

Christus. Henri de Lubac (1896–1991) hat gezeigt, dass der eucharistische Leib von der Patristik bis zum Frühmittelalter als *corpus mysticum* bezeichnet wurde, die Kirche demgegenüber als *corpus verum.* Im Zuge der mittelalterlichen Eucharistiekontroversen kam es zum Wechsel der Begrifflichkeit. Jetzt wurde die Eucharistie *corpus verum* und die Kirche *corpus mysticum* genannt.[127]

Sakramente im weiteren Sinne sind für Augustinus Zeichen, die sich auf göttliche Dinge beziehen[128] – im Unterschied zu magischen Zeichen, bei denen die Wirkung auf übernatürlich wirkende menschliche Kräften zurückgeführt wird. Für Augustinus können Menschen „keine Religion teilen, ob sie nun wahr oder falsch ist, ohne dass sie durch ein gemeinsames System von sichtbaren Zeichen oder Symbolen miteinander verbunden sind."[129] In „De doctrina christiana" (396–427) legt Augustinus eine allgemeine Definition des Zeichens vor, die bis ins Hochmittelalter hinein als verbindlich angesehen wurde: „Signum [...] est res praeter speciem quam ingerit sensibus, aliud aliquid ex se faciens in cogitationem venire" – ein Zeichen ist ein Ding, das neben dem sinnlichen Eindruck, den es den Sinnen mitteilt, aus sich etwas anderes in das Denken kommen lässt.[130] Jedes *signum* ist eine *res*, aber nicht jede *res* ein *signum.* Den Bereich der *res* unterteilt Au-

---

127 Vgl. *de Lubac*, Corpus mysticum (²1995).

128 Vgl. *Augustins*, Epistola 138 (CSEL 44, 131): „Signa cum ad res divinas pertinent sacramenta appelantur."

129 *Ders.*, Contra Faustum XIX, 11 (CSEL 25, 510): „In nullam autem nomen religionis, seu verum, seu falsum, coagulari monies possunt, nisi aliquot signaculorum vel sacramentum visibilium consortio colligentur." Zur Zeichentheorie Augustins vgl. *Mayer*, Die Zeichen in der geistigen Entwicklung und in der Theologie des jungen Augustinus (1969/1974); *Raffaele*, Die Semiotik Augustins (1982).

130 *Augustinus*, De doctrina christiana II, 1 (CCSL XXXII, 32). Petrus Lombardus zitiert die Defintion in seinen Sentenzen. Vgl. *ders.*, Sententia in IV libris distinctae 4,1,3. Es wird vermutet, dass die Quelle von Augustins allgemeiner Zeichendefinition Origenes ist. Vgl. *Origenes*, In Rom 4, 2 (PG 14, 968A; SChr 539, 208): „*Signum* namque dicitur, cum per hoc quod videtur aliud aliquid indicatur". Zur lateinischen Übersetzung des Römerbriefkommentars durch Rufin siehe *Hammond Bammel*, Der Römerbrieftext des Rufin und seine Origenes-Übersetzung, Freiburg 1985.

gustinus in *sensibilia*, die sinnlich wahrgenommen werden, und *intelligibilia*, die nur einem geistigen Verstehen zugänglich sind.[131] Den sprachlichen Zeichen kommt gegenüber den nichtsprachlichen ein Vorrang zu, da sich alles, was durch nichtsprachliche Zeichen bezeichnet wird, auch durch die sprachliche ausdrücken lässt, nicht aber umgekehrt.[132] Buchstaben sind Zeichen für Worte.[133] Bei Augustins Zeichentheorie handelt es sich um eine ontologische Theorie, da die gesamte Wirklichkeit unter die Kategorien *res* und *signum* gefasst wird, und jede Wissenschaft entweder von Dingen oder von Zeichen handelt: „Omnis doctrina vel rerum est vel signorum."[134]

Bei den Zeichen unterscheidet Augustinus zwischen den natürlichen Zeichen *(signa naturalia)* und den gegebenen Zeichen *(signa data)*.[135] Die *signa data* unterteilt Augustinus in *signa propria* und *signa translata*, in eigentliche und übertragene Zeichen. Ein Beispiel für ein übertragenes Zeichen ist der Ausdruck „Stier", sofern er nicht das Tier bezeichnet, sondern das Symbol des dritten Evangelisten. Eine komplexe Unterklasse der *signa translata* bilden die Sakramente, die sich aus zwei Zeichen zusammensetzen: zum einen der sichtbaren Materie (Wasser bei der Taufe, Brot und Wein bei der Eucharistie), zum anderen dem Wort, wodurch das sichtbare Element zum Sakrament wird: „Accedit verbum ad elementum et fit sacramentum"[136]. Durch das *verbum sacramenti* wird das sichtbare Element zum *signum sacrum*, zum heiligen Zeichen.[137]

In „De doctrina christiana" nennt Augustinus die eucharistische Brotrede Jesu in der Synagoge von Kafarnaum (Joh 6) eine

---

131 Vgl. *Augustinus*, De magistro XII, 39 (Opera 11, 182): „Namque omnia percipimus, aut sensu corporis aut mente percipimus. Illa sensibilia, haec intelligibilia".
132 Vgl. *ders.*, De doctrina christiana II, 3 (CCSL 32, 34).
133 Vgl. ebd. II, 4 (CCSL 32, 34).
134 Ebd. I, 2. (CCSL 32, 7).
135 Vgl. ebd. II, 2 (CCSL 32, 32–33).
136 *Ders.*, In Iohannis evangelium tractatus LXXX, 3, 5f. (CCSL 36, 529).
137 Vgl. *ders.*, De civitate Dei X, 5, 16 (CCSL 47, 277).

figurata locutio, eine bildliche Rede.[138] Der zentrale Satz der Rede lautet: „Wenn ihr das Fleisch des Menschensohnes nicht esst und sein Blut nicht trinkt, habt ihr das Leben nicht in euch" (Joh 6,53). Bei einem wörtlichen Verständnis, so Augustinus, würde Jesus ein Verbrechen gebieten, nämlich das Fleisch eines Menschen zu essen und sein Blut zu trinken.[139] Bei den *Verba Testamenti*, die der Priester bei der Konsekration über die Gaben von Brot und Wein spricht, handelt es sich für Augustinus aber um mehr als eine *tropica locutio*. Denn wir empfangen Christi Leib und Blut nicht nur im bildlichen Sinne, sondern wahrhaft. Auch wenn bei Augustinus die somatische Realpräsenz Christi in den konsekrierten Gaben von Brot und Wein nicht so stark betont wird wie bei Ambrosius, finden wir bei ihm dazu doch deutliche Hinweise.[140] So fordert Augustinus, dass man den Leib und das Blut Christi nicht empfangen könne, ohne vorher angebetet zu haben. In seinem Psalmenkommentar schreibt er: „Und weil er in diesem Fleisch hier auf Erden gelebt hat, so gab er uns dieses Fleisch zur Speise des Heils. Niemand isst nun aber von diesem Fleisch, ohne zuvor angebetet zu haben."[141]

Augustinus spiritualisiert also nicht die Gegenwart Christi im Sakrament der Eucharistie, wie oft behauptet wurde. Die spiritualistische Deutung der Eucharistielehre Augustins, wie sie vor allem protestantische Forscher vertreten haben, z. B. Adolf von Harnack und Friedrich Loofs (1858–1928), wird heute kaum noch geteilt. Die katholische Augustinusforschung des 20. Jahrhunderts, die sich um eine Vermittlung zwischen spiritualistischer und streng realistischer Auslegungstradition bemüht hat, konnte zeigen, dass sich Augustinus noch vor den mittelalterlichen Kontroversen um eine realistische oder symbolistische Deutung der Eucharistie bewegt: „Man hat die Eucharistielehre Augustins oft symbolistisch ausgelegt, dieses Wort verstanden im Gegensatz zu realistisch. Es

---

138 Vgl. *ders.*, De doctrina christiana III, 16 (CCSL 23, 9f.).
139 Vgl. ebd.
140 Vgl. *Geiselmann*, Die Eucharistielehre der Vorscholastik (1926), 37.
141 *Augustinus*, Enarrationes in Psalmos XCVIII, 9 (CCL 39, 1385): „Et quia in ipsa carne hic ambulavit, et ipsam carnem nobis manducandam ad salutem dedit; nemo autem illam carnem manducat, nisi prius adoraverit".

Oblatio munda

dürfte klar sein, daß diese Auslegung an der Sache vorbei geht. Augustinus lebt noch jenseits der Entgegensetzung ,Bild oder Wirklichkeit', für ihn ist das Abbild Realsymbol."[142]

In der Eucharistie erkennt Augustinus ein Zeichen, in welchen den Gläubigen der Leib und das Blut Christi gereicht werden. Daher reicht Augustins allgemeine Zeichendefinition nicht aus, um die Wirklichkeit der Eucharistie zu bestimmen. Die Sakramente im engeren Sinne sind Zeichen *sui generis*. Es handelt sich bei ihnen weder um ein natürliches Zeichen wie der Rauch als Zeichen des Feuers[143], noch um ein Symbol wie das Kreuz als Zeichen für den christlichen Glauben.[144] Die Sakramente sind für Augustinus „heilige Zeichen" (*sacra signa*)[145], Träger einer verborgenen, unsichtbaren Wirklichkeit. Das Sakrament der Eucharistie wird uns nicht nur dem äußeren Zeichen nach gereicht, sondern wir empfangen darin wahrhaft den Leib und das Blut Christi.[146] In einem seiner Briefe erklärt Augustinus, dass das Sakrament des Leibes und Blutes Christi wahrhaft Leib und Blut Christi ist: „sacramentum corporis Christi corpus Christi est, sacramentum sanguinis Christi sanguis Christi est"[147].

Augustinus unterscheidet zwischen dem äußeren Zeichen (*signum*) und der inneren Wirklichkeit oder Kraft des Sakraments (*res* oder *virtus sacramenti*). Das sakramentale Zeichen ist ein materieller Gegenstand (*elementum*), etwa Brot, Wein oder Wasser, und ein deutendes Wort, das zum Element hinzukommt. Die Einheit von Wort und Materie ist charakteristisch für die Feier der Sakramente; hierin ist auch ihre kosmische Dimension begründet. Doch um wirksam zu sein, muss das zum Element hinzukommende Wort ein Wort des Glaubens sein.[148] Den Raum der Sakramente bildet da-

---

142 *Gerken*, Theologie der Eucharistie (1973), 91.
143 Vgl. *Augustinus*, In Iohannis evangelium tractatus XXVI, 11, 19f. (CSEL 36, 265); LXXX, 3, 9–12 (CSEL 36, 529).
144 Vgl. *ders.*, De doctrina christiana II, 46 (CCSL 32, 7).
145 *Ders.*, De civitate Dei X, 5 (CCL 47, 277).
146 Vgl. ebd. XXI, 25 (CCSL 48, 798): „sed re vera corpus Christi manducare et eius sanguine bibere; hoc est enim in Christo manere, ut in illo et Christus."
147 *Ders.*, Epistola XCVIII, 9 (CCSL 31, 531).
148 Vgl. *ders.*, In Iohannis evangelium tractatus LXXX, 3 (CCL 36, 529).

Die Eucharistie in der Zeit der Kirchenväter

her die Kirche als Überlieferungsgemeinschaft des Glaubens. Damit das Sakrament in den Menschen wirksam werden kann, ist die „Bekehrung der Herzen" *(conversio cordis)*[149] nötig.

Für Augustinus schenkt die Eucharistie die Gemeinschaft mit Christus: „Jene Speise essen und jenen Trank trinken heißt also, in Christus bleiben und ihn bleibend in sich zu behalten."[150] Wer bloß am äußeren Zeichen hängen bleibt, wer sich nicht öffnet für die eigentliche Wirklichkeit *(res)* des Sakraments *(sacramentum)*, wer es nach fleischlicher Art zu sich nimmt, der nimmt in Wahrheit nicht Jesus Christus zu sich. Wenn Jesus sagt, der Geist ist es, der lebendig macht, das Fleisch aber nützt nichts (Joh 6,63), dann ermahnt er uns nach Augustinus, ihn nicht misszuverstehen: „Versteht geistig, was ich gesagt habe. Nicht diesen Leib, den ihr seht, werdet ihr essen, und nicht jenes Blut, das jene vergießen werden, die mich kreuzigen, werdet ihr trinken. Ein Sakrament habe ich euch übergeben; geistig wird es eure Einsicht beleben. Wenn es auch sichtbar zu feiern ist, so müssen wir es doch dem Auge entzogen verstehen."[151]

Brot und Wein sind Zeichen für eine pneumatische Wirklichkeit, den erhöhten Christus, der für uns gestorben ist und sich immer wieder neu in seiner Selbsthingabe für uns schenkt in seinem Leib und seinem Blut. In diesem Sinn unterscheidet Augustinus zwischen *sacramentum tantum*, dem bloßen Zeichen, und der *res sacramenti*, der Wirklichkeit des Sakraments. Die unwürdige Kommunion ist ein *manducare tantum in sacramento*. Es kommt aber darauf an, nicht nur dem Sakrament, dem bloßen Zeichen nach, „sondern in Wahrheit den Leib Christi zu essen

---

149 *Ders.*, De baptismo IV, 25, 32 (CSEL 51, 260).
150 *Ders.*, In Iohannis evangelium tractatus XXVI, 18 (CCL 36, 268). „Hoc est ergo manducare illam escam, et illum bibere potum, in Christo manere, et illum manentem in se habere."
151 *Ders.*, Enarrationes in Psalmos XCVIII, 9 (CCL 39, 1386): „Spiritualiter intellegite quod locutus sum; non hoc corpus quod videtis, manducaturi estis, et bibituri illum sanguinem, quem fusuri sunt qui me crucifigent. Sacramentum aliquod vobis commendavi; spiritualiter intellectum vivificabit vos. Etsi necesse est illud visibiliter celebrari, oportet tamen invisibiliter intellegi."

Oblatio munda

und sein Blut zu trinken, das heißt in Christus zu bleiben, so dass auch Christus in ihm [dem, der kommuniziert] bleibt."[152] Denn das bloße Zeichen *(sacramentum tantum)* ist vergänglich.

Das Zeichen wird von Augustinus noch nicht in seiner eigenen Substantialität betrachtet, sondern ganz und gar als Zeichen und Bild für die darin gegebene unsichtbare Wirklichkeit. Die Frage nach der Wirklichkeit des Sakraments sollte erst im Frühmittelalter virulent werden. Eine Voraussetzung dafür war, dass sich das Eucharistieverständnis seit Isidor von Sevilla (um 560–636) von der εὐχαριστία als kultischer Danksagung, zu deren Mitvollzug die Gläubigen durch das *gratias agamus* aufgerufen wurden, immer stärker auf die Gegenwart Christi im sakramentalen Zeichen verlagerte. Aus der *gratiarum actio* wird die *bona gratia*.[153] Die Beziehung des sakramental-mystischen Leibes zum ekklesialen Leib des Herrn, die bei Augustinus noch ganz im Vordergrund steht, tritt in ihrer Bedeutung zurück. Einher geht damit ein Rückgang der Gläubigenkommunion.

Neben der Einheit des ekklesialen Leibes Christi durch die Teilnahme am eucharistischen Leib Christi unterstreicht Augustinus auch den Opfercharakter der Eucharistie. Die Selbsthingabe betrachtet er als das eigentliche Opfer der Christen, die sich in und durch Christus, ihren Hohepriester, darbringen. In den Opfergaben, die auf den Altar gelegt werden, sind auch die Gläubigen zeichenhaft niederlegt mit allem, was sie sind.[154] Die Kirche bringt sich in der Eucharistie Gott als lebendiges Opfer dar, ja sie wird in der Eucharistie von Christus, ihrem Hohepriester dargebracht: „Es ergibt sich ohne weiteres, dass die ganze erlöste Gemeinde selbst, das ist die Versammlung und Gemeinschaft der Heiligen, als allumfassendes Opfer Gott dargebracht wird durch den Hohepries-

---

152 *Ders.*, De civitate Dei XXI, 25 (CCL 48, 796): „sed re vera corpus Christi manducare et eius sanguinem bibere; hoc est enim in Christo manere, ut in illo et Christus".
153 Vgl. *Geiselmann*, Die Abendmahlslehre an der Wende der christlichen Spätantike zum Frühmittelalter (1933), 169–261; *Jungmann*, Missarum Sollemnia I (^{6}2003), 108.
154 Vgl. *Augustinus*, Sermo 227 (PL 38, 1099f.).

ter, der sich in seinem Leiden auch selbst für uns dargebracht hat, damit wir der Leib eines so großen Hauptes seien, nach seiner Knechtsgestalt [...] Das ist das Opfer der Christen: die Vielen ein Leib in Christus. Das begeht die Kirche auch in dem den Gläubigen bekannten Sakrament des Altares, wo ihr vor Augen geführt wird, dass in dem, was sie darbringt, sie selbst dargebracht wird."[155]

Doch im Selbstopfer der Gläubigen erschöpft sich nicht das eucharistische Opfer. Zur Gegenwart des Kreuzesopfers in der Eucharistie schreibt Augustinus: „Ist nicht Christus nur ein einziges Mal geopfert worden, in sich betrachtet? Und dennoch wird er in sakramentaler Weise nicht nur bei jeder Osterfeier, sondern jeden Tag den Völkern geopfert. Es lügt doch nicht, wer auf eine solche Frage antwortet: ‚Ja, er wird geopfert'."[156] Im Opfer der Kirche wird das Opfer des Leibes Christi dargestellt, in welchem Christus, Haupt des Leibes, selbst opfert und als Leib geopfert wird, damit die Kirche lernt, sich selbst durch Christus zu opfern.[157] Das Opfer, das dargebracht wird, ist Christus selbst *(Christus passus)* als Opfergabe.

---

155 *Ders.*, De civitate Dei X, 6 (CCL 47, 279): „profecto efficitur, ut tota ipsa redempta civitas, hoc est congregatio societasque sanctorum, universale sacrificium offeratur Deo per sacerdotum magnum, qui etiam se ipsum obtulit in passione pro nobis, ut tanti capitis corpus essemus, secundum formam servi [...] Hoc est sacrificium Christianorum: *multi unum corpus in Christo.* Quod etiam sacramento altaris fidelibus noto frequentat ecclesia, ubi ei demonstratur, quod in ea re, quam offert, ipsa offeratur." Vgl. ebd. X, 20 (CCL 47, 294): „Per hoc et sacerdos est, ipse offerens, ipse et oblatio. Cuius rei sacramentum cotidianum esse voluit ecclesiae sacrificium, quae cum ipsius capitis erit, se ipsam per ipsum discet offerre." „Dadurch ist er [Christus] auch Priester, er selbst der Darbringende, selbst auch das Opfer. Das Sakrament dieser Sache sollte nach seinem Willen das tägliche Opfer der Kirche sein, die, nachdem sie der Leib des Hauptes ist, lernt, sich selbst durch ihn darzubringen."
156 *Ders.*, Epistola XLVIII, 9 (CSEL 34/2, 530f.): „Nonne semel immolatus est Christus in se ipso et tamen in sacramento non solum per omnes paschae sollemnitates sed omni die populis immolatur nec utique mentitur, qui interrogatus eum reponderit immolari?"
157 Vgl. *ders.*, De civitate Dei X, 20 (CCL 47, 294).

Oblatio munda

So bezeichnet schon Ambrosius den Altar, unter dem die Reliquien der Märtyrer begraben sind, als „Stätte, wo Christus als Opfergabe"[158] dargebracht wird. Die Darbringung der Opfergabe geschieht durch die Konsekration: „Und wenn Christus jetzt nicht zu opfern *(offerre)* scheint, so wird er doch auf Erden geopfert, weil sein Leib geopfert wird. Ja er selbst opfert offenkundig in uns, er, dessen Wort das dargebrachte Opfer heiligt."[159] Vorausbild für das Opfer der Eucharistie ist das Opfer Melchisedeks.[160] Die Eucharistie hat sündentilgende Kraft: Leib und Blut Christi sind ein Heilmittel *(medicina)* gegen die Macht der Sünde und des Todes.[161] In der Kommunion empfangen wir mit dem Leib und dem Blut Christi immer wieder neu Christus, der sein Blut für unsere Sünden vergossen hat.[162]

Bei den lateinischen Kirchenvätern des fünften Jahrhunderts werden *oblatio* und *sacrificium* stärker miteinander verbunden. Papst Leo I. (440–461) spricht von der Eucharistie als *sacrificii oblatio*.[163] In einem Text von Papst Gregor dem Großen (590–604), der im Mittelalter immer wieder zitiert wird, heißt es: Das Opfer der Eucharistie erschließt „uns im Mysterium den Tod des Einziggezeugten" *(mortem Unigeniti per mysterium)*, der „in sich selbst unsterblich und unzerstörbar lebend, für uns wiederum in diesem Geheimnis des heiligen Opfers geopfert wird *(pro nobis iterum immolatur)*"[164]. „Denn welcher der Gläubigen könnte daran zweifeln, dass zur Stunde des Opfers auf die Stimme des Priesters hin

---

158 *Ambrosius*, Epistola LXXII [22], 13 (CSEL 83/3, 134): „locus uti Christus est hostia".
159 *Ders.*, Enarrationes in Psalmos XXXVIII, 25 (PL 14, 1102A–B): „quia etsi nunc Christus non videtur offere, tamen ipse offertur in terris quando Christi corpus offertur: immo ipse offerre manifestatur in nobis, cuius sermo sanctificat sacrificium quod offertur".
160 Vgl. *ders.*, De sacramentis V, 1 (FC 3, 156f.).
161 Vgl. ebd. IV, 28 (FC 3, 152f.).
162 Vgl. ebd. Zum Aufbau der Messfeier in Mailand in der Zeit des Ambrosius vgl. *Schmitz*, Gottesdienst im altchristlichen Mailand (1975), 316–431.
163 Vgl. den Überblick zu diesem Ausdruck bei *Eizenhöfer*, Das Opfer der Gläubigen in den Sermones Leos des Großen (^{2}1953).
164 *Gregor I.*, Dialogi IV, 58 (PL 77, 425).

sich die Himmel öffnen, in jenem Geheimnis Jesu Christi Engelchöre anwesend sind, das Höchste sich mit dem Niedrigen vereint, das Irdische mit dem Himmlischen sich verbindet und Sichtbares und Unsichtbares eins werden."[165] Im Opfer des Altares bringt sich Jesus Christus in geheimnisvoller Weise seinem Vater dar, damit sich so an uns das Werk der Erlösung vollzieht: „Denn so oft wir ihm [Gott] das Opfer seines Leidens darbringen, erneuern wir sein für unsere Erlösung übernommenes Leiden."[166]

Auch wenn es so scheint: Gregor der Große hat keine „Wiederholung" des Kreuzesopfers Christi im Blick, so als ob Christus im Opfer der Eucharistie erneut leiden würde. Der Papst unterstreicht die sakramentale Gegenwart des Kreuzesopfer Christi in der Darbringung der Eucharistie.[167] Die zitierten Kirchenvätertexte zeigen, dass das Opfer der Kirche nicht nur im Gedächtnis des Kreuzesopfers Christi und der Selbstdarbringung der Gläubigen besteht, sondern in der Darbringung Christi als Opfergabe.[168] Die Vorstellung, dass die Kirche Subjekt der Darbringung des Opfers Christi ist, bildete sich nicht erst im Frühmittelalter heraus.

Wie sah nun die Feiergestalt der Eucharistie zur Zeit Augustins aus? Nach der Homilie des Bischofs erklang der Ruf des Diakons *versus ad dominum*. Gemeint war damit die Umkehrung der

---

165 Ebd. (PL 77, 425f.): „Quis enim fidelium habere dubium possit, in ipsa immolationis hora ad sacerdotis vocem coelos aperiri, in illo Iesu Christi mysterio angelorum chorus adesse, sumis ima sociari, terrena coelestibus iungi, unumque ex visibilibus atque insivisibilibus fieri?"
166 *Ders.*, Homiliarum in Evangelia II 37, 7 (PL 76, 1279): „Nam quoties ei hostiam suae passionis offerimus, toties nobis ad absolutionem nostram passionem illius reparamus."
167 Vgl. *ders.*, Dialogi IV, 57 (PL 77, 425f.). Papst Gregor der Große war nicht nur davon überzeugt, dass sich durch die Darbringung des Opfers der Eucharistie das Werk unserer Erlösung vollzieht, sondern auch Wunder im irdischen Bereich bewirkt werden, etwa die Lösung körperlicher Fesseln.
168 Historisch nicht zutreffend ist das Urteil von *Winter*, Eucharistische Gegenwart (2002), 25, wonach „alle Darbringungsaussagen, in denen die kirchliche Gemeinschaft das Handlungssubjekt bildet, […] zum Objekt stets das *sacrificium laudis* oder *Brot und Wein*, niemals aber Leib und Blut Jesu Christi" haben (Hervorhebung, H.H.).

Oblatio munda

Gläubigen und des Bischofs *versus orientem*.[169] Augustinus setzt voraus, dass zumindest Teile des an den Vater adressierten Eucharistiegebets, inklusive der Einsetzungsworte, vom Zelebranten auswendig gesprochen werden *(memoriter tenere)*.[170] Feste Bestandteile des Eucharistischen Hochgebets waren der Einleitungsdialog, eine lobpreisende Danksagung zu Beginn (Präfation) und die Einsetzungsworte. Auffällig ist die Verwendung des Singulars *Sursum cor* im Einleitungsdialog (statt *sursum corda*).[171] Zur Textgestalt der Anamnese macht Augustinus keine Angaben. Das *Sanctus* ist zur Zeit Augustins noch nicht Bestandteil des Hochgebets. In Afrika wird das *Sanctus* erstmals in einer „Professio fidei" aus dem Jahre 484 bezeugt.[172] Auch für eine Epiklese gibt es keinen sicheren Hinweis.[173] Dagegen bezeugt Augustinus ein Darbringungsgebet, das die Selbstdarbringung der Kirche zum Inhalt hat.[174] Die Verben *benedicere* und *sanctificare*[175] bezeichnen die beiden zentralen Elemente des Hochgebets: die Danksagung und die Heiligung der Gaben. Durch das „heiligende" Wort des Vorstehers der Eucharistiefeier werden Brot und Wein zu Leib und Blut Christi. Dabei versteht Augustinus die eucharistischen Elemente als Realsymbole Christi und zwar des ganzen Christus *(totus Christus)*, des Hauptes und seines Leibes.[176] Eine Augustinus

---

169 Vgl. *Klöckener*, Die Bedeutung der neu entdeckten Augustinus-Predigten *(Sermones Dolbeau)* (1998), 153f. (vgl. Augustin d'Hippo, Vingt-six sermons au peuple d'afrique, ed. Dolbeau, 1996).
170 Vgl. *Augustinus*, Contra litteras Petiliani II, 30, 68 (CSEL 52, 58). Zur Deutung der Stelle siehe *Klöckener*, Das eucharistische Hochgebet bei Augustinus (1989), 474–476.
171 Vgl. *ders.*, Die Bedeutung der neu entdeckten Augustinus-Predigten *(Sermones Dolbeau)* (1998), 150–152.
172 Vgl. *ders.*, Das eucharistische Hochgebet bei Augustinus (1989), 485.
173 Vgl. ebd. 489–492.
174 Vgl. ebd. 492.
175 Vgl. *Augustinus*, Epistula CXLIX, 16 (CSEL 44, 362): „orationes, cum benedicitur et sanctificatur".
176 Vgl. *ders.*, Sermo 227 (PL 38, 1099f.). Vgl. dazu *Sage*, L'Eucharistie dans la pensée de saint Augustin (1969), 222–227.

zugeschriebene Predigt spricht von der Wirkkraft der Worte über Brot und Wein.[177]

Der geweihte Priester, der das Eucharistische Hochgebet spricht, konsekriert nicht aus eigener Kraft. Es ist Christus, der menschgewordene Logos, der die Gaben von Brot und Wein heiligt: „Jenes Brot, das ihr auf dem Altar schaut, geheiligt durch den Logos Gottes, ist der Leib Christi. Jener Kelch, oder vielmehr der Inhalt des Kelches, geheiligt durch den Logos Gottes, ist das Blut Christi."[178] Dass das eucharistische Hochgebet bei Augustinus eine eigene Konsekrationsformel hatte, wird allgemein anerkannt. Die Einsetzungsworte lassen sich anhand verschiedener Sermones annähernd rekonstruieren: *Hoc est corpus meum ... Hoc est sanguis (meus) qui pro multis effusus est in remissionem peccatorum.*[179] Die Konsekrationsworte haben zur Zeit Augustins in Nordafrika in geprägter Form bestanden; unsicher bleibt dies jedoch für den Einsetzungsbericht.[180] Von Augustinus werden die *Verba Testamenti* nicht so stark herausgestellt wie von Ambrosius. Augustinus betont stärker die Einheit des eucharistischen Gebetes. In seinem Werk „De trinitate" (399–419) schreibt er: „Was wir von den Früchten der Erde genommen und durch ein mystisches Gebet *(prece mystica)* im Ritus geweiht haben, empfangen wir zu unserem pneumatischen Heil zum Gedächtnis des Herrenleidens."[181]

---

177 Vgl. Sermo Denis 6, 3 (G. Morin, Miscellanea Agostiniana I, Rom 1930, 14–18).
178 *Augustinus*, Sermo 227 (PL 38, 1099): „Panis ille quem videtis in altari, sanctificatus per verbum Dei, Corpus est Christi. Calix ille immo quod habet calix, sanctificatum per verbum Dei, sanguis est Christi."
179 Vgl. *Klöckener*, Das Eucharistische Hochgebet bei Augustinus (1989), 485–489; ders., Das Eucharistische Hochgebet in der nordafrikanischen Liturgie der christlichen Spätantike (2005), 91–93. Ohne Angabe von Gründen hält es *Drecoll*, Liturgie bei Augustinus (2007), 227f., für zweifelhaft, dass die Einsetzungsworte ihren Platz im eucharistischen Hochgebet bei Augustinus hatten.
180 Vgl. *Klöckener*, Das Eucharistische Hochgebet bei Augustinus (1989), 487.
181 *Augustinus*, De trinitate III 4, 10 (CCL 50, 136): „quod ex fructibus terrae acceptum et prece mystica consecratum rite sumimus ad salutem spiritualem in memoriam pro nobis dominicae passionis".

Oblatio munda

3. Eucharistiegebete: „Traditio Apostolica", Ambrosius

„Traditio Apostolica": Das Eucharistiegebet findet sich in der lateinischen und äthiopischen Überlieferung der ursprünglich griechisch verfassten „Traditio Apostolica" (Ἀποστολικὴ παράδοσις). Die Datierungen der Schrift reichen von der ersten Hälfte des 3. Jahrhunderts bis zum Ende des 4. Jahrhundert.[182] Die Traditionsgeschichte weist in den Osten.[183] Enrico Mazza vermutet eine Abhängigkeit des Eucharistiegebets der „Traditio Apostolica" von Osterpredigten des 2. bis 4. Jahrhunderts (Melito von Sardes u. a.). Das Eucharistiegebet der „Traditio Apostolica" dürfte seinen Ursprung aber eher im westsyrischen Bereich haben.[184] Der ursprünglich griechische Text der „Traditio Apostolica" kann nur mit Hilfe der Übersetzungen und Bearbeitungen rekonstruiert werden. Die vollständigste Handschrift ist ein lateinischer Text aus dem späten 5. Jahrhundert. Die Übersetzung ist aber wohl älter als ihre Niederschrift (Ende 4. Jh.).[185] Die Datierung des von der „Traditio Apostolica" überlieferten Eucharistiegebets in die erste Hälfte des 4. Jahrhunderts ist am wahrscheinlichsten, da sich zu dieser Zeit im syrischen Bereich die ersten Geistepiklesen entwickelten.[186] Die Entscheidung, das Eucharistiegebet der „Traditio Apostolica" im Zuge der Vatikanischen Messbuchreform zur Grundlage des neuen Zweiten Eucharistischen Hochgebetes zu machen, basiert auf der damaligen Zuschreibung des Hochgebets zur römischen Liturgietradition. Der Autor der „Traditio Apostolica" ist aber aller Wahrscheinlichkeit nach nicht Hippolyt von Rom.[187]

---

182 Vgl. *Bradshaw – Johnson – Phillips*, The Apostolic Tradition (2002), 1–6.13–15; *Markschies*, Wer schrieb die sogenannte „Traditio apostolica"? (1999).
183 Vgl. *Geerlings*, Einleitung zur Traditio Apostolica (1991), 148.
184 Vgl. *Smyth*, The Anaphora of the So-Called „Apostolic Tradition" (2010), 87–94.
185 Vgl. ebd. 150.
186 Vgl. *Ratcliff*, The Sanctus and the Pattern of the Early Anaphora (1950), 29–36.125–134; *Smyth*, The Anaphora of the So-Called „Apostolic Tradition" (2010), 94.
187 Vgl. *Baldovin*, Eucharistic Prayer II (2011), 311: „Therefore, it is erroneus to make sweeping generalizations about the anaphora such as: this *the Ro-*

Das Eucharistiegebete der „Traditio Apostolica"[188] hat folgenden Aufbau: Nachdem die Diakone die Gabe (προσφορά) für die Eucharistie herbeigebracht haben, beginnt der Bischof das Gebet der Danksagung mit einem Eröffnungsdialog: „Der Herr sei mit euch. – Und alle sollen antworten: Und mit deinem Geiste. Empor die Herzen. – Wir haben sie beim Herrn. Lasst uns danksagen dem Herrn. Das ist würdig und recht."[189] Die Eröffnung entspricht der Einleitung des jüdischen Nachtischgebetes, die mit einem „Lasst uns segnen/preisen den Ewigen, unseren Gott" einsetzt, woraufhin die Anwesenden antworten: „Gesegnet/gepriesen sei der Ewige, unser Gott"[190]. Nach der Eröffnung folgt eine erste Anamnese des Kommens, Leidens und Sterbens Jesu: „Und so soll er fortfahren: Wir sagen dir Dank, Gott, durch deinen geliebten Knecht Jesus Christus, den du uns in diesen letzten Zeiten als Retter, Erlöser und Boten deines Willens (vgl. Jes 9,5[LXX]) gesandt hast. Er ist dein von dir untrennbares Wort, durch ihn hast du alles geschaffen zu deinem Wohlgefallen, ihn hast du vom Himmel gesandt in den Schoß einer Jungfrau. Im Leib getragen, wurde er Mensch und offenbarte sich als dein Sohn, geboren aus dem Heiligen Geist und der Jungfrau. Der deinen Willen erfüllen und dir ein heiliges Volk erwerben wollte, hat in seinem Leiden die Hände ausgebreitet, um die von Leiden zu befreien, die an dich geglaubt haben."[191]

---

man anaphora of the *early third century*. It is fairly clear the the author was not the early third-century Roman Presbyter, Hippolytus. It is not altogether clear that the document is Roman at all". *Stuflesser*, Eucharistie. Liturgische Feier und theologische Erschließung (2013), 50, vertritt die Auffassung, dass das Eucharistiegebet von Hippolyt stamme und damit römischen Ursprungs sei, ohne dies näher zu begründen. Im Hochgebet der „Traditio Apostolica" sieht Stuflesser das gegenüber dem „Canon Romanus" theologisch überzeugendere römische Eucharistiegebet. Auch *Wucherpfennig*, Wie hat Jesus Eucharistie gewollt? (2021), 77, ordnet die TA einem „römischen Umfeld" zu.

188 Zur ausführlichen Analyse vgl. *Driscoll*, Theology at the Eucharistic Table (2005).

189 Traditio Apostolica 4 (FC 1, 223).

190 Mischna Berakot 7,3. Vgl. *von der Osten-Sacken*, Von den jüdischen Wurzeln des christlichen Gottesdienstes (2005), 152f.

191 Traditio Apostolica 4 (FC 1, 223.225).

Oblatio munda

Danach wird die Anamnese um das Gedächtnis des Herabsteigens Christi in die Unterwelt und seiner Auferstehung erweitert, schließlich folgt der Einsetzungsbericht[192]: „Als er sich freiwillig dem Leiden auslieferte, um den Tod aufzuheben, die Fesseln des Todes zu zerreißen, die Unterwelt niederzutreten, die Gerechten zu erleuchten, eine Grenze zu ziehen und die Auferstehung kundzutun, nahm er Brot, sagte dir Dank und sprach *(accipiens panem gratias tibi agens dixit)*: ,Nehmt, esst, dies ist mein Leib *(corpus meum)*, der für euch zerbrochen wird *(confringetur)*' (vgl. Lk 22,19; 1 Kor 11,24). Ebenso nahm er auch den Kelch und sprach: ,Dies ist mein Blut *(sanguis meus)*, das für euch vergossen wird *(pro vobis effunditur)*. Wenn ihr dies tut, tut es zu meinem Gedächtnis' (vgl. Lk 22,20; 1 Kor 11,25)."[193] Das Futur *corpus meum ... confringetur* findet sich auch in dem von Ambrosius von Mailand überlieferten Eucharistiegebet.[194] *Sanguis meus ... pro vobis effunditur* hat seine Parallele in der Langfassung des Einsetzungsberichts bei Lukas. Der abschließende Gedächtnisbefehl erinnert an den Abendmahlsbericht bei Paulus, der den Gedächtnisbefehl ebenso für die Brothandlung überliefert. Anders als bei Ambrosius wird im Eucharistiegebet der „Traditio Apostolica" nicht gesagt, dass Jesus seinen Jüngern Brot und Wein reichte.[195] Nach den Einsetzungsworten folgt eine nochmalige Anamnese des Todes und der Auferstehung Jesu, verbunden mit der Darbringung *(oblatio)* von Brot und Kelch, die Bitte um die Sendung des Heiligen Geistes auf die eucharistischen Gaben (Epiklese) und eine abschließende Doxologie, die von der Gemeinde mit ihrem „Amen" bekräftigt wird.

Wie im römischen Kanon findet sich auch in der speziellen Anamnese des Eucharistiegebets der „Traditio Apostolica" der Zu-

---

192 Die Einsetzungsworte finden sich nur in der lateinischen und äthiopischen Rezension der „Traditio Apostolica".
193 Traditio Apostolica 4 (FC 1, 225.227).
194 Vgl. *Ambrosius von Mailand*, De sacramentis IV, 21 (FC 3, 148f.).
195 Vgl. *Bradshaw*, Eucharistic Origins (2004), 19f. Da Bradshaw eine Spätdatierung der „Traditio Apostolica" vertritt, sieht er im Sakramentar des Serapion (Mitte des 4. Jh.) das frühestes Zeugnis für den Einsetzungsbericht in einer überlieferten Anaphora.

Die Eucharistie in der Zeit der Kirchenväter

sammenhang von *memoria* und *oblatio*: „Seines Todes und seiner Auferstehung eingedenk bringen wir das Brot und den Kelch dar *(Memores igitur mortis et resurrectionis eius offerimus tibi panem et calicem)*. Wir sagen dir Dank, dass du uns für würdig erachtet hast, vor dir zu stehen und dir als Priester zu dienen. Auch bitten wir dich, deinen Heiligen Geist auf die Gabe der heiligen Kirche herabzusenden. Du versammelst sie zur Einheit, so gib allen Heiligen, die sie [*sc.* die Opfergabe] empfangen, Erfüllung mit Heiligem Geist zur Stärkung des Glaubens in der Wahrheit, dass wir dich loben und verherrlichen durch deinen Knecht Jesus Christus, durch den Herrlichkeit und Ehre ist dem Vater und dem Sohn mit dem Heiligen Geist in deiner heiligen Kirche jetzt und von Ewigkeit zu Ewigkeit. – Amen."[196] Das Eucharistiegebet der „Traditio Apostolica" kennt nur eine Epiklese. Der auf Brot und Wein herabgerufene Geist soll diejenigen, die die Opfergabe empfangen, erfüllen, zur Einheit versammeln und im Glauben stärken. Andere Eucharistiegebete haben eine vorausgehende Epiklese mit der Bitte, der Geist möge die Gaben von Brot und Wein in Leib und Blut Christi verwandeln.[197] Diese Epiklese muss aber immer mit der nachfolgenden Epiklese zusammengesehen werden. Denn die Wandlung der Opfergaben in den Leib und das Blut Christi erfolgt im Hinblick auf die Kommunion.

Zunächst hatte der Leiter der Eucharistiefeier das große Gebet der Danksagung bei Verwendung eines vorgegebenen Grundmusters noch relativ frei gestalten können.[198] Doch schon die Synode von Hippo (393) schreibt vor, dass neue eucharistische Gebete vorab einer gemeinschaftlichen Prüfung von Bischöfen unterzogen werden müssen.[199] Seit dem ausgehenden vierten Jahr-

---

196 Traditio Apostolica 4 (FC 1, 227).
197 Beide Formen der Epiklese begegnen bei *Theodor von Mopsuestia*, Katechetische Homilien 16, 12f. (FC 17/2, 431f.). Sehr prägnant ist die „Wandlungsepiklese" in der Chrysotomos-Anaphora (μεταβαλὼν τῷ πνεύματι σου τῷ ἁγίῳ).
198 Vgl. *Budde*, Die ägyptische Basilios-Anaphora (2004), zeigt dies anhand der Basilios-Anaphora.
199 Vgl. Synode von Hippo, Kanon 21.

129

Oblatio munda

hundert wurde der Wortlaut der eucharistischen Gebete, vor allem zum Schutz gegen Irrlehren, mit denen die Kirche zunehmend zu kämpfen hatte, genauer festgelegt, wobei es ortskirchliche Unterschiede gab. Die frühen Sakramentare zeigen, dass für die lateinische Messfeier anfänglich eine große Vielfalt von Präfationen existierte. In den späteren Sakramentaren und Missalien ist davon nur ein kleiner Teil übrig geblieben. Erst im Zuge der vatikanischen Messbuchreform (1964–1970) wurde das Corpus der Präfationen wieder erweitert.

Das ambrosianische Hochgebet: Für die römische Liturgietradition ist neben dem „Canon Romanus"[200] das von Ambrosius überlieferte Hochgebet zu berücksichtigen. In „De sacramentis" zitiert der Bischof von Mailand Teile eines Hochgebets, die inhaltlich den Gebetsabschnitten *Quam oblationem* bis *Supplices te rogamus* des römischen Kanons entsprechen. Sie sind ebenfalls von römischer Rechtssprache geprägt und zeigen Vertrautheit mit dem pagan-römischen Gebetsstil.[201] Das ambrosianische Eucharistiegebet könnte im nordafrikanischen Raum entstanden sein. Wahrscheinlicher ist, dass es eine frühe Form des römischen Kanons darstellt.[202] Denn der Bischof von Mailand war mit der Liturgie in Rom bestens vertraut.[203] Ausdrücklich betont er, *in liturgicis* der römischen Kirche zu folgen.[204] Autor und Entstehungsort des ambrosianischen Hochgebets lassen sich aber aufgrund der Quellenlage nicht mit letzter Sicherheit bestimmen.[205] Im Mittelpunkt

---

200 Vgl. unten Kapitel IV, Abschnitt 2.
201 Vgl. *Schmitz*, Gottesdienst im altchristlichen Mailand (1975), 388f.
202 So *Spinks*, The Roman Canon Missae (2005), 132; *Klöckener*, Liturgie in der Alten Kirche des Westens (2018), 233. – *Schmitz*, Canon Romanus (2005), 281, sieht im ambrosianischen Hochgebet nicht eine Vorform, sondern eine Nebenform des „Canon Romanus".
203 Vgl. *Ambrosius*, De sacramentis III, 5 (FC 3, 120f.).
204 Vgl. ebd. (FC 3, 122f.). Wenig wahrscheinlich dürfte es sein, dass dem ambrosianischen Eucharistiegebet eine griechisch-ägyptische Tradition zugrundeliegt, wie *Mazza* meint. Vgl. *ders.*, L'anafora eucaristica (1992), 268–271; *ders.*, Alle origini del Canone Romano (1992).
205 *Gamber*, Missa Romensis (1970), 59.73, vermutet im ambrosianischen Hochgebet das Eucharistiegebet Nordafrikas. – In der Zeit von Ambrosius

130

der von Ambrosius gegebenen Erläuterungen zum Hochgebet steht, wie oben deutlich wurde, das Geheimnis der Konsekration.[206] „Willst du wissen, wie durch die himmlischen Worte die Konsekration bewirkt wird? Höre, welche Worte es sind! Der Bischof spricht: ‚Mache uns dieses Opfer *(Fac nobis hanc oblationem)* zu einem festgeschriebenen, geistigen und wohlgefälligen *(acceptabilem)*, das die Bildwirklichkeit des Leibes und Blutes *(quod est figura corporis et sanguinis)* unseres Herrn Jesus Christus ist'"[207].

Nach der Segensbitte folgt der Einsetzungsbericht: „Am Tag vor seinem Leiden nahm er das Brot in seine heiligen Hände, blickte zum Himmel, zu dir, heiliger Vater, allmächtiger, ewiger Gott, segnete es, indem er die Danksagung sprach *(gratias agens benedixit)*, brach es und reichte das Gebrochene seinen Aposteln und Jüngern mit den Worten: Nehmt und esst alle davon; denn das ist mein Leib, der für viele zerbrochen wird *(pro multis confringetur)*'. Gib Acht! ‚Ebenso nahm er am Tag vor seinem Leiden nach dem Mahl den Kelch, blickte zum Himmel, zu dir, heiliger Vater, allmächtiger, ewiger Gott, segnete ihn, indem er die Danksagung sprach *(gratias agens benedixit)*, und reichte ihn seinen Aposteln und Jüngern mit den Worten: ‚Nehmt und trinkt alle daraus; denn das ist mein Blut.' Sieh: Das sind Worte des Evangelisten bis zu ‚nehmt', sei es den Leib, sei es das Blut. Darauf folgen Worte Christi: ‚Nehmt und trinkt alle daraus, denn das ist mein Blut.' [...] Erkenne ferner, welch große Bedeutung dieses Sakrament besitzt! Betrachte, was er sagt: ‚Sooft ihr dies tut, gedenkt meiner, bis ich wiederkomme!'"[208]

Den dritten Teil des Eucharistischen Hochgebets bilden die Anamnese und die postkonsekratorische Darbringungsbitte. „Und der Bischof spricht: ‚Daher begehen wir also das Gedächtnis *(Ergo memores)* seines glorreichen Leidens, seiner Auferstehung von den

---

und Augustinus wurde das Eucharistiegebet noch laut gesprochen bzw. gesungen. Dies dürfte auch in Rom nicht anders gewesen sein. Vgl. *Spinks*, The Roman Canon Missae (2005), 137.
206 Vgl. *Schmitz*, Einleitung (1990), 57.
207 *Ambrosius*, De sacramentis IV, 21 (FC 3, 148f).
208 Ebd. IV, 21–22 (FC 3, 148f.).

Toten und seiner Himmelfahrt und bringen *(offerimus)* dir diese makellose Opfergabe *(immaculata hostia)*, diese geistige Opfergabe *(rationabilis hostia)*, diese unblutige Opfergabe *(incruenta hostia)*, dieses heilige Brot und den Kelch des ewigen Lebens dar. Wir bitten und flehen *(petimus et precamur)*: Nimm dieses Opfer *(oblationem)* durch die Hände deiner Engel auf deinen himmlischen Altar empor, wie du die Gaben deines gerechten Dieners Abel, das Opfer unseres Patriarchen und das Opfer, das dein Hohepriester Melchisedech dir dargebracht hat, gnädig angenommen hast'."[209]

Die Kernelemente des Eucharistiegebets sind die Bitte um die Heiligung der Gaben, der Einsetzungsbericht mit den Konsekrationsworten, die Anamnese von Leiden, Sterben und Auferstehung Christi, die postkonsekratorische Darbringung und die Annahmebitte. Bei der Wandlungsbitte *Fac oblationem* fehlen gegenüber dem römischen Kanon die Adjektive *benedictam* und *ratam* zur Bestimmung der Opfergabe. Der *oblatio rationabilis* (λογικὴ θυσία) entspricht die *rationabilis hostia* nach der Konsekration. Die Wendung *quod est figura corporis et sanguinis* ist nicht allein typologisch, sondern sakramental zu verstehen.[210] Sie zielt auf die volle Bildwirklichkeit des Sakraments des Leibes und Blutes Christi. In diesem Sinne spricht Tertullian von *figura corporis* in Verbindung mit den *Verba Testamenti*: „Hoc est corpus meum, dicendo, id est figura corporis mei"[211].

Nach Jungmann ist die Wendung *quod est figura corporis et sanguinis* so zu verstehen: Das *quod* wird im altlateinischen Sinne von *quae* gebraucht, bezieht sich also auf die *oblatio rationabilis*.[212]

---

209   Ebd. IV, 27 (FC 3, 152f.).
210   Typologisch verwendet Ambrosius den Ausdruck *figura* z. B. mit Blick auf das Manna als Vorausbild für den eucharistischen Leib. Vgl. *ders.*, De sacramentis IV, 25 (FC 3, 105f.); *ders.*, De mysteriis 49 (FC 3, 242f.).
211   *Tertullian*, Adversus Marcionem IV 40, 2 (CCL 1, 656).
212   Vgl. *Jungmann*, Missarum Sollemnia II (⁶2003), 235. Diese Interpretation hatte ursprünglich auch Odo Casel vertreten (vgl. *ders.*, Quam oblationem [1922], 100). Später gab er sie auf und sah in der Gebetsbitte *Fac oblationem* eine reine Annahmebitte (vgl. *ders.*, Ein orientalisches Kultwort in abendländischer Umschmelzung [1931], 12f.; so auch *Tymister*, Epiklese und Opfer,

Von *figura* dürfte sich auch der Wandlungsterminus *transfigurare* ableiten, den Ambrosius zwar nicht in „De sacramentis", wohl aber in „De fide ad Gratianum" (378–380) gebraucht.[213] Im Kontext des ambrosianischen Konsekrationsverständnisses bezieht sich der Ausdruck *figura corporis et sanguinis* nicht auf die schon konsekrierten Opfergaben.[214] Der Begriff *figura* wird in der Patristik für das Sakrament der Eucharistie realsymbolisch gebraucht. Erst im Frühmittelalter ist dies, wie die karolingische Eucharistiekontroverse zeigt, nicht mehr selbstverständlich.[215]

Wie der römische Kanon betont auch Ambrosius den Zusammenhang von *memores* und *offerimus*. Der Gedächtnisbefehl unterstreicht die Bedeutung des Sakraments der Eucharistie, in dem wir das Gedächtnis des Leidens Christi, seiner Auferstehung von den Toten und seiner Himmelfahrt begehen. Mit dem Gebet *Supra quae*, das die Opfer Abels, Abrahams und Melchisedeks in Erinnerung ruft, wird die Annahmebitte verbunden.[216] Der Gebetsabschnitt *petimus et precamur* entspricht dem *Supplices te ro-*

---

155). *Schulz*, Ökumenische Aspekte der Darbringungsaussagen (1977) versteht das *quod* im *Fac oblationem* nicht relativisch, sondern konsekutiv.

213 Vgl. *Ambrosius*, De fide IV 10, 124 (FC 47/2, 552). Bei dem Werk handelt es sich um eine Abhandlung gegen den Arianismus für Kaiser Gratian.

214 Anders *Foley*, From Age to Age (²2008), 122; *Meßner*, Die Messreform Martin Luthers und die Eucharistie der Alten Kirche (1989), 88.90f. Meßners Kommentierung des Hochgebets in „De sacramentis" erfolgt unabhängig vom Konsekrationsverständnis, das Ambrosius an dem von ihm zitierten Hochgebet veranschaulicht. Nur so kann Meßner den Gebetsabschnitt *petimus et precamur*, der dem *Supplices* des ambrosianischen Hochgebets entspricht, als „Wandlungsbitte" interpretieren. *Schmitz*, Gottesdienst im altchristlichen Mailand (1975), 402–404, gibt zum *Fac oblationem* in seinem Kommentar des ambrosianischen Hochgebets keine Erklärung.

215 Vgl. unten Kapitel IV, Abschnitt 1.

216 Vgl. *Zenon von Verona*, Tractatus I, III, 5 (CCL 22, 25): „Quid, quod Melchisedech, summus ipse sacerdos deo acceptissimus huius fuit cicatricis ignarus?" In der Aussage zum Hohepriester Melchisedech ist Zenon (gest. 371/372) näher am römischen Kanon als das ambrosianische Hochgebet. Manche sehen darin ein Indiz dafür, dass es sich bei dem von Ambrosius überlieferten Hochgebet nicht um eine frühe Version des römischen Kanons handelt. Vgl. *Jeanes* (Ed.), The Origins of the Roman Rite (1991), 29.

gamus im römischen Kanon. Die Gaben, die wir darbringen, sind das makellose, geistige und unblutige Opfer, das heilige Brot und der Kelch des ewigen Lebens.[217] Ambrosius versteht darunter, da für ihn die Konsekration von Brot und Wein durch die *Verba Testamenti* erfolgt, den Leib und das Blut Christi. Zu den übrigen Teilen des Hochgebets gibt Ambrosius an anderer Stelle folgende Auskunft: „Gott wird Lobpreis *(laus)* dargebracht, es wird ein Gebet *(oratio)* verrichtet, es werden Bitten für das Volk, für die Herrscher und für die übrigen vorgetragen (vgl. 1 Tim 2,1f.)."[218]

---

217 Vgl. *Ambrosius*, De sacramentis IV, 27 (FC 3, 152f.).
218 Ebd. IV, 14 (FC 3, 142f.): „laus deo, defertur oratio, petitur pro populo, pro regibus, pro ceteris".

Kapitel IV

Missa Romana

Die römische Messe bis zur ersten Millenniumswende

Im vierten Evangelium sagt Jesus, das wahre Heiligtum sei dort zu finden, wo Gott im Geist und in der Wahrheit angebetet wird (vgl. Joh 4,23). Der Tempel Gottes ist für Christen nicht mehr ein sichtbares Kultgebäude, sondern der Leib Christi. „Wisst ihr nicht, dass ihr Gottes Tempel (ναός) seid und der Geist Gottes in euch wohnt? Wer den Tempel Gottes zerstört, den wird Gott zerstören. Denn Gottes Tempel ist heilig (ἅγιος) und der seid ihr" (1 Kor 3,16f.; vgl. Eph 2,22). Der Tempel Gottes verträgt sich deshalb nicht mit Götzenbildern (vgl. 2 Kor 6,16). Da das wahre Heiligtum nicht ein umgrenzter göttlicher Bezirk ist, sondern die gesamte christliche Gemeinde, ist die Feier der Eucharistie nicht an ein bestimmtes Heiligtum gebunden, der gottesdienstliche Raum als solcher wird daher auch nicht Heiligtum (τέμενος) genannt. Doch die christliche Gemeinde versammelte sich zur Eucharistie von Beginn an in umbauten Räumen. Anfänglich dienten dazu größere Räume in Häusern von Mitgliedern der Gemeinde, später Kirchengebäude.

Einzelne Kirchengebäude gab es zwar schon vor Kaiser Konstantin dem Großen (gest. 337). Doch die Basilika war der erste Kirchenbau, der eine eigene liturgieprägende Kraft entfaltete (Jerusalem, Rom, Konstantinopel u. a.).[1] Zur Bezeichnung des Kirchengebäudes hat sich in den romanischen Sprachen *ecclesia*, *église*, durchgesetzt. In anderen Sprachen wurde der Name für das Kirchengebäude (κυριακόν, Kirche) auf die Versammlung der Gläubigen übertragen. Da das Kirchengebäude der sichtbare Raum für den lebendigen Tempel Gottes ist, spiegelt seine Anlage die innere Gliederung der Kirche wider. Im orthodoxen Kirchen-

---

1 Vgl. *Heinz*, Lebendiges Erbe (2010), 36.

bau wird der Raum der Gläubigen zwischen *Narthex* (Vorhalle) und Altarraum als *Naos* (Tempel) bezeichnet.

Für die Feier der Eucharistie, die ab dem 2. Jahrhundert *oblatio* (Darbringung), aber auch *sacrificium* (Opfer) genannt wird, taucht im 4. Jahrhundert in Afrika erstmals der Name *missa* auf, der zunächst die Katechumenenmesse bezeichnete.[2] *Oblatio* und *dominicum sacrificiae* bzw. *cena dominica* blieben bis zum 6. Jahrhundert die gebräuchlichsten Bezeichnungen für die Feier der Eucharistie.[3] Ursprünglich meint *missa* Entlassung (von *dimissio/*ἀπόλυσις).[4] Die wörtliche Bedeutung des Rufes *Ite, missa est* ist: „Geht, es ist Entlassung".[5] Schon vor dem 6. Jahrhundert nahm *missa* auch die Bedeutung von *oblatio/* προσφορά an. Bald wurde *missa* ebenso im Sinne von Gebet gebraucht.[6] Im afrikanischen Raum nannte man die Eucharistie lange Zeit einfach *sacrificium*.

Schon in frühkirchlicher Zeit gab es neben der sonntäglichen Eucharistie auch anlassbezogene Eucharistiefeiern, etwa am Grab von Verstorbenen oder für kleinere Gruppen in Privathäusern.[7] Das eucharistische Brot diente den Gläubigen anfänglich auch als apotropäisches Zeichen (Schutzzeichen) gegen Krankheiten, Laster und Sünden. Die Praxis der häuslichen Kommunion an Werktagen hielt sich teilweise bis ins 7. Jahrhundert hinein. Doch die Sorge, die nach Hause mitgenommene Eucharistie könne in die Hände von Sektierern fallen, führte mancherorts schon früh dazu, die Kommunion außerhalb der Kirche zu verbieten, zum Beispiel auf der Synode von Sarragossa (380–381).[8]

---

2 Vgl. Konzil von Karthago (397), Canon 84.
3 Vgl. *Gamber*, Liturgie übermorgen (1966), 107.
4 Vgl. *Ambrosius*, Epistola LXXVI, 4 (CSEL 82/3, 110); *ders.*, Itinerarium Egeriae 24, 2; 25, 1.10 (FC 20, 226f.; 234f.240f.). Beim „Itinerarium Egeriae" handelt es sich um einen Bericht der spanischen Pilgerin Egeria über die Jerusalemer Liturgie. Der Pilgerbericht umfasst die Zeit vom Dezember 383 bis Juni 384.
5 Vgl. *Dölger*, Zu den Zeremonien der Meßliturgie III (1940/50); *Jungmann*, Von der ‚Eucharistia' zur ‚Messe' (1967).
6 Vgl. *Gamber*, Missa Romensis (1970), 183–186.
7 Vgl. die Quellen bei *Taft*, Beyond the East and West (2001), 78.
8 Vgl. *Mitchell*, Cult and Controversy (1982), 18f.

Das gesegnete Brot nannte man im Unterschied zum eucharistischen Brot das Brot der „Eulogie"[9]. In orthodoxen Kirchen wird das Brot der Eulogie noch heute am Ende der göttlichen Liturgie gereicht. Auch Personen, die nicht in voller Kirchengemeinschaft stehen, können es empfangen. Das Wesen der Eucharistie wurde von Beginn an in der Brot- und Kelchhandlung sowie der sakramentalen Teilhabe an Leib und Blut Christi gesehen. Durch ihre Trennung vom Sättigungsmahl hat die Eucharistie ihre spezifische Gestalt als heiliges Mahl bewahrt. Zu einem ersten Verbot von Agapefeiern kam es auf der Synode von Laodicaea (380).[10] Bekräftigt wurde das Verbot durch die Synoden von Hippo (393)[11] und Karthago (419)[12].

Anders als die Feier der Taufe und der Rekonziliation war die Feier der Eucharistie in der christlichen Antike kein Gegenstand theologischer Kontroversen. Sie bildete aber ein mitlaufendes Thema bei den christologischen Streitigkeiten des 4. und 5. Jahrhunderts.[13] So führte etwa die Entscheidung gegen den Arianismus zur Modifizierung der Doxologien. Traditionell waren gottesdienstliche Gebete an Gott, den Vater, gerichtet, und zwar *durch* den Sohn *im* bzw. *mit* dem Heiligen Geist. Da entsprechende Doxologien nach dem Konzil von Nizäa (325) unter den Verdacht des Subordinatianismus gerieten, wurden zunehmend Doxologien wie „Ehre sei dem Vater mit dem Sohn samt dem Heiligen Geist" oder „Der Vater wird angebetet mit dem Sohn und *(mit)* dem Heiligen Geist" verwendet. Basilius von Caesarea (329/330–378) trat neben der bis dahin üblichen Doxologie an den Vater „durch den Sohn im Heiligen Geist" für die Doxologie an den Vater „mit dem Sohn zusammen mit dem Heiligen Geist" ein.[14] Die Entscheidung des Konzils von Nizäa führte dazu, dass liturgische Gebete vermehrt auch an den Sohn adressiert wurden. Doch gab es dagegen schon Ende

---

9 Vgl. Traditio Apostolica 26 (FC 1, 278f.).
10 Vgl. Synode von Laodicaea, Kanon 28.
11 Vgl. Synode von Hippo, Kanon 29.
12 Vgl. Synode von Karthago, Kanon 42.
13 Vgl. *Fürst*, Die Liturgie der Alten Kirche (2008), 93–96.
14 Vgl. *Basilius von Caesarea*, De Spiritu Sancto I, 3 (FC 12, 78f.).

des 4. Jahrhunderts deutliche Widerstände. So bestimmt die Synode von Hippo (393): „Beim Dienst am Altar soll das Gebet immer an den Vater gerichtet werden."[15] Anders als in manchen orientalischen Liturgien waren die Orationen in der römischen Liturgie bis zum neunten Jahrhundert an den Vater adressiert. Von Gallien aus entwickelten sich an Christus gerichtete Orationen mit der Schlussformel „Herr Jesus Christus, der du lebst und herrschest mit Gott dem Vater". Sie blieben in der römischen Liturgie aber die seltene Ausnahme.

1. Die Messfeier in Rom bis zur Spätantike

Trotz verschiedener Rekonstruktionsversuche liegen die Anfänge der Messfeier in Rom größtenteils im Dunkeln. Als Liturgiesprache dominierte anfänglich das Griechische. Während sich in Nordafrika die lateinische Liturgiesprache bereits im Übergang vom 2. zum 3. Jahrhundert durchsetzte, konnte sich das Griechische in Rom bis ins 4. Jahrhundert hinein als Liturgiesprache halten.[16] Zunächst setzte sich in Rom die lateinische Sprache für die Feier der Taufe durch, während für die Eucharistie bis zum Ende des 3. Jahrhunderts weitgehend noch die griechische Sprache verwendet wurde.[17] Spätestens unter Papst Damasus I. (366–384) etablierte sich auch hier die lateinische Liturgiesprache[18], bei der es sich gegenüber der Volkssprache um eine gehobene Kultsprache

---

15 Synode von Hippo, Kanon 21.

16 Die ersten lateinischen Bibelübersetzungen stammen aus dem späten zweiten Jahrhundert. Zu Latein als Liturgiesprache vgl. *Klöckener*, Liturgie in der Alten Kirche des Westens (2018), 217–219.

17 So zitiert der christliche Neuplatoniker Marius Victorinus (gest. nach 363) ein Opfergebet *(oratio oblationis)* in griechischer Sprache, woraus man schließen kann, dass die Liturgie noch in griechischer Sprache gefeiert wurde. Vgl. *ders.*, Adversus Arium II, 8 (PL 8, 1094).

18 Dies zeigt der sogenannte „Ambrosiaster", ein unbekannter römischer Schriftsteller der zweiten Hälfte des 4. Jahrhunderts. Er zitiert ein lateinisches Eucharistiegebet, das dem römischen Kanon schon sehr ähnlich ist. Vgl. *Gamber*, Missa Romensis (1970), 19.

handelte, so dass man nur mit Vorsicht von volkssprachlicher Liturgie sprechen kann.[19] Aus pastoralen Gründen entwickelte sich im 5. Jahrhundert die Praxis, in einer Kirche mehrere Messen an einem Tag zu feiern. In einem Brief an Bischof Dioskur von Alexandrien (gest. 454) empfiehlt Papst Leo I., an Tagen, an denen viele Gläubigen erwartet werden, mehrmals Eucharistie zu feiern.[20] Eine tägliche Messe war dagegen in Rom bis zum 4. Jahrhundert unbekannt.[21] Es existierten auch noch keine festen Formulare für die Messfeiern an Sonn- und Festtagen sowie an Heiligenfesten.

Grundform der Messfeier war in der christlichen Antike die vom Bischof zusammen mit seiner Gemeinde und seinem Klerus gefeierte Eucharistie. Durch Kaiser Konstantin erhielten die Bischöfe den Status königlicher Beamter und Würdenträger, die daher in und außerhalb der Liturgie entsprechende Amtskleidung mit Insignien trugen.[22] Dies galt auch für Presbyter und Diakone. Die Bischöfe hatten ihnen gegenüber besondere Ehrenrechte, wie das Recht auf einen Thron, auf Fackel- und Weihrauchbegleitung, auf die προσκύνησις (tiefe Verneigung) und auf den Handkuss.[23] Es handelte sich nicht um menschlichen Personenkult, da Ehrerbietungen Christus gelten, den der Bischof in der Liturgie repräsentiert.

Der Ablauf der Messliturgie zur Zeit des Pontifikats Gregors des Großen wird wahrscheinlich folgendermaßen ausgesehen ha-

---

19 Vgl. *Haunerland*, Lingua Vernacula (1992); *Lang*, Rhetoric of Salvation (2010); *ders.*, Die Stimme der betenden Kirche (2012), 55–75.192–200.

20 Vgl. *Leo I.*, Epistola IX, 2 (PL 54, 626f.).

21 Zur täglichen Messe in Nordafrika vgl. *Augustinus*, De civitate Dei X, 20 (CCL 47, 294); *ders.*, In Iohannis Evangelium tractatus XXVI, 15 (CCL 36, 267f.).

22 Dazu gehörten das vom byzantinischen Kaiser getragene *lorum* (aus ihm ist das *Pallium* hervorgegangen), die *mappula* (ein Zeremonientuch), die *campagi imperiales* (geschlossene, feine Schuhe, im Unterschied zu offenen Sandalen, wie sie von Kaisern getragen wurden) und das *camelaucum* (eine Art Mütze, aus der die Mitra hervorgegangen ist). Der päpstliche *Camauro* erinnert an das *camelaucum*.

23 Vgl. *Klauser*, Kleine Abendländische Liturgiegeschichte (1965), 37.

ben.[24] Beginnend mit dem 4. Jahrhundert entwickelte sich die Praxis der Stationsliturgien, bei denen der Papst, um die Einheit der römischen Gemeinden zu unterstreichen, in die Titelkirchen Roms zog, um dort *statio* zu halten und Eucharistie zu feiern.[25] Wenig später sind Stationsgottesdienste auch für Antiochien, Jerusalem und Tours belegt.[26] Um das Jahr 400 existieren in Rom schon fünfundzwanzig Titelkirchen, die zusammen den römischen Kirchensprengel bildeten.[27] Neben dem Bischof von Rom feierten auch Presbyter die Eucharistie. Optatus von Mileve (gest. vor 400) berichtet in seiner Abhandlung gegen den Donatistenbischof Parmenianus (gest. vor 393), dass es in Rom Kirchen gab, in denen Presbyter der Eucharistiefeier vorstanden.[28]

Im Aufbau der römischen Messe unterscheidet man die unveränderlichen Teile des *Ordinarium (Kyrie, Gloria, Credo, Sanctus/Benedictus, Agnus Dei)* und die variierenden Teile des *Proprium* (z. B. *Introitus, Graduale).* Das *Kyrie* fand im sechsten Jahrhundert Eingang in die römische Messliturgie. Es hat seinen Ursprung in den älteren Christuslitaneien des Ostens. Ebenfalls aus dem Osten stammt das *Gloria*, das hier seinen ursprünglichen Platz in der Morgenhore des Stundengebets hatte. Im 4. Jahrhundert wurde es in Rom in die Weihnachtsmesse am 25. Dezember aufgenommen. Papst Symmachus (498–514) dehnte den Gebrauch des Hymnus schließlich auf die Sonntage und Märtyrerfeste aus. Im frühen 7. Jahrhundert wurde das *Gloria* fester Bestandteil der sonntäglichen Messliturgie. Das Tagesgebet *(Oratio prima)* nach

---

24 Vgl. die Forschungsergebnisse bei *Meyer*, Eucharistie (1989), 173–182.

25 Zur Geschichte der Stationsliturgie vgl. *Baldovin*, The Urban Character of Christian Worship (1987).

26 Vgl. *Jungmann*, Missarum Sollemnia I ([6]2003), 76f.

27 Vgl. *Foley*, From Age to Age (2008), 99f. Der Ursprung der Bezeichnung Titelkirche (*titulus ecclesiae*) ist nicht geklärt. Eine Theorie besagt, dass der Name „Titelkirche" auf den in einer Inschrift am römischen Wohnhaus angebrachten Namen des Eigentümers zurückgeht. Nach einer anderen Theorie waren die Titelkirchen den Presbytern zugewiesen, die in der Kirche von Rom zum Dienst bestimmt waren.

28 Vgl. *Optatus von Mileve*, Contra Parmenianum II, 4 (SChr 413, 86–88).

dem *Gloria* hatte die Aufgabe, die Gebete des Volkes zusammenzufassen. In Anlehnung an die altgallische *collectio* bezeichnete man das Tagesgebet deshalb als *collecta*. Die anlassbezogenen Orationen stellen eine Eigentümlichkeit der römischen Messliturgie dar. Während sich die Teile des *Ordinarium*, mit Ausnahme des *Credo*, bis zum 7. Jahrhundert in Rom etabliert hatten, kam es erst mit den liturgischen Büchern des *Antiphonarium* und *Cantatorium* zu einer stärkeren Entwicklung des *Proprium*.[29] Der gregorianische Gesang, dessen Anfänge bis heute nicht genau geklärt sind, ist freilich älter.[30] Bei der Gründung einer *schola cantorum* durch Papst Gregor den Großen handelt es sich allerdings um eine Legende. Unsicher ist, ob in der Zeit seines Pontifikats beim Einzug in die Stationskirche schon Psalmen und der *Introitus* gesungen wurden.

Noch Jungmann hatte angenommen, dass die Leseordnung der römischen Messe ursprünglich dreiteilig war (alttestamentliche Lesung, neutestamentliche Lesung, Evangelium) und erst ab dem 6. Jahrhundert die erste Lesung weggefallen sei.[31] Heute nimmt man an, dass in der römischen Messe von Beginn an nur eine Epistel aus dem Neuen Testament und das Evangelium gelesen wurden.[32] Während Justin und Tertullian eine regelmäßige Lesung aus dem Alten Testament bei der Schriftlesung vorauszusetzen scheinen, war in Rom wohl nur ausnahmsweise eine alttestamentliche Lesung vorgesehen.[33] Eine letzte Sicherheit lässt sich hier nicht gewinnen. In der von Augustinus bezeugten Leseordnung überwiegen die neutestamentlichen Perikopen, doch nimmt das Alte Testament einen breiteren Raum ein als in der römischen Messliturgie[34], in der allerdings das Proprium zu einem Großteil Verse aus dem Alten Testament verwendet. In Gallien,

---

29 Vgl. *McKinnock*, The Advent Project (2000).
30 Vgl. *Foley*, From Age to Age (2008), 100–102.
31 Vgl. *Jungmann*, Missarum Sollemnia I (⁶2003) 507.
32 Vgl. *Klöckener*, Liturgie in der Alten Kirche des Westens (2018), 231.
33 Vgl. *Chavasse*, L'epistolier romain du Codex Wurtzbourg (1981; *ders.*, Les lectionnaires romains de la messe I–II (1993).
34 Vgl. *Klöckener*, Die Bedeutung der neu entdeckten Augustinus-Predigten

Mailand und Spanien war es üblich, drei Perikopen zu lesen, von denen die erste aus dem Alten Testament genommen wurde.[35] Zumeist las man aus den Propheten, seltener aus der Tora.[36] Die syrischen Liturgien kennen vier und mehr Lesungen, wobei zwei aus dem Alten Testament genommen werden.

Die römische Leseordnung sieht keine durchgehende Lesung biblischer Bücher *(lectio continua)* vor. Im Zuge der Entstehung der Festkreise ordnete man vielmehr bestimmten Festen und Festzeiten passende Lesungen zu. In der Zeit *per annum* wurde aus biblischen Büchern in mehr oder weniger freier Wahl vorgetragen. Erst sehr spät etablierte sich das Prinzip der Bahnlesung. Die Epistel wurde zunächst von einem Lektor, später von einem Subdiakon, also einem Kleriker, gelesen. Die Verkündigung des Evangeliums war Aufgabe des Diakons. Die Entscheidung darüber, ob es an Sonn- und Festtagen zwei Antwortgesänge gab, hängt von der Annahme einer dreigliedrigen römischen Leseordnung ab. Im Osten hatte der Psalm ursprünglich die Funktion einer von der ersten Lesung unabhängigen Schriftlesung. Der Psalm war also Verkündigung, nicht Zwischengesang. Es wird vermutet, dass seit Mitte des 6. Jahrhunderts nur noch Teile des Psalms in Verbindung mit einem Kehrvers des Volkes gesungen wurden (das spätere *Graduale*).[37] Beim Allelujaruf handelt es sich um einen eigenständigen Lobpreis auf den in der Verkündigung des Evangeliums gegenwärtigen Herrn. In Rom war der Lobpreis bis zur Zeit Gregors des Großen auf die österliche Zeit beschränkt. Danach wurde der Gebrauch des Rufs, mit Ausnahme der Fastenzeit, auf Weihnachten und die anderen Feste und Sonntage ausgedehnt.[38]

(Sermones Dolbeau) für die liturgiegeschichtliche Forschung (1998), 135–147; *Margoni-Kögler*, Die Perikopen im Gottesdienst bei Augustinus (2010), 29.

35 Vgl. *Brakmann*, Der christlichen Bibel erster Teil in den gottesdienstlichen Traditionen des Ostens und Westens (1997), 591–593.

36 Vgl. *Rouwhorst*, The Reading of Scripture in Early Christian Liturgy (2002), 327.

37 Vgl. *Jeffery*, The Introduction of Psalmody into the Roman Mass by Pope Coelestin I (422–433) (1984).

38 Vgl. *Jammers*, Das Alleluja in der gregorianischen Messe (1973).

Es ist unklar, in welchem Umfang in der römischen Messe zwischen dem 4. und 6. Jahrhundert gepredigt wurde. Die Homilien Papst Leos des Großen zeigen, dass zumindest der Bischof von Rom in gewisser Regelmäßigkeit eine Homilie hielt. Vor der Darbringung der Opfergaben beteten die Gläubigen *(fideles)* das als *oratio fidelium* bezeichnete große Fürbittgebet. Die *oratio fidelium* hat ihr Vorbild im jüdischen Achtzehnbittengebet, dem Hauptgebet zu Beginn des synagogalen Gottesdienstes. Die *oratio fidelium* wurde vom Bischof eingeleitet und durch eine *collecta* beschlossen. Dazwischen verharrte die Gemeinde in stillem Gebet. An Bußtagen betete man die Bitten der *oratio fidelium* kniend, während man zum anschließenden Gebet aufstand. Der Diakon forderte durch die Rufe *Flectamus genua* (Beuget die Knie) und *Levate* (Erhebet euch) dazu auf. In den Großen Fürbitten am Karfreitag ist die Form der römischen *oratio fidelium* bis heute erhalten geblieben.

Im Osten gab es eine kürzere Form des Fürbittgebets, die als Litanei bezeichnet wird. Der Diakon trug die einzelnen Bitten vor, das Volk antwortete mit *Kyrie eleison*. Die Litanei kennt kein Stillgebet der Gläubigen. In der Zeit von Papst Gelasius I. (492–496) übernahm man in Rom die Form der Kyrielitanei. So decken sich die Bitten der *deprecatio Gelasii* weitgehend mit denen des Fürbittgebets der Kirche.[39] Während das große Fürbittgebet im Pontifikat von Felix II. (483–492) noch praktiziert wurde, kam es im Übergang zum 6. Jahrhundert außer Gebrauch. Das „Sacramentarium veronense" (6./7. Jahrhundert) belegt, dass die *oratio fidelium* im Pontifikat von Gregor I. schon nicht mehr Teil der römischen Messe war.[40]

---

39 Vgl. de Clerck, La „prière universelle" dans les liturgies latines anciennes (1977), 166–187.
40 Vgl. Sacramentarium Veronense 819 (Rerum ecclesiasticarum documenta, Series maior, fontes I, ed. Leo C. Mohlberg, Rom 1956, 102). Das „Veronense" ist kein Sakramentar im eigentlichen Sinne, sondern eine Sammlung von „libelli" mit Texten für die Messfeier von Presbytern in römischen Titelkirchen. Das „Veronense" ist nach der Stadt benannt, in der sich das einzige Manuskript der Sammlung befindet. Es wird auch „Leoninum" genannt, hat mit Papst Leo I. aber direkt nichts zu tun. Sicher ist, dass die Päpste Leo I. und Gelasius I. entscheidenden Einfluss auf die Gestalt der römischen Liturgie genommen ha-

Die Tatsache, dass der römische Kanon selbst eine Reihe von Fürbitten (Interzessionen) enthielt, dürfte beim Wegfall der *oratio fidelium* eine gewisse Rolle gespielt haben.[41] Für eine Gabendarbringung der Gläubigen gibt es in der altrömischen Messliturgie vor Gregor dem Großen keinen sicheren Beleg. Nach der *oratio fidelium* brachten Diakone die Gaben von Brot und Wein für die eucharistische Liturgie zum Altar. Es folgte die *Oratio super oblata* (Gebet über die Opfergaben), deren Ursprung bis in die ältesten Schichten der römischen Messliturgie zurückreicht. Im 5. Jahrhundert etablierte sie sich als fester Bestandteil der römischen Messe.[42]

Das Eucharistische Hochgebet, das große Gebet der Danksagung Gottes, begann mit dem bis heute weitgehend unverändert gebliebenen Präfationsdialog, der wohl bis in das dritte Jahrhundert zurück reicht.[43] Anders als die Liturgien des Ostens kannte die römische Messliturgie bis zur vatikanischen Liturgiereform nur ein einziges Eucharistisches Hochgebet *(Canon Romanus)*. Die Struktur des Gebetes, dessen Genese man bis heute nicht vollständig aufklären konnte, ist eine andere als im Eucharistiegebet der „Traditio Apostolica" und in den meisten östlichen Anaphoren. Mit seinen Interzessionen zeigt der *Canon Romanus*[44] eine deutliche Nähe zur alexandrinischen Tradition. Manche vermuten, dass die Interzessionen ihren Ursprung in der dritten Benediktion der *birkat hammāzón* (*birkat jᵉrūšālajīm*, Bitte für Jerusalem) haben. Im christlichen Eucharistiegebet wäre daraus dann die Bitte um die Einheit der Kirche geworden. Eine

---

ben, auch wenn die nach ihnen benannten Sakramentare späteren Datums sind. Etwas geringer als in der älteren Forschung wird heute der Einfluss von Papst Gregor dem Großen eingestuft. Vgl. *Heinz*, Papst Gregor der Große und die römische Liturgie (2004).

41 Vgl. *de Clerck*, La „prière universelle" dans les liturgies latines anciennes (1977), 282–307; *Meyer*, Eucharistie (1989),177.

42 Vgl. *Willis*, Further Essays in Early Roman Liturgy (1968), 122–124.

43 Vgl. *Klöckener*, Liturgie in der Alten Kirche des Westens (2018), 233.

44 Zur Analyse vgl. unten Abschnitt 2.

solche Bitte lässt sich von der „Didache" bis zur „Basilius-Anaphora" nachweisen.[45]

Das *Pater noster* mit der Einleitung *Praeceptis salutaribus moniti* wurde als eucharistisches Präsidialgebet gesprochen und vom Volk mit dem Schluss der letzten Bitte *sed libera nos a malo* beschlossen.[46] Danach folgte der Embolismus, der Einschub nach dem *Pater noster*. Diese Form des liturgischen *Pater noster* dürfte bis ins das vierte Jahrhundert zurückreichen. Seit dem fünften Jahrhundert wurde das *Pater noster* vom Priester vermehrt gesungen. Darauf folgte in der altrömischen Liturgie unmittelbar das Brechen des eucharistischen Brotes, das zunächst ohne den späteren Begleitgesang des *Agnus Dei* erfolgte, das erst von Sergius I. (687–701) in die römische Messliturgie eingefügt wurde. Der Papst entstammte einer syrischen Familie und war mit östlichen Liturgien, in denen das eucharistische Brot als „Lamm" bezeichnet wird, vertraut.[47] Die Form des eucharistischen Brotes[48] war zunächst das Ringbrot *(rotula)*. Im „Liber Pontificalis" heißt es im Kontext der Lebensbeschreibung des Papstes Zepherinus (um 200 n. Chr.), dass die Hostie in Form einer *corona consecrata* durch den Priester an das Volk auszuteilen sei.[49]

Im Anschluss an die Kommunion der Kleriker am Altar wurde den Gläubigen die Kommunion gereicht. Sie empfingen vom Bischof bzw. Priester den Leib Christi, vom Diakon das Blut Christi. Die Spendeformel lautete vermutlich einfach *Corpus Christi* bzw. *Sanguis Christi*. Der Psalmengesang zur Austeilung der Eucharistie reicht wohl bis in das vierte Jahrhundert zurück. Der Kommunionteil wurde durch eine *Oratio ad complendum* abgeschlossen, die seit dem Ende des 5. Jahrhunderts fester Bestand der Messliturgie war. In Form und Stil entspricht sie der *Collecta*

---

45 Vgl. *Gerhards*, Entstehung und Entwicklung des Eucharistischen Hochgebets im Spiegel der neueren Forschung (1992), 85.
46 Vgl. *Jungmann*, Missarum Sollemnia II (⁶2003), 356f.
47 Vgl. *Foley*, From Age to Age (2008), 97.
48 Zur Geschichte der Hostie vgl. *Seifert*, Panis Angelorum (2004).
49 Vgl. Liber Pontificalis I (Texte, introduction et commentaire par l'Abbé L. Duchesne, Paris 1955, 339).

(Tagesgebet) und der *Oratio super oblata*. Am Schluss der Messe erfolgte die *Oratio super populo*, ein Segensgebet, zu dem sich die Gläubigen – vom Diakon dazu aufgefordert – verneigten. Die *oratio super populo* gehört zu den ältesten Teilen der römischen Messe.[50] Der Segen über die Gläubigen blieb noch lange ein Vorrecht der Bischöfe, ähnlich wie die Predigt. Noch in der Zeit Augustins war die Presbyterpredigt in Nordafrika umstritten.

Bis zum Ende der Spätantike entfaltete sich eine vollständig verschriftlichte und rituell normierte Liturgie. Während in der Antike der Mysteriencharakter der Liturgie dominierte, gewann im Übergang zum Frühmittelalter das Moment der Ritualität an Bedeutung. Als hauptsächlicher Träger der Liturgie wurde nun zunehmend der Klerus betrachtet. Während es in Spätantike und Frühmittelalter noch üblich war, von den Laien zu sagen, dass sie zusammen mit Bischof, Priester und Diakon die Messe feiern *(celebrare missam)*[51], finden wir diese Ausdruckweise im Hochmittelalter nicht mehr. Das vom Bischof bzw. Priester vorgetragene Hochgebet wurde im Hochmittelalter zur alles entscheidenden Oration, die fehlerfrei vorgetragen werden musste.[52]

Aufschluss über die römische Liturgie am Ende des 7. Jahrhunderts geben die von Michel Andrieu edierten „Ordines Romani"[53]. Dabei handelt es sich um *libelli*, in denen die Vorschriften für den Vollzug der einzelnen liturgischen Handlungen festgehalten sind. Es handelt sich um Zeremonienbücher, die später als *Ordinarium, Caeremoniale, Liber caeremoniarum* u. ä. bezeichnet werden.[54] Der „Ordo Romanus I" regelt die Papstmesse, die nach

---

50 Vgl. *Jungmann*, Missarum Sollemnia II ([6]2003), 530, geht von einem Ursprung Ende des dritten, Anfang des vierten Jahrhunderts aus.

51 Vgl. *Gregor von Tours*, De gloria condessorum 65 (PL 71, 875C).

52 So schon im „Stowe-Missale". Dabei handelt es sich um einen irischen Messlibellus aus dem 8./9. Jahrhundert, der Einblick gibt in die keltische Liturgie um 650.

53 Vgl. dazu *Nebel*, Die Entwicklung des römischen Messritus im ersten Jahrtausend (2012).

54 Vgl. *Klauser*, Kleine Abendländische Liturgiegeschichte (1965), 63–75; *Meyer*, Eucharistie (1989), 173–182; *Vogel*, Medieval Liturgy (1986), 155–160.

einer vom Lateran ausgehenden feierlichen Prozession in einer der römischen Stationskirchen zelebriert wurde.[55]

Bei der Papstmesse, wie sie im „Ordo Romanus I" geschildert wird[56], begibt sich der Pontifex zunächst in die Sakristei, um die liturgischen Gewänder anzulegen. Danach zieht er in die Stationskirche ein. Am Altar steht ein Subdiakon mit zwei Akolythen. Diese halten dem Papst ein geöffnetes Gefäß hin, in denen sich die *sancta* (die konsekrierten eucharistische Brotstücke) der letzten Papstmesse befinden. Der Papst verehrt die *sancta* und entscheidet, wie viele er für die Feier der Messe verwenden will. Die nicht verwendeten *sancta* werden in ein *conditorium* zurückgebracht. Dabei handelt es sich um einen Schrank zur Aufbewahrung des Allerheiligsten im Lateran.[57] Das ausgewählte *fermentum* dient als eine Art Sauerteig; es wird in den eucharistischen Kelch gesenkt, um den Zusammenhang der Papstmessen zu symbolisieren. Der Ritus des *fermentum* wurde in Rom schon zu Beginn des 5. Jahrhunderts praktiziert. In einem Brief an Bischof Decentius von Gubbio erwähnt Papst Innozenz I. (401–417) diesen Ritus.[58] Um den Zusammenhang der Papstmesse mit den anderen Messfeiern zu dokumentieren, wird je ein Teil des vom Papst konsekrierten Brotes durch einen Akolythen in die anderen römischen Titelkirchen gebracht.

Nachdem der Papst beim Einzug am Altar angekommen ist, verehrt er den Altar durch eine Verneigung. Sodann kniet er sich an der Apsisseite des Altars Richtung Osten nieder.[59] Wenn die *schola cantorum* den *Introitus* mit dem *Gloria Patri* auf ein Zei-

---

55 Neben der feierlichen Papstmesse hat es in Rom um 700 auch die Presbytermesse gegeben, die allerdings gegenüber der Messe des römischen Bischofs als nachrangig angesehen wurde. Die von einem Bischof geleitete Messe, das Pontifikalamt, soll außerhalb Roms wie die Papstmesse gefeiert werden (vgl. Ordo Romanus II, 10 [ed. Andrieu II, 116]). Diese Bestimmung geht vermutlich auf einen vom fränkischen Hof oder einer Synode beauftragten Redaktor zurück. Vgl. *Klauser*, Kleine Abendländische Liturgiegeschichte (1965), 74.

56 Vgl. *Jungmann*, Missarum Sollemnia I ([6]2003), 88–98; *Gamber*, Liturgie übermorgen (1966), 149–157.

57 Vgl. Ordo Romanus I, 48 (ed. Andrieu II, 82f.).

58 Vgl. *Innozenz I.*, Epistola XXV, 5–8 (PL 20, 556–557).

59 Vgl. Ordo Romanus I, 49 (ed. Andrieu II, 83).

Missa Romana

chen des Papstes hin beendet hat, erhebt er sich und küsst das Evangelienbuch sowie den Altar.[60] Danach geht er zu den Sedilien in der Apsismitte. Zur Kyrielitanei steht der Papst *versus orientem*.[61] Wenn die *schola cantorum* das Litaneigebet beendet hat, stimmt der Papst den Hymnus *Gloria in excelsis Deo* an. Während der Hymnus gesungen wird, steht der Papst erneut *versus orientem*. Nach dem *Gloria in excelsis Deo* spricht der Papst, eingeleitet durch die Gebetsaufforderung *Oremus*, die erste Oration (*Collecta*), bei der es sich um ein die Einzelbitten der Gläubigen „einsammelndes" Gebet handelt.[62]

Im Anschluss an die *Collecta* folgt die Epistel, die der dafür bestimmte Subdiakon am Ambo vorträgt.[63] Nach der Epistel intoniert ein Kantor am Ambo das *Responsum*. Ein anderer Kantor singt anschließend das *Alleluja*.[64] Sodann geht der Diakon, der die Aufgabe hat, das Evangelium zu singen, zum Papst und bittet um den Segen, den der Papst mit dem Gebet *Dominus sit in corde tuo et in labiis tuis* erteilt. Der Diakon begibt sich zum Altar und küsst das Evangelienbuch. Mit dem Evangelienbuch geht er in einer kurzen Prozession zum Ambo. Dabei begleiten ihn zwei Subdiakone mit dem Weihrauchfass und zwei Akolythen mit Leuchtern. Nach dem Evangelium reicht einer der Subdiakone das Evangelienbuch allen Klerikern im Altarraum zum Kuss.[65]

Anders als zur Zeit Leos des Großen, der noch regelmäßig gepredigt hat, dürfte die Predigt um 700 schon seltener gewesen sein. Das *Credo*, das Symbolum, wurde erst im 11. Jahrhundert Teil der römischen Messliturgie. Da die *Oratio fidelium* durch die kürzere Form der Litanei ersetzt worden war und diese schließlich an den Anfang der Liturgie des Wortes verschoben wurde, begann die eucharistische Liturgie, wenn nicht gepredigt wurde, unmittelbar nach der Verkündigung des Evangeliums. Von der weggefalle-

---

60 Vgl. ebd. 50–51 (II, 83f.).
61 Vgl. ebd. 52 (II, 84).
62 Vgl. ebd. 53 (II, 84).
63 Vgl. ebd. 56 (II, 86).
64 Vgl. ebd. 57 (II, 86).
65 Vgl. ebd. 57–64 (II, 86–89).

nen *Oratio fidelium* blieb die Einleitungsformel *Oremus* erhalten, die nun den Übergang zur eucharistischen Liturgie bildete.[66]

Anders als in der altrömischen Liturgie nehmen der römische Bischof und seine Assistenz die Gaben von den Gläubigen entgegen, der Papst die Brotgabe der Aristokratie[67], der Archidiakon die Weinoblation[68]. Die Brote werden in große Leinentücher *(sindones)* gelegt, die Fläschchen *(amulae)* mit dem Wein in einen Kelch entleert. Wenn dieser voll ist, wird der Wein in ein großes Gefäß *(scyphus)* gegossen.[69] Der Archidiakon wählt für die Konsekration so viele Brote aus, wie für die Kommunion benötigt werden und legt sie auf den Altar. In den Kelch wird ausschließlich der vom Papst und seinen Diakonen geopferte Wein gegeben. Diesem wird etwas Wasser beigemischt. Schließlich geht der Papst zum Altar und legt seine eigene *Oblatio* (Opfergabe) auf den Altar.[70] Der Gesang, den die *schola cantorum* am Beginn des *Offertorium* angestimmt hatte (Antiphon, Psalm), wird auf ein Zeichen des Papstes hin beendet. Danach spricht dieser die *Oratio super oblata*, das Gebet über die Opfergaben.

Nach der *Oratio super oblata* beginnt das Eucharistische Hochgebet mit der Präfation und dem *Sanctus*.[71] Der Kanon wurde bis zum Ende des 7. Jahrhunderts noch vernehmbar gesprochen (zumindest vernehmbar für die umstehenden Kleriker). Während man zur Präfation aufrecht stand, verbeugten sich die Kleriker zum *Sanctus*[72]. Nach dem *Sanctus* steht der Papst wieder aufrecht *(surgit pontifex solus)* und beginnt mit dem Kanongebet *(intrat in canonem)*, während die anderen Kleriker in der Verbeugung verharren *(permanent inclinati)*. Eine Elevation der Gaben nach den *Verba Testamenti* gab es anfänglich wohl nicht, sie wird jedenfalls nicht erwähnt. Zur Schlussformel des Kanons steht der

---

66 Vgl. *Jungmann*, Missarum Sollemnia I ([6]2003), 618f.
67 Vgl. Ordo Romanus I, 69 (ed. Andrieu II, 91).
68 Vgl. ebd. 70 (II, 91).
69 Vgl. ebd. 73 (II, 91).
70 Vgl. ebd. 84 (II, 94).
71 Vgl. ebd. 87 (II, 95).
72 Vgl. ebd. 87–88 (II, 95f.).

Missa Romana

Archidiakon und erhebt den Kelch, während der Papst das eucharistische Brot eleviert.[73] Mit dem Segenswunsch *Pax domini sit semper vobiscum* leitet der Papst den Austausch des Friedensgrußes ein. Der Archidiakon erhält ihn vom Papst und gibt ihn den übrigen Klerikern weiter, entsprechend ihrer Ordnung (Bischöfe, Presbyter, Diakone, Subdiakone).[74]

Da die kleinen Brothostien noch unbekannt waren, geht der Kommunion eine längere Brotbrechung voraus. Der Archidiakon nimmt das eucharistische Brot vom Altar und füllt es in die Säckchen der Akolythen. Diese bringen sie zu den Bischöfen und Presbytern, die das eucharistische Brot in kleine Teile brechen. Zur Brotbrechung wird das *Agnus Dei* gesungen. Ist die Brotbrechung beendet, wird die Opfergabe des Papstes diesem auf einer Patene zu seinem Sitz gebracht. Dann wird dem Papst der Kelch gereicht. Er bricht ein Stück des geweihten Brotes ab und gibt es in den Kelch und spricht dazu die Formel *Fiat commixtio et consecratio*.[75] Die vollständige Formel lautet: „Fiat commixtio et consecratio corporis et sanguinis domini nostri Iesu Christi accipientibus nobis in vitam aeternam. Amen." Die Praxis der *commixtio* könnte zusammen mit der Formel syrischer Herkunft sein und die Einheit Christi, dessen Leib und Blut wir empfangen, darstellen.

Nachdem der Papst den Leib Christi empfangen hat, reicht der Archidiakon ihm den Kelch zur Kommunion. Vom Sitz des Papstes geht der Archidiakon zum Altar zurück und gießt etwas von dem konsekrierten Wein in den Oblationswein der Gläubigen, der sich in den *scyphi* (Gefäßen) befindet und nach der Vorstellung der damaligen Zeit durch die Mischung konsekriert wird.[76] Danach erfolgt die Kommunion der Bischöfe, Presbyter und Diakone. Aus der Hand des Papstes empfangen sie das eucharistische Brot. Der Kelch wird den Klerikern vom Archidia-

---

73 Vgl. ebd. 89 (II, 96).
74 Vgl. ebd. 96 (II, 98).
75 Vgl. ebd. 98–107 (II, 99–102).
76 Vgl. ebd. 108 (II, 102).

kon am Altar gereicht.[77] Während der Kommunion der Gläubigen singt die *schola cantorum* Antiphon und Psalm. Nach der Kommunion wäscht der Papst seine Hände[78] und spricht am Altar *versus orientem* die *oratio ad complendum (Postcommunio).*[79] Es folgt der von einem der Diakone gesungene Entlassruf *Ite missa est,* den die Gemeinde mit *Deo gratias* beantwortet. Daraufhin spendet der Papst den Segen.[80] Am Ende zieht er in feierlicher Prozession mit den Bischöfen, Priestern, Diakonen und Akolythen in die Sakristei.[81]

2. „Canon Romanus": Das römische Eucharistiegebet

Kernhandlung der Eucharistie ist das Gebet der Danksagung (Eucharistiegebet). In der orientalischen Tradition wird es als ἀνάφορα (Erhebung, Darbringung) bezeichnet, im lateinischen Westen als *oratio, prex oblationis* oder *canon actionis.*[82] Es wird *canon* genannt, weil es als Richtschnur und Maßstab vom Zelebranten nicht verändert werden darf. Mit dem 4. Jahrhundert setzten sich in den Ortskirchen feste Formulare für das Eucharistiegebet durch. Dabei dürften die christologischen Kontroversen und die Sorge um Rechtgläubigkeit eine entscheidende Rolle gespielt haben.[83] Ursprung und frühe Entwicklung des römischen Kanons liegen bis heute weitgehend im Dunkeln.[84] Frühe Hinweise auf Texte des römischen Kanon erkennen einige Forscher bei Tertullian, Irenäus von Lyon und Zenon von Verona (gest.

---

77 Vgl. ebd. 110 (II, 103).
78 Vgl. ebd. 188 (II, 106).
79 Vgl. ebd. 123 (II, 107).
80 Im Zuge der vatikanischen Messbuchreform wurde die Reihenfolge von *Ite missa est* und Segen verändert.
81 Vgl. Ordo Romanus I, 126 (II, 108).
82 Vgl. *Gamber*, Missa Romensis (1970), 56.
83 Vgl. *Bouley*, From Freedom to Formula (1981).
84 Zum römischen Kanon vgl. die kritische Edition von *Botte*, Le canon de la messe romaine (1935), und *Hänggi – Pahl*, Prex Eucharistica (1968), 424–438.

371/372).[85] Das ambrosianische Eucharistiegebet belegt, dass der Kern des römischen Kanons mindestens bis in das 4. Jahrhundert zurückreicht. Das irische „Stowe-Missale" (8./9. Jahrhundert) schreibt den römischen Kanon Papst Gelasius I. (492–496) zu. Zwischen dem 4. und 7. Jahrhundert hat der römische Kanon jene Gestalt gewonnen, die uns im „Sacramentarium Gelasianum Vetus" (7. Jahrhundert) begegnet.[86] Die ältesten Handschriften mit dem Kanontext bieten das irische „Bobbio-Missale" (um 700) und das Missale Francorum (um 725). Die Teile des „Canon Romanus" vom *Quam oblationem* bis zum *Supplices* dürften schon Ende des 4. Jahrhunderts vorhanden gewesen sein.[87] Ähnlichkeiten weist der „Canon Romanus" mit zwei orientalischen Anaphoren auf, der alexandrinischen Markusanaphora[88] und der Anaphora im Sakramentar Serapions von Thmuis (gest. nach 362).[89]

Im Kern reicht das römische Eucharistiegebet in die Zeit Gregors des Großen zurück.[90] Die Sprache des Kanons ist geprägt von sakraler, antikrömischer Rechtssprache.[91] In der Präfation und Schlussdoxologie dominieren Elemente der Preisung. Der Haupt-

---

85 Vgl. *Jeanes*, Early Latin Parallels to the Roman Canon? (1986); *Spinks*, The Roman Canon Missae (2005), 131.

86 Vgl. *Mohlberg*, Liber Sacramentorum Romanae Ecclesiae ordinis anni circuli (1960), Nr. 1242–1255 (183–186); *Klöckener*, Liturgie in der Alten Kirche des Westens (2018), 234. – Die einzige erhaltene Handschrift ist diejenige in Chelles, Nordfrankreich (um 750).

87 Vgl. *Willis*, Essays in Early Roman Liturgy (1964), 113–117.

88 Vgl. *Cuming*, The Liturgy of St Mark (1990).

89 Vgl. *Baumstark*, Das „Problem" des römischen Meßkanons (1939); *Mazza*, L'anafora eucaristica (1992), 261–304; *Ray*, Rome and Alexandria (2011); *Smyth*, The Anaphora of the So-called „Apostolic Tradition" and the Roman Eucharistic Prayer (2010), 76; *Johnson*, The Prayers of Serapion of Thmuis (1995); *Moreton*, Rethinking the Origin of the Roman Canon (1993), 65f.

90 Vgl. *Vagaggini*, Le canon de la messe et la réforme liturgique (1967), 78; *Bouyer*, Eucharist (1968), 227–243. *Vagaggini*, ebd. 82–102, und *Kleinheyer,* Erneurung des Hochgebetes (1969), 24–32, bringen die übliche Kritik am „Canon Romanus" vor: angeblich fehlende einheitliche Struktur, Verdoppelung der Interzessionen, fehlende Geistepiklese, Dunkelheit des *Supplices te regogamus* etc. Vgl. *Vagaggini*, Le canon de la messe et la réforme liturgique (1967), 82–102.

91 Vgl. *Schmitz*, Canon Romanus (2005), 282.

teil umfasst die Interzessionen, den Einsetzungsbericht (als Mitte des Kanons), die Annahmenbitten und damit verbunden eine Heilsanamnese. Die Interzessionen sind zweigeteilt, die erste Gruppe von Interzessionen steht vor dem Einsetzungsbericht, die zweite Gruppe nach dem Einsetzungsbericht. Charakteristisch für den römischen Kanon sind im Vergleich zu den orientalischen Anaphoren die wechselnden Präfationen. Das hohe Alter des Kanons zeigt sich an seiner binitarischen Struktur (Verhältnis von Vater und Sohn, ohne explizite Erwähnung des Heiligen Geistes), ebenso an der Opfertypologie im *Supra quae* und der Engelchristologie des *Supplices te rogamus*.[92]

Einleitungsdialog: Beim liturgischen Gruß *Dominus vobiscum* zu Beginn des Kanons handelt es sich entsprechend jüdischer Tradition (Ruth 2,4; 2 Thess 3,16) um einen Segenswunsch („Der Herr sei mit euch"), wobei sich *Dominus* auf Christus bezieht. Bei der Antwort der Gemeinde *Et cum spiritu tuo* ist *spiritus* kein Synonym für das Pronomen der zweiten Person Singular (und mit Dir), sondern bezieht sich nach altkirchlicher Interpretation auf das Amtscharisma des Zelebranten.[93] Der Grußdialog nimmt den Platz der Anaklese (Gebetsanrede) ein. Die darbringende Danksagung kann nur in der Kraft Christi und seines Geistes vollzogen werden. Bestätigt wird dies durch das *Sursum corda* und die bestätigende Antwort *Habemus ad Dominum*. Obschon das römische Eucharistiegebet als Ganzes an den Vater gerichtet ist, dürfte *Dominus* auch hier Christus meinen, dessen Heilsgedächtnis gefeiert wird.[94] Die Aufforderung *Gratias agamus Domino Deo nostro* könnte von der *bírkat hämmazôn* beeinflusst sein.[95] Die Antwort der Gläubigen *Dignum et iustum est* ist eine Bekräftigung der Danksagung.

Vere dignum: Präfation und *Canon actionis* bildeten noch im „Altgelasianum" und „Sacramentarium Veronense" eine Einheit.

---

92 Vgl. *Smyth*, The Anaphora of the So-called „Apostolic Tradition" and the Roman Eucharistic Prayer (2010), 77f.
93 Vgl. *Lengeling*, Et cum spiritu tuo – Und auch mit dir? (1975).
94 Vgl. *Fischer*, Vom Beten zu Christus (1980), 96f.
95 Vgl. Mischna Berakoth VII, 3; *Schmitz*, Canon Romanus (2005), 284.

Missa Romana

Vor dem Einleitungdialog der Präfation heißt es im „Altgelasianum": „Incipit canon actionis"[96]. Die Einfügung des vom Priester und Volk gesungenen *Sanctus* führte zu einer Zäsur zwischen Präfation und dem Gebetsabschnitt *Te igitur*. Ab dem Mittelalter wurde die Präfation nicht mehr zum Kanon gerechnet. Mit ihrer dialogischen Eröffnung und Heilsanamnese ist die Präfation aber für das Eucharistiegebet konstitutiv. Das *vere dignum et iustum est* hat eine Entsprechung in den „Apostolischen Konstitutionen": ἄξιον ὡς ἀληθινῶς καὶ δίκαιον.[97] Während das „Sacramentarium Hadrianum" nur vierzehn Präfationen enthält, bietet das „Gelasianum" über fünfzig, das „Sacramentarium Veronense" sogar mehr als zweihundertfünfzig. In den ältesten Präfationstexten steht der Dank für die Schöpfung und die Erlösung durch Christus im Zentrum. In den jüngeren Texten kommt zunehmend das Festgeheimnis bzw. die Vita des Heiligen zur Sprache. Unter Papst Gregor dem Großen kam es zu einer deutlichen Reduktion der Präfationen.

Sanctus: Das *Dreimal-Heilig* geht auf Jes 6,3 zurück und ist im Osten seit dem 3., spätestens 4. Jahrhundert nachweisbar. Umstritten ist der Ursprung des *Sanctus* (griechisch-alexandrinisch oder syrisch).[98] Im Westen setzte es sich im 5. Jahrhundert vermutlich unter Papst Sixtus III. (432–440) durch, sicherlich nicht schon unter Papst Sixtus I. (116–125), wie der „Liber pontificalis" (um 530) behauptet.[99] Dass Gott heilig ist, stellt im Alten Testament die häufigste Wesensaussage dar. Die Heiligkeit Gottes meint seine Erhabenheit über alles Geschaffene; sie wird vor allem in seinen Heilstaten erfahren. Das *Sanctus* ist ein Lobpreis dessen, der „in der Höhe" thront und dennoch den Menschen nahe ist. Wann das *Sanctus* im Westen erstmals Teil des Eucharistiegebetes wurde, ist

---

96 Liber sacramentorum Romanae Ecclesiae ordinis anni circuli Nr. 1242 (183).
97 Apostolicae Constitutiones VIII 12, 6 (ed. Hänggi – Pahl, 82).
98 Vgl. *Taft*, The Interpolation of the Sanctus into the Anaphora (1991/1992); *Spinks*, The Sanctus in the Eucharistic Prayer (1991); *Johnson*, The Origins of the Anaphoral Use of the Sancuts und the Epiclesis Revisited (2000); *Winkler*, Das Sanctus (2002); *Gerhards*, Crossing Borders (2007).
99 Vgl. Liber pontificalis I (ed. Duchesne, 128).

154

unklar. Wie Offb 4,8, der erste Clemensbrief (Morgengottes-dienst)[100] und Tertullian *(Te Deum)*[101] belegen, wurde das *Sanctus* zunächst außerhalb der Eucharistiefeier verwendet. Noch Augustinus erwähnt das *Sanctus* für die Eucharistiefeier mit keinem Wort. Für Nordafrika lässt sich das *Sanctus* als Teil der Eucharistiegebets für die zweite Hälfte des 5. Jahrhunderts nachweisen.[102]

Rekonstruktionen der frühesten Form des *Sanctus* haben sich als schwierig erwiesen, eine einheitliche Urform ist eher unwahrscheinlich. Es dürfte ein Zusammenhang zwischen dem *Sanctus* und der Rezitation der *qedûšā* beim Morgengebet sowie im *Achtzehngebet* bestehen.[103] Doch anders als in der *qedûšā* wird Gott im *Sanctus* direkt angesprochen. Die Anrede *Deus* kam über die altlateinische Bibelübersetzung in das *Dreimal-Heilig*. Gegenüber der *qedûšā* kommt es im *Sanctus* beim Lob der göttlichen Herrlichkeit zu einem Wechsel von der Proklamation („seine Herrlichkeit") zur Akklamation („deine Herrlichkeit"). Zudem werden „Himmel und Erde" besungen, die voll der Herrlichkeit Gottes sind. Erik Peterson hat dafür eine plausible Erklärung gegeben: Durch die Menschwerdung Christi kam die Herrlichkeit (*kābôd*; δόξα) Gottes in die Welt und mit der Auferstehung kehrte sie zum Himmel zurück. Durch Christus sind Himmel und Erde untrennbar miteinander verbunden.[104] Die Wendung „Himmel und Erde" ist aber nicht singulär christlich, sie begegnet auch in der späteren jüdischen Tradition.[105]

---

100 Vgl. 1 Clem 34, 6 (Berger – Nord 705).

101 Vgl. *Tertullian*, De oratione III, 3 (CCL 1, 259).

102 Vgl. *Gamber*, Missa Romensis (1970), 63.

103 Vgl. *Baumstark*, Trishagion und Quedusha (1923); *Spinks*, The Sanctus in the Eucharistic Prayer (1991), 39–44.

104 Vgl. *Peterson*, Das Buch von den Engeln (²1955), 33. Bei Peterson ist damit noch die traditionelle, gegen Israel gerichtete Substitutionstheorie verbunden, wonach die Kirche Jesu Christi als Volk Gottes an die Stelle Israels getreten sei; zu den damit gegebenen Problemen vgl. *Gerhards*, Crossing Borders (2007), 36f.

105 Eric Werner hat darauf hingewiesen, dass sich die Wendung „Himmel und Erde" ebenso in der targumischen Version von Jes 6,3 findet (vgl. *ders.*, The Sacred Bridge I [1959], 285; *ders.*, The Sacred Bridge II [1984], 108–114). Zur jüdischen Tradition vgl. auch *Flusser*, Sanktus und Gloria (²1992),

Das *Sanctus* macht deutlich, dass die Kirche in ihrem Lobpreis mit dem niemals endenden himmlischen Lobgesang der Engel verbunden ist. In Gallien wurde das *Sanctus* seit dem sechsten, in Rom seit dem 7. Jahrhundert gesungen, zusammen mit dem *Hosanna-Benedictus*, das auf den Ruf der Volksmenge beim Einzug Jesu in Jerusalem zurückgeht (Mt 21,9; vgl. Ps 118,25f.).[106] Die altägyptischen Liturgien (Dêr Balyzeh; Anaphora des Serapion, Markusanaphora) kennen kein *Benedictus*.

Te igitur: Auf das *Sanctus* folgt die Bitte um Annahme und Segnung der Opfergaben.[107] Mit der Gottesanrede *clementissime Pater* appelliert der Zelebrant an die Barmherzigkeit Gottes, der gegenüber den sündigen Menschen Gnade vor Recht walten lassen möge. Die Beschreibung der Opfergaben *(dona, munera, sancta sacrificia illibata)* wird zumeist pleonastisch verstanden. Es könnte sich aber auch um eine Steigerung in den Opferaussagen handeln. Denn die *sacrificia* sind Gott geweihte Opfergaben, nicht nur Gabengeschenke (vgl. das *Supra quae*). Das eucharistische Opfer wird für die katholische, über die ganze Erde verbreitete universale Kirche dargebracht *(pro ecclesia tua sancta Catholica offerimus)*. Gebetet wird für ihren Frieden und ihre Einheit, den Papst und die Bischöfe, denen die Aufgabe zukommt, die Kirche zu leiten und die daher verpflichtet sind, sich für den katholischen und apostolischen Glauben einzusetzen. Die Formulierung *una cum famulo tuo Papa nostro N. et Antistite nostro N. et omnibus orthodoxis atque catholicae et apostolicae fidei cultoribus* geht zurück auf Benedikt von Aniane (vor 750–821), der gallisch-irische Vorlagen aufgreift.[108] Die Bezeichnung *papa* wurde ab dem 6. Jahrhundert zunehmend für den römischen Bischof reserviert. Bei den Vorstehern *(antistes)* handelt es sich um die übrigen Bischöfe. Wie ältere

---

227–229; *Spinks*, The Jewish Sources for the Sanctus (1980), 176; *Gerhards*, Crossing Borders (2007), 32f.
106 Vgl. *Gerhards*, Crossing Borders (2007), 33f.
107 Vgl. *Jungmann*, Missarum Sollemnia II (⁶2003), 185–190; *Willis*, Essays in Early Roman Liturgy (1964), 124.
108 Vgl. *Capelle*, Et omnibus orthodoxis atque apostolicae fidei cultoribus (1962), 295f.

Handschriften belegen, ist der Zusatz *et Antistite* sekundär. Er dürfte außerhalb Roms entstanden sein.[109] Der Ausdruck *orthodoxi atque catholicae et apostolicae fidei cultores* meint nicht die Gesamtheit der Gläubigen, sondern die mit dem Papst in Einheit verbundenen Bischöfe, die Hüter des wahren Glaubens sind.[110]

Memento, Domine: Das Fürbittgebet für die Lebenden wurde möglicherweise erst später in den Kanon eingefügt.[111] Bei den Anfangsworten des Gebets handelt es sich jedoch um eine traditionelle Anrufung, mit der die Fürbitte für Gläubige, derer man besonders gedachte, eingeleitet wurde. Die Personen, derer gedacht wird, werden treue Diener und Dienerinnen *(famuli, famulae)* genannt. Wahrscheinlich sind Gläubige gemeint, die für die Kirche und die Armen gespendet haben. Anfänglich wurden die Namen dieser Personen im Hochgebet von einem Diakon verlesen. Dazu dienten Diptychen (Täfelchen), auf denen ihre Namen verzeichnet waren.[112] Den Brauch erwähnt schon Innozenz I. in seinem Brief an den Bischof von Gubbio (416). Wenn der Papst darin vom *circumstare* der Gläubigen spricht, darf dies nicht so verstanden werden, als ob alle Gläubigen um den Altar gestanden hätten. Durch die Trennung von Presbyterium und Kirchenschiff war dies gar nicht möglich.[113]

Die Praxis, im Hochgebet die Namen von Spendern zu verlesen, muss schon bald aufgegeben worden sein, da sich in den ältesten Handschriften, die das Gebet *Memento, Domine* enthalten, kein Hinweis mehr darauf findet. Die Formel *fides et devotio* stammt vermutlich aus dem militärischen Bereich, wo sie die Treue und Dienstbereitschaft der Soldaten bezeichnete. Im Eucharistischen Hochgebet sind damit der christliche Glaube und die

---

109 Vgl. *Brinktrine, Die heilige Messe* ([5]2015), 188.
110 Vgl. *Jungmann*, Missarum Sollemnia II ([6]2003), 196; *Schmitz*, Canon Romanus (2005), 292. Anders *Brinktrine*, Die Heilige Messe ([5]2015), 186. Für *Capelle*, Et omnibus orthodoxis atque apostolicae fidei cultoribus (1962), 267, gehört der Ausdruck zum ursprünglichen Bestand des römischen Kanons.
111 Vgl. *Schmitz*, Canon Romanus (2005), 292.
112 Vgl. *Jungmann*, Missarum Sollemnia II ([6]2003), 200.
113 Vgl. ebd. 209.

Ergebenheit der Gläubigen gegenüber Gott gemeint.[114] Die Wendung *vota reddere* bezeichnet ursprünglich die Einlösung von Gelübden, die häufig durch ein Opfer erfolgte. Im *Memento, Domine* bezieht sich die Formel auf die Kulthandlung der Opferdarbringung[115], die von den Gläubigen vollzogen wird.[116] Die spätere Formel *pro quibus tibi offerimus*, die Alkuin (735–804) bzw. Benedikt von Aniane zugeschrieben wird, zeigt die Tendenz, die Opferdarbringung vor allem als Aufgabe des geweihten Priesters zu sehen.[117] Wahrscheinlich steht dies in Verbindung mit der sich entwickelnden Privatmesse.

Communicantes: Dem *Memento, Domine* folgt im *Communicantes* das Gedächtnis ausgewählter Heiliger. Fürbittende Teile sind im altrömischen Messkanon für den Übergang vom 4. zum 5. Jahrhundert nachweisbar.[118] An bestimmten Tagen war schon früh ein Einschub vorgesehen, der das jeweilige Festgeheimnis kommemorierte. Man nimmt an, dass das *Communicantes* ursprünglich mit dem *Nobis quoque* verbunden war.[119] Die endgültige Liste der Heiligen im *Communicantes* dürfte Papst Gregor der Große festgelegt haben. Anfänglich wurden neben der Jungfrau Maria wohl nur die Apostelfürsten Petrus und Paulus genannt, die spätere Reihe umfasst auch die übrigen Apostel (Matthias wird nicht erwähnt) und Paulus, sowie zwölf Märtyrer (fünf römische Bischöfe, einen afrikanischer Bischof, zwei nichtbischöfliche Kleriker und vier männliche Laien).[120] Die Aufzählung der Heiligen mündet in die Bitte, Gott möge uns aufgrund ihrer Verdienste und Fürbitten Hilfe und Schutz gewähren. Das *Communi-*

---

114 Vgl. *Stuiber*, Die Diptychon-Formel für die *nomina offerentium* im römischen Meßkanon (1954), 143f.146.

115 Vgl. ebd. 134.

116 Vgl. *Jungmann*, Missarum Sollemnia II (⁶2003), 209.

117 Vgl. ebd. 209f.

118 Vgl. ebd. I (⁶2003), 68–70; *Gamber*, Missa Romensis (1970), 67.

119 Vgl. *Schmitz*, Canon Romanus (2005), 296.

120 Zur Diskussion, nach welchen Kriterien die Reihung der Apostel und Auswahl der Heiligen vorgenommen wurde vgl. *Schmitz*, Canon Romanus (2005), 297; *Roy*, The Roman Canon (2010).

cantes wird durch die Mittlerformel *Per Christum Dominum* abgeschlossen.[121]

Hanc igitur: Das Gebet um die Annahme der Opfergabe *(oblatio)* wird unmittelbar vor der Konsekration gesprochen. Das *Hanc igitur*, mit dem das *Te igitur* wieder aufgegriffen wird, bildete zunächst keinen festen Bestandteil des römischen Kanons.[122] Es diente dazu, für einzelne Personen und Anliegen zu beten. Zunächst wurde es nur in Messen aus besonderem Anlass sowie in Votivmessen, nicht jedoch an Sonn- und Festtagen, verwendet. Papst Gregor der Große machte aus dem *Hanc igitur* ein festes Element des römischen Eucharistiegebets. Außerhalb Roms existierten aber noch längere Zeit Sonderformen. Das „Missale Romanum" von 1570 enthält solche nur für den Gründonnerstag sowie für die Zeit von der Oster- bzw. Pfingstvigil bis zum darauffolgenden Sonntag. Ein eigenes *Hanc igitur* findet sich im „Pontificale Romanum" von 1596 für die Bischofsweihe. Das „Missale Romanum" von 1970 sieht neben den genannten Sonderformen noch sechs weitere Einschübe für spezielle Anlässe vor.[123] Das Ausbreiten der Hände über die Opfergaben während des *Hanc igitur* ist erst für das späte Mittelalter bezeugt.[124] Die Darbringung der Opfergaben (Brot und Wein) wird von der *servitus nostra*, die Bischof und Priester umfasst, sowie der *cuncta familia tua [Dei]*, der Gemeinschaft der Gläubigen, vollzogen. Mit der Bitte um die Annahme der dargebrachten Opfergaben verbindet sich die Bitte um Frieden und die Aufnahme in die Schar der Erwählten.

Quam oblationem: Der Gebetsabschnitt enthält im ersten Teil die Bitte, Gott möge die Opfergabe zu einer Gabe machen, die ge-

---

121 Papst Johannes XXIII (1958–1963), dessen bürgerlicher Name Angelo Guiseppe (Josef) Roncalli war, fügte den Namen des heiligen Josef in das *Communicantes* ein. Vgl. AAS 54 (1962), 873.

122 Vgl. *Jungmann*, Missarum Sollemnia II ([6]2003), 224.

123 Zu nennen sind hier die Feiern der Skrutinien, der Taufe Erwachsener, der Bischofs-, Priester- und Diakonenweihe, der Trauung, der Jungfrauenweihe und der ewigen Profess.

124 Vgl. *Brinktrine*, Die Heilige Messe ([5]2015), 194.

Missa Romana

segnet *(benedictam)*, bestätigt *(adscriptam, ratam)* und als geistige Opfergabe *(oblationem rationabilem)* angenommen *(acceptabilem)* sei. Der Ausdruck *oblatio rationabilis* greift Röm 12,1 auf, wo Paulus dem heidnischen Kult die im Heiligen Geist vollzogene λογικὴ λατρεία, den logosgemäßen Gottesdienst, gegenüberstellt.[125] Der geistige Gottesdienst besteht darin, sich Gott als lebendiges, heiliges und Gott wohlgefälliges Opfer darzubringen. In der altlateinischen Bibelübersetzung wird λογικός in Röm 12,1 (ebenso 1 Petr 2,2) mit *rationabilis* übersetzt. Die Ausdrücke *adscriptus* (in Listen eingeschrieben; rechtsgültig) und *ratus* (rechtskräftig) sind der römischen Rechtssprache entnommen.

Der zweite Teil des *Quam oblationem* besteht aus einer Bitte um die Wandlung der Gaben in den Leib und das Blut Christi. Die Wandlung ist kein Selbstzweck. Ziel der Wandlung ist die Kommunion *(ut nobis Corpus et Sanguinis fiat dilectissimi Filii tui, Domini nostri Iesu Christi)*. Der *ut*-Satz ist final im Sinne von *utenim* zu verstehen und der auf die *oblatio rationabilis* bezogenen Bitte im ersten Teil zugeordnet. Der Satz formuliert die Bitte, die Opfergabe möge uns zu Leib und Blut Christi werden.[126] Es handelt sich um eine Epiklese, abgeleitet von ἐπικαλεῖν τὸ ὄνομα κυρίου, den Namen des Herrn anrufen (vgl. Röm 10,12f.). Jedes liturgische Gebet ist im Grunde epikletisch. Von der epikletischen Grundstruktur des liturgischen Gebets ist die formelle Epiklese unterschieden. Dabei handelt es sich um die Anrufung des göttlichen Namens bzw. des Heiligen Geistes über einer Person, einer Gabe oder einer Gemeinschaft. Zwar ist es möglich, dass das *Quam oblationem* ursprünglich nur Opferannahmebitte war.[127] Im Kontext des römischen Kanons interpretieren Josef Andreas Jungmann und Johannes Brinktrine das *Quam oblationem* aber mit Recht als Wandlungsepiklese, auch wenn sie keine explizite Geistepiklese darstellt.[128]

---

125 Zu möglichen Einflüssen aus der heidnischen Philosophie vgl. *Casel*, Oblatio rationabilis (1917/1918).

126 Vgl. *ders.*, Quam oblationem (1922), 98.

127 Vgl. *ders.*, Ein orientalisches Kultwort in abendländischer Umschmelzung (1931), 12f.

128 Vgl. *Jungmann*, Missa Sollemnia II (⁶2003), 238; *Brinktrine*, Die Heilige

Es gibt keinerlei Indizien dafür, dass der römische Kanon zunächst eine Geistepiklese enthalten habe, die später weggefallen wäre.[129] Die Vorstellung, dass die Konsekration der Gaben von Brot und Wein durch die *Verba Testamenti* des Einsetzungsberichtes erfolgt, bestimmte seit Ambrosius von Mailand die lateinische Eucharistietheologie. Man liest also nicht ein mittelalterliches Konsekrationsverständnis in einen altchristlichen Text hinein, wenn man das *Quam oblationem* des römischen Kanon als Wandlungsepiklese versteht. Allerdings sieht Florus von Lyon (gest. um 850) wie Ambrosius noch keinen Gegensatz zwischen der Konsekration der Gaben durch die *Verba Testamenti* und dem Verständnis des Eucharistiegebets insgesamt als Konsekrationsgebet.[130] Die Deutung der Worte

---

Messe ([5]2015), 197. Vgl. ebenso *Herwegen* im Nachwort zu *Casel*, Obatio rationabilis (1917/1918), 438f. Das ambrosianische *Fac oblationem* zielt wie das *Quam oblationem* des römischen Kanons auf die sakramentale Wirklichkeit des Leibes und Blutes Christi. Anders ist dies im entsprechenden Gebet der Markusanaphora. Hier handelt es sich nicht um eine Gabenepiklese, sondern eine Epiklese über die Darbringung (Opferepiklese), von der die Wandlungsepiklese nach den *Verba Testamenti* zu unterscheiden ist. Vgl. Anaphora Marci Evangelistae (ed. Hänggi – Pahl, 112f.). Siehe auch das Euchologion Serapionis (ed. Hänggi – Pahl, 130f.).

129 Die Geistepklese der georgischen Petrusanaphora, einer Übersetzung des römischen Kanons aus dem 10. Jahrhundert, ist sekundär. Der Hinweis in einem Brief von Papst Gelasius I. (vgl. Epistula 7) ist nicht eindeutig, da mit der Epiklese hier auch der ganze Kanon gemeint sein könnte (vgl. Missarum Sollemnia II [[6]2003], 188f.242).

130 Vgl. *Florus von Lyon*, Opusculum de expositio Missae 60 (PL 119, 52B–C): „*Qui, pridie quam pateretur accepit panem*, etc., usque ad *haec quotiescumque feceritis, in mei memoriam facietis*. Unde universalis Ecclesia, ut iugem memoriam Domini et Redemptoris celebret, ipse Dominus tradidit apostolis, et apostoli generaliter omni Ecclesiae. In his verbis, sine quibus nulla lingua, nulla regio, nulla civitas, id est nulla pars Ecclesiae catholicae conficere potest, id est consecrare sacramentum corporis et sanguinis Domini … Christi ergo virtute et verbis semper consecratur et consecrabitur.“ Am Ende seiner Kanonauslegegung spricht Florus von der „conclusio totius consecrationis“: Opusculum de Expositione Missae 72 (PL 119, 64A). Florus betrachte die Opfergaben in den *Post-Pridie*-Gebeten aber nicht mehr als *consecranda*, wie *Seraphim*, Von der Darbringung des Leibes Christi in der Messe, 30–32, meint. Vgl. *Florus von Lyon*, Opusculum de expositio Missae 74 (PL 119, 64D–65C).

Christi als „Wandlungsworte" setzte sich aber nicht erst in der Zeit der Karolinger durch.[131] Wie die erste Eucharistiekontroverse zwischen Paschasius Radbertus und Ratramnus zeigt, wird sie Ende des 8. Jahrhunderts schon allgemein vorausgesetzt.[132]

Qui pridie: Der Einsetzungsbericht, der auf altlateinische Versionen von Mt 26 und 1 Kor 11 zurückgeht[133], ist grammatikalisch mit dem *Quam oblationem* verbunden *(Iesus Christus, qui pridie ...)*, gehört also zur Anamnese des Hochgebets. Bei der Reform des „Ordo Missae" von 1969 wurde dem Brotwort die Ergänzung *quod pro vobis tradetur* hinzugefügt.[134] Zum Ursprung und Sinn des Einschubs *mysterium fidei* werden in der Forschung unterschiedliche Auffassungen vertreten.[135] Es ist unsicher, ob der Einschub sich auf das Geheimnis der Gabenverwandlung hinweist. Odo Casel vermutet, dass es sich beim *mysterium fidei* um das Paschamysterium Christi handelt.[136] Die lateinische Tradition hat das *mysterium fidei*

---

131 Anders *Meßner*, Die Messreform Martin Luthers und die Eucharistie der Alten Kirche (1989), 93.

132 Vgl. unten Kapitel V/1. Der Isidor von Sevilla zugeschriebene „Brief an Redemptus", der in den Einsetzungsworten die Substanz des Sakramentes der Eucharistie sieht und den ambrosianischen Konsekrationsbegriff in rechtliche Kategorien fasst, ist unecht und stammt aus dem 12. Jahrhundert. Vgl. *Isidor von Sevilla*, Epistola VII, 2: Ad Redemptus (PL 83, 905D): „Zur Substanz des Sakramentes gehören die Worte Gottes, die vom Priester im heiligen Dienste ausgesprochen werden, nämlich: ‚Dies ist mein Leib'." Zur Eucharistielehre des Briefes an Redemptus vgl. *Geiselmann*, Die Abendmahlslehre an der Wende der christlichen Spätantike zum Frühmittelalter (1933), 18–163.

133 Vgl. *Ratcliff*, The Institution Narrative of the Roman Canon Missae (1957), 64–83.

134 Die Erklärung für das Fehlen des von Paulus und Lukas überlieferten Zusatzes *quod pro vobis tradetur* in der tradierten Form des „Canon Romanus" sieht *Ratcliff* (1957) darin, dass der Text des Kanons Mt 26,26–28 zur Grundlage hat.

135 Vgl. *Jungmann*, Missarum Sollemnia II ([6]2003), 249f.; *ders.*, Messe im Gottesvolk (1970/[2]2003), 67*; *Schmitz*, Canon Romanus (2005), 302; *Moreton*, Rethinking the Origin of the Roman Canon (1993), 64; *Haunerland*, Die Eucharistie und ihre Wirkungen im Spiegel der Euchologie des Missale Romanum (1989), 136f.

136 Vgl. *Casel*, Das Mysteriengedächtnis der Meßliturgie im Lichte der Tradition (1926), 173.

freilich auf das Geheimnis der Gabenverwandlung bezogen.[137] Erstmals begegnet der Einschub im „Sacramentarium Gelasianum" (7./8. Jh.). Eine Parallele hat er im Brotwort der „Apostolischen Konstitutionen": τοῦτο τὸ μυστήριον τῆς καινῆς διαθῆκης.[138] Als biblische Quelle für das *mysterium fidei* im Kelchwort des römischen Kanons werden Phil 2,17 (aufopferungsvoller Dienst am Glauben) sowie 1 Tim 3,9 (Inhalt des Evangeliums) genannt.[139]

In dem Zusatz *accepit panem in sanctas ac venerabiles manus suas, et elevatis oculis in caelum ad te Deum, Patrem suum omnipotentem* kommt der Gebetscharakter und der Gedanke der Darbringung besonders deutlich zum Ausdruck. Das *pro vobis* im Kelchwort aus der paulinisch-lukanischen Abendmahlstradition ist wahrscheinlich nicht ursprünglich. So fehlt es noch in der „Expositio brevis antiquae liturgiae Gallicanae"[140]. Im Kelchwort wird der Neue Bund zusätzlich als ewiger bekannt *(novi et aeterni testamenti)*. Die Erweiterung *qui pridie quam nostra omniumque salute pateretur* ist für die Abendmahlsmesse am Gründonnerstag vorgesehen.[141]

Unde et memores: Der Gebetsabschnitt, der mit den nächsten beiden Gebeten zusammengesehen werden muss *(Supra quae; Supplices te rogamus)*, beginnt mit dem Gedächtnis des Leidens Christi, seiner Auferstehung und seiner Himmelfahrt. Als Subjekt des Gedächtnisses *(memores)*, das mit dem Gedächtnisbefehl des Einsetzungsberichts verbunden ist, werden der Bischof bzw. Priester und das heilige Volk genannt. Der zweite Teil umfasst die Dar-

---

137 So auch im Römischen Katechismus (1566/1567). Vgl. Catechismus ex Decreto Concilii Tridentini. Katechismus nach dem Beschlusse des Concils von Trient, Regensburg 1896, Pars II, caput IV, Nr. 23.

138 Vgl. Constitutiones Apostolorum VIII 12, 36 (ed. Hänggi – Pahl, 92).

139 Im Zuge der vatikanischen Messbuchreform wurde der Einschub *mysterium fidei* aus dem Kelchwort herausgenommen, diesem nachgestellt und mit einer Gemeindeakklamation verbunden.

140 Vgl. PL 72, 89–98: 93. – Die Expositio wird Germanus von Paris (496–576) zugeschrieben, ist aber erst Ende des 7., Anfang des 8. Jahrhunderts entstanden.

141 Vgl. *Jungmann*, Missarum Sollemnia II (⁶2003), 247f.

bringung *(offerimus)* „des heiligen Brotes des ewigen Lebens und des Kelches des immerwährenden Heils" *(Panem sanctum vitae aeternae, et Calicem salutis perpetuae).* Die konsekrierten Gaben werden als *hostia pura, hostia sancta* und *hostia immaculata* bezeichnet. Bei der Darbringung handelt es sich um eine Darbringung in der Form der Anamnese *(memores ... offerimus:* eingedenk opfern wir). In der Anamnese des Eucharistiegebets der „Traditio Apostolica" werden Tod und Auferstehung Christi genannt, im ambrosianischen Hochgebet und im römische Kanon zusätzlich die Himmelfahrt. In den meisten orientalischen Eucharistiegebeten ist die Anamnese reicher ausgestaltet (z. B. mit der Erwähnung der Grabesruhe Christi, des Hinabstiegs in die Unterwelt, der Wiederkunft Christi und des Gerichts).

Die These, die Darbringung im *Unde et memores* habe sich ursprünglich auf die *consecranda* (die zu konsekrierenden Opfergaben) bezogen und nicht auf die *consecrata* (die konsekrierten Opfergaben)[142], setzt voraus, dass die eigentliche Wandlungsepiklese im *Supplices te rogamus* zu sehen sei. Dafür konnte aber bislang kein Text aus der römischen Liturgietradition angeführt werden. Im Lichte des seit Ambrosius dominierenden Konsekrationsbegriff ist der zweite Teil des Gebetes *Unde et memores* vielmehr als postkonsekratorische Darbringung von Leib und Blut Christi zu verstehen.[143] Mit Recht erkennt Jungmann im *Unde et memores* das zentrale Opfergebet des römischen Kanons. Es handelt sich um „den primären liturgischen Ausdruck der Tat-

---

142 Vgl. *Seraphim*, Von der Dabringung des Leibes Christi in der Messe (1970); *Schulz*, Christusverkündigung und kirchlicher Opfervollzug nach den Anamnesetexten der eucharistischen Hochgebete (1970), 102–104; *Aldenhoven*, Darbringung und Epiklese im Eucharistiegebet (1971), 173–181.

143 Winfried Haunerland vertritt zwar nicht die These, dass das *Supplices te rogamus* ursprünglich die Wandlungsepiklese des römischen Kanons gewesen sei, formuliert aber wie Seraphim und Meßner deutliche Vorbehalte gegenüber einer postkonsekratorischen Darbringung von Leib und Blut Christi, wie sie in den *Post-Pridie*-Gebeten zum Ausdruck kommt. Vgl. *ders.*, Die Eucharistie und ihre Wirkungen im Spiegel der Euchologie des Missale Romanum (1989), 106–113.155f.; ebenso *Stuflesser*, Memoria passionis (1998).

sache, dass die Messe ein Opfer ist"[144]. Zu beachten ist dabei, dass der *principalis offerens*, Christus der Hohepriester, im *Unde et memores* ganz im Hintergrund bleibt. Anders ist dies beim nachfolgenden Gebetsabschnitt.[145]

Supra quae: Nach dem *Unde et memores* folgt eine weitere Annahmebitte: Gott möge das makellose Opfer des Dieners der Kirche und des heiligen Volkes annehmen, wie einst die Gaben *(munera)* Abels, das Opfer *(sacrificium)* Abrahams und das Opfer des Hohepriesters Melchisedek. Auch die Annahmebitte des *Supra quae* bezieht sich auf die Darbringung des Leibes und Blutes Christi. Dem *Liber Pontificalis* zufolge war es Papst Leo der Große, der zur Beschreibung des Opfers, das Melchisedek darbrachte (Brot, Wein), *sanctum sacrificium, immaculatam hostiam* hinzufügen ließ.[146] Der Ausdruck *hostia immaculata* findet sich zuvor schon im Gebetsabschnitt *Unde et memores*. Schon Zenon von Verona gebrauchte ihn in seinen Predigten, um das Opfer Abrahams zu bezeichnen. Zudem begegnet der Ausdruck im ambrosianischen Hochgebet.[147] Die Ergänzung *hostia immaculata* charakterisiert die Brot- und Weinspende Melchisedeks als Opferdarbringung.[148] Die Bezeichnung Abels als „gerecht" *(iustus)* ist neutestamentlichen Ursprungs (vgl. Mt 23,35; Hebr 11,4). Der Titel „Hohepriester" *(summus sacerdos)* für Melchisedek entstammt jüdischer Tradition. Die Opfer Abels, Abrahams und Melchisedeks sind Voraus-Bilder (τύποι) des eucharistischen Opfers. Entscheidend ist nicht der Vergleich der Opfergaben (obschon dieser in der christlichen Ikonographie eine große Rolle spielt: Abel/Lamm, Abraham-Isaak/Kreuzesopfer, Melchisedek/Brot und Wein), sondern die Gesinnung, in der das Opfer dargebracht wird und vor allem das Wohlwollen, mit dem das Opfer von Gott angenommen wird.

---

144 *Jungmann*, Missarum sollemnia II ([6]2003), 277.
145 Vgl. ebd. 277f.
146 Vgl. Liber Pontificalis I (ed. Duchesne, 239).
147 Vgl. *Jeanes*, Early Latin Parallels to the Roman Canon? (1986), 431.
148 Vgl. *Jungmann*, Missarum Sollemnia II ([6]2003), 286f. Der Grund für die Hinzufügung waren wohl leibfeindlich eingestellte Gruppen, die am Gebrauch des Weines in der Eucharistie Anstoß nahmen.

Supplices te rogmamus: Vermutlich geht auch dieser Gebets-abschnitt auf Papst Leo den Großen zurück. Der erste Teil *(iube haec perferri per manus sancti Angeli tui in sublime altare tuum, in conspectu divinae maiestatis tuae)* macht im Vergleich mit ostkirch-lichen Anaphoren den Eindruck einer Konsekrationsepiklese.[149] Im Kontext des römischen Kanons handelt es sich beim *Supplices* aber um eine postkonsekratorische Annahmebitte.[150] Mit einem „küh-nen Bild" (Josef Andreas Jungmann) formuliert sie die Bitte um endgültige Annahme und den Empfang der Opfergaben. Das kulti-sche Bild vom himmlischen Altar stammt aus Offb 8,3–5 und be-gegnet vielfach in orientalischen Liturgien. Umstritten ist die Deu-tung des Engels in der Annahmebitte. Der Singular *per manus angeli*, im Unterschied zum Plural *per manus angelorum tuorum*, könnte durch Jes 9,5^{LXX} (μεγάλης βουλῆς ἄγγελος) beeinflusst sein.[151] Die Identifizierung des Engels mit dem Mittler Jesus Chris-tus, die Thomas von Aquin vornimmt[152], wäre dann keineswegs so abwegig.[153] Die andere Deutung, die im Engel einen besonderen Opferengel erkennt, wäre ebenfalls möglich, zumal seit Papst Gre-gor dem Großen die bildhafte Vorstellung verbreitet war, während des eucharistischen Opfers würden sich die Himmel öffnen und Chöre der Engel niedersteigen.[154] Der Vergleich des ersten Teils des *Supplices* mit der Epiklese orientalischer Liturgien führte dazu, im

---

149 Vgl. *Schulz*, Christusverkündigung und kirchlicher Opfervollzug nach den Anamnesetexten der Eucharistischen Hochgebete (1970), 124–128; *Alden-hoven*, Darbringung und Epiklese im Eucharistiegebet (1971), 170–173.
150 Anders neben Aldenhoven und Schulz u. a. *Meßner*, Die Messreform Martin Luthers und die Eucharistie der Alten Kirche (1989), 91: „Das ‚Suppli-ces' ist also die Epiklese bzw. das Epiklese-Äquivalent des römischen Kanons [...] Insgesamt entspricht also der römische Kanon in der Abfolge Dank-sagung – Einsetzungsbericht – Anamnese und Epiklese dem Zeugnis der alt- und ostkirchlichen Liturgien".
151 So *Moreton*, Rethinking the Origin of the Roman Canon (1993), 65.
152 Vgl. *Thomas von Aquin*, STh III, q.83, a.4, ad8.
153 Anders *Schmitz*, Canon Romanus (2005), 305. Zu mittelalterlichen Deu-tungen der Übertragung des Opfers auf den himmlischen Altar vgl. *Jungmann*, Missarum Sollemnia II (⁶2003), 289f.
154 Vgl. *Gregor I.*, Dialogi IV, 58 (PL 77, 427A).

Engel ein Bild für den Heiligen Geist zu sehen.[155] Doch dürfte die christologische Deutung plausibler sein.[156]

Gegen eine postkonsekratorische Darbringung von Leib und Blut Christi im römischen Kanon nach den *Verba Testamenti* wird u. a. mit dem Eucharistiegebet der „Traditio Apostolica" argumentiert. Mit der Reihenfolge *Verba Testamenti, Anamnese, Epiklese* repräsentiert das Eucharistiegebet der „Traditio Apostolica" allerdings nicht die römische Liturgie, wie man lange aufgrund der falschen Zuschreibung der „Traditio Apostolica" zu Hippolyt von Rom angenommen hatte. Für die Interpretation des römischen Kanons trägt das Eucharistiegebet der „Traditio Apostolica" daher wenig aus. Für die Rekonstruktion einer ursprünglich anderen Konzeption des römischen Kanons, bei welcher der erste Teil des *Supplices* die Funktion einer Wandlungsbitte hatte, fehlen entsprechende textliche Befunde. Hier gilt, was Louis Bouyer (1913–2004) zur Genealogie der Eucharistiegebete schreibt: „There are too many gaps, and the worst thing is that the further back we go, the more numerous and the wider they are, so that we cannot avoid hypotheses or mere guesses"[157]. Dass es in der alten Kirche Eucharistiegebete gab, in denen eine Wandlungsepiklese vor dem Einsetzungsbericht stand, zeigt die orientalische Anaphora des liturgischen Papyrus von Dêr Balyzeh in Ägypten (um 500). Zwar reicht die Anaphora nicht, wie zunächst angenommen, bis ins 2. Jahrhundert zurück. Sie ist aber so alt wie der Kern des römischen Kanons.

Der zweite Teil des *Supplices* ist eine Kommunionepiklese, ohne dass der Heilige Geist genannt würde, wie dies im Eucharistiegebet der „Traditio Apostolica" an der entsprechenden Stelle der Fall ist. Die Gaben von Leib und Blut Christi werden empfangen *ex hac altaris participatione*, aus der Teilhabe am Altar, wodurch die Kommunizierenden mit dem himmlischen Altar verbunden

---

155 Vgl. *Jungmann*, Missarum Sollemnia II ([6]2003), 290f.

156 So auch *Smyth*, The Anaphora of the So-called „Apostolic Tradition" and the Roman Eucharistic Prayer (2010), 84.

157 *Bouyer*, The Different Forms of the Eucharistic Prayer and Their Genealogy (1966), 158.

Missa Romana

werden. Daher bittet der Priester, dass wir durch den Empfang des Leibes und Blutes Christi „mit allem Segen des Himmels erfüllt werden" *(omni benedictione caelesti et gratia repleamur).*[158]

Memento etiam: Das Totenmemento wurde zunächst nur an Werktagen gebetet. Wie beim Lebendengedächtnis wurden die Namen von einem Diakon verlesen.[159] Ab dem 5. Jahrhundert erfolgte ein Totenmemento innerhalb der Kyrielitanei. Benedikt von Aniane hat das Gedächtnis der Toten mit dem Kanon fest verbunden.[160] Von den Verstorbenen heißt es im *Memento etiam*, sie seien vorausgegangen *cum signo fidei, et dormiunt in somno pacis.* Mit dem *signum fidei* ist die Taufe als sakramentale Besiegelung des Glaubens gemeint. Die Wendung *somnus pacis* (Schlaf des Friedens), die sich auf zahlreichen christlichen Grabinschriften findet, ist ein Bild für den Tod, das sich schon bei Cicero findet.[161] Nach dem Beispiel Christi (Mt 9,24; Joh 11,11) nannte man den Tod des Gerechten einen Schlaf und verstand darunter den Zustand zwischen dem Tod des Gerechten und der Vollendung am Ende der Zeiten. Das Gedächtnis der Toten umfasst nicht nur die im *Memento etiam* namentlich Genannten, sondern alle, die in Christus entschlafen sind (Offb 14,13: *qui in Domino moriuntur).* Die Kirche bittet darum, dass Gott ihnen den *locus refrigerii, lucis et pacis*, den Ort der Erquickung, des Lichtes und des Friedens, gewähren möge. In gewissem Sinne vollzieht sich mit dem Totengedächtnis eine Ausweitung der Kommunionepiklese. Die Eucha-

---

158 *Jungmann*, Messe im Gottesvolk ([2]2003), 59*, meint, dass der Streit um die Epiklese im Eucharistischen Hochgebet zwischen Ost und West erst dadurch möglich wurde, dass Johannes von Damaskus das in der Basiliusanaphora zwischen den *Verba Testamenti* und der Epiklese von den Opfergaben gebrauchte Wort ἀντίτυπος als bloßes Bild im Sinne des Bilderstreits verstand (vgl. De fide orthodoxa IV, 13: PG 94, 1139–1150), anstatt wie bis dahin im realistischen Sinne. Jungmann beruft sich hierbei auf *Betz*, Die Eucharistie in der Zeit der griechischen Väter II/1 (1961), 217–239.
159 Vgl. *Lowe-Wilmart* (Hg.), The Bobbio Missal (1991), 12f.
160 Vgl. *Jungmann*, Missarum Sollemnia II ([6]2003), 302–307.
161 Vgl. *Cicero*, Tusculanae Disputationes I, 38. In der griechischen Mythologie ist der *Hypnos*, der Gott des Schlafes, der Bruder von *Thanatos*, dem Gott des Todes.

ristie als Speise des ewigen Lebens stellt hier die Verbindung her.[162] Die Verstorbenen nehmen nicht mehr am sakramentalen Mahl teil, dafür wird ihrer in der *oratio oblationis* gedacht.[163]

Nobis quoque: Der letzte Gebetsabschnitt des Kanons vor den beiden Schlussdoxologien *(per quem; per ipsum)* enthält die Bitte um Gemeinschaft mit den Heiligen und bildet eine gewisse Parallele zum *Communicantes*. Am Anfang der Heiligenliste im *Nobis quoque* steht Johannes der Täufer. Es folgen vierzehn Heilige der römischen Kirche (sieben Männer und sieben Frauen). Das *Nobis quoque* stellt wie das Totenmemento eine Fortführung der Kommunionepiklese im *Supplices* dar. Mit *nos peccatores famuli tui*, die darum bitten, dass Gott ihnen mit den Aposteln und Märtyrern und allen Heiligen Anteil gebe an der himmlischen Herrlichkeit, ist wohl die gesamte liturgische Versammlung gemeint[164], nicht nur der zelebrierende Priester und die übrigen Kleriker.[165] Umstritten ist, ob das *Nobis quoque* von Beginn an mit dem *Supplices* verbunden war oder ob man es später, nachdem das *Memento etiam* fester Bestandteil des Kanons wurde, hinzugefügt hat. Es ist möglich, dass das *Nobis quoque* ursprünglich mit dem *Communicantes* in Verbindung stand. Die Liste der Heiligen im *Nobis quoque* dürfte erst langsam entstanden sein.[166]

Per quem: Im Kontext des römischen Kanons bezieht sich die zusammenfassende Formel *Per quem*, die von der eigentlichen Schlussdoxologie *Per ipsum* zu unterscheiden ist, auf die eucharistischen Gaben. Vermutlich war dies aber nicht ihr primärer Sinn. Früher erfolgte nämlich am Ende des Kanons die Segnung von Naturalien. Jungmann geht davon aus, dass die Doxologie *Per quem* anfänglich die Schlussformel für wechselnde Segensgebete bildete, und mit den Gaben *(haec omnia bona)*, die Gott durch Christus

---

162 Vgl. *Schmitz*, Canon Romanus (2005), 307.
163 Vgl. *Jungmann*, Missarum Sollemnia II (⁶2003), 298f.
164 Davon geht *Schmitz*, Canon Romanus (2005), 308, aus.
165 Diese Interpretation vertritt noch *Jungmann*, Missarum Sollemnia II (⁶2003), 311.
166 Vgl. ebd. 312–320.

Missa Romana

heiligt, Naturalien gemeint waren.[167] Es wird auch die Auffassung vertreten, dass die Schlussformel *Per quem* von Beginn an ein fester Bestandteil des Kanons war und sich dabei ausschließlich auf die eucharistischen Gaben bezog.[168]

Per ipsum: Das Hochgebet wird mit einem feierlichen Lobpreis abgeschlossen. Dies entspricht jüdischer Gebetstradition. Die trinitarische Struktur bildet das Proprium der christlichen Doxologie. Die göttlichen Personen werden nicht wie im Eucharistiegebet der „Traditio Apostolica" parataktisch aufgeführt. Die trinitarische Formel entspricht der göttlichen Heilsökonomie. Ehre und Verherrlichung *(honor et gloria)* werden Gott dargebracht durch Jesus Christus, den Mittler und Hohepriester, in der Einheit des Heiligen Geistes. Die Formel *in unitate Spiritus Sancti* entspricht der Formel *in sancta Ecclesia tua* im Eucharistiegebet der „Traditio Apostolica". Doch dürfte im römischen Kanon neben der Einheit der heiligen Kirche[169] auch die trinitarische Einheit Gottes gemeint sein.[170] Die noch heute gebräuchliche Elevation der konsekrierten Gaben bei der Schlussdoxologie reicht bis in das 7. Jahrhundert zurück.[171] Den einfachen Elevationsritus überlagerte aber schon bald eine Reihe von Kreuzzeichen.[172] Den Lobpreis der Doxologie beschließt ein bekräftigendes *Amen* des Volkes. Mit dem *Amen* gibt das Volk sozusagen seine Unterschrift

---

167 Vgl. ebd. 335–355. Nach lateinischer Überlieferung wird das Krankenöl bis heute unmittelbar vor Abschluss des Hochgebets geweiht. Aus pastoralen Gründen kann es zusammen mit den anderen Ölen nach der Liturgie des Wortes geweiht werden.

168 Vgl. *Pinelli*, La grande conclusion du Canon romain (1966), 96–115. *Kleinheyer*, Erneuerung des Hochgebetes (1969), 27, nennt das *Per quem* ein „Trümmerstück", dessen Existenz durch nichts zu rechtfertigen sei.

169 So *Jungmann*, Missarum Sollemnia II (⁶2003), 329f.

170 So *Botte*, In unitate Spiritus Sancti (1953), 133–139.

171 Vgl. Ordo Romanus I, 89 (ed. Andrieu II, 96); ebd. IV, 55 (ed. Andrieu II, 164). Bei der Messe in klassischer Form *(vetus ordo)* erhebt der Priester Kelch und Hostienschale nur bei den abschließenden Worten *omnis honor et gloria*, im „Novus Ordo" zur ganzen Schlussdoxologie.

172 Vgl. zu dieser im 11./12. Jahrhundert abgeschlossenen Entwicklung *Jungmann*, Missarum Sollemnia II (⁶2003), 331–335.

unter das Eucharistiegebet. Noch im Frühmittelalter, in dem der Kanon schon still gebetet wurde[173], hat man die Schlussdoxologie laut gesprochen, später nur noch das abschließende *per omnia saecula saeculorum*.

3. Karolingische Reform und Messallegorese

Für die mittelalterliche Entwicklung der römischen Liturgie war die Karolingische Liturgiereform von zentraler Bedeutung. Die karolingischen Herrscher, die ihre Stellung von Gott ableiteten, sahen ihre Sendung darin, die Ausübung der Religion und des öffentlichen Kultes zu ordnen, um so die Einheit des fränkischen Reiches zu festigen.[174] Schon vor dem achten Jahrhundert hatten einzelne fränkische Bischöfe Kontakt zur römischen Liturgie gesucht. 716 sandte Papst Gregor II. (715–731) einen Brief an die Kirche in Bayern, in dem er die römische Liturgie als Norm hinstellte.[175] Unter Pippin dem Jüngeren (714–768) kam das „Sacramentarium Gelasianum/Altgelasianum" ins Frankenreich. Einflüsse aus der gallischen Liturgie führten zur Weiterentwicklung des Sakramentars (Junggelasianum). Einen Einblick in die ursprüngliche gallische Liturgie geben das „Missale Gothicum" (7. Jh.)[176] und das „Missale Gallicanum Vetus"[177] (7./8. Jh.). Wie Bischof Chrodegang (gest. 766) in Metz führte Pippin den lateinischen Choralgesang der römischen *schola cantorum* ein.

Karl der Große (747–814) bemühte sich, das Werk seines Vaters Pippin fortzusetzen. Die Liturgiereform, die Karl initiierte,

---

173 Zum Prinzip der Kanonstille vgl. ebd. 131f.

174 Zur vorkarolingischen Liturgie Galliens vgl. den kurzen Überblick bei *Meyer*, Eucharistie (1989), 154–157.

175 Vgl. PL 89, 531–534: 532A.

176 Vgl. Missale gothicum (Codex Vaticanus Regensis latinus 317) (Rerum ecclesiasticarum documenta: Series maior, Fontes 5), hg. von L.C. Mohlberg, Rom 1961.

177 Vgl. Missale Gallicanum Vetus (Codex Vaticanus palatinus 493) (Rerum ecclesiasticarum documenta: Series maior, Fontes 3), hg. von L.C. Mohlberg, Rom 1958. Beim „Missale Gallicanum Vetus" handelt es sich um ein Fragment.

war Teil einer umfassenden Bildungsreform. Karls Bemühen um grammatisch richtiges Reden und Schreiben führte im Bereich der Liturgie zur Stärkung der „Formgerechtigkeit". Nach der Überzeugung des Königs betet man nur richtig mit bereinigten liturgischen Büchern.[178] Um eine möglichst einheitliche Messfeier zu garantieren, erbat sich Karl von Papst Hadrian I. (772–795) ein „unvermischtes" Sakramentar Gregors des Großen. Die Version des „Gregorianum", die der König zwischen 784 und 791 erhielt, wird „Sacramentarium Hadrianum" genannt. Das Sakramentar, das in Aachen kopiert wurde, diente als Musterexemplar für die Romanisierung der fränkischen Liturgie. Da das „Sacramentarium Hadrianum", das der König erhielt, unvollständig war (es enthielt nur die Texte der päpstlichen Stationsliturgie für bestimmte Tage des Jahres), wurde es durch ein Supplementum ergänzt. Als Autor galt früher Alkuin, heute geht man davon aus, dass das Supplementum von Benedikt von Aniane verfasst wurde.[179]

Ludwig der Fromme (778–840), Nachfolger Karls des Großen, sandte Amalar von Metz (um 775–850) nach Rom, um Papst Gregor IV. (827–844) um ein neues Antiphonar zu bitten, mit dem Ziel, die fränkischen Gottesdienstformen und Kirchenlieder dem römischen Ritus weiter anzugleichen. Im Jahre 787 drängte Papst Hadrian I. darauf, den *cantus romanus* (gregorianischen Choral) ohne jede Veränderung einzuführen. Mit Sicherheit wurde die Erneuerung der Liturgie in Zentren wie Aachen, Metz, Lyon und Saint-Riquier, in denen auch die Gregorianik florierte, konsequent durchgeführt. Die Romanisierung des liturgischen Gesangs erfolgte aber nicht überall sofort.[180] Noch Notker von St. Gallen (840–912) wundert sich über die „allzugroße Verschiedenheit zwischen unserer und der römischen Singwei-

---

178 Vgl. *Karl der Große*, Admonitio generalis a. 789, can. 72 (Monumenta Germaniae Historica Cap. 1, 60).
179 Vgl. *Deshusses*, Le „Supplément" au sacramentaire grégorien (1965), 48–71; *ders.*, Le Sacramentaire Grégorien (^{2}1979); *Metzger*, Geschichte der Liturgie (1998), 121f.; *Meyer*, Benedikt von Aniane (2002), 255–260. Benedikt von Aniane war Abt des 780 in Aniane gegründeten Reformlosters.
180 Vgl. *Riché*, Die Welt der Karolinger (^{3}2009), 275.

se"[181]. Benedikt von Aniane unterstellte alle Klöster des fränkischen Reiches der Benediktinerregel.[182] Zugleich nahm er eine Anpassung der römischen Liturgie an die Verhältnisse des Gottesdienstes in den fränkischen Klöstern und Pfarreien vor. 814 ernannte man ihn zum Abt des Klosters Kornelimünster in der Nähe der Kaiserstadt Aachen. Durch die karolingischen Reformen wurden die Klöster zu einer „Stätte hochoffizieller Liturgie"[183], und es kam zu einer Liturgiesierung des öffentlichen Lebens, z. B. von Rechtsvorgängen.[184]

Zur Vereinheitlichung des Messritus trugen in der Zeit nach Karl dem Großen und Ludwig dem Frommen vor allem das ottonische Kaisertum und das benediktinische Mönchtum bei. Unter den Benediktinerklöstern ist vor allem das Kloster Cluny zu nennen – ein Kulminationspunkt der kirchlichen Liturgie des Mittelalters. In Rom kam es dagegen seit dem 9. Jahrhundert zu einem liturgischen Niedergang, der von Klöstern, die die Kluniazenser im 10. Jahrhundert neu besiedelten, gestoppt wurde. Die ottonischen Herrscher, die Kaiser Otto I. (912–973) und Otto II. (955–983), setzten sich in Verbindung mit ihren Italienfeldzügen für eine umfassende kirchliche Reform ein, zu der auch eine Erneuerung der Liturgie gehörte. Dafür wurde auf die liturgischen Bücher jenseits der Alpen zurückgegriffen. So gelangten gallisch-fränkische Traditionen nach Rom und es entstand die für die weitere Entwicklung grundlegende „römisch-fränkische Mischliturgie". Um die erste Milleniumswende hatte Rom seine Liturgie in veränderter Gestalt wiedergewonnen.

Die Verschmelzung von gallischer und römischer Liturgie führte zu einer signifikanten Dramatisierung der Liturgie. Beispiele sind die Inzens von Altar und Evangeliar mit Weihrauch,

---

181 Vgl. *Notker der Stammler*, Gesta Karoli Magni Imperatoris I, 10 (Monumenta Germaniae Historica: Scriptores rerum Germanicarum, nova series XIII), hg. von H.F. Haefele (1959), 12.

182 Zur karolingischen Klosterreform vgl. *Geuenich*, Kritische Anmerkungen zur sogenannten „anianischen Reform" (1998).

183 *Angenendt*, Geschichte der Religiosität im Mittelalter (^{2}2000), 354.

184 Vgl. *Kantorowicz*, Laudes Regiae (1946).

das *Gloria tibi Domine* zum Evangelium, die Liturgie des Palmsonntags mit dem Hymnus *Gloria, laus et honor*[185], Kreuzverehrung und Improperien in der Liturgie des Karfreitags, die Feuerweihe, das *Lumen Christi*, die Weihe der Osterkerze mit dem Hymnus *Exsultet* und die Taufwasserweihe in der Liturgie der Osternacht. Auch die Offertoriumsgebete vor der *oratio super oblata* haben ihren Ursprung im Frankenreich, ebenso das *Orate fratres*, von dem eine Vorform schon im Sakramentar von Amiens (9. Jh.) enthalten ist.[186] Das *Nicaeno-Constantinopolitanum* war aus Spanien (6. Jh.) und Irland (8./9. Jh.) in die fränkische Messliturgie gekommen. Auf Drängen Heinrichs II. (973–1024) wurde es bei seiner Kaiserkrönung (1014) durch Papst Benedikt VIII. (1012–1024) gebetet. Beginnend mit dem 11. Jahrhundert etablierte sich das *Nicaeno-Constantinopolitanum* als fester Bestandteil der sonntäglichen Messfeier.

Einen Einblick in die römisch-fränkische Messliturgie gibt der „Rheinische Messordo"[187]. Er verbreitete sich von St. Gallen über die Reichenau und Mainz und wurde auch in Italien und Rom rezipiert.[188] Der „Rheinische Messordo" wird als „Urform des von nun an bis zur Reform des Vaticanum II geltenden Ordo für die gleichbleibenden Teile der Messfeier betrachtet"[189]. Einen starken Einfluss auf die Vereinheitlichung des Messritus hatte Bernold von Konstanz (1054–1100) mit seinem „Micrologus" (um 1085).[190] Die liturgische Reform unter Papst Gregor VII. (1073–1085) beschränkte sich auf kleinere Modifikationen. Anders als ursprünglich beabsichtigt, führte sie nicht dazu, den „ordinem romanum et antiquum morem" wiederherzustellen. Doch wurden die einzelnen Diözesen

---

185 Autor des Hymnus ist Bischof Theodulf von Orléans (gest. 821).

186 Vgl. *Jungmann*, Missarum Sollemnia I (⁶2003), 102f.

187 Vgl. dazu *Luykx*, Der Ursprung der gleichbleibenden Teile der Heiligen Messe (1961); *Meyer*, Eucharistie (1989), 204–208; *Odenthal*, Ein Formular des „Rheinischen Messordo" aus St. Aposteln in Köln (1992); *ders.*, „Ante conspectum divinae maiestatis tuae reus assisto" (2007).

188 Vgl. *Fiedrowicz*, Die überlieferte Messe (2011), 27.

189 *Meyer*, Eucharistie (1989), 204.

190 Vgl. *Bernold von Konstanz*, Micrologus (PL 151, 977–1022).

unter Gregor VII. immer stärker auf die Gestalt der römischen Liturgie festgelegt, die sich zwischen dem 8. und 11. Jahrhundert herausgebildet hatte. Der vom Prior der Laterankirche zusammengestellte Messordo (Mitte 12. Jh.) ist das älteste Zeugnis für die Praxis des Priesters die von der *schola cantorum* gesungenen Teile *(Introitus, Kyrie, Gloria, Credo, Sanctus, Agnus Dei)* sowie die vom Lektor vorgetragenen Lesungen leise mitzurezitieren.

Die Karolingische Liturgiereform führte zu zahlreichen Abhandlungen über die Liturgie. Die bekannteste ist der Liturgiekommentar von Amalar von Metz im dritten Teil seines „Liber Officialis" (820)[191], in dem er die aus der Schriftinterpretation geläufige Methode der Allegorese auf die Liturgie überträgt.[192] Die Allegorese lässt etwas „anderes sagen" (ἄλλα ἀγορεύειν) als der wörtliche Sinn des vorliegenden Textes. Gegenstand der allegorischen Messerklärung, deren Anfänge im Westen bis in das 7. Jahrhundert zurückreichen, ist nicht primär die textliche, sondern die rituelle Gestalt der Messliturgie. Im Osten existierte die Liturgieallegorese seit dem 5. Jahrhundert. Theodor von Mopsuestia sieht in der Übertragung der Opfergaben zum Altar das Begräbnis Jesu und in der Verwandlung der Gaben die Auferstehung versinnbildlicht.[193] Im Westen wird die Symbolik der Grablegung wohl erstmals in der gallikanischen Liturgie (6.–7. Jh.) aufgegriffen. Sie konnte sich hier aber nicht durchsetzen, da der Opfergang der Gläubigen dominierte.[194]

Ziel der Messallegorese Amalars ist es, den verborgenen Sinn der Messfeier aus den Gesten, Handlungen, Zeitangaben und Paramenten durch eine „typologische", „rememorative", „moralische"

---

191 Vgl. *Amalar von Metz*, Liber Officialis III, 5–44 (Opera liturgica omnia, ed. J.M. Hanssens (1948), 2/1–386). Das Werk trägt auch den Titel „De ecclesiasticis officiis".

192 Vgl. *Steck*, Der Liturgiker Amalarius (2000). Amalar hielt sich 813/814 in Byzanz auf, wo er die allegorische Messerklärung kennengelernt haben dürfte.

193 Vgl. *Theodor von Mopsuestia*, Homiliae Cathecheticae 15, 29–32 (FC 17/2, 411–413).

194 Vgl. Expositio antiquae liturgiae Gallicanae (1971).

oder „anagogische" Allegorese zu erheben.[195] Die „typologische" Allegorese konzentriert sich auf die Erfüllung alttestamentlicher Sinnbilder *(figurae)*, die „rememorative" Allegorese auf Vorgänge der Heilsgeschichte, die „moralische" Allegorese auf sittliche Weisungen und die „anagogische" auf die endzeitliche Vollendung. Besondere Bedeutung kommt der „rememorativen" Allegorese zu. Sie bezieht die Handlungen der Messe auf Ereignisse im Leben Jesu: Die Teile vom *Introitus* bis zum Evangelium symbolisieren Christus und sein verborgenes und öffentliches Leben, die Teile vom *Offertorium* bis zur Schlussdoxologie des Kanons die Leidensgeschichte vom Palmsonntag bis zur Kreuzabnahme, die Teile vom *Vater unser* bis zum Schluss schließlich die Grabesruhe, die Auferstehung und die Himmelfahrt. Die Teile des Hochgebetes markieren jeweils eine Leidensstation: das *Sanctus* den Jubel beim Einzug Jesu in Jerusalem, die *Verba Testamenti* das Sterben Jesu, das *Unde et memores* nach der Wandlung den Tod am Kreuz, das Gebet *Nobis quoque* gegen Ende des Kanons das Bekenntnis des Hauptmanns unter dem Kreuz. Das *Agnus Dei* wird auf die Emmausgeschichte hin gedeutet.[196] Das vielleicht bekannteste Beispiel für eine „rememorative" Messallegorese ist die Deutung der Mischung des konsekrierten Weins mit dem konsekrierten Brot als Sinnbild für die Vereinung von Seele und Leib Christi in seiner Auferstehung.

Die allegorische Messerklärung tendierte dazu, die rituelle und textliche Ebene – Zeichen *(signa)* und die gesprochenen Worte *(verba)* – auseinanderzureißen. Vor allem in ihrer rememorativen, auf die Heilstaten Gottes bezogenen Form trug die Messallegorese gleichwohl zur Erschließung der Messfeier für Priester und Gläubigen bei. Die katabatische Dimension der Liturgie sowie ihre dynamisch-eschatologische Dimension traten dabei allerdings in den Hintergrund, ebenso die Idee des Selbstopfers, die aber grundsätzlich erhalten blieb. So schreibt Amalar von Metz zur Er-

---

195 In seiner Messerklärung bezieht sich Amalar auf den „Ordo Romanus II" in fränkischer Bearbeitung, der in der Kirche von Metz in Gebrauch war.
196 Vgl. *Amalar von Metz*, Liber Officialis III, 23–33 (ed. Hanssens, 329–365).

klärung der Kanonworte „haec dona, haec munera, haec sacrificia illibata" (diese Geschenke, Gaben und reinen Opfer): „Nach Augustinus gilt: Wenn einer Gott ‚Gaben' darbringen will, soll er sich selbst opfern, wenn ‚makellose Opfergaben', dann bringe er Demut, Lob und Liebe dar."[197]

Auf Betreiben von Florus von Lyon wurde die allegorische Messerklärung auf einer Synode von Quiercy verboten.[198] Sie wurde aber dennoch weiter gepflegt, etwa durch Ivo von Chartres (1040–1115), bei dem sich folgende allegorische Deutung der Kanonstille findet: Wie der Hohepriester am Großen Versöhnungstag schweigend das Allerheiligste betritt, um dort die Platte der Bundeslade mit dem Blut des Opfertieres zu besprengen, so tritt der Priester mit dem Kanon ins Allerheiligste ein, um das Gedächtnis des Blutes Christi darzubringen.[199] Schon im 8. Jahrhundert hatte sich auf gallischem Boden der Übergang zum leise rezitierten Kanon vollzogen, vermutlich unter orientalischem Einfluss. Dem Prinzip der Kanonstille liegt die Vorstellung zugrunde, dass die Konsekration der eucharistischen Gaben, mit der Jesus seine Kirche beim letzten Abendmahl beauftragt hat, ein Schauer erregender Vorgang sei und deshalb die heilige Handlung in Stille vollzogen werden müsse. Dadurch wurde sie mehr und mehr zu einer Angelegenheit der geweihten Amtsträger. In Rom setzte sich das Prinzip der Kanonstille Ende des 9. Jahrhunderts durch. Bis zum 11. Jahrhundert etablierten sich auch die priesterlichen Stillgebete. Die ideale Form der Messfeier war im Hochmittelalter das levitierte Hochamt unter Beteiligung eines Priesters, eines Diakons und eines Subdiakons.[200] In den Klosterkirchen wurde auch das

---

197 Ebd. III, 23 (334): „Iuxta eundem Augustinum, si quis dona vult Deo offere, se ipsum offerat; si quis sacrificia inlibata, humilitatem laudemque et caritatem offerat."
198 Florus von Lyon selbst greift in seiner eigenen Messerklärung vorwiegend auf Väterzitate zurrück. Vgl. *ders.*, Opusculum de expositione missae (PL 119, 15–72).
199 Vgl. *Ivo von Chartres*, Sermo V: Sive opusculum de convenientia veteris et novi sacrificii (PL 162, 554A–556C).
200 Noch Thomas von Aquin setzt im 13. Jahrhundert bei seiner Kommen-

Missa Romana

tägliche Konventamt vielfach mit Diakon und Subdiakon (*missa maior* und *missa matutinalis*) gefeiert.

Auch wenn einzelne allegorische Deutungen Ivos von Chartres theologisch durchaus fragwürdig sind, so hat seine Deutung des Kanons doch dazu beigetragen, das Opferverständnis der Messe zu vertiefen. Dies gilt auch für das „Speculum de mysteriis Ecclesiae"[201], das fälschlicherweise Hugo von St. Viktor (1096–1141) zugeschrieben wird. Auch wenn darin einige Allegoresen ziemlich konstruiert erscheinen, kann man den Allegorien doch ein gewisse Erschließungskraft nicht absprechen. Dies gilt vor allem für die Deutung der Doppelkonsekration von Brot und Wein als Darstellung des Opfers Christi, eine Deutung, die in der orientalischen Liturgietradition schon früh begegnet. Doch insgesamt schwand mit der Messallegorese das Bewusstsein, dass im Zentrum der Messfeier die Opfergabe der Gläubigen und das Dankgebet der Kirche stehen. Aus der *Eucharistia*, so Josef Andreas Jungmann wurde immer mehr eine *Epiphania*, in deren Dienst der Priester am Altar steht. „In dem, was er tut, tritt den Gläubigen in einem geheimnisvollen Schauspiel der Leidensweg des Herrn vor Augen."[202]

Einen Höhepunkt erreichte die allegorische Messerklärung bei dem Benediktiner Rupert von Deutz (1076–1129)[203] aus dem Kloster St. Laurentius in Lüttich, dem späteren Abt von Deutz. In „De officiis" dehnt Rupert die allegorische Auslegung bis auf die priesterlichen Gewänder aus.[204] Der Traktat „De sacro altaris mysterio" (1195–1197)[205] von Kardinaldiakon Lothar di Segni, dem späteren Innozenz III. (1198–1216), diente mit seiner allegori-

---

tierung des römischen Messritus das levitierte Hochamt voraus, bei der die Gläubigen durch Gesänge, z. B. den Offertoriumsgesang, beteiligt waren. Vgl. *ders.*, STh III, q.83, a.4, ad6.

201 Vgl. PL 177, 335–380.
202 *Jungmann*, Missarum Sollemnia I (^{6}2003), 155.
203 Vgl. *ders.*, Symbolik der katholischen Kirche (1960), 27–39.
204 Vgl. *ders.*, Missarum Sollemnia I (^{6}2003), 147.
205 Vgl. *Innozenz III.*, De sacro altaris mysterio (PL 217, 774–916). Der Traktat ist auch unter dem Titel „De missarum mysteriis" bekannt.

schen Auslegung künftigen Messerklärungen als Vorlage. Zu nennen ist hier vor allem das „Rationale divinorum officiorum"[206] des Wilhelm Durandus von Mende (1230–1296). Diese „Summe der mittelalterlichen Messallegorese"[207] wurde bis zur Reformation mehr als vierzigmal gedruckt.

Im Frühmittelalter kam es zur deutlichen Vermehrung der Messfeiern. Es entwickelte sich die sogenannte „Privatmesse" *(missa privata)*. Da jede Messfeier, auch die Stillmesse *(missa lecta)* mit oder ohne Gläubigenbeteiligung, einen kirchlichen Charakter hat, ist der Ausdruck „Privatmesse" nicht ganz angemessen. Heute spricht man von *missa sine populo*. Der Ursprung der „Privatmesse" liegt in den Mönchsgemeinschaften, in denen es immer mehr Priester gab.[208] Die tägliche „Privatmesse" der Mönchspriester setzte sich schon im 8. Jahrhundert durch. Bald folgten auch immer mehr Weltpriester dem Beispiel der Mönche. Befördert wurde die Entwicklung der „Privatmesse" durch die kultische Verehrung der Heiligenreliquien in den Altären und die Vorstellung, mit Hilfe gehäufter Messfeiern oder der Stiftung einer Messe könne man sein persönliches Heil bzw. dasjenige von Verstorbenen sichern. In großen Klöstern, wie in St. Gallen und Mainz, gab es im 9. und 10. Jahrhundert Versuche, für die Messe des Priesters ohne Gläubigenbeteiligung eigene Ordines zu schaffen.

Die „Privatmesse" war nicht unumstritten. So wurde dem Mitglied eines Kartäuserklosters nur selten gestattet täglich zu zelebrieren. Franz von Assisi (1181/1182–1226) plädierte für nur eine einzige tägliche Messfeier für den gesamten Konvent. Ab dem Hochmittelalter setzte sich die „Privatmesse" aber auf breiter Front durch. Die tägliche Messzelebration des Priesters betrachtete man als heilige Pflicht. Während der Priester die öffentliche Messe als *missa cantata* feierte, wurde die „Privatmesse" *gelesen*. Für die

---

206 Vgl. *Durandus von Mende*, Rationale divinorum officiorum, ed. Johannes Belethus (1859).
207 *Meyer*, Eucharistie (1989), 213.
208 Zur abendländischen Klosterligurgie des Mittelalters vgl. *Häußling*, Mönchskonvent und Eucharistiefeier (1973).

vielen Messfeiern bildete man Altaristen aus. Dabei handelte es sich um Priester, die (ohne ein Studium der Philosophie und Theologie absolviert zu haben) ausschließlich für die Darbringung des Messopfers geweiht wurden. Wenigstens ein assistierender Kleriker sollte an der „Privatmesse" eines Priester teilnehmen. Dabei genügte eine der niederen Weihen unterhalb des Subdiakonats.[209]

Viele Priester zelebrierten aber nicht nur täglich, sondern zwei- oder dreimal am Tag. Bedingt durch das Stipendienwesen und die Schau- bzw. Elevationsfrömmigkeit kam es zum zahlenmäßigen Übergewicht der stillen Messen gegenüber der feierlichen Messe.[210] Einen fragwürdigen Einfluss bei den vielen Messen spielten die Votiv- und Totenmessen.[211] Die Messe wurde für alle möglichen Anliegen gefeiert.[212] Die tägliche Messzelebration des Priesters und der Zuwachs an Messen aufgrund der Anforderungen der Messstipendien forderte eine immer größere Zahl von Neben- bzw. Seitenaltären an Wänden, Säulen oder in gotischen Kirchen im Kappellenkranz. Die Nebenaltäre waren zunächst recht einfach, doch wurden sie später wie der Hauptaltar mit Bildern bzw. Retabeln, Kreuz und Leuchtern ausgestattet. Die vom Priester an einem Seitenaltar gefeierte Messe hat man abschätzig „Winkelmesse" genannt.

Im 9. Jahrhundert gingen die Gläubigen mancherorts dazu über, zum Eucharistischen Hochgebet auf dem Boden zu knien. Sitze bzw. Kniebänke kamen erst im späten Mittelalter auf. Die Konzentration auf die somatische Realpräsenz Christi in Brot und Wein förderte das Knien zur Konsekration. Das Knien ist ein Zeichen der Ehrfurcht und Anbetung der Gläubigen. Der Empfang der geweihten Hostie verlangte tiefe Ehrfurcht und ein reines Herz. Die Gläubigen wurden daher ermahnt, nicht ohne ausreichende Vorbereitung die Kommunion zu empfangen. Ab dem

---

209 Vgl. *Jungmann*, Missarum Sollemnia I ([6]2003), 297.

210 Vgl. *Nußbaum*, Kloster, Priestermönch und Privatmesse (1961); *Angenendt*, Missa specialis (1983).

211 Schon das „Altgelasianum" enthält Messformulare für zahlreiche Anlässe, bei denen Bitten für Lebende und Verstorbene vorgetragen wurden.

212 Vgl. *Franz*, Die Messe im deutschen Mittelalter (1963), 115–330.

Mittelalter ging die *missa sollemnis* stark zurück, in den Klöstern verschwand die *missa publica* unter Beteiligung von Laien. Der Kontakt der Klöster zur Welt wurde auf ein Minimum reduziert. Schon in der Karolingerzeit setzte sich für die Feier der Eucharistie die Verwendung dünner Oblaten durch, die nicht mehr gebrochen werden mussten, um ausgeteilt zu werden. Der Name leitet sich von der lateinischen Bezeichnung für die Opfergaben *(oblata)* von Brot und Wein ab. Die Oblaten wurden aus ungesäuertem Weizenmehl und Wasser gebacken. Die Bezeichnung für die konsekrierte Oblate ist „Hostie", abgeleitet von *hostia* (Opfergabe). Die eucharistische Frömmigkeit konzentrierte sich seit dem Frühmittelalter immer stärker auf die konsekrierte Hostie, die der gesteigerten Ehrfurcht vor dem Allerheiligsten entgegen kam.

Kapitel V

HOC EST ENIM CORPUS MEUM

Die Wirklichkeit der Eucharistie und ihre Verehrung

„Adoro te devote, laetens veritas, te quae sub his formis vere latitas."[1] Mit diesen Worten beginnt der Thomas von Aquin zugeschriebene eucharistische Hymnus *Adoro te devote*. Der Hymmus bringt „die eucharistische Spiritualität des Aquinaten wohl am dichtesten und schönsten zum Ausdruck"[2]. Im Mittelalter war die Gegenwart Christi im Sakrament der Eucharistie Gegenstand lebhafter Kontroversen. Dies hing mit einer stärkeren Zuwendung zur sinnlich wahrnehmbaren Realität und einem veränderten Wirklichkeitsverständnis zusammen. Die sichtbare Wirklichkeit galt nun als die Wahrheit, von der das Zeichenhafte unterschieden wurde. Schon seit dem Ausgang der Patristik war es zu einer stärkeren Konzentration auf die somatische (leibliche) Realpräsenz Christi in den eucharistischen Gaben gekommen.[3] So entwickelte sich im Mittelalter jene starke Verehrung und Anbetung der Eucharistie, die man als „Schaufrömmigkeit" bezeichnet hat. Wenn hier von „Schaufrömmigkeit" gesprochen wird, dann nicht im pejorativen Sinne, wie dies etwa in der Laachener Schule der Fall ist, sondern zur Bezeichnung einer sehr intensiven Form eucharistischen Spiritualität. In der Kunstgeschichte wird der Begriff der „Schaufrömmigkeit inzwischen kritisch gesehen, da er von einer fragwürdigen Trennung von Elite- und Volksfrömmigkeit ausgeht.[4]

In den Eucharistiewundern sah die Volksfrömmigkeit eine Bestätigung der Realpräsenz von Leib und Blut Christi. Das be-

---

1 „Ich bete dich tiefergeben an, verborgene Wahrheit, dich, die du unter diesen Gestalten wahrhaft verborgen bist." Übersetzung nach *Tück*, Gabe der Gegenwart ([3]2014), 307.
2 Ebd. 305.
3 Vgl. *Gerken*, Theologie der Eucharistie (1973), 102.
4 Vgl. *Toussaint*, Kreuz und Knochen (2011).

kannteste Eucharistiewunder des Frühmittelalters ereignete sich zu Beginn des 8. Jahrhunderts in Lanciano bei Chieti. In der ehemaligen Klosterkirche des hl. Longinus, heute eine Franziskuskirche, feierte ein von Zweifeln an die leibliche Gegenwart Christi im Sakrament der Eucharistie geplagter Mönch wie gewohnt die heilige Messe. Während der Konsekration verwandelte sich ein Teil der geweihten Hostie in blutendes Fleisch; der Wein nahm die Gestalt frischen Blutes an, das zu fünf ungleichen Blutkörperchen gerann. Die wunderbare Hostie wird heute zwischen zwei Glasscheiben in einer Silbermonstranz aufbewahrt, getragen von zwei Engelfiguren, dazwischen ein Glaskelch mit dem geronnenen Blut Christi.[5] Als sich 804 die Nachricht verbreitete, in Mantua sei eine Reliquie des kostbaren Blutes Christi aufgefunden worden, reiste Papst Leo III. nach Aachen zu Karl dem Großen. Viele Kirchen beanspruchten für sich, Tropfen des am Kreuz vergossenen Blutes Christi zu besitzen und verehrten es entsprechend. Ohne das Eucharistiewunder von Lanciano und die Verehrung von Blutreliquien Christi sind die ultrarealistischen Positionen, wie sie in den mittelalterlichen Eucharistiekontroversen teilweise vertreten wurden, nicht verständlich.

1. Die mittelalterlichen Eucharistiekontroversen

Das mit dem Hof der Karolinger eng verbundene Benediktinerkloster Corbie bei Amiens in der Picardie war Ausgangspunkt der ersten Eucharistiekontroverse. Man nennt sie besser karolingische Eucharistiekontroverse als ersten Abendmahlsstreit[6], da die Eucharistie bis zur Bibelübersetzung Martin Luthers nicht als Abendmahl bezeichnet wurde.[7] Die Kontroverse fand in einer „geistigen

---

5 Vgl. *Sammaciccia*, Das Eucharistie-Wunder von Lanciano ([2]1992).

6 Vgl. *Jorissen*, Abendmahlsstreit ([3]1993).

7 Zur karolinigischen Eucharistiekontroverse vgl. *Fahey*, The Eucharistic Teaching of Ratram of Corbie (1951); *Bouhot*, Ratramne de Corbie (1976); *Jorissen*, Wandlungen des philosophischen Kontextes als Hintergrund der frühmittelalterlichen Eucharistiestreitigkeiten (1989); *Chazelle*, Figure, Character, and

Umbruchsituation" statt, die durch einen „Horizontwechsel" von einer „platonisch-neuplatonischen Bild- und Partizipationsmetaphysik" der Patristik zu einem sich allmählich durchsetzenden aristotelischen Denken geprägt war.[8] Ein weiterer Faktor, der die Kontroverse erklärt, war die durch Amalar von Metz angestoßene Debatte um den dreifachen Leib Christi *(triforme Corpus Christi)*, die von der traditionellen Unterscheidung zwischen dem historischen Leib Christi, dem Leib der Kirche und dem eucharistischen Leib abwich. Amalar unterschied zwischen dem Leib Christi, den Maria empfangen hat, der auf Erden wandelte und dem Leib, der begraben wurde und auferstand.[9] Florus von Lyon sah darin eine unzulässige Aufspaltung des einen Leibes Christi *(corpus tripertitum)*.[10] Die Synode von Quiercy (838) verurteilte die Auffassung Amalars.[11] Auch die Messhäufigkeit in den Klöstern, auf die oben hingewiesen wurde, dürfte bei der karolingischen Eucharistiekontroverse eine Rolle gespielt haben. Die Priestermönche zelebrierten täglich und brachten die Eucharistie regelmäßig für die Seelen der Verstorbenen dar.[12]

Schließlich ist die Kontroverse nicht ohne das „Opus Caroli regis contra synodum" zu verstehen. Die „Libri Carolini", so der moderne Titel des Werkes, wurden im Auftrag Karls des Großen verfasst, als Antwort auf die zum Teil falsch verstandenen Entscheidungen des 2. Konzils von Nizäa (787) im Bilderstreit.[13]

---

the Glorified Body in the Carolingian Eucharistic Controversy (1992); *dies.*, The Crucified God in the Carolingian Era (2001); *dies.*, The Eucharist in Early Medieval Europe (2012); *Zirkel*, Why should it be necessary that Christ be immolated daily (1996); *Otten*, Between Augustinian Sign und Carolingian Reality (2000); *Patzold*, Visibilis creatura – invisibilis salus (2010); *Hoping*, Sein und Zeichen (2015).

8 Vgl. *Jorissen*, Wandlungen des philosophischen Kontextes (1989), 99; *Angenendt*, Liturgie im Frühmittelalter (2018), 278.

9 Vgl. *Amalar von Metz*, Liber Officialis II, 35 (ed. Hanssens, 367f.).

10 Vgl. *Patzold*, Visibilis creatura – invisibilis salus (2010), 103.

11 Vgl. *McKitterick*, The Frankish Church and the Carolingian Reforms 789–895 (1977), 151–153.

12 Vgl. *Ganz*, Theology and the Organisation of Thought (1995), 778.

13 Vgl. Opus Caroli regis contra synodum (Libri Carolini) (Monumenta Ger-

Durch ungenaue Übersetzungen der Konzilsdekrete (z. B. die fehlende Unterscheidung zwischen Anbetung und Verehrung) war am fränkischen Hof der Eindruck entstanden, den Bildern gebühre göttliche Anbetung. Dagegen wenden sich die „Libri Carolini", die keinen bilderstürmerischen Ikonoklasmus vertreten, den Bildern aber eine ausschließlich ästhetische und pädagogische Funktion zusprechen, wodurch Bild, Wahrheit und Wirklichkeit auseinandertreten. So wird die Kategorie des Bildes als dem Mysterium der Eucharistie unangemessen zurückgewiesen. Deutlich zeigt sich dies im vierten Buch der „Libri Carolini": „Denn das Mysterium des Blutes und Leibes des Herrn ist nun nicht Bild zu nennen, [...] sondern das, was durch die Vorbilder voraus abgebildet wurde."[14] Denn Christus sagte nicht: „Dies ist ein Bild *(imago)* des Leibes", sondern er sagte „Das ist *(est)* mein Leib"[15]. Das Mysterium des Herrenleibes kann nicht Bild *(imago)* genannt werden, weil es Wirklichkeit *(veritas)* und nicht Typus *(figura)* ist.[16] Für Augustinus wäre diese Trennung von Bild und Wirklichkeit nicht nachvollziehbar gewesen. Dies gilt auch für Ambrosius, der noch vom eucharistischen Brot als *figura corporis Christi* sprechen kann, weil er einen Bildbegriff voraussetzt, bei dem das Brot nicht nur Bild für den Leib Christi ist, sondern dieser mit dem Bild gegenwärtig ist.

Zwischen Februar 831 und Sommer 832 verfasste der Mönch Paschasius Radbertus (um 785–865) den Traktat „De corpore et sanguine Domini". Es handelt sich um die erste „wissenschaftliche

---

maniae Historica, Concilia, t.2, Supplementum I), ed. Freeman (1998). Nach den Forschungsergebnissen von Ann Freeman wurden die „Libri Carolini" von dem westgotischen Theologen Theodulf von Orléans (gest. 821), seit 800 theologischer Berater Karls des Großen, verfasst.
14 Libri Carolini IV, 14 (ed. Freeman 523): „Non enim sanguinis et corporis Dominici mysterium imago iam nunc dicendum est [...] sed id quod exemplaribus praefigurabatur."
15 Vgl. ebd. (524): „Nec ait: Haec est imago corporis et sanguinis mei, sed: Hoc est corpus meum, quod pro vobis tradetur".
16 Vgl. ebd.: „Cum [...] nec artificium opus vera Christi possit imago dici nec corporis et sanguinis eius mysterium, quod in veritate gestum esse constat, non in figura."

Monographie über die Eucharistie"[17]. Warin (um 800–856), zweiter Abt des Klosters Corvey und ein Schüler Radberts, hatte für seine Mönche um eine Abhandlung zur Eucharistie gebeten. Auf Kritik scheint Radberts Werk zunächst nicht gestoßen zu sein. Dies änderte sich mit der zweiten Auflage (843/844), die Radbert kurz nach seiner Wahl zum Abt des Klosters Corbie an Karl den Kahlen (823–877), den jüngsten Sohn Ludwigs des Frommen aus zweiter Ehe, sandte. Die zweite Auflage enthält neben einer Widmung an den Frankenkönig mehrere Berichte über Eucharistiewunder aus den *Vitae Patrum*. Zu den Kritikern Raderts zählten Hrabanus Maurus (gest. 856) und Gottschalk von Orbais (gest. 867/870). Hinkmar von Reims (gest. 882), der in der Prädestinationsfrage gegen Gottschalk stand, teilte weitgehend die Sicht Radberts.[18] Die Frage der Eucharistie wurde um die Mitte des 9. Jahrhunderts in Frankreich an vielen Orten intensiv diskutiert.[19]

Bei einem Besuch im Kloster Corbie lernte Karl der Kahle den Mönch Ratramnus (gest. um 868) kennen, den er um ein Gutachten zur Frage der Wirklichkeit von Leib und Blut Christi im Sakrament der Eucharistie bat. Es könnte sein, dass der äußere Anlass der Bitte die Verurteilung Amalars war und nicht Radberts Eucharistietraktat.[20] Man geht aber allgemein davon aus, dass „De corpore et sanguine Domini" (nach 843) von Ratramnus gegen das gleichnamige Werk Radberts gerichtet ist, der darin allerdings namentlich nicht genannt wird. Radberts Kritiker werfen ihm eine „kapharnaitische" Sicht der Eucharistie vor. Damit ist ein wörtliches Verständnis der eucharistischen Brotrede Jesu gemeint. Radbert, so Gottschalk, habe gegen das (pseudo-)augustinische Gebot *Christum vorari fas dentibus non est*, ver-

---

17 *Lepin*, L'idée du sacrifice de la Messe d'après les théologies depuis l'origine jusqu'à nos jours (²1926).
18 Vgl. *Hinkmar von Reims*, De cavendis vitiis et virtutibus expercendis (Monumenta Germaniae Historiae), hg. von D. Nachtmann (1998). Zur Position Hinkmars s. *Chazelle*, The Eucharist in Early Medieval Europe (2012), 240–243.
19 Vgl. *Patzold*, Visibilis creatura – invisibilis salus (2010), 91.
20 Vgl. *Bouhot*, Ratramne de Corbie (1976), 85–88; *Macy*, The Theologies of the Eucharist in the Early Scholastic Period (1984), 22.

Die Wirklichkeit der Eucharistie und ihre Verehrung

stoßen, das er selber zitiert.[21] Doch Radberts Sicht der Eucharistie ist weitaus differenzierter und hat mit Theophagie nichts zu tun.

In ihren Schriften zur Wirklichkeit der Eucharistie setzen Radbert und Ratramnus die Zeichentheorie Augustins voraus. Dabei steht nicht der allgemeine Begriff des *signum*, sondern der spezifische Begriff *figura* im Zentrum, der auch in den „Libri Carolini" neben *imago* begegnet. *Figura*, von *fingere*, bilden, formen, gestalten, diente in der lateinischen Patristik als Übersetzung von τύπος, Urbild bzw. Vorbild, der schon im Neuen Testament mehrfach belegt ist. So nennt Paulus Adam τύπος τοῦ μέλλοντος, *figura futuri* (Röm 5,14), „Vorbild des kommenden Christus". Tertullian, der diese Typologie aufgreift, bezeichnet Adam und Mose als *figura Christi*, Eva als *figura ecclesiae*. Ebenso nennt er die eucharistischen Elemente Brot und Wein *figura*, nämlich *figura corporis et sanguinis Christi*. Davon unterscheidet er den *corpus veritatis*, den historischen, sinnlich wahrnehmbaren Leib Christi.[22]

Wie Tertullian und Ambrosius nennt Radbert die konsekrierten Gaben von Brot und Wein Bild *(figura)* des Leibes und Blutes Christi. Doch sind in Brot und Wein Christi Leib und Blut zugleich *in veritate* gegenwärtig: *in figura*, da Leib und Blut Christi nicht sinnlich wahrgenommen werden, *in veritate*, weil Christus die Wahrheit ist: „*Christus est Veritas*, Veritas autem Christus est"[23], und daher seine Worte, die vom Priester bei der Konsekration gesprochen werden, wahr sind, mag die Wahrheit des Leibes und Blutes Christi auch eine *in mysterio* sein.[24] Radberts Position wird besonders deutlich an folgendem Zitat: „Da daher das Sakrament mystisch ist, so können wir auch nicht leugnen, dass es ein Bild *(fi-*

---

21 Vgl. *Gottschalk von Orbais*, De corpore et sanguine Christi (PL 124) (1879), 326.

22 Vgl. *Tertullian*, Adversus Marcionem III, 19, 4; ebd. IV, 40, 3.

23 *Radbertus*, De corpore et sanguine Domini. Cum appendice Epistola ad Fredugardum, cura et studio Bedae Paulus (Corpus Christianorum: Continuatio Mediaevalis XVI) (1968), c. V, 18.

24 Vgl. *Zirkel*, Why should it be necessary that Christ be immolated daily? (1996), 247–252.

gura) ist; wenn es aber ein Bild ist, so müssen wir fragen, wie es Wirklichkeit sein kann [...] Abbild oder Abprägung *(caracter)* der Wirklichkeit ist, was äußerlich wahrgenommen wird, Wirklichkeit *(veritas)* aber, was von diesem Mysterium innerlich richtig erkannt oder geglaubt wird. Denn nicht jedes Bild *(figura)* ist Schatten oder Unwirklichkeit *(falsitas)*."[25]

Radbert verbindet *figura* und *veritas*, indem er auf Hebr 1,3 zurückgreift. Christus, der Sohn Gottes, wird an dieser Stelle als χαρακτὴρ τῆς ὑποστάσεως αὐτοῦ, als Abdruck, Abprägung oder Abbild des unsichtbaren göttlichen Wesens bezeichnet.[26] Radbert betrachtet damit wie zahlreiche Kirchenväter die sakramentale Gegenwart Christi in Analogie zur Menschwerdung. Wie Christus Abbild *(caracter)* des unsichtbaren Gottes ist, sind Brot und Wein Abbild *(caracter)* des Leibes und Blutes Christi. Radbert vergleicht Brot und Wein auch mit den Schriftzeichen, sofern sie Abbild *(caracter)* der gesprochenen Worte sind.[27] Beim Sakrament der Eucharistie gilt es, die Wahrnehmung in geistiger Weise auf das innerlich Wahrnehmbare auszurichten, so dass die Sinne in Brot und Wein „nichts anderes wahrnehmen *(sentire)* als Göttliches, nichts als Himmlisches"[28].

Den Satz, den man Radbert besonders anlastete, hat er wörtlich aus Ambrosius übernommen: „Das wahre Fleisch Christi, das gekreuzigt und begraben wurde, ist wirklich das Sakrament seines Fleisches"[29]. Radbert wendet sich gegen jene, die behaupten, dass

---

25 *Radbertus*, De corpore et sanguine Domini IV (ed. Paulus, 29): „Unde quia mysticum est sacramentum, nec figuram illud negare possumus. Sed si figura est, quaerendum quomodo veritas esse possit ... sit figura vel caracter veritatis quod exterius sentitur, veritas vero quidquod de hoc mysterio interius recte intellegitur aut creditur. Non enim omnis figura umbra vel falsitas." Vgl. *Chazelle*, Figure, Character, and the Glorified Body in the Carolingian Eucharistic Controversy (1992), 11; *Appleby*, „Beautiful on the cross, beautiful in his torments" (2005), 8–20.
26 Vgl. *Chazelle*, The Eucharist in Early Medieval Europe (2012), 237.
27 Vgl. *Radbertus*, De corpore et sanguine Domini IV (ed. Paulus, 29).
28 Ebd. II (22). Zur Radberts Theorie der doppelten Wahrnehmung vgl. *Patzold*, Visibilis creatura – invisibilis salus (2010), 93–96.
29 Vgl. *Radbertus*, De corpore et sanguine Domini IV (ed. Paulus, 30): „Vera

wir in der Eucharistie nur den *verklärten* Leib Christi, der im Himmel ist, empfangen, und er nennt sie an einer Stelle *haeretici*.[30] Er bezeichnet diese Position als häretisch, da eine Dissoziation von historischem und verklärten Leib Christi und von historischem, verklärtem und sakramentalem Leib auf eine Leugnung der wahrhaften Präsenz Christi in Brot und Wein hinauslaufen würde. In der Eucharistie ist der historische Leib Christi gegenwärtig, der von Maria geboren und der begraben wurde: „Kein anderes [Fleisch], als welches geboren ist aus Maria und gelitten hat am Kreuz und auferstanden ist aus dem Grab. Das ist dasselbe, und so ist es Christi *Fleisch für das Leben der Welt*, das noch heute geopfert wird, und wenn es würdig empfangen wird, dass es in uns das ewige Leben erneuert."[31] Die innere Wirklichkeit des Sakraments der Eucharistie kann für Radbert nur der historische und verklärte Leib Christi sein, der am Kreuz gelitten hat.[32]

Trotz dieser starken Betonung der Identität von historischem, verklärtem und sakramentalem Leib Christi durch Radbert, ist man bei unbefangener Lektüre seines Eucharistietraktats erstaunt, wie häufig darin betont wird, dass der Leib des Auferstandenen kein physischer, sondern ein geistiger Leib ist, da bei der Auferweckung Christi sein Leib in einen pneumatischen verwandelt wurde, worin Radbert die Identität von historischem

---

utique caro Christi quae crucifixa est et sepulta, vere illius carnis sacramentum".

30 Ebd. XVIII (100): „Ad vero quid ultimum est, si post resurrectionem hoc dedisset, dicturi essent haeretici, quod incorruptibilis iam Christus et in caelo positus non posset in terris eius caro a fidelibus vorari." Zur Diskussion um das Verhältnis von historischem und eucharistischem Leib Christi siehe *Pelikan*, The Christian Tradition III (1978), 190 192.

31 *Radbertus*, De corpore et sanguine Domini I (ed. Paulus, 15): „non alia plane, quam quae nata est de Maria et passa in cruce et resurrexit de sepulchro. Haec, inquam, ipsa est et ideo Christi est *caro* quae *pro mundi vita* adhuc hodie offertur, et cum digne percipitur, vita utique aeterna in novis reparatur."

32 Vgl. ebd. (18): „Et si Deus Veritas est, quicquid Christus promisit in hoc mysterio, utique verum est. Et ideo vera Christi caro et sanguis quam qui manducat [+ bibit] digne, habet vitam aeternam in se manentem."

Hoc est enim corpus meum

und sakramentalem Leib begründet sieht.[33] Mehrfach unterstreicht Radbert auch, dass es sich beim täglichen Opfer Christi in der Eucharistie um ein mystisches Opfer handelt.[34] „Weil es sich nicht schickt, dass Christus mit den Zähnen verzehrt werde, so wollte er, dass dieses Brot und dieser Wein im Mysterium wirklich zu seinem Fleisch und Blut durch die Konsekration des Heiligen Geistes in Macht geschaffen wurde [...] Wahrhaftig nennt er kein anderes, sondern das wirkliche Fleisch und das wirkliche Blut, wenn auch mystisch."[35] Die Frage nach dem Verhältnis des Kreuzesopfers Christi und des Opfers der Eucharistie hatte schon Alkuin in seinem Kommentar zum Hebräerbrief aufgeworfen und seitdem wurde sie intensiv diskutiert.[36]

Radbert geht davon aus, dass die Konsekration der Opfergaben von Brot und Wein durch die vom Priester gesprochenen Worte Christi *(Verba Testamenti)* und den Heiligen Geist bewirkt wird und nicht im Verdienst *(meritum)* des Priesters begründet ist.[37] Ohne das Wirken des Heiligen Geistes haben die *Verba Testamenti* nicht die Kraft zur Wandlung der Gaben von Brot und Wein in den Leib und das Blut Christi. Wie Ambrosius sagt Radbert vom Sakrament der Eucharistie, dass es „durch den Priester auf dem Altar auf Christi Wort hin durch den Heiligen Geist in göttlichem Auftrag konsekriert wird. Daher bezeugt der Herr laut:

---

33 Das übersieht *Chazelle*, The Crucified God in the Carolingian Era (2001), 216, wenn sie den sakramentalen Leib Christi als Leib im physischen Sinne *(physical sense)* bezeichnet.

34 Vgl. *Radbertus*, De corpore et sanguine Domini II (ed. Paulus, 23): „in mysterio cottidie veraciter immolatus"; ebd. IV (28): „vero cotidie pro mundi vita mystice immolari"; *ders.*, Epistola ad Fredugardum (ed. Paulus, 151): „immolatur pro nobis cottidie in mysterio".

35 *Radbertus*, De corpore et sanguine Domini IV (ed. Paulus, 27–28): „Sed quia Christum vorari fas dentibus non est, voluit in mysterio hunc panem et vinum vere carnem suam et sanguinem consecratione Spiritus sancti potentialiter creari [...] Ubi profecto non aliam quam veram carnem dicit et verum sanguinem licet mystice."

36 Vgl. *Alcuin*, Ad Hebraeos 10 (PL 100, 1077B–D).

37 Vgl. *Radbertus*, De corpore et sanguine Domini XII (ed. Paulus, 76f.).

Die Wirklichkeit der Eucharistie und ihre Verehrung

,Das ist mein Leib'."[38] Wenn der Priester die *Verba Testamenti* spricht, wird Christi Wort Wirklichkeit: „vere hoc fit quod dictum est: *Hoc est corpus meum*"[39]. In der sakramentalen Gegenwart des Leibes und Blutes Christi sieht Radbert ebenso ein Wunder wie in der Verwandlung des sterblichen in den verklärten Leib Christi. Wenn Radbert erklärt, aus der Substanz *(substantia)* des Brotes und Weines werde bei ihrer Konsekration der Leib und das Blut Christi[40], so reicht er damit schon nahe an die spätere Transsubstantiationslehre heran.

Auch wenn die Identität von historischem und sakramentalem Leib Christi von Radbert nicht im Sinne einer materiellen Identität gemeint ist, führt seine starke Betonung der Identität von historischem und eucharistischem Leib doch zur Vorstellung einer Art „Wiederholung" *(reiteratio)* des Kreuzesopfers Christi in der Eucharistie: Im Opfer der Eucharistie wird Christus mystisch, das heißt unblutig, jeweils neu, täglich, als Opferlamm geopfert[41], so dass die Eucharistie das wirkliche Opfer einer heiligen Darbringung genannt wird[42]. „Es wird aber täglich dieses Opfer wiederholt, wenn auch Christus einmal am Kreuz gelitten hat und durch das eine und selbe Todesleiden ein für allemal die Welt gerettet hat, und aus diesem Tode ist derselbe zum Leben auferstanden

---

38 Ebd. IV (28): „quod per sacerdotem super altare in verbo Christi per Spiritum Sanctum divinitus consecratur. Unde ipse Dominus clamat: *Hoc est corpus meum.*"

39 Ebd. XV (94). Vgl. ebd. II (22); ebd. IV (28). Ausführlich entfaltet Radbert die Position, die Ambrosius zur eucharistsichen Konsekration einnimmt, ebd. XV (92–97).

40 Vgl. ebd. III (27): „Unde nec mirum Spiritus Sanctus qui hominem Christum in utero virginis sine semine creavit, etiam si ipse panis ac vini substantia carnem sui sanctificationem operator."

41 Vgl. ebd. IV (28); ebd. IX (53).

42 Vgl. ebd. IX (64); *ders.*, Epistola ad Fredugardum (ed. Paulus, 151): „interrogati confitemur Christum cottidie in mysterio immolari *ad celebrationem pertinet sacramenti*, quod semel factum est, quando immolatus est pro salute mundi in seipso. Ac per hoc, quia sic credimus spiritualiter fieri, nec istud est sine ipso quod tunc gestum est sacramento, nec illud reiteratur in facto, ut moriatur Christus, sed immolatur pro nobis cottidie in mysterio."

und der Tod hat weiterhin keine Macht mehr über ihn […]Und weil wir also täglich fallen, wird also Christus täglich für uns geopfert und das Leiden im Mysterium weitergegeben."[43] Radberts irritierende Auffassung, unter den eucharistischen Gestalten sei das historische Fleisch und Blut Jesu gegenwärtig, und das Opfer Christi werde in der Eucharistie „wiederholt", dürfte sich ohne die starke Fixierung auf das historische Blut Christi in der frühmittelalterlichen Frömmigkeit kaum erklären lassen.[44]

Karl der Kahle hatte Ratramnus um die Klärung folgender Frage gebeten: Empfangen die Gläubigen bei der Kommunion den Leib und das Blut Christi *in mysterio* oder *in veritate*?[45] Damit verbunden waren weitere Fragen, die Ratramnus gleich zu Beginn seines Gutachtens formuliert: Können Leib und Blut Christi allein mit den Augen des Glaubens oder auch sinnlich wahrgenommen werden? Sind der Leib und das Blut Christi in bildhafter, mysterienhafter Verhüllung *(sub mysterii figura; velatione mysterii)* oder in ihrer unverhüllten, manifesten Wirklichkeit *(nulla sub figura; nulla sub obvelatione, sed ipsius veritatis nuda manifestatione)* gegenwärtig?[46] Handelt es sich beim Leib Christi, den wir empfangen, um denselben Leib, den Maria geboren hat, der starb, der begraben wurde und der auferstand?[47] Da Radbert mit Ausnahme von Eucharistiewundern eine sinnliche Wahrnehmung von Leib und Blut Christi in Brot und Wein bestreitet, und Ratramnus dies kaum verborgen geblieben sein dürfte, vermutet Celia Chazelle, dass es in Corbie und Corvey einzelne Mönche gegeben habe, die meinten, Leib und Blut

---

43 *Radbertus*, De corpore et sanguine Domini IX (ed. Paulus, 52f.): „Iteratur autem cotidie haec oblatio, licet Christus semel passus in carne per unam eandemque mortis passionem semel salvaverit mundum, ex qua morte idem resurgens ad vitam mors ei ultra non dominibatur […] Et ideo quia cotidie labimur, cotidie pro nobis Christus mystice immolatur et passio Christi in mysterio traditur".

44 Vgl. *Angenendt*, Geschichte der Religiosität im Mittelalter ([2]2000), 366.

45 Vgl. *Ratramnus*, De corpore et sanguine Domini II (ed. Bakhuizen, 1974, 42).

46 Vgl. ebd.

47 Vgl. ebd. V (44).

Christi würden sich bei der Konsekration in die Substanz von Brot und Wein wandeln, so dass sie sinnlich wahrnehmbar seien.[48]

Ratramnus geht davon aus, dass die Eucharistie „im Bild und als Gedächtnis des Todes unseres Herrn" gefeiert wird, „um in Erinnerung zu rufen, was sich unabhängig von unserem gegenwärtigen Gedächtnis ereignet hat"[49] und als Ereignis der Vergangenheit nicht zurückgerufen werden kann.[50] Im Gedächtnis (*memoria*) wird das Mysterium des Leidens und Sterbens Christi gegenwärtig. Brot und Wein werden daher Leib und Blut Christi genannt.[51] Wie Radbert geht Ratramnus ganz selbstverständlich davon aus, dass die Opfergaben von Brot und Wein durch die vom Priester im Rahmen des Eucharistiegebets gesprochenen *Verba Testamenti* zu Leib und Blut Christi konsekriert werden. Dazu beruft er sich auf Ambrosius.[52] Die Vorstellung einer Konsekration von Brot und Wein durch das Sprechen der *Verba Testamenti* hat sich nicht erst in Verbindung mit der Herausbildung der Transsubstantiationslehre durchgesetzt.[53] Sie ist vielmehr eine elementare Voraussetzung der karolinigischen Eucharistiekontroverse. Dass auch sonst im Frühmittelalter schon die Vorstellung vorherrschte, die entscheidende Konsekration von Brot und Wein in den Leib und das Blut Christi erfolge durch die *Verba Testamenti*, zeigt die Bezeichnung der *Verba Testamenti* als *oratio periculosa* im „Stowe-Missale" (8./9. Jh.).[54]

---

48 Vgl. *Chazelle*, Figure, Character, and the Glorified Body in the Carolingian Eucharistic Controversy (1992), 8.

49 *Ratramnus*, De corpore et sanguine Domini C (ed. Bakhuizen, 69): „in figuram sive memoriam dominicae mortis ponatur ut quod gestum est in praeterito praesenti revocet memoriae".

50 Vgl. ebd. XXXVII (43): „eum semel in seipso passus sit et resurrexit nec dies illi iam possint revocari, quoniam praeterierunt"

51 Vgl. ebd. XXXIX–XL (44f.).

52 Vgl. ebd. LIII–LIV (56).

53 *Angenendt*, Geschichte der Religiosität im Mittelalter ([2]2000), 503.

54 Vgl. *Kottje*, Oratio periculosa (1967), der gegenüber Nußbaum zeigt, dass mit *oratio periculosa* (im Unterschied zu *oratio mystica*) nicht der ganze Kanon gemeint ist, sondern der Einsetzungsbericht mit den *Verba Testamenti*.

Während Radbert *figura* und *veritas* im Begriff des Abdruckes *(caracter)* miteinander verbindet, sieht Ratramnus sie stärker im Gegensatz zueinander. Unter *figura* versteht er ein Bild wie das Wort Jesu: „Ich bin das lebendige Brot, das vom Himmel herabgekommen ist" (Joh 16,51).[55] Die Einsetzungsworte vergleicht Ratramnus mit einer *figurata locutio*, wie im Wort Jesu über den Weinstock: „Ich bin der Weinstock, ihr seid die Reben" (Joh 15,5). „Denn hinsichtlich ihrer Substanz sind Brot und Wein nicht Christus, so wie die Reben keine Apostel sind."[56] Unter *veritas* versteht Ratramnus eine unverhüllte Wirklichkeit *(res manifesta)*, die „durch reine und klare" und das heißt „natürliche Zeichen mitgeteilt wird. So sagt man etwa, Christus ist geboren aus der Jungfrau, hat gelitten, ist gekreuzigt worden, gestorben und begraben worden"[57]. „Denn Mysterium kann eine Wirklichkeit nicht genannt werden, in der nichts verborgen, nichts den körperlichen Sinnen entzogen, nichts mit einem Schleier bedeckt ist."[58]

Brot und Wein konzipiert Ratramnus als Bild *(figura)* einer geistigen, nichtleiblichen Wirklichkeit, so dass „das Brot, welches Leib Christi und der Kelch, welcher Blut Christi genannt wird, Bild ist, weil Mysterium, und dass kein geringer Unterschied besteht zwischen dem Leib, der in der Form des Mysteriums existiert, und dem Leib, der gelitten hat und begraben worden ist und der auferstand. Denn dies ist der eigene Leib des Erlösers, und in ihm ist keine Bildhaftigkeit und kein Hinweis auf etwas an-

---

55 Vgl. *Ratramnus*, De corpore et sanguine Domini VII (ed. Bakhuizen, 34): „Figura est obumbratio quaedam quibusdam velaminibus quod intendit ostendens ... omnia aliud dicunt et aliud innuunt."

56 Ebd. VIII (35): „nam substantialiter nec panis Christus nec vitis Christus nec palmitis apostoli".

57 Ebd. (34): „Veritas vero est, rei manifestae demonstratio, nullis umbrarum imaginibus obvelatae, sed puris et apertis, utque planius eloquamur naturalibus significationibus insinuatae ut pote cum dicitur Christus natus de virgine, passus, crucifixus, mortuus et sepultus."

58 Ebd. IX (35): „Quoniam mysterium dici non potest in quo nihil est abditum, nihil a corporalibus sensibus remotum, nihil aliquo velamine contectum."

deres".[59] Der historische Leib Christi, der auferweckt wurde, existiert *in veritate*. Der verklärte Leib Christi, den wir im Himmel schauen werden, wird sich uns, im Unterschied zum sakramentalen Leib Christi, ohne Bild und Zeichen zeigen.[60] Ratramnus trennt den sakramentalen vom verklärten Leib Christi und die unvollkommene Erkenntnis durch das Sakrament von der himmlischen Schau des Leibes Christi.[61] Anders als Radbert nimmt Ratramnus keine substantielle Verwandlung von Brot und Wein in den Leib und das Blut Christi an. Den sakramentalen Leib Christi, den wir empfangen, nennt er Unterpfand *(pignus)* und Bild *(species)*[62] des verklärten Leibes Christi im Himmel, den wir bei Gott schauen werden.[63] Christi Leib und Blut empfangen wir unter dem Schleier des sakramentalen Zeichens des Brotes in *mysterio*, nicht *in veritate*: „Unter dem Schleier *(velamen)* des leiblichen Brotes und des leiblichen Weines ist der geistliche Leib Christi und das geistliche Blut da"[64]. Brot und Wein sind Bilder der Wahrheit des Leibes und Blutes Christi im Himmel. Es handelt sich um eine Gegenwart „nach dem unsichtbaren Wesen"[65].

Wie Radbert beruft sich Ratramnus auf Ambrosius, obschon dieser eine Identität des historischen und verklärten Leibes Christi mit dem sakramentalen Leib annimmt.[66] Es ist unklar, ob Ratramus

---

59 Ebd. XCVII (59): „quod panis qui corpus Christi, et calix, qui sanguis Christi appellatur, figura sit, quia mysterium, et quod non parva differentia sit inter corpus, quod per mysterium existit, et corpus, quod passum est, et sepultum, et resurrexit. Quoniam hoc proprium salvatoris corpus existet, nec in eo vel aliqua figura, vel aliqua significatio". Vgl. ebd. LXIX (51).
60 Vgl. ebd. XCVII (59): „nec in eo vel aliqua figura vel aliqua significatio".
61 Vgl. ebd. XIX (38); ebd. XVI (37); ebd. LXXI–LXXII (52). Siehe dazu *Chazelle*, Figure, Character, and the Glorified Body in the Carolingian Eucharistic Controversy (1992), 22; *dies.*, The Eucharist in Early Medieval Europe (2012), 248.
62 Vgl. *Ratramnus*, De corpore et sanguine Domini LXXXXVI (ed. Bakhuizen, 56).
63 Vgl. ebd.
64 Ebd. XVI (37): „sub velamento corporei panus corporeique vini spiritale corpus Christi spiritalisque sanguis existet".
65 Ebd. XLIX (55): „secundum invisibilem substantiam".
66 Vgl. ebd. LIX–LX (49).

die Position des Bischofs von Mailand falsch verstanden oder einfach ignoriert hat.[67] Jedenfalls ist Ratramnus der Auffassung, dass sich Brot und Wein unter der Konsekration nicht verändern.[68] Im eucharistischen Brot des Altares wird der Leib Christi, den Maria geboren hat und der von den Toten auferstand, bezeichnet *(signatur)*.[69] Das eucharistische Brot benennt *(clamat)* den Leib Christi.[70] Die Gegenwart Christi in der Eucharistie ist für Ratramnus keine leibliche, sondern eine spirituelle.[71] Das darf nicht symbolistisch verstanden werden, da das Sakrament seiner ganzen Wirklichkeit nach ein real partizipierendes Bild *(figura, imago)* des himmlischen Herrenleibes ist. In diesem Sinne kann Ratramnus von einer *commutatio spiritualis, non corporalis,* einer geistlichen, nicht körperlichen Umwandlung, die *figurate,* verborgen unter dem Bild geschieht, sprechen.[72] Das eine ist, was die Sinne äußerlich wahrnehmen, Brot und Wein, das andere, was sich innerlich dem Geist der Gläubigen zeigt.[73] Die Gläubigen, die das Sakrament der Eucharistie empfangen, werden spirituell genährt „secundum vero quod creduntur"[74]. Die Eucharistie schenkt dem, der sie gläubig empfängt, die „lebendige Kraft" *(virtus vitalis)* des Auferstandenen[75], die „Kraft des göttlichen Wortes" *(divini potentia verbi).*[76]

---

67 Vgl. *Fahey*, The Eucharistic Teaching of Ratram of Corbie (1951), 50–52; *Ganz*, Corbie in the Carolingean Renaissance (1990), 89; *Chazelle*, Figure, Character, and the Glorified Body in the Carolingian Eucharistic Controversy (1992), 5.
68 Vgl. *Ratramnus*, De corpore et sanguine Domini XII (ed. Bakhuizen, 36).
69 Vgl. ebd. XCVI (59).
70 Vgl. ebd. IX (35).
71 Vgl. *Chazelle*, Figure, Character, and the Glorified Body in the Carolingian Eucharistic Controversy (1992), 24.
72 Darauf haben *Fahey*, The Eucharistic Teaching of Ratramn of Corbie (1951), und *Jorissen*, Abendmahlsstreit (³1993), 36, aufmerksam gemacht. Josef Rupert Geiselmann war noch der Meinung, Ratramnus vertrete einen antimetabolistischen Symbolismus. Vg. *ders.*, Die Eucharistielehre der Vorscholastik (1926).
73 Vgl. *Ratramnus*, De corpore et sanguine Domini IX (ed. Bakhuizen, 35).
74 Ebd. XIX (38).
75 Vgl. ebd. XVIII (38).
76 Vgl. ebd. LXIIII (50).

Die Wirklichkeit der Eucharistie und ihre Verehrung

Fredugard, ein Mönch von Saint-Riquier, den Radbert eine Zeit lang unterrichtet hatte, war besorgt, Augustins Bezeichnung der eucharistische Brotrede Jesu als *tropica locutio* könne die Position seines Lehrers ins Wanken bringen. Radbert antwortete Fredugard mit einem Brief, dem er ein Kompendium von Väterzitaten und die Erklärung des letzten Abendmahls aus seinem Kommentar zum Matthäusevangelium beifügte.[77] In seinem Brief versichert Radbert seinem früheren Schüler, Augustinus nenne die Brotrede Jesu deshalb eine *tropica locutio*, weil es nicht darum gehe, Christi physisches Fleisch zu essen und sein physisches Blut zu trinken.[78] Augustinus lehre aber, dass wir in Brot und Wein wahrhaft den Leib und das Blut Christi empfangen. Zum Beleg führt er folgendes Zitat an: „Empfange in dem Brot, was am Kreuz hing und im Kelch, was aus der Seitenwunde floss."[79] Wir wissen heute, dass das Zitat nicht von Augustinus stammt, sondern von Faustus von Riez (gest. 495).[80] Allerdings findet sich in Augustins Psalmenkommentar ein ganz ähnlicher Satz: „Und weil er [Christus, H.H.] in diesem Fleisch auf Erden gelebt hat, gab er uns dieses Fleisch zur Speise des Heils. Niemand isst nun aber von diesem Fleisch, ohne zuvor angebetet zu haben."[81]

Ratramnus wird Augustinus nicht gerecht, wenn er die Bezeichnung der eucharistischen Brotrede Jesu als *figurata locutio* auf die *Verba Testamenti* überträgt, und sich sich dabei eng an den Begriff des Zeichens *(signum)* und Bildes *(figura)* in „De doctrina christiana" hält.[82] Denn die allgemeine Zeichendefinition Augustins reicht nicht aus, um seine Sicht der eucharistischen

---

77 Das Kompendium der Väterzitate und der Abschnitt aus Radberts Matthäuskommentar sind der 3. und 4. Auflage seines Eucharistietraktats beigefügt.
78 Vgl. *Radbert*, Epistola ad Fredugardum (ed. Paulus, 146f.).
79 Ebd. (147.149).
80 Vgl. Sermo Denis 3 (19, 7–9).
81 *Augustinus*, Enarrationes in Psalmos XCVIII, 9 (CCSL 39, 1385): „Et quia in ipsa carne hic ambulavit, et ispam carnem nobis manducandam ad salutem dedit: nemo autem illam carnem manducat, nisi prius adoravit."
82 Vgl. *Chazelle*, Figure, Character, and the Glorified Body in the Carolingian Eucharistic Controversy (1992), 27.

Wirklichkeit zu bestimmen. Die Sakramente im engeren Sinne sind Zeichen *sui generis*. Es handelt sich bei ihnen weder um ein natürliches Zeichen, so wie der Rauch Zeichen des Feuers ist[83], noch um ein Symbol wie beim Kreuz als Zeichen für den christlichen Glauben.[84] Das Sakrament der Eucharistie wird uns nicht nur dem äußeren Zeichen nach gereicht, wir empfangen darin wahrhaft den Leib und das Blut Christi – so Augustinus in „De civitate Dei" (413–426).[85] In einem seiner Briefe erklärt Augustinus, dass das Sakrament des Leibes und Blutes Christi wahrhaft Leib und Blut Christi ist: „sacramentum corporis Christi corpus Christi est, sacramentum sanguinis Christi sanguis Christi est"[86]. Radbert hat in diesem Punkt Augustinus auf seiner Seite, so dass er gegenüber seinem Schüler Fredugard erklären kann, nicht alle, die Augustinus lesen, würden ihn auch verstehen: „Ex quo datur intelligi, quia non omnes continuo qui beatum Augustinum legunt, eum intellegunt."[87]

Der zweite Eucharistiestreit im Mittelalter wurde ausgelöst durch Berengar von Tours (999–1088), Leiter der Domschule in Tours und seit 1040 Archidiakon am Dom zu Angers. Berengar war ein brillanter Redner und benutzte die dialektische Methode, das heißt ein deduktives Argumentationsverfahren zur Behandlung theologischer Fragen unter Berücksichtigung verschiedener Positionen. Dagegen wandten sich die Antidialektiker, allen voran Petrus Damiani (um 1006–1072). Als Papst Leo IX. (1049–1054) die Eucharistielehre Berengars untersuchen ließ, hielt sich mit Lanfrank von Bec (um 1010–1089) ein Kritiker Berengars am päpstlichen Hof auf. Nachdem Berengar von dessen Kritik erfuhr, sandte er ihm einen Brief (1049) mit dem Vorschlag, sich zu einer Auseinandersetzung um die Frage der Wirklichkeit der Eucharistie zu treffen.

---

83 Vgl. *Augustinus*, In Iohannis evangelium tractatus XXVI, 11, 19f. (CSEL 36, 265); ebd. LXXX, 3, 9–12 (CSEL 36, 529).
84 Vgl. *ders.*, De doctrina christiana II, 46 (CCSL 32, 7).
85 Vgl. *ders.*, De civitate Dei XXI, 25 (CCSL 48, 798): „sed re vera corpus Christi manducare et eius sanguine bibere; hoc est enim in Christo manere, ut in illo et Christus."
86 *Ders.*, Epistola XCVIII, 9 (CCSL 31, 531).
87 *Radbert*, Epistola ad Fredugardum (ed. Paulus, 151).

Das Schreiben erreichte Lanfrank nicht. Doch auf der Synode in Rom (1050) diente es als Belastungsmaterial gegen Berengar, der an der Synode nicht teilnahm. In Abwesenheit wurde Berengar exkommuniziert. Erst nach der Exkommunikation trafen Berengar und Lanfrank in der Normandie zusammen, ohne dass man sich annäherte. Im September 1050 verurteilte eine Synode in Vercelli den inzwischen fälschlicherweise Johannes Scottus Eriugena (9. Jh.) zugeschriebenen Eucharistietraktat des Ratramnus als nicht rechtgläubig, da er von der Eucharistie als *signum, figura, pignus* und *similitudo* des Leibes Christi spreche. Berengar, der sich auf die Abhandlung von Ratramnus berief, wurde auf dieser Synode erneut verurteilt.[88] Eine weitere Verurteilung Berengars erfolgte 1051 durch eine Synode in Paris. 1052 zwang eine Synode in Tours Berengar, die Einsetzungsworte realistisch zu interpretieren. Doch wie die „Purgatoria Epistula" (um 1053) zeigt, hielt Berengar an seiner Position fest. Zur gleichen Zeit legte Durandus von Troarn (um 1012–1089) den ersten umfangreichen Eucharistietraktat gegen Berengar vor.[89] Der Abt des gleichnamigen Klosters in der Normandie verteidigt darin den Begriff *figura*, indem er zwischen dem himmlischen Manna als *figura figurae* und der Eucharistie als *figura substantiae* unterscheidet.[90]

1054 erfolgte durch eine weitere Synode in Tours eine dritte Verurteilung Berengars. Auf Drängen Hildebrands von Soana, des Päpstlichen Legaten und späteren Papstes Gregor VII. (1073–1085), begab sich Berengar schließlich nach Rom. Auf der unter Vorsitz von Papst Nikolaus II. (1058–1061) abgehaltenen Synode in Rom (1059) widerrief Berengar seine Position, seine Schriften wurden verbrannt. Berengar unterzeichnete ein von Kardinal Humbert de Silva Candida (gest. 1061) verfasstes Bekenntnis: „Ich, Berengar, … erkenne den wahren und apostolischen Glauben und belege jede

---

88 Vgl. *Macy*, The Theologies of the Eucharist in the Early Scholastic Period (1984), 35f.
89 Vgl. *Durandus von Troarn*, Liber de corpore et sanguine Christi (PL 149, 1375–1424).
90 Vgl. *Aris*, Figura (2010), 72–74.

Häresie mit dem Anathema, insbesondere jene, deretwegen ich bisher beschuldigt wurde: sie wagt zu behaupten, das Brot und der Wein, die auf den Altar gelegt werden, seien nach der Konsekration lediglich ein Sakrament und nicht der wahre Leib und das wahre Blut unseres Herrn Jesus Christus ... Ich stimme ... der heiligen Römischen Kirche und dem Apostolischen Stuhl zu und bekenne mit Mund und Herz, dass ich in Bezug auf das Sakrament des Herrenmahls jenen Glauben festhalte, den der Herr und ehrwürdige Papst Nikolaus und diese heilige Synode kraft evangelischer und apostolischer Autorität festzuhalten überliefert und mir bestätigt hat: dass nämlich das Brot und der Wein, die auf den Altar gelegt werden, nach der Konsekration nicht nur ein Sakrament, sondern auch der wahre Leib und das wahre Blut unseres Herrn Jesus Christus sind und sinnenhaft *(sensualiter)* – nicht nur im Sakrament *(non solum sacramento)*, sondern in Wahrheit *(in veritate)* – mit den Händen des Priesters berührt *(tractari)* und gebrochen *(frangi)* und mit den Zähnen der Gläubigen zerrieben werden *(atteri)*; beschwöre ich bei der heiligen und wesensgleichen Dreifaltigkeit und bei diesen hochheiligen Evangelien Christi."[91]

Roland Bandinelli, der spätere Papst Alexander III. (1159–1181), setzte sich gut hundert Jahre später vom diesem groben Realismus ab.[92] Auf die Frage, ob der Leib Christi gebrochen wird *(an corpus frangitur)*, gab Roland zur Antwort: Der Leib Christi werde sakramentaliter, aber nicht essentialiter gebrochen *(frangitur sacramentaliter et non essentialiter)*.[93] Auch Petrus Lombardus (1096–1160) lehrte, dass der Leib Christi *sacramentaliter* gebrochen werde.[94] Gegen die Eidesformel von 1059 wendete sich auch Guibert von Nogent/Laon (1055–1125) und nahm wichtige Differenzierungen zum Verhältnis von historischem, verklärtem und sakramentalem Leib Christi *(tria corpora)* vor: Der

---

91 DH 690.
92 *de Montclos*, Lanfranc et Bérengar (1971), 590, spricht von *ultra-réalisme*.
93 Vgl. Die Sentenzen Rolands nachmals Papstes Alexander III, erstmals hg. von A.M. Gietl, (1891/1969), 233.
94 Vgl. *Petrus Lombardus*, Sententiae I, 4, d.12 (ed. Collegii S. Bonaventurae ad Claras Aquas [1981], 306f.).

Die Wirklichkeit der Eucharistie und ihre Verehrung

verherrlichte Leib Christi ist identisch mit dem historischen Leib Christi hinsichtlich seiner Individualität, nicht aber seiner Erscheinungsweise. Der sakramentale Leib Christi vermittelt als wirklichkeitserfüllte *figura* zwischen dem historischen und dem verherrlichten Leib Christi. Damit suchte Guibert den Gegensatz zwischen *figura* und *veritas* zu überwinden, der im ersten und zweiten Eucharistiestreit aufgebrochen war.[95]

Um den groben Realismus der Eidesformel von 1059 zu verstehen, ist an die Rolle Humberts de Silva Candida im Streit um das Azymen zu erinnern. Während der lateinische Westen zwischen dem 9. und 11. Jahrhundert dazu überging, ungesäuertes Brot (ἄζυμον) für die Eucharistie zu verwenden, hielten die Kirchen der Orthodoxie, mit Ausnahme der Armenier, am gesäuerten Brot für die göttliche Liturgie fest.[96] Die jahrhundertelange Entfremdung zwischen Ost und West war durch die gescheiterte Einigung im Azymenstreit besiegelt.[97] 1054 erfolgte eine wechselseitige Exkommunikation zwischen Rom und Byzanz, die erst am 7. Dezember 1965 durch Papst Paul VI. (1963–1978) und den ökumenischen Patriarchen Athenagoras (1886–1972) aufgehoben wurde. Die Exkommunikation von 1054 war eine auf Personen begrenzte und hatte im Bewusstsein vor allem der lateinischen Kirche lange keine kirchentrennende Wirkung.[98]

Die Einführung des Azymen in der katholischen Kirche wurde u. a. mit der Matze des jüdischen Pessachmahles begründet. Die frühesten Zeugen für das Azymen sind Alkuin und Hrabanus Maurus. Trotz der Versöhnungsbereitschaft Papst Leos IX. gelang es Humbert de Silva Candida und dem Patriarchen Michael Kerullarios von Konstantinopel (um 1000–1059) nicht, den Azymenstreit beizulegen. Der Patriarch hielt daran fest, dass Jesus gesäuer-

---

95 Vgl. *Aris*, Figura (2010), 64–70.
96 In der armenischen Kirche ist die Verwendung des Azymen seit dem 6. Jahrhundert nachgewiesen, doch dürfte der Brauch älter sein.
97 Vgl. *Geiselmann*, Die Abendmahlslehre an der Wende der christlichen Spätantike zum Frühmittelalter (1933), 73–85.248–252; *Macy*, Treasures from the Storeroom (1999), 22.
98 Vgl. *Bayer*, Spaltung der Christenheit (2004).

tes Brot beim letzten Abendmahl verwendet habe und der Gebrauch des ungesäuerten Brotes ein Rückfall ins Judentum sei. Die „Griechen" sahen im gesäuerten Brot zudem ein Symbol für die Trinität, bei dem das gesäuerte Brot den Geist repräsentiert, während das ungesäuerte Brot als *corpus imperfectum et inanimatum* betrachtet wurde.[99] Humbert de Silva Candida erhob den Vorwurf, die byzantinische Kirche hätte den wahren Glauben verfälscht. Es entspreche nicht der authentischen Glaubenslehre, vom Brot als Symbol zu sprechen. Denn nach der Konsekration haben wir es nicht mehr mit gewöhnlichem Brot zu tun. Es ist nicht ausgeschlossen, dass Humbert die Eidesformel *Ego Berengarius* auch mit Blick auf die „Griechen" formuliert hat.

Nach der Synode von Rom (1059) kehrte Berengar nach Tour zurück. In seinem verloren gegangenen „Scriptum contra Synodum" widerrief Berengar die von ihm unterschriebene Eidesformel. Er behauptete, sie unter Druck unterzeichnet zu haben, und attackierte Kardinal Humbert.[100] Auch Lanfrank von Bec wurde von Berengar scharf angegriffen. Lanfrank, inzwischen Abt von St. Stephan in Caen, reagierte mit dem „Liber de corpore et Sanguine Domini" (1063).[101] Darin zitiert er ausführlich aus Berengars Schrift gegen die Synode von Rom.[102] Lanfranks Gegenschrift legt in Kapitel XVIII die Grundlagen für die spätere Transsubstantiationslehre, auch wenn die Terminologie im Einzelnen noch schwankend ist.[103] Lanfrank unterscheidet zwischen der Substanz *(substantia)* der eucharistischen Gaben und ihrer sichtbaren Gestalt *(species visibilis)* sowie zwischen dem Wesen *(essentia)* und

---

99 Vgl. *Geiselmann*, Die Abendmahlslehre an der Wende der christlichen Spätantike zum Frühmittelalter (1926), 77.

100 Vgl. *Gibson*, Lanfranc of Bec (1978), 70.

101 Im Zeitalter der Reformation erfuhr das Werk zwischen 1528 und 1618 mehr als zehn Ausgaben.

102 Lanfrank wird darin Berengar nicht immer gerecht, wenn er z. B. behauptet, die Eucharistie sei für Berengar nur ein Gedächtnis des Todes Christi. Vgl. *ders.*, De corpore et sanguine Domini adversus Berengarium Turonensem XXII (PL 150, 440B–C).

103 Vgl. *Gibson*, Lanfranc of Bec (1978), 90.

den Eigenschaften *(proprietates)* des Leibes Christi: „Es ist also zu bezeugen, dass sie [Brot und Wein] der sichtbaren Erscheinung nach sind, was sie zuvor [vor der Konsekration] waren, dass sie aber gemäß des inneren Wesens in die Natur jener Wirklichkeiten [Leib und Blut Christi] verwandelt worden sind, die sie zuvor nicht waren."[104]

Mit Ambrosius nimmt Lanfrank an, dass Brot und Wein durch die vom Priester gesprochenen *Verba Testamenti* zu Leib und Blut Christi werden: „Bevor konsekriert wird, ist es Brot. Wo aber die Worte Christi hinzukommen, ist es der Leib Christi."[105] „Wir glauben also, dass die auf dem Altar liegenden irdischen Substanzen im priesterlichen Mysterium durch Gott geheiligt [...]und in das Wesen des Herrenleibes verwandelt werden, während die äußeren Gestalten erhalten bleiben."[106] Lanfrank war mit der aristotelischen Unterscheidung zwischen erster und zweiter Substanz vertraut.[107] Die Verwandlung der Gaben von Brot und Wein ist für ihn keine hinsichtlich ihrer akzidentiellen Bestimmungen oder Qualitäten, sondern ihres Wesens. Die Verwandlung der eucharistischen Gaben bedeutet nicht eine materielle Veränderung von Brot und Wein. Es handelt sich bei der Verwandlung der Gaben vielmehr um einen „Vorgang", der sich auf die metaphysische Substanz der Gaben bezieht. Da der verklärte Leib Christi nicht materieller Art ist, handelt es sich bei der Kommunion für Lanfrank zugleich um einen physischen und einen spirituellen Vorgang *(corporaliter,*

---

104 Vgl. *Lanfrank von Bec*, De corpore et sanguine Domini adversus Berengarium Turonensem IX (PL 150, 420D): „Esse quidem secundum visibilem speciem testatur qua erant, commutari vero secundum interiorem essentiam in naturam illarum rerum quae antea non erant."

105 Lanfrank zitiert aus *Ambrosius*, De mysteriis V: „Antequam consecratur, panis est. Ubi autem verba Christi accesserunt, corpus est Christi." Vgl. *Lanfrank*, De corpore et sanguine Domini adversus Berengarium Turonensem XVIII (PL 150, 432A–B).

106 Ebd. (PL 150, 430B–C): „Credimus igitur terrenas substantias quae in mensa Dominica, per sacerdote mysterium, divinitus sanctificantur [...] converti in essentiam Dominici corporis, reservatis ipsarum rerum speciebus."

107 Vgl. ebd. XVI (PL 150, 428B).

spiritualiter).[108] „Denn wie das materielle Brot den menschlichen Leib nährt und erhält, so der spirituelle und unsichtbare Leib Christi die Seele"[109].

Berengar antwortete auf Lanfrank mit der Abhandlung „Rescriptum contra Lanfrannum".[110] Das einzige überlieferte Manuskript des Werkes, das traditionell den Titel „De sacra coena" trägt, liegt in der Herzog-August-Bibliothek in Wolfenbüttel, wo es 1770 von Gotthold Ephraim Lessing (1729–1781) entdeckt wurde. In seinem Reskript kommt Berengar mit Lanfrank darin überein, dass es sich beim eucharistischen Opfer nicht um eine Wiederholung des Kreuzesopfers Christi handelt. In der Frage der somatischen Realpräsenz Christi in den Gaben von Brot und Wein grenzt sich Berengar dagegen von Lanfrank deutlich ab. Die Gegenwart des Leibes Christi im Himmel schließe es aus, dass Christus zugleich auf dem Altar gegenwärtig sei. Die sinnliche Wahrnehmung der akzidentiellen Qualitäten von Brot und Wein mache eine substantielle Verwandlung der Gaben unmöglich, da eine Trennung von Substanz und Akzidenzien nicht denkbar sei. In Lanfranks Unterscheidung zwischen Substanz und Akzidenz sieht Berengar einen Missbrauch aristotelischer Philosophie.[111] Berengar beruft sich auch auf den von Boethius (um 480–524/526) verfassten Kommentar zu der vom Neuplatoniker Porphyrius (um 233–301/305) verfassten Einführungsschrift (Isagoge) zur Aristotelischen Kategorienlehre.[112] Während Lanfrank darauf insistiert, dass die Konsekrationsworte *Hoc est enim corpus meum* im Sinne einer Identität von Brot und Leib Christi zu verstehen sind, hält Berengar daran fest, dass sich das *hoc* auf die sichtbare

---

108 Vgl. ebd. XIX (PL 150, 435C).

109 Vgl. ebd. XX (PL 150, 438D): „Nam sicut quae iste materialis panis discrete sumptus humanam carnem nutrit et sustentat, sic spirituale et invisibile corpus Christi animam".

110 Vgl. *Berengar von Tours*, Rescriptum contra Lanfrannum (ed. Huygens 1988).

111 Vgl. *Aristoteles*, Categorias 2b 6.

112 Vgl. *Boethius*, In Isagogen Porphyrii Commentorum I, 2 (CSEL 48, 6,5–10).

Gestalt des Brotes beziehe, weshalb das Brot nicht in den Leib Christi verwandelt werden könne.[113]

Nachdem Lanfrank Erzbischof von Canterbury geworden war (1070), übernahm sein Schüler Guitmund von Aversa (gest. 1090/1095) die Aufgabe, sich mit Berengar und seinen Anhängern auseinanderzusetzen.[114] In seinem gegen Berengar gerichteten Eucharistietraktat „De corporis et sanguinis Jesu Christi veritate in Eucharistia" (1073–1075)[115] nimmt Guitmund wie Durandus von Troarn Klärungen des Begriffs *figura* vor. Unter Rückgriff auf Augustinus unterstreicht Guitmund, dass die kultische Feier der Eucharistie *figura* genannt werden könne, nicht aber die sakramentalen Elemente Brot und Wein.[116] In Berengars Lehre, dass Christi Leib und Blut verborgen unter den Gestalten von Brot und Wein gegeben seien, erkennt Guitmund zwar eine gewisse Nähe zu seiner eigenen Auffassung.[117] Er distanziert sich auch vom groben Realismus der Berengar von Humbert von Silva Candida vorgelegten Eidesformel.[118] Zu Recht würden die Anhänger Berengars bestreiten, dass der Leib Christi teilbar oder zerstörbar sei.[119] Der Leib Christi könne nicht mit den Zähnen zerrieben werden. Doch wie Lanfrank nimmt Guitmund eine unseren Sinnen entzogene *conversio substantialis* von Brot und Wein an.[120] Es

---

113 Vgl. *Berengar von Tours*, Rescriptum contra Lanfrannum I, fol. 20–21.30.36–38 (ed. Huygens, 64f., 76, 87f.).

114 Zu den Anhängern Berengars vgl. *Macy*, Treasures from the Storeroom (1999), 59–80.

115 *Guitmund von Aversa*, De veritate corporis et sanguinis Domini nostri Iesu Christi (PL 149, 1427–1494). Die erste gedruckte Edition des Traktats, der literarischen Form nach handelt es sich um einen Dialog zwischen Guitmund und einem jungen Mönch mit Namen Roger, besorgte Erasmus von Rotterdam während seines Aufenthaltes an der Universität Freiburg (1530).

116 Vgl. *Aris*, Figura (2010), 74–76.

117 Vgl. *Guitmund von Aversa*, De veritate corporis et sanguinis Domini nostri Iesu Christi I (PL 149,1430C): „aliquo modo nobiscum".

118 Vgl. *Chadwick*, Ego Berengarius (1994), 46.

119 Vgl. *Guitmund von Aversa*, De veritate corporis et sanguinis Domini nostri Iesu Christi I (PL 149, 1434A.1435A).

120 Guitmund spricht in diesem Zusammenhang von *transmutari* und *transire*. Vgl. ebd. (PL 149, 1440B–C); II (PL 149, 1452D).

könnte sein, dass der Traktat Guitmunds der Synode von Poitiers (1075), die den Gedanken der *conversio substantialis* aufgreift, bekannt war.[121]

Da sich Berengar nach seiner Rückkehr aus Rom vom 1059 abgelegten Bekenntnis wieder distanzierte, zitierte ihn Papst Gregor VII., der Paschasius Radbertus 1073 heiliggesprochen hatte, 1079 vor die Fastensynode in Rom. Auf ihr musste Berengar erneut ein Bekenntnis zur eucharistischen Gegenwart Christi ablegen. Dieses Bekenntnis ist theologisch ausgewogener als die Eidesformel von 1059. Sie vermeidet einen groben Realismus und integriert den Gedanken der Transsubstantiation: „Ich, Berengar, glaube von Herzen und bekenne mit dem Mund, dass das Brot und der Wein, die auf den Altar gelegt werden, durch das Geheimnis des heiligen Gebets und die Worte unseres Erlösers substanzhaft *(substantialiter)* in das wahre, eigene und lebendigmachende Fleisch und Blut unseres Herrn Jesus Christus verwandelt werden *(converti)* und nach der Konsekration der wahre Leib Christi, der von der Jungfrau geboren wurde, der, für das Heil der Welt geopfert, am Kreuz hing und der zur Rechten des Vaters sitzt, und das wahre Blut Christi sind, das aus seiner Seite vergossen wurde, nicht nur durch das Zeichen und die Kraft des Sakraments *(per signum et virtutem sacramenti)*, sondern in der Eigentlichkeit der Natur und der Wahrheit der Substanz *(in proprietate naturae et veritate substantiae)*."[122] Die Grenze des Bekenntnisses von 1079 liegt in der damals verbreiteten Entgegensetzung von Sakrament *(sacramentum)* und Wirklichkeit *(veritas)*.[123]

Zwar hat sich Berengar äußerlich dem Bekenntnis von 1079 unterworfen, hielt aber an seiner Auffassung bis zum Lebensende fest. Diese lässt sich folgendermaßen aus den Schriften Berengars und denen seiner Kritiker rekonstruieren: Berengar geht von einem sensualistischen Substanzbegriff aus und bestreitet daher, dass „die Substanz des Brotes dem Sakrament des Herrenleibes

---

121 Vgl. *Gibson*, Lanfranc of Bec (1978), 96.
122 DH 700.
123 Vgl. *Gerken*, Theologie der Eucharistie (1973), 115.

weiche"[124]. In seiner Kritik an der Vorstellung einer Wandlung von Brot und Wein führt Berengar die Begriffe *materia/forma, subiectum* und *id, quod in subiecto est* (= *accidens*) in die Eucharistielehre ein. Die Begriffe haben bei ihm aber nicht die spätere Bedeutung, *subiectum* und *forma* sind vielmehr gleichbedeutend mit Materie. Die Form eines Dinges ist für Berengar die Summe seiner sinnlich wahrnehmbaren Eigenschaften.[125] Daher kann die Substanz des Brotes und des Weines für Berengar nicht verwandelt werden.[126] Von einer Veränderung durch ihre Konsekration *(mutatio per consecrationem)* könne man nur insofern sprechen, als den Substanzen von Brot und Wein eine neue spirituelle Wirklichkeit hinzugegeben wird, wodurch sie zum Sakrament *(sacramentum)*, Zeichen *(figura)* des Leibes und Blutes Christi werden.

Berengar vertritt eine Art Impanation: Die Brotsubstanz ist nach der Konsekration mit dem Leib Christi verbunden wie die menschliche mit der göttlichen Natur Christi.[127] Was unser Leib bei der Kommunion empfängt, ist für Berengar gewöhnliches Brot, die Seele empfängt mit Christus eine spirituelle Nahrung. Brot und Wein sind sichtbare Zeichen *(sacramenta)* einer spirituellen Wirklichkeit *(res sacramenti)*. Die Gegenwart Christi im Sakrament besteht für Berengar *intellectualiter* und nicht *substantialiter.* Andernfalls müsste der Leib Christi auf den Altären in verschiedene Teile gebrochen werden. Der sakramentale Leib Christi ist für Berengar ein anderer als der historische und verklärte Leib Christi.[128] Die Konsekration verändert nicht die Natur von Brot und Wein, sondern gibt ihnen einen neuen Sinn, der sie zu Zeichen von Leib und Blut Christi macht. Es besteht schon eine natürliche Ähnlichkeit

---

124 *Berengar von Tours*, Epistola ad Ascelinum (PL 150, 66B).

125 Vgl. *Jorissen*, Die Entfaltung der Transsubstantiationslehre bis zum Beginn der Hochscholastik (1965), 6f.

126 Vgl. *Berengar von Tours*, Rescriptum contra Lanfrannum I, fol. 20–21.30.36–38 (ed. Huygens, 64f., 76, 87f.).

127 Vgl. *Lanfrank von Bec*, De corpore et sanguine Domini X (PL 150, 421A–C); bestätigt durch *Berengar von Tours*, Rescriptum contra Lanfrannum III (ed. Huygens, 633).

128 Vgl. *Pelikan*, The Christian Tradition (1978), 192–195.

Hoc est enim corpus meum

zwischen dem sakramentalen Zeichen, insofern das Brot als leibliche Nahrung Christus, das Brot des Lebens, zur Geltung bringt.

Die Gegner Berengars warfen ihm eine reduktive, symbolistische Interpretation der Gegenwart Christi im Sakrament der Eucharistie vor. Repräsentativ ist hier die Kritik Adelmanns von Lüttich (gest. 1061) in seinem Brief an Berengar (1052): „Vom Leib und Blut des Herrn, die täglich auf der ganzen Erde auf dem heiligen Altar geopfert werden, scheinst Du – anders als der katholische Glaube dies festhält – zu urteilen […] dass es sich weder um den wahren Leib, noch um das wahre Blut Christi handelt, sondern um dessen bildhafte Darstellung und Gleichnis"[129]. Durch die Konsekration werden Brot und Wein für Berengar zu Symbolen von Leib und Blut Christi. In diesem Sinne interpretiert auch Josef Rupert Geiselmann (1890–1970) Berengar: Das Sakrament der Eucharistie ist „nicht schlechthin, sondern in gewisser Hinsicht Leib und Blut Christi, nämlich insofern es Symbol ist bzw. mit ihm auf Grund der *benedictio* eine *virtus* verbunden ist"[130].

Henry Chadwick (1920–2008) und Hans Jorissen (1924–2011) vertreten dagegen eine orthodoxe Interpretation von Berengars Eucharistielehre, indem sie ihn auf der Linie eines real-partizipativen Bilddenkens lesen.[131] Dafür berufen sie sich auf Berengars Antwort an Adelmann von Lüttich in der „Purgatoria Epistula" (1053–1055). Darin erklärt Berengar, dass er die *res sacramenti* niemals als *figura* bezeichnet habe, sondern nur das *sacramentum*.[132] Im 11. Jahrhundert war es aber theologisch nicht mehr möglich, sich

---

129 *Adelmann von Lüttich*, De Eucharistiae sacramento ad Berengarium epistola (PL 143, 1290A–B): „et de corpore et sanguine Domini, quod quotidie in universa terra super sanctum altare immolatur, aliter quam fides catholica teneat, sentire videaris […] non esse verum corpus Christi neque verum sanguinem, sed figuram quamdam et similitudinem".
130 *Geiselmann*, Die Eucharistielehre der Vorscholastik (1926), 296.
131 Vgl. *Jorissen*, Wandlungen des philosophischen Kontextes als Hintergrund der frühmittelalterlichen Eucharistiestreitigkeiten (1989), 110f.; *ders.*, Abendmahlsstreit (^{3}1993), 37f.; *Chadwick*, Ego Berengarius (1994), 33–60.
132 Vgl. Lettre de Bérenger à Adelmann de Liège, in: Montlocs, Lanfranc et Bérengar 533:39–50; 536: 120–122.

zur Gegenwart des Leibes Christi in der Eucharistie so zu äußern, wie dies Berengar tat, ohne dabei massive Missverständnisse zu provozieren oder Verdächtigungen auf sich zu ziehen.[133] Gleichwohl leistete Berengar einen wichtigen Beitrag für die Entwicklung der Sakramentenlehre. So setzte sich seine Definition des Sakraments als sichtbarer Gestalt einer unsichtbaren Gnade *(invisibilis gratiae visibilis forma)* im Mittelalter als Standarddefinition durch. Paradigmatisch wurde auch Berengars Unterscheidung zwischen *sacramentum* und *res sacramenti*.[134]

Dass die Lehre einer substantiellen Verwandlung von Brot und Wein im Übergang zum 12. Jahrhundert nicht sofort übernommen wurde, belegt Rupert von Deutz mit seinem schon zitierten „Liber de divinis officiis". Ohne dass Rupert von einer Transsubstantiation von Brot und Wein spricht, lehrt er eine Verwandlung der Gaben von Brot und Wein in den Leib und das Blut Christi.[135] Unter Rückgriff auf Berengars Eidesformel von 1059 verteidigt er die Realpräsenz des Leibes und Blutes Christi in den Gaben von Brot und Wein.[136] In den konsekrierten Gaben von Brot und Wein ist für Rupert der „Opferleib" *(corpus sacrificii)* des Herrn, von allem sinnenhaften Leben befreit, gegenwärtig und entfaltet in den verwandelten Gaben seine Wirkkraft, indem er den Gläubigen bei der Kommunion das „geistige Leben" mitteilt.

2. Die Ontologie der Transsubstantiationslehre

Seit dem 12. Jahrhundert vermehrten sich Wunderberichte von blutenden Hostien und Bildern Christi.[137] Die meisten Theologen zeigten sich gegenüber solchen Berichten reserviert. Das eigentli-

---

133 Vgl. *Pelikan*, The Christian Tradition (1978), 201f.
134 Vgl. *Macy*, The Theologies of the Eucharist in the Early Scholastic Period (1984), 40.
135 Zu Ruperts Eucharistieauffassung und der ihr gegenüber geäußerten Kritik vgl. *Haacke*, Zur Eucharistielehre des Rupert von Deutz (1965).
136 Vgl. *Rupert von Deutz*, De divinis officiis II, 8–9 (FC 33/1, 270–281).
137 Vgl. *Browe*, Die eucharistischen Wunder des Mittelalters (1938).

Hoc est enim corpus meum

che Wunder sahen sie in der sakramentalen Gegenwart des Fleisches und Blutes Christi in Brot und Wein.[138] Albertus Magnus (um 1200–1280), Thomas von Aquin und viele andere gingen von einer Transsubstantiation der Gaben von Brot und Wein aus. Einem anonymen Schülerbericht zufolge prägte Robertus Pullus (um 1080–1146) den Begriff *transsubstantiatio*.[139] Literarisch nachweisbar ist er erstmals um 1155/1156 bei Roland Bandinelli, dem späteren Papst Alexander III.[140] Auf dem 4. Laterankonzil (1215) erfolgte die lehramtliche Vorlage der Transsubstantiationslehre: „Es gibt aber eine allgemeine Kirche der Gläubigen, … in der der Priester selbst zugleich das Opfer ist, Jesus Christus, dessen Leib und Blut im Sakrament des Altars unter den Gestalten von Brot und Wein wahrhaft enthalten sind, wenn durch göttliche Macht das Brot in den Leib und der Wein in das Blut wesenhaft verwandelt *(transsubstantiatis)* sind: damit wir selbst zur Vollendung des Geheimnisses der Einheit von dem Seinigen empfangen, was er selbst von dem Unsrigen empfangen hat."[141]

Das 4. Laterankonzil fand im Pontifikat von Innozenz III. statt. Das vierte Buch seines Traktates „De sacro altaris mysterio" (1195–1197) enthält einen Kommentar zum „Canon Romanus" von der Konsekration bis zum *Pater noster*. Das Buch erörtert auch ungeklärte Fragen teilweise subtiler Kasuistik, wie die Frage, was mit dem Herrenleib geschieht, wenn das Sakrament von einer Maus angeknabbert wird.[142] Auf der anderen Seite warnt Inno-

---

138 Vgl. *Angenendt*, Geschichte der Religiosität im Mittelalter (^{2}2000), 336.
139 Vgl. *Laarmann*, Transsubstantiation (1999), 122; *Macy*, Theology of the Eucharist in the High Middle Ages (2012), 374.
140 Die Petrus Damiani zugeschriebene „Expositio canonis missae", in der das Wort *transsubstantiatio* vorkommt, ist ein späteres Werk.
141 DH 802.
142 Die Frage *Quid sumit mus* beschäftigte die Theologen seit der Frühscholastik. Während Caesarius von Heisterbach (gest. um 1245) trotz seiner Annahme, dass unter der Gestalt des Brotes das *verum corpus Christi natum ex Virgine* gegeben sei, davon ausging, dass die Maus nur die *species*, die äußere Gestalt des Sakramentes empfange, da sie über keinerlei geistiges Vermögen verfüge, den Leib Christi zu empfangen, nahm Petrus Comestor (gest. 1178) an, dass die Maus wie der Mensch den Leib Christi empfängt. Andere antwor-

Die Wirklichkeit der Eucharistie und ihre Verehrung

zenz III. vor einer Neugier, die dem Mysterium der Messe nicht angemessen sei: „Sicherer ist es, in solchen Fällen diesseits des Verstandes halt zu machen, als über die Grenzen des Verstandes hinauszugehen"[143]. Auf der Grundlage der Lehre von der Konkomitanz, wonach unter der Gestalt des Leibes und der Gestalt des Blutes jeweils der ganze Christus durch natürliche Mitfolge *(per concomitantiam)* enthalten ist, so dass mit dem Leib Christi auch das Blut Christi empfangen wird, konnte sich die im 12. Jahrhundert noch umstrittene Position durchsetzen, wonach Christus schon nach der ersten Konsekration des Brotes ganz gegenwärtig sei und nicht erst nach dem Sprechen der Konsekration des Weines.

Der Glaube an die substantielle Realpräsenz Christi in den konsekrierten Gestalten von Brot und Wein wird zur *fides divina* gezählt. Bis in das Spätmittelalter hinein wurden neben einer *Transsubstantiation* von Brot und Wein in den Leib und das Blut Christi aber auch andere Theorien vertreten. Nicht alle Theologen sahen in der Transsubstantiation von Brot und Wein eine sicher definierte Glaubenslehre.[144] Nach der Theorie der Konsubstantiation bleibt die Substanz von Brot und Wein erhalten, mit der Konsekration tritt aber die Gegenwart der Substanz von Leib und Blut Christi hinzu, so dass die Substanzen von Brot und Leib Christi sowie Wein und Blut Christi zusammen existieren. Die Annihilationstheorie besagt, dass die Substanzen von Brot und Wein zunächst vernichtet werden, bevor an ihre Stelle Leib und Blut Christi treten. Während die Theorie der Konsubstantiation in der Gefahr steht, die Gegenwart Christi gleichsam als „örtliche Gegenwart" unter den Zeichen von Brot und Wein aufzufassen, nimmt die Annihilationstheorie ein „zeitliches Nacheinander" ihrer Sub-

---

teten auf die Frage *quod sumit mus* mit *nescio* oder *Deus novit*. Die entscheidenden erkenntnis- und präsenztheoretischen Differenzierungen, die es ausschließen, dass Mäuse und andere Tiere den Leib Christi empfangen, wenn sie einen Teil der konsekrierten Hostie essen, nimmt Alexander von Hales (gest. 1245) vor. Vgl. *Aris*, Quid sumit mus? (2007).
143 PL 217, 861C.
144 Vgl. *Bakker*, La raison et le miracle. Les doctrines eucharistiques (1999); *Macy*, Treasures from the Storeroom (1999), 81–120.

stanz an und geht davon aus, dass die Akzidenzien vorübergehend ohne Substanz existieren.

Im 13. Jahrhundert setzte sich die Transsubstantiationslehre bei den führenden Theologen durch. Bei Albertus Magnus[145] kommt es zur Aufnahme des aristotelischen Substanzbegriffs, der aber zugleich an entscheidender Stelle transformiert wird. Denn nach Aristoteles kann es zwar substantielle Veränderungen, aber keine Wesensverwandlung geben, bei der die Akzidenzien vollständig erhalten bleiben.[146] Thomas von Aquin legt im Eucharistietraktat seiner „Summa theologiae" eine ausführliche Erläuterung und Begründung der Transsubstantiationslehre vor.[147] Ausgangspunkt ist die Überzeugung, dass Christus als der auferstandene und erhöhte Herr mit seinem verherrlichten Leib im Himmel zur Rechten des Vaters sitzt. Da eine Gegenwart Christi in den Zeichen von Brot und Wein im Sinne einer Ortsbewegung und räumlichen Ausdehnung ausgeschlossen ist, weil diese seiner göttlichen Natur widerspricht, kann die Gegenwart für Thomas nur eine sakramentale sein, im Sinne einer Gegenwart des verklärten Leibes und Blutes Christi. „Der Leib Christi ist nicht begrenzt auf dieses Sakrament, denn sonst wäre er nirgend anderswo als auf dem Altar, wo dieses Sakrament vollzogen wird, obwohl er doch sowohl im Himmel in seiner eigenen Gestalt als auch auf vielen anderen Altären in sakramentaler Gestalt ist."[148]

Die sakramentale Realgegenwart des Leibes und Blutes Christi ereignet sich durch eine substantielle Verwandlung der Gaben von Brot und Wein *(conversio substantiae)*, die von Gott selbst bewirkt wird.[149] „Durch göttliche Kraft [...] wird die ganze Substanz des Brotes in die ganze Substanz des Leibes Christi und die ganze Substanz des Weines in die ganze Substanz des Blutes

---

145 Vgl. *Jorissen*, Der Beitrag Alberts des Großen zur theologischen Rezeption des Aristoteles am Beispiel der Transsubstantiationslehre (2002).
146 Zur Bedeutung der Aristotelesrezeption in der Entwicklung der Transsubstantiationslehre vgl. *Jorissen*, Die Entfaltung der Transsubstantiationslehre bis zum Beginn der Hochscholastik (1965), 65–154.
147 Vgl. *Thomas von Aquin*, STh III, q.75, a.2–8.
148 STh III, q.76, a.5.
149 Vgl. STh III, q.75, a.2c, ad2.

Christi verwandelt. Somit ist diese Verwandlung nicht eine der Form, sondern der Substanz *(conversio substantialis)*. Auch fällt sie nicht unter die Arten der natürlichen Bewegung, sondern kann ‚Wesensverwandlung‘ *(transsubstantiatio)* genannt werden.“[150] Die Eigenschaften von Brot und Wein bleiben bei ihrer Transsubstantiation erhalten. In der Chemie von Brot und Wein ändert sich durch ihre Konsekration nichts. Beim Substanzbegriff, den Thomas voraussetzt, handelt es sich um einen metaphysischen Begriff, nicht um den Begriff einer Substanz im späteren naturwissenschaftlichen Sinne. Denn „nach dem offenkundigen Sinneszeugnis bleiben nach der Konsekration alle Eigenschaften *(accidentia)* des Brotes und Weines bestehen.“[151] Alles andere wäre gegen die Vernunft, da die sinnliche Wahrnehmung in diesem Fall untrüglich ist. Die Wesensverwandlung ähnelt zwar einer natürlichen Veränderung, da sie wie diese etwas voraussetzt. Sie weist aber eine größere Ähnlichkeit mit der Erschaffung aus dem Nichts auf. Denn die Wesensverwandlung, die *instantan*, augenblicklich, geschieht[152], bewirkt etwas gänzlich Neues, ja sie ist nach Meinung des Aquinaten schwieriger zu verstehen als die Erschaffung aus dem Nichts.[153] Der Substanzbegriff bezieht sich auf das kreatürliche Sein *(esse)* bzw. die geschaffene Subsistenz *(subsistentia)* des Brotes und Weins, die beide nach der Konsekration unmittelbar durch die *virtus divina* des erhöhten und im sakramentalen Zeichen gegenwärtigen Herrn im Sein erhalten werden. Die Transsubstantiation wird also als Subjektverwandlung verstanden, bei der nicht nur Aussehen und Farbe bestehen bleiben, sondern auch,

---

150 STh III, q.75, a.4c: „divina virtute […] tota substantia panis convertitur in totam substantiam corporis Christi, et tota substantia vini in totam substan tiam sanguinis Christi. Unde haec conversio non est formalis, sed substantialis. Nec continetur inter species motus naturalis, sed proprio nomine potest dici *transsubstantiatio.*“
151 STh III, q.75, a.5c: „Quod sensu apparet, facta consecratione, omnia accidentia panis et vini remanere.“
152 Vgl. STh III, q.75, a.7c.
153 Vgl. STh III, q.75, a.8c.

dass das konsekrierte Brot wie gewöhnliches Brot als Nahrung dienen kann und der konsekrierte Wein seinen Alkohol behält.[154]

Aus den Abendmahlsworten Jesu ergibt sich für Thomas,
dass Jesus Christus wahrhaft im Brot und Wein gegenwärtig ist.
Im Anschluss an den aristotelischen Hylemorphismus unterscheidet der Aquinate beim Sakrament der Eucharistie zwischen Materie und Form. Materie des Sakraments der Eucharistie sind Brot
und Wein[155], Form des Sakraments sind die über Brot und Wein
gesprochenen Einsetzungsworte[156]. Drei Konvenienzgründe sprechen nach Thomas für die besondere Gegenwart Christi in der Eucharistie. Zum einen waren die Opfer des Alten Bundes Schatten
des Kommenden. Das Opfer des Neuen Bundes konnte deshalb
nicht allein im Zeichen oder Abbild *(non solum in significatione vel
figura)*, sondern musste darin in Wahrheit *(in rei veritate)* enthalten
sein. Vergegenwärtigt wird in der Eucharistie Christus, der sich als
der eine Hohepriester des Neuen Bundes als Opfer dargebracht hat:
der *Christus passus*. Dieser war als Mensch „nicht nur Priester, sondern vollendete Opfergabe, und zwar war er zugleich Opfergabe für
die Sünde, Friedopfer und Ganzopfer *(holocaustum)*"[157]. Im Neuen
Bund „wird das wahre Opfer Christi den Gläubigen unter den Gestalten von Brot und Wein mitgeteilt *(communicatur)*"[158]. Auch
wenn Christus in den Zeichen von Brot und Wein jeweils ganz ge-

---

154 Hier ist der mittelalterliche Begriff des *subiectum* vorausgesetzt. Anders
als *Ansorge*, Jenseits von Begriff und Vorstellung (2015), 95, meint, nimmt
Thomas keine „Trennung von Substanz und Akzidenz" vor. Zwar unterscheidet Thomas mit Avicenna zwischen der Existenz und dem Wesen eines Seienden und seinen Akzidentien, bestreitet aber ausdrücklich, dass Akzidenzien
ohne Substanz existieren könnten. Davon zu unterscheiden ist die *dimensio ex-
tensiva* der eucharistischen Elemente, deren Träger nicht Leib und Blut Christi
sein können, da die Gegenwart Christi in der Eucharistie keine örtliche ist (vgl.
STh III, qq.76–77).
155 Vgl. STh III, q.74, a.1c.
156 Vgl. STh III, q.78, a.1c.
157 STh III, q.22, a.2c: „Christus, inquantum homo, non solum fuit sacerdos,
sed etiam hostia perfecta, simul existens hostia pro peccato, et hostia pacifico-
rum, et holocaustum."
158 STh III, q.22, a.6c.

genwärtig ist[159], vergegenwärtigt das sakramentale Zeichen des Weines doch „ausdrücklicher das Leiden Christi."[160] Für Thomas gehören deshalb die Worte zur Konsekration des Kelches *(Hic est calix sanguinis mei ...)* zur Form des Sakramentes.[161]

Den Opfercharakter der Messe sieht Thomas in der Doppelkonsekration und damit im inneren Sakrament *(res et sacramentum)* gegeben. „Sofern nämlich in diesem Sakrament das Leiden Christi vergegenwärtigt wird, in welchem Christus ‚sich als Opfergabe dargebracht hat' (Eph 5,2), hat es die Wesensbestimmung des Opfers."[162] Da nach Augustinus jedes Zeichen von der bezeichneten Sache her seinen Namen erhält, wird die Feier der Eucharistie Opfer *(immolatio)* genannt, denn sie ist sakramentale Vergegenwärtigung des Opfers Jesu Christi.[163] Die Opfergabe, die der menschliche Priester darbringt, ist ihrer sakramentalen Wirklichkeit nach dieselbe, die Christus dargebracht hat. Der menschliche Priester aber ist nicht derselbe, sondern derselbe nur der Darstellung *(repraesentatione)* nach. Der Priester, der in der Person Christi konsekriert, spricht die Wandlungsworte als Worte Christi.[164] Der Priester „stellt das Bild Christi *(imago Christi)* dar, in dessen Person und in dessen Kraft er die Konsekrationsworte spricht"[165]. Die Einsetzungsworte sind für Thomas der eigentliche Akt der Darbringung und Über-

---

159 Vgl. STh III, q.76, a.1–3.

160 STh III, q.78, a.3, ad7: „sanguis seorsum consecratus a corpore expressius repraesentat passionem Christi".

161 Vgl. STh III, q.78, a.3c.

162 STh III, q.79, a.7c: „Inquantum enim in hoc sacramento repraesentatur passio Christi, qua Christus ‚obtuli se hostiam Deo', ut dicitur Eph 5, habet rationem sacrificii."

163 Vgl. STh, III, q.83, a.1c. Die von *Plutzner*, Messe und Kreuzesopfer (1970), 70–76, vertretene Interpretation, wonach Thomas im Sakrament des Opfers Christi nur eine bildhafte Darstellung des Kreuzesopfers Christi er kennt, wird ihm nicht gerecht. Anders *Neuenheuser*, Eucharistie in Mittelalter und Neuzeit (1963), 40, der die *memoria* und *repraesentatio sacrificii* bei Thomas im Sinne eines sakramentalen Realismus interpretiert.

164 Vgl. *Thomas von Aquin*, Scriptum super quattuor libros Sententiarum IV, d.8, q.2, a.1, sol. 4 ad 4.

165 *Ders.*, STh III, q.83, a.1, ad 3: „gerit imaginem Christi, in cuius persona et virtute verba pronuntiat ad consecrandum".

eignung an Gott.[166] Das Opfer der Eucharistie bringt gegenüber dem Kreuzesopfer aber keine neue Wirkung hervor, sondern wendet die Heilskraft des Kreuzesopfers zu.

In der Mitteilung des Opfers *(communicatio sacrificii)* wird das im Sterben Christi begründete Heil empfangen. Die Gegenwart Christi in der Eucharistie entspricht seiner Liebe zu den Menschen bis zum Äußersten. Das Sakrament der Eucharistie hat Christus für seine Freunde als ein „Zeichen höchster Liebe" *(maximae caritatis signum)* hinterlassen. Schließlich entspricht die reale Gegenwart Christi in der Eucharistie der Vollendung des Glaubens an die Gottheit und Menschheit Christi, dass er sich im Sakrament der Eucharistie ganz seiner Gottheit und Menschheit nach uns schenkt.[167] Auch hinsichtlich der Kommunion ist die Eucharistie für Thomas ein Opfer, weil sich durch sie das Werk unserer Erlösung vollzieht.[168] „Wie er [Christus] sichtbar in die Welt kommt, der Welt das Leben der Gnade gebracht hat, [...] so wirkt er das Leben der Gnade, indem er auf sakramentale Weise zum Menschen kommt"[169].

Die Frage des Empfangs der Kommunion beschäftigte die Theologen seit Lanfrank von Bec. Im Anschluss an Augustinus unterschieden die Theologen zwischen der würdigen und der unwürdigen Kommunion. Die würdige Kommunion wurde geistlich genannt, die unwürdige Kommunion bezeichnete man als körperliche oder nur sakramentale (Kommunion des Zeichens).[170] Thomas unterscheidet beim würdigen Empfang der Eucharistie den geistlichen Empfang im Glauben mit dem Verlangen nach dem Sakrament *(spiritualiter manducare)* und den vollen geistlichen und sakramentalen Empfang.[171] Bei der Kommunion geht es nicht nur

---

166 Vgl. STh III, q.82, a.10c: „consecratione sacrificium offertur".

167 Vgl. STh III, q.75, a.1c.

168 Vgl. STh III, q.83, a.1c (alio modo).

169 STh III, q.79, a.1c: „Qui, sicut in mundum visibiliter veniens, contulit mundo vitam gratiae [...] ita, in hominem sacramentaliter veniens, vitam gratiae operatur".

170 Vgl. *Macy,* Theology of the Eucharist in High Middle Ages (2012), 379.

171 Vgl. *Thomas von Aquin,* STh III, q.80, a.11c.

um die persönliche Christusbegegnung des Einzelnen. Ziel der Eucharistie ist die Einheit des mystischen Leibes Jesu Christi.[172]

Die Lehre, wonach die Substanz des Leibes und Blutes Christi verborgen unter der Substanz des Brotes und Weines gegeben ist *(consubstantiatio)*, lehnt Thomas ab.[173] Denn die Einsetzungsworte identifizieren Brot und Wein mit Leib und Blut Christi, was nicht möglich wäre, sollte die Substanz von Brot und Wein bestehen bleiben. Bei einer Konsubstantiation müsste Christus zudem nach Art einer Ortsveränderung gegenwärtig werden. Alexander von Hales hat die Konsubstantiationstheorie mit Gründen der *ratio theologica* zurückgewiesen, unter anderem mit dem Argument, Christus wolle sich im Sakrament der Eucharistie als Herr der Natur erweisen. Wie die Konsubstantiation weist Thomas auch die Annihilation, die Zerstörung der Substanz von Brot und Wein, zurück.[174] Eine Bekräftigung der vom 4. Laterankonzil vorgelegten Transsubstantiationslehre erfolgte im Todesjahr des Aquinaten auf dem 2. Konzil von Lyon (1274).[175] Doch nicht alle mittelalterlichen Theologen waren von der Ontologie der Transsubstantiationslehre überzeugt. Allgemein gesprochen wurden drei Theorien vertreten: die *Koexistenz* der Substanz von Brot und Wein mit der von Leib und Blut Christi, die *Substitution* der Substanz von Brot und Wein durch die von Leib und Blut Christi und die Theorie der *Transsubstantiation*.[176]

Johannes Duns Scotus (um 1266–1308) hielt die Konsubstantiation durch den Wortlaut der Schrift zumindest nicht für ausgeschlossen, auch wenn die Lehre der Kirche die Transsubstan-

---

172 Vgl. STh III, q.73, a.3.
173 Vgl. *Thomas von Aquin*, Scriptum super quattuor libros Sententiarum IV, d. 11, q.1, a.1; *ders.*, Summa contra Gentiles IV, c.62; STh III, q.75, a.2c.
174 Vgl. *ders.*, Scriptum super quattuor libros Sententiarum IV, d. 11, q.1, a.2; *ders.* STh III, q.75, a.3c.
175 Vgl. DH 860: „Sacramentum Eucharistiae ex azymo conficit, eadem Romana Ecclesia, tenens et docens, quod in ipso sacramento panis vere transsubstantiatur in corpus et vinum in sanguinem Domini Iesu Christi."
176 Vgl. *Macy*, Theology of the Eucharist in the High Middle Ages (2012), 375.

tiation fordere.[177] Scotus war wie Thomas Realist, kein Nominalist, geht aber von einem univoken Seinsbegriff aus. Das Sein wie seine Bestimmungen werden als positive göttliche Setzungen aufgefasst. Für ein ontologisches Partizipationsdenken wie bei Thomas ist hier kein Platz. Das sakramentale Zeichen ist von der Kirche arbiträr festgelegt, als Anlass für das unmittelbare Handeln Gottes. So hat sich Gott verpflichtet, mit dem sakramentalen Zeichen der Wassertaufe die Gnade der Rechtfertigung zu schenken. Beim Sakrament der Eucharistie bewirkt Gott in seiner *potentia Dei absoluta*, dass die Substanz des Leibes Christi an die Stelle der Brotsubstanz tritt *(successio substantiarum)*. Ungeklärt bleibt bei Scotus, was aus der Brotsubstanz wird.

Auch für Wilhelm von Ockham (1288–1347) ist die eucharistische Gegenwart Christi ein Wunder der unbeschränkten Allmacht Gottes.[178] Doch Ockham ist im Unterschied zu Scotus Nominalist. Substanz ist für ihn das, was Quantität, Qualität etc. aus sich herausstellt. Substanz, Quantität und Qualität sind nicht real voneinander unterschieden, womit eine *transmutatio substantialis* ausgeschlossen ist. Ockham geht deshalb davon aus, dass Leib und Blut in der unverwandelten Substanz von Brot und Wein auf nicht *circumscriptive* Weise ohne Quantität gegenwärtig sind.[179] Ockham spricht von einer *successio substantiae ad substantiam* im Sinne einer Hinzufügung *(adductio)* des Leibes Christi.[180] Ockham schwankt hier zwischen der Vorstellung einer Annihilation der Substanz des Brotes und der Konsubstantialität der Substanz von Brot und Leib Christi. Beides betrachtet er als Auslegung der Transsubstantiationslehre. Bei der Frage der Wirksamkeit des

---

177 Vgl. *Johannes Duns Scotus,* In IV Sententiarum d.11, q.3, n.14–20. Zu Scotus' Eucharistielehre vgl. *Barr,* Scotus and Transsubstantiation (1972).
178 Zu Ockhams Eucharistielehre vgl. *Buescher,* The Eucharistic Teaching of William Ockham (1974).
179 Vgl. *Ockham,* Quaestiones in librum quartum sententiarum IV (Reportatio) q.8 = Opuscula theologica VII, (ed. Wood–Gedeon), 140.
180 Vgl. *ders.,* Quaestiones in librum quartum sententiarum IV (Reportatio) q.8 = Opuscula theologica VII (ed. Wood–Gedeon), 100; *ders.,* Tractatus de corpore Christi c.6 = Opera theologica X (ed. Wood–Gedeon), 100.

Sakraments bestreitet Ockham wie Scotus, dass Brot und Wein instrumentalursächlich sind für die Gnade, die das Sakrament der Eucharistie schenkt. Die sakramentalen Zeichen sind für ihn nur *conditio sine qua* Ursachen. Gott hat es in seiner Allmacht so festgelegt, dass wir mit Brot und Wein den Leib und das Blut Christi empfangen.[181]

Kardinal Pierre d'Ailly (1350–1420), ein Vertreter des Nominalismus, der auf dem Konzil von Konstanz (1414–1418) eine wichtige Rolle spielte, gab das Gedankengut Ockhams an Gabriel Biel (vor 1410–1495) weiter. Der in Heidelberg und später in Tübingen lehrende Philosoph und Theologe, von seinen Zeitgenossen der letzte „Scholastiker" genannt, nahm in moderater Form und pastoraler Absicht skotistisches und ockhamistisches Gedankengut auf und übte auf Martin Luther einen großen Einfluss aus. Weite Verbreitung fand Biels „Expositio canonis missae" (1488).[182] In den Gestalten von Brot und Wein sind der Leib und das Blut Christi wahrhaft und wirklich enthalten. Eine Verwandlung der Substanz des Brotes in den Leib Christi *(transmutatio substantialis)* lehnt Biel aufgrund seines von Ockham übernommenen Substanzbegriffs ab. Durch göttliche Allmacht tritt an die Stelle der Substanz des Brotes die Substanz des Leibes Christi.[183] Die *verba consecrationis* haben für Biel nicht die Kraft zur Verwandlung *(conversio, mutatio)* von Brot und Wein, sondern sind nur die Voraussetzung dafür. Die Wandlung wird allein durch Gott bewirkt.[184]

---

181 Vgl. *Lahey*, Late Medieval Eucharistic Theology (2012), 501–503. Zum Verständnis der Sakramente als wirksame Zeichen im späten Mittelalter vgl. *Zahnd*, Wirksame Zeichen? (2014).

182 Neben der „Expositio canonis missae" ist für Biels Eucharistielehre sein „Commentarium in IV libros sententiarum" (1500/1501) zu berücksichtigen. Zur Eucharistielehre Biels vgl. *Oberman*, The Harvest of Medieval Theology (1963), 271–280; *Damerau*, Die Abendmahlslehre des Nominalismus insbesondere die des Gabriel Biel (1963), 151–222.

183 Vgl. *Biel*, Expositio canonis missae, Lectio 40, D; *ders.*, In IV Sententiarum, d.11, q.1, a.1, n.1.

184 Vgl. *ders.*, Expositio canonis missae Lectio 47, R.

Der unter dem Zeichen des Brotes gegenwärtige Leib Christi ist derselbe, den Maria geboren hat, der gekreuzigt wurde und von den Toten auferstand. Daraus folgt für Biel nicht, dass es sich bei der Eucharistie um eine Wiederholung *(reiteratio)* des Kreuzesopfers handelt. Die Eucharistie ist ein Opfer, sofern sie *repraesentatio* und *memoriale* des Kreuzesopfers ist.[185] Hinsichtlich des Opfercharakters der Messfeier unterstreicht Biel die Einheit von Darbringung, Konsekration und Kommunion. Die Frage, wie die Messe als Darstellung und Gedächtnis des Kreuzesopfers selbst ein wahres Opfer ist, wird von Biel nicht beantwortet.[186]

Im 15. Jahrhundert bekräftigte das päpstliche Lehramt noch einmal die vom 4. Laterankonzil und vom Konzil von Lyon gelehrte Transsubstantiation der Gaben von Brot und Wein in den Leib und das Blut Christi. Das Dekret für die Armenier (1439) erklärt zur Form und Wirkung des Sakraments der Eucharistie: „Die Form dieses Sakraments sind die Worte des Erlösers, mit denen er dieses Sakrament vollzog; der Priester vollzieht dieses Sakrament nämlich, indem er in der Person Christi spricht. Denn kraft der Worte selbst wird die Substanz des Brotes in den Leib Christi und die Substanz des Weines in das Blut verwandelt, jedoch so, dass Christus in der Gestalt des Brotes ganz enthalten ist und ganz in der Gestalt des Weines. Auch in jedem beliebigen Teil der konsekrierten Hostie und des konsekrierten Weines ist nach der Teilung Christus ganz."[187] Die Gaben von Brot und Wein werden also durch die *Verba Testamenti* zu Leib und Blut Christi konsekriert.

---

185 Vgl. ebd. 53, U: „unum est sacrificium quod obtulit Christus, et quod nos offerimus, quamvis non eodem modo offeratur. Ab ipso quidem oblatum est in mortem, a nobis non in mortem ..., sed in mortis recordationem offertur a nobis. Unde nostra oblatio non est reiteratio suae oblationis, sed repraesentatio." Diese Bestimmung wird das Konzil von Trient in seinem Messopferdekret (1562) aufgreifen. Vgl. DH 1740–1743.

186 Vgl. *Meyer*, Luther und die Messe (1965), 151–156.

187 DH 1321.

3. Eucharistiefrömmigkeit im Mittelalter

Seit dem 9. Jahrhundert kreiste die Theologie der Eucharistie vermehrt um die Frage nach der somatischen Realpräsenz. Das heißt nicht, dass man sich für die Feier der Eucharistie und ihren Ritus nicht mehr interessiert hätte. Neben der Rituserklärung, die Thomas von Aquin in seinem Eucharistietraktat gibt[188], ist hier besonders auf die Abhandlung „De mysterio missae"[189] seines Lehrers Albertus Magnus hinzuweisen. Unter Verwendung der *descensus-ascensus*-Theorie des Ps. Dionysius Areopagita (6. Jahrhundert) interpretiert Albert die Liturgie als Hinführung der Gläubigen zur *beatitudo* (Glückseligkeit). Das Messopfer betrachtet er als das wirksamste Mittel zur Vereinigung der Seele mit Gott. Um dahin zu gelangen, bedarf es der Sehnsucht nach dem höchsten Gut. Im ersten Teil der Messe (*introitus* genannt), kommt für Albert die Sehnsucht nach der Ankunft Christi zum Ausdruck. Im zweiten Teil *(instructio)* bereitet sich der Beter dazu, die Belehrungen Christi anzunehmen. Der dritte Teil *(oblatio)* repräsentiert die Vollendung des geistlichen Lebens in Gott. Während der *oblatio* bringt sich der Beter dem Herrn als Opfer dar, in der Kommunion, die das Unterpfand des ewigen Lebens ist, wird er durch Vereinigung mit Christus geheiligt.

Schon im 5. Jahrhundert war die sakramentale Kommunion zugunsten der geistlichen Kommunion stark zurückgegangen. Eine von Caesarius von Arles (um 470–542) in Südfrankreich abgehaltene Synode erklärte: „Die Laien, die an Weihnachten, Ostern und Pfingsten nicht kommunizieren, sind keine Katholiken mehr und sollen nicht mehr als solche angesehen werden."[190] Doch

---

188 Vgl. *Thomas von Aquin*, STh III, q.83: De ritu huius sacramenti. Thomas bezieht sich bei seiner Rituserklärung nicht auf die stille Messe *(missa solitaria)*, sondern auf das levitierte Hochamt.
189 Vgl. *Albertus Magnus*, Opera Omnia, Vol. 38: De mysterio missae, 1–189 (ed. Borgnet 1899).
190 Concilium Agathense 18 (CCL 148, 202): „Saeculares vero qui Natale Domini, Pascha, Pentecosten non communicaverint, catholici non credantur, nec inter catholices habeantur."

selbst das Gebot der dreimaligen Kommunion wurde vielfach nicht eingehalten. Das 4. Laterankonzil (1215) verpflichtete daher alle Gläubigen, „wenigstens an Ostern das Sakrament der Eucharistie andächtig zu empfangen"[191]. Den „Pfarrbann", das heißt die Verpflichtung, an der sonntäglichen Messfeier innerhalb der eigenen Pfarrei teilzunehmen, gab es seit dem 9. Jahrhundert. Durch das Auftreten der Bettelorden wurde der Pfarrbann gelockert, bis Papst Leo X. (1513–1521) ihn schließlich aufhob.[192] Seit dem Hochmittelalter empfingen die Laien, wenn sie kommunizierten, nur noch den Leib Christi. Dabei spielte die Furcht, das Blut Christi durch Vergießen zu verunehren, eine wichtige Rolle. Die theologische Begründung für die Kommunion allein unter der Gestalt des Brotes lieferte die scholastische Konkomitanzlehre, wonach in Brot und Wein jeweils der ganze Christus mit Gottheit und Menschheit gegenwärtig ist.

Die Praxis der Elevation der konsekrierten Hostie breitete sich, wohl unter dem Einfluss von Cluny und als Reaktion auf Berengar von Tours, ausgehend von Frankreich aus.[193] In der Elevation der Hostie sah man die Erhöhung Jesu am Kreuz dargestellt. Zu unterscheiden ist zwischen prä- und postkonsekratorischer Elevation. Bei der präkonsekratorischen Elevation wurde das Ergreifen der Gaben *(accepit)* zum Sprechen der *Verba Testamenti* zu einem Darbringungsgestus ausgestaltet. Zunehmend nahm der Priester dabei die Hostie nicht nur in die Hände, sondern hob sie hoch empor und sprach dazu die Wandlungsworte. Dagegen wandte sich der Pariser Bischof Odo von Sully (gest. 1208). Die Hostie solle vor der Konsekration nur bis zur Brusthöhe erhoben, erst nach vollzogener Konsekration hoch erhoben werden, so dass sie von allen gesehen werden könne.[194] Diese Regelung verbreitete sich rasch in der gesamten Kirche. Die Eleva-

---

191 DH 812.
192 Vgl. *Meyer*, Eucharistie (1989), 243; *Bärsch*, Liturgie im Hoch- und Spätmittelalter (2018), 336.
193 Dies vermutet *Meyer*, Eucharistie (1989), 233.
194 Vgl. *Browe*, Eucharistie im Mittelalter (2003), 31.

Die Wirklichkeit der Eucharistie und ihre Verehrung

tion des Kelches setzte sich etwas später durch, wurde aber erst durch das „Missale Romanum" (1570) von Pius V. (1566–1572) allgemein vorgeschrieben.

Die Elevation der konsekrierten Hostie und des konsekrierten Kelches sowie die Glockenzeichen unterstreichen den Moment der Wandlung durch die Worte Christi *(Verba Testamenti)*. Für Köln ist ein Glockenzeichen bei der Elevation der Hostie schon für das Jahr 1201 belegt. Mit der Elevation ist untrennbar die Anbetung verbunden. Ein zweiter Ritus der Anbetung ist die Kniebeuge des Priesters und das Niederknien der Gläubigen, das sich seit dem 13. Jahrhundert durchsetzte. Bis dahin war eine Verneigung üblich. Die theologische Grundlage für die Anbetung ist die Auffassung, wonach Brot und Wein durch das Sprechen der *Verba Testamenti* zu Leib und Christi werden.

Zur Elevation wurden zunehmend lateinische Hymnen gesungen. Ein Beispiel ist der Hymnus „Ave verum corpus natum", der Papst Innozenz IV. (1243–1254) zugeschrieben wird und zahlreiche Vertonungen erfahren hat, u. a. durch Wolfgang Amadeus Mozart (1756–1791). In der liturgischen Fassung lautet der Hymnus: „Ave verum corpus natum ex Maria virgine, vere passum immolatum, in cruce pro homine, cuius latus perforatum vero fluxit sanguine, esto nobis praegustatum mortis in examine." „Wahrer Leib, o sei gegrüßet, den die Jungfrau uns gebar. Du hast unsre Schuld gebüßet, sterbend auf dem Kreuzaltar. Blut und Wasser sind geflossen, als dein Herz durchstochen war. Sei von uns zum Heil genossen in der Todesstund Gefahr."[195] Am Ende des 14. Jahrhunderts waren die meisten Gebete zur Elevation übersetzt. Daneben entstanden eigene volkssprachliche Gebete. Lateinische und volkssprachliche Elevationsgebete wurden nicht als Gegensatz betrachtet und zum Teil auch zur Kommunion gebetet.[196]

Das mittelalterliche Schauverlangen war ohne Zweifel Ausdruck einer tiefen eucharistischen Frömmigkeit. Das Sakrament

---

195 Deutscher Text nach Gotteslob (2013) Nr. 877 (Eigenteil Erzdiözese Freiburg).
196 Vgl. *Rubin*, Corpus Christi (1991), 155–163.

der Eucharistie wurde von den Gläubigen aber immer weniger als himmlische Speise wahrgenommen. So meinte man, dass das fromme Betrachten der konsekrierten Hostie den gleichen geistlichen Wert habe wie die Teilnahme an der Messe. „Die konsekrierte Hostie war dem Hoch- und Spätmittelalter die Gottespräsenz schlechthin und damit die wirksamste Heilsmaterie."[197] Das gesamte kultische Interesse konzentrierte sich auf die sehnsüchtig erwartete und mit den Wandlungsworten einsetzende „Theophanie". Entscheidend waren Konsekration und Elevation der Hostie. Sie bildeten das Motiv für die Gläubigen, in die Kirche zu kommen.[198]

Die Hostienwunder wurden im Hochmittelalter als Bestätigung der Transsubstantiationslehre gesehen. Das bekannteste Hostienwunder im 13. Jahrhundert war das Wunder von Bolsena (1263). Ein böhmischer Priester, geplagt von Zweifeln an der Realität des Leibes und Blutes Christi in der Eucharistie, die auch durch eine Pilgerfahrt nach Rom nicht ausgeräumt wurden, bat Gott um ein Zeichen, das jeden Zweifel ausräume. Auf seiner Rückkehr von Rom feierte der fromme Geistliche in der Kirche S. Christina in Bolsena die heilige Messe. Dabei verfärbte sich die Hostie in der Hand des Priesters rot, als wäre sie lebendiges Fleisch. Zwanzig Blutflecken tropften auf das Corporale. Der Priester sah „die Hostie als wahres, mit Blut besprengtes Fleisch, und die Blutstropfen ordneten sich auf dem Korporale so an, dass sie das blutüberströmende Antlitz des Erlösers formten"[199].

Die Gegenwart des Blutes Christi in der Messfeier illustriert auch die Gregorsmesse, eines der bedeutendsten Bildthemen der christlichen Ikonographie.[200] Nach der Erzählung sollen Papst Gregor der Große bei einer Messe in der Kirche Santa Croce in Gerusalemme Zweifel gekommen sein, ob Christus wahrhaftig in

---

197 *Angenendt*, Geschichte der Religiosität im Mittelalter (^{2}2000), 505.
198 Vgl. *Jungmann*, Missarum Sollemnia I (^{6}2003), 159f.
199 *Browe*, Die Verehrung der Eucharistie im Mittelalter (1967), 75f.
200 Zur Gregorsmesse vgl. *Westfehling*, Die Messe Gregors des Großen (1970); *Maier*, Die Gregorsmesse (2006); *Gormans – Lentes*, Das Bild der Erscheinung (2007).

Brot und Wein gegenwärtig sei. Um die Zweifel zu zerstreuen, sei Christus als Schmerzensmann bei der Feier der heiligen Messe mit den Marterwerkzeugen leibhaftig erschienen und sein Blut sei in den Messkelch und zu den armen Seelen geflossen. Die früheste Darstellung der *visio Gregorii* ist eine Mosaikikone aus dem 13./14. Jahrhundert, die sich heute in der Schatzkammer von Santa Croce in Gerusalemme befindet. Im Eucharistiewunder der Gregorsmesse macht sich die intensive Passions- und Kreuzesmystik des 13. und 14. Jahrhunderts bemerkbar. In der zweiten Hälfte des 15. Jahrhunderts erfuhr das Bildmotiv der Gregorsmesse eine geradezu explosionsartige Verbreitung, insbesondere nördlich der Alpen. Zahlreiche spätmittelalterliche Altartafeln haben die Szene festgehalten. Ein Grund dafür war sicherlich, dass das Gebet vor den Altarbildern, die dieses Motiv darstellen, zunehmend mit einem Ablass für die Betenden verbunden wurde. Dies spricht keineswegs gegen die Bedeutung der zugrunde liegenden Erzählung für die Stärkung des Glaubens an die somatische Realpräsenz Christi.

Bluthostien warfen für die Theologen das Problem einer Art Bilokation des Leibes Christi auf: nämlich einerseits in verklärter Gestalt im Himmel zur Rechten des Vaters zu existieren, andererseits in der Bluthostie. Thomas von Aquin versuchte das Problem dadurch zu lösen, dass er die Bluthostien zu sinnlichen Demonstrationen der an sich unsichtbaren realen Gegenwart Christi im Sakrament der Eucharistie erklärte.[201] Deutliche Kritik an der übersteigerten Eucharistiefrömmigkeit, die mit den Bluthostien verbunden war, kam von Nikolaus von Kues, Fürstbischof von Brixen (1401–1464). In einem Rundschreiben von 1451 verbot er, drei Jahre nach seiner Kardinalserhebung, die öffentliche Präsentation und Anbetung von Bluthostien (*hostiae transformatae, pallae rubricatae*), da sie nicht selten gefälscht seien. Der katholische Glaube lehre, dass der auferweckte Leib in der Herrlichkeit bei Gott ist und daher sein Leib und sein Blut vollständig unsichtbar seien.[202]

---

201 Vgl. *Thomas von Aquin*, STh III, q.73.
202 Vgl. *Browe*, Die Eucharistie im Mittelalter (2003), 281.

Da es das Bedürfnis gab, das Sakrament der Eucharistie auch außerhalb der Messfeier zu schauen, entstand im 13. Jahrhundert die Monstranz (von *monstrare*, zeigen). Dabei handelt es sich um ein kostbares liturgisches Schaugefäß mit einem Fensterbereich, in dem eine konsekrierte Hostie zur Verehrung und Anbetung ausgesetzt wird. Sakramentshäuschen, die ihren Ort an der Evangelienseite des Altares hatten, dienten als Aufbewahrungsort der Monstranz. Bei Prozessionen wurde die Monstranz mit dem Allerheiligsten mitgetragen. Man nennt diese Prozessionen theophore Prozessionen. Die bedeutendste dieser Prozessionen ist die Fronleichnamsprozession.

Fronleichnam, von mittelhochdeutsch *vröne lîcham*, „des Herren Leib", ist eine wörtliche Übersetzung von „Corpus Domini". Das Fronleichnamsfest geht zurück auf Visionen der Mystikerin Juliana von Mont Cornillon/Kornelienberg in Lüttich (um 1193–1258).[203] Die symbolistische Deutung der Gegenwart Christi in der Eucharistie bei den Katharern und Albigensern führte nicht nur zu einer intensiven Verehrung des Altarsakramentes. Die Eucharistie wurde, vor allem unter Beginen, zu einem bevorzugten Ort mystischer Erfahrungen. Bei den Beginen handelte es sich um Frauenkreise, die in klosterähnlichen Gemeinschaften lebten. Juliana, Augustiner-Chorfrau, seit 1225 Priorin und seit 1230 Oberin dieser Gemeinschaft, hatte von 1209 an verschiedene Visionen, die das Altarssakrament betrafen. Mehrmals sah sie in ihren Gesichten eine Mondscheibe, die an ihrem Rand eine Bruchstelle aufwies.

In der „Vita Julianae" heißt es: „Als sich Juliane in ihrer Jugend dem Gebet hingab, erschien ihr ein großes und wunderbares Zeichen. Sie sah den Mond in seinem Glanze, aber auf seiner Scheibe war ein kleiner Bruch *(apparuit ei luna in suo splendore, cum aliquantula tamen sui sphaerici corporis fractione)*. Lange schaute sie hin und wusste gar nicht, was das bedeuten solle. Und so bat sie inständig den Herrn, ihr die Bedeutung zu offenbaren.

---

203 Zur Entstehung und Bedeutung des Festes vgl. *Rubin*, Corpus Christi (1991), 164–199; *Stock*, Poetische Dogmatik III (1998), 305–309. Zur Ausbreitung des Festes vgl. *Browe*, Die Eucharistie im Mittelalter (2003), 509–536.

Er eröffnete ihr, in dem Mond sei die Kirche dargestellt, die dunkle Stelle aber in der Scheibe deute an, dass noch ein Fest fehle, das er von allen Gläubigen gefeiert sehen wolle. Es sei sein Wille, dass zur Mehrung des Glaubens, der jetzt am Ende der Welt so abnehme, und zum gnadenvollen Fortschritt der Auserwählten die Einsetzung seines heilbringenden Sakramentes eigens gefeiert werde, und zwar mehr als am Kardonnerstag, wo ja die Kirche nur mit der Fußwaschung und dem Gedächtnis seines Leidens beschäftigt sei. An diesem Tag solle das ergänzt werden, was an den gewöhnlichen Tagen durch zu wenig Andacht und durch Nachlässigkeit unterlassen werde. Als Christus dies der Jungfrau geoffenbart hatte, trug er ihr auf, selbst mit dieser Feier zu beginnen und der Welt seinen Befehl zu verkünden."[204]

Ab 1240 wurde das neue Fest unter den Beginen in Lüttich gefeiert. Unterstützung erfuhr Juliana in ihrem Anliegen von Jacques Pantaléon, Archidiakon von Lüttich, dem späteren Papst Urban IV. (1261–1264). Noch zu Lebzeiten Julianas bestimmte der Bischof von Lüttich, Robert de Torote (gest. 1246), dass in Lüttich das Fronleichnamsfest zur Widerlegung eucharistischer Irrlehren *(ad confutandam haereticorum insaniam)* am Donnerstag nach der Oktav von Trinitatis gefeiert werden solle (1246). Unter dem Nachfolger Bischof Roberts verlor Juliana den Rückhalt in ihrer Gemeinschaft. 1247 verließ sie Lüttich und lebte seit 1248 als Reklusin (Klausnerin). Der Dominikaner Hugo von St. Cher (um 1200–1263), der das neue Fest 1251 in Lüttich kennengelernt hatte, warb als Kardinallegat für seine weltweite Einführung, die 1264 durch Urban IV. erfolgte.

In seine Einführungsbulle „Transiturus de hoc mundo" bringt der Papst das *Festum Sanctissimi Corporis Christi* mit dem siegreichen Triumph über ketzerische Leugner der Transsubstantiation in Verbindung. Schriftliche Quellen für die Verbindung des Festes mit dem Hostienwunder von Bolsena gibt es zwar erst seit 1340[205], doch kann nicht ausgeschlossen werden, dass Urbans

---

204 Zitiert nach *Browe*, Die Verehrung der Eucharistie im Mittelalter (1967), 71f.

205 Vgl. *Ansorge*, Jenseits von Begriff und Vorstellung (2015), 76. Zur Über-

Bulle durch das Hostienwunder von Bolsena mit veranlasst war. Wenige Wochen nach der Promulgation der Fronleichnamsbulle starb Urban IV. Seine Nachfolger hatten wenig Interesse an dem neuen Fest. Erst mit Johannes XXII. (1316–1334) konnte es sich in der katholischen Kirche durchsetzen.[206] Bis dahin wurde es vor allem durch die Zisterzienser, einzelne Theologen und Bischöfe verbreitet. Der berühmte Kanonist und Liturgiker Wilhelm Durandus, Bischof von Mende (um 1230–1293), förderte das Fest durch sein einflussreiches „Rationale divinorum officiorum" (1286).[207]

Die ersten Fronleichnamsprozessionen in Deutschland fanden in Köln, Münster und Osnabrück statt. Die Entwicklung zum universalen Fest der katholischen Kirche wurde durch Übernahme der Bulle „Transiturus" in die nach Papst Clemens V. (1304–1314) benannten „Clementinae Constitutiones" gefördert.[208] Bei den clementinischen Dekretalen handelt es sich um die letzte mittelalterliche Sammlung des kanonischen Rechts, die von Papst Johannes XXII. im Jahre 1317 veröffentlicht wurde. Ein Jahr später beschloss das Generalkapitel der Dominikaner in Lyon die Einführung des Fronleichnamsfestes. Zu Beginn des 14. Jahrhunderts wurde es üblich, nach der Prozession die Monstranz mit dem Allerheiligsten auf dem Altar zu belassen und vor ausgesetztem Allerheiligsten die Messe zu feiern. Diese Praxis setzte sich noch im selben Jahrhundert durch.[209]

Zwischen 1261 und 1265 hielt sich Thomas von Aquin in unmittelbarer Nähe zur päpstlichen Kurie in Orvieto auf. Er war hier

---

lieferungsgeschichte des Wunders von Bolsena vgl. *van Ausdall*, Art and Eucharist in the Late Middle Age (2012), 582–587.

206 Vgl. *Häußling*, Literaturbericht zu Fronleichnam (1986).

207 Vgl. *Durandus von Mende*, Rationale divinorum officiorum (1859), t.VI, 115, n. 6 (De Dominica I post Pentecosten): „Et est sciendum quod Urbanus Papa IV statuit fieri festum de Corpore Christi quinta feria post hanc dominicam, et concedens magnam indulgentiam tam clericis officiantibus, quam populis convenientibus ad divina, prout in officio super hoc ordinato habetur."

208 Vgl. *Rubin*, Corpus Christi (1991), 176–185.

209 Sie wurde erst im Zuge der Messbuchreform des Zweiten Vatikanischen Konzils untersagt.

Die Wirklichkeit der Eucharistie und ihre Verehrung

wahrscheinlich Lektor am Dominikanerkonvent. In Orvieto pflegte Thomas freundschaftlichen Umgang mit Papst Urban IV. und verfasst für ihn die „Catena aurea" (goldene Kette). Dabei handelt es sich um den bekanntesten Katenenkommentar zur Heiligen Schrift, in dem ein zusammenhängender Schrifttext fortlaufend durch Kirchenväterzitate kommentiert wird. Für das Fronleichnamsfest schrieb Thomas im Auftrag des Papstes die Sequenz *Lauda Sion* und die Hymnen *Pange lingua, Sacris solemniis* und *Verbum supernum* zur Vesper, Matutin und zu den Laudes.[210] Die Autorschaft des Thomas für die Sequenz und die Hymnen wird seit den Arbeiten der Dominikanertheologen Pierre-Marie Gy (1922–2004)[211] und Ronald Zawilla[212] wieder für wahrscheinlich gehalten.[213] Die Sequenz und die Hymnen bekräftigen den eucharistischen Realismus der Transsubstantiationslehre und bringen in poetischer Qualität Anbetung und Verehrung des Allerheiligsten zum Ausdruck. Zusammen mit dem Hymnus *Adoro te devoto* trugen die Texte des Fronleichnamsoffiziums stark zur Verlebendigung der mittelalterlichen Eucharistieverehrung bei.

Von ihrer Schönheit und theologischen Kraft haben die Texte bis heute nichts verloren. Die Sequenz *Lauda Sion* zur Messe an Fronleichnam, die Geoffrey Wainwright (1939–2020) als „doctrinal hymn" bezeichnet hat, wird nach der Lesung (1 Kor 11,23–29) und vor dem Evangelium (Joh 6,56–59) als Fortführung des Alleluja gesungen. Dieses wird nach dem *Graduale* angestimmt und präfiguriert den Leitvers des Evangeliums. Die Sequenz hat den

---

210 Vgl. *Thomas von Aquin*, Officium de festo corporis Christi ad mandatum Urbani Papae IV dictum Festum instituentis, In: Opusculum theologiae II (ed. Spiazzi 1954), 275–281.

211 Vgl. *Gy*, L'office du Corpus Christi et Thomas d'Aquin (1980); *ders.*, L'office du Corpus Christi et la théologie des accidents eucharistiques (1982); *ders.*, La liturgie dans l'histoire (1990).

212 Vgl. *Zawilla*, The Biblical Sources of the Historiae Corporis Christi attributed to Thomas Aquin (1985).

213 Vgl. *Rubin*, Corpus Christi (1991), 185–196; *Torrell*, Magister Thomas (1995), 148–150; *Burnham – Giaccherini*, The Poetics of Transsubstantiation (2005); *Tück*, Gabe der Gegenwart (^{3}2014), 223–238.

Charakter eines festlichen Lobgesangs. Die Fronleichnamssequenz wurde u. a. von Orlando di Lasso (1532–1594) und Giovanni Pierluigi da Palestrina (um 1525–1594) vertont. Der Vesperhymnus *Pange lingua* des Offiziums, in dem das Thema des Leibes Christi zur Sprache gebracht wird, besingt das Mysterium der eucharistischen Wandlung. Er ist „eines der bekanntesten Dokumente mittelalterlicher Eucharistie-Spiritualität"[214]. Die letzten beiden Strophen werden seit dem 15. Jahrhundert zum sakramentalen Segen gesungen. In seiner poetischen Qualität ist der Hymnus ein unübertroffenes Bekenntnis zur Verwandlung der Gaben von Brot und Wein in den Leib und das Blut Christi.[215]

Pange, lingua, gloriosi	Besinge, Zunge, des verklärten
Corporis mysterium	Leibes Mysterium
Sanguinisque pretiosi,	und des kostbaren Blutes,
Quem in mundi pretium,	das als Lösegeld der Welt,
Fructus ventris generosi	die Frucht des edlen Schoßes,
Rex effudit gentium.	der König der Völker vergossen hat.
Nobis datus, nobis natus	Als er uns gegeben, uns geboren worden war
Ex intacta Virgine	aus der unberührten Jungfrau
Et in mundo conversatus	und auf Erden gewandelt war und
Sparso verbi semine,	den Samen des Wortes ausgesät hatte,
Sui moras incolatus	beschloss er die Zeit seines Erdenlebens
Miro clausit ordine.	auf wunderbare Art und Weise.
In supremae nocte cenae	In der Nacht des letzten Mahles,
Recumbens cum fratribus,	zu Tische liegend mit den Brüdern,
Observata lege plene	nach uneingeschränkter Erfüllung des Gesetzes
Cibis in legalibus,	bei den gesetzlich festgelegten Speisen
Cibum turbae duodenae	gibt er als Speise der Schar der Zwölf
Se dat suis manibus.	sich selbst mit eigenen Händen.

---

214 *Tück*, Gabe der Gegenwart (^{3}2014), 239.
215 Zur Auslegung vgl. *Stock*, Poetische Dogmatik III (1998), 309–320; *Tück*, Gabe der Gegenwart (^{3}2014), 239–262 (Übersetzung nach Tück).

Die Wirklichkeit der Eucharistie und ihre Verehrung

Verbum caro panem verum	Das Fleisch gewordene Wort, wirkliches Brot
Verbo carnem efficit	macht es durch sein Wort zu Fleisch,
Fitque sanguis Christi merum;	und Wein wird [zum] Blut Christi,
Et si sensus deficit,	und wenn die Sinne unzureichend sind:
Ad firmandum cor sincerum	um das lautere Herz zu festigen,
Sola fides sufficit.	ist allein der Glaube hinreichend.
Tantum ergo sacramentum	Ein so großes Sakrament
Veneremur cernui	lass uns also, kniefällig, verehren,
Et antiquum documentum	und die alte Unterweisung
Novo cedat ritui;	weiche dem neuen Ritus;
Praestet fides supplementum	biete der Glaube Ersatz
Sensuum defectui.	für das Versagen der Sinne.
Genitori Genitoque	Dem Erzeuger und Gezeugten
Laus et iubilatio,	sei Lob und Jubel,
Salus, honor, virtus quoque	Heil, Ehre und auch Macht
Sit et benedictio,	und Lobpreis;
Procedenti ab utroque	Dem [Geist], der von beiden ausgeht,
Compar sit laudatio.	sei gleicher Lobgesang.
Amen.	Amen.

Der Hymnus *Pange lingua* verarbeitet eine berühmte Vorlage. Es handelt sich um den 569 entstandenen Kreuzeshymnus „Pange lingua gloriosi lauream certaminis" des Venantius Fortunatus (um 540–600/610). Seit dem 9. Jahrhundert war er bei der Kreuzverehrung und im Stundengebet der Passionszeit in liturgischem Gebrauch. Der Hymnus des Fronleichnamsoffiziums setzt ein mit einem Lobpreis auf den verklärten Leib Christi und das kostbare Blut, das der aus Maria der Jungfrau geborene Erlöser für die Sünden der Welt vergossen hat. In poetischer Gestalt differenziert der Hymnus zwischen dem historischen Leib Christi *(natus ex intacta Virgine)*, dem verklärten Leib Christi *(gloriosi Corporis mysterium)* und dem sakramentalen Leib Christi *(Verbum caro panem verum, verbo carnem efficit)*.[216] Das „Mysterium

---

216 Vgl. *Tück*, Gabe der Gegenwart (^{3}2014), 243–247.

Hoc est enim corpus meum

des Leibes" ist an erster Stelle das Mysterium des in den Tod gegebenen Leibes Christi.

Das kostbare Blut, das Christus als *pretium mundi* vergossen hat, verarbeitet 1 Petr 1,18f.: „Ihr wisst ja, dass ihr von eurer nichtigen, von den Vätern ererbten Lebensweise nicht um einen vergänglichen Preis losgekauft wurde *(redempti estis)*, nicht um Silber oder Gold, sondern mit dem kostbaren Blut Christi, des Lammes ohne Fehl und Makel *(pretioso sanguine quasi agni immaculati Christi et incontaminati)"* (vgl. Ex 12: das makellose Lamm/*agnus paschalis*).[217] Das Lebensopfer Jesu ist das Opfer des *rex gentium* (König der Völker), der für uns sein Blut vergossen hat. Es handelt sich um eine Universalisierung des Kreuzestitulus *Rex Iudaeorum* (Joh 19,19). Die Aussage zur Menschwerdung des göttlichen Königs *(nobis datus, nobis natus ex intacta Virgine)* nimmt Jes 9,6 (5) auf *(parvulus enim natus a nobis et filius datus est nobis*, ein Kind wurde uns geboren, ein Sohn wurde uns geschenkt).[218]

Das aus Maria der Jungfrau geborene Kind ist das fleischgewordene Wort Gottes, das auf Erden gelebt hat und am Ende seines Lebens in einer „erstaunlichen Anordnung" *(miro ordine)* das Geheimnis der Eucharistie einsetzte. Dies geschah in der Nacht, in welcher der göttliche König mit seinen Jüngern zusammen war, um unter „voller Beachtung des Gesetzes" *(observata lege plene)* das Pessachmahl zu feiern, bei dem er sich selbst den Zwölfen mit eigenen Händen als Speise gab *(cibum turbae duodenae se dat suis manibus)*. Die Gabe der Eucharistie ist die Selbstgabe Christi in den Zeichen von Brot und Wein. Den Mittelpunkt des Hymnus bildet der Umschlag von der Gabe Gottes und Selbstgabe Christi zum Mysterium der Wandlung und der damit verbundenen Anbetung.

Der folgende Doppelvers *verbum caro panem caro/verbo carnem efficit* bringt das wirksame göttliche Wort zur Sprache, das nach abendländischer Überzeugung als *verbum efficax* in den *Verba Testamenti* Brot und Wein zu Fleisch und Blut Christi wan

---

217 Dieser Text ist im „Missale Romanum" als *Introitus* der Weihnachtsmesse am Tag vorgesehen. Vgl. *Stock*, Poetische Dogmatik III (1998), 313.
218 Vgl. MR 1962, 20; MR ³2002, 160; MB ²1988, 41[42].

delt.[219] „Die Einsetzungsworte sind für Thomas nicht konstativ, sondern performativ."[220] Er steht hier in der von Ambrosius begründeten abendländischen Tradition. Ohne Rückgriff auf die Terminologie der Transsubstantiationstheorie bringt der Hymnus das Mysterium der eucharistischen Wandlung ins Wort, das sich der sinnlichen Wahrnehmung entzieht *(sensus deficit)*. Das „sinnliche Defizit"[221] behebt allein der Glaube *(sola fides)*, der das Herz erleuchtet, das um das Geheimnis des Leibes und Blutes Christi weiß.

Die Schlussstrophen artikulieren die Verehrung des Sakraments und den Dank für die Gegenwart Christi im Sakrament *(tantum ergo sacramentum veneremur cernui)*. Angesichts des großen Mysteriums der eucharistischen Wandlung geht der Beter in die Knie. Dies ist angesichts der Gegenwart des *Christus passus* die angemessene Geste, die als Geste der Anbetung allein Gott vorbehalten ist. In der Gegenwart des *Christus passus* im Sakrament des Altares wird der Übergang vom alten zum neuen Ritus vollzogen. Es geht hier nicht um eine Substitution Israels und des Bundes, den Gott mit seinem Volk geschlossen hat, wie dies die problematische Übersetzung von Maria Luise Thurmair (1912–2005) zu intendieren scheint. Thurmair übersetzt *et antiquum documentum novo cedat ritui* mit der Antithese „Gesetz der Furcht" und „Mahl der Liebe".[222] Es geht Thomas darum, dass der blutige Teil des Pessachmahles (Tieropfer) durch das Lebensopfer Christi abgelöst wird.[223] Christus selbst in seiner Lebenshingabe für uns, die uns in den Zeichen von Brot und Wein geschenkt wird, ist das neue Paschalamm. Der neue Ritus ist Gegenwart der *passio Christi* im Sakrament der Eucharistie.[224]

---

219 Vgl. *Stock*, Poetische Dogmatik III (1998), 315; *Tück*, Gabe der Gegenwart (^{3}2014), 255.
220 *Tück*, Gabe der Gegenwart (^{3}2014), 256.
221 *Stock*, Poetische Dogmatik III (1998), 317.
222 Vgl. *Lohfink*, Das „Pange Lingua" im „Gotteslob" (2003).
223 Im neuen Gotteslob (2013) heißt es jetzt: „Altes Zeunis möge weichen, da der neue Brauch begann".
224 Vgl. *Tück*, Gabe der Gegenwart (^{3}2014), 257.

Der Hymnus *Pange lingua* schließt mit einer kunstvollen trinitarischen Doxologie ab. Ohne die drei göttlichen Personen namentlich zu nennen, wird das Geheimnis von Vater, Sohn und Geist gepriesen. Dabei ruft Thomas die Terminologie der innergöttlichen Hervorgänge auf (*genitori genitoque*: Hervorgang des Sohnes; *procedenti ab utroque*: Hervorgang des Geistes). Nach dem von Basilius von Caesarea formulierten Prinzip der Homotimie gilt den Personen der göttlichen Trinität die gleiche Verehrung: Lob *(laus)*, Jubel *(iubilatio)*, Heil *(salus)*, Ehre *(honor)*, Kraft *(virtus)* und Segen *(benedictio)*. Der Überschwang der Verehrung gebührt dem Wunder der eucharistischen Selbstgabe Christi im Altarssakrament.

Kapitel VI

SACRIFICIUM MISSAE

Die Reformation und das Konzil von Trient

„Herr, wir bringen mit Freuden zu deinen Altären irdische Gaben, um himmlische zu empfangen; wir geben zeitliche, um ewige zu erhalten."[1] Das Gebet über die Opfergaben im „Sacramentarium Veronense" wurde im Mittelalter im Sinne einer sakralen Tausch-ökonomie verstanden.[2] Voraussetzung dafür waren die Ausbreitung des Geldwesens und des kirchlichen Geldopfers. Messstiftungen und Messintentionen führten immer stärker zur Vorstellung des eucharistischen Opfers als eines pekuniär-geistlichen Geschäfts. Die Folge war, dass „die mittelalterliche Messtheologie und Messfrömmigkeit sich intensiv mit dem Wert der Messe und mit der Frage nach den Messfrüchten und deren Zuwendbarkeit beschäftigte"[3]. Verrechnungstabellen, die halfen, den „Wert" der Messe in Geldwerten auszudrücken, existierten schon im Frühmittelalter.[4] In diesen Kontext gehört auch das Ablasswesen, das unter Papst Leo X. Anstoß für Martin Luthers kritische Disputationsthesen vom 31. Oktober 1517 war, die allgemein als Beginn der Reformation angesehen werden. Luther übersandte die Thesen u. a. an Erzbischof Albrecht von Mainz (1490–1545) und den Ablassprediger Johann Tetzel (1465–1519). Die Historizität des Anschlags der 95 Thesen an die Tür der Wittenberger Schlosskirche ist zweifelhaft.[5]

---

1 Sacramentarium Veronense 91: Mense/Aprile (Mohlberg 12): „Altaribus tuis, domine, munera terrena gratanter offerimus, ut caelestia consequamur; damus temporalia, ut sumamus aeterna."
2 Vgl. *Angenendt*, Geschichte der Religiosität im Mittelalter (^{2}2000), 375.
3 *Meyer*, Abendmahlsfeier II (1977), 285.
4 Vgl. *Angenendt*, Liturgik und Historik (2001), 134.
5 Vgl. *Kaufmann*, Geschichte der Reformation (2009), 155–162. Ausführlich zu den Ablassthesen und ihrem Mythos vgl. *Schilling*, Martin Luther (2012),

Luthers Kritik an der römischen Messe ist nicht zu verstehen ohne die Theorie der „Messfrüchte" *(utilitates missae)*. Die Theorie besagt, dass die Feier der Messe mit der Zuwendung besonderer Früchte, die als quantifizierbare Gnaden aufgefasst werden, verbunden ist. Im 14. und 15. Jahrhundert wurde einer Messe „durchweg ein begrenzter Wert zugeschrieben, weshalb sie für einen allein dargebracht diesem mehr nützt, als wenn sie gleichzeitig noch für andere dargebracht wird. Maßgebend für die Auffassung war weniger die Theologie des Meßopfers [...], sondern die Praxis der Kirche, die für einzelne öfter die Messe feiern läßt und die Annahme mehrerer Stipendien für eine Messe verbietet [...]. Weiter mußte der Wunsch drängend werden, möglichst für den kleinen Kreis der Familie, der Zunft usw. eine eigene Messe gefeiert zu bekommen, weil so der Anteil an den Früchten größer war als bei der für einen großen Kreis gefeierten Messe. Das führte konsequent zur Vielzahl der Altäre und zur Zersplitterung der Gemeinden und Konvente im Spätmittelalter."[6]

Zu erwähnen ist in diesem Zusammenhang auch der enorme Zuwachs an Votivmessen für Lebende und Tote, für gutes Wetter, gegen verschiedene Krankheiten und gegen feindliche Überfälle. Ein nicht geringer Teil des Klerus lebte ausschließlich von Einkünften aus Votivmessen, die die Ordnung des Kirchenjahres überlagerten. Selbst an Sonntagen feierte man Votivmessen aller Art.[7] Die Messhäufigkeit wurde so groß, dass man dazu überging, ein Hochamt nach dem *Credo* als stille Messe weiterzuführen, um an einem anderen Altar schon das nächste Hochamt beginnen zu können.[8] Luther nannte das mittelalterliche Messwesen einen „Jahrmarkt von Seelenmessen"[9]. Die Gnaden-

---

157–179. Überzeugt von der Historizität des Thesenanschlags sind *Hasselhorn – Gutjahr*, Die Wahrheit über Luthers Thesenanschlag (2018).
6 *Iserloh*, Der Wert der Messe in der Diskussion der Theologen vom Mittelalter bis zum 16. Jahrhundert (1985), 400f.
7 Vgl. *Franz*, Die Messe im deutschen Mittelalter (1963), 115–217.
8 Vgl. *Iserloh*, Der Kampf um die Messe in den ersten Jahren der Auseinandersetzung mit Luther (1952), 12f.
9 *Luther*, Die Schmalkaldischen Artikel (1537), Der andere Artikel: WA 50, 206.

vermittlung der katholischen Kirche bezeichnete er als „Kaufhandel"[10]. Doch der Kampf des Reformators gegen die römische Messe bezog sich nicht allein auf die Theorie der Messfrüchte, sondern richtete sich gegen den Kern der katholischen Lehre vom Messopfer.[11]

1. Luthers Kampf gegen die römische Messe

Luther formuliert seine Kritik am Messopfer schon in der frühen Vorlesung zum Hebräerbrief (1517–1518).[12] „Warum hört auch jetzt unsere Darbringung nicht auf, da wir doch durch die Gnade der Taufe und Buße bereits vollends erlöst und gerechtfertigt sind? Täglich nämlich wird Christus für uns geopfert."[13] Darauf antwortet Luther: „Wir opfern zwar, aber zum Gedächtnis seines Todes, und dieser ist das eine Opfer, das einmal dargebracht worden ist. Das verstehe ich so: Christus ist nur einmal dargebracht worden, wie es im vorausgehenden Kapitel heißt. Was aber von uns täglich dargebracht wird, ist nicht so sehr ein Opfer, als vielmehr das Gedächtnis jenes Opfers, wie er sagte: Tut dies zu meinem Gedächtnis. Er leidet nämlich nicht sooft, als seiner gedacht wird, da er gelitten hat."[14] Luther beruft sich hier auf Johannes Chrysosto-

---

10 *Luther*, Vermahnung zum Sakrament des Leibes und Blutes Christi (1530): WA 30; 2, 605.
11 Zu Luthers Kritik der römischen Messe und seinem Abendmahlsverständnis vgl. *Meyer*, Luther und die Messe (1965); *Clark*, Eucharistic Sacrifice and the Reformation (²1967); *Hardt*, Venerabilis et adorabilis eucharistia (1988); *Meßner*, Die Meßreform Martin Luthers und die Eucharistie der Alten Kirche (1989); *Simon*, Die Messopfertheologie Martin Luthers (2003); *Wendebourg*, Taufe und Abendmahl (2005); *dies.*, Essen zum Gedächtnis (2009).
12 Vgl. *Luther*, Die Vorlesung über den Hebräerbrief (1517–1518): WA 57; 201–238.
13 Ebd. (WA 57; 217,25–27): „Quomodo etiam nunc non cessat oblatio nostra, cum per gratiam baptismi et poenitentiae perfecti et iusti sumus? Quotidie enim Christus offertur pro nobis."
14 Ebd. (WA 57; 217,27–218,3): „Offerimus quidem sed ad recordationem mortis eius, et haec est una hostia semel oblata. Quod sic intelligo: Christus

Sacrificium missae

mus.[15] Doch im Unterschied zu Johannes trennt Luther das Opfer Christi und die Darbringung der Eucharistie voneinander.[16] Denn für Luther hat das Opfer Christi „schlechthin aufgehört" *(cessavit omnino).*[17]

Im „Sermo von dem Neuen Testament" (1520) verschärft Luther seinen Angriff auf die römische Messe: Diese sei ein Opfer, das der Priester darbringe, um für die Kirche Gnadenerweise zu erlangen. Wie das Ablasswesen stelle sie ein Mittel der Werkgerechtigkeit dar, der Luther das Prinzip des *sola fide* entgegensetzt. Den Grundirrtum der römischen Messe sieht Luther darin, dass sie als ein Gott darzubringendes Opfer und nicht als eine von Gott zu empfangende Gabe betrachtet wird.[18] „Wenn der Mensch soll mit Gott zu Werk kommen und von ihm etwas empfangen, so muss es also zugehen, dass nicht der Mensch anhebe und den ersten Stein lege, sondern Gott allein ohne alles Ersuchen und Begehren des Menschen muss zuvor kommen und ihm eine Zusagung tun."[19] Die römische Kirche, so der Vorwurf Luthers, habe die Messe in ein Werk der Menschen verkehrt: „Also ist es mit der Messe ergangen, die durch die Lehre ruchloser Menschen ist verändert worden in ein gutes Werk, das sie selbst *opus operatum* nennen, durch welches bei Gott alles zu vermögen sie sich vermessen."[20] Die Messe ist für den

---

oblatus est non nisi semel, ut capite praecedente. Quod autem a nobis offertur quotidie, non tam oblatio quam memoria est oblationis illius, sicut dixit: Hoc facite in meam commemorationem. Non enim toties patitur, quoties memoratur passus."

15 Vgl. *Johannes Chrysostomus*, Homiliae in epistolam ad Hebraeos, c. X, hom. XVI, 3 (PG 63, 131).

16 Vgl. *Pratzner*, Messe und Kreuzesopfer (1970), 27.

17 Vgl. *Meyer*, Luther und die Messe (1965), 157.

18 Vgl. *Luther*, Ein Sermo von dem Neuen Testament, d.i. ist von der heiligen Messe (1520): WA 6; 365,23–25; ders., De captivitate Babylonica ecclesiae (1520): WA 6; 512,7–9; 520,13–19; 523,8–10.

19 *Ders.*, Ein Sermo von dem Neuen Testament, d.i. von der heiligen Messe (1520): WA 6; 356,4–6.

20 *Ders.*, De captivitate Babylonica ecclesiae (1520): WA 6; 520,13–15: „Ita de missa contigit, quae impiorum hominum doctrina mutata est in opus bonum, quod ipsi vocant opus operatum, quod apud deum sese omnia praesumunt posse."

Reformator eine Gabe Gottes an uns, die ihm deshalb nicht dargebracht werden könne.[21]

Die Opfermesse der römischen Kirche betrachtet Luther als schlimmste Form der Idolatrie.[22] Um diese Invektive zu verstehen, ist zu beachten, dass man seit dem Frühmittelalter verstärkt von einer „Wiederholung" des Kreuzesopfers durch das Messopfer sprach, auch wenn man darunter die „unblutige" Darbringung des Leibes und Blutes Christi verstand, in der das Heil, das im Kreuzesopfer gründet, in der Geschichte fortwirkt. Luther lässt den Opferbegriff nur für das Gott dargebrachte Dank- und Lobopfer der Kirche gelten: „Wo man also die Messe ein Opfer heißt und sie so versteht, wäre es wohl recht, nicht dass wir das Sakrament opfern, sondern dass wir durch unser Loben, Beten und Opfern ihn reizen, Ursache geben, dass er sich selbst für uns im Himmel und uns mit ihm opfere."[23]

In seiner Schrift zur Forderung nach Abschaffung der Privatmesse von 1521 erklärt Luther: „Sagt uns, ihr Pfaffen Baals: Wo steht geschrieben, dass die Messe ein Opfer ist, oder wo hat Christus gelehrt, dass man gesegnetes Brot und Wein opfern soll? Hört ihr nicht? Christus hat einst sich selbst geopfert, er will von keinem anderen hinfort geopfert werden. Er will, dass man seines Opfers gedenken soll. Wie seid ihr denn so kühn, dass ihr aus dem Gedächtnis ein Opfer macht?"[24] Für seine Ablehnung des Opfercharakters der Messe beruft sich Luther auf eine Aussage des Hebräerbriefes, wonach Christus ein für allemal ein einziges Opfer für die Sünden dargebracht habe, damit alle kultischen Opfer abgeschafft seien (vgl. Hebr 10,1–18). Wäre die Messe ein Opfer, würde es sich um ein neues Opfer gegenüber dem einen Opfer Christi am Kreuz handeln, also das menschliche Werk eines Gott dargebrachten Opfers. Das aber würde bedeuten, dass das

---

21 Vgl. *Meyer*, Luther und die Messe (1965), 158; *Iserloh*, Der Kampf um die Messe in den ersten Jahren der Auseinandersetzung mit Luther (1952), 9.
22 Vgl. *Luther*, Ein Sermo von dem Neuen Testament, d.i. von der heiligen Messe (1520): WA 6; 363,20–24.
23 Ebd. (WA 6; 369,11–15).
24 *Luther*, Vom Missbrauch der Messe (1521): WA 8; 493,19–24.

eine Opfer Christi nicht genüge.[25] In der Tat kann das Opfer der Eucharistie kein neues Opfer neben dem Kreuzesopfer sein, will man die Heilsbedeutung des Opfers Christi nicht relativieren. Doch Luther wendet sich nicht nur gegen die Vorstellung einer Wiederholung des Opfers. Er verwirft ebenso die schon in der Patristik anzutreffende Vorstellung von der Darbringung der Eucharistie. Das Sakrament des Opfers Christi ist für Luther *keine sichtbare Darbringung*, sondern *Erinnerung* an das Opfer Christi am Kreuz.[26]

Zu einer Verständigung über die Frage des Messopfers kam es nicht. Die katholische Kirche versuchte, Luther von seinen Lehren abzubringen. Ein halbes Jahr, nachdem Luther die päpstliche Bulle „Exsurge Domini" (15. Juni 1520)[27], eine Liste seiner Irrtümer, verbrannt hatte, wurde er von Papst Leo X. mit der Bulle „Decet Romanum Pontificem" (3. Januar 1521) exkommuniziert. Da Luther ab 1525 damit beschäftigt war, gegenüber Huldrych Zwingli (1484–1531) und den Schwärmern die Realpräsenz Christi im Sakrament der Eucharistie zu verteidigen, trat seine Kritik an der römischen Messe zunächst in den Hintergrund, flammte aber nach 1530 wieder auf und nahm an Schärfe zu. In den „Schmalkaldischen Artikeln" (1537) nennt Luther die römische Messe „das größte und schrecklichste Gräuel" von allen „päpstlichen Abgöttereien"[28].

Luther war davon überzeugt, dass die römische Kirche ihre Lehre vom Messopfer nicht aufgeben würde. Daher erklärte er in den „Schmalkaldischen Artikeln" resignierend: „Also sind und bleiben wir ewiglich geschieden und wider einander."[29] Auch Johannes Calvin (1509–1564) sah zwischen dem reformatorischen Abendmahl und der römische Messe einen unversöhnlichen Gegensatz.[30] Die römische Messe betrachtete er als ein Sühnopfer

---

25 Vgl. *Gerken*, Theologie der Eucharistie (1973), 135.
26 Vgl. *Pratzner*, Messe und Kreuzesopfer (1970), 55.
27 Vgl. DH 1451–1492.
28 *Luther*, Die Schmalkaldischen Artikel (1537/1538), Art. 2: WA 50; 200,9f.13f.
29 Ebd. (WA 50; 204,19–21).
30 Vgl. *Calvin*, Institutio Christianae Religionis (1535) IV 18, 1–20, übersetzt und bearbeitet von O. Weber, Neukirchen-Vluyn 1986, 991–1005.

mit dem Zweck, „Gottes Zorn zu beschwichtigen"[31], was sie erkennbar nicht ist. Wie Luther ließ auch Calvin das Abendmahl nur als Dank- und Lobopfer gelten. Opfer könne es nur im uneigentlichen Sinne genannt werden, sofern es sich um ein „Gedächtnis", ein „Abbild" und „Zeugnis" des einmaligen Kreuzesopfers Christi handelt.[32] Das Abendmahl sei aber keine Darbringung, sondern eine „*Gabe* Gottes, die mit Danksagung empfangen werden soll"[33]. „Das Opfer in der Messe ist also von dem Sakrament des Abendmahls so verschieden wie es *Geben* und *Empfangen* sind"[34]. Christus hat uns „einen *Tisch* gegeben, an dem wir das *Mahl* halten sollen, *nicht* aber einen *Altar*, auf dem ein *Opfer* dargebracht werden soll"[35].

Luther verwarf nicht nur die Messe als Sühnopfer für Lebende und Verstorbene, sondern ebenso die eucharistische Anbetung. Die Verehrung der konsekrierten Hostie innerhalb des Gottesdienstes erschien Luther als legitim, er verurteilte aber jede Anbetung des *Corpus Christi* außerhalb der Messe. In eucharistischen Prozessionen sah er eine Form der Idolatrie. Da Luther eine somatische Realpräsenz Christi nur in der von Christus gestifteten Ordnung des „nehmt, esst und trinkt" anerkannte, behauptete er, dass bei eucharistischen Prozessionen gewöhnliches Brot angebetet werde. Den Gläubigen empfahl er deshalb, sich vor dem beliebten Fronleichnamsfest und der Verehrung des Tabernakels zu hüten, da dem rein „äußerlich anbeten" die innere Qualifizierung durch den Glauben mangele.[36] Wie Luther kritisierte auch Calvin die Fronleichnamsprozession: Dadurch, dass man die konsekrierte Hostie „mit Prunk" umhertrage und sie „zum Beschauen, Verehren und Anrufen in öffentlichem Schauspiel" ausstelle, erweise man Christus keine Verehrung. Die Andacht müsse auf

---

31 Ebd. 18, 13 (1000).
32 Vgl. ebd. 18, 10 (998).
33 Ebd. 18, 7 (996).
34 Ebd. 18, 10 (998).
35 Ebd. 18, 12 (999). Hervorhebungen im Original.
36 Vgl. *Luther*, Vom Anbeten des Sakraments des heiligen Leichnams Christi (1523): WA 11; 447.

Sacrificium missae

den himmlischen Christus gerichtet sein. Die Anbetung des Altarsakramentes wertete Calvin als Stehenbleiben beim „äußeren Zeichen", als Verehrung „der Gaben statt des Gebers", ja als „Abgötterei"[37].

Luther betrachtete das Abendmahl als Gottes Zusage (*promissio*) der Sündenvergebung im Evangeliumswort, verbunden mit den sichtbaren Zeichen (*signa, sacramenta*).[38] Die Zusage im Abendmahl geschieht mit den Worten, mit denen Jesus den Jüngern dieses Sakrament bei seiner Einsetzung austeilte.[39] In den *Verba Testamenti* liegt daher „die Messe ganz mit all ihrem Wesen, Werk, Nutz und Frucht"[40]. Die *Verba Testamenti* sind nach Luthers Verständnis Stiftungs-, Konsekrations- und Distributionsworte: *Stiftungsworte*, weil die Feier des Abendmahls auf das letzte Mahl Jesu mit seinen Jüngern zurückgeht; *Konsekrationsworte*, weil die Gaben von Brot und Wein durch die *Verba Testamenti* zu Leib und Blut Christi werden; *Distributionsworte*, weil Brot und Wein, die durch die *Verba Testamenti* zu Leib Blut und Christi werden, dazu bestimmt sind, ausgeteilt zu werden. Luther anerkennt eine leibliche Gegenwart Christi allerdings nur im Vollzug (*in usu*) des Sakraments.

Das Ziel der Eucharistie ist in der Tat die Gemeinschaft der Glaubenden mit Christus und untereinander. Doch die somatische Realpräsenz Christi auf die Feier der Eucharistie zu beschränken, widerspricht der schon in der frühen Kirche geübten Praxis, das eucharistische Brot den Kranken zu bringen, ohne es erneut zu konsekrieren. Anders als in der Frage des Messopfers hätte es in der Frage der Realpräsenz zwischen Luther und der katholischen Kirche wohl zu einer Einigung kommen können. Denn im Unterschied zu den Schweizer Reformatoren bekräftigte Luther, dass

---

37 *Calvin*, Institutio Christianae Religionis (1535) IV 17, 37 (ed. Weber 978f.).
38 Vgl. *Luther*, De captivitate Babylonica ecclesiae praeludium (1520): WA 6; 531,26.
39 Vgl. ebd. (WA 6; 515,17–26).
40 *Luther*, Ein Sermo von dem Neuen Testament, d.i. von der heiligen Messe (1520): WA 6; 355,26–27.

Leib und Blut Christi „in", „unter" und „mit" Brot und Wein enthalten sind und dass sie im Abendmahl an die Gläubigen ausgeteilt werden. „In", „unter" und „mit" Brot und Wein, dies ist die lutherische Formel für die Koexistenz des Leibes und Blutes Christi mit der Substanz von Brot und Wein.[41]

In Absetzung von der Lehre, das Sakrament wirke *ex opere operato*, erklärte Luther vom Sakrament des Abendmahls, dass es allein durch den Glauben wirksam sei. Hier liegt ein Missverständnis des *ex opere operato* vor. Die Wirksamkeit der Sakramente *ex opere operato* meint nicht, dass sie ohne Glauben wirksam sind, sondern dass sie unabhängig von der Würdigkeit des Spenders zustande kommen. Dass ein Sakrament ohne den Glauben nicht wirksam ist, ohne Nutzen bleibt und das Gericht bringt, ist gut biblisch.[42] Doch Luther nahm auch hier eine Zuspitzung vor: „Niemand erlangt die Gnade deshalb, weil er die Absolution oder die Taufe oder die Kommunion oder die Ölung empfängt, sondern deshalb, weil er glaubt, durch Absolution, Kommunion oder Ölung die Gnade zu erlangen. Denn wahr ist das allbekannte und anerkannte Wort: nicht das Sakrament, sondern der Glaube an das Sakrament rechtfertigt."[43] Luther setzt ganz auf das Geschenk des Glaubens, durch den der Mensch gerechtfertigt wird. Das Abendmahl ist das Vermächtnis und die immer neue Zusage der Sündenvergebung, mit der Gott die Zeichen von Brot und Wein als Zeichen des Leibes und Blutes Jesu Christi verknüpft hat. Als göttliches Siegel gestiftet, bestätigen die eucharistischen Zeichen das vergebende Wort.

Luther wendet sich nicht nur gegen die Lehre vom Messopfer und die eucharistische Anbetung außerhalb der Messe, sondern

---

41 Vgl. *ders.*, Großer Katechismus (1528/1529): WA 30,1; 223.
42 Vgl. *ders.*, De captivitate babylonica ecclesiae: WA 6; 517,32f.
43 *Ders.*, Commentariolus in epistolam divi Pauli Apostoli ad Hebreos (1517): WA 57; 169,23–170,4: „Inde fit, ut nullus consequitur gratiam, quia absolvitur aut baptizatur aut communicatur aut inungitur, sed quia credit sic absolvendo, baptizando, communicando, inungendo se consequi gratiam. Verum enim est illud vulgatissimum et probatissimum dictum: non sacramentum, sed fides sacramenti iustificat".

Sacrificium missae

ebenso gegen die eucharistische Schaufrömmigkeit, in der er einen fragwürdigen Ersatz für die Kommunion sieht. Auch Erasmus von Rotterdam (1466/1469–1536) kritisierte die Frömmler, die herbeieilen, sobald die Priester den Leib des Herrn sehen lassen. Der Bischof von Haarlem, Nicolaas van Nieuwland (1510–1580), rügte in seinen Diözesanstatuten (1564) „das ungebildete und in der wahren Religion nicht unterrichtete Volk", das in der heiligen Messe auf nichts anderes achtet „als auf die Hochhebung der Hostie. Daher kommt der Missbrauch, dass sie in den Städten, in denen viele Messen gelesen werden, von einem Altar zum anderen laufen und keinem Opfer ganz beiwohnen"[44]. In der Tat tendierte die Schaufrömmigkeit dazu, die geistliche Kommunion mit der sakramentalen Kommunion des Leibes und Blutes Christi Wirkung gleichzusetzen. So nahmen die Gläubigen zwar an der Messe teil, empfingen aber kaum noch das Sakrament des Altares.

Dagegen forderte Luther den tatsächlichen Empfang der Kommunion, und zwar unter beiden Gestalten. Die Kommunion nur des Leibes Christi *(sub una specie)* lehnte er als nicht schriftgemäß ab. Daher forderte er die Austeilung des Kelches auch an die Laien. Im „Sermon von dem hochwürdigsten Sakrament" (1519) zeigte sich Luther noch konziliant: Es sei deshalb angebracht, das Sakrament unter beiden Gestalten zu spenden, nicht weil eine Gestalt nicht genüge, sondern um der Fülle des eucharistischen Zeichens willen.[45] Doch die Lehre von der Konkomitanz, wonach in Brot und Wein jeweils der ganze Christus mit Gottheit und Menschheit gegenwärtig sei, beruht für Luther schließlich zu sehr auf menschlicher Logik, als dass sie die Kommunion nur unter einer Gestalt rechtfertigen könnte. Gegen Luthers Forderung nach der Kommunion unter beiden Gestalten wurde von zeitgenössischen Theologen eingewandt, dass Christus den Laienkelch nicht angeordnet und den Jüngern von Emmaus das Sakrament nur in der Gestalt des Brotes gereicht habe. Da Jesus beim letzten Abend-

---

44 Zitiert nach *Browe*, Die Eucharistie im Mittelalter (2003), 507.
45 Vgl. *Luther*, Sermon von dem hochwürdigen Sakrament des Heiligen Wahren Leichnams Christi und von den Bruderschaften (1519): WA 2; 742f.

mahl die Apostel zu Priestern einsetzen wollte, hätten sie auch aus dem Kelch getrunken. Die beiden Gestalten von Brot und Wein seien als sakramentale Zeichen der Trennung von Leib und Blut, also für die Messe als Opfer wichtig, nicht aber für die Kommunion der Gläubigen.

Mit seiner Schrift „De captivitate Babylonica ecclesiae praeludium" (1520) hatte Luther drei Fragen aufgeworfen, auf die die katholische Kirche eine Antwort geben musste: 1. die Frage des Messopfers; 2. die Frage der Transsubstantiationslehre und 3. die Frage des Laienkelchs. Was die Frage der Realpräsenz und der Transsubstantiation betraf, so bekräftigten Johannes Eck (1486–1553) u. a. Theologen, dass es sich bei der Gegenwart Christi in der Eucharistie um eine sakramentale Gegenwart, nicht um eine Gegenwart des historischen und leidensfähigen Leibes Christi handelt. Christus sei auch nicht *circumscriptive* oder „in größenähnlicher Gestalt" gegenwärtig, sondern *in Spiritu Sancto*, wie die Seele im Leib.[46] Aus der Transsubstantiation, die ein Wunder der göttlichen Allmacht sei, folge die bleibende Gegenwart Christi im eucharistischen Brot und damit die Praxis, die Eucharistie für die Feier der Krankenkommunion und die Wegzehrung aufzubewahren. Auch wenn Christus im Sakrament nicht gegenwärtig wird, um angebetet, sondern um empfangen zu werden, sei es doch angemessen, das eucharistische Brot in Prozessionen mitzuführen, um das Gedächtnis an das in Christus bewirkte Heil wach zu halten.

Der Kampf um die Messe wurde im Zeitalter der Reformation kompromisslos geführt. In den Wittenberger Unruhen des Jahres 1521 kam es zu gewaltsamen Störungen von Messfeiern. Priester, die die römische Messe feierten, wurden bedroht. Einer der militantesten Feinde des Messopfers, der Privatmesse und des Mönchtums war der Augustinermönch Gabriel Zwilling (um 1487–1558). Auf sein Betreiben hin stellte der Augustinerkonvent in Wittenberg die Feier der Messe am 13. Oktober 1521 ein.

---

46 Vgl. *Iserloh*, Die Eucharistie in der Darstellung des Johannes Eck (1950); *ders.*, Der Kampf um die Messe in den ersten Jahren der Auseinandersetzung mit Luther (1952).

Luther hielt sich seit seiner Ächtung durch das Wormser Edikt (Mai 1521) nicht mehr in Wittenberg auf. Im November verließen mehrere Augustinermönche den Konvent. Neben Zwilling kämpften Karlstadt (1486–1541) und Melanchthon (1497–1560) für die Abschaffung der Messe.[47] Am 1. Weihnachtstag 1521 feierte Karlstadt ohne liturgisches Gewand in der Wittenberger Stadtkirche einen Abendmahlsgottesdienst in deutscher Sprache. *Offertorium* und Kanon (bis auf die deutsch gesprochenen Einsetzungsworte) wurden gestrichen und durch eine Vermahnung an die Kommunikanten ersetzt. Man reichte keine Hostien, sondern gewöhnliches Brot, das die Gläubigen in die Hand nahmen. Danach wurde der Kelch ausgeteilt.[48] All dies erregte enormes Aufsehen, so dass der moderate Melanchthon fürchtete, die Bewegung würde über ihn hinwegrollen. 1522 ging auch Martin Bucer (1491–1551) dazu über, deutsche Abendmahlsgottesdienste zu feiern. Dabei folgte er zwar noch weitgehend dem Ablauf der mittelalterlichen Messe, verwendete aber die deutsche Sprache und verwarf den „Canon Missae", der ihm als Ausdruck der falschen römisch-katholischen Opfertheologie galt. Die Kommunion wurde unter beiden Gestalten gereicht.

Die älteste deutsch-evangelische Messe ist die „Evangelisch Meß" von Kaspar Kantz (1483–1554), die 1522 in Nördlingen erschien. Auch hier sind *Offertorium* und Kanon gestrichen, die Eröffnung der Präfation ist beibehalten. Es folgen eine Art Wandlungsbitte, die Einsetzungsworte, das *Vater unser*, das *Agnus Dei* (deutsch), ein Vorbereitungsgebet und die Kommunion. Thomas Müntzer (1490–1525), Pfarrer im thüringischen Allstedt, entwickelte mit der „Deutschen-Evangelischen Messe" (1524) eine neue evangelische Gottesdienstform auf der Grundlage einer freien Übersetzung der lateinischen Messgesänge bei Beibehaltung der gregorianischen Melodie. Dieses Verfahren stieß bei Luther auf harsche Kritik. In seiner gegen Karlstadt gerichteten Schrift „Wi-

---

47 Zu den frühen reformatorischen Abendmahlsliturgien vgl. *Kranemann*, Liturgie unter dem Einfluss der Reformation (2018), 436–448.
48 Vgl. *Bieritz*, Liturgik (2004), 452.

der die himmlischen Propheten, von den Bildern und Sakrament"
(1525) wirft er Müntzer vor, durch den deutschsprachigen gregorianischen Choral die katholische Messe nachzuäffen.[49] Es ist
davon auszugehen, dass Luthers Entscheidung, seine „Deutsche
Messe" (1526)[50] nicht mehr auf gregorianische Gesänge aufzubau-
en, sondern eigene Texte und Melodien zu schaffen, eine bewusste
Abgrenzung von Müntzer darstellt.[51]

In einem Gutachten zum Kanongebet der römischen Messe
von 1524 fällt Luther ein vernichtendes Urteil über den „Canon
Romanus". „Summa summarum, es ist eitel gräulich, lästerlich
Ding im Canone"[52]. Die Kritik am Kanon bezog sich vor allem
auf die postkonsekratorische Darbringung *(offerimus)* von Leib
und Blut Christi, die Luther als Erneuerung des Kreuzesopfers
Christi deutete: „Siehe, da opfert der Gotteslästerer Christum den
Sohn Gottes für uns, der doch sich selbst für uns nur einmal hat
am Kreuz geopfert [...] Darum wird hier Christi Blut mit Füßen
getreten und verleugnet aller Dinge."[53] So werde die Messe aus einer Wohltat Gottes *(beneficium Dei)* an uns in ein Opfer des Menschen *(sacrificium hominis)* verkehrt. Auch die Offertoriumsgebete
werden von Luther verworfen. Das Opfer der Kirche betrachtet er
als Ausdruck von Werkgerechtigkeit.[54]

Luthers Abendmahlstheologie seit 1520 fand ihren liturgischen Niederschlag in den beiden Messformularen „Formula

---

49 Vgl. *Luther*, Wider die himmlischen Propheten, von den Bildern und Sakrament (1525): WA 18; 123,19–29.
50 Vgl. *ders.*, Deutsche Messe und Ordnung des Gottesdienstes (1526): WA
19; 72–113.
51 Die vor Luthers „Deutscher Messe" gedruckten Formulare für eine
deutschsprachige Messe sind: „Testament Jesu Christi" von Johannes Oekolampad (1523), „Evangelische Deutsche Messe" (Worms 1524), „Deutsche
Messe" von Martin Bucer (1524), „Deutsche Evangelische Messe" von Thomas
Müntzer (1524), „Evangelische Messe" von Andreas Döber und Andreas Osiander (1525).
52 Zitiert nach *Bieritz*, Liturgik (2004), 453.
53 Zitiert nach ebd.
54 Zu den Prinzipien der Wittenberger Liturgiereform vgl. *Meßner*, Reformen
des Gottesdienstes in der Wittenberger Reformation (2002).

Missae et Communionis" (1523)[55] und „Deutsche Messe und Ordnung des Gottesdienstes" (1526)[56]. Bei der „Deutschen Messe" handelt es sich nach Meinung des evangelischen Liturgikers Frieder Schulz (1917–2005) um den „bündigen Abschluss der theologischen Reflexion Luthers über den sonntäglichen Meßgottesdienst"[57]. Die Gottesdienstordnung „Formula missae" geht auf das Drängen des Lutherfreundes und Zwickauer Pfarrers Nikolaus Hausmann (1478/1479–1538) zurück. Sie stellt eher eine liturgische Handreichung als ein Messformular dar. Alle Opferaussagen sind darin getilgt.[58] Gegenschriften zu Luthers „Formula missae" verfassten Hieronymus Emser (1478–1527)[59] und der französische Humanist und Theologe Jodocus Clichtoveus (1472/1473–1543)[60]. Luthers „Formula missae" reflektiert eine „Messe mit Gemeindekommunion"[61], was zur damaligen Zeit nicht selbstverständlich war, da sich die Gläubigenkommunion in einem längeren Prozess seit dem Mittelalter fast vollständig von der Messe gelöst hatte. Das berechtigte Anliegen Luthers bestand darin, *missa* und *communio* wieder miteinander zu verbinden.

Außer der Predigt ist Luthers Messordnung noch ganz von der lateinischen Sprache bestimmt. Nach *Introitus, Kyrie, Gloria* und *Kollektengebet* folgen *Epistel, Graduale* und *Alleluja* sowie *Evangelium*. Die Reihenfolge von Predigt und Credo kehrt Luther um, da er im Glaubensbekenntnis eine Bekräftigung der Wortverkündigung sieht. Die Predigt bildet daher die Überleitung zum Abendmahlsteil.

---

55 Vgl. *Luther*, Formula Missae et Communionis pro Ecclesia Vuittembergensi (1523): WA 12; 205–220. Der Abendmahlsteil findet sich auch in: *Pahl*, Coena Domini I (1983), 33–36.
56 Vgl. *Luther*, Formula Missae (WA 19; 72–113). Siehe dazu *Bieritz*, Liturgik (2004), 457–474.
57 Vgl. *Schulz*, Der Gottesdienst bei Luther (1983), 298.
58 Vgl. *Luther*, Formula Missae (WA 12; 211, 20–22): „Proinde omnibus illis repudiatis quae oblationem sonant, cum universo Canone, retineamus, quae pura et sancta sunt, ac sic Missam nostram ordinamur."
59 Vgl. *Hieronymus Emser*, Missae christianorum contra Lutherana missandi formula (1523).
60 Vgl. *Jodocus Clichtoveus*, Propugnaculum Ecclesiae (1526): Erstes Buch.
61 *Schulz*, Luthers liturgische Reformen (1997), 46.

Die Bereitstellung der Gaben von Brot und Wein erfolgt entweder schon beim Beten des Glaubensbekenntnisses oder nach der Predigt. Ein eigenes *Offertorium* ist in der Messordnung nicht mehr vorgesehen. Wie das *Graduale* können *Sanctus* und *Agnus Dei* durch deutsche Lieder ersetzt werden. Der Abendmahlsteil umfasst die Präfation, eine Gebetsstille, die *Verba Testamenti*, dann *Sanctus* und *Benedictus* (Chor) mit Elevation des Brotes und des Kelches. Daran schließt sich das *Pater noster* an, das mit dem traditionellen *Oremus, praeceptis salutoribus moniti* eingeleitet wird. Es folgen der Friedensgruß, das *Agnus Dei*, die Kommunion, der Kommuniongesang („Gott sei gelobet und gebenedeiet") sowie Entlassung und Segen (traditioneller oder Aaronitischer Segen). Neben der Streichung des *Offertorium* und des römischen Kanons gab es auch Messen (Worms, Straßburg), in denen beide Teile im protestantischen Sinne modifiziert wurden.[62]

Als im süddeutschen Raum immer mehr rein volkssprachliche Abendmahlsgottesdienste gefeiert wurden, gab Luther seinen anfänglichen Widerstand gegen eine vollständig deutschsprachige Messe auf und verfasste eine eigene Ordnung für eine solche Messe. Luthers „Deutsche Messe" wurde erstmals am 29. Oktober 1525 in Wittenberg gefeiert. 1526 erschien Luthers „Deutsche Messe" im Druck. Während der erste Teil strukturell der römischen Messe entspricht, sieht der Abendmahlsteil eine weitreichende Umstrukturierung vor. Luther nimmt nicht nur erhebliche Änderungen an der überlieferten Messe vor, sondern fordert auch eine Änderung der traditionellen gemeinsamen Gebetsrichtung, konzediert für die neue Geberechtsrichtung *versus ad populum* allerdings eine längere Übergangszeit: „Aber in der rechten Messe unter eitel Christen müsste der Altar nicht so bleiben und der Priester sich immer zum Volk kehren, wie ohne Zweifel Christus im Abendmahl getan hat. Nun, das erharre seiner Zeit."[63] Luther hatte bei seiner Forderung vielleicht die Darstellung des letzten

---

62 Vgl. *Bieritz*, Liturgik (2004), 457f.
63 *Luther*, Deutsche Messe und Ordnung des Gottesdienstes (1526): WA 19; 80,28–30.

Abendmahls vor Augen, die Leonardo da Vinci (1452–1519) als Wandbild für das Refektorium des ehemaligen Dominikanerklosters Santa Maria delle Grazie in Mailand schuf.

An die Stelle des *Introitus* tritt in Luthers deutscher Messe ein geistliches Lied *(Ich will den Herren loben alle Zeit)* oder ein deutscher Psalm (Luther wünschte den ganzen Psalm statt nur den herkömmlichen *Introitus*). Es folgt das *Kyrie*, das nicht mehr neunmal, wie in der römischen Messe, gesungen wird. Die nachkonziliare katholische Liturgiereform hat es Luther hier gleichgetan. Das *Gloria*, an dem Luther zunächst als Möglichkeit festgehalten hatte, entfällt nun ganz. So schließen sich an das *Kyrie* das Tagesgebet *(Collecta)* und die *Epistel* an. Statt eines gekürzten *Graduale*, wie in der „Formula missae" (die Sequenz wollte Luther ganz abschaffen), folgt nach der *Epistel* ein deutsches Lied. Daran schließt sich das *Evangelium* an. Luthers Gemeindelied „Wir glauben all an einen Gott" (1524) ersetzt das Glaubensbekenntnis von Nizäa und Konstantinopel, das nach der „Formula missae" vom Geistlichen gesungen wird. Die Predigt leitet zum Abendmahlsteil über. An die Stelle der eucharistischen Liturgie mit *Offertorium* und römischem Kanon tritt im Abendmahlsteil die Gemeindekommunion. Dafür entlehnt Luther Elemente aus der mittelalterlichen Gläubigenkommunion außerhalb der Messe (Kommunionvermahnung, *Vater unser* als Vorbereitung auf die Kommunion, Austeilung der Kommunion).

Wie in der „Formula missae" erwägt Luther auch in seiner deutschen Messe nach der Konsekration des Brotes die Kommunion des Leibes Christi und nach der Konsekration des Kelches die Kommunion des Blutes Christi, was in der Wittenberger Kirchenordnung von 1533 aber wieder fallengelassen wird. Vaterunserparaphrase und Vermahnung treten in der deutschen Messe an die Stelle der Präfation. Dass mit ersterer die Absicht verbunden war, die *Oratio fidelium* wiederzubeleben oder gar ein Äquivalent für das römische Hochgebet zu schaffen, ist umstritten.[64] Die in die Einsetzungsworte integrierte Kommunion hat man sich so vorzustellen, dass der Liturge am Altar im Evangelienton die

---

64 Vgl. *Schulz*, Luthers liturgische Reformen (1997), 51.53.

Worte Christi über das Brot singt und unmittelbar danach ohne Spendeformel das gesegnete Brot austeilt. Dann kantilliert der Geistliche (wiederum am Altar) im Evangelienton die Worte Christi über den Kelch und reicht ihn danach den Gläubigen. Der Evangelienton macht deutlich, dass die *Verba Testamenti* für Luther an erster Stelle Verkündigung sind. Unklar ist die Position der Elevation, die Luther als „anamnetischen Begleitritus"[65] interpretiert. Der evangelische Liturgiker Karl-Heinz Bieritz (1936–2011) meint, die Elevation sei unmittelbar nach dem Brot- und Kelchwort vorgesehen.[66] Nach der Kommunion beenden Schlussgebet und Aaronitischer Segen die Abendmahlsfeier.

2. Der innerreformatorische Abendmahlsstreit

Martin Luther lehnte zwar die katholische Lehre vom Messopfer ab, verteidigte aber gegenüber den Spiritualisten, Karlstadt, den Schweizer Reformatoren und den Schwärmern eine somatische Realpräsenz Christi in den Gaben von Brot und Wein. Der innerreformatorische Abendmahlsstreit[67] ist zeichentheoretisch von nicht geringerer Bedeutung als die karolingische Eucharistiekontroverse, denn er markiert die Schwelle, an der Präsenz (Gegenwart) und Repräsentation (Bedeutung) auseinandertreten.[68] Der Abendmahlsstreit steht am Beginn der modernen Debatten um das Verhältnis von Signifikant und Signifikat bzw. von Präsenz und Referenz.

Seit 1524 vertrat Karlstadt eine reine spiritualistische Deutung der Einsetzungsworte: Jesus habe mit den Einsetzungsworten

---

65 Ebd. 51.

66 Vgl. *Bieritz*, Liturgik (2004), 466f.

67 Überblicke dazu geben *Staedtke*, Abendmahl III/3 (1977), 106–122; *May*, Das Marburger Religionsgespräch (^{2}1979); *Kaufmann*, Abendmahl 3 (^{4}2008), 24–28; *ders.*, Geschichte der Reformation (2009), 522–541; *Korsch*, Die Gegenwart Jesu Christi im Abendmahl (2005).

68 Vgl. *Belting*, Das echte Bild (2005), 89.168–172; *von Soosten*, Präsenz und Repräsentation (2005).

auf sich gezeigt. Daher gehe es darum, Jesus geistlich aufzunehmen. Huldrych Zwingli überzeugte diese Deutung nicht. Aber auch er interpretierte die *Verba Testamenti* nicht realpräsentisch, sprach ihnen vielmehr, so in seinem „Kommentar über die wahre und falsche Religion" (1525), einen ausschließlich signifikativen Charakter zu.[69] Die Identitätsaussage der *Verba Testamenti (hoc est enim corpus meum ...)* sei im Sinne von *significat* zu verstehen. Diese Deutung, die der Niederländer Hinne Rode/Johann Rhodius (um 1490–1537) Ende November 1524 in Straßburg bekannt machte, hatte schon sein Landsmann, der Advokat Cornelis Hoen (um 1470–1524) in einem Brief vertreten, in dem er sich auf das Werk „De sacra eucharistia" des Humanisten Johannes Wessel Gansfort (1419–1489) berief.[70] Es wird vermutet, dass dieser Brief in die Hände Luthers und Zwinglis gelangte.[71]

In seiner „Antwort auf Luthers Predigt gegen die Schwärmer" (1527)[72] und seiner lateinischen Abendmahlsstreitschrift „Amica Exegesis"[73] wendet sich Zwingli gegen Luthers realistisches Verständnis der Gegenwart Christi in Brot und Wein. Luthers Sakramentenlismus schleudert Zwingli ein scharfes „So nicht!"[74] entgegen. Zwingli besteht auf einer ausschließlich tropischen Deutung der *Verba Institutionis*: „Wir erklären: Die Worte ‚Das ist mein Leib, der für euch hingegeben wird' können nicht verstanden werden, wenn man sie nicht als ‚Tropus', d. h. als bildliche Ausdrucksweise auffaßt"[75]. „Tropica" sind „Worte, die für anderes dastehen und in übertragener, bildlicher Bedeutung gebraucht wer-

---

69 Vgl. *Zwingli*, Kommentar über die wahre und die falsche Religion (1525/1995), 283–295.
70 Von Wessel Gansfort wurde die Transsubstantiation freilich nicht bestritten.
71 Vgl. *Kaufmann*, Geschichte der Reformation (2009), 526.
72 Vgl. *Zwingli*, Antwort auf die Predigt Luthers gegen die Schwärmer (1527), in: *ders.*, Schriften IV (1995), 1–31.
73 Vgl. *ders.*, Amica exegesis, id est: expositio eucharistiae negocii ad Martinum Lutherum (1527): Sämtliche Werke 5 (ed. Egli), Corpus Reformatorum 92 (1982), 548–758.
74 *Ders.*, Antwort auf die Predigt Luthers gegen die Schwärmer (1527/1995), 8.
75 Ebd. 11.

den"[76]. Christus hat für Zwingli mit dem Abendmahl „das Gedächtnis seines Todes eingesetzt und die Danksagung dafür."[77] Die Worte „Das ist mein Leib" meinen nichts anderes als die *significatio corporis Christi*, die mit der *commemoratio corporis* des als Zitat verstandenen Einsetzungsberichtes identisch ist.[78] Das Abendmahl ist ausschließlich Gedächtnismahl, Erinnerungszeichen und Danksagung für die einmalige Erlösung. „Wenn du über die Bedeutung des Abendmahls als Gedenken und Danksagung hinausgehst, willst du mehr wissen, als nötig ist."[79]

Zwingli bestreitet, dass die Präsenz des gekreuzigten und auferstandenen Herrn in der Ewigkeit Gottes mit seiner sakramentalen Gegenwart in Brot und Wein vereinbar sei: „Die Auffassung, Christi Leib und Blut seien in Brot und Wein, ist verfehlt, weil die Artikel des Glaubensbekenntnisses lauten: ‚Er ist aufgefahren in den Himmel, sitzt zur Rechten Gottes, des allmächtigen Vaters, von wo er kommen wird zu richten …' Wir glauben, dass er leiblich in den Himmel aufgefahren ist. Demzufolge kann er hier unten auf Erden nicht sein."[80] Luthers Rede von der leiblichen Präsenz Christi im Brot der Eucharistie diffamiert Zwingli als „römisch-katholisches Wort"[81]. Von einer „Vergegenwärtigung" des Opfers Christi in der Messe, wie noch in Zwinglis „Auslegung und Begründung der Thesen oder Artikel" (1523)[82], ist in seiner „Antwort auf die Predigt Luthers gegen die Schwärmer" nicht mehr die Rede.

Im Abendmahlsstreit zwischen Luther und Zwingli geht es letztlich um die Frage, ob die Gnade Christi im Sakrament des

---

76 Ebd. 12.
77 Ebd. 23.
78 Vgl. *ders.*, Amica exegesis (1527/1982), 665.
79 *Ders.*, Antwort auf die Predigt Luthers gegen die Schwärmer, 23. Vgl. *Wendebourg*, Essen zum Gedächtnis (2009), 70–100.
80 *Zwingli*, Antwort auf die Predigt Luthers gegen die Schwärmer, 25.
81 Ebd. 30.
82 Vgl. *ders.*, Auslegung und Begründung der Thesen oder Artikel (1523/1995), 133–145.

Abendmahls vermittelt oder nur bezeugt wird.[83] In einer realen Gegenwart Christi mit seinem Leib und seinem Blut unter den Gestalten von Brot und Wein, wie Luther sie lehrt, sieht Zwingli das Erlösungswerk Christi in seiner Einmaligkeit und Abgeschlossenheit gefährdet. Was also im Abendmahl gereicht wird, sind nicht Leib und Blut Christi, sondern Brot und Wein „zur Erinnerung, zum Lob und zur Danksagung dafür, dass er für uns den Tod erlitten und sein Blut vergossen hat, um damit unsere Sünden zu tilgen"[84]. „Geistlich den Leib Christi essen heißt nichts anderes als im Geist und in der Gesinnung sich auf die Barmherzigkeit und die Güte Gottes durch Christus zu verlassen, das heißt im unerschütterlichen Glauben gewiss zu sein, dass Gott uns die Vergebung der Sünden und die Freude der ewigen Seligkeit geben wird."[85]

Zwischen 1518 und 1523 hatte sich Luther ausschließlich mit dem römisch-katholischen Sakramentenverständnis auseinandergesetzt. In seiner Schrift „De instituendis ministris ecclesiae" (1523)[86] distanzierte er sich von der vom vierten Laterankonzil vorgetragenen Transsubstantiationslehre. Vermutlich gab der Brief Hoens für Luther den Impuls, in seiner Schrift „Von Anbeten des Sakraments" (1523) zur Frage der leiblichen Realpräsenz Christi Stellung zu beziehen. Die leibliche Realpräsenz, so erklärt Luther, sei bewirkt durch das göttliche Wort, das „als lebendiges, ewiges, allmächtiges Wort" alles mit sich bringt, „was es deutet, nämlich Christus mit seinem Fleisch und Blut und alles, was er ist und hat"[87]. Ab 1526 setzt sich Luther mit Zwinglis Abendmahlslehre auseinander.

Das Problem der leiblichen Präsenz Christi im Sakrament des Abendmahls sucht Luther mit Hilfe seiner „Ubiquitätslehre" zu lösen. „Wir glauben, dass Jesus Christus nach der Menschheit

---

83 Vgl. *Staedtke*, Abendmahl III/3 (1977), 107.
84 *Zwingli*, Erklärung des christlichen Glaubens (1531/1995), 318.
85 Ebd. 350f.
86 Vgl. *Luther*, De instituendis ministris ecclesiae (1523): WA 12; 182,19–183,16.
87 *Ders.*, Von Anbeten des Sakraments (1523): WA 11; 417–456: 433,25–27.

Die Reformation und das Konzil von Trient

sei gesetzt über alle Kreaturen und alle Ding erfülle [...] Ist nicht allein nach der Gottheit, sondern auch nach der Menschheit ein Herr aller Ding, hat alles in der Hand, ist überall gegenwärtig."[88] Die von Luther vertretene Ubiquitätslehre besagt, dass die verklärte Leiblichkeit des gekreuzigten, auferstandenen und erhöhten Herrn an der Allgegenwart Gottes teilhabe und daher zu gleicher Zeit an verschiedenen Orten präsent sein könne. Manche sehen darin einen Verstoß gegen die Regeln der Idiomenkommunikation, wonach von der menschlichen Natur Christi direkt keine Aussagen gemacht werden dürfen, die seiner göttlichen Natur zukommen. Luthers Lehre von der Ubiquität ist allerdings nur ein Hilfsargument. Denn Luther will nicht sagen, dass die somatische Realpräsenz Christi in Brot und Wein nur eine Form der allgemeinen Allgegenwart Gottes sei.

Die Einsetzungsworte bezeugen für Luther, dass Jesus Christus mit seinem Fleisch und Blut in Brot und Wein unsichtbar und verborgen gegenwärtig ist.[89] Luther lehnt es ab, das *est* im Sinne eines bloßen *significat* zu verstehen. Selbst Heiden, so meint er, müssten, wenn sie die Einsetzungsberichte lesen, zugeben, dass in ihnen die Realpräsenz von Leib und Blut Christi ausgesagt sei.[90] Luther nimmt an, dass Leib und Blut Christi in Brot und Wein ähnlich präsent sind wie in der rhetorischen Figur der Synekdoche („Mitverstehen") das jeweils Mitgemeinte: So kann der Ausdruck „Traubensaft" den natürlichen Saft aus Trauben, aber auch den Wein meinen. Luther gebraucht als Verstehenshilfe auch das Bild eines Geldbeutels mit hundert Gulden: Wir sagen, indem wir auf den Beutel mit dem Geld zeigen, „das sind hundert Gulden", ohne dass das Geld sichtbar wäre. Die Verstehenshilfe, so hilfreich sie erscheint, ist anfällig für Missverständnisse, da die Präsenz von Christi Leib und Blut in Brot und Wein keine örtliche ist.

---

88 *Ders.,* Sermon von dem Sakrament des Leibes und Blutes Christi, wider die Schwarmgeister (1526): WA 19; 491,17–20.
89 Vgl. *ders.,* Dass diese Worte Christi ‚Das ist mein Leib' noch fest stehen, wider die Schwarmgeister (1527): WA 23; 64–322; *ders.,* Das Abendmahl Christi, Bekenntnis (1528): WA 26; 261–509.
90 Vgl. ebd. (WA 26; 406,9–407,1; 496,34–497,1).

255

Während Luther unbeirrt an der Präsenz des Leibes Christi „in", „mit" und „unter" dem Zeichen des Brotes festhält, sieht Zwingli im Brot ein Zeichen, das auf den abwesenden Leib Christi verweist – zeichentheoretisch gewendet: Das Brot ist für Zwingli ein symbolisches, auf Konvention beruhendes Zeichen, weil es sich weder um ein ikonisches Zeichen, ein Abbild des Gegenstandes, auf den es sich bezieht, noch um ein indexikalisches Zeichen handelt, das auf etwas mit dem Zeichen Verbundenes bezogen ist. Für Luther überschreitet dagegen das sakramentale Zeichen die bloß zeichenhafte Repräsentation.[91] Christus macht sich im Sakrament des Abendmahls gegenwärtig nicht nur in seiner göttlichen, sondern in seiner ganzen gottmenschlichen Wirklichkeit, wie er „leiblich empfangen wird und geboren, in die Krippe gelegt, in die Arme genommen, im Abendmahl beim Tisch sitzt, am Kreuz hängt etc."[92] Ausdrücklich distanziert sich Luther von Berengar von Tours, verteidigt sogar dessen Verurteilung.[93] „Was ist nun das Sakrament des Altares? Antwort: Es ist der wahre Leib und das Blut des Herrn Christi in und unter dem Brot und Wein, durch Christus wurde uns Christen befohlen zu essen und zu trinken."[94] Substantielle Gegenwart Christi geschieht kraft seiner Worte, die wahres, schöpferisches Wort Gottes sind.[95] Daraus folgt, dass auch der Sün-

---

91 Vgl. *Belting*, Das echte Bild (2005), 169.

92 *Luther*, Dass diese Worte Christi ‚Das ist mein Leib‘ noch fest stehen (WA 23; 177, 27–29).

93 Vgl. *ders.*, Das Abendmahl Christi, Bekenntnis (WA 26; 442,39–443,3).

94 *Ders.*, Großer Katechismus (1528/1529): WA 30,1; 223. *Slenczka*, Neubestimmte Wirklichkeit (2005), 91, meint, dass Luthers Auffasssung zur Gegenwart Christi in Brot und Wein durch diese Formel nur unzureichend wiedergegeben wird – ebenso wie ihre Kennzeichnung als „Konsubstantiation" oder als „Lehre von der Kopräsenz". Bei der eucharistischen Realpräsenz handelt es sich nach Luthers Verständnis nicht um eine lokale Präsenz, sondern – analog zur Inkarnation Christi – um „den Vollzug einer Mitteilung Christi an das Brot". Nach *von Soosten* versteht Luther die *Verba Testamenti* performativ nach dem Tropus der Inkarnation des göttlichen Logos. Vgl. *ders.*, Präsenz und Repräsentation (2005), 105f.

95 Vgl. *Luther*, Dass diese Worte Christi ‚Das ist mein Leib‘ noch fest stehen (WA 23; 231,30).

der das Sakrament der Eucharistie empfängt *(manducatio impiorum)*. Die objektive *manducatio corporalis et oralis* sichert nach Luther das *extra nos* des Heils beim Empfang der Kommunion. Zwingli lehnt dagegen eine *manducatio corporalis* und *manducatio impiorum* ab. Mit Blick auf das Essen des Brotes und das Trinken aus dem Kelch könne allein von einer *manducatio spiritualis* gesprochen werden.

Anfang Oktober 1529 kam es zum berühmten „Marburger Religionsgespräch", an dem neben Luther und Zwingli auch Bucer, Melanchthon, Johannes Oekolampad (1482–1531) aus Basel und der Nürnberger Reformator Andreas Osiander (1496/1498–1552) teilnahmen. In der Ablehnung der Transsubstantiationslehre und der Forderung des Laienkelchs war man sich einig, nicht aber im Verständnis der Gegenwart Christi in der Eucharistie. Hier lagen die Auffassungen zum Teil weit auseinander. Nach dem Bericht Osianders hat Luther das lateinische *Hoc est enim corpus meum* mit Kreide auf den Tisch geschrieben und mit einer Samtdecke bedeckt, die er auf dem Höhepunkt des Streites aufhob, um seine Kontrahenten mit dem „Wort Gottes" zu konfrontieren.[96] Weil jene Sätze Christi dastehen, so Luther gegenüber Zwingli, „muss [ich] bekennen und glauben, dass der Leib Christi da sei"[97], weshalb das *est* nicht nur im Sinne eines Bedeutens *(significare)* aufgefasst werden dürfe. Zwar konzedierte Zwingli am Ende des Gesprächs, dass das Abendmahl ein „Sakrament des wahren Leibes und Blut Jesu Christi" genannt werden könne. Doch das Zugeständnis bedeutete nicht mehr als einen Formelkompromiss. Denn der Marburger „Einigungstext" gibt nicht die tatsächlichen Positionen Luthers und Zwinglis wieder. Luther lehrt eine substantielle Gegenwart von Leib und Blut Christi in und unter den Gestalten von Brot und Wein.[98] Eine Einigung mit Zwingli war auf dieser Grundlage nicht möglich.

---

96 Vgl. *May*, Das Marburger Religionsgespräch (^{2}1979), 52; *Kaufmann*, Geschichte der Reformation (2009), 539.
97 *Luther*, Marburger Religionsgespräch (1529): WA 30,3; 137,12f.
98 Vgl. *ders.*, Großer Katechismus (WA 30,1; 223,22–24); *ders.*, Kleiner Katechismus (1529): WA 30,1; 260,1–4.

Sacrificium missae

Der Genfer Reformator Johannes Calvin sah im Sakrament das durch ein „äußeres Merkzeichen" (Symbol) „bekräftigte Zeugnis der göttlichen Gnade gegen uns, bei dem zugleich auf der anderen Seite eine Bezeugung unseres Glaubens Gott gegenüber stattfindet"[99]. Das Brot des Abendmahls sei ein „Merkzeichen des Leibes Christi", der Wein ein „Merkzeichen des Blutes Christi"[100]. Christi Leib und Blut empfangen bedeutet für Calvin aber mehr als an Christus zu glauben, denn Leib und Blut sind nicht nur Merkzeichen für das Bekenntnis. Vielmehr empfangen die Gläubigen im Brot und im Wein das Leben Christi.[101] Brot und Wein sind für Calvin ein Bild für die Gemeinschaft mit Christus.[102] Durch Brot und Wein werden die Gläubigen mit Christus verbunden, der im Himmel ist.[103] Christus wird nicht gegenwärtig in den Gaben von Brot und Wein, sondern mit den Zeichen von Brot und Wein wachsen die Gläubigen mit Christus durch seinen Geist zu einem Leib zusammen. So werden sie mit ihm nach Leib, Geist und Seele eins.[104] Die Transsubstantiation durch die *Verba Testamenti*, die Calvin eine „Zauberbeschwörung"[105] nennt, versteht er gegen ihren Sinn als räumliche Gegenwart Christi.[106] Auch die von Luther vertretene Konsubstantialität des Leibes und Blutes Christi mit Brot und Wein interpretiert Calvin im Sinne einer räumlichen Gegenwart. In dieser Hinsicht sieht er keinen Unterschied zur Lehre von der Transsubstantiation.[107]

Calvin distanziert sich daher von denen, die sagen, dass Christi Leib mit dem Brot, im Brot und unter dem Brot gegeben sei.[108] Das Brot werde „Leib" genannt, weil es „Zeichen des Leibes"

---

99 *Calvin*, Institutio Christianae Religionis (1535) IV 14, 1 (ed. Weber, 877).
100 Ebd. IV 17, 3 (942).
101 Vgl. ebd. IV 17, 5 (943f.).
102 Vgl. *Calvin*, Streitschrift gegen die Artikel der Sorbonne (1544/1999), 39.
103 Vgl. *ders.*, Der Genfer Katechismus (1545): De sacramentis (1997), 130f.
104 Vgl. *ders.*, Institutio Christianae Religionis IV 17, 12 (ed. Weber 949).
105 Ebd IV 17, 15 (951).
106 Vgl. ebd. IV 17, 13–14 (949f.).
107 Vgl. ebd. IV 17, 16 (953).
108 Vgl. ebd. IV 17, 20 (957).

Die Reformation und das Konzil von Trient

sei, in figürlicher oder analoger Deutung, das heißt in übertragener Redeweise *(metonymicus sermo)*, wie sie in der Bibel häufiger anzutreffen sei.[109] Christus in irdischen Gestalten eingeschlossen zu glauben und ihn im eucharistischen Brot anzubeten sei nichts anderes als eine „perverse Meinung" (perverse opinion) und ein gotteslästerlicher „Aberglaube" (superstition)[110]. Calvin lehrt eine *manducatio spiritualis*, kraft der die Gläubigen mit Christus im Himmel verbunden werden, und eine *manducatio oralis* des Brotes. Eine *manducatio impiorum* im Sinne Luthers lehnt Calvin wie Zwingli ab. Nur die Gläubigen empfangen Christus, nicht die Ungläubigen.[111] Calvin vertritt damit eine dynamische Geistpräsenz Christi im Abendmahl. Entscheidend ist, dass Calvin die Erhöhung Christi zur Rechten des Vaters so versteht, dass Christi verklärter Leib durch den Himmel umschlossen ist und daher nicht unter dem Zeichen des Brotes gegenwärtig sein kann. Christus sei lediglich gegenwärtig in seinem Geist, den er als Paraklet sendet.[112] Es geht beim Abendmahl also um die Gemeinschaft mit Christus im Geist, um den „Bund in seinem Leibe"[113].

Nach dem gescheiterten Religionsgespräch gab es mehrere Versuche, doch noch zu einer Abendmahlsgemeinschaft unter den reformatorischen Gemeinschaften zu kommen. Grundlage waren dabei die „Confessio Augustana Invariata" (1530) und die „Confessio Tetrapolitana" (1530) der oberdeutschen Städte. Mit der „Wittenberger Konkordie" (1536)[114] kam es zu einem Kompromiss zwischen Luther und der oberdeutschen Reformation. Darin heißt es: „Mit Brot und Wein ist wahrhaft und substantialiter der Leib Christi und sein Blut gegenwärtig, wird er dargereicht und empfangen *(cum pane et vino vere et substantialiter adesse, ex-*

---

109 Vgl. ebd. IV 17, 21 (958).

110 *Calvin*, Petit traité de la sainte Cène. Introductions M. Carbonnier-Burkhard et L. Gagnebin. Adaption moderne de H. Chatelain et P. Marcel, Lyon 2008, 67.

111 Vgl. *ders.*, Institutio Christianae Religionis IV 17, 33 (ed. Weber, 973f.).

112 Vgl. ebd. IV 17, 26–27 (964f.).

113 Ebd. IV 17, 20 (957).

114 Zur Konkordie vgl. die Studie von *Sasse*, Corpus Christi (1979).

Sacrificium missae

hiberi et sumi). Und obgleich sie negieren, dass eine Transsubstantiation stattfindet, und nicht ein örtliches Eingeschlossensein in Brot und eine dauerhafte Verbindung außer dem Gebrauch des Sakramentes halten, geben sie doch zu, dass durch die sakramentale Einheit das Brot der Leib Christi ist, das heißt sie halten daran fest, dass mit dem dargereichten Brot zugleich und wahrhaft der Leib Christi da ist und dargereicht wird. Denn außerhalb des Gebrauchs, wenn er im Speisekelch aufbewahrt wird oder in Prozessionen gezeigt wird, wie von den Papisten geschieht, halten sie nicht dafür, dass hier der Leib Christi gegenwärtig ist. Schließlich halten sie die Institution dieses Sakraments für gültig in der Kirche und für unabhängig von der Würdigkeit des Ministers und der des Empfängers."[115]

Die „Confessio Helvetica Prior" (1536) hat die symbolistische Abendmahlslehre Zwinglis übernommen. Dagegen verfasste Luther, zwei Jahre vor seinem Tod, sein „Kurzes Bekenntnis vom Heiligen Sakrament" (1544).[116] Darin verteidigt er noch einmal die leibliche Präsenz Christi, die substantiell, aber verborgen unter Brot und Wein mitgeteilt werde. Calvin zeigte sich im innerreformatorischen Abendmahlsstreit gesprächsbereiter als Zwingli. So war er bereit, die „Confessio Augustana Variata" (1540) zu unterschreiben, derzufolge Leib und Blut Christi „mit" Brot und Wein wirklich dargereicht werden. Mit Heinrich Bullinger (1504–1575), Nachfolger Zwinglis in Zürich, handelte mit Calvin den „Consensus Tigurinus" (1549)[117] über die gemeinsame Abendmahlslehre aus. Mit der „Confessio Helvetica Posterior" (1562), den Feststellungen im „Heidelberger Katechismus" (1563) und der „Konkordienformel" (1577)[118] gelangte der innerreformatorische Abendmahlsstreit zu einem gewissen Abschluss. Eine wirkliche Verständigung zwischen Lutheranern und Reformierten wurde nicht erreicht.

---

115 Wittenberger Konkordie 1–2 (BSLK 65).
116 Vgl. *Luther*, Kurzes Bekenntnis vom Heiligen Sakrament (1544): WA 54; 119,141–167.
117 Vgl. *Campi – Reich*, Consensus Tigurinus (2009).
118 Vgl. Formula Concordiae VII: De coena Domini (BSLK 970–1016).

Die Reformation und das Konzil von Trient

Von besonderer Bedeutung für die Frage der Realpräsenz Christi in den Gaben von Brot und Wein ist unter den lutherischen Bekenntnisschriften die „Confessio Augustana" (1530). In bewusster Aufnahme des 4. Laterankonzils spricht sie von der Gegenwart von Leib und Blut Christi unter den Gestalten von Brot und Wein: „Von dem Abendmahl des Herren wird also gelehrt, dass wahrer Leib und Blut Christi wahrhaftig unter der Gestalt des Brots und Weins im Abendmahl gegenwärtig sei und da ausgeteilt und genommen werde. Deshalb wird auch die Gegenlehre verworfen."[119] In der „Apologie der Confessio Augustana" (1531) heißt es: „Decimus articulus approbatus est, in quo confitemur nos sentire, quod in coena Domini vere et substantialiter adsint corpus et sanguis Christi et vere exhibeantur cum illis rebus, quae videntur, pane et vino, hos qui sacramentum accipiunt."[120] Die Apologie spricht im Anschluss an den römischen Kanon sogar von einer *mutatio* von Brot und Wein: „Id enim testatur canon missae, apud illos, in quo aperte orat sacerdos, ut mutato pane ipsum corpus Christi fiat."[121] Die Transsubstantiationslehre wird in den lutherischen Bekenntnisschriften freilich als „subtile Sophisterei" und Lehre der Papisten verworfen.[122]

Anders als die evangelisch-lutherischen Bekenntnisschriften bestreiten die evangelisch-reformierten Bekenntnisschriften eine

---

119 Confessio Augustana X: „De coena Domini docent quod corpus et sanguis Christi vere adsint et distribuantur vescentibus in coena Domini; et improbant secus docentes" (BSLK 64).
120 Apologia Confessionis Augustanae X (BSLK 247f.).
121 Ebd. (BSLK 248).
122 Vgl. Schmalkaldische Artikel III (BSLK 452). „De transsubstantiatione subtilitatem sophisticam nihil curamus, qua fingunt panem et vinum relinquere, et amittere naturalem suam substantiam et tantum formam et colorem panis et non verum panem remanere. Optime enim cum sacra scriptura congruit, quod panis adsit et maneat, sicut Paulus ipse nominat: ‚Panis quam frangimus.' Et: ‚Ita edat de pane.'" Formula Concordiae VII, 35 (BSLK 983): „Primum enim his phrasibus ad reiiciendam papisticam transsubstantionem utimur. Deinde etiam sacramentalem unionem substantiae panis non mutatae et corporis Christi hac ratione docere volumus. Ad eundem enim modum hoc dictum: *Verbum caro factum est*."

Gegenwart Christi in und unter den Gestalten von Brot und Wein. Der „Consensus Tigurinus" bezeichnet die Sakramente als Zeichen und Siegel des Glaubens, denen die Gläubigen nicht als Zeichen anhängen sollen. Zum Sakrament der Eucharistie wird gesagt: „Christus insofern er Mensch ist, ist nirgendwo anders als im Himmel und nicht anders als durch den Geist und das Glaubensverständnis zu suchen. Deswegen ist es ein Irrtum, den Herrn unter den Elementen dieser Welt einschließen zu wollen."[123] „Darum nehmen wir die Auslegung derer nicht an, die in den bestimmten gewöhnlichen Worten Christi ‚das ist mein Leib', ‚das ist mein Blut', auf den wörtlichen Sinn des Buchstabens dringen. Denn wir halten es für gewiss, dass sie im figürlichen Sinne zu verstehen sind."[124]

Dieser Symbolismus verbietet es, vom Essen des Fleisches Jesu Christi zu sprechen oder davon, dass Christus unter, mit und im Brot gegenwärtig sei.[125] Verworfen wird auch die eucharistische Anbetung: „Wenn es aber nicht erlaubt ist, durch unsere Phantasie Christus dem Brot und dem Wein anzuheften, so ist es noch viel weniger erlaubt, ihn im Brot anzubeten. Obwohl eben nämlich das Brot Symbol und Unterpfand unserer Gemeinschaft mit Christus ist, uns dargeboten wird, so ist es doch ein Zeichen, nicht die Sache selbst, und es hat die Sache nicht in sich eingeschlossen oder angeheftet. Deswegen machen jene ein Götzenbild daraus, die ihren Geist darauf hinlenken, um Christus anzubeten."[126]

Die „Apologie der Confessio Augustana"[127] und die „Schmalkaldischen Artikel"[128] schließlich verurteilen die Messe als Opfer, weil sie darunter ein Werk der Kirche verstehen, durch das die Menschen den Nachlass ihrer Sünden erhalten. In der „Confessio Augustana" finden wir im zweiten Teil über Missbräuche und Irrtümer folgende Erklärung: „Dabei ist auch der gräuliche Irrtum

---

123 Consensus Tigurinus Art. 21 (ed. Campi – Reich, 152).
124 Ebd., Art. 22 (ed. Campi – Reich, 152).
125 Vgl. ebd., Art 23–25 (ed. Campi – Reich, 152f.).
126 Ebd., Art. 26 (ed. Campi – Reich, 153).
127 Vgl. Apologia Confessionis Augustanae XXIV (BSLK 349–377).
128 Vgl. Schmalkaldische Art. I, II, 2 (BSLK 416).

gestraft, dass man gelehrt hat, unser Herr Christus habe durch seinen Tod allein für die Erbsünde genuggetan und die Messe eingesetzt zu einem Opfer für die anderen Sünden, und also die Messe zu einem Opfer gemacht für die Lebenden und Toten, dadurch Sünde wegzunehmen und Gott zu versöhnen."[129] Die Kritik richtet sich gegen eine Auffassung, die das Kreuzesopfer Christi in seiner Wirkung und Bedeutung eingegrenzt sieht und das Messopfer ergänzend hinzufügt.[130] Auch wenn die Messe als Opfer abgelehnt wird, anerkennt die „Apologie der Confessio Augustana", dass es neben dem Kreuzesopfer Christi das *sacrificium eucharisticum* als Dankopfer der Kirche gibt. Dieses Opfer bewirke aber keine Sündenvergebung oder Versöhnung. Vielmehr werde es „von den Versöhnten dargebracht, damit sie so für den empfangenen Nachlass der Sünden und für andere Wohltaten Dank sagen"[131].

3. Das Sakrament der Eucharistie und das Messopfer

Auf Luthers Ablehnung des Messopfers antworteten katholische Theologen mit der Unterscheidung zwischen dem Kreuzesopfer Christi und seiner sakramentalen Vergegenwärtigung, die in erster Linie das Werk Christi selbst darstellt. Die Messe ist keine neue blutige Opferung, sondern eine *oblatio sacramentalis*, ein Opfer *in mysterio*, ein geistiges Opfer im Verhältnis zur *oblatio corporalis et realis* am Kreuz. Bei der Feier der Messe handelt es sich um eine sakramentale *memoria* oder *repraesentatio passionis Christi*. Luther

---

129 CA XXIV (BSLK 93): „Accessit opinio, quae auxit privatas missas in infinitum, videlicet quod Christus sua passione satisfecerit pro peccato originis et instituerit missam, in qua fieret oblatio pro cotidianis delictis, mortalibus et venialibus."
130 Das Konzil von Trient lehrt dies nicht, sondern spricht von einer sakramentalen Vergegenwärtigung des Kreuzesopfers.
131 Apologia Confessionis Augustanae XXIV (BSLK 354): „sed fit a reconciliatis, ut pro accepta remissione peccatorum et pro aliis beneficiis acceptis gratias agamus".

Sacrificium missae

sah im Abendmahl ebenfalls ein Gedächtnis des Opfers, verstand die *memoria* aber stärker als ein menschliches Gedächtnis.[132]

Johannes Eck, der bekannteste katholische Kontroverstheologe, bestimmt in seinem Traktat zur Verteidigung der Messe (1526)[133] diese als *memoria* und *repraesentatio passionis et oblationis Christi*.[134] Den Ausdruck *repraesentatio* bezieht Eck auf die sakramentale Wirklichkeit des Opfers Christi, während *memoria* bzw. *recordatio* mehr das menschliche Erinnern meint.[135] „So wiederholt die heilige Kirche in fortdauernder und täglicher *repraesentatio* das eine Opfer, das auf dem Altar des Kreuzes für das Heil der Welt dargebracht wurde und das allein eine voll ausreichende gottgefällige Opfergabe ist. So betont sie in der Sekret eines Sonntages: So oft wir das Gedächtnis dieses Opfers feiern, wird das Werk unserer Erlösung vollzogen *(exercetur)*."[136] Es handelt sich um die *Oratio super oblata* (Gebet über die Opfergaben) des 9. Sonntags nach Pfingsten.[137] Die Rede von der „Wiederholung" des Opfers Christi bei Eck ist missverständlich, auch wenn er von einer Wiederholung in der *repraesentatio* bzw. der *memoria* spricht.[138] Die Messe ist für Eck keine neue blutige Opferung, son-

---

132 Vgl. *Wendebourg*, Essen zum Gedächtnis (2009), 40–60.139–202.

133 Vgl. *Eck*, De sacrificio missae libri tres (ed. Iserloh).

134 Vgl. ebd. I, 10 (ed. Iserloh, 62–65); III, 6 (ed. Iserloh, 163); III, 6 (ed. Iserloh, 169).

135 Vgl. *Iserloh*, Abendmahl III/3 (1999), 125.

136 *Eck*, De sacrificio missae I, 10 (ed. Iserloh, 64): „Sic sancta mater ecclesia, edocta Spiritu sancto, quo ei doctor est datus et paraclitus, iugi repraesentatione et quottidiano reiterat hanc unicam oblationem in ara crucis pro salute mundi factum, tanquam solam sufficientissimam hostiam et Deo placentissimam, id quod in dominicae cuiusdam oratione secreta testatur, cum inquit: *quotiens huius hostiae commemoratio celebratur, opus nostrae redemptionis exercetur*."

137 Das Zweite Vatikanische Konzil zitiert in seiner Konstitution „Sacrosanctum Concilium" über die heilige Liturgie die Oration, wenn es davon spricht, dass sich durch die Liturgie, „besonders im göttlichen Opfer der Eucharistie, ‚das Werk unserer Erlösung vollzieht'" (SC 2). Im „Missale Romanum" von 1970 ist die Oration für die Messe vom letzten Abendmahl am Gründonnerstag vorgesehen.

138 Vgl. *Eck*, De sacrificio missae III, 8 (ed. Iserloh, 172).

dern eine *oblatio sacramentalis*, eine *mystica oblatio*.[139] Für Eck besteht die Einheit von Kreuzesopfer und Messopfer vor allem in der Identität der Opfergabe. Der Gedanke, dass Christus selbst der *principalis offerens* ist, wird bei Eck noch nicht wirksam. Der einzelnen, vom menschlichen Priester gefeierten Messe kann er deshalb im Vergleich mit den vielen Messen nur einen begrenzten Wert zusprechen.[140]

Der Franziskanertheologe Kaspar Schatzgeyer (1463/1464– 1527) zeigte in seinem Messtraktat (1525), in welche Richtung eine Verständigung in der Frage nach dem Opfercharakter der Messe zu suchen gewesen wäre: „Jenes Opfer also, das die Kirche und ihr Diener auf dem Altar opfert, ist kein anderes als das Opfer Christi am Kreuz, und es ist desselben nicht allein ein [menschliches] Gedächtnis, sondern auch eine herrliche Vergegenwärtigung.“[141] Die Messe ist ein Opfer, aber sie ist kein anderes Opfer als das Opfer Christi am Kreuz. Im Messopfer vollzieht sich nicht eine Wiederholung des Kreuzesopfers. Es handelt sich um eine Gegenwart des Kreuzesopfers *in mysterio*, um seine sakramentale Gegenwart. Das Messopfer ist nicht ein Werk und Opfer der Kirche in dem Sinne, „dass der Diener der christlichen Kirche jenes Werk nicht tut, als wollte er etwas Gott geben von dem Seinen oder aber ein eigenes Verdienst für sich oder die anderen dadurch erlangen“[142]. Dass es Christus selbst ist, der in der Messe die Darbringung vollzieht, wird bei Schatzgeyer nicht nur nebenbei erwähnt, sondern bildet das Zentrum seiner Antwort auf Luther. Im Alten Bund war das Opfer Christi schon in Vorbildern gegeben. Auf dichteste Weise *(praesentissima)* ist es ge-

---

139 Vgl. ebd.

140 Vgl. *Iserloh*, Der Kampf um die Messe (1952), 55.

141 *Schatzgeyer*, Tractatus de missa II: De missae sacrificio (ed. Iserloh, 223): „Illa igitur oblatio, qua ecclesia et suus minister in altari offert, aliud non est quam oblationis Christi in cruce factae non modo recordatio, sed et solennis repraesentatio.“

142 Ebd. (ed. Iserloh, 225): „quod illud opus non facit minister ecclesiae, tanquam per hoc aliquid Deo daturus ex suis, aut ut meritum proprium sibi aut aliis per hoc acquisiturus“.

Sacrificium missae

genwärtig in der Eucharistie.[143] Anders als Paschasius Radbertus vermeidet Schatzgeyer, wo er von der sakramentalen Gegenwart des Kreuzesopfers im Sakrament spricht, alle Bezeichnungen, die an ein blutiges Opfer denken lassen, wie *immolatio* oder *mactatio*, aber ebenso den seit dem Nominalismus entleerten Begriff der *imago*.[144]

Der Dominikanertheologe Thomas Kardinal Cajetan de Vio (1469–1534), von Leo X. mit der Causa Luthers betraut und 1517 als Legat des Papstes beim Augsburger Reichstag, lehrt in seinem Opusculum „De Missae sacrificio et ritu adversus Lutheranos" (1531), dass es sich bei der Opfergabe am Kreuz und in der Eucharistie um eine einzige Opfergabe *(unica hostia)* handelt, nämlich den Leib und das Blut Christi, nur die Art der Darbringung sei verschieden (blutig, unblutig).[145] Denn Christus wird nicht gegenwärtig, um dann von uns geopfert zu werden, sondern er ist gegenwärtig *immolationis modo*, in der Weise des Opfers, als derjenige, der sich selbst als Opfer dargebracht hat.[146] Das eine Opfer Christi am Kreuz wird in der Messe also nicht wiederholt, es wird sakramental gegenwärtig. Die Wirkkraft des Opfers Christi am Kreuz kann daher durch die Messe nicht ergänzt, sondern nur zugeeignet werden. Die Diener der Kirche handeln nicht im eigenen Namen, sondern *in persona Christi*[147], des wahren Priesters des Neuen Bundes[148]. So überwindet Cajetan die fragwürdige Theorie der quantifizierbaren Messfrüchte: Das eucharistische Opfer ist *ex*

---

143 Vgl. ebd. (ed. Iserloh, 229).

144 Vgl. *Iserloh – Fabisch*, Schatzgeyer (1984), 7–10.

145 Vgl. *Cajetan de Vio*, De Missae sacrificio et ritu adversus Lutheranos cap. VI. (Lyon 1587/1995): „Verum hostia cruenta et incruenta non sunt hostiae duae, sed hostia una [...] in hostia cruenta Christus in cruce et hostia incruenta Christus in altari, sed esse unicam hostiam".

146 Vgl. *Pratzner*, Messe und Kreuzesopfer (1970), 60f., wird Cajetan nicht gerecht, wenn er ihm vorwirft, er kenne nur eine bildhafte Darstellung des Kreuzesopfers in der Eucharistie.

147 Vgl. *Cajetan de Vio*, De Missae sacrificio et ritu adversus Lutheranos cap. VI: „nam ministri quoque non in personis propriis, sed in persona Christi consecrant corpus et sanguinem Christi".

148 Vgl. ebd.: „In Novo Testamento unicus est sacerdos Christus".

opere operato von unbegrenzter Kraft und kann nicht auf ein bestimmtes Maß begrenzt werden.[149]

Das Konzil von Trient (1545–1563)[150] hat die von Luther aufgeworfenen Fragen (Opfercharakter der Messe, Transsubstantiationslehre, Laienkelch) aufgegriffen und dazu drei Lehrdokumente verabschiedet: 1. „Decretum de sanctissima eucharistia" über die Realpräsenz Christi (11. Oktober 1551)[151], 2. „De doctrina de communione sub utraque specie et parvulorum" (16. Juli 1562) zu Fragen der Kommunion[152] und 3. „De doctrina de sanctissimo missae sacrificio" (17. September 1562) zur Frage des Messopfers[153]. Zusätzlich wurde das „Decretum de observandis et vitandis in celebratione missarum" (17. September 1562)[154] angenommen. Das Konzil, das Irrtümer über die Eucharistie zurückweisen und keine theologischen Schulmeinungen definieren wollte, bemüht sich, seine Lehre über die Eucharistie ausgehend von der Schrift zu begründen. Zur Auslegung der Schrift greift es auf den Konsens der Väter zurück.

Im Dekret über das Sakrament der Eucharistie lehrt das Konzil, dass es von Jesus beim letzten Abendmahl eingesetzt worden ist.[155] Bei der Präsenz Christi in den eucharistischen Gaben unterscheidet Trient zwischen der natürlichen Existenzweise des erhöhten Herrn beim Vater und seiner sakramentalen Gegenwart in der Eucharistie.[156] Nach der Konsekration von Brot und Wein ist „un-

---

149 Vgl. *Iserloh*, Der Wert der Messe in der Diskussion der Theologen vom Mittelalter bis zum 16. Jahrhundert (1985), 405f.
150 Nach einer schwierigen Vorbereitungsphase wurde das Trienter Konzil am 13. Dezember 1545 eröffnet. Es verlief in drei Sitzungsperioden: 1. Sitzungsperiode von 1545–1547 in Trient, von März 1547–1549 in Bologna; 2. Sitzungsperiode von 1551–1552 in Trient; 3. Sitzungsperiode von 1562–1563 in Trient. Vgl. *Jedin*, Geschichte des Konzils von Trient (1949–1975); *Bäumer* (Hg.), Concilium Tridentinum (1979): *O'Malley*, Trent (2013).
151 Vgl. DH 1635–1661.
152 Vgl. DH 1725–1734.
153 Vgl. DH 1738–1759.
154 Vgl. COD III, 736–737.
155 Vgl. DH 1637–1638.
156 Vgl. DH 1636.

ser Herr Jesus Christus als wahrer Gott und Mensch wahrhaft *(vere)*, wirklich *(realiter)* und substanzhaft *(substantialiter)* [Kan. 1] unter der Gestalt jener sinnenfälligen Dinge [Zeichen] enthalten"[157]. „Und stets war dieser Glaube in der Kirche, dass sogleich nach der Konsekration *(statim post consecrationem)* der wahre Leib unseres Herrn und sein wahres Blut unter der Gestalt des Brotes und des Weines zusammen mit seiner Seele und Gottheit da sei: und zwar der Leib unter der Gestalt des Brotes und das Blut unter der Gestalt des Weines kraft der Worte, derselbe Leib aber unter der Gestalt des Weines und das Blut unter der Gestalt des Brotes und die Seele unter beiden kraft jener natürlichen Verknüpfung und Begleitung *(vi naturalis illius connexionis et concomitantiae)*, durch die die Teile Christi, des Herrn, der schon von den Toten auferstanden ist und nicht mehr sterben wird [vgl. Röm 6,9], untereinander verbunden sind, die Gottheit jedoch wegen jener wunderbaren hypostatischen Einung mit seinem Leib und seiner Seele [Kan. 1 und 3]."[158]

Durch die Konsekration von Brot und Wein „geschieht eine Verwandlung *(conversio)* der ganzen Substanz des Brotes in die Substanz des Leibes Christi, unseres Herrn, und der ganzen Substanz des Weines in die Substanz seines Blutes. Diese Wandlung *(conversio)* wurde von der heiligen katholischen Kirche treffend und im eigentlichen Sinne *(convenienter et proprie)* Wesensverwandlung *(transsubstantiatio)* genannt."[159] Das Konzil von Trient hat die Lehre von der Wandlung der Gaben von Brot und Wein zu Leib und Blut Christi zu einem formellen Dogma *(dogma revelatum et declaratum)* erklärt. Es definierte aber nicht, worin das Wesen der *Transsubstantiation* genannten Wandlung *(conversio)* von Brot und Wein besteht.[160]

Das Sakrament der Eucharistie ist eine geistliche Speise, die von der Macht des Todes und der Sünde befreit und Leben schenkt. Es ist ein Unterpfand des ewigen Lebens und verbindet

---

157 Ebd.
158 DH 1640.
159 DH 1642. Zum Verständnis der Transsubstantiation auf dem Konzil von Trient vgl. *Wohlmuth*, Realpräsenz und Transsubstantiation auf dem Konzil von Trient I (1975).
160 Vgl. DH 1642.

den ganzen Leib Christi durch Glaube, Hoffnung und Liebe.[161] Die Aufbewahrung des Sakraments für die Krankenkommunion, die schon das Konzil von Nizäa (325) erwähnt, wird vom Konzil verteidigt.[162] Die Verehrung des Sakraments entspricht der Überzeugung von der bleibenden Gegenwart Christi in den eucharistischen Gestalten.[163] Da Jesus Christus in diesem Sakrament wahrhaft gegenwärtig ist, kommt ihm darin göttliche Verehrung *(cultus latreia)* zu. Beim „Gebrauch" *(usus)* des Altarsakramentes unterscheidet das Konzil drei Weisen: den bloß sakramentalen Empfang durch die Sünder, den ausschließlich geistlichen Empfang, bei dem das himmlische Brot dem Verlangen nach *(in voto)* empfangen wird, und den zugleich sakramentalen und geistlichen Empfang derjenigen, die eine entsprechende Disposition mitbringen.[164] Ein im Zustand der schweren Sünde befindlicher Gläubiger muss vor dem Empfang der Eucharistie die sakramentale Lossprechung empfangen.[165]

Im Dekret über das Sakrament der Eucharistie werden verschiedene Irrtümer verurteilt, ohne dass man diese konkreten Autoren zuschreibt.[166] Verurteilt werden jene, die meinen, in der Eucharistie sei Christus „lediglich wie in einem Zeichen bzw. Abbild *(in signo vel figura)* oder der Wirkkraft nach"[167] gegenwärtig. Der verwendete Bildbegriff ist ein anderer als bei Ambrosius oder Paschasius Radbertus. Mit *signum* und *figura* werden im Eucharistiedekret nur die alttestamentlichen Opfer bezeichnet, nicht die Eucharistie, sofern es sich dabei um das wahre eschatologische Sakrament des einen Opfers Christi handelt. Wenn das Konzil lehrt, dass die Verwandlung von Brot und Wein sehr treffend *(aptissime)* Transsubstantiation *(transsubstantiatio)* genannt wird[168], definiert

---

161 Vgl. DH 1638.
162 Vgl. DH 1645.
163 Vgl. DH 1643–1644.
164 Vgl. DH 1648.
165 Vgl. DH 1447.
166 Vgl. DH 1651–1661.
167 DH 1651.
168 Vgl. DH 1652.

Sacrificium missae

es eine wahrhafte Verwandlung von Brot und Wein. Die aristote-lische Ontologie ist dabei nicht mitdogmatisiert.[169] Verurteilt wer-den jene, die behaupten, dass Jesus Christus nur *in usu*, das heißt während des Mahles, gegenwärtig sei[170] und die daher eine Auf-bewahrung der Eucharistie für die Krankenkommunion, die eu-charistische Anbetung und Sakramentsprozessionen ablehnen.[171]

Nach mehrjähriger Unterbrechung der Konzilssitzungen, elf Jahre nach dem ersten Dekret, verabschiedete das Konzil 1562 die Lehre und Kanones über die Kommunion unter beiden Gestalten und die Kommunion unmündiger Kinder.[172] Die Kommunion der Gläubigen unter nur einer Gestalt wird vom Konzil als kirchliche Praxis verteidigt. Die Gläubigen sind nicht durch göttliches Recht zur Kommunion unter beiden Gestalten verpflichtet. Die Voll-macht, die Verwaltung des Sakraments zu regeln, liegt bei der Kir-che.[173] Durch die Kommunion allein unter der Gestalt des Brotes wird den Gläubigen keine Gnade vorenthalten. Denn der ganze Christus ist in der Gestalt des Brotes gegenwärtig.[174] Für die un-mündigen Kinder gibt es keine Pflicht zur sakramentalen Kom-munion, da sie die in der Taufe geschenkte Gnade Gottes bis zum Eintritt in das Vernunftalter nicht verlieren können.

Das Dekret über die Bitte um Gewährung des (Laien-) Kel-ches wurde am 17. September 1562 verabschiedet.[175] Die Frage, ob einzelnen Kirchen der Laienkelch erlaubt werden könne, wurde vertagt; die Entscheidung darüber wurde dem Papst überlassen.[176] Am 16. April 1564 gewährte Papst Pius IV. (1559–1565) den Lai-enkelch u. a. für die Diözesen Mainz und Köln. Die katholische Bevölkerung lehnte den Laienkelch allerdings mehrheitlich ab, da

---

169 Vgl. *Rahner*, Die Gegenwart Christi im Sakrament des Herrenmahles ([5]1967), 362–380; *Schillebeeckx*, Die eucharistische Gegenwart (1967).
170 Vgl. DH 1654.
171 Vgl. DH 1656–1657.
172 Vgl. DH 1725–1734.
173 Vgl. DH 1726–1727.
174 Vgl. DH 1729.
175 Vgl. DH 1760.
176 Vgl. ebd.

er inzwischen zum konfessionellen Unterscheidungsmerkmal geworden war.[177] 1584 suspendierte Papst Gregor XIII. (1572–1585) das von Pius IV. gewährte Kelchindult.[178]

Da Martin Luther den Opfercharakter der Messe bestritt und eine Darbringung des eucharistischen Opfers als „eitel schreckliche Abgötterei"[179] verwarf, sah sich das Konzil von Trient vor die Aufgabe gestellt, die Einheit, zugleich aber auch die Differenz von Kreuzesopfer und Messopfer herauszustellen. Das Messopferdekret[180] unterscheidet zwischen dem blutigen Kreuzesopfer und seiner sakramentalen Vergegenwärtigung in der Eucharistie.[181] Nach der Lehre des Konzils stellt das Kreuzesopfer Christi und sein Priestertum die *consummatio* aller menschlichen Opfer dar.[182] Christus hat sich ein für alle Mal auf dem Altar des Kreuzes als Opfer dargebracht und damit die ewige Erlösung bewirkt. Durch den Tod am Kreuz wurde sein Priestertum aber nicht ausgelöscht.

Die Universalität des Opfers Christi ist für das Konzil der Grund, warum dieser seiner Kirche beim Abendmahl ein sichtbares Opfer übergeben hat. Durch dieses Opfer sollte das einmal am Kreuz dargebrachte Opfer, das „wahre und einzigartige Opfer"[183], vergegenwärtigt werden *(repraesentaretur)* und „sein Ge-

---

177 Vgl. *Haunerland*, Das Konzil von Trient und die nachtridentinische Liturgiereform (2018), 486.

178 Die vatikanische Messbuchreform eröffnete die Möglichkeit der Kommunion unter beiden Gestalten. Vgl. SC 55.

179 Apologia Confessionis Augustanae XXVI, 97 (BSLK 376).

180 Vgl. *Iserloh*, Das tridentinische Meßopferdekret in seinen Beziehungen zur Kontroverstheologie der Zeit (1965); *ders.*, Messe als Repraesentatio Passionis in der Diskussion des Konzils von Trient während der Sitzungsperiode in Bologna 1547 (1963). Für die weithin negative protestantische Beurteilung des Trienter Messopferdekrets vgl. *Kaufmann*, Geschichte der Reformation (2009), 673. Kaufmann meint, dass im Messopferdekret der „restaurativ-gegenreformatorische Charakter" des Konzils besonders deutlich werde.

181 Zu den auf dem Konzil vertretenen Opfertheorien vgl. *Pratzner*, Messe und Kreuzesopfer (1970), 27–52.

182 Vgl. DH 1739.

183 DH 1738.

Sacrificium missae

dächtnis bis zum Ende der Zeit für die Vergebung der Sünden, die von uns täglich begangen werden, zugewandt werden *(applicaretur)*"[184] – wie dies der menschlichen Natur entspricht. Das Kreuzesopfer ist also nicht ein partikulärer historischer Vorgang, der in sich abgeschlossen ist. Vielmehr handelt es sich dabei um ein Geschehen von universaler Bedeutung und Reichweite. In der Feier der Eucharistie wird das eine Opfer Christi, ohne dass es wiederholt würde, sakramental gegenwärtig.[185] Eine Trennung von Kreuz und Messe, von Opfer und Leib und Blut Christi, wird zurückgewiesen. Leib und Blut Christi sind die Lebenshingabe Jesu Christi für uns in ihrer sakramentalen Realität.

Zum Verhältnis von Kreuzesopfer und Messopfer lehrt das Konzil weiter: „Und weil in diesem göttlichen Opfer, das in der Messe vollzogen wird, jener selbe Christus enthalten ist und unblutig geopfert wird, der auf dem Altar des Kreuzes ein für alle Mal sich selbst blutig opferte [vgl. Hebr 9,14.26]", ist „dieses Opfer wahrhaft ein Sühnopfer [...] Denn die Opfergabe ist ein und dieselbe; derselbe, der sich selbst damals am Kreuz opferte, opfert jetzt durch den Dienst der Priester; allein die Weise des Opferns ist verschieden."[186] Die zentrale Aussage des Messopferdekretes bekräftigt die sakramentale Identität von Kreuzes- und Messopfer. Die Identität des Opferpriesters lehrt das Konzil, anders als der „Catechismus Romanus" (1566/1567)[187], nur implizit. Das Messopfer ist ein wahres „Sühnopfer", also mehr als ein „Lob- und Dankopfer *(sacrificium laudis et gratiarum actionis)* oder ein bloßes Gedächtnis *(nuda commemoratio)* des am Kreuz

---

184 DH 1740.
185 Vgl. *Ratzinger*, Ist die Eucharistie ein Opfer?, in: JRGS 11 (2008), 268–270; *Hoping*, Repraesentatio et memoria sacrificii (2016).
186 DH 1743. – *Schulz*, Ökumenische Glaubenseinheit aus eucharistischer Überlieferung (1976), der eine postkonsekratorische Darbringung von Leib und Blut Christi ablehnt, erklärt die Lehre des Konzils kurzerhand zur „dogmatischen Sekundärtradition" und stellt ein „Abweichen des Konzils vom legitimen Sprachgebrauch der liturgischen Überlieferung" (72.78–81) fest.
187 Vgl. Catechismus ex Decreto Concilii Tridentini Pars II, caput IV, Nr. 76–77.

Die Reformation und das Konzil von Trient

vollzogenen Opfers"[188]. Durch das Opfer der Messe erfolgt keine Lästerung oder Herabsetzung des Kreuzesopfers Christi.[189] Denn es sind die Früchte des einmaligen und einzigartigen Opfers Christi, die in der Messe empfangen werden. Voraussetzung für den wirksamen Empfang sind ein „aufrichtiges Herz" und ein „rechter Glaube". Die Gläubigen sollen daher ehrfürchtig, reuevoll und bußfertig vor Gott hintreten.[190]

Die Messen zu Ehren von Heiligen werden vom Konzil gegen Angriffe mit dem Argument verteidigt, dass die Kirche sie zwar zu Ehren der Heiligen feiere, das Opfer aber Gott und nicht den Heiligen dargebracht wird.[191] Ebenso verteidigt das Konzil den Kanon der Messe als der Schrift und der apostolischen Überlieferung gemäß.[192] Messen ohne Volk oder solche, in denen allein der Priester kommuniziert, dürfen „nicht als privat und unerlaubt"[193] verurteilt werden. Sie sind vielmehr „als wahrhaft allgemein *(vere communes)*" anzusehen, „weil sie vom öffentlichen Diener der Kirche nicht nur für sich, sondern für alle Gläubigen, die zum Leibe Christi gehören, gefeiert werden."[194] Ausdrücklich wünscht das Konzil, dass die Gläubigen in der Messfeier nicht nur geistlich, sondern zugleich sakramental kommunizieren: „fideles adstantes non solum spirituali affectu, sed sacramentali etiam Eucharistiae perceptione communicarent"[195]. Damit nimmt das Konzil ein Anliegen der Reformation auf.

Das Konzil von Trient gab nicht nur Antworten auf die von Luther aufgeworfenen Fragen nach dem Laienkelch, der somatischen Realpräsenz und dem Opfercharakter der Messe. Es äußerte sich auch zur theologischen Verbindlichkeit liturgischer

---

188 DH 1743.
189 Vgl. ebd.
190 Vgl. ebd.
191 Vgl. DH 1744.1755.
192 Vgl. DH 1745.1756.
193 DH 1747.
194 Ebd.
195 Ebd.

Ordnungen für die Feier der Sakramente.[196] Auf seiner 7. Sitzung am 3. März 1547 erklärt das Konzil, niemand dürfe sagen, „die überkommenen und anerkannten Riten der katholischen Kirche, an die man sich bei der Verwaltung der Sakramente gewohnheitsmäßig hält, können verachtet oder ohne Sünde von den Dienern nach Belieben aufgegeben oder durch jeden Hirten der Kirche in neue und andere geändert werden"[197]. In der Lehre und den Kanones über die Kommunion vom 16. Juli 1562 hält das Konzil fest, dass die Kirche immer die Vollmacht gehabt habe, „bei der Verwaltung der Sakramente – unbeschadet ihrer Substanz – das festzulegen oder zu verändern, was nach ihrem Urteil dem Nutzen derer, die sie empfangen, bzw. der Verehrung der Sakramente selbst entsprechend der Verschiedenartigkeit von Umständen, Zeiten und Gegenden zuträglicher ist."[198]

Im Dekret über das Sakrament der Eucharistie wird die Fronleichnamsprozession gegenüber der Kritik Martin Luthers verteidigt.[199] Da dieser eine Gegenwart Christi im Sakrament über die Feier hinaus bestritt, konnte er in einer Sakramentsprozession nur eine Gotteslästerung sehen. Das Fronleichnamsfest bezeichnete Luther als das „allerschädlichste Jahresfest"[200]. Demgegenüber erklärt das Konzil, „dass in sehr frommer und religiöser Gesinnung der Brauch in die Kirche Gottes eingeführt wurde, dass dieses erhabene und ehrwürdige Sakrament in jedem Jahr an einem eigenen Festtag mit besonderer Verehrung und Festlichkeit gefeiert wird, und dass es in Prozessionen ehrfürchtig und ehrenvoll durch öffentliche Straßen und Plätze herumgetragen wird"[201].

Das Gleiche gilt für die Praxis, die Kommunion aufzubewahren und den Kranken zu bringen.[202] Die von den Reformatoren er-

---

196 Vgl. *Haunerland*, Einheitlichkeit als Weg der Erneuerung (2002), 437–444.
197 COD III, 685.
198 DH 1728.
199 Vgl. DH 1656.
200 *Luther*, Tischrede (Mai 1532; Nr. 3147): WA Tischreden 3, 192.
201 DH 1643.
202 Vgl. DH 1657.

hobene Forderung nach Verwendung der Volkssprache in der Feier der Messe wird vom Konzil als nicht angemessen zurückgewiesen. Ein generelles Verbot der Volkssprache in der Liturgie wird mit Rücksicht auf die Kirchen des Ostens nicht ausgesprochen.[203] Wer aber behauptet, die Messe dürfe ausschließlich *(tantum)* in der Volkssprache gefeiert werden, den bedroht das Konzil mit dem Anathema.[204] Mit der Ablehnung der Volkssprache wurde die Aufforderung an die Pfarrer verbunden, „während der Messfeier entweder selbst oder durch andere häufig etwas von dem, was in der Messe gelesen wird, zu erläutern, und unter anderem ein Geheimnis des hochheiligen Opfers zu erklären, vor allem an Sonn- und Feiertagen"[205].

---

203 Zur Diskussion über die Verwendung der Volkssprache in der Liturgie auf dem Konzil vgl. *Freudenberger,* Die Meßliturgie in der Volkssprache im Urteil des Trienter Konzils (1980).
204 Vgl. DH 1759.
205 DH 1749.

Kapitel VII

MISSALE ROMANUM

Die Geschichte der „tridentinischen" Messe

Forderungen nach einer Liturgiereform waren schon am Vorabend der Reformation laut geworden. Zu nennen sind hier die Konzilien von Konstanz (1414–1418) und Basel (1431–1437) sowie die Brixener Messbuchreform unter Nikolaus von Kues. Die beiden Kamaldulensermönche Paolo Giustiniani (1476–1528) und Vincenzo Quirini (1478/1479–1514) drängten in ihrem „Libellus ad Leonem X" (1513) nicht nur auf eine Ausgabe der Heiligen Schrift in der Volkssprache, sondern ebenso auf eine stärkere Verwendung der Volkssprache in der Liturgie.[1] Für die als Amt *(summum officium)* gefeierte Messe hatten sich schon im 12. und 13. Jahrhundert volkssprachliche Gesänge (Leisen und Rufe) beim *Introitus*, Tropen bei den Sequenzen sowie das Lied vor und nach der Predigt entwickelt. Allerdings drängten die Geistlichen darauf, die volkstümlichen und kompositorisch sowie textlich nicht immer sehr anspruchsvollen Gesänge zu beschränken.[2]

Als Folge der vermehrten katechetischen Bemühungen um die Bildung der Gläubigen entstand seit dem 14. Jahrhundert eine Fülle volkssprachlicher Messtraktate. Einer der frühesten Traktate überliefert eine Anfang des 14. Jahrhunderts abgefasste anglo-normannische Handschrift, deren Herkunft unbekannt ist.[3] Darin werden die Laien angeleitet, „was ihr tun und denken sollt zu jedem Teil der Messe". Texte und Illustrationen erläutern in bekannter Messallegorese die Bedeutung der einzelnen Handlungen. Zudem werden

---

1 Zur Analyse des Libellus an den Medici-Papst Leo X. vgl. *Gerhards – Kranemann*, Einführung in die Liturgiewissenschaft (²2008), 88f.
2 Vgl. *Harnoncourt*, Gesamtkirchliche und teilkirchliche Liturgie (1974), 294–305.
3 Vgl. Pariser Nationalbibliothek Ms. franc. 13442.

Die Geschichte der „tridentinischen" Messe

die Haltungen und Gesten der Gläubigen sowie die Gebete zu den einzelnen Teilen der Messe erklärt. Die volkssprachlichen Messtraktate haben das Ziel, den Laien eine aktivere Teilnahme an der lateinischen Messfeier zu ermöglichen. Die erste vollständige deutsche Auslegung der Messe wurde um 1480 herausgegeben.[4] Autor ist wahrscheinlich ein Augsburger Diözesanpriester.

Das Konzil von Trient war das erste ökumenische Konzil, das eine Reform der liturgischen Bücher in Auftrag gegeben hat. Durch die Kritik der Reformatoren an der römischen Messe war vor allem eine Messbuchreform nötig geworden.[5] Grundlage für die Messbuchreform war die Neubearbeitung des „Ordo missae secundum consuetudinem Sanctae Romanae Ecclesiae" (1502), den der Straßburger Theologe Johannes Burckard (um 1450–1506), von 1483 bis 1503 Zeremonienmeister an der römischen Kurie, im Jahr 1498 zusammengestellt hatte.[6] Um die Bedeutung des „Missale Romanum" zu verstehen, ist es notwendig, zunächst auf die Entstehung der mittelalterlichen Sakramentare und die Entwicklung zum Vollmissale einzugehen.

1. Auf dem Weg zum Einheitsmissale

Vom 9. bis 13. Jahrhundert entstanden in Europa zahlreiche Sakramentare.[7] Dabei handelt es sich um liturgische Bücher, in denen die feststehenden und wechselnden Gebetsteile für den Zelebranten enthalten sind.[8] Der Buchtyp des Sakramentars entstand aus den *libelli*

---

4 Vgl. *Reichert*, Die älteste deutsche Gesamtauslegung der Messe (Erstausgabe ca. 1480) (1967).
5 Vgl. *Jungmann*, Missarum Sollemnia I (^{6}2003), 173–176
6 Vgl. *Burckard*, Ordo Missae secundum consuetudinem Sanctae Romanae Ecclesiae (1502/1904), 121–178. Der „Ordo Missae" Burckards, dessen zweite Auflage von 1502 zahlreiche Nachdrucke erfahren hat, wurde zur wichtigsten Quelle für das „Missale Romanum".
7 Vgl. *Klöckener*, Liturgische Quellen des Frühmittelalters (2018), 296–301.
8 Zur Sakramentarforschung vgl. *Deshusses*, Les sacramentaires (1982); *Metzger*, Les sacramentaires (1994).

(Blattsammlungen), die bis ins 5. Jahrhundert zurückreichen. Das „Sacramentarium Leonianum" enthält Texte, die Papst Leo dem Großen zugeschrieben werden. Es wird heute vorzugsweise nach seinem Entstehungs- und Aufbewahrungsort Verona als „Sacramentarium Veronense" bezeichnet. Im strengen Sinne handelt es sich dabei allerdings nicht um ein Sakramentar, da zahlreiche Messformulare fehlen, etwa für Weihnachten und Ostern. Das „Sacramentarium Veronense" war eine eher private als offizielle Messtextsammlung. Die Formulare des „Sacramentarium Veronense" beziehen sich u. a. auf die Plünderung Roms (455) und die Bischofsweihe (537) von Papst Vigilius (537–555). Das Sakramentarium spiegelt daher vermutlich die Zeit zwischen 440 und ca. 540 wieder.

Anders als das „Sacramentarium Veronense" enthält das „Sacramentarium Gelasianum"[9] Formulare für den Festkreis von Weihnachten und Ostern, für Heiligenfeste, Adventssonntage, die Sonntage nach Pfingsten und verschiedene Votivmessen. Seit dem 9. Jahrhundert wird das Sakramentar Papst Gelasius I. (492–496) zugeschrieben.[10] Er kann aber nicht der Autor sein, da das Sakramentar auch Texte von Papst Vigilius I. enthält. Im „Sacramentarium Gelasianum" finden sich zudem Elemente der frühmittelalterlichen gallikanischen Liturgie. Das Sakramentar ist nur in einer Abschrift aus der Mitte des 8. Jahrhunderts erhalten geblieben. Diese Fassung nennt man „fränkisches Gelasianum" oder „Junggelasianum", im Unterschied zum „Altgelasianum". Es handelt sich dabei um ein Sakramentar für die presbyterale Liturgie, das vermutlich in der Mitte des 7. Jahrhunderts an den römischen Titelkirchen eingeführt wurde. Während das „Sacramentarium Gelasianum" für die priesterlichen Messfeiern gedacht war, enthält das unter Honorius I. (625–638) entstandene „Sacramentarium Gregorianum" die für die Papstliturgie vorgesehenen Gebete. Die ersten Fassungen dürften bis in die Zeit Papst Gregors des Großen zurückreichen.

---

9 Es existiert nur eine Handschrift, nämlich der Codex Reginensis 316 der Vatikanischen Bibliothek (8. Jh.), vermutlich aus St. Denis.
10 Vgl. Liber Pontificalis I, 255D.

Die Geschichte der „tridentinischen" Messe

Neben den Sakramentaren wurden weitere liturgische Bücher verwendet, zum Beispiel die *Collectare* mit Gebetstexten und Kurzlesungen für die Tagzeitenliturgie sowie Segnungen und Gebeten für sakramentliche Feiern.[11] Es entstehen liturgische Bücher für die Schriftlesungen *(Capitulare lectionum; Capitulare evangeliorum)* und für die Gesänge. Die älteste Epistelliste (Würzburger Epistelliste) und die ältesten *Capitulare evangeliorum* reichen bis in das 7. Jahrhundert zurück.[12] Die für die Messfeier vorgesehenen Gesänge des *Ordinarium* und *Proprium* wurden von einem Kantor und einer Schola vorgetragen. Der Kantor sang aus dem *Cantatorium* bzw. dem *Graduale* nach der Lesung das *Graduale* sowie zum Evangelium das *Alleluja* bzw. den *Tractus*. Aus dem *Antiphonarium* bzw. *Antiphonale* wurden von der Schola die Teile des *Proprium* gesungen: *Introitus* (Gesang zum Einzug), *Offertorium* (Gesang zur Darbringung der Gaben) und *Communio* (Gesang zur Kommunion).[13] Später wurden beide Bücher unter dem Namen *Graduale* zusammengefasst. Die Bezeichnung *Antiphonarium* bzw. *Antiphonale* setzte sich für die Sammlung der *Antiphonen* der Tagzeitenliturgie durch.

Die im *Graduale* und *Antiphonarium* enthaltenen Gesänge werden „gregorianisch" *(gregoriana carmina/cantus romanus)* genannt, da man sie auf das Wirken Papst Gregors des Großen zurückführt. Schriftlich taucht dieser Bezug erstmals im 9. Jahrhundert im Prolog des „Cantatoriums von Monza" auf. Dort heißt es: „Gregorius praesul … composuit hunc libellum musicae artis scolae cantorum"[14]. Aus der Zeit Gregors des Großen sind uns allerdings keine Melodien überliefert. Die ältesten liturgischen Bücher für die Gesänge enthalten nur die Gebetstexte, der Gesang dagegen wurde durch lebendige Übung tradiert. Die „Notenschrift" der Neumen, die nur die Akzentuierungen, nicht dagegen den genauen Notenverlauf angeben, kam erst im 10. Jahrhundert auf.

---

11 Vgl. *Klöckener*, Liturgische Quellen des Frühmittelalters (2018), 302–306.
12 Vgl. *Martimort*, Les lectures liturgiques et leurs livres (1992).
13 Vgl. *Meßner*, Einführung in die Liturgiewissenschaft (^{2}2009), 43–48.
14 Vgl. Zitiert nach *Levy*, Gregorian Chant and the Carolingians (1998), 141f.

279

Die bekanntesten und ältesten Neumensysteme sind die von St. Gallen und Metz.[15] Das früheste Beispiel einer festen Choralmesse ist die *Missa de Angelis* (13. Jh.).

Seit Innozenz III. wurde die römisch-fränkische Messe, wie man sie an der römischen Kurie feierte, zum Modell für die ganze Weltkirche. Dazu trug nicht zuletzt der schnell anwachsende Orden der Franziskaner bei, der die Ordnung der Messfeier „secundum usum Romanae Curiae" übernahm. Im 13. Jahrhundert wurde sie zusammen mit dem „Breviarium der römischen Kirche", dem Ordo für die feierliche Konventsmesse und dem Ordo für die stille Messe des Franziskanergenerals Haimo von Faversham/Kent (um 1200–1243) vom Ordenskapitel der Franziskaner angenommen („Indutus planeta", 1243). Durch die Franziskaner verbreitete sich der römische Ritus in der damals bekannten Welt.[16] Die besonderen Bedürfnisse der „Privatmesse", vor allem aber seelsorgliche Gründe, wie die wachsende Zahl der Pfarreien, haben zum „Plenarmissale" bzw. „Vollmissale" geführt.[17] Darin sind alle Gebets-, Lese- und Gesangsstücke für die Feier der Messe enthalten. Ein prominentes Beispiel dieses Buchtyps ist das „Missale Beneventano" (um 1100). Grundlage des ersten gedruckten Messbuchs (Missale completum secundum consuetudinem Romanae Curiae) war das 1220 zusammengestellte Messbuch für die Liturgie der päpstlichen Hauskapelle. Schon im 13. Jahrhundert entstand an der römischen Kurie sowie bei Augustinern und Franziskanern der Ordo für die stille Messe, der in der von Haimo von Faversham verfassten Form bis zum 15. Jahrhundert dominierte. Die Rubriken für die stille Messe beruhen seit dem 15. Jahrhundert auf Burckards Messordo.

In der 1. Sitzungsperiode des Konzils von Trient (1545–1548) plädierte Bischof Tommaso Campeggi (1483–1564) dafür, ein von

---

15 Vgl. *Joppich*, Christologie im Gregorianischen Choral (1995), 271–281. Im „Graduale Triplex" (1979), herausgegeben von der Abtei von Solesmes, sind sie zusammen mit der späteren Quadratnotation verzeichnet.
16 Vgl. *van Dijk*, Sources of the Modern Roman Liturgy (1963).
17 Vgl. *Klöckener*, Liturgische Quellen des Frühmittelalters (2018), 314–316.

Die Geschichte der „tridentinischen" Messe

theologisch fragwürdigen Sequenzen gereinigtes Einheitsmissale herauszugeben. Ebenso sprach er sich dafür aus, die Lesungen in der Messe in der Volkssprache vorzutragen.[18] Die Vorstellungen, die es während des Trienter Konzils zur Messbuchreform gab, lassen sich am Dokument über die Missbräuche bei der Feier der Messe ablesen. Das Dokument wurde von einer Kommission unter Vorsitz von Erzbischof Ludovico Beccadelli von Ragusa (1501–1572) erarbeitet.[19] Die Kommission stellte einen Text zusammen, der eine Reihe von mit der Messfeier verbundene Missbräuchen (abusus missae) benennt. Präfationen und Sequenzen mit legendärem Inhalt sollten ebenso unterbleiben wie arianische Tropen (Einschübe) zum Gloria.[20] Angeregt wird eine Überprüfung einzelner Ausdrücke und ritueller Elemente: zum Beispiel die Bezeichnung immaculata hostia und calix salutaris für die eucharistischen Gaben schon im Offertorium[21], das Offertorium der Totenmesse und einzelne Votivmessen und Messreihen. Bei der äußeren Ordnung wird u. a. eine ordentliche und saubere liturgische Kleidung für Priester und Ministranten eingefordert. Als Antwort auf die Kritik der Reformatoren plädiert das Dokument für eine deutliche Verringerung der Zahl der Messen, für ein Verbot von Messen, bei denen nicht wenigstens zwei Gläubige anwesend sind und das Verbot von Stillmessen, die parallel zur gesungenen Messe gefeiert werden. Die Priester sollen nur einmal am Tag zelebrieren und für jede Messe nur ein Stipendium annehmen.

Auf Ersuchen der Konzilslegaten wurde das Dokument überarbeitet, gekürzt und in einem „Compendium" zusammengefasst.[22] Zu Beginn des Kompendiums wird der Wunsch geäußert, dass unter Wahrung legitimer ortskirchlicher Traditionen ein Missale entsprechend der römischen Tradition (mit einheitlichen

---

18 Vgl. CT I, 503.
19 Vgl. CT VIII, 916–921.
20 Vgl. ebd.
21 Vgl. CT VIII, 917.
22 Vgl. CT VIII, 921–924.

Zeremonien, Rubriken und Texten) nach dem Brauch und der alten Gewohnheit der Römischen Kirche erstellt wird.[23] Manches aus dem Kompendium wurde in das „Decretum de observandis et evitandis in celebratione missarum" (17. September 1562) aufgenommen, die meisten Forderungen blieben aber unberücksichtigt.[24] Das Dekret verpflichtet die Bischöfe, dafür Sorge zu tragen, dass das Messopfer möglichst fromm und andächtig gefeiert wird. Die Bischöfe werden angehalten, „alles zu verbieten und zu beseitigen, was Habsucht und Götzendienst, Ehrfurchtslosigkeit, die man vom Unglauben kaum unterscheiden kann, oder Aberglaube, der falsche Nachäffer wahrer Frömmigkeit, mit sich brachten"[25]. Auch verpflichtet das Konzil die Ortsbischöfe, gegen abergläubische Praktiken sowie Abweichungen von der liturgischen Ordnung vorzugehen und die Gläubigen zu ermahnen, wenigstens an „den Sonn- und größeren Feiertagen"[26] an der heiligen Messe teilzunehmen. Das Konzil wendet sich auch gegen die liturgische Verwendung von Musik, die Anstößiges und Unreines *(lascivum aut impurum)* enthält, ebenso gegen „nichtiges und profanes Geschwätz, Herumrennerei, Lärm und Geschrei, damit das Haus Gottes wirklich als ein Haus des Gebets erscheine und so heißen kann"[27]. Da das Konzil sich nicht in der Lage sah, selbst eine Reform des Messbuchs durchzuführen, entschied es in seiner Schlusssitzung vom 4. Dezember 1563, die Reform dem Papst zu übertragen.[28]

Für ein Einheitsmissale votierte eine Gruppe innerhalb der Kommission, die Papst Pius IV. unmittelbar nach dem Trienter Konzil für die Reform des Breviers und des Messbuchs einsetzte (1564) und die von seinem Nachfolger Pius V. erweitert wurde. Zunächst erfolgte eine Abgleichung zwischen Missale und Brevier, für

---

23 Vgl. *Haunerland*, Das Konzil von Trient und die nachtridentinische Liturgiereform (2018), 488.
24 Vgl. CT VIII, 962f.
25 COD III, 736.
26 COD III, 737.
27 COD III, 736.
28 Vgl. COD III, 797.

Die Geschichte der „tridentinischen" Messe

das die Kommission ebenfalls zuständig war (Kalender, Tagesoration, Evangelienlesung). Sodann nahm man eine Reduktion der Heiligenfeste und Votivmessen vor, damit die Sonn-und Festtage des Kirchenjahres sowie die Festzeiten wieder deutlich zur Geltung kommen. Von den zahlreichen Votivmessen sollten nur die vom Hl. Kreuz, zum Hl. Geist, zur Hl. Dreifaltigkeit und zu Ehren der Gottesmutter erhalten bleiben. Ebenso wurden alle neueren Präfationen und Sequenzen gestrichen. Aus der unübersehbaren Zahl der Präfationen wurden elf weithin anerkannte Präfationen ausgewählt.[29] Gleichzeitig verfolgte die Kommission eine deutlichere Fassung der Rubriken und sah die durchgehende Verwendung der Vulgata für die Schrifttexte vor.[30] Der bei Johannes Burckard noch vorgesehene Opfergang der Gläubigen wurde nicht berücksichtigt, wohl aus Furcht vor Missbrauch durch gewinnsüchtige Priester. Das Kirchenjahr sollte von der Überwucherung durch Heiligenfeste weitgehend befreit werden. Restaurationsbestrebungen im Bereich der sakralen Musik wurden ebenso zurückgewiesen wie Angriffe auf die Polyphonie, so dass sich im Ausgang von Palestrina (um 1525–1594) entfalten konnten.[31]

2. Das „Missale Romanum" (1570)

Die Liturgiereform im Anschluss an das Trienter Konzil war die erste zentralkirchlich initiierte Liturgiereform.[32] Das „Missale Romanum ex decreto ss. Tridentini restitutum, Pii V. Pont. Max. iussu editum" wurde durch die Promulgationsbulle „Quo primum" vom 14. Juli 1570 überall dort verbindlich eingeführt, wo nicht eine mindestens zweihundertjährige liturgische Eigentradition existierte, wie dies z. B. in Mailand, Toledo oder im Domini-

---

29 Die Reduktion der Sequenzen dürfte auch damit zusammenhängen, dass viele nicht genuin römisch waren. Vgl. *Haunerland*, Einheitlichkeit als Weg der Erneuerung (2002), 447.
30 Vgl. *Meyer*, Eucharistie (1989), 261.
31 Vgl. *Jungmann*, Missarum Sollemnia I (⁶2003), 181f.
32 Vgl. *Haunerland*, Einheitlichkeit als Weg der Erneuerung (2002), 436.

kanerorden der Fall war. Das Ziel der Reform besteht nach der Promulgationsbulle darin, dass das Missale entsprechend der „altehrwürdigen Norm und dem Ritus der heiligen Väter wiederhergestellt werde" *(ad pristinam sanctorum Patrum normam ac ritum restituerunt)*.[33] Faktisch war bei der Reform die stadtrömische Liturgie des 11. Jahrhunderts unter Papst Gregor VII. leitend.[34]

Am stärksten eingegriffen hat man bei den wechselnden Teilen der Messe. Bei den Sequenzen blieben nur jene von Ostern, Pfingsten, Fronleichnam sowie das „Dies irae" der Totenmesse erhalten.[35] 1727 kam als 5. Sequenz für den Gedenktag der Schmerzen Mariens *ad libitum* das *Stabat mater* hinzu. Dem vereinzelt geäußerten Wunsch nach einer Revision des „Canon Romanus"[36] hat man nicht entsprochen. Die Anregung mehrerer Bischöfe zum lauten Vortrag des Kanons wurde bei der Reform des Messbuchs ebenso wenig aufgegriffen wie die Forderung nach stärkerer Verwendung der Volkssprache in der Messfeier[37], die auf dem Trienter Konzil der Wiener Bischof Friedrich Nausea (um 1496–1552) in seinem Reformgutachten angeregt hatte.[38] Nach dem Konzil sprach sich der von der Reformation beeinflusste Bautzener Stiftsdekan Johann Leisentritt (1527–1586) für die Verwendung der Volkssprache in der Messe aus. Seit der Reformation war die Messe in der Volkssprache allerdings zu einem konfessionellen Unterscheidungsmerkmal geworden.

Im Anschluss an Burckards Messordo hat man dem „Missale Romanum" die Generalrubriken und den „Ritus servandus"

---

33 Vgl. *Klöckener*, Die Bulle „Quo primum" Papst Pius' V. vom 14. Juli 1570 (2008), 44f.

34 Vgl. *Haunerland*, Das Konzil von Trient und die nachtridentinische Liturgiereform (2018), 499f.

35 Manche Messbücher enthielten hundert und mehr Präfationen, teilweise durchsetzt mit abergläubischen Vorstellungen.

36 Vgl. CT XII, 420f.

37 Vgl. *Leisentritt*, Kurtze Fragstücke von dem hochwirdigen Sacrament des Altars unter Gestalt Brodts und Weins (1578).

38 Bischof Nausea plädierte auch für eine Überarbeitung des römischen Kanons (CT XII, 420f.), die Gewährung des Laienkelchs und die Abschaffung des Zölibats.

Die Geschichte der „tridentinischen" Messe

vorangestellt, der die *missa sine cantu et sine ministris* regelt. Neben der *missa solitaria* des Priesters sind im „Missale Romanum" für die *missa sollemnis* verschiedene Ergänzungen vorgesehen. Burckards Messritus dürfte vor allem aus praktischen Gründen gewählt worden sein, da er alles enthält, was ein Zelebrant bei der Feier der Messe kennen muss. Es ist aber nicht so, dass mit Burckards Messritus „die Entscheidung für die ‚stille Messe' des einzelnen Priesters als Grundform der nachtridentinisch erneuerten römischen Messliturgie"[39] verbunden war. Zwar geht der „Ritus servandus" Burckards von der stillen Messe des Priesters aus. Für die Frage nach der rituellen Grundgestalt der Messe des Missale von 1570 ist aber nicht allein der „Ritus servandus", sondern das ganze Messbuch zu berücksichtigen, das zum Beispiel Noten für die Intonation des *Gloria*, des *Credo*, für die Präfationen etc. enthält. Die Grundform der Messe ist, ausgehend vom Missale, nicht die *missa solitaria*, sondern die *missa cantata* bzw. das levitierte Hochamt. Letztlich muss die römische Messe als hierarchisch gegliederte Liturgie von der Bischofsmesse her gedacht werden.[40]

Das Missale von 1570 geht auch ganz selbstverständlich von der Anwesenheit von Gläubigen bei der Messfeier aus, etwa beim Hinweis, dass der Priester dem Volk nach den Einsetzungsworten Hostie und Kelch zeigt *(ostendit populo)* und am Ende das Volk segnet *(deinde benedicit populo)*.[41] Bei der stillen Messe war das Volk allerdings kaum beteiligt.[42] Zwar sieht der „Ritus servandus" die Beteiligung der Gläubigen beim *Stufengebet*, beim *Kyrie*, beim *Orate fratres*, beim Kuss der *Pax*-Tafel, bei der Kommunion sowie beim Reichen des Ablutionsweines vor.[43] Der nachtridentinischen Reform gelang es aber nicht, die Teilnahme der Gläubigen an der Messliturgie neu zu beleben. Der Gedanke, dass die Gläubigen zu-

---

39 *Haunerland*, Einheitlichkeit als Weg der Erneuerung (2002), 447; *ders.*, Das Konzil von Trient und die nachtridentinische Liturgiereform (2018), 491.
40 Vgl. *Conrad*, Renewal of the Liturgy in the Spirit of Tradition (2010), 119–121; *Fiedrowicz*, Die überlieferte Messe (2011), 69–74.
41 Vgl. *Haunerland*, Einheitlichkeit als Weg der Erneuerung (2002), 447.
42 Vgl. ebd.
43 Vgl. *Meyer*, Eucharistie (1989), 293.

285

sammen mit dem Priester das eucharistische Opfer darbringen, findet sich zwar schon in der Schule von Kardinal Pierre de Bérulle (1575–1629), blieb aber ohne Einfluss. Aus dem von de Bérulle gegründeten französischen Oratorium gingen bedeutende Messerklärungen hervor. Das Oratorium verbreitete auch Anleitungen, wie sich die Gläubigen im Gebet mit dem Priester, der das eucharistische Opfer darbringt, vereinigen sollten.[44]

Im Ordo Burckards waren noch Regelungen für die sogenannte *missa sicca* und die *missa bifaciata* vorgesehen.[45] Die *missa sicca* (trockene Messe) ist eine Feier nach dem Messformular ohne die eucharistischen Teile vom *Offertorium* bis zur Schlussdoxologie des Hochgebets. Wie die Präsanktifikatenliturgie der Kirchen des Ostens liegen die Ursprünge der *missa sicca* in einem erweiterten Kommuniongottesdienst speziell für Kranke und Sterbende, der sich bis ins 7. Jahrhundert hinein zurückverfolgen lässt. Die *missa sicca* wurde vor allem in der Zeit vom 12.–16. Jahrhundert praktiziert. Sie trat an die Stelle der inzwischen verbotenen Hausmessen für Kranke und Sterbende, wurde aber auch als Ersatz für mehrere Messen am gleichen Tag gefeiert.[46] Die *missa bifaciata* (bzw. *trifaciata, quadrificiata*) rührt daher, dass immer mehr Priester mehrmals am Tag aus seelsorglichen Gründen zelebrierten – etwa bei Pilgermessen, Kasualmessen und Votivmessen – oder aus persönlicher Frömmigkeit bzw. finanziellen Gründen (Stipendien). Da die Bination bzw. Trination eingeschränkt war und schließlich durch Papst Innozenz III. 1206 untersagt wurde, gingen Priester dazu über, die Liturgie des Wortes bis zu viermal zu wiederholen, um dann mit der Darbringung der Opfergaben, der Präfation und dem Hochgebet fortzufahren. Wiederholt wurde nach der eucharistischen Liturgie auch die *Postcommunio*. Durch diese fragwürdige Praxis meinte man, mehreren Anliegen und Messverpflichtungen ge-

---

44 Vgl. *Jungmann*, Missarum Sollemnia I ([6]2003), 188f.

45 Vgl. *Franz*, Die Messe im deutschen Mittelalter (1963), 73–86.

46 Vgl. *Burckard*, Ordo Missae secundum consuetudinem Sanctae Romanae Ecclesiae (1502/1904) (ed. Legg, 173).

recht werden zu können. Das „Missale Romanum" (1570) sieht die *missa sicca* und die *missa bifaciata* nicht mehr vor.

In der Promulgationsbulle zur Einführung des „Missale Romanum" verfügte Papst Pius V., dass „an diesem Unserem herausgegebenen Messbuch niemals etwas hinzugefügt, daraus etwas weggenommen oder an ihm geändert werde"[47]. Andere liturgischen Bücher enthalten vergleichbare Aussagen, zum Beispiel das „Breviarum Romanum" (1568), das „Pontificale Romanum" (1596), das „Caeremoniale episcoporum" (1600) von Clemens VIII. (1592–1605) und das „Rituale Romanum" (1614) von Paul V. (1605–1621). Im Zuge der vatikanischen Liturgiereform hat man das „Prinzip der Unveränderlichkeit" gegen das Messbuch Pauls VI. vorgebracht. Seit dem Trienter Konzil hatte es aber immer wieder Änderungen an den liturgischen Büchern der Kirche gegeben, auch wenn diese nicht so grundlegend waren wie nach dem Zweiten Vatikanischen Konzil.[48]

Ohne die Erfindung des Buchdrucks hätte sich das „Missale Romanum" von 1570 nicht als Einheitsmissale der römisch-katholischen Kirche durchsetzen können. Der Buchdruck machte es auch möglich, die gebildeten Gläubigen mit Gebetbüchern, die Messerklärungen enthielten, zu versorgen. Die Verbreitung des „Missale Romanum" war geographisch anfänglich auf Italien, Portugal, die Niederlanden, Belgien, Österreich, Ungarn und Polen sowie die neuen Orden (Jesuiten u. a.) beschränkt. In Deutschland wurde das „Missale Romanum" teilweise erst zwischen dem 17. und 19. Jahrhundert eingeführt (Münster, Trier); Köln behielt seine eigene Tradition bis 1865 bei. Allerdings wurden Neuausgaben des Messbuchs dem „Missale Romanum" kontinuierlich angeglichen. Auch in Spanien wurde das römische Messbuch mit Ausnahme der mozarabischen Kirchen (Salamanca, Toledo, Braga) eingeführt.

Über Portugal und Spanien kam das römische Messbuch nach Nord- und Lateinamerika sowie in den Fernen Osten. Eine kurze

---

47 *Klöckener*, Die Bulle „Quo primum" (2008), 46f.
48 Vgl. *Jounel*, L'évolution du Missel Romain de Pie IX à Jean XXIII (1978).

Episode blieb die von Papst Paul V. genehmigte chinesische Übersetzung des römischen Messbuchs. Sie wurde im Ritenstreit verboten und kam nie in Gebrauch. Trotz der Anerkennung der mehr als zweihundertjährigen liturgischen Eigentradition durch das Konzil von Trient führte das „Missale Romanum" von 1570 zu einer umfassenden Vereinheitlichung der Messfeier in der katholischen Kirche. Das Missale wurde teilweise auch in Diözesen mit sehr alter Liturgietradition eingeführt.[49] Zur Vereinheitlichung der Messliturgie trug neben der Verbreitung des Buchdrucks die „Congregatio pro Sacris Ritibus ac Caeremoniis" bei, die Papst Sixtus V. (1585–1590) durch die Konstitution „Immensa aeterni Dei" (22. Januar 1588) errichtet hatte.[50] Die Aufgabe der Ritenkongregation bestand darin, die Einhaltung der liturgischen Ordnungen und die Geltung der römischen Liturgiebücher zu beaufsichtigen.[51]

3. Neuausgaben und Reformansätze

Durch die Neuausgabe des römischen Messbuchs unter Papst Clemens VIII. (1604) kam es u. a. zu einer Neuregelung des Schlusssegens, zur Vermehrung der Feste sowie zu Korrekturen und Ergänzungen bei den Rubriken.[52] Eine weitere Neuausgabe erfolgte 1634 durch Urban VIII. (1623–1644). Neben Veränderungen in der sprachlichen Form der Rubriken wurden vor allem die Hymnen im Sinne metrischer Glätte und klassischer Latinität überarbeitet. Verboten wurden nichtapprobierte Votivmessen. Alexander VII. (1655–1667) belegte alle Übersetzungen des römischen

---

49 Vgl. *Haunerland*, Einheitlichkeit als Weg der Erneuerung (2002), 459.
50 Daneben wurden vierzehn weitere Kongregationen errichtet.
51 Vgl. *McManus*, The Congregation of Rites (1954). Mit der Apostolischen Konstitution „Sacra Rituum Congregatio" (1969) löste Papst Paul VI. die Ritenkongregation auf und verteilte ihre Aufgaben auf zwei neue Kongregationen, nämlich die „Sacra Congregatio pro Causis Sanctorum" und die „Sacra Congregatio pro Cultu Divino". Letztere trägt heute den Namen „Sacra Congregatio pro Cultu Divino et Disciplina Sacramentorum".
52 Vgl. *Fiedrowicz*, Die überlieferte Messe (2011), 44.

Messbuchs mit der Strafe der Exkommunikation (1661). Vermutlich sah der Papst in Übersetzungen die Gefahr einer schleichenden Abschaffung der lateinischen Liturgiesprache, die den „Schleier des Geheimnisses"[53] umgibt.[54] Mit dem Verbot Alexanders VII. wurde die bis in das 14. Jahrhundert zurückreichende Praxis, den „Ordo Missae" bzw. die ganze Messe durch Übersetzungen den Gläubigen zu erschließen, unterbunden. Der Gedanke, dass der Priester mit dem Kanon in das Heiligtum eintrete, dehnte man nun auf die ganze Messfeier aus. Doch schon im 17. und 18. Jahrhundert gingen die Priester mancherorts dazu über, den „Canon Romanus" in lateinischer Sprache laut vorzutragen, wobei das Volk auf die einzelne Gebetsabschnitte mit *Amen* antwortete.[55] Das Messbuch von Meaux (1709) ist ein Beispiel für diese Praxis.[56]

Bis zu Benedikt XV. (1914–1920) kam es zu mehreren Nachdrucken des „Missale Romanum" von 1634. Unter Clemens XIII. (1758–1769) wurde anstelle der *Praefatio communis* die Dreifaltigkeitspräfation eingeführt (1759). In der Barockzeit verlor der gregorianische Gesang an Bedeutung. Man schuf zahlreiche kirchenmusikalische Neuschöpfungen, die sich teilweise vom Textcorpus des Messordinariums ablösten und ein Eigengewicht gegenüber der Messliturgie bekamen. Schon 1643 forderte die Ritenkongregation daher, dass die Kirchenmusik nicht Selbstzweck sein dürfe, sondern der Würde der Messfeier dienen müsse. Im deutschen Sprachgebiet entwickelte sich nach dem Vorbild der Reformation der auf das Hochmittelalter zurückgehende deutsche Messgesang. Volkssprachliche Gesänge wurden zum *Credo*, zum *Offertorium*, zu *Elevation*, zum *Pater noster*, zur Kommunion und nach dem Schlusssegen gesungen. Sie wurden in die von den Bischöfen herausgegebenen Diözesangesangbücher aufgenommen, um dem

---

53 *Jungmann*, Missarum Sollemnia I ([6]2003), 190.
54 Vgl. ebd. 189–191.
55 Vgl. *Guéranger*, Institutions liturgiques II ([2]1878), 180–183.
56 Vgl. *Meyer*, Eucharistie (1989), 271.

Bedürfnis der Gläubigen, Lieder zu singen und während der Messe nicht nur den Rosenkranz zu beten oder das Leiden Christi zu meditieren, entgegen zu kommen. Eines der verbreitesten Gesangbücher war das Mainzer Cantuale (1605). Das Paderborner Gesangbuch von 1726 enthält deutsche Gesänge auch für *Gloria*, *Sanctus* und *Agnus Dei*, das Speyerer Gesangbuch von 1770 bietet eine Singmesse für alle Ordinariumsteile.[57] Doch schon unter Benedikt XIV. (1740–1758) kam es zu Versuchen die Gregorianik wiederzubeleben. Die Gregorianik hatte aber noch lange einen schweren Stand. Durch die Gebetbücher mit den Messerklärungen konnten nur gebildete Kreise unter den Gläubigen erreicht werden. Für die Mehrheit der Gläubigen bot allein das volkssprachliche Kirchenlied eine Möglichkeit zur aktiveren Teilnahme.

Zwischen dem 17. und 19. Jahrhundert wurde in Frankreich die römische Liturgie mehr und mehr durch die neogallikanische Liturgie verdrängt. Die von der Aufklärung für alle Dinge des Glaubens geforderte Herrschaft der Vernunft führte in der Frage der Liturgie vermehrt zur Forderung nach Verständlichkeit und Einfachheit. Die Diözesansynode von Pistoia (18.–28. September 1786) sollte zu einem Synonym für eine aufklärerische und zugleich antirömische Reform werden. Die Synode wurde von dem jansenistisch beeinflussten Bischof Scipione de' Ricci von Pistoia-Prato (1741–1810) der in der Liturgie die Volkssprache verwendete einberufen. Die Synode stand unter dem Protektorat des toskanischen Großfürsten Leopold, dem späteren Kaiser Leopold II. (1747–1792), der für die Synode ein Memorandum erarbeitete.[58] Die Josefinischen Reformen in Österreich dienten der Synode von Pistoia als Vorbild. Die Synode sprach sich für ein Nationalkonzil als Ausdruck einer von Rom weitgehenden unabhängigen Nationalkirche aus. Da die Kirche eine rein geistliche Größe sei,

---

57 Vgl. *Jungmann*, Missarum Sollemnia I ([6]2003), 205.
58 Die Dekrete der Synode (Mansi 38, 1011–1086) wurden zusammen mit einem Pastoralbrief von Bischof de' Ricci veröffentlicht und vom toskanischen Großfürsten bestätigt. 1791 legte de' Ricci sein Bischofsamt nieder und ließ sich in Florenz als Privatmann nieder, nachdem ihm Leopold II. seine Unterstützung entzogen hatte.

Die Geschichte der „tridentinischen" Messe

habe sie keine Autorität im säkularen Bereich. Die Synode forderte die Aufhebung aller Oratorien und Orden, außer dem Orden der Benediktiner.

Das liturgische Reformprogramm der Synode hatte zum Ziel, dem Volk geeignete Mittel zu geben, „seine Stimme mit der ganzen Kirche zu vereinen"[59]. Das Dekret über die Eucharistie spricht von der Liturgie als „eine dem Priester und dem Volk gemeinsame Handlung"[60]. Daraus leitet die Synode die Einführung der Volkssprache in die Liturgie ab, die angesichts der Beschlüsse des Trienter Konzils aber nicht explizit gefordert wird. Man beschränkte sich auf die Forderung nach liturgischen Büchern, die den Messordo in der Volkssprache für die Mitfeier der Gläubigen enthalten. Für die Einführung der Volkssprache argumentierte man vor allem mit 1 Kor 14,16f.: „Wenn du nur im Geist den Lobpreis sprichst und ein Unkundiger anwesend ist, so kann er zu deinem Dankgebet das Amen nicht sagen; denn er versteht nicht, was du sagst. Dein Dankgebet mag noch so gut sein, der andere hat keinen Nutzen davon."

Aus der Teilnahme der Gläubigen an der Liturgie folgt für die Synode von Pistoia die Kommunion der Gläubigen in der Feier der Messe. Der Zusammenhang von Messopfer und Kommunion soll dadurch gestärkt werden, dass die in der Kommunion ausgeteilten Hostien in der Messfeier konsekriert werden, in der sie kommuniziert wird.[61] In jeder Kirche soll es nur einen Altar geben, auf dem keinerlei Bilder oder Reliquien stehen sollen. Bilder als Gegenstände religiöser Verehrung lehnt die Synode ab, anerkannt werden sie nur hinsichtlich ihrer pädagogischen Funktion für Analphabeten. Die Synode fordert den Abriss aller Seiten- und Nebenaltare sowie eine einfache Ausstattung aller Kirchen. Sie wendet sich zugleich gegen eine überbordende Wallfahrts- und Prozessionspraxis, Kreuzwegandachten und die Herz-Jesu-

---

59 *Synode von Pistoia*, Dekret über das Gebet 24 (Mansi 38, 1076).
60 *Synode von Pistoia*, Dekret über die Eucharistie 2 (Mansi 38, 1036).
61 Vgl. ebd. 6 (Mansi 38, 1040).

Verehrung.[62] Zudem distanziert sie sich vorsichtig von der Transsubstantiationslehre, die zwar zur Lehre der Kirche gehöre, bei der Katechese aber keine Berücksichtigung finden solle.[63] In der gegen die Synode von Pistoia gerichteten Konstitution „Auctorem fidei" (1794) bekräftigte Papst Pius VI. (1775–1799) die substantielle Verwandlung der Gaben von Brot und Wein.[64]

Im Nachklang zur Synode von Pistoia wurde in Florenz vom 23. April bis 5. Juni 1787 eine toskanische Bischofsversammlung zur Vorbereitung eines Nationalkonzils durchgeführt. Doch der Versuch, das Reformprogramm der Synode von Pistoia für die ganze Toskana verbindlich zu machen, scheiterte. Mit großer Mehrheit wendete sich die Bischofsversammlung gegen die Einführung der Volkssprache bei der Feier der Sakramente, ebenso gegen die Forderung, Teile der Messe laut zu sprechen. Eine Übersetzung des „Rituale Romanum" für den persönlichen Gebrauch der Gläubigen wurde dagegen für angemessen gehalten.[65] Insgesamt kam es in der Zeit der Aufklärung zu einer systematischen Förderung des kirchlichen Volksgesangs. Dabei wurden die deutschen Singmessen ebenso mit der stillen Messe wie mit dem Amt verbunden. Mit der deutschen Singmesse war nach Meinung von Josef Andreas Jungmann „eine volksnahe und würdige Form der Meßfeier gefunden"[66].

---

62 Vgl. *Synode von Pistoia*, Dekret über das Gebet 10–11 (Mansi 38, 1071–1072).
63 Vgl. *Synode von Pistoia*, Dekret über die Eucharistie 2 (Mansi 38, 1036).
64 Vgl. DH 2629.
65 Vgl. *Gerhards*, Die Synode von Pistoia 1786 und ihre Reform des Gottesdienstes (2002), 504f.
66 *Jungmann*, Missarum Sollemnia I ([6]2003), 207. Einzelne Forderungen der Synode von Pistoia wurden von der liturgischen Bewegung aufgegriffen und gingen in die Liturgiekonstitution des Zweiten Vatikanischen Konzils ein. So empfiehlt das Konzil, dass „die Gläubigen nach der Kommunion des Priesters aus derselben Opferfeier den Herrenleib entgegennehmen" (SC 55). Zudem wünscht das Konzil, dass die Riten „den Glanz edler Einfachheit an sich tragen und knapp, durchschaubar und frei von unnötigen Wiederholungen seien" (SC 34). Das Zweite Vatikanische Konzil hat sich aber, wie wir noch sehen werden, nicht die Forderung nach einer vollständig in der Volkssprache gefeierten Liturgie zu eigen gemacht.

Die Geschichte der „tridentinischen" Messe

Einer der einflussreichsten Aufklärungsliturgiker war der Kirchenhistoriker Vitus Anton Winter (1754–1814). Das Ziel des Gottesdienstes sieht Winter vor allem in der religiös-sittlichen Aufklärung und Besserung der Herzen.[67] Diesem Ziel diente Winters Programm, die katholische Liturgie „zeitgemäß" zu reformieren.[68] Darin fordert Winter, die Messe vollständig in deutscher Sprache zu feiern und dabei alle Teile laut zu beten. Winters „Formulare zu neuen Messen" gehen zwar vom römischen Messbuch aus, es werden darin aber einschneidende Veränderungen vorgenommen: *Gloria* und *Agnus Dei* mit modifiziertem Text werden zu fakultativen Teilen der Messe erklärt, die Präfation des Hochgebets fällt weg, die Offertoriumsgebete (einschließlich der *Oratio super oblata*) werden durch neue Gebete ersetzt. Johann Michael Sailer (1751–1832) ging das zu weit. In seiner Rede zum Andenken an Winter sagt Sailer, dass dieser dem Zeitgeist, der die Sittlichkeit an die Stelle der Religion setzen wolle, seinen Tribut entrichtet habe.[69]

Sailer versteht die Liturgie als ganzheitliche, körperliche und seelische Expression und „Totalausdruck der Religion"[70]. Die „Grund- und Muttersprache alles Gottesdienstes"[71] ist für Sailer ein aus Zeichen, Gebärden, Handlungen und Worten bestehendes liturgisches Ritual. Sailer neigt daher nicht dazu, die Volkssprache in der Liturgie wie viele seiner Zeitgenossen zu überschätzen, auch wenn er sie nicht ablehnt.[72] Entscheidend sei in der Liturgie aber nicht das intellektuelle Verstehen: „Ich sage: dadurch, dass das

---

67 Vgl. *Winter*, Versuche zur Verbesserung der Katholischen Liturgie (1804); *ders.*, Liturgie, was sie sein soll, unter Hinblick auf das, was sie im Christenthum ist, oder Theorie der öffentlichen Gottesverehrung (1809). Vgl. *Steiner*, Liturgiereform in der Aufklärungszeit (1978).
68 Vgl. *Winter*, Erstes deutsches kritisches Meßbuch (1810).
69 Vgl. *Sailer*, Rede zum Andenken an Vitus Anton Winter, Professor und Stadtpfarrer bei St. Jodok in Landshut (1830–1841), 145.
70 *Sailer*, Neue Beyträge zur Bildung des Geistlichen II (1811), 251. Zum Reformprogramm Sailers vgl. *Probst*, Gottesdienst in Geist und Wahrheit (1976).
71 *Sailer*, Neue Beyträge zur Bildung des Geistlichen II (1811), 251.
72 Vgl. ebd. 254f. Schon 1783 hatte Sailer eine Übersetzung der Messgebete, einschließlich des römischen Kanons vorgelegt. Vgl. *Sailer*, Vollständiges Gebet- und Lesebuch für katholische Christen (1785). Vgl. *ders.*, Vollständiges

293

Volk das Wort des Priesters verstehen kann, dadurch ist, in Hinsicht auf Liturgie, noch nichts getan."[73] Für wichtiger hält Sailer gut ausgebildete Priester: „Wer also immer den öffentlichen Gottesdienst reformieren will, der fange damit an, dass er erleuchtete, gottselige Priester heranbilde."[74] „Wenn du dem geistlosen Manne am Altar, anstatt eines lateinischen, ein deutsches Messbuch unterschiebst, und ihn daraus seine Messe deutsch heruntersagen lässt, so wird er jetzt für *das Volk, das sein Wort versteht*, ein Skandal sein, da er doch zuvor, als er die lateinische Messe gleich geistlos herunterlas, wenigstens mit dem Laut, den das Volk nicht verstand, die Andacht nicht zu stören vermochte."[75]

Das Zeitalter der Romantik führte zur Wiederbelebung der Gregorianik und der klassischen Vokalpolyphonie. Hier ist vor allem Prosper Guéranger zu nennen. Guéranger, erster Abt des von ihm wieder gegründeten Benediktinerklosters Solesmes (1833), war nicht der restaurative Ultramontanist, als der er oft hingestellt wird. Guéranger schätzte die Bedeutung ortskirchlicher liturgischer Traditionen keineswegs gering. Doch wendete er sich gegen die neogallikanischen Liturgien und forderte die Rückkehr zur römischen Liturgie. Bis zum Ende des Pontifikats von Pius IX. (1846–1878) gelang es, in allen französischen Diözesen das „Missale Romanum" wieder einzuuführen. Im Zuge der von Guéranger angestoßenen Erneuerung erfolgte in Deutschland 1868 die Gründung des „Allgemeinen Deutschen Cäcilien-Vereins". Durch die Wiederbelebung des gregorianischen Chorals und der klassischen Polyphonie wurde teilweise die Verbindung von volkssprachlichem Messgesang und lateinischem Amt zurückgedrängt.

Den Theologen in der Zeit der Romantik ging es nicht so sehr um eine Veränderung der Liturgie, sondern um ein vertieftes Verständnis und darum, eine bessere Teilnahme der Gläubigen an der

---

Gebetbuch für katholische Christen, aus dem größeren Werk von ihm selbst herausgezogen (1785).
73 *Sailer*, Neue Beyträge zur Bildung des Geistlichen II (1811), 257.
74 Ebd. 253.
75 Ebd. 252.

Liturgie zu ermöglichen. Dies gilt auch für große Teile der liturgischen Bewegung, für die Johann Adam Möhler (1796–1838) und sein Schüler Franz Anton Staudenmaier (1800–1856) im deutschsprachigen Raum wichtige ekklesiologische Grundlagen legten.[76] Eine besondere Bedeutung für die liturgische Bildung kam im 19. Jahrhundert den Benediktinern zu. Noch 1857 war das Verbot der Übersetzung des römischen Messbuchs durch Pius IX. erneuert worden. Seitdem wurde es aber nicht mehr urgiert. Ab 1882 erschien das von Abt Gérard van Caloen (1853–1932) erarbeitete „Missel des Fidèles“ der Abtei Maredsous. Es handelt sich dabei um eine lateinisch-französische Messbuchausgabe zur vertieften Mitfeier der Gläubigen. Anselm Schott (1843–1896), der sich eine Zeit lang in Maredsous aufhielt, wurde in der Tochtergründung von Beuron angeregt, ein vergleichbares Werk in deutscher Sprache zu schaffen. 1884 veröffentlichte er für die Abtei Beuron das lateinisch-deutsche „Meßbuch der Heiligen Kirche“[77].

Im deutschen Sprachraum wurde der „Schott“ zum Synonym für das Volksmessbuch. Ein Jahr nach dem Tode Schotts wurden die volkssprachlichen Messbücher durch Leo XIII. (1878–1903) vom Index der verbotenen Bücher genommen. Dies führte zu einer Blüte der Volksmessbücher. 1927 brachte Urbanus Bomm (1901–1982) das Laacher-Volksmessbuch heraus.[78] Immer mehr Gläubige lasen seitdem die Gebetstexte der Messe leise mit. Der „Schott“ und der „Bomm“ erlebten zahlreiche Auflagen. Zu Beginn des 2. Weltkrieges waren allein vom „Schott“ 1.650.000 Exemplare in 45 Auflagen verkauft worden. Das amerikanische Volksmessbuch erreichte zwischen 1939 bis 1945 eine Auflage von insgesamt fünfzehn Millionen Exemplaren. Die Volkmessbücher waren ein kaum zu überschätzender Beitrag für eine bewusstere Teilhabe der Gläubigen an der Messfeier.

---

76 Vgl. *Trapp*, Vorgeschichte und Ursprung der liturgischen Bewegung vorwiegend in Hinsicht auf das deutsche Sprachgebiet (1979), 264–267.
77 Vgl. *Schott*, Das Meßbuch der Heiligen Kirche, Freiburg 1884.
78 Vgl. *Bomm*, Lateinisch-Deutsches Volksmeßbuch – das vollständige römische Meßbuch für alle Tage des Jahres, mit Erklärungen und einem Choralanhang, Einsiedeln 1927.

Missale Romanum

1905 legte Pius X. (1903–1914) das Dekret „Sacra Tridentina Synodus" vor, in dem er sich für die häufige und tägliche
Kommunion aussprach.[79] Fünf Jahre später folgte das Dekret
„Quam singulari" (1910) zur Förderung der frühen Erstkom-
munion.[80] Beide Dekrete veränderten die Kommunionpraxis entscheidend. Am 25. Juli 1920 wurde im Pontifikat Benedikt XV.
eine Neuausgabe des Messbuchs publiziert, an der schon unter
Pius X. gearbeitet worden war, dessen Erscheinen sich aber durch
den Tod des Papstes und den Ersten Weltkrieg (1914–1918) ver-
zögert hatte. Die Veränderungen in der *Editio typica* von 1920
betrafen vor allem die Rubriken.[81] Daneben kam es zu einer
drastischen Reduktion der über zweihundert „Missae propriae
pro aliquibus locis". Zudem wurden neue Präfationen geschaffen
(hl. Josef, Totenmesse).[82] 1925 und 1928 folgten Präfationen zum
Christkönigs- und zum Herz-Jesu-Fest. Schon seit Pius IX. hatte
es verschiedene Überlegungen zu einer Reform des römischen
Messbuchs gegeben.

---

79 Vgl. DH 3375–3383.
80 Vgl. DH 3530–3536.
81 Vgl. das an die Generalrubriken angeschlossene Kapitel „Additiones et variationes in Rubricis Missalis".
82 Vgl. *Fiedrowicz*, Die überlieferte Messe (2011), 45.

Kapitel VIII

MYSTERIUM PASCHALE

Das Zweite Vatikanische Konzil und die Messbuchreform

Die *oratio fidelium* (Gebet der Gläubigen), das fürbittende Gebet, das nach dem Glaubensbekenntnis in der Feier der Messe gebetet wird und mit der Verbindung von Fürbitten und priesterlicher Oration den Großen Fürbitten des Karfreitags ähnelt, gehört zu den wichtigen Veränderungen des überlieferten Messritus im Zuge der Messbuchreform des Zweiten Vatikanischen Konzils. Im Fürbittgebet der Messfeier kommt die vom Zweiten Vatikanischen Konzil gewünschte stärkere Berücksichtigung der *participatio actuosa* der Gläubigen zum Ausdruck. Die Liturgie wird nicht von einem Einzelnen getragen, sondern von den Gläubigen, die sich zur Feier der Liturgie versammeln. In seinem Buch „Vom Geist der Liturgie" erklärt Romano Guardini (1885–1968): „Nicht der Einzelne ist Träger des liturgischen Handelns und Betens. Auch nicht die Gesamtzahl vieler Sonderwesen, so wie sie etwa in einem Gotteshause als die nur zeiträumlich und stimmungsmäßige Einheit einer ‚Gemeinde' versammelt sind. Das Ich der Liturgie ist vielmehr das Ganze der gläubigen Gemeinschaft als solcher, ein über die bloße Gesamtzahl der Einzelwesen hinausliegendes Mehr, die Kirche. Liturgie ist der öffentliche, gesetzliche Gottesdienst der Kirche und wird durch eigens von ihr dazu gewählte und bestellte Amtsträger, die Priester, geleitet."[1] Oder kurz und bundig: „Die Liturgie wird nicht vom einzelnen, sondern von der Gesamtheit der Gläubigen getragen."[2]

Trager der Liturgie sind die Gläubigen aufgrund ihrer Eingliederung in den Leib Christi durch die Taufe. Nicht nur der Klerus, auch die Laien sind Träger der Liturgie. Primärer Träger

---

1 *Guardini*, Vom Geist der Liturgie ([20]1997), 17.
2 Ebd. 32.

297

Mysterium paschale

der Liturgie ist Jesus Christus, der wahre Hohepriester. Doch vollzieht sich die Liturgie durch die Gemeinschaft der Gläubigen. Vorbereitet durch die liturgische Bewegung wurde im Zuge der Messbuchreform die *missa cum populo* zur Grundform der Messe.[3] Die Übersetzung mit „Feier der Gemeindemesse"[4] ist missverständlich, da die Kirche nach katholischem Verständnis eine Gemeinschaft bischöflich verfasster Kirchen in der Einheit mit dem Bischof von Rom ist. Die Gemeinde vor Ort ist Kirche Jesu Christi nur in Verbindung mit dem Ortsbischof: „In den einzelnen örtlichen Gemeinden der Gläubigen machen sie [die Priester] den Bischof, mit dem sie in vertrauensvoller und hochherziger Gesinnung verbunden sind, gewissermaßen gegenwärtig"; die Priester sollen „ihrer örtlichen Gemeinschaft so vorstehen und dienen, dass diese zurecht mit jenem Namen benannt werden kann, mit dem das eine und ganze Volk Gottes ausgezeichnet wird, nämlich dem der Kirche Gottes"[5].

1. Liturgische Bewegung und Liturgiereform

Die Liturgische Bewegung hatte die Vertiefung und Erneuerung des gottesdienstlichen Lebens der Gläubigen zum Ziel.[6] Eng verbunden ist die Bewegung mit Zentren des benediktinischen Mönchtums. Ihren Ausgang nahm die Liturgische Bewegung in den Benediktinerkongregationen von Solesmes und Beuron. Die Liturgische Bewegung wollte die bewusste und tätige Teilnahme

---

3 Vgl. IGMR Nr. 115. Zu Beginn des „Ordo Missae" heißt es: „Populo congregato, sacerdos cum ministris ad altare accedit, dum cantus ad introitum peragitur." „Wenn das Volk versammelt ist, tritt der Priester mit denen, die einen besonderen Dienst tun, an den Altar. Dann wird der *Introitus* vorgetragen" (MR [3]2002, 503).
4 MB [2]1988, 321.
5 LG 28.
6 Zur ersten Information vgl. *Maas-Ewerd*, Liturgische Bewegung (1997), 992–993. Ausführlicher *Haunerland*, Liturgische Bewegung und die katholische Kirche im 20. Jahrhundert (2018).

der Gläubigen an der Feier der heiligen Messe fördern, die im Nebeneinander von priesterlicher Messfeier und privater Andacht, etwa bei den parallel zur Darbringung der Eucharistie gebeteten Messandachten aus den Gebet- und Gesangbüchern[7] sowie dem Rosenkranzgebet, nicht angemessen zum Ausdruck kam.[8] Gläubige, die einen Zugang zum Buch hatten, verwendeten die zweisprachigen Volksmessbücher von Schott und Bomm. Dadurch kam es zu einer stärkeren Betonung der „tätigen Teilnahme *(partecipazione attiva)* [der Gläubigen] an den hochheiligen Mysterien und dem öffentlichen, feierlichen Gebet der Kirche"[9], die Papst Pius X. in seinem Motu proprio „Tra le sollecitudini" (1903)[10] gefordert hatte. Kontext des Motu proprio war das Ringen um die rechte Form der Kirchenmusik seit der Mitte des 19. Jahrhunderts. Pius X., der schon früh mit der benediktinischen Bewegung für die Erneuerung des gregorianischen Chorals in Kontakt gekommen war, unterstrich in seinem Motu proprio über die Kirchenmusik die besondere Würde der Gregorianik und wünschte eine aktivere Teilnahme der Gläubigen daran. Pius X. ging es mit dem Prinzip der aktiven Teilnahme vor allem um die Teilnahme an der gesungenen Messe. Offen blieb zunächst die theologische Frage nach dem Träger und dem Gemeinschaftscharakter der Liturgie: Sind alle Gläubigen Träger der Liturgie oder nur der Klerus?

Am 23. September 1909 hielt der junge Benediktinermönch Dom Lambert Beauduin (1873–1960) von der Abtei Mont César anlässlich eines katholischen Kongresses in Mecheln den Vortrag „La vraie prière de l'Église". Der Vortrag gilt als Initialereignis der liturgischen Bewegung im 20. Jahrhundert. Beauduin ging es primär nicht um neue Gebetstexte, sondern vor allem darum, die Liturgiebücher der Kirche, insbesondere das Messbuch, in die Hände

---

7 Vgl. *Hacker*, Die Messe in den deutschen Diözesan-Gesang- und Gebetbüchern von der Aufklärungszeit bis zur Gegenwart (1950); *Küppers*, Diözesan-Gesang- und Gebetbücher des deutschen Sprachgebiets im 19. und 20. Jahrhundert (1987).
8 Vgl. *Jungmann*, Missarum Sollemnia I (^{6}2003), 191–196.
9 AAS 36 (1903/1904) 331.
10 Vgl. ebd. 329–332.

299

Mysterium paschale

der Gläubigen zu geben, so dass die Frömmigkeit der Gläubigen in
der heiligen Liturgie der Kirche gegründet ist. Das bevorzugte Mittel dazu sah Beauduin in zweisprachigen Ausgaben der römischen
Liturgiebücher mit wortgetreuer Übersetzung der lateinischen Texte.[11] Beauduin forderte die Verbreitung von Volksmessbüchern, die
Teilnahme der Gläubigen an der Pfarrmesse und die Abschaffung
der privaten Messandachten. In Frankreich und Italien wurde die
liturgische Bewegung vor allem durch Aimé-Georges Martimort
(1911–2000) und Cyprian Vagaggini (1909–1999) gefördert.

Besonders stark war die Liturgische Bewegung in Deutschland, die von prominenten Personen getragen wurde, darunter Ildefons Herwegen (1874–1946), Abt des Benediktinerklosters Maria Laach, dem Benediktiner Odo Casel (1886–1948), Romano
Guardini und dem Jesuit Josef Andreas Jungmann. Casel gilt als
Begründer der Mysterientheologie, des wohl bedeutendsten liturgietheologischen Ansatzes im 20. Jahrhundert. Jungmann, der
große Historiker der römischen Messe, sprach sich für moderate
Änderungen am Ritus der Messe aus, plädierte aber für die Beibehaltung der gemeinsamen Gebetsrichtung von Priester und Volk.
Guardini schrieb mit seinem Jahrhundertwerk „Vom Geist der Liturgie" (1918) die theologische Programmschrift der liturgischen
Bewegung.[12] Zu nennen sind auch Guardinis Vorträge über die
Kirche. Berühmt wurde der erste Vortrag „Das Erwachen der Kirche in den Seelen"[13]. Wie Beauduin brachte Guardini die Vorstel-

---

11 Vgl. *Beauduin*, La vraie prière de l'Église (1909 [1970]), 240: „Une piété
plus éclairée et plus hiérarchique; un besoin moins grand de dévotions nouvelles; un usage plus naturel et, partant, plus bienfaisant de la Saint Eucharistie;
une connaissance plus complète des saint évangiles et surtout une voie plus
facile, plus accessible et plus populaire pour aller au Christ [...] Pour réaliser
cette rénovation, il faut vulgariser parmi tous fidèles les textes liturgique, avec
traduction littérale dans les deux languages [...] Le Missel popularisé doit devenire le livre de la prière de tous".
12 Vgl. auch *Guardini*, Besinnung vor der Feier der heiligen Messe ([1]1939;
[7]1961).
13 Vgl. *ders.*, Vom Sinn der Kirche (1922), 1–19.

lung von der Kirche als *Corpus Christi mysticum* mit der Forderung nach liturgischer Erneuerung in Verbindung.

Wichtig waren für die Liturgische Bewegung in Deutschland auch die von dem Berliner Seelsorger und Theologen Johann Pinsk (1891–1957) herausgegebenen Journale „Liturgische Zeitschrift" (1928–1933) und „Liturgisches Leben" (1934–1939). In Österreich begründete der Augustinerchorherr Pius Parsch (1884–1954) vom Stift Klosterneuburg die volksliturgische Bewegung. Ein weiteres Zentrum der Liturgischen Bewegung war das Leipziger Oratorium. Die benediktinische Bewegung förderte vor allem das lateinische Vokalchoralamt – im deutschen Sprachgebiet freilich nur mit begrenztem Erfolg. Hier dominierte der volkssprachliche Gläubigengesang. Unmittelbar nach dem 2. Weltkrieg entstanden für verschiedene Vereinigungen und Diözesen Gebet- und Gesangbücher. Nach und nach begannen die Gläubigen, ihre Rolle bei der Feier der Messe zu übernehmen, obschon ihr Tun kanonisch noch nicht als gottesdienstliches Handeln anerkannt war. Entscheidend waren die vom Priester gesprochenen oder gesungenen Messtexte. Erst die Instruktion „Musicam sacram" (1967) gestattete die Verwendung von Gesängen der Gemeinde anstelle der Messtexte.[14]

Seit dem Trienter Konzil hatte sich die Stillmesse des Priesters immer mehr zur vorherrschenden Form der Messe entwickelt. Zu Beginn des 20. Jahrhunderts dominierte in den Pfarreien die *missa lecta* bzw. *missa solitaria*. Daneben wurden die *missa cantata* und das levitierte Hochamt gefeiert. Die liturgische Bewegung stärkte mit der Einführung der Gemeinschaftsmesse und der Betsingmesse den Gemeinschaftscharakter der Messe. Durch den Einfluss der Romantik war der deutsche Messgesang in der *missa cantata* zurückgedrängt worden. Das Mitbeten der Gebete des Priesters aus den Volksmessbüchern befriedigte viele nicht mehr. Hier führte die Liturgische Bewegung zur Veränderung des bisherigen Erscheinungsbildes der Messfeier. Es entwickelten sich neue Formen einer Beteiligung der Gläubigen am gottesdienstlichen

---

14 Vgl. *Ritenkongregation*, Instruktion „Musicam sacram" Nr. 32 (DLE I, 41).

Geschehen.[15] Zunächst ist hier die in lateinischer Sprache gefeierte Gemeinschaftsmesse der *missa dialogata* bzw. *recitata* zu nennen, bei der die Gläubigen aktiv in die nicht dem Priester vorbehaltenen Teile der Messe einbezogen wurden.

Vorschläge für Gemeinschaftsmessen wurden von Guardini, Parsch und Maurus Wolter (1825–1890) publiziert.[16] Parsch feierte am Fest Christi Himmelfahrt 1922 in der Kirche St. Gertrud seine erste „Chormesse" oder „Liturgische Messe", bei der *Kyrie*, *Sanctus* und *Agnus Dei* von der Gemeinde in deutscher Sprache gesungen, die übrigen Ordinariumsteile und das *Proprium* deutsch gesprochen wurden. Die Lesungen und Gebete las ein Vorleser deutsch vor. Im Dienst der Liturgischen Bewegung sowie der gleichzeitigen Bibelbewegung steht die von Parsch 1926 gegründete Zeitschrift „Bibel und Liturgie". Seit 1928 publizierte die Zeitschrift einheitliche deutsche Texte für das „Ordinarium Missae". Das Deutsche Hochamt hatte sich vereinzelt schon am Ende der Barockzeit entwickelt. Während die Gläubigen ein deutsches Messlied sangen, sprach der Priester die entsprechenden lateinischen Messtexte (vgl. z. B. die bis heute beliebte „Deutsche Messe" von Franz Schubert). Daneben ist die Betsingmesse zu nennen[17], die 1933 auf dem Wiener Katholikentag gefeiert wurde. Ein Vorbeter trug dabei die Lesungen und einzelne Priestergebete in deutscher Sprache vor.[18]

Der Liturgischen Bewegung ging es zunächst nicht darum, die gewachsene römische Messe in Frage zu stellen, sondern die Mitfeier der Gläubigen zu stärken. Dennoch kam es zu Beginn des 2. Weltkrieges zu heftigen Auseinandersetzungen um die Liturgische Bewegung. 1940 erfolgte die Gründung des Liturgischen Referats, später der Liturgischen Kommission, durch die Fuldaer Bischofskonferenz. 1942 erließ die deutsche Liturgische Kommission „Richtlinien zur liturgischen Gestalt des pfarrlichen

---

15 Vgl. *Harnoncourt*, Gemeinschaftsmesse (1995).
16 Zu Guardini vgl. *Maas-Ewerd*, Auf dem Weg zur „Gemeinschaftsmesse" (1990), 450–468.
17 Vgl. *Harnoncourt*, Betsingmesse (1994).
18 Vgl. *Maas-Ewerd*, Die Krise der liturgischen Bewegung in Deutschland und Österreich (1981), 637–640.

Gottesdienstes". Ein Kritiker der liturgischen Bewegung war Erzbischof Conrad Gröber (1872–1948) von Freiburg.[19] Einen Aufschwung erfuhr die Liturgische Bewegung im Pontifikat von Papst Pius XII. (1939–1958). In der Enzyklika „Mystici Corporis" (1943) wird die Eucharistie als Bild der Einheit der Kirche dargestellt: Priester und Gläubige bringen vereint im Gebet gemeinsam das Opfer Christi dar. Mit der Enzyklika „Mediator Dei" (1947)[20] anerkannte Pius XII. die Bemühungen der liturgischen Bewegung um eine Erneuerung des gottesdienstlichen Lebens. Zwar kritisierte der Papst alle nichtautorisierten Änderungen an der Liturgie der Kirche, doch mit der Unterscheidung zwischen veränderlichen und unveränderlichen Teilen der Liturgie öffnete er den Weg zu einer liturgischen Erneuerung.

Im Anschluss an die Enzyklika „Mediator Dei", die *Magna Charta* der liturgischen Bewegung, errichtete Pius XII. am 28. Mai 1948 eine Päpstliche Kommission zur Reform der Liturgie. Sekretär der Kommission wurde Annibale Bugnini CM (1912–1982), der spätere Sekretär der vorbereitenden Konzilskommission für die Liturgie (1959–1962), des Rates zur Durchführung der Liturgiereform des Zweiten Vatikanischen Konzils und der Gottesdienstkongregation (1969–1975). Am 30. Dezember 1948 veröffentlichte die Päpstliche Kommission eine Denkschrift, in der auch eine Reform des Messbuchs empfohlen wird. Mitglied der Kommission und Mitunterzeichner der Denkschrift war Giuseppe Ferdinando Antonelli (1896–1993), der spätere Sekretär der Konzilskommission für die Liturgie (1962–1963), der unmittelbar nach dem Konzil Sekretär der Ritenkongregation (1965–1969) war und 1973 zum Kardinal erhoben wurde.

Erste Reformen unter Pius XII. waren die Erneuerung der Osternacht (1951) und der Heiligen Woche (1956). Eine Vereinfachung der Rubriken des Messbuchs erfolgte durch das Dekret „Cum nostra hac aetate" (1955). Fünf Jahre später erschien unter

---

19 Vgl. seine „Beunruhigungen" vom 18. Januar 1943: *Maas-Ewerd*, Die Krise der Liturgischen Bewegung (1980), 540–569.
20 Vgl. DH 3840–3855.

Johannes XXIII. (1958–1963) der „Codex Rubricarum" (1960), der die Generalrubriken des „Missale Romanum" von 1570 ersetzte und in die *Editio typica* des Messbuchs von 1962 eingegangen ist. Im Motu proprio „Rubricarum instructum" zur Veröffentlichung des Kodex vom 25. Juli 1960[21] erklärte Johannes XXIII., dass es Sache des von ihm am 25. Januar 1959 angekündigten Ökumenischen Konzils sein werde, über „die höheren Prinzipien der allgemeinen Liturgiereform" und damit über weitere Reformen des Messbuchs zu entscheiden.[22] Der „Codex Rubricarum" enthält in den Generalrubriken einige programmatische Aussagen, die das Zweite Vatikanische Konzil aufgreifen wird: Jede Feier der Messe ist ein öffentlicher Kultakt der Kirche[23], seines Hauptes und seiner Glieder, weshalb die irreführende Bezeichnung „Privatmesse" vermieden werden soll. Die Messe stellt „im Verein mit dem göttlichen Offizium den Höhepunkt des ganzen christlichen Kultes"[24] dar. Zur aktiven Mitfeier der Gläubigen bei der Messfeier heißt es: „Ihrer Natur nach fordert die Messe, dass alle Teilnehmer *(omnes adstantes)* auf die ihnen eigene Weise an ihr teilnehmen *(secundum modum sibi proprium, eidem participent)*."[25]

Bei der Konstitution „Sacrosanctum Concilium" über die heilige Liturgie, die das Zweite Vatikanische Konzil am 4. Dezember 1963 feierlich verabschiedete, handelt es sich um ein Novum in der Geschichte der katholischen Kirche. Erstmals hat sich darin ein allgemeines Konzil umfassend zur Liturgie des römischen Ritus geäußert.[26] Das Konzil stellte „die Weichen für eine Reform, wie es sie in der fast zweitausendjährigen Geschichte der Kirche noch nicht gegeben hat"[27]. Das Schlussdokument der Außerordentlichen Bi-

---

21 Vgl. *Lurz*, Einführung in die Neuen Rubriken des Römischen Breviers und Missale (1960).
22 Vgl. *Meyer*, Eucharistie (1989), 272.
23 Vgl. Rubr. gen. n. 269.
24 Rubr. gen. n. 270.
25 Rubr. gen. n. 272.
26 Vgl. *Haunerland*, Das zweite Vatikanische Konzil und die Liturgiereform (2018).
27 *Heinz*, 25 Jahre Liturgiekonstitution (1988), 197.

schofssynode über das „Geheimnis der Kirche" von 1985 nennt die Liturgiereform die „sichtbarste Frucht des Konzils"[28]. In der Tat war das *aggiornamento* der Kirche nirgendwo so konkret erfahrbar, aber auch so umstritten, wie in der Frage der Liturgie.[29]

Die durch Gaetano Kardinal Cicognani (1881–1962) geleitete Vorbereitende Liturgiekommission hatte ihre Arbeit an dem Schema (Entwurf) zur Liturgiekonstitution kurz vor dem Tod des Kardinals abgeschlossen. Da Kardinal Cicognani Vorbehalte gegenüber dem Liturgieschema hatte, zögerte er mit seiner Unterschrift. Auf Drängen seines jüngeren Bruders, Amleto Giovanni Kardinal Cicognani (1883–1973), ließ er schließlich das Liturgieschema passieren.[30] Im Herbst 1962 erhielten die Bischöfe die Schemata zur Liturgie (Sacrosanctum Concilium) und zur Offenbarung (De fontibus revelationis). Da es erhebliche Widerstände gegen das Offenbarungsschema gab, beschloss der Rat der Konzilspräsidenten, mit den Beratungen über das Liturgieschema zu beginnen. Die Konzilskommission für die Liturgie unter dem Vorsitz von Arcadio María Kardinal Larraona Saralegui (1887–1973) brachte das Liturgieschema in die Konzilsaula ein. Sekretär der Konzilskommission war Ferdinando Guiseppe Antonelli. Im Rückblick haben manche die Tatsache, dass das Konzil mit den Beratungen über die Liturgie startete, als göttliche Fügung gesehen. So sei vor aller Welt deutlich geworden, dass die Liturgie das Zentrum des kirchlichen Lebens bildet, um deren Erneuerung es dem Konzil ging.[31]

In der Tat bekannten sich die Konzilsväter zur Liturgie als Mitte der Kirche.[32] Doch dass das Liturgieschema „zum ersten Be-

---

28 DEL III, Nr. 5790. – Zur Genese der Konstitution, ihrer Diskussion auf dem Konzil und ihrer Wirkungsgeschichte vgl. *Hoping*, „Die sichtbarste Frucht des Konzils" (2004); *ders,*, The Constitution Sacrosanctum Concilium and the Liturgical Reform (2010).
29 DEL III, Nr. 5790 – Zu den Diskussionen auf dem Konzil vgl. *Lamberigts*, Die Liturgiedebatte (2000).
30 Vgl. *O'Malley*, What Happened at Vatican II (2010), 129.
31 Vgl. *Lengeling*, Die Konstitution des Zweiten Vatikanischen Konzils über die heilige Liturgie (1964), 55.
32 Vgl. *Ratzinger*, Die erste Sitzungsperiode des zweiten Vatikanischen Kon-

ratungsgegenstand des Konzils wurde, lag keineswegs an einem gesteigerten Interesse der Mehrheit der Väter für die liturgische Frage, sondern einfach daran, dass man hier keine großen Auseinandersetzungen erwartete [...] Keinem der Väter wäre eingefallen, in diesem Text eine „Revolution' zu erblicken, die das ‚Ende des Mittelalters' bedeuten würde, wie ihn inzwischen Theologen glauben interpretieren zu sollen. Man sah dies als eine Fortführung der von Pius X. eingeleiteten und von Pius XII. behutsam, aber zielstrebig vorangetriebenen Reformen an."[33] Doch die Beratungen über das Liturgieschema verliefen nicht so harmonisch, wie manche hofften.[34] Kontrovers diskutiert wurden vor allem die Aussagen zur Eucharistie, der Gebrauch der Volkssprache, die Konzelebration, die Kelchkommunion, die Reform des Breviers und das Verhältnis von universalkirchlicher und ortskirchlicher Autorität bei der Durchführung liturgischer Reformen. Die Texte in Kapitel II, welche die heilige Messe betrafen[35], wurden zwischen dem 30. Oktober und dem 6. November 1962 behandelt.

Nach gut dreiwöchigen intensiven Beratungen wurde das Schema am 14. November 1962 mit großer Mehrheit (2162 placet, 46 non placet, 7 ungültige Stimmen) als Grundlage für die weiteren Beratungen angenommen. Eine erste Abstimmung über „Sacrosanctum Concilium" fand am 14. Oktober 1963 statt – nach der Wahl von Papst Paul VI. Neben einer grundsätzlichen Mehrheit für das Schema gab es auch zahlreiche Modi (Veränderungsvorschläge), die in der Folge aber nicht mehr zu größeren Ände-

---

zils, in: JRGS 7/1 (2012), 306; *ders.*, Theologische Fragen auf dem II. Vatikanischen Konzil, in: ebd. 331.

33 *Ratzinger*, Aus meinem Leben (1998), 104. – Massimo Faggioli von der Bologna-Schule irrt, wenn er meint, dass es eine programmatische Entscheidung des Konzils war, mit der Liturgiekonstitution zu beginnen, und ihre Ekklesiologie im Vergleich zu der von „Lumen gentium" eine nichthierarchische, das heißt dezentrale eucharistische Ekklesiologie sei in der Faggiolio den hermeneutischen Schlüssel für die Interpretation aller Konzilsdokumente sieht. Vgl. *ders.*, Sacrosanctum Concilium (2015).

34 Vgl. *Wiltgen*, Der Rhein fließt in den Tiber (1988), 37.

35 Vgl. SC 49–58.

rungen führten. Eine erneute Abstimmung über Kapitel II erfolgte am 20. November 1963. Am 4. Dezember 1963 wurde die Konstitution „Sacrosanctum Concilium" schließlich mit 2147 Ja- bei nur 4 Nein-Stimmen feierlich verabschiedet und noch am selben Tag promulgiert – genau 400 Jahre nachdem das Konzil von Trient die Reform des Messbuchs dem Papst übertragen hatte.

Den Konzilsvätern ging es darum, „das christliche Leben unter den Gläubigen mehr und mehr zu vertiefen"[36]. Dies sollte durch ein *aggiornamento* der Kirche erfolgen. Der Erneuerung der Liturgie sollte die Konstitution über die heilige Liturgie dienen. Die Liturgie der Kirche, dies unterstreichen die Konzilsväter in der Dogmatischen Konstitution „Dei Verbum" (1965), gehört zur Überlieferung der Kirche *(Sacra Traditio)*. Diese umfasst nicht nur die authentische Glaubenslehre, sondern ebenso den öffentlichen Kult der Kirche.[37] Die Tradition ist aber nicht statisch, sondern lebendig, die Liturgie der Kirche hat sich entwickelt und entwickelt sich weiter. Denn es gibt Unveränderliches und Veränderliches in der Liturgie.[38] Eine Reform der Liturgie ist nur im „Geist gesunder Überlieferung"[39] möglich, das heißt nicht durch Abbruch, sondern durch Erneuerung in Kontinuität zur größeren Tradition der Kirche.

Ziel der Liturgiereform war eine Erneuerung und Förderung der Liturgie, die „behutsam gemäß dem Geist gesunder Überlieferung" überarbeitet und so den „heutigen Umständen und Erfordernissen"[40] angepasst werden sollte. „Sacrosanctum Concilium" spricht nicht von einer allgemeinen *reformatio* der Liturgie, sondern von einer *instauratio*, einer Erneuerung.[41] Für die liturgischen Bücher fordert die Konstitution eine Rekognoszierung, das heißt eine Überprüfung.[42] Die Vorbereitende Liturgiekommission hatte noch davon gesprochen, die liturgischen Bücher *ex integro*,

---

36 SC 1.
37 Vgl. DV 8.
38 Vgl. SC 21.
39 SC 4.
40 Ebd.
41 Vgl. SC 21; 24.
42 Vgl. SC 25: „Libri liturgici quam primum recognoscantur".

das heißt als Ganzes, zu überarbeiten – was durchaus einen sachlichen Unterschied ausmacht.[43] Das Phänomen der Liturgiereform war nicht ganz neu. Die bedeutendsten Reformen waren bis dahin die Karolingische Liturgiereform und die nachtridentinische Reform. Die Konstitution „Sacrosanctum Concilium" war das erste Dokument, das auf dem Konzil verabschiedet wurde. Sie bildete die Grundlage für die noch in der Konzilszeit einsetzende Liturgiereform. Für die Messbuchreform, den Kern der Liturgiereform, wünschten die Konzilsväter, dass die Riten des Messordo „unter treulicher Wahrung ihrer Substanz einfacher werden" und „nach der altehrwürdigen Norm der Väter wiederhergestellt werden"[44].

Ein liturgietheologischer zentraler Leitbegriff des Zweiten Vatikanischen Konzils, besonders in „Sacrosanctum Concilium", ist der Begriff des *mysterium paschale*.[45] Gleich zu Beginn der Liturgiekonstitution macht sich der Einfluss der Mysterientheologie Odo Casels bemerkbar, der von der Liturgie als „christlichem Kultmysterium" spricht.[46] „Die Liturgie, durch die sich, besonders im göttlichen Opfer der Eucharistie, ,das Werk unserer Erlösung vollzieht', trägt nämlich in höchstem Maße dazu bei, dass die Gläubigen das Geheimnis Christi und die eigentliche Natur der Kirche zum Ausdruck bringen und anderen offenbar machen."[47] Schon durch die Taufe werden wir „in das Pascha-Mysterium Christi eingefügt" und „empfangen den Geist der Kindschaft, ,in dem wir Abba, Vater, rufen' (Röm 8,15)", und so werden wir „zu wahren Anbetern, wie der Vater sie sucht."[48]. Die im Paschamyste-

---

43 Anders *Jungmann*, Konstitution über die heilige Liturgie (1966), 34f.

44 SC 50.

45 Die Rezeption erfolgte vor allem über französische Theologen wie Louis Bouger (1913–2004), François-Xavier Durrwel (1912–2005) und Weihbischof Henri Jenny (1904–1982), dem späteren Erzbischof von Cambrai. Vgl. *Schrott*, Pascha-Mysterium (2014), 37–141.

46 Vgl. *Casel*, Das christliche Kultmysterium (³1948). Zur Bedeutung der Mysterientheologie Casels für die Liturgiereform vgl. *Haunerland*, Mysterium paschale (2012); *Hoping*, Die Mysterientheologie Odo Casels und die Liturgiereform (²2013).

47 SC 1.

48 SC 6.

rium Christi begründete Erlösung ist gegenwärtig im „Opfer und Sakrament, um die das ganze liturgische Leben kreist"[49]. Die Kirche Christi, der wir durch unsere Taufe angehören, hat niemals aufgehört, sich zur Feier des Paschamysteriums Christi zu versammeln und in der Kraft des Heiligen Geistes Gott Dank zu sagen für das Geschenk seines Sohnes, besonders in der Feier der Eucharistie, dem großen Sakrament der Danksagung.

Die Inkarnation Christi und sein Paschamysterium bilden das entscheidende Heilshandeln Gottes, das in der Liturgie der Kirche zeichenhaft gegenwärtig wird. Christus, das primäre Subjekt allen liturgischen Handelns, ist seiner Kirche gegenwärtig im Opfer der Messe und in der Person des Priesters, vor allem unter den eucharistischen Gestalten, in den Sakramenten, im Wort der Schrift und in der versammelten Gemeinde.[50] Die Gegenwart Christi in der Verkündigung des Wortes Gottes, der Homilie und der betenden Kirche hat das Konzil neu entdeckt.[51] Da man traditionell nur mit Blick auf die sakramentale, substantielle Gegenwart Christi in den eucharistischen Gestalten von „Realpräsenz" sprach, überrascht es nicht, dass SC 7 zu den am meisten diskutierten Artikeln des Liturgieschemas gehörte.[52]

Die Liturgie der Kirche wird als Vollzug des Priesteramtes Christi bestimmt. Die Grundlage der Liturgie ist das Taufpriestertum aller Gläubigen. In der Liturgie „wird durch sinnenfällige Zeichen die Heiligung des Menschen bezeichnet und in je eigener Weise bewirkt und vom mystischen Leib Jesu Christi, nämlich dem Haupt und seinen Gliedern, der gesamte öffentliche Kult vollzogen"[53]. Jede liturgische Feier der Kirche ist daher „in vorzüglichem Sinne eine heilige Handlung *(actio sacra praecellenter)*".[54] In ihr haben wir Anteil an der himmlischen Liturgie, die in der

---

49 Ebd.
50 Vgl. SC 7.
51 Vgl. *Gerhards*, Gipfelpunkt und Quelle (^{2}2013), 130f.
52 Vgl. *Kaczynski*, Theologischer Kommentar zur Konstitution über die heilige Liturgie *Sacrosanctum Concilium* (2004), 65f.
53 SC 7.
54 Ebd.

Mysterium paschale

heiligen Stadt Jerusalem gefeiert wird.[55] Die Liturgie ist zugleich Heiligung des Menschen *(sanctificatio hominis)* und Verehrung, Anbetung Gottes *(cultus)*, sie ist ein *sacrum commercium* göttlichen und menschlichen Handelns.[56] Neben der Liturgie gehören die Verkündigung und die Diakonie zu den Grundvollzügen der Kirche. Auch wenn sich das Leben der Kirche nicht in der Liturgie erschöpft[57], ist die Liturgie doch „der Gipfelpunkt *(culmen)*, zu dem das Tun der Kirche strebt, und zugleich die Quelle *(fons)*, aus der all ihre Kraft strömt"[58]. Neben der Liturgie des römischen Ritus würdigt das Konzil auch die durch den Bischof geordneten gottesdienstlichen Feiern *(sacra exercitia)* und die Volksfrömmigkeit *(pia exercitia)*.[59]

Die Liturgie der Kirche hat eine trinitarische Struktur, sie ist das durch den Sohn im Heiligen Geist an den Vater gerichtete Beten der Kirche *(Ecclesia orans)*. Es handelt sich nicht um ein Geschehen, das darauf abzielt, Gott durch ein Opfer zu versöhnen. Gott ist es, der uns mit sich durch den Tod seines Sohnes versöhnt hat. An erster Stelle ist die Liturgie Handeln Gottes an uns Menschen. Darin gründet die Antwort der Gläubigen in Lob, Danksagung, Bitte und Opfer. Die Liturgie hat eine katabatische und zugleich eine anabatische Dimension. Christus, der Hohepriester zur Rechten des Vaters, ist der „Diener des Heiligtums und des wahren Zeltes"[60]. Die Liturgie ist die Weiterführung des priesterlichen Wirkens Christi. Das liturgische Amt aller Gläubigen, von dem sich dasjenige der geistlichen Amtsträger unterscheidet, erwächst ihnen aufgrund ihrer Eingliederung in den Leib Christi, also durch die Taufe zu. Daraus ergibt sich, dass alle Gläubigen Träger der Liturgie sind.[61] Primärer Träger der Liturgie aber ist Christus, der wahre Hohepriester.

---

55 Vgl. SC 8.
56 Vgl. SC 10.
57 Vgl. SC 9; 12.
58 SC 10.
59 Vgl. SC 13.
60 SC 8. Vgl. Hebr. 8,2.
61 Vgl. SC 14; 26–29.

Zur Liturgie der Kirche gehört konstitutiv ihr latreutischer Charakter. Denn obschon die Liturgie der Kirche auch eine katechetische Bedeutung hat, spricht Gott in ihr doch zu seinem Volk und verkündet seine Frohe Botschaft, ist sie doch vor allem Verehrung, das heißt Anbetung der göttlichen Majestät („cultus divinae maiestatis"[62]). Der latreutische Charakter der Liturgie kommt für die Konzilsväter z. B. darin zum Ausdruck, dass die Vorstehergebete *(preces)*, die der Priester in der Person Christi und im Namen der Kirche spricht, *ad Deum directae*, zu Gott hin ausgerichtet, gesprochen werden.[63] Daneben besitzt die Liturgie konstitutiv eine eschatologische Dimension. Der Kirche, „der es eigen ist, zugleich göttlich und menschlich zu sein, sichtbar und mit unsichtbaren Gütern ausgestattet"[64], entspricht es, in der Zeit die irdische Liturgie zu feiern, in Verbindung mit der himmlischen Liturgie, die unsere Zukunft ist. „In der irdischen Liturgie nehmen wir vorauskostend an jener himmlischen Liturgie teil, die in der heiligen Stadt Jerusalem gefeiert wird, zu der wir pilgernd unterwegs sind, wo Christus sitzt zur Rechten Gottes, der Diener des Heiligtums und des wahren Zeltes. In der irdischen Liturgie singen wir dem Herrn mit der ganzen Schar des himmlischen Heeres den Lobgesang der Herrlichkeit. In ihr verehren wir das Gedächtnis der Heiligen und erhoffen Anteil und Gemeinschaft mit ihnen. In ihr erwarten wir den Erlöser, unseren Herrn Jesus Christus, bis er erscheint als unser Leben und wir mit ihm erscheinen in Herrlichkeit."[65]

Die Liturgie der Kirche stellt der Welt „die Kirche vor Augen als Zeichen, das aufgerichtet ist unter den Völkern"[66]. Der christliche Kult ist öffentlich, die liturgischen Handlungen sind also nicht privater Natur, sondern bilden die Mitte der Kirche, die das „Sakrament der Einheit"[67] darstellt. Besonders gilt dies für das Opfer der Eucharistie *(sacrificium eucharistiae)*, das die Dogmatische

---

62 SC 33.
63 Vgl. ebd.
64 SC 2.
65 Ebd.
66 Ebd.
67 SC 26.

Konstitution „Lumen gentium" (1964) über die Kirche als „Quelle und Höhepunkt des ganzen christlichen Lebens"[68] hervorhebt. In der Tat ist die Darbringung der Eucharistie jene sakramentale Feier, aus welcher die Kirche wie aus keiner anderen Feier lebt und durch die sie ihre Identität gewinnt. So trägt die letzte Enzyklika von Papst Johannes Pauls II., sein eucharistisches Vermächtnis, den Titel „Ecclesia de Eucharistia" (2003).[69] Nirgendwo ist die Kirche Jesu Christi so sehr bei sich selbst wie in der Feier der Eucharistie, in der sie ihren Ursprung und ihr Zentrum hat. Aber so wenig wie sich das geistliche Leben des Christen in der Teilnahme an der heiligen Liturgie erschöpft, so wenig erschöpft sich das Handeln der Kirche in der Liturgie. Zu den Grundvollzügen der Kirche gehören ebenso Verkündigung und Diakonie, die ihren Ort wie die Liturgie in der Koinonia des Glaubens haben.[70]

Ausgehend vom Wesen der Liturgie und ihrer Bedeutung im Leben der Kirche werden in „Sacrosanctum Concilium" Grundsätze und Richtlinien einer allgemeinen Erneuerung der Liturgie des römischen Ritus formuliert[71], unter Anerkennung aller anderen rechtlich anerkannten Riten[72]. Es handelt sich um ein Bündel von Prinzipien, unter denen die beiden Leitbegriffe *participatio plena, conscia et actuosa*[73] und *mysterium paschale*[74] herausragen.[75] Diese werden auch als formales und materiales Prinzip der Liturgiereform bezeichnet.[76] Das entscheidende Formprinzip der Erneuerung der Liturgie ist das Prinzip der tätigen Teilnahme (*actuosa participatio*): „Die Mutter Kirche wünscht sehr, alle Gläubigen möchten zu der vollen, bewussten und tätigen Teilnahme an den liturgischen Feiern geführt werden, wie sie das Wesen der Liturgie selbst verlangt und zu der das

---

68 LG 11.
69 Vgl. *Johannes Paul II.*, Enzyklika „Ecclesia de Eucharistia" (2003).
70 Vgl. SC 9; 11.
71 Vgl. SC 3.
72 Vgl. SC 4.
73 Vgl. SC 11; 14.
74 Vgl. SC 5–7; 61.
75 Vgl. *Häußling*, Christliche Identität aus der Liturgie (1997), 44.46–57.
76 Vgl. *Haunerland*, Participatio actuosa (2009).

christliche Volk, ‚das auserwählte Geschlecht, das königliche Priestertum, der heilige Stamm, das Eigentumsvolk‘ (1 Petr 2,9; vgl. 2,4–5) kraft der Taufe berechtigt und verpflichtet ist. Diese volle und tätige Teilnahme des ganzen Volkes ist bei der Erneuerung und Förderung der heiligen Liturgie aufs stärkste zu beachten, ist sie doch die erste und unentbehrliche Quelle, aus der die Christen wahrhaft christlichen Geist schöpfen sollen.“[77]

Mit dem Gedanken der aktiven Teilnahme *(participatio actuosa)* greift die Liturgiekonstitution ein zentrales Anliegen der liturgischen Bewegung auf. Die bewusste und tätige Teilnahme der Gläubigen an der Liturgie setzt eine entsprechende liturgische Bildung voraus, die von den Konzilsvätern mit Nachdruck gefordert wird.[78] Neben der primären inneren Teilnahme an der Liturgie gibt es auch eine äußere Form der Teilnahme.[79] Zur äußeren Teilnahme gehören das Sichversammeln, das gemeinsame Gebet, das Hören auf Gottes Wort, die Antwortgesänge, die liturgischen Haltungen des Stehens, Kniens und Sitzens, der Empfang der Kommunion, aber auch einzelne liturgische Laiendienste, die durch das Konzil wiederbelebt oder neu ins Bewusstsein gerufen wurden, wie der Dienst des Akolythen, des Lektors, des Kantors oder des Chores. Dem Wesen der Kirche entsprechend ist die Liturgie von ihrer Natur her eine zugleich „hierarchische und gemeinschaftliche Handlung“[80]. Daher soll in der Liturgie „jeder, sei er Liturge oder Gläubiger, in der Ausübung seiner Aufgabe nur das und all das tun, was ihm aus der Natur der Sache und gemäß den liturgischen Regeln zukommt“[81].

Für die Liturgiereform nennen die Konzilsväter weitere Prinzipien, die nicht weniger wichtig sind als das Prinzip der tätigen Teilnahme. So soll die Erneuerung von liturgischen Texten und Riten so durchgeführt werden, dass „sie das Heilige, dem sie als Zei-

---

77 SC 14.
78 Vgl. SC 19.
79 Vgl. ebd.
80 SC 25.
81 SC 28.

313

chen dienen, deutlicher zum Ausdruck bringen, so dass das christliche Volk sie möglichst leicht erfassen und in voller, tätiger und gemeinschaftlicher Teilnahme mitfeiern kann"[82]. Kurt Koch ist der Meinung, dass die Konzilsväter damit „der *actuosa participatio* die mystische Transparenz für das Heilige vorgeordnet" haben.[83] Das Prinzip der Einfachheit und leichteren Verstehbarkeit der Liturgie ist neben dem Prinzip der tätigen Teilnahme ein weiteres Prinzip für die Erneuerung der Liturgie: „Die Riten mögen den Glanz edler Einfachheit an sich tragen und knapp, durchschaubar und frei von unnötigen Wiederholungen sein. Sie seien der Fassungskraft der Gläubigen angepasst und sollen im Allgemeinen nicht vieler Erklärungen bedürfen."[84] Der „Ordo Missae" soll in diesem Sinne „so überarbeitet werden, dass der eigentliche Sinn der einzelnen Teile und ihr wechselseitiger Zusammenhang deutlicher hervortreten und die fromme und tätige Teilnahme der Gläubigen erleichtert werde. Deshalb sollen die Riten unter treulicher Wahrung ihrer Substanz einfacher werden. Was im Lauf der Zeit verdoppelt oder weniger glücklich eingefügt wurde, soll wegfallen. Einiges dagegen, was durch die Ungunst der Zeit verlorengegangen ist, soll, soweit es angebracht oder nötig erscheint, nach der altehrwürdigen Norm der Väter wiederhergestellt werden"[85].

Mit dem Prinzip der Einfachheit und leichteren Verstehbarkeit verbunden ist die Forderung nach Einführung der Volkssprache in die römische Liturgie. Die Konzilsväter wünschen aber, dass dabei die lateinische Liturgiesprache erhalten bleibt: „Der Gebrauch der lateinischen Sprache soll in den lateinischen Riten erhalten bleiben, soweit nicht Sonderrecht entgegensteht. Da bei der Messe, bei der Sakramentenspendung und in den anderen Bereichen der Liturgie nicht selten der Gebrauch der Muttersprache für das Volk sehr nützlich sein kann, soll es gestattet sein, ihr einen

---

82 SC 21.
83 *Koch*, Die Konstitution über die Heilige Liturgie und die Liturgiereform (2012), 74.
84 SC 34.
85 SC 50.

weiteren Raum zuzubilligen, vor allem in den Lesungen und Hinweisen und in einigen Orationen und Gesängen."[86] Die Einführung rein volkssprachlicher Messbücher erfolgte nach dem Konzil auf Wunsch zahlreicher Bischöfe. Doch es war abzusehen, dass die lateinische Liturgiesprache dadurch für die sonntägliche Messfeier vor Ort weitgehend verloren gehen würde, was nicht der Intention des Konzils entsprach.[87]

Das Prinzip, das die Konzilsväter für eine Erneuerung der Liturgie in der größeren Tradition der Kirche formulieren, ist das Prinzip der organischen Liturgieentwicklung, das in der Liturgiehistorie schon bei Anton Baumstark begegnet.[88] Wie immer man die Vorstellung, die römische Liturgie habe sich organisch entwickelt, auch beurteilen mag,[89] den Konzilsvätern ging es jedenfalls nicht um eine ganz neue Gestalt des Messritus. So sind nach dem Willen der Konzilsväter bei der Liturgiereform im Allgemeinen und der Messbuchreform im Besonderen „die allgemeinen Gestalt- und Sinngesetze der Liturgie zu beachten"[90]. Es sollen „keine Neuerungen eingeführt werden, es sei denn, ein wirklicher und sicher zu erhoffender Nutzen der Kirche verlange es. Dabei ist Sorge zu tragen, dass die neuen Formen aus den schon bestehenden gewissermaßen organisch herauswachsen"[91]. Organische Entwicklung besagt nicht, dass die geschichtliche Entwicklung gleichsam samenhaft im Kern des Anfangs angelegt ist oder sich nach festen inneren Gesetzen vollzieht.[92] Die Liturgie der Kirche gleicht

---

86 SC 36.

87 Anders *Haunerland*, Vom „Gottesdienst" zur „Gemeindefeier"? (2005), 74; *Stuflesser*, Actuosa participatio zwischen hektischem Aktionismus und neuer Innerlichkeit (2009), 163.

88 Vgl. *Baumstark*, Vom geschichtlichen Werden der Liturgie (1923); *ders.*, Liturgie comparée. Principes et méthodes pour l'étude historique des liturgies chrétiennes (1954). Zum Prinzip der organischen Liturgieentwicklung vor dem Zweiten Vatikanischen Konzil vgl. *Reid*, The Organic Development of the Liturgy (2004).

89 Kritisch dazu *Angenendt*, Liturgik und Historik (2001).

90 SC 23.

91 Ebd.

92 Vgl. *Baumstark*, Liturgie comparée (1954), 2f.

aber einem Organismus, der nicht beliebig verändert werden kann, ohne dass man auf Dauer sein Leben gefährdet. In der deutschsprachigen Liturgiewissenschaft hat das Prinzip der organischen Liturgieentwicklung zur Beurteilung der Liturgiereform nach dem Konzil fast keine Rolle gespielt.

Der Messritus sollte nach der „Norm der Väter" *(norma patrum)* erneuert werden. Dabei konnte es nicht darum gehen, einfach zu einer sehr frühen Form der römischen Messe zurückzukehren. „Norm der Väter" meint nicht Orientierung an einem liturgischen „Archäologismus"[93]. Vielmehr soll die gesunde Überlieferung *(sana traditio)* beibehalten, zugleich aber der Weg einer legitimen Entwicklung *(progressio legitima)* erschlossen werden, wobei „die allgemeinen Gestalt- und Sinngesetze der Liturgie"[94] zu berücksichtigen sind, ebenso die Erfahrungen, die man mit einzelnen liturgischen Reformen vor dem Konzil gemacht hat.[95]

Auch bei den Aussagen der Konstitution über die Eucharistie bildet die tätige Teilnahme der Gläubigen den Ausgangspunkt.[96] Denn die Liturgie ist eine Feier der Kirche[97], weshalb auch der gemeinschaftlichen Feier Vorrang vor ihrem privaten Vollzug gebührt, insbesondere bei der Feier der Messe. Das Recht des Priesters, die Messe *sine populo* zu feiern, sollte aber nicht beschnitten werden, da jede Messfeier eine Feier der Kirche ist.[98] Von ihrem Wesen her hat die Liturgie der Kirche aber den Charakter einer gemeinschaftlichen Feier. In ihr bildet sich zugleich die Kirche als *communio hierarchica* ab.[99] In der Liturgie üben alle einen wahr-

---

93 SC 23. *Gerhards*, Gipfelpunkt und Quelle (^{2}2013), 141, wirft der Messreform vor, weitgehend noch dem Mittelalter verhaftet geblieben zu sein, ohne dies freilich zu belegen.
94 SC 23.
95 Vgl. *Reid*, Sacrosanctum Concilium and the Organic Development of the Liturgy (2010); *ders.*, Eine Präzisierung von „The Organic Development of the Liturgy" (2013).
96 Vgl. SC 48.
97 Vgl. SC 26.
98 Vgl. SC 27.
99 Vgl. *Gerhards*, Gipfelpunkt und Quelle (^{2}2013), 139.

Das Zweite Vatikanische Konzil und die Messbuchreform

haft liturgischen Dienst aus, nicht nur geistliche Amtsträger, sondern auch Laien. Der liturgischen Feier eignet aber eine spezifische Ordnung, innerhalb derer „jeder, sei er Liturge oder Gläubiger, nur das, aber auch all das tun soll, was ihm selbst aufgrund der Natur der Sache und der liturgischen Richtlinien zukommt"[100].

Unter Wahrung der „substantiellen Einheit des römischen Ritus", so die Konzilsväter, kann es eine gewisse kulturelle Anpassung des Ritus geben. In diesem Sinne ist für den römischen Ritus keine „starre Einheitlichkeit der Form"[101] gefordert. Es wird nicht gesagt, worin die substantielle Einheit des römischen Ritus besteht, weshalb es nicht überrascht, dass die Frage nach dem Umfang legitimer liturgischer Inkulturation bis heute umstritten ist. Das Recht, die Liturgie zu ordnen, kommt jedenfalls „allein der Autorität der Kirche zu, die beim Apostolischen Stuhl und nach Maßgabe des Rechts beim Bischof"[102] bzw. bei der Bischofskonferenz liegt. Sonst hat keiner das Recht, die Liturgie zu ordnen. Daraus folgt, dass niemand, und sei er auch Priester, „nach eigenem Gutdünken in der Liturgie etwas hinzuzufügen, wegnehmen oder ändern"[103] darf.

Zur Feier der Messe gehören die Liturgie des Wortes Gottes (Wortgottesdienst) und die eucharistische Liturgie (Eucharistiefeier), die in der Messfeier untrennbar zusammengehören und ein einziges Kultgeschehen darstellen.[104] Mit Nachdruck wird empfohlen, dass „die Gläubigen nach der Kommunion des Priesters aus derselben Opferfeier den Herrenleib empfangen"[105]. Für bestimmte Messfeiern soll den Gläubigen die Kommunion unter beiden Gestalten gereicht werden können.[106] Die Möglichkeit zur Konzelebration, in der die Einheit des Presbyteriums deutlich wird, soll ausgedehnt werden. Für das Pontifikale und das Messbuch ist vorgesehen, einen neuen Konzelebrationsritus zu schaf-

---

100 SC 28.
101 SC 37.
102 SC 22.
103 Ebd.
104 Vgl. SC 56.
105 SC 55.
106 Vgl. ebd.

fen.[107] Besondere Bedeutung hat die Forderung nach einer stärkeren Biblizität der römischen Liturgie.[108] Die katholische Kirche ist nicht nur „Kirche des Sakraments", sondern ebenso „Kirche des Wortes" und sie hat dies wieder neu zu entdecken. Für die Feier der heiligen Messe soll es eine neue Perikopenordnung geben. Damit „den Gläubigen der Tisch des Gotteswortes reicher bereitet werde, soll die Schatzkammer der Bibel weiter aufgetan werden, so dass innerhalb einer bestimmten Anzahl von Jahren die wichtigsten Teile der Heiligen Schrift dem Volk vorgetragen werden"[109]. Die Homilie wird nicht nur sehr empfohlen, sondern für die Feier der heiligen Messe an Sonntagen und gebotenen Feiertagen vorgeschrieben.[110] Wiedereingeführt werden soll das „Allgemeine Gebet" bzw. das „Gebet der Gläubigen" (oratio fidelium) „damit unter Teilnahme des Volkes Fürbitten gehalten werden"[111]. Da die Liturgie des Wortes und die eucharistische Liturgie „einen einzigen Kultakt ausmachen"[112], sollen die Gläubigen an der ganzen Feier der heiligen Messe teilnehmen. Eine legitime ortskirchliche Anpassung der römischen Liturgiebücher kann es „unter Wahrung der substantiellen Einheit des römischen Ritus"[113] geben. Allen „rechtlich anerkannten Riten" in der katholischen Kirche wird „gleiches Recht und gleiche Ehre"[114] zuerkannt. Damit bekräftigt das Zweite Vatikanische Konzil die vom Trienter Konzil ausgesprochene Anerkennung der alten Riten.

---

107 SC 57–58.
108 SC 24; 51.
109 SC 51.
110 Vgl. SC 52.
111 SC 53.
112 SC 56.
113 SC 38: „Servata substantiali unitate ritus romani".
114 SC 4: „omnes ritus legitime agnitos aequo iure atque honore habere".

2. Die Durchführung der Messbuchreform

Das Zweite Vatikanische Konzil hatte eine zügige *(quam primum)* Veröffentlichung der erneuerten liturgischen Bücher gewünscht.[115] Bei der am 4. Dezember 1963 feierlich verabschiedeten Konstitution „Sacrosanctum Concilium" handelte es sich um „eine Art Rahmengesetz"[116] für eine allgemeine liturgische Erneuerung. Schon am 29. Februar 1964 setzte Papst Paul VI. einen Rat zur Durchführung der Liturgiereform ein.[117] Der offizielle Name dieses Liturgierates lautete „Consilium ad exsequendam Constitutionem de sacra Liturgia". Das *„Consilium"*, das direkt dem Papst unterstellt war und in dieser Konstellation bis 1969 arbeitete, hatte die Anliegen der Liturgiekonstitution umzusetzen. Erster Präsident des Consilium war Giacomo Kardinal Lercaro (1891–1976), dem 1968 der Schweizer Benediktiner Benno Kardinal Gut nachfolgte. Zum Sekretär ernannte Paul VI. Annibale Bugnini. Bei der konstituierenden Sitzung des Consilium am 15. Januar 1964 wurde vereinbart, mit der Reform der liturgischen Bücher zu beginnen. Schon am 25. April 1964 hatte Paul VI. die neue Spendeformel *Corpus Christi* bei der Kommunion der Gläubigen eingeführt.[118] Der „Coetus X De Ordine Missae", eine Subkommission des Consilium, kam vom 7.–10. Mai 1964 zu seiner ersten Sitzung in Trier zusammen. Im selben Jahr fanden weitere Sitzungen in Rom (4.–7. Juni), Freiburg/Schweiz (23.–28. August) und wiederum in Rom (21.–23. September) statt. Auf der vierten Sitzung wurde der Entwurf eines modifizierten „Ordo Missae" vorgelegt.

Wenige Tage später erschien die Instruktion „Inter Oecumenici" (26. September 1964), die am 7. März 1965 in Kraft trat (1. Sonntag der Fastenzeit).[119] Die Instruktion zur Durchführung der Liturgiereform – ihr sollten weitere folgen – führte zu ersten

---

115 Vgl. SC 25.
116 *Ratzinger*, Das Konzil auf dem Weg, in: JRGS 7/1 (2012), 406.
117 Zur Vorgeschichte des Liturgierates vgl. *Marini*, A Challenging Reform (2007), 1–39.
118 Vgl. AAS 56 (1964) 337f. (DEL I, 100).
119 Vgl. AAS 56 (1964) 877–900 (DEL I, 102–138).

Änderungen des „Ordo Missae"[120]. Die Instruktion regelt u. a. den Umfang der Volkssprache in der Messe.[121] Daneben enthält sie Hinweise zur Übersetzung liturgischer Texte auf der Grundlage von Art. 36 § 3 der Liturgiekonstitution.[122] Der Konstitution folgend, wird für das Hochgebet an der lateinischen Kultsprache festgehalten.[123] Doch drängten mehrere Bischofskonferenzen darauf, auch hier die Volkssprache zuzulassen.[124] Noch während des Konzils wurde die Erlaubnis für volkssprachliche Übersetzungen der Präfation gegeben (27. April 1964).[125]

Am 27. Januar 1965 wurde die neue *editio typica* des „Ordo Missae"[126] mit dem unveränderten „Canon Romanus" veröffentlicht. Das Stufengebet (bis auf den Psalm *Iudica*, der fallen gelassen wurde) sowie die Offertoriumsgebete blieben erhalten. Entsprechend der Norm von „Inter Oecumenici" zur Volkssprache in der Messliturgie erschienen noch im selben Jahr die ersten zweisprachigen Altarmessbücher. Ihnen ist eine überarbeitete Fassung des „Ritus servandus in celebratione missae" vorangestellt, ergänzt durch die Abhandlung „De defectibus missae celebratione occurentibus". Die Approbation des lateinisch-deutschen Altarmess-

---

120 Vgl. *Ritenkongregation*, Inter Oecumenici (1964), Nr. 48 (DEL I, 118f.).

121 Teile, die (zunächst) nicht für den volkssprachigen Gebrauch zugelassen werden, sind das Tagesgebet, die *Oratio super oblata*, die Postcommunio und das Eucharistische Hochgebet. Vgl. *Ritenkongregation*, Inter Oecumenici (1964), Nr. 57 (DEL I, 122–124).

122 Vgl. *Ritenkongregation*, Inter Oecumenici" (1964), Nr. 40 (DEL I, 114–116).

123 Vgl. SC 36. Es soll Vorsorge getroffen werden, „dass die Christgläubigen die ihnen zukommenden Teile des Mess-Ordinariums auch lateinisch miteinander beten oder singen können" (SC 54).

124 Dazu beriefen sie sich auf SC 40; 54.

125 Im deutschsprachigen Raum setzte sich vor allem der liturgiewissenschaftlich gebildete Wiener Pfarrer Joseph Ernst Mayer (1905–1998) für die durchgehend volkssprachliche Messfeier ein. Im März 1964 hielt er seinen berühmten Vortrag zur Liturgiereform auf dem Liturgischen Kongress in Mainz. Eine sprachlich gemischte Messfeier (Latein, Volkssprache), wie von den Konzilsvätern gewünscht, bezeichnete Mayer als „sinnwidrig". Vgl. *ders.*, Zur Liturgie von heute und morgen (1997), 76.

126 Vgl. Ordo Missae (1965); vgl. Notitiae 1 (1965), 101–102.

buchs erfolgte am 25. September 1965.[127] Der erste Band umfasst den „Ordo Missae" und die Messformulare vom ersten Adventssonntag bis zum Samstag nach dem ersten Passionssonntag.

Auf der Grundlage des lateinisch-deutschen Altarmessbuchs legte die Erzabtei Beuron schon zu Beginn des Jahres 1966 eine Neuausgabe des „Schott" mit aktualisierten liturgischen Einführungen vor.[128] Abgedruckt ist darin ein Schreiben von Amleto Giovanni Cicognani an den Erzabt von Beuron, in dem der Kardinalstaatssekretär erklärt, dass mit dem lateinisch-deutschen Altarmessbuch und dem neuen „Schott" der „Anschluss an die Liturgie-Konstitution des Konzils vollzogen sei"[129]. Altarmessbuch und Volksmessbuch, so der Kardinal, machen deutlich, dass „die Liturgie der Gipfel ist, dem das Tun der Kirche zustrebt und zugleich die Quelle, aus der all ihre Kraft strömt"[130]. Die Ritenkongregation veröffentlichte ein negatives „Responsum" auf die Frage, ob weitere Änderungen im „Ordo Missae" bzw. eine vollständige Revision des „Missale Romanum" vorgesehen seien.[131] Doch gab es in der Frage der Liturgiereform erhebliche Meinungsverschiedenheiten zwischen dem direkt dem Papst unterstellten Liturgierat einerseits und der Ritenkongregation und dem Staatssekretariat andererseits.

---

127 Vgl. dazu *Hoping,* The *Ordo Missae* of 1965 (2013); *Feulner,* Der *Ordo Missae* von 1965 (2013); *Kaiser,* Das lateinisch-deutsche Altarmessbuch (1965) (2020). – Das amerikanische (und australische) „Interimsmissale" wurde schon am 29. November 1964 (1. Adventssonntag), vor Inkrafttreten von „Inter Oecumenici", eingeführt. Vgl. zu den ersten muttersprachlichen Messbüchern in den USA (1964–1966) *Bieringer,* A Halfway House to Aggiornamento? (2014).

128 Vgl. *Anselm Schott OSB,* Das Meßbuch der heiligen Messe. Mit neuen liturgischen Einführungen in Übereinstimmung mit dem Altarmeßbuch neugearbeitet von den Benediktinern der Erzabtei Beuron, Freiburg – Basel – Wien 1966.

129 Das Schreiben des Kardinalstaatssekretärs ist der Ausgabe des „Schott" von 1966 in Fotokopie vorangestellt. Auf das Schreiben hatte schon Klaus Gamber (1919–1989) aufmerksam gemacht. Vgl. *ders.,* Alter und neuer Messritus (1983), 23.

130 SC 10.

131 Vgl. Notitiae 2 (1966), 32.

Mysterium paschale

Entsprechend der ersten Instruktion zur ordnungsgemäßen Durchführung der Liturgiekonstitution war die Volkssprache in der Messe zunächst nur für die Lesungen, Fürbitten, Messgesänge, Begrüßungen, Akklamationen und Dialoge sowie das *Vater unser* und die Spendeformel bei der Kommunion vorgesehen.[132] Der „Ordo Missae" von 1965 schuf die Möglichkeit zur Verwendung der Volkssprache in der Liturgie mit Ausnahme des Eucharistischen Hochgebetes. Die Eröffnung und die Liturgie des Wortes wurden vom Altar gelöst und an Sedilien und Ambo verlegt. An dem im „Ordo Missae" von 1965 kaum veränderten Stufengebet können die Gläubigen *(circumstantes)* in lateinischer Sprache oder in der Volkssprache beteiligt werden. Den Priestern wird es freigestellt, die Eucharistie *versus populum* zu zelebrieren, doch wird dies nicht vorgeschrieben.

Mit der Reform des „Ordo Missae" von 1965 war die Messbuchreform nicht beendet, auch wenn die Ritenkongregation sie als abgeschlossen betrachtete. Denn nach der Veröffentlichung des modifizierten „Ordo Missae" fanden weitere Sitzungen des Coetus X in Le Saulchoir bei Paris (8.–23. Juni 1965) und in Nemi bei Rom (16.–19. September 1965) statt. Josef Andreas Jungmann plädierte dabei für eine Reform des römischen Kanons. Cyprian Vagaggini sprach sich dafür aus, ihn abzuschaffen und durch einen neuen zu ersetzen. Dagegen wandte sich Aimé-Georges Martimort auf der Plenarsitzung des Consilium vom 18.–22. Oktober 1965 in Rom. Bedenken gegenüber den zum Teil weitreichenden Reformvorstellungen äußerte auch Louis Bouyer, ein Freund Papst Pauls VI., der 1966 in die Arbeitsgruppe zum „Ordo Missae" berufen worden war. Schon auf den Sitzungen in Le Saulchoir und Nemi hatte das ein neues Schema „De Ordine Missae" beraten. Das Schema sollte dem von Papst Paul VI. durch das Motu propio „Apostolica sollicitudo" (15. September 1965) neu errichteten Gremium der Bischofssynode vorgelegt werden.

Am 20. Juni 1966 wurde Kardinal Lercaro von Paul VI. darüber informiert, dass der römische Kanon unverändert erhalten

---

132 Vgl. *Ritenkongregation*, Inter oecumenici (1964), Nr. 57.

bleiben soll. Man könne zwei oder drei neue Hochgebete „suchen oder zusammenstellen, die man zu bestimmten Zeiten benutzen kann"[133], wobei das *ingenium romanum*, das heißt der Geist der römischen Liturgie beibehalten werden müsse.[134] Nach dem Signal des Papstes machte sich der „Coetus X" wieder an die im Herbst 1965 unterbrochene Arbeit. Der „Ordo Missae" von 1965 genügte den radikalen Liturgiereformern um Bugnini nicht. So wurde eine neue Messordnung mit zahlreichen Änderungen entworfen. Es kam zum Wegfall des Stufengebets. Erhalten blieb davon nur der *Introitus*, der in der heutigen liturgischen Praxis vielfach nicht mehr vorgetragen wird. Stattdessen singt man zumeist ein Eingangslied, in der Regel ohne Beziehung zum Vers des *Introitus*. An die Stelle des Stufengebets trat ein ganz neuer Bußakt. *Kyrie* und *Gloria* wurden beibehalten, doch reduzierte man die Zahl der Kyrierufe von neun auf sechs. Daneben kam es zu einer Neugestaltung der Leseordnung und des *Offertorium* sowie zur Einfügung der *oratio fidelium* (Gebet der Gläubigen). Mit Billigung des Consilium übermittelte der Coetus X am 2. Juli 1966 das Schema der sogenannten „Missa normativa" an Paul VI. Im April 1967 legte der Liturgierat vier neue Hochgebetstexte vor, von denen eine lateinische Fassung der alexandrinischen Basilius-Anaphora später fallen gelassen wurde.[135]

Einen Einschnitt bedeutete die zweite Instruktion zur Durchführung der Liturgiekonstitution „Tres abhinc annos" vom 4. Mai 1967.[136] Mit Blick auf den gegenüber 1965 stark veränderten „Ordo Missae" sprach man jetzt explizit von einem „Novus Ordo Missae". Den zuständigen territorialen Autoritäten wurde die Einführung der Volkssprache auch für den Messkanon gestattet.[137]

---

133 So Paul VI. in einer Audienz für Kardinal Lercaro am 20. Juni 1966; *Bugnini*, Die Liturgiereform (1988), 371. Vgl. *Wagner*, Mein Weg zur Liturgiereform (1993), 95.

134 Vgl. *Jounel*, La composition des nouvelles prières eucharistiques (1968), 39.

135 Vgl. ebd. 39f.

136 Vgl. *Ritenkongregation*, Tres abhinc annos (1967), 167–194 (DEL I, 429–437).

137 Vgl. ebd. Nr. 28 (DEL I, 436f.).

Mysterium paschale

Dies war schon am 31. Januar 1967 in Aussicht gestellt worden. In Holland existierten seit 1965 nicht approbierte Übersetzungen des römischen Kanons sowie neue Hochgebete für den liturgischen Gebrauch. Seit dem 13. Februar 1967 gingen Übersetzungen des römischen Kanons beim Heiligen Stuhl zur Konfirmation ein, die von der Glaubenskongregation als zu frei abgelehnt wurden. *Ad interim* gestattete man die approbierten, ursprünglich nicht für den liturgischen Gebrauch gedachten Übersetzungen der Volksmessbücher.[138] Bei Neuübersetzungen des römischen Kanons bestand man, wie bei den anderen Messtexten, auf einer getreuen und vollständigen Übersetzung. Anders als der „Ordo Missae" von 1965 bestimmt die Instruktion „Tres hinc annos", der Priester solle zusammen mit den Gläubigen das Vorbereitungsgebet *Domine, non sum dignus* auf die Kommunion dreimal sprechen.[139] Dem Priester wird empfohlen, das Gebet *Placeat, tibi* beim Auszug zu beten.[140]

Am 12. Oktober 1965 teilte der Liturgierat mit, dass der Papst die Handkommunion, die sich in manchen Ländern (vor allem Deutschland, Holland, Belgien und Frankreich) entwickelt hatte, nicht für angebracht halte.[141] Die Instruktion über Feier und Verehrung der Eucharistie „Eucharisticum mysterium" (25. Mai 1967)[142] stellte zwar das Stehen oder Knien beim Kommunionempfang frei.[143] Die allgemeine Norm für den Kommunionempfang blieb aber die Mundkommunion. In einem Schreiben des Staatssekretariats vom 3. Juni 1968 heißt es, dass für den heiligen Vater die Handkommunion praktisch – das heißt hinsichtlich ihrer Folgen – „sehr fragwürdig und gefährlich"[144] sei. Doch im Einzelfall könnten Bischofskonferenzen die Erlaubnis zur

---

138 Vgl. Notitiae 3 (1967) 326; *Ritenkongregation*, De editione librorum liturgicorum, 27. Januar 1966, Nr. 5 (DEL I, 314).
139 Vgl. *Ritenkongregation*, Tres abhinc annos (1967), Nr. 13 (DEL I, 433).
140 Vgl. ebd. Nr. 16 (DEL I, 433f.).
141 Vgl. *Bugnini*, Die Liturgiereform (1988), 673.
142 Vgl. AAS 59 (1967) 539–573.
143 Vgl. *Ritenkongregation*, Eucharisticum mysterium (1967), Nr. 34.
144 *Bugnini*, Die Liturgiereform (1988), 674.

Genehmigung der Handkommunion durch die Ritenkongregation erhalten. Angesichts der Proteste gegen die Handkommunion wurden Genehmigungen, die man zunächst für Deutschland und Belgien erteilt hatte, gestoppt. Der Liturgierat führte eine Umfrage unter allen Bischöfen zur Handkommunion durch. Die Mehrheit sprach sich gegen die Handkommunion aus.[145] Da man die Entwicklung der Handkommunion in einzelnen Ländern aber nicht mehr stoppen konnte, wurde es den betroffenen Bischofskonferenzen durch die Instruktion der Gottesdienstkongregation „Memoriale Domini" (29. Mai 1969)[146] gestattet, die Handkommunion als Möglichkeit einzuführen – bei Wahrung der Freiheit der Gläubigen, die Form des Kommunionempfangs selbst zu wählen.[147]

Die Approbation der ersten deutschen Übersetzung des „Canon Romanus" für den liturgischen Gebrauch erfolgte am 5. Dezember 1967 – nachdem der Text am 14. November 1967 durch den Heiligen Stuhl konfirmiert worden war.[148] Die Übersetzung hatte eine Kommission unter Leitung des Münchener Liturgiewissenschaftlers Joseph Pascher erarbeitet, die allerdings durch die deutschsprachigen Bischöfe mehrere Veränderungen erfuhr.[149] Am 18. Mai 1967 legte die Ritenkongregation einen Überblick zu den neuen Modifikationen am „Ordo Missae" vor. Auf zwei Seiten werden darin die relevanten Texte des „Novus Ordo Missae" denjenigen des „Vetus Ordo Missae" gegenübergestellt.[150] Die Bera-

---

145 Vgl. ebd. 681. Auf die Frage, ob die Praxis der Handkommunion zugelassen werden solle, antworteten von 2136 Bischöfen 567 mit Ja, 1233 mit Nein, 315 mit *iuxta modum* bei 21 Enthaltungen.
146 Vgl. AAS 61 (1969), 541–545 (DEL 1, 811–818).
147 Vgl. DEL I, 814f.
148 Vgl. Gottesdienst 1 (1967), 28–30. Die Überprüfung der Übersetzung erfolgte durch das „Consilium", die Glaubenskongregation und die Ritenkongregation.
149 Vgl. *Schnitzler*, Der römische Meßkanon (1968), 40. Theodor Schnitzler (1910–1982) war Konsultor des „Consilium" und der Gottesdienstkongregation.
150 Vgl. Variationes in Ordinem Missae inducendae ad normam Instructionis S.R.C. diei 4 maii 1967 (1967). Der vollständige Text ist in Notitiae 3 (1967) 195–211 abgedruckt.

Mysterium paschale

tungen über das Schema des „Novus Ordo Missae" fanden während der ersten römischen Bischofssynode im Oktober 1967 statt. Das Schema stieß bei den Synodenvätern auf nicht geringen Widerstand.[151] Im Januar 1968 erfolgten probeweise Feiern der sogenannten „missa normativa" in der Sixtinischen Kapelle und für Papst Paul VI.[152]

Bei Paul VI. stieß besonders das neugestaltete *Offertorium* auf Kritik. Insgesamt wünschte er für den Messordo so wenig Veränderungen wie nötig.[153] Am 6. November 1968 approbierte er die Korrekturen am Römischen Messkanon.[154] Die Einsetzungsworte des römischen Kanons wurden denen der neuen Hochgebete angeglichen. Die drei neuen Hochgebete waren zusammen mit acht neuen Präfationen am 23. Mai 1968 von der Ritenkongregation veröffentlicht worden.[155] Am 6. April 1969 publizierte die Kongregation für den Gottesdienst (Nachfolgerin der Ritenkongregation) den „Novus Ordo Missae" zusammen mit der „Institutio Generalis"[156]. Drei Tage zuvor hatte Paul VI. mit seiner Apostolischen Konstitution „Missale Romanum" (3. April 1969) das neue römische Messbuch approbiert.[157] Wegen des Widerstandes gegen die neue Messreform beauftragte Paul VI. den Präfekten der Kongregation für die Glaubenslehre mit der Prüfung der gegen die neue Messe erhobenen Vorwürfe. Um das Ansehen Pauls VI. nicht zu beschädigen, versuchte

---

151 Vgl. *Bugnini*, Die Liturgiereform (1988), 371–385.
152 Vgl. Das Abstimmungsergebnis für die „missa normativa" erbrachte 43 Stimmen *non placet* (Nein), 62 *iuxta modum* (mit zum Teil erheblichen Vorbehalten) und 4 Enthaltungen bei insgesamt abgegebenen 187 Stimmen.
153 Vgl. *Bugnini*, Die Liturgiereform (1988), 390.
154 Vgl. ebd. 409.
155 Vgl. Preces eucharistica et praefationis, in: Notitia 4 (1968) 156–160 (DEL I, 529–534). Siehe dazu den Brief und die Hinweise des Vorsitzenden des „Consilium", Benno Kardinal Gut, an die Vorsitzenden der Bischofskonferenzen: Notitiae 4 (1968) 146–155 (DEL I, 535–546).
156 Vgl. Missale Romanum ex decreto Sacrosancti Oecumenici Concilii Vaticani II instauratum auctoritate Pauli Pp. VI promulgatum, Ordo Missae (1970). Zur Reform des „Ordo Missae" vgl. *Barba*, La riforma conciliare dell'Ordo Missae (2008).
157 Vgl. DEL I, Nr. 1373–1736.

Franjo Kardinal Šeper (1905–1981), der selbst Vorbehalte gegenüber dem Ergebnis der Liturgiereform hatte, die Vorwürfe zu zerstreuen.

Unter dem Namen „Ottaviani-Intervention" wurde die Streitschrift „Kurze kritische Untersuchung des neuen ‚Ordo Missae'" (1969)[158] verbreitet. Darin wird der Messreform vorgeworfen, mit den Aussagen des Konzils von Trient zur heiligen Messe und dem „Missale Romanum" von 1570 unvereinbar zu sein. Die Streitschrift wurde von einer Gruppe konservativer Theologen, Bischöfe und Kardinäle aus dem Umfeld des „Coetus Internationalis Patrum" verfasst.[159] Papst Paul VI. reagierte auf die Kritik der Gruppe um Ottaviani im Prooemium zum „Missale Romanum" von 1970. Darin bekräftigt er die Vereinbarkeit der Reform mit der römischen Tradition. Am 26. März 1970 veröffentlichte die Kongregation für den Gottesdienst die *Editio typica* des neuen „Missale Romanum"[160]. Auffallend sind die Änderungen, die in der „Institutio Generalis" gegenüber der Messordnung von 1969 vorgenommen werden, vor allem was die Zurücknahme der Opfersprache in den Rubriken betrifft.[161] Auf der Grundlage des „Missale Romanum" von 1970 erschien 1975 das Messbuch für die Bistümer des deutschen Sprachgebiets.[162] Im selben Jahr wurde von Papst Paul VI. die *Editio typica altera* des „Missale Romanum" promulgiert.[163]

Das Missale Pauls VI. enthält die für den Priester vorgesehenen Texte und Gesänge, aber nicht mehr die Lesungen. Diese finden sich im Lektionar bzw. Evangeliar, die Gesänge für den Kantor

---

158 Vgl. Kurze kritische Untersuchung des neuen „Ordo Missae" (2009).

159 Vorangestellt ist ihr ein Brief von Alfredo Kardinal Ottaviani (1890–1979) und Antonio Kardinal Bacci (1885–1971), der die Kritikpunkte zusammenfasst. Vgl. Kurze kritische Untersuchung des neuen „Ordo Missae" (2009), 3f.

160 Vgl. DEL I, Nr. 2060. Offizielle Ausgabe: Missale Romanum ex decreto Sacrosancti Oecumenici Concilii Vaticani II instauratum auctoritate Pauli Pp. VI. promulgatum, Vatikan 1970.

161 Vgl. *Barba*, Institutio generalis Missalis Romani (2006).

162 Vgl. Die Feier der heiligen Messe (¹1975; ²1988).

163 Vgl. Missale Romanum ex decreto Sacrosancti Oecumenici Concilii Vaticani II instauratum auctoritate Pauli PP. VI promulgatum. Editio typica altera (1975).

und die Schola im „Graduale Romanum". Das Missale Pauls VI. enthält mehr Variationsmöglichkeiten als das Missale von 1570. Die Präsidialgebete und die Schriftlesungen können aber nicht durch andere Texte ersetzt werden. Zusätzlich zum „Canon Romanus" enthält das neue Messbuch von 1970 drei neue Eucharistische Hochgebete. Das Zweite Eucharistische Hochgebet folgt der „Traditio Apostolica". Das Dritte Eucharistische Hochgebet orientiert sich am römischen Messkanon und fasst die Opferaussagen unter besonderer Berücksichtigung der christozentrischen Ekklesiologie des Zweiten Vatikanischen Konzils zusammen. Es wurde vom italienischen Liturgiewissenschaftler Cyprian Vagaggini konzipiert und unter Einfluss von Papst Paul VI. an entscheidenden Stellen modifiziert. Das vierte Eucharistische Hochgebet orientiert sich an einer orientalischen Anaphora antiochenischer Herkunft. Der Entwurf eines Hochgebets mit noch stärkerer Annäherung an die orientalischen Anaphoren, speziell die alexandrinische Basilius-Anaphora, stieß 1967 bei der Glaubenskongregation auf Bedenken und wurde daher nicht weiter verfolgt. Es sollten nur solche Hochgebete zugelassen werden, die dem Geist *(ingenium)* der römischen Liturgietradition entsprechen. Das „Mysterium fidei" des Kelchwortes wurde ausgegliedert und als Ruf nach den Konsekrationsworten gesetzt und mit einer neuen Akklamation des Volkes verbunden, die sich auf das Paschamysterium Christi bezieht.

Die volkssprachlichen Übersetzungen des „Missale Romanum" waren zum Teil sehr frei. Dies hing mit einem Positionswechsel in der Übersetzungshermeneutik zusammen, der sich 1969 vollzogen hatte. Die neuen Übersetzungen sollten, anders als die inoffiziellen der Volksmessbücher, Stimme der betenden Kirche werden.[164] Für die Übersetzer bedeutete dies eine besondere Herausforderung. Noch während des Zweiten Vatikanischen Konzils fand in Rom ein Kongress für Übersetzer liturgischer Texte statt. In seiner Ansprache an die Teilnehmer des Kongresses vom 10. November 1965 wies Paul VI. auf die Schwierigkeiten der

---

164 Vgl. *Paul VI.*, Allocutio ad interpretes vom 10. November 1965, in: Notitiae 1 (1965) 380 (DEL I, 263).

Übersetzung hin. Dabei zitierte er den heiligen Hieronymus: „Übersetze ich wörtlich, klingt es sinnwidrig; ändere ich, von der Notwendigkeit gedrängt, etwas am Satzgefüge und am Text, bietet es den Anschein, als sei ich der Aufgabe des Übersetzers nicht gerecht geworden."[165] Das Hieronymuszitat macht deutlich, dass es bei der Übersetzung liturgischer Texte um einen Ausgleich zwischen formaler und dynamischer Äquivalenz geht, ähnlich wie bei der Übertragung von Texten der Bibel. Die Übersetzung liturgischer Texte, so Paul VI., solle keine Umgangssprache verwenden und die Tiefe der göttlichen Mysterien angemessen zur Sprache bringen. Dafür sei es erforderlich, behutsam einen Ausgleich zwischen christlicher Latinität und Volkssprache herzustellen und dabei die Kantillierbarkeit zu berücksichtigen.[166] Bei der Übersetzung der liturgischen Texte sei weiter darauf zu achten, dass die Texte vollständig übersetzt werden, also keine Teile weggelassen werden, die ohne Schwierigkeiten übertragbar wären.[167]

Am 21. Juni 1967 bekräftigte Kardinal Lercaro in einem Brief des Liturgierates an die Vorsitzenden der Bischofskonferenzen, dass die Übersetzung des Kanons *literale et integrale* erfolgen müsse und die Texte so zu nehmen seien, „wie sie vorliegen, ohne irgendwelche Kürzungen oder Vereinfachungen. Die Anpassung an die moderne Sprache muss schlicht und maßvoll sein"[168]. In einer Mitteilung vom 10. August 1967 wies Bugnini auf den Wunsch des Heiligen Stuhles hin, „dass die verschiedenen Übersetzungen des römischen Kanons untereinander sich entsprechen, um auf diese Weise zumindest für diesen so heiligen Text der eucharistischen Feier eine gewisse Übereinstimmung zu bewahren"[169]. Bei der Übertragung der Texte sollten die Extreme

---

165 Ebd. 378 (DEL I, 262). Vgl. *Hieronymus*, Praefatio ad Chronicam Eusebii Pamphilii (PL 26,35).
166 Vgl. *Paul VI.*, Allocutio ad interpretes vom 10. November 1965, in: Notitiae 1 (1965) 379 (DEL I, 263).
167 Vgl. ebd. 381 (DEL I, 265).
168 *Lercaro*, Epistula „Consilii", in: Notitiae 3 (1967) 296 (DEL I, 510).
169 *Bugnini*, De interpretatione Canonis Romani, in: Notitiae 3 (1967) 326 (DEL I, 512).

Mysterium paschale

einer zu antiquierten und zu modernen Sprache vermieden werden.[170] Weiter erinnerte Bugnini daran, dass es der Wunsch des Papstes sei, „dass die Messbücher [...] in einer Gesamt- oder Teilausgabe immer den lateinischen Text neben der muttersprachlichen Fassung enthalten"[171], wie dies in den zweisprachigen Altarmessbüchern, die seit 1965 publiziert wurden, der Fall ist. Beim *pro multis* des Kelchwortes bestanden Glaubenskongregation und Staatssekretariat auf einer wörtlichen Übersetzung in allen zweisprachigen Altarmessbüchern. Es gab auch Stimmen, die sich dafür aussprachen, die *Verba Testamenti* nicht zu übersetzen.[172]

Einen Einschnitt bedeutete die Instruktion „De interpretatione textuum liturgicorum" (Comme le prévoit) des Liturgierates vom 15. Januar 1969.[173] Die Instruktion forderte nur noch für das Eucharistische Hochgebet eine Übersetzung *integre et fideliter*. Bei den anderen Orationen wurde es erlaubt, diese frei und unter Verwendung von Umgangssprache zu übersetzen. Auch hielt man, wie bei den übrigen Teilen der Messe, eine vollständige Übersetzung nicht mehr für erforderlich. Damit gab die Instruktion dem Prinzip der dynamischen Äquivalenz einen deutlichen Vorrang vor demjenigen der formalen Äquivalenz.[174] Auf Grundlage dieser Entscheidung erfolgte schließlich die Übertragung des „Missale Romanum" in die Volkssprachen. Dies führte zu sehr freien, zum Teil stark interpretierenden Übertragungen der liturgischen Texte, bis hin zu regelrechten Paraphrasen, die zunehmend als Problem empfunden wurden. Und so leitete die Gottesdienstkongregation im Auftrag Johannes Pauls II. mit der fünften Instruktion zur ordnungsgemäßen Ausführung der Liturgiereform „Liturgiam authenticam" (28. März 2001) eine Revision der Übersetzungen

---

170 Vgl. *Consilium*, De interpretatione Canonis Romani vom 10. August 1967, Prooemium und Nr. 2 (DEL I, 512f.).

171 *Bugnini*, De interpretatione Canonis Romani, 327 (DEL I, 513).

172 Vgl. *Ders.*, Die Liturgiereform (1988), 130f.

173 Vgl. *Consilium*, De interpretatione textuum liturgicorum vom 25. Januar 1969, in: Notitiae 5 (1969) 3–12 (DEL I, 592–605).

174 Vgl. *McManus*, Übersetzungstheorie in *Liturgiam authenticam* (2014); *Lang*, Die Stimme der betenden Kirche (2012), 204–206.

ein.[175] Eine erste Frucht des Revisionsprozesses war das „Roman Missal" (2011) für den englischsprachigen Raum. Beim neuen englischsprachigen Messbuch handelt es sich um eine vollständige Neuübersetzung des „Missale Romanum" Pauls VI., das Johannes Paul II. 2002 in dritter Auflage promulgiert hatte.[176] Als zentrale Prinzipien der Übersetzung liturgischer Texte formuliert die neue Instruktion „Texttreue" und „Verständlichkeit".[177] Walter Kardinal Kasper nennt die Entscheidung von „Liturgiam authenticam" „eine perfekt gelungene Rolle rückwärts", die „jeder vernünftigen Hermeneutik" widerspreche, „weil sie verkennt, dass jede Sprache ihren Genius hat, eine Übersetzung darum nie wortwörtlich geschehen kann, wenn der muttersprachliche Text wirklich verständlich und nicht ein verkleidetes Latein sein soll"[178]. Kasper über-

---

175 Vgl. *Kongregation für den Gottesdienst und die Sakramentenordnung*, Instruktion „Liturgiam authenticam" zum Gebrauch der Volkssprache bei der Herausgabe der Bücher der römischen Liturgie (2001). Warum *Liturgiam authenticam* mit der Ekklesiologie des Zweiten Vatikanischen Konzils unvereinbar sein soll, dafür bleibt *Klöckener*, Liturgical Renewal through History (2014), 32, eine Begründung schuldig.

176 Das prominenteste Beispiel der zahlreichen Übersetzungskorrekturen betrifft die umgangssprachliche Antwort der Gläubigen „And also with you" auf den liturgischen Gruß des Priesters „The Lord be with you". Jetzt heißt die Antwort „And with your spirit" – entsprechend dem lateinischen Text. Die Antwort „Et cum spiritu tuo" bezieht sich auf das Amtscharisma des Priesters.

177 Vgl. *McManus*, Übersetzungstheorie in *Liturgiam authenticam* (2014), 141–144. Zu „Liturgiam authenticam" vgl. auch *Böhler*, Anmerkungen eines Exegeten zur Instructio Quinta „Liturgiam Authenticam" (2004), 205–222; *Haunerland*, Die Leitlinien der Revision (2005). Kritisch zur Instrukion vgl. *Jeffery*, Translating Tradition (2005); *Richter*, Die Liturgiekonstitution „Sacrosanctum Concilium" des Zweiten Vatikanischen Konzils (2004), 39; *Kaczynski*, Angriff auf die Liturgiekonstitution? (2001), 651–666. Richter und Kaczynski unterschlagen in ihrer Kritik an „Liturgiam authenticam", dass die Instruktion „De interpretatione textuum liturgicorum" die Übersetzungshermeneutik einseitig zugunsten einer dynamischen Äquivalenz verändert hatte, was durch „Liturgiam authenticam" korrigiert wurde. Dezidiert für eine nur dynamische Äquivalenz, das heißt eine ungefähre inhaltliche Entsprechung von Ursprungs- und Zielsprache, spricht sich Keith F. Pecklers aus. Vgl. *ders.*, Dynamic Equivalence (2003).

178 *Kasper*, Die liturgische Erneuerung (2013), 631. Zu den schärfsten Kritikern von „Liturgiam authenticam" unter den deutschsprachigen Liturgiewis-

sieht, dass „Liturgiam authenticam" eine wortgetreue Übersetzung fordert, aber keine wörtliche Übersetzung um jeden Preis. Auf die zum Teil fragwürdigen Übersetzungen des römischen Messbuchs, zu denen es seit 1969 vor allem im Englischen und Deutschen gekommen ist, geht Kasper nicht ein.[179]

Der erste Band des Messbuchs für die Bistümer des deutschen Sprachgebiets von 1975 enthielt noch im zweiten Teil die Messfeier in lateinischer Sprache für die Sonn- und Feiertage.[180] Die zweite Auflage des Messbuchs von 1988, die bis heute in liturgischem Gebrauch ist, druckt dagegen, gegen den Willen Pauls VI., nur noch den deutschen Text ab. Die Altarausgabe des deutschen Messbuchs von 1975 umfasst zwei Bände: Der erste Band enthält die „Allgemeine Einführung in das Messbuch" und das *Triduum Sacrum*, der zweite Band die Texte der Messe ohne das *Triduum Sacrum*. Daneben gibt es eine einbändige Kleinausgabe mit allen Texten, der Allgemeinen Einführung und den Rubriken des Messbuchs.

Im Heiligen Jahr 1975 wurden weitere Hochgebete zur Versöhnung und zu besonderen Anlässen approbiert. Im selben Jahr erschien die *Editio typica altera* des „Missale Romanum" mit Dekret vom 27. März. Die *Editio typica tertia* des „Missale Romanum", die 2002 unter Johannes Paul II. veröffentlicht wurde, enthält eine revidierte „Institutio Generalis" und einige neue Orationen. Die beiden Versöhnungshochgebete und die Hochgebete für Messen für besondere Anliegen erschienen als Appendix zum „Ordo Missae"[181], die Kinderhochgebete als Appendix zum Missale.[182] Beim Nachdruck der *Editio typica tertia* des „Missale Romanum"

---

senschaftlern gehört Martin Klöckener. Vgl. *ders.*, Die liturgischen Vorstehergebete im Widerstreit (2015), 146–168.171–174.

179 Zu den zum Teil fragwürdigen deutschen Übersetzungen des „Missale Romanum" (1970; [2]1975) vgl. *Stock*, Liturgie und Poesie (2010); *ders.*, Orationen (2014); *ders.*, Orationen (2016). – Nach *Klöckener*, Die liturgischen Vorstehergebete im Widerstreit (2015), 166, wurde der lateinische Text der Orationen im deutschen Messbuch „in der Regel getreu wiedergegeben".

180 Vgl. MB ([2]1988), 355–657.

181 Vgl. MR ([3]2002), 673–706.

182 Vgl. MR ([3]2002), 1271–1288.

(2008) hat man die Kinderhochgebete nicht mehr berücksichtigt. Für das bis heute nicht vorliegende revidierte deutsche Messbuch ist die „Grundordnung des Römischen Messbuchs"[183] zu konsultieren. Dabei handelt es sich um eine vorab publizierte deutsche Übersetzung der „Institutio Generalis" der *Editio typica tertia* des „Missale Romanum".

3. Die Vitalität der alten Liturgie

„Das am meisten in die Augen fallende Ergebnis des Konzils ist die liturgische Erneuerung. Aber gerade sie, die so sehnlich herbeigewünscht und so freudig begrüßt worden ist, wurde weithin zu einem Zeichen des Widerspruchs."[184] Dies hing mit den zum Teil erheblichen Eingriffen in die gewachsene Gestalt der römischen Liturgie zusammen. Dabei orientierte man sich am vermeintlich goldenen Zeitalter der Liturgie in der Patristik. Zahlreiche Liturgiewissenschaftler hatten ein sehr negatives Bild von der mittelalterlichen Liturgie.[185] So nannte der Liturgiehistoriker Theodor Klauser (1894–1984) das Mittelalter „eine Ära der Wucherungen, Um- und Missdeutungen"[186] – ein Urteil, das in dieser Allgemeinheit dem Mittelalter nicht gerecht wird. Emil Josef Lengeling (1916–1986) sprach vom „Ende des Mittelalters in der Liturgie", welches durch die Liturgiereform des Zweiten Vatikanischen Konzils besiegelt worden sei.[187] Das historisch fragwürdige Bild der mittelalterlichen Liturgie führte in der Durchführung der Liturgiereform zur Dominanz eines liturgischen Archäologismus. Es wurden Zweifel laut, ob es sich beim Missale

---

183 Vgl. Missale Romanum. Grundordnung des Römischen Messbuchs (2007).
184 *Ratzinger*, Der Katholizismus nach dem Konzil, in: JRGS 7/2 (2012), 1006.
185 Vgl. ebd. 1011.
186 *Klauser*, Kleine Abendländische Liturgiegeschichte (1965), 8.
187 Vgl. *Richter*, Die Liturgiekonstitution „Sacrosanctum Concilium" des Zweiten Vatikanischen Konzils (2004), 22f.25.

von 1970 um ein revidiertes Messbuch in der größeren Tradition der Kirche handelt[188] oder nicht eher um ein neues Messbuch in Absetzung vom Messbuch von 1962, wie nicht nur Kritiker, sondern auch Befürworter der Messbuchreform meinten.

Joseph Gelineau (1920–2008), Förderer der Liturgiereform und Mitglied des Rates zur Durchführung der Liturgiereform, erklärte: „Man muss es ohne Umschweife sagen: Der römische Ritus, so wir ihn gekannt haben, existiert nicht mehr. Er ist zerstört. Mauern aus dem ursprünglichen Gebäude sind gestürzt, während andere ihr Aussehen so sehr verändert haben, dass dieser heute entweder als Ruine erscheint oder als bruchstückhafter Unterbau eines anderen Gebäudes."[189] Joseph Ratzinger schreibt in seiner Autobiographie: „Man brach das alte Gebäude ab und baute ein anderes, freilich weitgehend aus dem Material des Bisherigen und auch unter Verwendung der alten Baupläne. Es gibt kein Zweifel, dass dieses neue Missale in vielem eine wirkliche Verbesserung und Bereicherung brachte, aber dass man es als Neubau gegen die gewachsene Geschichte stellte, diese verbot und damit Liturgie nicht mehr als lebendiges Wachsen, sondern als Produkt von gelehrter Arbeit und von juristischer Kompetenz erscheinen kann, das hat uns außerordentlich geschadet. Denn nun musste der Eindruck entstehen, Liturgie werde ‚gemacht', sie sei nicht Vorgegebenes, sondern etwas in unseren Entscheidungen liegendes."[190]

Bei der Liturgiereform waren nach dem Willen der Konzilsväter nicht nur „die allgemeinen Gestalt- und Sinngesetze der Liturgie zu beachten"; es sollten auch „keine Neuerungen eingeführt werden, es sei denn, ein wirklicher und sicher zu erhoffender Nutzen der Kirche verlange es. Dabei ist Sorge zu tragen, dass die neuen Formen aus den schon bestehenden gewissermaßen organisch herauswachsen"[191]. Die zum Teil weitreichenden Eingriffe in das römische Messbuch wurden neben dem Prinzip der *partici-*

---

188 Vgl. SC 23; 25.
189 *Gelineau*, Die Liturgie von morgen (1978), 11.
190 *Ratzinger*, Aus meinem Leben (1998), 173f.
191 SC 23.

patio actuosa vor allem mit demjenigen der edlen Einfachheit begründet. Das Prinzip stammt von dem englischen Konvertiten Edmund Bishop (1846–1917).[192] In seinem berühmten Aufsatz über den „Genius des römischen Ritus" machte Bishop auf die edle Einfachheit *(noble simplicity)* und Nüchternheit des römischen Ritus im Vergleich mit den orientalischen Riten aufmerksam. Dabei orientierte sich Bishop an der antiken Gestalt der Liturgie, die er wie viele andere Liturgiehistoriker seiner Zeit für letztlich maßgeblich hielt. Auch Anton Baumstark charakterisierte die römische Liturgie durch Einfachheit, Nüchternheit und Formstrenge. Baumstark meinte, dass sich alle Liturgien nach bestimmten Gesetzen entwickelt haben. Eines davon sei das Gesetz zu immer größerer Komplexität, verbunden mit geringerer Formstrenge. Dieses Urteil wird den tatsächlichen geschichtlichen Entwicklungen nur bedingt gerecht.

Das vom Konzil formulierte Prinzip der Einfachheit darf nicht im Sinne einer rationalisierenden Vereinfachung der Liturgie verstanden werden. Die Liturgie der Kirche muss nicht im Sinne einer „Oberflächenverständlichkeit" (Dieter Böhler) für jeden verstehbar sein. Das Prinzip der edlen Einfachheit und leichteren Verstehbarkeit ist für die Konzilsväter nicht ein Ökonomieprinzip, vergleichbar Ockhams Rasiermesser, sondern ein Prinzip textlicher Stimmigkeit und liturgischer Ästhetik. Es ging den Konzilsvätern um eine sachgerechte Korrespondenz von Gehalt und Gestalt der Liturgie. Die römische Liturgie mag im Vergleich zu den orientalischen Liturgiefamilien einfach, ja gelegentlich nüchtern sein. Gleichwohl handelt es sich um ein komplexes Gebilde, das sich nur dem erschließt, der mit ihr und durch sie lebt, was die regelmäßige Teilnahme an der Liturgie voraussetzt und eine liturgische Mystagogie erforderlich macht.

Die Reform der Messe hat ohne Zweifel zahlreiche gute Früchte hervorgebracht, etwa die Einführung der Volkssprache, die erweitere Perikopenordnung, durch welche die beiden Testamente der Heiligen Schrift den Gläubigen in größerer Breite

---

192 Vgl. *Bishop*, The Genius of the Roman Rite (1918).

Mysterium paschale

erschlossen wurden, die verpflichtende Homilie an Sonn- und Festtagen, die *oratio fidelium* (Fürbittgebet der Gläubigen), die Vermehrung der Präfationen, die drei neuen Hochgebete (die aber nicht den römischen Kanon verdrängen sollten), die Kommunion der Gläubigen in der Messfeier, die Möglichkeit zum Empfang der Kommunion unter beiderlei Gestalten sowie die Erneuerung der Dienste des Lektors und Kantors. Bei zahlreichen Eingriffen in die gewachsene Gestalt der römischen Messe bestehen aber Zweifel, ob man dabei dem Prinzip der organischen Liturgieentwicklung gerecht geworden ist. Ein Ausgleich zwischen Bewahren und Erneuern in der Perspektive der *longue durée* ist nicht immer zu erkennen.

Zunächst ist hier der völlig neu gestaltete und in seiner jetzigen Form wenig überzeugende Eröffnungsteil der Messe zu nennen, bei dem nur *Introitus*, *Kyrie* und *Gloria* erhalten geblieben sind, das ganze Stufengebet dagegen weggefallen ist, anstatt es zum Beispiel in volkssprachlicher Übersetzung auf Priester und Gläubigen zu verteilen, wie dies der „Ordo Missae" von 1965 als Möglichkeit vorsieht.[193] Im Messbuch für das deutsche Sprachgebiet finden wir bei der Neugestaltung des *Offertorium* ein besonders signifikantes Beispiel für liturgischen Archäologismus: Da man in der Gebetsbitte des *orate fratres* und im *Suscipiat* der Gläubigen eine frühmittelterliche Fehlentwicklung sah, ihre ersatzlose Streichung aber nicht durchsetzbar war, insistierte man für das deutsche Messbuch darauf, zwei Varianten einfügen zu können, womit man auch erfolgreich war.[194] In der liturgischen Praxis haben diese Varianten das *orate fratres* und das *Suscipiat* der Gläubigen weitgehend verdrängt. Ein Beispiel für einen massiven Eingriff außerhalb des „Ordo Missae" bildet die *missa pro defunctis*, die mit dem Requiem, wie wir es aus der abendländischen Musik-

---

193 Vgl. *Hoping*, Der Introitus und das Stufengebet als Schwellentexte (2014).
194 Vgl. MB (^{2}1988), 346f. – Die Liturgiereform hat den Begriff *Offertorium* nicht abgeschafft, wie gelegentlich behauptet wird. Selbst im deutschen Messbuch ist er erhalten geblieben (Vgl. MB ^{2}1988, 343), auch wenn der Ritus mit „Gabenbereitung" überschrieben ist.

Das Zweite Vatikanische Konzil und die Messbuchreform

geschichte kennen, auf der textlichen Ebene nahezu nichts mehr zu tun hat: Erhalten geblieben sind nur der erste Teil des *Introitus* und die *Communio*. Der vollständigen Eliminierung des Gerichtsgedankens fielen nicht nur die Sequenz *Dies irae*, sondern auch der zweite Teil des *Introitus*, das *Graduale*, das *Offertorium* und das *Libera me* zum Opfer.

Aufgrund der teilweise radikalen liturgischen Reformen, die zum Teil deutlich über das hinausgingen, was die Konzilsväter sich vorgestellt hatten, wundert es nicht, dass die Reformen, insbesondere die Messbuchreform, Kritiker auf den Plan rief. Darunter waren auch Mitglieder des Rates zur Durchführung der Liturgiereform wie Louis Bouyer[195] oder Giuseppe Ferdinando Kardinal Antonelli, Sekretär der Konzilskommission für die Liturgie[196]. Antonelli war wie Bugnini ein Anhänger der Liturgiereform, deren Hauptprinzip und Ziel er in der Förderung der aktiven und bewussten Teilnahme der Gläubigen an der Liturgie sah. Er plädierte aber für eine moderate Reform der römischen Liturgie. Deutlich wird dies an seinen Vorstellungen zur Reform des „Ordo Missae", die weitgehend denen der Konzilsväter entsprachen.[197] Gegenüber Bugninis radikalem Reformprogramm war Antonelli kritisch eingestellt. In seinem Notizbuch mit dem Titel „Note sulla Riforma Liturgica" (1968–1971) schreibt Antonelli: „Das liturgische Gesetz war bis zum Konzil etwas Heiliges *(una cosa sacra)*. Für viele existiert es nicht mehr. Jeder meint nun, er sei autorisiert zu tun, was

---

195 Vgl. u. a. *Bouyer*, Der Verfall des Katholizismus (1970).
196 Vgl. *Giampietro*, The Development of the Liturgical Reform (2009).
197 Vgl. ebd. 151: „Many will ask what the innovations in the Mass are. A brief reply may be made. A revision of the *Ordo Missae* is forseen. It will have to be carried through with optimum care and attention. The biblical readings will be enriched. The ancient *Oratio fidelium* will be restored. This will take the form of the prayers which are already well known from Good Friday ceremonies [...] A certain use of the vernacular in the Mass is also envisioned; particularly for the biblical readings, and in certain other parts which will be determined by the ecclesiastical authority in the various countries, and approved by the Holy See." Ebd. 149: „Certain parts of the Mass, such as the Canon, remain in Latin, while others, especially those directed to the people, such as the readings and the restored *Oratio fidelium*, can take place in the vernacular."

337

Mysterium paschale

ihm beliebt, und viele der Jüngeren machen es genau so."[198] Antonelli gibt hierfür dem „System der Experimente"[199] die Schuld. Er klagt darüber, dass die Reformen immer radikaler und chaotischer würden, und zahlreiche Mitglieder im Liturgierat, nicht zuletzt Bischöfe, theologisch schlecht ausgebildet seien und über keine liturgische Bildung verfügten.[200] In einer Zeit unsicherer Theologie mache sich eine negative und schädliche Ideologie breit, alles zu ändern.[201] Zudem sei der Zugang zur Liturgie zunehmend „rationalistisch". Es stünde daher zu befürchten, dass zwar die Liturgie reformiert werde, die Frömmigkeit dabei aber auf der Strecke bleibe.[202] In den zum Teil radikalen Änderungen an der römischen Liturgie sieht Antonelli eine Desakralisierung und Säkularisierung: „The work of de-sacralization continues on a vast scale. Now they call it secularization."[203]

Von Anfang an war nicht nur die Reform der römischen Messe umstritten, sondern auch die Frage, wie sich das neue Messbuch zum alten verhält. Ersetzt er dieses oder tritt es an seine Seite?

---

198 Ebd. 191: „Up to the Council, liturgical law was regarded as something sacred, for many it not longer exists. Everyone now takes it that they are authorized to do what they like, and many of the young do just that."
199 Vgl. ebd. 191: „I noted that part of the cause for the stage of things must be related to the system of experiments. The Pope granted a faculty permitting experiments to the Consilium, and this faculty was used extensively by the Consilium."
200 Vgl. ebd. 166: „I am not enthusiastic about this work. I am unhappy at how much the Commission has changed. It is merely an assembly of people, many of them incompetent, and others well advanced on the road to novelty. The discussions are extremely hurried. Discussions are based on impressions and the voting is chaotic."
201 Vgl. ebd. 192: „They begin by despising everything that is actually there. This negative mentality is injust and pernicious, and unfortunately, Paul VI tended a little bit to this side. They have all the best intentions, but with this mentality they have only been able to demolish and not to restore."
202 Vgl. ebd. 170: „There is a spirit of criticism and intolerance of the Holy See which cannot lead to a good end. Then there is the rationalistic study of the liturgy and no concern for true piety. I am afraid that one day we shall have to say of this whole reform [...]: *accepit liturgia, recessit devotio.*"
203 Ebd. 177.

Das war lange nicht klar. Bugnini, der seit der Neugründung der Gottesdienstkongregation (1969) ihr Sekretär war, suchte daher eine Entscheidung. Doch erst am 8. Oktober 1974, vier Jahre nach Veröffentlichung des Messbuchs Pauls VI., veröffentlichte die Gottesdienstkongregation eine Notifikation zur Verbindlichkeit der neuen Messe, in der es heißt, dass das Messbuch Pauls VI. das „Missale Romanum" von 1570 abgelöst habe.[204]

Doch das Missale von 1962 blieb nach 1965 weiterhin in Gebrauch. Es gab nicht nur Ausnahmen für ältere Priester, die Schwierigkeiten hatten, sich umzustellen. Am 5. November 1971 gewährte Paul VI. für England und Wales ein Indult zur Feier der tridentinischen Messe.[205] Vorangegangen war eine Petition zum Erhalt der alten lateinischen Messe. Die Petition zugunsten der klassischen Form der Messe als Teil einer „universalen Kultur" war von zahlreichen prominenten Katholiken wie Nichtkatholiken unterzeichnet, u. a. von dem zum Katholizismus konvertierten britischen Schriftsteller Graham Greene (1991), dem jüdischen Geiger Yehudi Menuhin (1904–1999) und der bekannten Krimiautorin Agatha Christie (1890–1976).[206] Unterstützt wurde die Petition durch den Erzbischof von Westminster, John Carmel Kardinal Heenan (1905–1975). Durch das von Paul VI. gewährte Indult wurden die Bischöfe von England und Wales autorisiert, die Feier der Messe im *usus antiquior* zu besonderen Anlässen zu erlauben.[207] Die englischen Katholiken hatten eine besondere Verbindung zur traditionellen römischen Liturgie, da sie die Liturgie zahlreicher Märtyrer in England war. Das Indult für England und Wales wird als Agatha Christie-Indult bezeichnet, da Paul VI. bei der Lektüre der Unterschriften der Petition ausgerufen haben soll:

---

204 Darauf beruft sich *Grillo*, Beyond Pius V (2013), 101, für seine These, dass das neue Messbuch das alte ersetzt habe.
205 Vgl. *Sacra Congregatio pro Culto Divino* (5. November 1971), Prot. N. 1897/71.
206 Vgl. den Text in Una Voce 51 (2021) Heft 4, 89–90.
207 Dass schon Paul VI. durch ein Indult die Feier der Messe im *usus antiquior* erlaubt hatte, erwähnt *Faggioli*, Sacrosanctum Concilium (2014) mit keinem Wort.

„Ah, Agatha Christie". Weitere Appelle an Papst Paul VI., den klassischen Messritus weiter zu erlauben, wurden von französischen Intellektuellen unterzeichnet, u. a. von dem französischen Schriftsteller Julien Green (1900–1998), dem Philosophen Jacques Maritain (1882–1973) und von Gabriel Marcel (1889–1973).

Die Entwicklung der 1970 von Erzbischof Marcel Lefebvre (1905–1991) gegründeten und der traditionellen Liturgie verpflichteten Priesterbruderschaft Pius' X. ließ Paul VI. aber zögern, weitere Indulte zu gewähren. Denn mit der Piusbruderschaft war die „tridentinische" Messe zum „Symbol der Ablehnung des Konzils" geworden.[208] 1975 verlor die Piusbruderschaft wegen ihres Widerstandes gegen die Beschlüsse des Zweiten Vatikanischen Konzils, besonders zur Religions- und Gewissensfreiheit, ihren kanonischen Status. Die Bruderschaft ging dazu über, unerlaubt Priesterseminare zu unterhalten und Priester zu weihen. 1988 kam es aufgrund illegitimer Bischofsweihen zum Schisma. Die Bischöfe der Piusbruderschaft wurden exkommuniziert.

Im Zuge der gescheiterten Bemühungen zur Wiedereingliederung der Piusbruderschaft unter Johannes Paul II. war man um eine Klärung des Status der überlieferten Liturgie bemüht. In einem Brief an die Bischofskonferenzen vom 3. Oktober 1984 erteilte die Gottesdienstkongregation allen Bischöfen der katholischen Kirche die Erlaubnis, für einzelne Kirchen ein Indult zur Feier der Messe nach dem Messbuch von 1962 zu gewähren. 1986 stellte eine von Johannes Paul II. eingesetzte Kardinalskommission, die im Zuge der Bemühungen um eine Aussöhnung mit der Priesterbruderschaft errichtet worden war, fest, dass die klassische Form der römischen Messe niemals abgeschafft worden sei. Im Interesse der *pax liturgica* empfahl die Kommission, allen Priestern des lateinischen Ritus die Zelebration der alten Messe freizustellen. Johannes Paul II. ist der Kommissionsempfehlung zwar nicht gefolgt, mit seinem Apostolischen Schreiben „Ecclesia Dei" (1988)

---

208 So Paul VI. gegenüber dem französischen Philosophen Jean Guitton (1901–1999). Vgl. *Guitton*, Paul VI secret (1979), 158f.

anlässlich der illegitimen Bischofsweihen der Priesterbruderschaft Pius X. forderte er aber alle Bischöfe auf, „die Richtlinien zum Gebrauch des Römischen Meßbuchs in der *Editio typica* vom Jahr 1962 weit und großzügig"[209] anzuwenden.

Innerhalb der katholischen Kirche entstanden seit dem Schisma der Piusbruderschaft mehrere neue Priestergemeinschaften, in denen die römische Liturgie nach dem *usus antiquior* bis heute gefeiert wird, z. B. die „Priesterbruderschaft des hl. Petrus". Voraussetzung dafür war, dass die Beschlüsse des Zweiten Vatikanischen Konzils und der Messritus von 1970 anerkannt wurden. Auch einzelne Klöster, vor allem der benediktinischen Tradition, kehrten zur alten Liturgie zurück (z. B. die Abtei Saint Madeleine du Barroux und die Abtei Notre-Dame de Fontgombault). Ende 2006 erschien ein Appell französischer Intellektueller um den Philosophen René Girard (1923–2015), die alte Messe wieder allgemein zuzulassen.[210] An Epiphanie 2007 wurde in Deutschland ein „Manifest zur Wiederzulassung der überlieferten lateinischen Messe" veröffentlicht. Unterzeichnet war es u. a. von dem Schriftsteller Martin Mosebach.[211]

Mit dem Motu proprio „Summorum Pontificum" Benedikts XVI. (7. Juli 2007) erfolgte die allgemeine Wiederzulassung der überlieferten lateinischen Liturgie zum 14. September 2007[212], die unter Papst Franziskus widerrufen wurde.[213] In seinem Begleitbrief zum Motu proprio betont Benedikt XVI., dass das mittelfristige Ziel seines Motu proprio eine wechselseitige Befruchtung der beiden Formen des römischen Ritus sei.[214] „Denn es gibt keinen

---

209 *Johannes Paul II.*, Ecclesia Dei (1998), Nr. 6c.

210 Vgl. Le Figaro, 16. Dezember 2006/Süddeutsche Zeitung, 19. Dezember 2006.

211 Vgl. Die Welt, 17. Januar 2007.

212 Vgl. dazu die Kommentare von *Lüdecke*, Kanonistische Anmerkungen zum Motu Proprio „Summorum Pontificum" (2008); *Nebel*, Die „ordentliche" und „außerordentliche" Form des römischen Messritus (2009); *Weishaupt*, Päpstliche Weichenstellungen (2010).

213 Vgl. den *Nachtrag* unten.

214 Vgl. *Benedikt XVI.*, Begleitbrief zum Motu proprio „Summorum Pontificum" (2007), 24.

Widerspruch zwischen der einen und der anderen Ausgabe des ‚Missale Romanum'. In der Liturgiegeschichte gab es Wachstum und Fortschritt, aber keinen Bruch"[215]. Das Motu proprio „Summorum Pontificum" unterscheidet zwischen der ordentlichen Form *(forma ordinaria)* und der außerordentlichen Form *(forma extraordinaria)* des römischen Ritus und unterstreicht damit die Einheit des römischen Ritus in seinen beiden Formen.[216]

Das Apostolische Schreiben „Summorum Pontificum" war nicht nur für die Traditionalisten der Priesterbruderschaft Pius' X. gedacht. Es stand im größeren Zusammenhang der Krise der nachkonziliaren Liturgie.[217] Es gibt viele Gründe, warum Menschen die alte Messe lieben, sie wieder oder ganz neu für sich entdecken. Einer der Gründe liegt sicherlich in der Wahrnehmung, beim *usus antiquior* der römischen Messe komme ihr sakraler und kultischer Charakter deutlicher zum Tragen als beim *usus modernus*. Benedikt XVI. ging es mit seinem Motu proprio „Summorum Pontificum" nicht um eine flächendeckende Rückkehr zur „tridentinischen Messe", sondern um eine liturgische Erneuerung im Lichte der Tradition. Wenn mancher Kritiker behauptet, die Entscheidung zur Wiederzulassung der klassischen lateinischen Messe durch Benedikt XVI. sei ein Verrat am Zweiten Vatikanischen Konzil[218] gewesen, dann läuft dies auf den schwerwiegenden Vorwurf hinaus, dass Benedikt XVI. Beschlüsse eines ökumenischen Konzils missachtet habe.[219] Und wer bestreitet, dass die

---

215 Ebd. 25f.
216 Vgl. ebd. Art. 1. Benedikt XVI. spricht nicht vom „außerordentlichen Ritus", wie *Richter*, Vom Sinn der Liturgiereform (2008), 67, und *Faggioli*, Sacrosanctum Concilium (2015), 206, behaupten.
217 Vgl. *Spaemann*, Die Präsenz des klassischen römischen Ritus (2007); *Muschalek*, Die Rehabilitierung der Alten Messe durch Benedikt XVI. (2007).
218 Vgl. *Richter*, Die Liturgiekonstitution „Sacrosanctum Concilium" des Zweiten Vatikanischen Konzils (2004), 38. Vgl. auch *ders.*, Zum Verhältnis von Kirchenbild und Liturgie (2011); *ders.*, Ein halbes Jahrhundert Sacrosanctum Concilium (2011).
219 *Faggioli*, Sacrosanctum Concilium (2014), 206f., wirft Benedikt XVI. vor, den „Revisionisten der Liturgiereform" in die Hände gespielt zu haben. Sein Motu proprio „Summorum pontificun" habe die „Verfügbarkeit der Liturgie-

alte und neue Form der Messe des Römischen Ritus Ausdruck derselben *lex orandi* der Kirche sind, vielmehr ein unüberwindlicher Gegensatz in der *lex credendi* besteht, der stellt faktisch die Legitimität einer mehr als 1500-jährigen Liturgiegeschichte in Frage.[220]

Entgegen eines häufigen Missverständnisses ging es Benedikt XVI. nicht um eine „(liturgie)theologische Kehrtwende"[221] oder eine allgemeine Rückkehr zur alten Messe. Mit seinem Motu proprio „Summorum pontificum" (2007) und der Instruktion „Universae Ecclesiae" (2011) sowie einer „Reform der Reform" zielte Benedikt XVI. vielmehr auf eine liturgische Versöhnung und eine „Rückkehr zur Anbetung". Mit einer zugespitzten Formel könnte man sagen: Weg von der fatalen „liturgischen Pastoral" der Nachkonzilszeit hin zur „liturgischen Latreutik". Denn mag die Liturgie auch einen katechetischen Charakter haben, so ist sie doch vor allem ein sakrales Geschehen, nämlich die Heiligung des Menschen[222] und Anbetung und Verehrung Gottes, *cultus divinae maiestatis.*[223]

---

reform des II. Vatikanums" demonstriert. *Grillo*, Eucaristia (2019), 290, spricht von „confusi provvedimenti" (verwirrenden Maßnahmen) des Motu Proprio Benedikts XVI.

220 So *Kranemann*, Liturgie im Widerspruch (2008), 55f.; *ders.*, Die Theologie des Pascha-Mysteriums im Widerspruch (2009); *Faggioli*, Sacrosanctum Concilium (2014), 128.

221 So die Meinung von *Kranemann*, Die Theologie des Pascha-Mysteriums im Widerspruch (2009), 151.

222 Vgl. SC 7.

223 Vgl. *Nichols*, Looking at the Liturgy (1996); *Geoffroy*, Benoît XVI et la „paix liturgique" (2008); *Bux*, La riforma di Benedetto XVI (2008); *Gagliardi*, Liturgia fonte di vita. Prospettive teologiche (2009); *Crescimanno*, La riforma della riforma liturgica (2009); *Spaemann*, Gedanken eines Laien zur Reform der Reform (2009); *Hoping*, „Die sichtbarste Frucht des Konzils" (2004); *ders.*, Dewahren und Erneuern (2009). Zur Kritik an der angeblich revisionstischen Forderung nach einer „Reform der Reform" vgl. *Baldovin*, Reforming the Liturgy (2008); *ders.*, Idols and Icons (2011); *Faggioli*, Sacrosanctum Concilium (2015), 205–212; *Grillo*, Eucaristia (2019), 270–287. Grillo wirft mir nicht nur fehlende wissenschaftliche und pastorale Verantwortung, sondern auch mangelnde theologische Bildung vor. Eine sachliche Auseinandersetzung mit meiner Position kann ich darin nicht erkennen.

Als *Nachtrag* einige Anmerkungen zu den Entwicklungen der Liturgie in der außerordentlichen Form des römischen Ritus im Pontifikat von Papst Franziskus. Mit Blick auf die traditionalistische Priesterbruderschaft Pius' X., die einzelne Beschlüsse des Zweiten Vatikanischen Konzils ablehnte, darunter die Religions- und Gewissensfreiheit, sprach Franziskus in einem Schreiben zum Außerordentlichen Jubiläum der Barmherzigkeit von seinem Vertrauen, dass mit den Priestern und Oberen der Priesterbruderschaft „in naher Zukunft Lösungen gefunden werden können, um die volle Einheit"[224] wiederzugewinnen. In seinem Apostolischen Schreiben „Misericordia et misera" (20. November 2016) erteilte Franziskus den Priestern der Piusbruderschaft die Vollmacht, ihren Gläubigen gültig die Beichte abzunehmen und die sakramentale Absolution zu erteilen.[225]

Ein von Franziskus bestätigtes Schreiben der Kommission „Ecclesia Dei" (27. März 2017) bevollmächtigte die Ortsbischöfe, ihren Priestern die Delegation zur Feier der Eheschließung von Gläubigen der Priorate der Piusbruderschaft zu erteilen: „Wann immer möglich, soll die Vollmacht zur Eheassistenz seitens des Ordinarius einem Diözesanpriester (oder jedenfalls einem regulären Priester) erteilt werden, um die Konsenserklärung der Partner bei der Feier des Sakraments entgegenzunehmen, die nach der Liturgie des *Vetus ordo* zu Beginn der Heiligen Messe erfolgt. Daran schließt sich die Feier der Votivmesse durch einen Priester der Bruderschaft an. Sollte das nicht möglich oder sollte kein Diözesanpriester anwesend sein, der den Konsens der Partner entgegennimmt, kann der Ordinarius erlauben, die erforderlichen Vollmachten unmittelbar dem Priester der Bruderschaft, der auch die Heilige Messe feiert, zu erteilen. Dieser ist zu ermahnen, pflichtgemäß der Diözesankurie alsbald die Trauungsdokumente zukom-

---

224 *Franziskus*, Lettera con la quale si concede l'indulgenza in occasione del giubileo straordinario della misericordia (1. September 2015): AAS 107/9 (2015) 974–976, hier 976.
225 Vgl. *Franziskus*, Apostolisches Schreiben „Misericordia et misera" (20. November 2016) zum Abschluss des Außerordentlichen Heiligen Jahres der Barmherzigkeit (Verlautbarungen des Apostolischen Stuhls 207), Nr. 12.

men zu lassen."[226] Offensichtlich betrachtet der Vatikan damit die Messfeier der *a divino* suspendierten Priester der Piusbruderschaft als legitim.

Neben Priestern der traditionalistischen Piusbruderschaft feiern auch Priester der Petrusbruderschaft und einzelne Diözesanpriester die Messe in der alten Form des Römischen Ritus. Mit Zustimmung von Papst Franziskus hat die Kongregation für die Glaubenslehre durch das Dekret „Cum Sanctissima" (22. Februar 2020) die Feier der nach 1962 kanonisierten Heiligen unter Verwendung der entsprechenden Präfationen ermöglicht.[227] Um die gegenseitige Bereicherung der beiden Formen des römischen Messritus hat das ebenfalls von Franziskus bestätigte Dekret „Quo magis" (22. Februar 2020) der Kongregation für die Glaubenslehre für die *forma extraordinaria* der Messfeier mehrere neue Präfationen zugelassen, darunter vier aus dem „Missale Romanum" von Paul VI. (1. De Angelis; 2. De Sancto Ioanne Baptista; 3. De Martyribus; 4. De Nuptiis) und drei der 1962 nur für einige Orte erlaubten Präfationen (1. De Omnisbus Sanctis et SS. Patronis; 2. De Dedicatione Ecclesiae; De SS. Sacramento).[228] Die Schlussformel der Präfationen wurden zum Teil verändert und dem Stil der alten Form der Messe angepasst. Dies entsprach dem Willen Benedikts XVI., dass die Feier der Messe nach dem Missale von 1962 nicht auf den Zustand vor dem Zweiten Vatikanischen eingefroren wird, sondern sich moderat weiterentwickelt.[229]

---

226 *Päpstliche Kommission „Ecclesia Dei"*, Brief an die Bischöfe der betroffenen Bischofskonferenzen über die Erlaubnis zur Feier der Eheschließung der Gläubigen der Priesterbruderschaft Pius' X. (27. März 2017): AAS 108/5 (2017), 426–427, hier 426f.
227 Vgl. *Kongregation für die Glaubenslehre*, Dekret „Cum Sanctissima" (22. Februar 2020): AAS. – Neben einer Liste von siebzig Heiligen der 3. Klasse, die niemals verdrängt werden können, ist es bei allen anderen Heiligen der 3. Klasse möglich, einen nach 1962 kanonisierten Heiligen zu nehmen.
228 Vgl. *Kongregation für die Glaubenslehre*, Dekret „Quo magis" (22. Februar 2020): AAS.
229 Vgl. *Benedikt XVI.*, Epistula ad Episcopos ad producendas Litteras Apostolicas Motu Proprio datas, de Usu Liturgiæ Romanæ Instaurationi anni 1970 præcedentis, in: AAS 99/7 (2007), 795–799, hier 798.

345

Um so überraschender war daher das Apostolische Schreiben Motu proprio „Traditionis custodes" (16. Juli 2021), mit dem Franziskus das Motu proprio „Summorum Pontificum" (2007) Benedikts XVI. außer Kraft setzte. Schon zwei Wochen zuvor hatte der Blog „Paix Liturgique Allemagne" gemeldet, Pietro Kardinal Parolin, Staatssekretär des Papstes, habe in einem Kreis von Kardinälen erklärt, man müsse der alten Messe, die Benedikt XVI. allen Priestern des Römischen Ritus erlaubt habe, endgültig ein Ende setzen.[230]

„Traditionis custodes" ist nicht nur eine Modifikation von „Summorum Pontificum" oder seiner Ausführungsbestimmungen in der Instruktion „Universi Ecclesiae", sondern richtet sich gegen die von Benedikt XVI. in seinem Motu proprio vorgenommene Unterscheidung zwischen ordentlicher und außerordentlicher Form der Messfeier. Im ersten Artikel von „Traditionis custodes" dekretiert Franziskus: „Die von den heiligen Päpsten Paul VI. und Johannes Paul II. in Übereinstimmung mit den Dekreten des Zweiten Vatikanischen Konzils promulgierten liturgischen Bücher sind die einzige Ausdrucksform der lex orandi (Gesetz des Betens) des Römischen Ritus."[231]

Franziskus behauptet damit das genaue Gegenteil von Benedikt XVI., der im ersten Artikel von „Summorum Pontificum" erklärt hatte: „Das von Paul VI. promulgierte Römische Messbuch ist die ordentliche Ausdrucksform der *Lex orandi* der katholischen Kirche des lateinischen Ritus. Das vom hl. Pius V. promulgierte und vom sel. Johannes XXIII. neu herausgegebene Römische Messbuch hat hingegen als außerordentliche Ausdrucksform derselben *Lex orandi* der Kirche zu gelten, und aufgrund seines verehrungswürdigen und alten Gebrauchs soll es sich der gebotenen Ehre erfreuen. Diese zwei Ausdrucksformen der *Lex orandi* der Kirche werden aber keineswegs zu einer Spaltung der *Lex credendi* der Kirche führen; denn sie sind zwei Anwendungsformen des

---

230 Vgl. https://de.paix-liturgique.org (aufgerufen am 18. August 2021).
231 Vgl. *Franziskus*, Apostolisches Schreiben Motu proprio „Traditionis custodes" (16. Juli 2021), Art. 1.

einen Römischen Ritus."[232] Noch das Dekret „Quo magis" (22. Februar 2020) hatte gleich zu Beginn von der *altera Ritus Romani forma* gesprochen.[233]

Nun dekretiert Franziskus, dass es nur eine einzige Form der *lex orandi* des Römischen Ritus gibt.[234] Damit befindet sich Franziskus freilich im Widerspruch zur Promulgation des Messbuchs „Divine Worship: The Missal" (29. November 2015) für die zur katholischen Kirche konvertierten Anglikaner der Personalordinariate für England, die Vereinigten Staaten sowie Australien und Ozeanien, die in seinem Pontifikat auf der Grundlage der Apostolischen Konstitution „Anglicanoum coetibus" (9. November 2009) Benedikts XVI. errichtet wurden. Denn das Missale für die genannten Personalordinariate ist eine um anglikanische Traditionen erweiterte legitime Adaption (*legitima adaptatio*) des Römischen Ritus.[235]

Mit „Traditionis custodes" verpflichtet Franziskus die Bischöfe, denen er die Aufgabe zuweist, „Wächter des gesamten liturgischen Lebens" zu sein, allen „Weisungen des Apostolischen Stuhles zu folgen"[236]. Dazu gehört die Weisung, dass die alte Messe nicht mehr in Pfarrkirchen gefeiert werden darf.[237] Zudem kann ein Bi-

---

232 *Benedikt XVI.,* Apostolisches Schreiben Motu proprio „Summorum Pontificum" (2007), Art. 1. – Franziskus hat Johannes XXIII. (2014) und Paul VI. (2018) heiliggesprochen.

233 „Quo magis altera Ritus Romani forma alteram locupletaret".

234 Der Liturgiewissenschaftler Benedikt Kranemann, der „Summorum Pontificum" für eine Fehlentscheidung hält, die revidiert werden musste, hat diese Erklärung des Papstes freudig begrüßt. Vgl. *ders.,* Das Konzil im Blick (2021).

235 Der Kanonist Johannes Klösges fragt: „Was ist auf dieser Folie dann das jüngst für den Gebrauch in den errichteten Personalordinariaten approbierte Messbuch, welches nichts anderes ist als eine ‚tridentinische Messe' in der Sprache des Book of Common Prayer von 1662 – bewusst gewählt und römisch gestattet als Ausdruck recht verstandener Katholizität, der Einheit in der Vielfalt. Ein *tertium quid?*" (*ders.,* Traditionis confusionis? [2021], 24). – Klösges sieht die große Schwäche von „Traditionis custodes" in der nicht eindeutigen Rechtssprache und der fehlenden Rechtssicherheit, womit das Motu proprio mehr Fragen aufwirft, als es zu lösen scheint (vgl. ebd. 26).

236 *Franziskus,* Traditionis custodes, Art. 2.

237 Vgl. ebd. Art. 3, § 2.

347

schof einem Priester, der bislang die Messe nicht nach dem Missale 1962 feierte, die Erlaubnis dazu nicht ohne Konsultation des Apostolischen Stuhls erteilen.[238]

In einem Interview mit dem spanischen Journalisten Carlos Herrera spricht Franziskus vom Erfordernis einer Erlaubnis durch Rom zum „Bi-Ritualismus" (Bi ritualismo) und vergleicht sie mit der Erlaubnis, die Eucharistie im orientalischen *und* im lateinischen Ritus zu zelebrieren, die Rom Priestern der katholischen Kirche im Einzelfall erteilen kann.[239] Franziskus scheint den überlieferten Ritus, nach dem noch die Konzilsväter die heilige Messe feierten, die erneuerte Form der römischen Messe und das Messbuch „Divine Worshop" als verschiedene Riten zu betrachten.[240]

Die Kritik an „Traditionis custodes" war heftig.[241] Das Motu proprio wurde als ungerecht, übermäßig hart, ja grausam bezeichnet, so von Gerhard Kardinal Müller, Leo Kardinal Burke, Joseph Kardinal Zen und dem amerikanischen Autor George Weigel.[242] In manchen Kreisen war von einer „Kriegserklärung" gegen die alte Messe die Rede.[243] Scharfer Protest gegen an „Traditionis custodes" kam auch aus laizistischen Kreisen. In einem Gastkommentar für die französische Zeitung „Le Figaro" griff der französische Philosoph und bekennende Atheist Michel Onfray den Papst fron-

---

238 Vgl. ebd. Art. 4.

239 Siehe https://www.cope.es/programas/herrera-en-cope/el-papa-con-herre ra/noticias/papa-francisco-tras-operacion-paso-por-cabeza-renunciar-20210901 _1474838 (aufgerufen am 12. Oktober 2021).

240 Schon in seinem „Lehrbuch" zur Eucharistie verwendet Andrea Grillo den Begriff „biritualismo conflittuale": Eucharistia (2019), 279.

241 Vgl. den von Peter A. Kwasniewski herausgegebenen Band „From Benedict's Peace to Francis's War (2021).

242 Vgl. auch *Hoping*, Der Liturgie-Hammer des Papstes (2021); *Mosebach*, Drei Bemerkungen zum päpstlichen Motu proprio „Traditionis custodes" (2021).

243 Wie der Blog „Rorate Coeli" spricht mit Weihbischof Robertus Mutsaerts von der Diözese 's-Hertogenbosch auch ein Mitglied des niederländischen Episkopats von einer Kriegserklärung: https://de.catholicnewsagency.com/sto ry/hollaendischer-bischof-traditionis-custodes-wirkt-wie-eine-kriegserklae-erung-8885 (aufgerufen am 17. August 2021).

tal an.[244] Unter dem Vorwand, die Einheit wiederherzustellen, spalte Franziskus die Kirche und zerstöre das mit der traditionellen Liturgie verbundene kulturelle Erbe die Kirche.

Seit Pius IX. (1846–1878), der Kardinal Guidi von Florenz in der Unfehlbarkeitsdebatte sein unerbittliches „La Tradizione sono io" (Die Tradition bin ich) entgegenschleuderte, haben sich nur wenige Päpste so machtbewusst gezeigt wie Franziskus. Allerdings hat er seine Autorität dadurch deutlich geschwächt, dass er in seinem bisherigen Pontifikat immer wieder lehrmäßige Unklarheiten produziert und widersprüchliche Signale ausgesendet hat. Sein Versuch, die alte Messe zu unterdrücken, dürfte auch, wie die ersten Reaktionen von Bischöfen weltweit zeigen, scheitern.

Die überlieferte Form der römischen Messe wird eine Herausforderung für die neue Form der Messe und ihre *ars celebrandi* bleiben. Von nicht wenigen wird die alte Messe geschätzt, weil sie vor jener Kreativität schützt, mit der heute etliche Priester die Messe selbst zusammenbasteln – unter Missachtung der Normen des Messbuchs Pauls VI. und des Rechts der Gläubigen auf einen dem geltenden Römischen Ritus gemäß gefeierten Gottesdienst. Mit ihrem gewachsenen rituellen Gefüge widersetzt sich die alte Messe dem Versuch einer Entsakralisierung. Dies macht sie für Gläubige mit Sinn für Heiligkeit, Schönheit und Objektivität des christlichen Kultes, darunter vermehrt junge Menschen, attraktiv. Nicht dass die erneuerte Liturgie nicht würdig und dem Ritus gemäß als *actio sacra* gefeiert werden könnte. Doch bei den von Priestern moderierten Gemeindemessen fällt es nicht selten schwer, darin eine heilige Handlung wahrzunehmen, deren Förderung die Liturgiereform dienen sollte, die mit dem Messbuch Pauls VI. ihren ersten Abschluss fand.

Es war vor allem Robert Kardinal Sarah, den Papst Franziskus am 23. November 2014 zum Präfekten der Kongregation für den Gottesdienst und die Sakramentenordnung ernannt hatte, der die Feier der alten Messe förderte und mehrfach, schon im Pontifikat

---

244 Vgl. *Onfray,* „Ite missa est", in: Le Figaro, 19. Juli 2021, 18. (= Kwasniewski [Ed.], From Benedict's Peace to Francis's War [2021], 68–71).

349

Mysterium paschale

Benedikts XVI., von einer nötigen „Reform der Reform" sprach. Kurz vor Veröffentlichung von „Traditionis custodes" hatte Franziskus Kurienerzbischof Arthur Roche, den Sekretär der Gottesdienstkongregation, zum neuen Präfekten der Kongregation ernannt.

Bei einer Liturgietagung von „Sacra Liturgia.UK" in London (5.–9. Juli 2016) hatte Kardinal Sarah die Priester ermutigt, mit Beginn des neuen liturgischen Jahres die Eucharistiefeier wieder in gemeinsamer Gebetsrichtung mit dem versammelten Volk *ad orientem* bzw. *ad absidem* zu zelebrieren.[245] Am 11. Juli 2016 wurde im Bulletin des Vatikans eine gegen Kardinal Sarah gerichtete Presseerklärung veröffentlicht, in der es heißt, es gebe keine neuen Bestimmung zur Zelebrationsrichtung, die sich von den bisherigen Rubriken im Messbuch Pauls VI. unterscheide, und dass man besser nicht von einer „Reform der Reform"[246] spreche solle, da die Forderung danach „eine Quelle von Missverständnissen"[247] gewesen sei. Zugleich erinnert das Bulletin daran, dass Franziskus bei einem Besuch der Gottesdienstkongregation noch die Unterscheidung zwischen der „ordentlichen" und der „außerordentlichen" Form der Messfeier nach römischen Ritus bestätigt hat, allerdings dürfe die außerordentliche Form nicht an die Stelle der ordentlichen Form treten.[248] Das heißt, sie darf in Pfarreien nur ergänzend zur Messfeier nach dem Missale Pauls VI. gefeiert werden.

---

245 Vgl. *Cardinal Sarah*, Towards an Authentic Implementation of *Sacrosanctum Concilium* (2017), 16f. – Wie wir oben gesehen haben, hat das Zweite Vatikanische Konzil die gemeinsame Gebetsrichtung nicht geändert, sie ist nach dem Missale Paulus VI. und den nachfolgenden Erklärungen der Gottesdienstkongregation jederzeit möglich.

246 Vgl. *Cardinal Sarah*, Towards an Authentic Implementation of *Sacrosanctum Concilium* (2017), 15: „I do not think that we can dismiss the possibility of an official reform of the liturgical reform".

247 Vgl. Comunicato della Sala Stampa della Santa Sede: Alcuni chiarimenti sulla celebrazione della Messa: *„riforma della riforma*, riferendosi alla liturgia, dato che talvolta è stata fonte di equivoci" (Hevorhebung, H.H.). Die Presserklärung trägt keine Unterschrift, erschien also ohne Angabe eines Autors: https:// press. vatican.va/content/salastampa/it/bollettino/pubblico/2016/07/11/0 515/011 77.html (aufgerufen am 17. August 2021).

248 Vgl. ebd.: „Per parte sua il Papa Francesco, in occasione della sua visita al

Kardinal Sarah, dem nach seinem Ausscheiden aus dem Amt des Präfekten der Gottesdienstkongregation von Franziskus der Ehrenrang eines Kardinalpriesters verliehen wurde, äußerte seine Kritik an „Traditonis custodes" wie Onfray in der Zeitschrift „Le Figaro" sowie auf dem britischen Onlineportal „National Catholic Register".[249] Wie der Philosoph betont der Kardinal den Zusammenhang westlicher Zivilisation, christlicher Religion und Kirche. Im Fundament einer Zivilisation, so Sarah, kann es nur eines geben, das sie übersteigt: das Heilige. Sarah zitiert den französischen Schriftsteller André Malraux (1901–1986): „La nature d'une civilisation, c'est ce qui s'agrège autour d'une religion. Notre civilisation est incapable de construire un temple ou un tombeau. Elle sera contrainte de trouver sa valeur fondamentale, ou elle se décomposera."[250]

In seiner Kritik an „Traditionis custodes" vermeidet Sarah zwar jede Schärfe, ist aber ansonsten recht deutlich. Zunächst stellt er fest: „In der Kirche gibt es keinen Rückschritt, sondern eine organische und kontinuierliche Entwicklung, die wir lebendige Tradition nennen." Der Kardinal zitiert den Brief Benedikts XVI. an die Bischöfe zur Veröffentlichung des Motu propio „Summorum Pontificum" (7. Juli 2007): „In der Liturgiegeschichte gibt es Wachstum

---

Dicastero del Culto Divino, ha ricordato espressamente che la forma ‚ordinaria' della celebrazione della Messa è quella prevista dal Messale promulgato da Paolo VI, mentre quella ‚straordinaria', che è stata permessa dal Papa Benedetto XVI per le finalità e con le modalità da lui spiegate nel Motu Proprio Summorum Pontificum, non deve prendere il posto di quella ‚ordinaria'."
249 *Cardinal Sarah*, „Nul n'est en trop dans l'Église de Dieu", in: Le Figaro, 14. August 2021; On the Credibility of the Church: National Catholic Register (14. August 2021). José Carcía, der in der Ausgabe der katholischen Wochenzeitung „Die Tagespost" vom 19. Juli 2021 einen Überblick über die zentralen Aussagen der beiden Texte gegeben hat, vermutet, dass der „Figaro" den Beitrag Sarahs kürzte. Ich zitiere in deutscher Übersetzung die vom „National Catholic Register" veröffentlichte Fassung (= Kwasniewski [Ed.], From Benedict's Peace to Francis's War [2021], 295–297).
250 Es handelt sich um eine Notiz Malrauxs über den Islam vom 3. Juni 1956 (Institut Charles de Gaulle. Valeurs Actuelle, n° 3395): https://malraux.org/wp-content/uploads/2010/02/images_documents_islam_1956.pdf (aufgerufen am 10. Oktober 2021).

und Fortschritt, aber keinen Bruch. Was früheren Generationen heilig war, bleibt auch uns heilig und groß; es kann nicht plötzlich rundum verboten oder gar schädlich sein. Es tut uns allen gut, die Reichtümer zu wahren, die im Glauben und Beten der Kirche gewachsen sind und ihnen ihren rechten Ort zu geben."[251] „Welche Glaubwürdigkeit", so Sarah weiter, „könnte die Kirche ohne diese radikale Kontinuität noch beanspruchen? [...] Das Heilige kann nicht dekretiert werden, es wird von Gott empfangen und weitergegeben."

Sarah beklagt, dass einige Theologen seit „Summorum Pontificum" versucht hätten, die alte Messe gegen die neue auszuspielen, um dadurch „Liturgiekriege neu zu entfachen". Mit Benedikt XVI. fordert er daher erneut zum Frieden zwischen den beiden Formen der römischen Messe auf. Wenn die Kirche nicht die friedliche Kontinuität ihrer Verbindung mit Christus bewahre, können sie der Welt nicht „das Heilige, das die Seelen verbindet" (Johann Wolfgang Goethe) schenken.

„Jenseits des Ritenstreits steht die Glaubwürdigkeit der Kirche auf dem Spiel. Wenn sie die Kontinuität zwischen dem, was gemeinhin die Messe des heiligen Pius V. und die Messe Pauls VI. genannt wird, bejaht, dann muss die Kirche in der Lage sein, deren friedliches Zusammenleben und deren gegenseitige Bereicherung zu organisieren. Würde man die eine zugunsten der anderen radikal ausschließen, würde man sie für unvereinbar erklären, würde man implizit einen Bruch und eine Umorientierung anerkennen. Dann aber könnte die Kirche der Welt nicht mehr jene heilige Kontinuität bieten, die ihr allein Frieden geben kann. Indem sie einen liturgischen Krieg in sich selbst am Leben erhält, verliert die Kirche ihre Glaubwürdigkeit und wird taub für den Ruf der Menschen. Der liturgische Friede ist das Zeichen für den Frieden, den die Kirche der Welt bringen kann."

Die Bischöfe seien verantwortlich „für das Zusammenleben und die gegenseitige Bereicherung der beiden liturgischen For-

---

251 *Benedikt XVI.*, Epistula ad Episcopos ad producendas Litteras Apostolicas Motu Proprio datas, de Usu Liturgiæ Romanæ Instaurationi anni 1970 præcedentis (7. Juli 2007).

men". Hirten, die ihre Autorität nicht in diesem Sinne ausübten, seien keine Hüter des Glaubens. „Ein Vater kann nicht Misstrauen und Spaltung unter seinen treuen Kindern hervorrufen. Er kann nicht die einen demütigen, indem er sie gegen die anderen ausspielt. Er kann nicht einige seiner Priester ächten. Der Friede und die Einheit, die die Kirche der Welt anzubieten beansprucht, müssen zuerst innerhalb der Kirche gelebt werden." In liturgischen Fragen haben „weder pastorale Gewalt noch parteipolitische Ideologie jemals Früchte der Einheit hervorgebracht."[252]

---

252 Die von der Kongregation für den Gottesdienst und die Sakramentenordnung veröffentlichten *„Responsa ad dubia* zu einigen Bestimmungen des Apostolischen Schreibens in Form eines Motu Proprio *Traditiones custodes* von Papst Franziskus" (4. Dezember 2021) bestätigen, dass es die Absicht von Franziskus ist, der alten Form der römischen Messe im Leben von Pfarreien und Gemeinden ein Ende zu setzen.

Kapitel IX

ORDO MISSAE

Die Feier der Messe im Römischen Ritus

„Introibo ad altare. Ad Deum qui laetificat iuventutem meam." Mit dem vierten Vers von Ps 43 [42] beginnt der Priester in der alten Form der römischen Messe nach dem „In nomine Patris, et Filii, et Spiritus Sancti" das Stufengebet. Vom Ursprung her ist dieses ein Vorbereitungsgebet des Priesters und der *ministri* auf die Feier der Messe. Es kann aber auch vom Priester und den Gläubigen im Wechsel gesprochen werden. In der Messbuchreform wurde das Stufengebet zunächst für den „Ordo Missae" (1965) und das darauf basierende Lateinisch-Deutsche Altarmessbuch (1965) bis auf den Psalm *Iudica* beibehalten. Im „Missale Romanum" von 1970 ist das Stufengebet dann vollständig weggefallen. Die Messe beginnt mit der Versammlung der Gläubigen, dem Einzug des Priesters, einer tiefen Verneigung, dem *Introitus*, dem Gang zu den Sedilien und dem anschließenden Kreuzzeichen „Im Namen des Vaters und des Sohnes und des Heiligen Geistes". Die Grundform der Messe nach dem Messbuch Pauls VI. ist die *missa cum populo*, die Messe mit dem Volk.[1]

---

1 Vgl. SC 57, § 2.2. Neben der *missa cum populo* regelt das Messbuch auch die Messe mit nur einem Gläubigen, der dem Priester assistiert (IGMR Nr. 252–272). Das Zweite Vatikanische Konzil hat die Legitimität der *missa sine populo* bestätigt: Jedem Priester steht es frei, auch einzeln zu zelebrieren (vgl. SC 57, § 2.2). Die Päpste nach dem Konzil haben es den Priestern empfohlen, täglich und wenn nötig auch ohne Gläubige die Messe zu feiern. So zuletzt *Benedikt XVI.*, Nachsynodales Apostolisches Schreiben „Sacramentum Caritatis" (2007), Nr. 80.

1. Die Messe in der Form von 1970

Die Messe besteht aus den beiden Hauptteilen *Liturgia Verbi* (Liturgie des Wortes/Wortgottesdienst) und *Liturgia eucharistica* (eucharistische Liturgie/Eucharistiefeier), gerahmt von der Eröffnung und dem Schluss.[2] Den beiden großen Teilen der Messe entsprechend besitzt die Feier der Messe zwei zentrale Handlungsorte: den Ambo als Tisch des Gotteswortes *(mensa verbi Dei)* und den Altar als Tisch des Herrenleibes *(mensa Corporis Domini).*[3] Die Reform der Messe hat zu einer Aufwertung der Liturgie des Wortes geführt, der sogenannten Katechumenenmesse, die früher oft unangemessen als „Vormesse" bezeichnet wurde. Demgegenüber erklärt das Zweite Vatikanische Konzil, dass die Liturgie des Wortes und die eucharistische Liturgie so eng miteinander verbunden sind, dass sie eine einzige Kulthandlung bilden.[4] Nach dem Missale Pauls VI. hat die Feier der Sonntagsmesse folgenden Aufbau:

ERÖFFNUNG
  Introitus (Einzug mit Gesang)
  Verehrung des Altares (Altarkuss); evtl. mit Inzens
  Kreuzzeichen
  Begrüßung
  Einführung
  Bußakt (Allgemeines Schuldbekenntnis)
      [an Sonntagen evtl. Taufgedächtnis]
  Kyrie
  Gloria
  Tagesgebet

---

2 Vgl. *Emminghaus*, Die Messe ([5]1992), 155–302; *Meyer*, Eucharistie (1989), 330–363; *Meßner*, Einführung in die Liturgiewissenschaft ([2]2009), 171–222.
3 Vgl. SC 48.51; AEM Nr. 8.
4 Vgl. SC 56.

Ordo missae

LITURGIE DES WORTES
1. Lesung
Antwortpsalm
2. Lesung
Ruf vor dem Evangelium (Halleluja; evtl. Sequenz)
Evangelium (evtl. mit Inzens)
Homilie
Credo
Allgemeines Gebet

EUCHARISTISCHE LITURGIE
Darbringung der Gaben
Gesang zur Gabendarbringung
Herbeibringen der Gaben
Bereitung des Kelches (Wein, Wasser)
Darbringungsgebet
Selbstaufopferungsgebet
evtl. Inzens von Opfergaben, Altar, Klerus und Gläubigen
Händewaschung
Gebet über die Opfergaben
Eucharistisches Gebet
Präfation
Sanctus/Benedictus
Wandlungsepiklese
Einsetzungsworte
Mysterium fidei
Akklamation der Gemeinde
Anamnese
Opfergebet
Kommunionepiklese mit Gebet um Einheit
Interzessionen mit Heiligengedächtnis
Schlussdoxologie
Akklamation der Gemeinde
Kommunion
Vater unser mit Embolismus und Akklamation
Friedensgebet und Friedensgruß

Agnus Dei/Brotbrechung und Mischung
Vorbereitungsgebet
Kommunionempfang
Reinigung der Gefäße
Danksagung
Postcommunio (Schlussgebet)

SCHLUSS
Mitteilungen
Segen
Entlassung
Altarkuss
Rezess

Eröffnung: Die Eröffnungsriten umfassen die beiden Akte des „Sich-Versammelns" (Versammlung, Kreuzzeichen, Liturgischer Gruß mit allgemeinem Schuldbekenntnis) und des Gebets (*Kyrie, Gloria*, Tagesgebet)[5]. Nach der Versammlung der Gläubigen kann in die Verkündigung des Wortes Gottes und die Feier der Eucharistie *kurz* eingeführt werden. Der Gesang zur Eröffnung bzw. zum Einzug *(antiphona ad introitum)* sollte nicht fehlen. Wird nicht der Eröffnungsvers, sondern ein Eingangslied gesungen, sollte der Eröffnungsvers, wenn möglich, etwa bei der kurzen Einführung, die nicht den Charakter einer Kurzpredigt haben sollte, thematisiert werden. Während des Gesangs zur Eröffnung begibt sich der Priester zunächst zum Altar. Dort verehrt er (evtl. mit Diakon und Konzelebranten) den Altar mit einem Kuss. Es kann sich eine Altarinzens anschließen. Der Weihrauch ist keine Gott dargebrachte Opfergabe, sondern ein Zeichen des Gebets (Ps 141,2 [140,2]) und der Ehrung. Nach Altarkuss und Inzens begibt sich der Priester mit seiner Begleitung zu den Sedilien. Von hieraus erfolgt die weitere Eröffnung der Messe. Ort und Art des Priestersitzes sollen deutlich machen, dass der Priester Vorsteher der Eucharistiefeier ist.

---

5 Vgl. *Meßner*, Einführung in die Liturgiewissenschaft ([2]2009), 171f.

Nach der Versammlung der Gläubigen zur Messfeier und dem *Introitus* erfolgt zunächst das Kreuzzeichen, unter das sich die versammelten Gläubigen stellen. Danach begrüßt der Priester die Gemeinde mit einer der vorgesehenen Gruß- und Segensformeln. Der Bußakt hat die Form eines allgemeinen Schuldbekenntnisses, kann aber auch mit dem *Kyrie* verbunden werden (Kyrie-Rufe in Verbindung mit Bitten/Tropen [= Einschübe]). Die Rufe sind an Christus, den Herrn, gerichtet. An Sonntagen besteht die Möglichkeit zum Taufgedächtnis. Das anschließende *Gloria* („Ehre sei Gott in der Höhe") gehört zu den alten Hymnen der Kirche. Der Hymnus enthält in seiner ersten Strophe mit dem Gesang der Engel einen Lobpreis des Vaters und des Sohnes, in der zweiten Strophe ein Christuslob. In der Messfeier wird das *Gloria* an Sonntagen außerhalb der Advents- und Fastenzeit sowie an Festen und bei besonderen Feiern gesungen. Letztes Element der Eröffnung ist das Tagesgebet *(collecta)*, das zu den Präsidialgebeten gehört, die vom Vorsteher der Eucharistiefeier gebetet werden. Das Tagesgebet wird vom Priester mit einer Gebetseinladung eröffnet und im Namen der Gemeinde gebetet („Wir-Form" des Tagesgebets). Es fasst die Gebete der Gläubigen zusammen, weshalb es angebracht ist, nach dem *Oremus* eine kurze Stille vorzusehen. Im Tagesgebet kommt der besondere Charakter der jeweiligen Messfeier zum Ausdruck. Die Gläubigen bekräftigen das Tagesgebet mit ihrem *Amen* (Ja, so sei es).

Liturgia Verbi: Sie ähnelt morphologisch dem synagogalen Gebets- und Lesegottesdienst, kann daraus aber nicht einfach abgeleitet werden. Es war das Ziel des Konzils, bei den liturgischen Feiern „die Schriftlesung reicher, mannigfacher und passender auszugestalten"[6]. Den Gläubigen sollte „der Tisch des Gotteswortes reicher bereitet"[7] werden. Dem diente die Bestimmung des Konzils, dass „innerhalb einer bestimmten Anzahl von Jahren die wichtigsten Teile der Heiligen Schrift dem Volk vorgetragen werden"[8]. Die

---

6 SC 35.
7 SC 51.
8 Ebd.

Die Feier der Messe im Römischen Ritus

neue Leseordnung für die Messfeier trat am 22. Mai 1969 in Kraft. Sie sieht drei Jahresreihen (A, B, C) für die Sonntage und zwei Reihen (I, II) für die Werktage vor. An allen Sonntagen werden drei biblische Lesungen vorgetragen (gesprochen bzw. gesungen): in der Regel als erste Lesung ein Text aus dem Alten Testament, als zweite Lesung ein Text aus dem Neuen Testament (Epistel) und schließlich als dritte biblische Lesung das Evangelium. An Werktagen werden zwei Lesungen (Lesung, Evangelium) vorgetragen. Der Ambo ist der Ort der Wortverkündigung und muss daher gut sichtbar sein. Ebenso ist der Ambo der Ort für den Antwortgesang, den Ruf zum Evangelium und die Homilie. Das Allgemeine Gebet der Gläubigen (Fürbitten) sollte von einem eigenen Ort aus gesprochen werden. Es ist vom Priester einzuleiten und mit einer Oration zu beschließen. Der Name des Lesepultes, an dem die Lesungen vorgetragen werden, leitet sich von ἀναβαίνειν (hinaufsteigen) ab. Der Ambo sollte daher an den Stufen des Altarraums platziert sein.

Nach der 1. Lesung folgt ein Antwortpsalm mit Kehrvers, der nur in Ausnahmefällen durch einen Zwischengesang ersetzt werden darf, da der Antwortpsalm Teil der Verkündung ist. Nach der 2. Lesung wird (außer in der österlichen Bußzeit) das Halleluja mit dem vorgesehenen Vers gesungen. Mit ihm wird Christus, der zur gottesdienstlichen Versammlung im Wort des Evangeliums spricht, begrüßt. Das Halleluja wird von den Gläubigen stehend gesungen. Während die beiden Lesungen von einem Lektor vorgetragen werden können, ist der Vortrag des Evangeliums in der Messfeier dem Diakon bzw. Priester vorbehalten. Nach der liturgischen Überlieferung trägt der Vorsteher der Messfeier das Evangelium nicht selbst vor, wenn ein Diakon assistiert oder die Messe in Konzelebration gefeiert wird. Die Regelung macht deutlich, dass auch der Priester bzw. Bischof Hörer des Wortes ist. Assistiert ein Diakon, trägt immer der Diakon das Evangelium vor, da dies zu den ihm eigenen Aufgaben gehört.

Die Evangeliumsverkündigung erfolgt von alters her mit besonderer Feierlichkeit. Der Diakon, der tief verneigt vor dem Vorsteher der Messfeier steht, wird mit der Verkündigung des Evangeliums beauftragt: „Der Herr sei in deinem Herzen und auf

359

Ordo missae

deinen Lippen, damit du sein Evangelium würdig verkündest. Im Namen des Vaters und des Sohnes und des Heiligen Geistes." Der Segen wird vom Diakon mit dem *Amen* bekräftigt. Trägt ein Priester das Evangelium vor, verneigt er sich vor dem Altar und spricht: „Heiliger Gott, reinige mein Herz und meine Lippen, damit ich dein Evangelium würdig verkünde". Das Evangelienbuch wird in einer kleinen Prozession unter Mitführung von Leuchtern und evtl. Weihrauch zum Ambo getragen. Der Diakon bezeichnet das Evangeliar (Evangelienbuch) und sich selbst mit dem Kreuzzeichen und inzensiert es ggf. vor der Verkündigung, die durch den Diakon mit dem liturgischen Gruß „Der Herr sei mit euch" eingeleitet wird und auf den das Volk mit „Und mit deinem Geiste" antwortet. Auf die Ankündigung des Evangeliums „Aus dem heiligen Evangelium nach …" folgt die Antwort „Ehre sei dir, o Herr". Nach dem Evangelium bekräftigt der Diakon mit dem Ruf „Evangelium unseres Herrn Jesus Christus" die Frohe Botschaft, die Gläubigen antworten mit dem Huldigungsruf „Lob sei dir Christus". Der Diakon küsst das Evangeliar und spricht leise: „Herr, durch dein Evangelium nimm hinweg unsere Sünden". Die feierliche Rezitation des Evangeliums unterstreicht, dass der erhöhte Herr selbst im Evangelium zur gottesdienstlichen Versammlung spricht.

Die Liturgie des Wortes wird durch die Homilie (eine Auslegung der biblischen Lesungen und der liturgischen Texte), das *Credo* und das „Gebet der Gläubigen" abgeschlossen. Nach geltendem Kirchenrecht ist die Homilie innerhalb der Messfeier dem Bischof, Priester und Diakon vorbehalten.[9] Das *Credo* wird an allen Hochfesten und Sonntagen gesprochen bzw. gesungen, wobei das „Nicaeno-Constantinopolitanum" (Großes Glaubensbekenntnis) vorgesehen ist, in Einzelfällen kann auch das „Apostolicum" (Kleines Glaubensbekenntnis) genommen werden. Theologisch fragwürdig ist die Verwendung der kurzen Credolieder aus dem „Gotteslob", da sie den Glauben der Kirche nur unvollständig wiedergeben. Beim Fürbittgebet ist folgende Struktur zu beachten: a) Bitten für die Kirche, b) Bitten für das Heil der Welt, c) Bitten

---

9 Vgl. CIC 1983, can. 767 § 1.

für Notleidende, Kranke, Verstorbene, d) Bitten für die Ortsgemeinde.

Liturgia eucharistica: Sie bildet den zweiten Teil der Messfeier und wird durch das *Offertorium* eingeleitet.[10] Dazu gehören a) die Zurüstung des Altars mit Messbuch, Korporale und Purifikatorium, b) Bereitung des Kelchs (Wein, Wasser), c) Darbringung der Opfergaben von Brot und Wein/Darbringungsgebete, d) „Selbstopferungsgebet", e) evtl. Inzens, f) Händewaschung und g) Gebet über die Opfergaben *(oratio super oblata)*. Brot und Wein werden zum Altar gebracht. Die neuen Darbringungsgebete sind nach Art der jüdischen Segensgebete *(berākôt)* gestaltet, als dankender Lobpreis an den gütigen Gott, von dem wir Brot und Wein empfangen. Brot und Wein werden Frucht der Erde und des Weinstocks sowie der menschlichen Arbeit genannt, als Sinnbild für das Selbstopfer der Gläubigen. „Gepriesen bist du, Herr, unser Gott, Schöpfer der Welt. Du schenkst uns das Brot (den Wein), die Frucht der Erde (des Weinstocks) und der menschlichen Arbeit. Wir bringen dieses Brot (diesen Kelch) vor dein Angesicht, damit es (er) uns das Brot des Lebens (der Kelch des Heiles) werde."[11]

Die Paul VI. zur Überprüfung vorgelegten neuen Gebete zur Darbringung von Brot und Wein enthielten zunächst keine Opferaussage mehr. Die Zusätze „quem (quod) tibi offerimus", „das Brot, das wir dir darbringen", „den Kelch, den wir dir darbringen", wurden erst auf Drängen des Papstes eingefügt.[12] Bei der deutschen Übersetzung scheute man sich offensichtlich, die von Paul VI. geforderten Darbringungsaussagen wegen der damit verbundenen Opferkonnotation direkt wiederzugeben (etwa mit „wir bringen dar"). Annibale Bugnini zeigte sich zufrieden damit, dass in den meisten volkssprachlichen Übertragungen *offerimus* nicht mit „wir

---

10 Zu den alten und neuen Offertoriumsgebeten vgl. *Hoping*, Offerimus tibi, Domine (2013); *Hauke*, Das Offertorium (2014).

11 MB ²1988, 344f. Vgl. MR ³2002, 514: „Benedictus es, Domine, Deus universi, quia de tua largitate accepimus panem (vinum), quem tibi offerimus, fructum terrae [vitis] et operis manuum hominem: ex quo nobis fiet panis vitae (potus spiritualis)."

12 Vgl. *Bugnini*, Die Liturgiereform (1988), 398.

Ordo missae

opfern" übersetzt wurde.[13] Nun darf man *offerimus* natürlich nicht so verstehen, als bestünde das Opfer der Messe in Wein und Brot.[14] Doch auch mit den neuen Darbringungsgebeten ist untrennbar die Sprache des Opfers verbunden. Das gilt selbst für die deutsche Übersetzung, die diese Sprache zu vermeiden sucht. Die Übersetzung orientiert sich nämlich am traditionellen Gebet zur Darbringung des Kelches *in conspectu divinae maiestatis tuae* (ebenso im *Supplices te rogamus* des römischen Kanons). Der Hintergrund der Formulierung sind die Gott im Tempel dargebrachten Schaubrote (Ex 25,30). Das dürfte den meisten Priestern kaum bewusst sein, wenn sie die Darbringungsgebete *submissa voce* sprechen, ebenso wenig den Gläubigen, wenn diese, werden die Gebete *elata voce* gesprochen, jeweils mit der aus der Didache bekannten Akklamation „Benedictus Deus in saecula" antworten. Die viel zu selten gewählte Möglichkeit, die Darbringungsgebete *elata voce* mit Akklamation der Gläubigen vorzutragen, geht auf einen Vorschlag Bugninis zurück, der allerdings nicht unumstritten war, da einige meinten, es solle beim *Offertorium* mit dem *Amen* nach der *oratio super oblata* nur eine Akklamation geben.[15]

Das Stillgebet zur Mischung des Weines mit Wasser (ein antiker paganer wie jüdischer Brauch) thematisiert die enge Verbindung von göttlicher und menschlicher Natur in Christus sowie die Verbindung, die uns mit Christus geschenkt wird. Es lautet: „Wie das Wasser sich mit dem Wein verbindet zum heiligen Zeichen, so lasse uns dieser Kelch teilhaben an der Gottheit Christi, der unsere Menschennatur angenommen hat."[16] Warum man das traditionelle Gebet zur Mischung[17], das eine leicht modifizierte alte römi-

---

13 Ebd. 406.

14 Vgl. *Lengeling*, Die neue Ordnung der Eucharistiefeier (^{2}1971), 220.

15 Vgl. *Bugnini*, Die Liturgiereform (1988), 398.

16 MB ^{2}1988, 345. Vgl. MR ^{3}2002, 514: „Per huius aquae et vini mysterium eius efficiamur divinitatis consortes, qui humanitatis nostrae fieri dignatus est particeps."

17 Vgl. MR 1962, 221: „Deus, qui humanae substantiae dignitatem mirabiliter condidisti, et mirabilius reformasti: da nobis, per huius aquae et vini mysterium, eius divinitatis esse consortes, qui humanitatis nostrae fieri dignatus

sche Weihnachtsoration wiedergibt, inkarnationschristologisch eingeengt und um die Motive der Menschenwürde und Wiedergeburt beschnitten hat, ist nicht nachvollziehbar. Die Begründung von Josef Andreas Jungmann, „im Sakrament soll ja das geschehen, was in der Inkarnation begonnen wurde; wir sollen Anteil erhalten an der Gottheit dessen, der für uns Mensch wurde"[18], vermag nicht recht zu überzeugen, da wir gerade als von Gott geschaffene und durch Christus erneuerte Menschen Anteil an seiner Gottheit erhalten.

Auf die Darbringung der Opfergaben folgt die Händewaschung. Nachvollziehbar ist die Kürzung des Begleitgebetes *Lavabo*, an dessen Stelle im „Novus Ordo" das Gebet *Lava me* getreten ist.[19] Die Entstehung der Händewaschung ist nicht nur hygienisch, sondern durch kultische Reinheitsvorstellungen motiviert, die wohl auch in Psalm 25 hineinspielen. In seiner Neufassung enthält das Gebet nur noch das Motiv der Befleckung durch persönliche Schuld. Das Gebet *Suscipe, sancta Trinitas* ist weggefallen, weil man darin eine Doppelung zu den Interzessionen im Hochgebet sah. Das Segensgebet *Veni, sanctificator* über die Opfergaben, das der Händewaschung vorausgeht, wurde bei der Neuordnung des *Offertorium* ersatzlos gestrichen. Man sah darin eine Vorwegnahme der Wandlungsepiklese des Hochgebets. Eine Segnung der für die Feier der Eucharistie ausgesonderten Opfergaben hat aber durchaus ihren guten Sinn. Auch die Oblationen der Gläubigen wurden früher gesegnet, warum dann nicht auch die für die Eucharistie ausgesonderten Gaben von Brot und Wein? Ob die Segnung die Form einer Epiklese haben sollte, ist eine andere Frage. Man könnte natürlich damit argumentieren, dass die Segnung der Gaben durch die neuen, den jüdischen $b^e r\bar{a}k\hat{o}t$ nachgestalteten Darbringungsgebete erfolgt.

---

est particeps, Iesus Christus; Filius tuus, Dominus noster: Qui tecum vivit et regnat in unitate Spiritus Sancti Deus: per omnia saecula saeculorum. Amen."
18 *Jungmann*, Messe im Gottesvolk (1970/2003), 55.
19 Vgl. MR ^{3}2002, 515: „Lava me, Domine, ab iniquitate mea, et a peccato meo munda me." MB ^{2}1988, 346: „Herr, wasche ab meine Schuld, und von meinen Sünden mache mich rein."

Ordo missae

Beibehalten wurde die Formel *In spiritu humilitatis*[20], „wohl deswegen, weil sie den Sinn aller äußeren Darbringung, der im sacrificium invisibile des Herzens liegt, treffend zum Ausdruck bringt"[21]. Die Gebete zur Inzens sind der Liturgiereform zum Opfer gefallen, was gerade bezüglich der kurzen Gebete zu bedauern ist, die das Zitat aus Psalm 141 [140] rahmen: „Incensum istud a te benedictum ascendat ad te, Domine: et descendat super nos misericordia tua" und „Accendat in nobis Dominus ignem sui amoris et flammam aeternae caritatis." Als Gebetseinladung, die dem Gebet über die Opfergaben *(oratio super oblata)* vorausgeht, kennt das Missale Papst Pauls VI. in allen drei Editionen (1970; 1975; 2002) nur das bis ins 8. Jahrhundert zurückreichende, im heutigen Wortlaut seit dem 12. Jahrhundert nachweisbare *Orate fratres*, worauf die Gläubigen mit dem *Suscipiat* antworten.[22] Wenn hierzulande das *Orate fratres* nur noch wenig Verwendung findet, hängt dies, wie oben deutlich wurde, mit einer singulären Regelung im Messbuch für den deutschen Sprachraum zusammen, in dem das *Orate fratres* nur noch eine und zwar die letzte von drei Varianten zur Gebetseinladung darstellt (Form C). Die zweite Variante, die oft genommen wird, besteht in einem schlichten *Oremus* ohne jede Darbringungsaussage (Form B).[23] Die erste Variante (Form A) lautet: „Lasset uns beten

---

20   MR [3]2002, 515: „In spiritu humilitatis et in animo contrito suscipiamur a te, Domine; et sic fiat sacrificium nostrum in conspectu tuo hodie, ut placeat tibi, Domine Deus." Ebd. MB [2]1988, 346: „Herr, wir kommen zu dir mit reumütigem Herzen und mit demütigem Sinn. Nimm uns an und gib, dass unser Opfer dir gefalle." Das Gebet nimmt das nur griechisch erhaltene Gebet Asarjas in Dan 3,39f. auf.

21   *Jungmann*, Messe im Gottesvolk (1970/2003), 55.

22   Vgl. MR [3]2002, 515: „Orate, fratres: ut meum ac vestrum sacrificium acceptabile fiat apud Deum Patrem omnipotentem. Suscipiat Dominus sacrificium de manibus tuis ad laudem et gloriam nominis sui, ad utilitatem quoque nostram totiusque Ecclesiae suae sanctae." MB [2]1988, 347: „Betet, Brüder (und Schwestern), dass mein und euer Opfer Gott, dem allmächtigen Vater, gefalle" *(Priester)*. „Der Herr nehme das Opfer an aus deinen Händen zum Lob und Ruhme seines Namens, zum Segen für uns und seine ganze heilige Kirche" *(Volk)*.

23   Vgl. MB [2]1988, 346.

zu Gott, dem allmächtigen Vater, dass er die Gaben der Kirche annehme zu seinem Lob und zum Heil der ganzen Welt."[24]

In der alten Form der römischen Messe ist der Oblationsgedanke des *Offertorium* textlich wie rituell überall mit Händen zu greifen. In ihrer modernen Form ist er zwar abgeschwächt, dank mehrerer Interventionen Pauls VI. aber gleichwohl erhalten geblieben. Im Messbuch für das deutsche Sprachgebiet ist dagegen mehrfach die Tendenz bemerkbar, der Opfersprache auszuweichen, angefangen damit, dass beim *Offertorium* nicht von der „Darbringung der Gaben", sondern schlicht von „Gabenbereitung" die Rede ist, so als ob es sich beim *Offertorium* nur um den technischen Vorgang des Bereitstellens der Gaben von Brot und Wein auf den Altar in Verbindung mit der Kollekte der Gläubigen handeln würde. Die *Oratio super oblata*, das Gebet über die Opfergaben am Ende des *Offertorium*, wird lediglich als „Gabengebet" bezeichnet.[25] Beim *Offertorium* handelt es sich aber nicht nur um eine Bereitstellung der Gaben, sondern um eine *oblatio*, eine Darbringung – anders als es die Übersetzung von *Offertorium* mit „Gabenbereitung" in den Rubriken zu insinuieren scheint. Zwar unterscheidet die „Institutio Generalis" bei der „Liturgia eucharistica" *praeparatio donorum, prex eucharistica, fractio panis* und *communio*.[26] Bereitstellen der Gaben (*affere, deponere*) und Darbringen der Gaben (*offerre*) werden in der „Institutio Generalis" aber deutlich als zwei Momente des *Offertorium* unterschieden. Die Darbringung der Opfergaben wird auch durch ihre Elevation und die *oratio super oblata* unterstrichen.[27] Daher ist Alex Stock zuzustimmen, wenn er feststellt, dass es beim *Offertorium* um mehr geht als ein „rituelles Tischdecken"[28]. Durch Bereitstellung und Darbringung der Gaben von Brot und Wein werden diese dem gewöhnlichen Gebrauch entzogen.

---

24 Ebd. 346.
25 Vgl. ebd. 347 u. ö.
26 Vgl. IGRM Nr. 72.
27 Vgl. IGRM Nr. 73.
28 *Stock*, Gabenbereitung (2003), 37.

Umstritten ist, ob dies mit der Bezeichnung der *oratio super oblata* als *secreta* zum Ausdruck gebracht werden soll. Jungmann meint, dass die Oration *secreta* heißt, weil der Priester sie, wie dies in der alten Form der Messe bis heute der Fall ist, *secretus*, geheim, spricht.[29] Seit Pierre Battifol (1861–1929) wird auch die These vertreten, dass *Secreta* von *secernere* (absondern) im Sinne von *benedicere* kommt.[30] Brot und Wein werden jedenfalls nicht nur auf den Altar gelegt (was übrigens selbst schon ein rituelles Opferelement darstellt, da der Altar kein gewöhnlicher Tisch ist), sondern Brot und Wein werden dargebracht *(offerimus)* – unterstrichen wird dies durch die Elevation der Gaben. Das aber ist der „Elementarakt des Opfers"[31], der von der Konsekration der Opfergaben bis in das *Offertorium* hineinreicht. Die blasse Übersetzung von *oratio super oblata* mit „Gabengebet" erscheint daher nicht als angemessen.

Prex eucharistica: Nach der *oratio super oblata* beginnt das Eucharistische Hochgebet. Während die römische Liturgie bis zur Liturgiereform mit dem „Canon Romanus" nur ein Eucharistisches Hochgebet kannte, dafür aber mehrere Präfationen, haben die orthodoxen Kirchen, mit Ausnahme der armenischen Kirche, mehrere Hochgebete. Wie sich gezeigt hat, ging man im frühen Mittelalter aus Ehrfurcht vor den „heiligen Worten" des eucharistischen Gebetes dazu über, diese leise zu beten. Erst 1965 wurde es wieder erlaubt, das Hochgebet laut vorzutragen, seit 1967 auch in der Volkssprache. Der „Ordo Missae" von 1969 enthält neben dem „Canon Romanus" drei neue Eucharistische Hochgebete. Der römische Kanon wird heute als Hochgebet I gezählt.[32] Das Zweite Eucharistische Hochgebet des Messbuchs Pauls VI. ist eine überarbeitete und erweiterte Fassung des eucharistischen Gebets der

---

29 Vgl. *Jungmann*, Missarum Sollemnia II (^{6}2003), 112f.

30 So neuerdings auch *Angenendt*, Geschichte der Religiosität im Mittelalter (^{2}2000), 489, und *Saberschinsky*, Einführung in die Feier der Eucharistie (2009), 34f.

31 *Stock*, Gabenbereitung (2003), 38.

32 Vgl. MR ^{3}2002, 572–579; MB ^{2}1988, 462–477.

„Traditio Apostolica".[33] Hochgebet III ist im Wesentlichen eine Neuschöpfung, die sich bei den Opferaussagen am römischen Kanon orientiert.[34] Hochgebet IV ist in Teilen der östlichen Basilius-Anaphora nachgestaltet.[35] Da Hochgebet IV einen ausführlichen Lobpreis der Heilstaten Gottes enthält, wird es auch das heilsgeschichtliche Hochgebet genannt. Für die Messfeier an Sonn- und Festtagen sind der altehrwürdige „Canon Romanus" und das „Dritte Eucharistische Hochgebet" vorgesehen, das „Zweite Eucharistische Hochgebet" vor allem an Werktagen und zu besonderen Anlässen, das „Vierte Eucharistische Hochgebet" besonders für Sonntage im Jahreskreis.[36]

Die liturgische Praxis ist im deutschsprachigen Raum weithin eine andere. Der römische Kanon ist hierzulande fast ganz aus dem sonntäglichen Gottesdienst verschwunden. Selbst in vielen Kathedralkirchen begegnet er nur noch selten. Während das Dritte Hochgebet sehr verbreitet ist, wird das Vierte Hochgebet wegen seiner Länge eher selten genommen. Am häufigsten wird das zweite Hochgebet verwendet, regelmäßig auch an Sonntagen. Diese Entwicklung hatte schon Theodor Schnitzler vorausgesehen: „Jedenfalls wird der Zweite Kanon sich zunächst wegen seiner Kürze großer Beliebtheit erfreuen."[37] Das zweite Hochgebet ist hierzulande gleichsam das sonntägliche „Standardhochgebet"[38] geworden. Im neuen Gotteslob (2013) ist auch nur noch das Zweite Eucharistische Hochgebet abgedruckt und zwar mit einer von der Deutschen Bischofskonferenz approbierten Neuübersetzung, die aber vom Apostolischen Stuhl nicht rekognosziert worden ist.[39]

---

33 Vgl. MR [3]2002, 580–584; MB [2]1988, 478–489.
34 Vgl. MR [3]2002, 585–590; MB [2]1988, 480–500.
35 Vgl. MR [3]2002, 591–596; MB [2]1988, 501–510.
36 GORM Nr. 365.
37 *Schnitzler*, Die drei neuen eucharistischen Hochgebete (1969), 25.
38 Vgl. *Lurz*, Erhebet die Herzen (2011), 16.
39 Im alten Gotteslob waren neben dem Zweiten Eucharistischen Hochgebet auch die anderen drei Hochgebete des Messbuchs Pauls VI. abgedruckt.

Ordo missae

Eingeleitet wird das Eucharistische Hochgebet durch einen Wechselgesang. P.: „Der Herr sei mit euch". G.: „Und mit deinem Geiste". P.: „Erhebet die Herzen". G.: „Wir haben sie beim Herrn". P.: „Lasset uns danken dem Herrn, unserm Gott". G.: „Das ist würdig und recht". Daran schließt sich die Präfation an, die, wenn möglich, gesungen werden soll. Abgeschlossen wird das Hochgebet mit der Doxologie vor dem *Vater unser*. Die Präfation ist nicht eine „Vorrede" zum Hochgebet, das „prae" ist „räumlich" zu verstehen: Vor Gott und der Gemeinde „preist der Priester den Vater und dankt ihm für das gesamte Werk der Erlösung, oder, entsprechend dem Tag, dem Fest oder der Zeit, für ein bestimmtes Geheimnis des Heilswerkes", so die „Allgemeine Einführung in das Messbuch"[40]. Das Messbuch enthält zahlreiche Präfationen für das Kirchenjahr. Der Aufbau der Präfationen ist dreigliedrig und umfasst die Einleitung, den Ruhm der Heilstaten Gottes sowie die Überleitung zum *Sanctus*.

Dem dreimaligen *Sanctus* (Heilig, Heilig, Heilig), das Teil des Hochgebetes ist und vom Priester und Volk gesungen bzw. gesprochen wird, liegt der Lobpreis der Engel im Visionsbericht des Propheten Jesaja (Jes 6,3)[41] sowie der Lobruf des Volkes beim Einzug Jesu in Jerusalem (Mt 21,9)[42] zugrunde. Im Unterschied zum *Sanctus* im „Missale Romanum" von 1962 leitet bei den neuen Hochgebeten ein „Postsanctus" zur „Gabenepiklese" über. Hochgebet II: „Ja, du bist heilig, großer Gott, du bist der Quell aller Heiligkeit"; Hochgebet III.: „Ja, du bist heilig, großer Gott, und alle deine Werke verkünden dein Lob. Denn durch deinen Sohn, unseren Herrn, Jesus Christus, und in der Kraft des Heiligen Geistes erfüllst du die ganze Schöpfung mit Leben und Gnade. Bis ans Ende der Zeiten versammelst du dir ein Volk, damit deinem Namen das reine Opfer dargebracht werde vom Aufgang der Sonne bis zum Untergang". Hochgebet IV enthält ein „Postsanctus" mit

---

40 AEM Nr. 55a.
41 „Heilig, heilig, heilig ist der HERR der Heerschaaren. Erfüllt ist die Erde von seiner Herrlichkeit."
42 *„Hosanna dem Sohn Davids! Gesegnet sei er, der kommt im Namen des Herrn. Hosanna in der Höhe!"* Vgl. Ps 118,26.

Die Feier der Messe im Römischen Ritus

ausgefalteter Anamnese. Beim „Postsanctus" der Hochgebete II und III kann an bestimmten Tagen ein Einschub erfolgen, der an das Festgeheimnis erinnert.

Bei der auf das „Postsanctus" folgenden Epiklese handelt es sich um die Herabrufung des Heiligen Geistes auf die eucharistischen Gaben, begleitet durch zwei Segensriten: Ausbreiten der Hände über die Gaben und segnendes Kreuzzeichen. Hochgebet II: „Sende deinen Geist auf diese Gaben herab und heilige sie, damit sie uns werden Leib und Blut deines Sohnes, unseres Herrn Jesus Christus"; Hochgebet III: „Heilige unsere Gaben durch deinen Geist, damit sie uns werden Leib und Blut deines Sohnes, unseres Herrn Jesus Christus, der uns aufgetragen hat, dieses Geheimnis zu feiern"; Hochgebet IV: „Der Geist heilige diese Gaben, damit sie uns werden Leib und Blut unseres Herrn Jesus Christus, der uns die Feier dieses Geheimnisses aufgetragen hat als Zeichen des ewigen Bundes". Im Römischen Kanon kann man im Gebet *Quam oblationem* (begleitet durch das Ausbreiten der Hände über die Gaben), das unmittelbar vor dem Einsetzungsbericht gebetet wird, eine Epiklese erkennen, bei der allerdings der Heilige Geist nicht eigens erwähnt wird: „Schenke, o Gott, diesen Gaben Segen in Fülle und nimm sie zu eigen an. Mache sie uns zum wahren Opfer im Geiste, das dir wohlgefällt: zum Leib und Blut deines geliebten Sohnes, unseres Herrn Jesus Christus."[43]

In den östlichen Riten folgt die Epiklese in der Regel nach den Einsetzungsworten. Seit dem frühen Mittelalter entzündete sich daran die Streitfrage, was für die Verwandlung der Gaben entscheidend sei: die Einsetzungsworte (Westen) oder die Epiklese (Osten). Heute wird auch in der katholischen Kirche wieder stärker die Einheit des „eucharistischen Gebetes" mit seiner Kernhandlung von der Wandlungsepiklese bis zum „Mysterium fidei" betont. Die Einsetzungsworte des Römischen Kanons sind nicht

---

43 MB [2]1988, 472; MR [3]2002, 574: „Quam oblationem tu, Deus, in omnibus, quaesumus, benedictam, adscriptam, ratam, rationabilem, acceptabilemque facere digneris: ut nobis Corpus et Sanguis fiat dilectissimi Filii tui, Domini nostri Iesu Christi."

369

Ordo missae

identisch mit den biblischen Einsetzungsberichten, sondern gehen auf eine alte liturgische Überlieferung zurück. Das Messbuch unterscheidet zwischen der *narratio institutionis* und der *consecratio*.[44] Das deutsche Messbuch spricht vom Einsetzungsbericht und von der Konsekration.[45] Nach der Konsekration von Brot und Wein erfolgt jeweils die Elevation der konsekrierten Gaben.[46] Der Einschub „Geheimnis des Glaubens" wurde aus dem Kelchwort herausgelöst und nach den Einsetzungsworten mit der Akklamation der Gläubigen eingefügt: „Deinen Tod, o Herr, verkünden wir, und deine Auferstehung preisen wir, bis du kommst in Herrlichkeit."[47] An die Akklamation der Gemeinde schließt sich die Anamnese (= Gedächtnis) des in Christus begründeten Heils an. Hochgebet I: Leiden, Auferstehung und Himmelfahrt; Hochgebet II: Tod und Auferstehung; Hochgebet III: Leiden, Auferstehung, Himmelfahrt und Wiederkunft; Hochgebet IV erwähnt zusätzlich noch das „Hinabsteigen zu den Vätern".

Verbunden mit der Anamnese ist ein Darbringungs- und Opfergebet, das sich auf das einmalige Opfer Christi bezieht, bei dem Christus, anders als Melchisedek, Opfergabe und Opferpriester zugleich ist. Hier wird noch einmal das schon bei der Darbringung der Opfergaben erwähnte Selbstopfer der Gläubigen erwähnt, so in Hochgebet IV: „Sieh her auf die Opfergabe, die du selber deiner Kirche bereitet hast, und gib, dass alle, die Anteil erhalten an dem einen Brot und dem einen Kelch, ein Leib werden im Heiligen Geist, eine lebendige Opfergabe in Christus zum Lob

---

44 Vgl. IGMR [3]2002, Nr. 79.

45 Vgl. MB [2]1998, Nr. 55d. Zahlreiche Liturgiewissenschaftler bestreiten eine Konsekration der Gaben von Brot und Wein durch die *Verba Testamenti*. Vgl. *Richter*, Eucharistisches Hochgebet ohne Einsetzungsworte (2015).

46 Zur Diskussion der Elevation, der die Liturgiewissensachaftler in der Regel reserviert bis ablehnend gegenüberstehen vgl. den ausgewogenen Beitrag von *Heinz*, Zeige- und Darbringungsgestus (2015).

47 MB [2]1988, 473. Nach dem „Missale Romanum" ([1]1970; [3]2002) singt der zelebrierende Priester bzw. der Bischof das *Mysterium fidei*, nicht der Diakon. Nur im Messbuch für das deutsche Sprachgebiet ist das *Mysterium fidei* als Ruf des Diakons vorgesehen.

deiner Herrlichkeit." Die Bitte um den fruchtbringenden Empfang des Leibes und Blutes Christi bezeichnet man als Kommunionepiklese.

Die postkonsekratorische *oblatio*, die schon im Römischen Kanon begegnet *(Unde et memores)*[48], wird in den drei neuen Hochgebeten von 1970 verstärkt. So heißt es im *Memores igitur* des zweiten Hochgebets vom Opfer der Kirche: „Dir, Herr, bringen wir das Brot des Lebens und den Kelch des Heiles dar" *(tibi, Domine, panem vitae et calicem salutis offerimus).*[49] Im Vierten Hochgebet betet der Priester: „Wir bringen dir seinen Leib und sein Blut dar" *(offerimus tibi eius Corpus et Sanguinem).*[50] So wird Christus von der Kirche Gott als ihre Opfergabe, die sie als Gabe in der Konsekration empfangen hat, präsentiert. Die Messe ist also mehr als eine Gedächtnisfeier des Todes und der Auferstehung Jesu, sondern selbst eine Darbringung.

Im Anschluss an das Darbringungs- und Opfergebet mit der Kommunionepiklese folgen die Interzessionen (Fürbitten): für die Kirche, ihre Amtsträger, die versammelten Gläubigen und für Menschen, die noch fern sind von Gott (Hochgebet III). In den Hochgebeten I–III ist die Nennung von Verstorbenen möglich. Die Fürbitten gelten in Hochgebet IV allen „Verstorbenen, um deren Glauben niemand weiß als du". Alle vier Hochgebete enthalten ein Gedächtnis der Märtyrer und Heiligen, vor allem das Gedächtnis der Gottesmutter und der Apostel. In Hochgebet III können bestimmte Heilige zusätzlich eingefügt werden (Tagesheilige, Kirchenpatrone). Letztes Element des eucharistischen Gebets ist die große Doxologie (= Lobspruch), die in allen vier Hochgebeten gleich ist. Bei der Schlussdoxologie hebt der Priester die konsekrierten Gaben etwas empor und spricht bzw. singt: „Durch ihn und mit ihm und in ihm ist dir, Gott, allmächtiger Vater, in der Einheit des Heiligen Geistes alle Herrlichkeit und Ehre jetzt und

---

48 Vgl. MR ³2002, 576: „offerimus […] hostiam immaculatam, panem sanctum vitae aeternae".
49 Vgl. MR ³2002, 582; MB ²1988, 486.
50 Vgl. MR ³2002, 595; MB ²1988, 508.

Ordo missae

in Ewigkeit". Die Gläubigen bekräftigten diesen Lobspruch und das ganze Hochgebet mit ihrem *Amen*.

Exkurs: „Traditio Apostolica" und Hochgebet II [51]

Das Verhältnis des Zweiten Eucharistischen Hochgebets und des Eucharistiegebets der „Traditio Apostolica" verdient besondere Beachtung. Bei der Liturgiereform ging man noch davon aus, dass Hippolyt von Rom der Verfasser der „Traditio Apostolica" sei. Das Eucharistiegebet der Kirchenordnung wäre damit das älteste römische Eucharistiegebet gewesen. Von Hans Küng (1928–2021) wurde es für die Messbuchreform ins Spiel gebracht, da es ihm besonders gut geeignet schien, den Vorbehalten der Protestanten gegenüber dem Opferbegriff des Römischen Kanons entgegenzukommen. [52] Küng wirft dem Römischen Kanon Bruchstückhaftigkeit vor, andere sprechen von einem „Trümmerfeld" oder von strukturellen und inhaltlichen Mängeln. [53] Die Forderung nach Abschaffung des Römischen Kanons konnte sich aber ebenso wenig durchsetzen wie die nach einer vollständigen Revision, die im Rat zur Durchführung der Liturgiereform diskutiert wurde. So wurden dem traditionellen römischen Hochgebet schließlich drei weitere Hochgebete zur Seite gestellt, darunter das zweite Hochgebet auf der Grundlage des Eucharistiegebets der Hippolyt von Rom zugeschriebenen „Traditio Apostolica".

Die Unterschiede zwischen dem Zweiten Eucharistischen Hochgebet und demjenigen der „Traditio Apostolica" [54] betreffen zunächst die Einfügung des *Sanctus* und einer Konsekrationsepiklese vor den *Verba Testamenti*. Zudem wurden signifikante Aussagen des Eucharistiegebets der „Traditio Apostolica" nicht über-

---

51 Vgl. den lateinischen und deutschen Text der beiden Hochgebete im Anhang.
52 Vgl. *Küng*, Das Eucharistiegebet (1963), 106.
53 Vgl. *Kleinheyer*, Erneuerung des Hochgebetes (1969), 25–29.
54 Vgl. *Barth*, Die Mär vom antiken Kanon des Hippolytos (2008), 21–45.96–112.132–137.

nommen. Schon bei der Präfation ist es zu Kürzungen gekommen, die zum Teil schwer nachvollziehbar sind. In der „Traditio Apostolica" heißt es etwa: „Wir sagen dir Dank, Gott, durch deinen geliebten Knecht *(puer)* Jesus Christus, den du uns in diesen letzten Zeiten *(in ultimis temporibus)* als Retter, Erlöser und Boten deines Willens (vgl. Jes 9,5^{LXX}) gesandt hast. Er ist dein von dir untrennbares Wort *(verbum inseparabile)*, durch ihn hast du alles geschaffen zu deinem Wohlgefallen, ihn hast du vom Himmel gesandt in den Schoß einer Jungfrau."[55] Die Bezeichnung *puer* (Kind, Knecht) ist im Zweiten Hochgebet durch *filius* ersetzt. Die Erwähnung der eschatologischen Endzeit fehlt im Zweiten Hochgebet ebenso wie die Bezeichnung Christi als das von Gott, dem Vater, untrennbare Wort, wodurch die unverkürzte Göttlichkeit Jesu betont wird. In der Präfation des Zweiten Hochgebets heißt es weiter: „Um deinen Ratschluss zu erfüllen und dir ein heiliges Volk zu erwerben, hat er sterbend die Arme ausgebreitet am Holze des Kreuzes."[56] Der Text der „Traditio Apostolica" lautet dagegen: „Der deinen Willen erfüllen und dir ein heiliges Volk erwerben wollte, hat in seinem Leiden die Hände ausgebreitet, um die von Leiden zu befreien, die an dich geglaubt haben."[57] Im Zweiten Hochgebet wird der Unterschied zwischen der Erlösungstat Christi am Kreuz und seiner Annahme im Glauben aufgehoben.

Nach dem *Sanctus* und der Konsekrationsepiklese betet der Priester im Zweiten Hochgebet: „Denn am Abend, an dem er ausgeliefert wurde und sich aus freiem Willen dem Leiden unterwarf, nahm er das Brot ..."[58] In der „Traditio Apostolica" heißt es unmittelbar nach der Präfation ohne vorausgehende Konsekrationsepiklese: „Als er sich aus freiem Willen dem Leiden unterwarf, um den Tod aufzuheben, die Fesseln des Teufels zu zerreißen, die Unterwelt niederzutreten, die Gerechten zu erleuchten, eine Grenze zu ziehen und die Auferstehung kund-

---

55 FC 1 (1991), 222–225.
56 MB ^{2}1988, 479.
57 FC 1 (1991), 224–225.
58 MB ^{2}1988, 484.

Ordo missae

zutun, nahm er dazu Brot."[59] Das Zweite Hochgebet weicht hier stark vom Text der „Traditio Apostolica" ab. Zwar heißt es in der Eigenpräfation des Zweiten Hochgebets: „Er hat die Macht des Todes gebrochen und die Auferstehung kundgetan."[60] Der Teufel und seine Entmachtung sowie Christi Abstieg in die Unterwelt, immerhin Inhalt eines Artikels des Apostolischen Glaubensbekenntnisses, erschienen den Liturgiereformern aber wohl als zu archaisch.

Bei der Darbringung der Opfergaben von Brot und Wein fallen gleich mehrere Unterschiede ins Auge. Der Text der „Traditio Apostolica" lautet: „Seines Todes und seiner Auferstehung eingedenk bringen wir dir das Brot und den Kelch dar. Wir sagen dir Dank, dass du uns für würdig erachtet hast, vor dir zu stehen und dir als Priester zu dienen."[61] Im Zweiten Hochgebet heißt es dagegen: „Darum gütiger Vater *(Domine)* feiern wir das Gedächtnis des Todes und der Auferstehung deines Sohnes und bringen dir so das Brot des Lebens *(panem vitae)* und den Kelch des Heiles *(calicem salutae)* dar *(offerimus)*. Wir danken dir, dass du uns berufen hast, vor dir zu stehen und dir zu dienen."[62] Die Ausdrücke *panis vitae* und *calix salutae* unterstreichen, dass es sich bei der Darbringung der Opfergaben um die konsekrierten Gaben von Brot und Wein handelt. Abweichend vom Eucharistiegebet der „Traditio Apostolica" wird das *Memores igitur* im Zweiten Hochgebet aber nicht mehr auf die Priester, sondern auf die zur Feier der Eucharistie versammelten Gläubigen bezogen.[63] In der „Traditio Apostolica" bezieht es sich auf den Dienst der geweihten Amtsträger, weshalb Bernard Botte (1893–1980) der äthiopischen Version der „Traditio Apostolica" folgend den entsprechenden Ausdruck lateinisch mit *adstare coram te et tibi sacerdotium exhi-*

---

59 FC 1 (1991), 224–225.

60 MB [2]1988, 479.

61 FC 1 (1991), 226–227.

62 MB [2]1988, 486.

63 Dies hatte schon *Botte*, Die Wendung „adstare coram te et tibi ministrare" (1976), kritisiert.

bere[64] und Wilhelm Geerlings (1941–2008) ihn mit „vor dir zu stehen und dir als Priester zu dienen"[65] wiedergibt.[66]

Da eine Geistepiklese im Sinne einer Herabrufung des Heiligen Geistes auf die Opfergaben nach ihrer Konsekration für den Römischen Ritus ungebräuchlich ist, wurde aus der Geistepiklese der „Traditio Apostolica" im Zweiten Hochgebet eine Kommunionepiklese: „Schenke uns Anteil an Christi Leib und Blut und lass uns eins werden durch den Heiligen Geist."[67] Der Text der „Traditio Apostolica" lautet: „Auch bitten wir dich, deinen Heiligen Geist auf die Gabe der heiligen Kirche *(oblatio sanctae ecclesiae)* herabzusenden. Du versammelst sie zur Einheit, so gib allen Heiligen, die sie (sc. die Opfergabe) empfangen, Erfüllung mit Heiligem Geist zur Stärkung des Glaubens in der Wahrheit.[68] Während im Eucharistiegebet der „Traditio Apostolica" die „Stärkung des Glaubens" und im Römischen Kanon die Treue zum Glauben der Kirche im *Te igitur* deutlich zur Sprache kommt, hat man im Zweiten Hochgebet den Aspekt des Glaubens fallen gelassen und durch den Gedanken der Einheit und den der Liebe ersetzt: „vollende dein Volk *(ecclesia)* in der Liebe *(caritas)*"[69]. Auch scheute man sich, von der „Opfergabe der heiligen Kirche" zu sprechen. Offensichtlich wollte man mit dem Zweiten Hochgebet ein Eucharistiegebet schaffen, das den von den Protestanten abgelehnten Gedanken eines über das Lob- und Dankopfer hinausgehenden Opfers der Kirche nicht mehr enthält. So fehlt im Zweiten Hochgebet eine Erwähnung des Opfers, das die Kirche nach der Lehre des Konzils von Trient durch die Hand ihrer Priester darbringt.[70]

---

64 Vgl. *ders.*, La Tradition apostolique (1989), 17.
65 *Geerlings*, Einführung in die Traditio Apostolica (1991), 226f.
66 *Baldovin*, Eucharistic Prayer II: History of the Latin Text and Rite, 314, meint dagegen, dass offen bleiben muss, worauf sich die Wendung *adstare coram te et tibi ministrare* bezieht, auf die Gemeinde oder auf den Bischof.
67 MB [2]1988, 486.
68 FC 1 (1991), 226–227.
69 MB [2]1988, 486.
70 Vgl. DH 1571–1572. Von einigen katholischen Dogmatikern wird eine Darbringung des Opfers durch den Priester abgelehnt. *Hilberath*, Eucharistie

Ordo missae

Communio, Postcommunio, Abschluss: Die Kommunion, das heilige Mahl, verbindet uns mit Christus, so wie es im zweiten Teil der eucharistischen Brotrede zum Ausdruck kommt: „Wer mein Fleisch isst und mein Blut trinkt, der bleibt in mir, und ich bleibe in ihm" (Joh 6,56). In der Eucharistiefeier der alten Kirche schloss sich die Kommunion zunächst unmittelbar an das eucharistische Gebet an.[71] Bald schon bildeten sich aber Gebete und Riten der Vorbereitung heraus. Hier ist vor allem das *Vater unser* zu nennen. In der römischen Messfeier wird es seit Gregor dem Großen vor den Riten des Friedens und der Brotbrechung gebetet. Heute wird das *Vater unser* wieder gemeinsam von Priester und Gläubigen gesprochen bzw. gesungen, während es in der „tridentinischen Messe" vom Priester allein gesungen bzw. gesprochen wird und die Gläubigen in die letzte Bitte *sed libera nos a malo* (und befreie uns von dem Bösen) einstimmen. Auf das *Vater unser* folgt der sogenannte Embolismus, ein Einschub, in dem der Priester um Frieden, um Gottes helfendes Erbarmen und die Bewahrung vor Verwirrung und Sünde bittet: „Erlöse uns, Herr, allmächtiger Vater, von allem Bösen und gib Frieden in unseren Tagen. Komm uns zu Hilfe mit deinem Erbarmen und bewahre uns vor Verwirrung und Sünde, damit wir voll Zuversicht das Kommen unseres Erlösers Jesus Christus erwarten." Der Einschub geht auf einen Lobspruch aus der Didache zurück.[72]

Ein weiterer Vorbereitungsritus neben dem *Vater unser* und dem Embolismus ist der Friedensgruß. Er fußt nicht auf Jesu Weisung, nach der die Versöhnung mit dem Bruder dem Gottesdienst vorausgehen muss (Mt 5,23f.), sondern auf dem österlichen Gruß des Auferstandenen. So deuten auch die mittelalterlichen Liturgieerklärungen den Friedensgruß.[73] Dem Friedensgruß geht ein Friedensgebet und die Friedenszusage voraus, die von den Gläubigen

---

(1995), 950, schreibt: „Durchweg irreführend ist die Rede von der Darbringung des Opfers durch die Hände des Priesters."
71 Vgl. *Justin der Märtyrer*, Apologia I pro Christianis 65.67 (PG 6, 427.430).
72 Vgl. Didache 9, 4 (FC 1, 122f.).
73 In der östlichen Liturgie steht der Ritus des Friedens vor dem Eucharistischen Gebet.

Die Feier der Messe im Römischen Ritus

beantwortet wird: „*Priester*: Der Herr hat zu seinen Aposteln gesagt: Frieden hinterlasse ich euch, meinen Frieden gebe ich euch. Deshalb bitten wir: Herr Jesus Christus, schau nicht auf unsere Sünden, sondern auf den Glauben deiner Kirche und schenke ihr nach deinem Willen Einheit und Frieden. Der Friede des Herrn sei allezeit mit euch. *Volk*: Und mit deinem Geiste."[74] Nach Friedensgebet und Friedenszusage kann der Diakon die Gläubigen auffordern, einander ein Zeichen des Friedens zu geben.

Im „Missale Romanum" lautet die fakultative Aufforderung: „Offerte vobis pacem".[75] In der deutschsprachigen Fassung hat man das Motiv der Versöhnung hinzugefügt, obschon es bei der *Pax* um den Frieden des Auferstandenen geht: „Gebt einander ein Zeichen des Friedens und der Versöhnung."[76] Benedikt XVI. hat 2007 alle Bischofskonferenzen um ein Votum zur Frage gebeten, ob der Friedensgruß, da er oft die Kommunionvorbereitung stört, nicht besser vorgezogen werden sollte, etwa unmittelbar nach der Liturgie des Wortes, wie dies in anderen Liturgiefamilien der Fall ist. Vorangegangen war ein Auftrag Benedikt XVI. an die zuständigen Dikasterien, die Möglichkeit einer Verlegung zu prüfen. „Unter Berücksichtigung der alten und ehrwürdigen Gepflogenheiten und der von den Synodenvätern ausgedrückten Wünsche habe ich die zuständigen Dikasterien aufgefordert, die Möglichkeit zu untersuchen, den Friedensgruß auf einen anderen Zeitpunkt zu verlegen, zum Beispiel vor den Gabengang. Eine solche Wahl wäre zudem mit Sicherheit ein bedeutungsvoller Hinweis auf die Mahnung des Herrn, dass jedem Opfer notwendig die Versöhnung vorausgehen muss (vgl. Mt 5,23f.)"[77] Warum es nicht zur Verlegung des Friedensgrußes kam, ist unklar.[78]

Zur nachfolgenden Brechung des Brotes wird das *Agnus Dei* (Lamm Gottes) gesungen bzw. gesprochen. In Verbindung mit

---

74 MB [2]1988, 57.
75 Vgl. MR [3]2002, 600.
76 MB [2]1988, 519.
77 *Benedikt XVI.*, „Sacramentum Caritatis" (2007), Nr. 49.
78 Die deutschen Bischöfe hatten sich gegen eine Verlegung des Friedensgrußes ausgesprochen.

377

Ordo missae

dem Brotbrechen gibt der Priester ein kleines Ferment (Stückchen) der Hostie in den Kelch und spricht leise: „Das Sakrament des Leibes und Blutes Christi schenke uns ewiges Leben."[79] Da die kleinen geformten Hostien erst im 12. Jahrhundert aufkamen, war bis dahin eine Brechung des eucharistischen Brotes notwendig, um es auszuteilen, was schon Paulus symbolisch gedeutet hat: Das eine Brot, welches Christus ist, wird den Vielen gegeben, damit sie der eine Leib Christi werden (vgl. 1 Kor 10,16f.). Der Ursprung der Praxis, dem Kelch ein Stück des eucharistischen Brotes beizugeben, ist unklar. Einige führen die Praxis darauf zurück, dass der römische Bischof an bestimmten Festtagen den Priestern benachbarter Kirchen ein Stückchen der konsekrierten Hostie übersandte, das man *fermentum* nannte. Die Priester legten es in ihrer nächsten Messfeier in den Kelch, zum Zeichen ihrer Verbundenheit mit dem römischen Bischof und zum Zeichen der Einheit des Opfers Christi.[80] Andere sehen in der Mischung die Übernahme eines in Syrien entstandenen Ritus, der die Auferstehung Christi und seine Gegenwart auf dem Altar symbolisieren soll, im Unterschied zur Trennung von Brot und Wein sowie der doppelten Konsekration, die Leiden und Tod Christi symbolisieren.

An die Brechung des eucharistischen Brotes schließt sich ein Vorbereitungsgebet des Priesters an. Nach einer Kniebeuge nimmt er ein Stück der Hostie, hält es über der Schale und spricht: „Seht das Lamm Gottes, das hinwegnimmt die Sünde der Welt."[81] Die Gläubigen antworten darauf: „Herr, ich bin nicht würdig, dass du eingehst unter mein Dach, aber sprich nur ein Wort, so wird meine Seele gesund."[82] Der Priester kann einen Kommunionvers hinzufügen, etwa: „Selig, die zum Hochzeitsmahl des Lammes geladen sind."[83] Bevor der Priester kommuniziert, spricht er: „Der Leib Christi schenke mir das ewige Leben", „Das Blut Christi

---

79 MB ²1988, 519.
80 Siehe oben 147.
81 MB ²1988, 521.
82 Ebd.
83 Ebd.

Die Feier der Messe im Römischen Ritus

schenke mir das ewige Leben".[84] Erst *nach* der Kommunion des Priesters kommunizieren die Gläubigen, denn der Priester empfängt zunächst, was er dann den Gläubigen reicht. Die Gläubigen empfangen, wenn möglich, den Leib Christi aus derselben Opferfeier, das heißt, nicht aus dem Tabernakel.[85] Mit der Formel „Der Leib Christi" empfangen sie die Eucharistie. Die Gläubigen antworten mit *Amen*.[86]

Die Form der Kommunion ist die Mundkommunion oder, soweit dies ortskirchlich so geregelt ist, die Handkommunion. Für die Kommunion unter beiden Gestalten bestehen für Nichtpriester drei Möglichkeiten: a) Trinken aus dem Kelch, b) Verwendung eines Trinkröhrchens und c) Gebrauch eines kleinen Löffels, mit dem eine im Kelch getränkte Hostie in den Mund gegeben wird. Andere Formen, wie das Eintauchen der konsekrierten Hostie in den Kelch, sind für Nichtpriester nicht erlaubt.[87] Die Austeilung der Kommunion wird vom Kommuniongesang oder von Orgelspiel begleitet. Auf den Gesang zur Danksagung nach der Kommunion folgt das Schlussgebet *(Postcommunio)*. Das Gebet wird vom Priester von den Sedilien oder vom Altar aus vorgetragen. Die Gläubigen antworten auf das Gebet mit ihrem *Amen*. Nach der *Postcommunio* besteht die Möglichkeit für wichtige Mitteilungen.

Im Anschluss daran erteilt der Priester den Schlusssegen. Der Segen erfolgt in der Regel mit der üblichen Formel: „Es segne euch der allmächtige Gott, der Vater und der Sohn und der Heilige Geist". An Festtagen und bei besonderen Anlässen kann auch eine „feierliche Segensformel" bzw. ein „Gebet über die Gläubigen" *(oratio super populo)* oder der Wettersegen gesprochen werden. Die Gläubigen antworten darauf mit ihrem *Amen*.

---

84 MB [2]1988, 522.
85 Beides wird durch eine Bestimmung des Zweiten Vatikanischen Konzils so festgelegt. Vgl. SC 55: „Mit Nachdruck wird jene vollkommenere Teilnahme an der Messe empfohlen, bei der die Gläubigen nach der Kommunion des Priesters aus derselben Opferfeier den Herrenleib entgegennehmen."
86 Vgl. MB [2]1988, 522.
87 Vgl. GORM Nr. 284–287. Die Möglichkeiten b) und c) spielen hierzulande praktisch keine Rolle, außer bei der Krankenkommunion.

Nach einer Entscheidung Benedikts XVI., die auf Beratungen der Bischofssynode vom Oktober 2005 zurückgeht, gibt es für die lateinische Messfeier seit Oktober 2008 vier mögliche Entlassrufe: *Ite, missa est* (Gehet, die Messe ist beendet); *Ite, ad Evangelium Domini annuntiandum* (Geht hin, um das Evangelium des Herrn zu verkündigen); *Ite in pace, glorificando vita vestra Dominum* (Gehet hin in Frieden und verherrlicht den Herrn in eurem Leben) und *Ite in pace* (Gehet hin in Frieden). Die Gemeinde antwortet: *Deo gratias* (Dank sei Gott, dem Herrn). In der Osterzeit wird vom Diakon und der Gemeinde das Halleluja hinzugefügt.

Die neuen Entlassrufe sollten in eine revidierte Fassung des Messbuchs für das deutsche Sprachgebiet, die bis heute nicht erschienen ist, eingehen. Der Ruf im lateinischen Missale *Ite, missa est* ist abgeleitet von *dimissio* (Entlassung). Weil man mit der Entlassung schon früh den Segen verband, wurde unter *missa* auch der Segen verstanden, den Gott schenkt. Man hat *missa* ebenso mit *missio* in Zusammenhang gebracht und das *Ite missa est* als Sendung verstanden: „Geht, eure Sendung beginnt". All dies schwingt im lateinischen *Ite, missa est* mit. „Gehet hin in Frieden" ist eine sehr freie Ausdeutung des Entlassrufes. Zum Abschluss der Messfeier küsst der Priester (wenn Diakone und Konzelebranten mitwirken, auch sie) den Altar und begibt sich mit seiner Begleitung in die Sakristei zurück.

2. Die Messe in der Form von 1962

Wird die römische Messe in ihrer alten Form gefeiert, so richtet sie sich, sieht man von Ordensgemeinschaften mit eigenem Messritus ab, nach dem von Johannes XXIII. herausgegebenen „Missale Romanum"[88]. Der „Ordo Missae" von 1962 hat folgende Struktur:

---

88 Eine ausführliche Erklärung der alten Messform bietet *Fortescue*, The Ceremonies of the Roman Rite described ([15]2009); eine kurze Erklärung gibt *Fiedrowicz*, Die überlieferte Messe (2011), 74–124.

KATECHUMENENMESSE
Stufengebet
    In nomine Patris
    Introibo ad altare Dei
    Iudica me
    Confiteor
    Misereatur/Indulgentiam
    Deus tu conversus
    Aufer a nobis und *Oramus te*
    Inzens von Altar und Priester (Hochamt)
Gebetsgottesdienst
    Introitus (Eröffnungsgesang)
    Kyrie
    Gloria
    Collecta (Tagesgebet)
Lehrgottesdienst
    Epistola (Lectio)
    Graduale
    Tractus (in der Vorfasten- und Fastenzeit)
    Alleluja
    Zwei Allelujalieder (in der österlichen Zeit)
    evtl. Sequenz (an bestimmten Festtagen)
    Inzens des Evangeliars (Hochamt)
    Evangelium
    Inzens des Priesters (Hochamt)
    Homilie
    Credo

Ordo missae

OPFERMESSE
Opfervorbereitung
Offertorium (Opferungslied)
Suscipe sancte Pater (Darbringung des Brotes)
Deus, qui humanae substantiae (Vermischung des Weines mit Wasser)
Offerimus tibi, Domine (Darbringung des Weines)
In spiritu humilitatis (Selbstaufopferungsgebet)
Veni, sanctificator (Segensgebet)
Inzens von Opfergaben, Altar, Priester und Volk
Lavabo (Händewaschung)
Suscipe, sancta Trinitas (Aufopferungsgebet)
Orate fratres (Gebetseinladung)
Suscipiat
Secreta/Oratio super oblata
Opferhandlung: Canon Missae
Praefatio
Sanctus/Benedictus
Te igitur (Empfehlung der Opfergaben und Gedächtnis der Kirche)
Memento, Domine (Gedächtnis der Lebenden)
Communicantes (Gedächtnis der Heiligen)
Hanc igitur (Bitte um Annahme der Opfergaben)
Quam oblationem (Bitte um Verwandlung der Opfergaben)
Qui pridie (Wandlung)
Unde et memores (Gedächtnis des Erlösungswerkes Christi)
Supra quae (Bitte um Annahme des Opfers)
Supplices te rogamus (Bitte um Einigung mit dem Opfer Christi)
Memento etiam (Gedächtnis der Toten)
Nobis quoque (Bitte um Gemeinschaft mit den Heiligen)
Per quem und *Per ipsum* (Feierlicher Lobpreis Gottes)
Amen

Opfermahl
  Pater noster
  Libera nos (Weiterführung des *Vater unser*)
  Brotbrechung und Vermischung (mit *Pax Domini*)
  Agnus Dei
  Domine Jesu Christe, qui dixisti (Friedensgebet –
  im Hochamt mit Friedensgruß)
  Vorbereitungsgebete
  Kommunion des Priesters
  Confiteor
  Misereatur/Indulgentiam
  Ecce, Agnus Dei
  Domine, non sum dignus (3 x)
  Kommunion der Gläubigen
  Purifikation
  Communio (Kommunionvers)
  Postcommunio (Schlussgebet)

ENTLASSUNG
  Ite, missa est (Entlassruf)
  Placeat tibi (Schlussbitte)
  Benedicat vos (Segen)
  Schlussevangelium
  Rezess
  Gebete nach der heiligen Messe

Katechumenenmesse: Vor dem Einzug des Priesters und der *ministri* sind in Verbindung mit dem Anlegen der liturgischen Gewänder des Priesters (und der Leviten) Begleit- und Vorbereitungsgebete vorgeschrieben. Nach dem Einzug beginnt die Vormesse (besser Katechumenenmesse), bestehend aus Stufengebet, Gebetsgottesdienst und Lehrgottesdienst. Das Stufengebet wird vom Priester und den *ministri*, früher zumeist Kleriker, an den Stufen des Altars gebetet. Nach dem Stufengebet folgen das Stillgebet *Aufer a nobis* und der Altarkuss mit Begleitgebet. Da die Evangelien in das Messbuch integriert sind, ist der Kuss des Evangeliars weg-

Ordo missae

gefallen. In der Mitte des Altares erfolgen (im Levitenamt noch auf der Epistelseite, das heißt rechts) die neun Kyrierufe und das *Gloria* an den dafür vorgesehenen Sonn- und Festtagen. Dem Tagesgebet *(Collecta)*, das den Gebetsgottesdienst beschließt und auf der Epistelseite gesprochen wird, geht der Gruß *Dominus vobismus* voraus, zu dem der Priester in der Mitte stehend den Altar küsst und sich dem Volk zuwendet.

Der Lehrgottesdienst beginnt an der Epistelseite. Hier werden auch *Graduale* und Allelujavers gelesen, an Bußtagen und bei Totenmessen der *Tractus* und an bestimmten Festtagen die Sequenz. Nach der Lesung (im Levitenamt kommt diese Aufgabe dem Subdiakon zu) wird das Messbuch auf die Evangelienseite (links) getragen. Das Evangelium wird vom Priester gelesen, nachdem er in der Mitte des Altars die Vorbereitungsgebete *Munda cor* und *Dominus sit in corde meo* gesprochen hat. Im Levitenamt kommt die Aufgabe der Evangeliumsrezitation dem Diakon zu. Nachdem dieser kniend das *Munda cor* gesprochen und vom Zelebranten mit dem *Dominus sit in corde tuo* den Segen empfangen hat, zieht er mit den Leuchter- und Weihrauchträgern und dem Subdiakon, der bei der Verkündigung des Evangeliums das Evangeliar hält, in Prozession an die Chorschranken. Dort verkündet er das Evangelium in nördlicher Himmelsrichtung, die den Ort des Unglaubens symbolisiert. Die sonntägliche Predigt ist nicht obligatorisch, wurde aber vom Konzil von Trient mit Nachdruck empfohlen. An Sonn- und Feiertagen wird das *Credo* gesungen bzw. gesprochen. Die „tridentinische" Messe kennt keine Fürbitten *(oratio fidelium)*.

Opfermesse: Die Darbringung der Opfergaben beginnt der Priester in der Mitte des Altars mit dem Altarkuss, dem Gruß *Dominus vobiscum* und dem *Offertorium*, der von ihm gelesenen Antiphon des Gesangs zur Opferung. Der Psalm, den diese Antiphon ursprünglich rahmte, wurde im „Missale Romanum" von 1570 nicht mehr berücksichtigt. Ebenfalls in der Mitte des Altares bringt der Priester mit dem Gebet *Suscipe sancte Pater* das Brot dar. Danach gießt er Wein in den Kelch, segnet das Wasser, das dem Wein beigemischt wird, mit dem Gebet *Deus, qui humanae substantiae* und bringt den Wein dar mit dem Gebet *Offerimus tibi, Domine.* Die traditionellen Begleitgebete zur Darbringung der Opfergaben von Brot *(Suscipe sancte Pater)* und Wein *(Offerimus tibi, Domine)* sprechen antizipierend schon von der makellosen Opfergabe *(immaculata hostia)* und dem Kelch des Heiles *(calix salutaris).* Es folgen die Vorbereitungsgebete *In spiritu humilitatis,* das Segensgebet *Veni, sanctificator,* die Händewaschung mit dem Psalm *Lavabo* (Ps 26 [25], 6–12) und das Selbstaufopferungsgebet *Suscipe, sancta Trinitas.* Danach spricht der Priester die Gebetseinladung *Orate fratres* und es folgt die Antwort *Suscipiat,* die der Priester bei Abwesenheit eines Ministranten selbst sprechen soll. Das Gebet über die Opfergaben *(oratio super oblata),* das seit dem frühen Mittelalter leise gesprochen wird, schließt die Darbringung der Opfergaben ab.

Das Hochgebet, das nach mittelalterlichem Verständnis erst nach der Präfation mit dem *Te igitur* beginnt, wird vom Priester in der Altarmitte mit leiser Stimme gesprochen – mit Ausnahme der Worte *Nobis quoque peccatoribus* und der Schlussformel der Doxologie *Per omnia saecula saeculorum.* Diese Praxis hatte sich seit dem Mittelalter überall durchgesetzt und wurde durch das „Missale Romanum" von 1570 verbindlich vorgeschrieben. Das Beten des Römischen Kanons wird von zahlreichen Kreuzzeichen, Verneigungen und Kniebeugen begleitet. Während des *Sanctus* wird eine zusätzliche Kerze angezündet. Nach der Konsekration erfolgt die Elevation von Hostie und Kelch; der Priester soll dem Volk die Hostie und den Kelch zeigen *(ostendit populo).* Die Gebete vom *Quam oblationem* bis zum *Supplices te rogamus,* die zum ältesten Bestand des „Canon Romanus" gehören, unterstreichen die Opfergestalt der Eucharistie. Diese besteht nicht nur im Bereiten und Austeilen der Gaben in Verbindung mit dem Lobopfer der Kirche. Zum Opfer der Eucharistie gehört nach katholischem Verständnis auch ihre Darbringung vor und nach der Konsekration. Die Darbringung der Opfergaben zielt auf Verwandlung der Gaben, diese selbst aber auf die Verwandlung der Gläubigen.

Die Kommunion wird eingeleitet durch das vom Priester laut gesprochene *Pater noster* und die als Antwort der Gläubigen ge-

Ordo missae

sprochene letzte Bitte *sed libera nos a malo.* Der Priester bricht die Hostie und zeichnet beim laut gesprochenen Friedensgruß *Pax Domini sit semper vobiscum* mit einem Hostienpartikel drei Kreuze über den Kelch, bevor er das Fragment, begleitet von dem leise gesprochenen *Haec commixtio,* in den Kelch gibt. Das dreimalige *Agnus Dei,* das sich daran anschließt, wird laut gesprochen, die dann folgenden Vorbereitungsgebete wiederum leise, darunter als erstes das Friedensgebet *Domine Jesu Christe, qui dixisti.* Wird die *Pax* (Friedensgruß) am Altar gegeben (im Levitenamt), küsst der Priester zunächst den Altar. Die *Pax* wird vom Priester an den Diakon gegeben und anschließend vom Diakon an den Subdiakon, von diesem an alle übrigen Kleriker, die sich im Chor befinden. Die Antwort auf den Friedensgruß *Pax tecum* lautet *et cum spiritu tuo.*

Nach Friedensgebet und *Pax* folgen die Vorbereitungsgebete des Priesters *Domine Iesu Christe* und *Perceptio corporis.* Mit dem Begleitgebet *Panem caelestem* nimmt der Priester die Patene mit der Hostie in die linke Hand und spricht laut dreimal das *Domine, non sum dignus,* wobei er sich jeweils mit der rechten Hand an die Brust schlägt. Es folgt die Kommunion des Priesters mit den entsprechenden Begleitgebeten. Vor der Kommunion der Gläubigen wendet sich der Priester dem Volk zu und zeigt diesem die konsekrierte Hostie mit den Worten *Ecce Agnus Dei, ecce qui tollit peccata mundi,* worauf die Gläubigen ebenfalls das dreimalige *Domine, non sum dignus* sprechen. In der alten Form der römischen Messe wird die Eucharistie ausschließlich in der Form der knienden Mundkommunion empfangen. Die Kommunion unter beiden Gestalten ist nur für den zelebrierenden Priester vorgesehen. Die Ablution der Gläubigen, die kommuniziert haben, ist im „Missale Romanum" (1570) weggefallen, nicht dagegen der Ablutionswein über Daumen und Zeigefinger des Priesters. Vor der Ablution spricht der Priester das *Quod ore sumpsimus,* während der Ablution das *Corpus tuum, Domine, quod sumpsi.* Nachdem das Messbuch auf die Epistelseite des Altars zurückgebracht worden ist, liest der Priester dort den Kommunionvers, küsst in der Mitte den Altar und geht nach dem Gruß *Dominus vobiscum* erneut

386

zum Messbuch auf die Epistelseite, um dort laut die *Postcommunio* (Schlussgebet) zu lesen.

Entlassung: Der Abschluss der Messe erfolgt an der Altarmitte. Nachdem der Priester den Altar geküsst hat, spricht er erneut den Gruß *Dominus vobiscum*. Nach der Antwort folgt der Entlassruf *Ite missa est*. Danach wendet er sich dem Altar zu, betet still das *Placeat tibi*, küsst den Altar erneut und erteilt den Segen *(deinde benedicit populum)*. Der Entlassruf *Ite missa est* erfolgt in der klassischen Form der römischen Messe vor dem Segen, da der Segen ursprünglich nicht Teil der Messe war, sondern seinen Platz in einer eigenen Feier hatte und erst später an das *Ite missa est* angefügt wurde. Nach dem Segen liest der Priester auf der Evangelienseite das Schlussevangelium Joh 1,1–14, das ursprünglich die Funktion eines Segensgestus hatte.

3. Gebetsrichtung und ars celebrandi

Die Entwicklung der Liturgie nach dem Konzil war in starkem Maße vom Bild der versammelten Gemeinde als Mahlgemeinschaft und Subjekt der Liturgie dominiert. Man hat hier von einem „oberflächlichen Horizontalismus"[89] in der Liturgie gesprochen. Zudem verstärkte das Messbuch von 1970 mit seinen weitreichenden Veränderungen den Eindruck, man könne Liturgie machen. Hier setzten jene an, die sich für eine „Reform der Reform" ausgesprochen haben. Kritisch hinterfragt wurde in diesem Zusammenhang u. a. der fast vollständige Wegfall der gemeinsamen Gebetsrichtung in der heutigen Messfeier. Kommt in der durchgehenden *celebratio versus populum* der sakrale und kultische Charakter der Eucharistie sowie ihr Opfercharakter noch angemessen zum Ausdruck?

Die Konzilsväter hatten erklärt, dass die lateinische Liturgiesprache erhalten werden soll, der Volkssprache aber vor allem bei der Liturgie des Wortes ein größerer Raum gegeben

---

89 *Haunerland*, Mysterium paschale (2012), 201.

Ordo missae

werden soll.[90] Zur Frage der Gebetsrichtung haben sich die Konzilsväter dagegen nicht geäußert. „Sacrosanctum Concilium" geht vielmehr noch ganz selbstverständlich von der traditionellen Gebetsrichtung aus.[91] Selbst die Rubriken der Editio typica des „Missale Romanum" (2002) gehen noch von der traditionellen Gebetsrichtung aus.[92] Nehmen wir einmal an, die heilige Messe würde nach dem Messbuch Pauls VI. mit Ausnahme der Liturgie des Wortes in lateinischer Liturgiesprache gefeiert. Der zelebrierende Priester würde ab dem *Offertorium* in gemeinsamer Gebetsausrichtung zusammen mit den Gläubigen die Eucharistie darbringen. Der Priester, der so zelebrierte, sähe sich fast zwangsläufig mit dem Vorwurf konfrontiert, hinter das Zweite Vatikanische Konzil zurückzugehen, obschon er dabei gegen keine einzige Bestimmung des Konzils und der nachkonziliaren Liturgiereform verstoßen hätte.

Die erste Instruktion zur Durchführung der Liturgiereform „Inter Oecumenici" (26. September 1964) erklärte zwar noch während des Konzils, es sei besser, wenn der Hauptaltar von der Rückwand getrennt errichtet werde, damit man ihn leichter umschreiten könne und an ihm die Feier zum Volk hin *(celebratio versus populum) möglich* sei.[93] Die Zelebration *versus populum* wurde aber nicht vorgeschrieben. Die Empfehlung der Instruktion war auch keine Aufforderung, bestehende Altäre zu demontieren. Auf die Frage, ob es erlaubt sei, einen tragbaren Altar in Form eines einfachen Tisches aufzustellen, um zum Volk hin zelebrieren zu können, antwortete die Instruktion: „An sich ist es erlaubt, es

---

90 Vgl. SC 36.

91 Vgl. SC 33.

92 So heißt es in den Rubriken des „Novus Ordo", dass sich der Priester beim *Orate fratres*, beim *Pax Domini*, beim *Ecce, Agnus Dei* und beim Schlussritus dem Volk zuwendet. Dieser Hinweis wäre überflüssig, wenn die Rubriken des „Novus Ordo" die Zelebration *versus populum* vorsehen würden. Die *Editio typica tertia* des „Missale Romanum" hat die Rubriken beibehalten. Vgl. MR ³2002, 600 (Nr. 127); 601 (Nr. 132f.); 603 (Nr. 141).

93 Vgl. *Ritenkongregation*, Instruktion „Inter Oecumenici" (1964), Nr. 91 (DEL I, 133).

wird aber nicht dazu geraten. Denn die Gläubigen nehmen an der nach der Norm der neuen Ordnung gefeierten Messe vorzüglich teil, auch wenn der Altar so aufgestellt ist, daß der Zelebrant dem Volk den Rücken zuwendet. Denn der ganze Wortgottesdienst wird am Priestersitz oder am Ambo zum Volk hin gefeiert."[94] Eine *versus orientem* bzw. *ad absidem* zelebrierte eucharistische Liturgie entspricht also dem Geist der erneuerten Liturgie. Am 30. Juni 1965 erklärte der Rat zur Durchführung der Liturgiereform: „Wir möchten jedenfalls betonen, dass es nicht unbedingt notwendig ist für eine fruchtbare pastorale Tätigkeit, die ganze Messe *versus populum* zu feiern. Der ganze Wortgottesdienst, in dem sich in breiterer Form die aktive Teilnahme des Volkes mittels des Dialoges und des Gesanges verwirklicht, wird bereits zur Gemeinde hin gefeiert und ist heute durch den Gebrauch der Volkssprache viel verständlicher geworden."[95]

In einem „Responsum" der Gottesdienstkongregation von 1993 heißt es: „Das Prinzip, dass es nur einen einzigen Altar geben sollte, ist theologisch wichtiger als die Praxis, zum Volk hin zu zelebrieren."[96] Die sogenannte *celebratio versus populum*, so das „Responsum" weiter, wurde nicht aus theologischen, sondern aus pastoralen Gründen erlaubt: „Es ist notwendig zu erklären, dass der Ausdruck ‚zum Volk hin gekehrt zelebrieren‘ keine theologische Bedeutung hat, sondern nur eine topographische Beschreibung ist. Jede Eucharistiefeier wird begangen ‚zum Lob und Ruhm seines Namens und zum Segen für uns und seine ganze heilige Kirche‘. Denn im theologischen Sinn richtet sich die Messe immer an Gott und an das Volk. In der Gestalt der Feier muß man darauf achten, Theologie und Topographie nicht zu verwechseln, besonders wenn der Priester am Altar ist. Nur wahrend der Dialoge am Altar spricht der Priester zum Volk. Alles andere ist Gebet zum Va-

---

94 Ebd. Nr. 91 (DEL I, 134).
95 *Consilium*, Brief an die Vorsitzenden der Bischofskonferenzen vom 30. Juni 1965, Nr. 6: DEL I, 217.
96 *Kongregation für den Gottesdienst und die Sakramentenordnung*, Editoriale: Pregare ad orientem versus, in: Notitiae 29 (1993) 249.

Ordo missae

ter durch Jesus Christus im Heiligen Geist. Diese Theologie muss sichtbar sein."[97] Nur bei den Dialogteilen also spricht der Priester zum Volk. Die vom Priester gesprochenen Vorstehergebete, einschließlich des am Altar von ihm gesprochenen oder gesungenen Eucharistischen Hochgebets, sind dagegen an Gott, den Vater gerichtet, vor den uns Christus, der primäre Träger der Liturgie, versammelt.

Da die eucharistische Liturgie, in deren Kontext die Konsekrationsworte gesprochen werden, den Charakter einer danksagenden Darbringung hat (vom *Offertorium* bis zur Schlussdoxologie des Eucharistischen Hochgebets), ist die Erweiterung des Brotwortes „der für euch hingegeben wird" kein Argument für die Stellung des Priesters *versus populum*.[98] In einem „Responsum" vom 25. September 2000 bekräftigte die Gottesdienstkongregation auch noch einmal, dass die *celebratio versus populum* keine Verpflichtung sei und es gute Gründe geben könne, warum man die *celebratio versus orientem*, die auch eine symbolische sein könne, wählt.[99] Die zitierten Stellungnahmen zeigen, dass die veränderte Gebetsrichtung bis heute nie vorgeschrieben wurde und eine gemeinsame Gebetsausrichtung bei der Darbringung der Eucharistie dem Geist der Liturgiereform nicht widerspricht.[100]

Die gemeinsame Gebetsausrichtung ist im Kontext des Phänomens der *sacred direction* zu sehen, welches wir in allen drei großen monotheistischen Religionen antreffen. Im Judentum betete man zur Zeit der Entstehung des Christentums zumeist in Richtung Jerusalem, eine Praxis, die das orthodoxe Judentum bis heute bewahrt hat. Im Islam gilt die Regel, in und außerhalb der Moschee nach Mekka hin ausgerichtet zu beten. Es ist das Ver-

---

97 Ebd.

98 Anders *Verweyen*, Liturgie in den frühen Schriften Joseph Ratzingers (2012), 85–89.

99 Vgl. *Kongregation für den Gottesdienst und die Sakramentenordnung*, Responsa ad quaestiones de nova Institutione Generali Missalis Romani (25. September 2000), Prot.-Nr. 2036/00/L, 171–173.

100 Dies gilt unbeschadet der Pressemitteilung des Vatikans vom 11. Juli 2016. Siehe oben 350.

dienst von Uwe Michael Lang, in der katholischen Kirche eine sachliche Diskussion über die gemeinsame Gebetsausrichtung *ad Dominum* angestoßen zu haben.[101] Die Behauptung, ursprünglich habe der Bischof bzw. Priester *versus populum* zelebriert, ist eine Legende, zu deren Verbreitung vor allem Karl-Otto Nußbaum (1923–1999) beigetragen hat.[102] In der Regel betete man in gemeinsamer Ausrichtung *versus orientem* und das hieß – da die meisten Kirchen apsisgeostet waren – in Richtung Apsis, die oft mit einem Kreuz oder mit dem Bild des erhöhten Christus versehen war.[103]

Einige Kirchen waren, vor allem aus topographischen Gründen, eingangsgeostet, wie die ersten großen Kirchen Roms (Lateran und Peterskirche). Hier wurde die eucharistische Liturgie mit großer Wahrscheinlichkeit in Richtung der geöffneten Türen gefeiert.[104] Da die gemeinsame Gebetsausrichtung auch darin bestanden haben könnte, dass die *circumstantes* mit dem Zelebranten nach Osten „mit dem Blick nach oben, nämlich zu dem Osthimmel als Ort des Paradieses und der Wiederkunft Christi", beteten, ist es möglich, dass in Kirchen, in denen die Apsis im Westen lag, der Blick nach oben ging und „dass die Mosaiken in der Apsis und im Apsisbogen dazu dienten, den Ort auszuzeichnen, zu dem die ganze Versammlung beim Hochgebet aufschaute. Priester und Volk beteten in Orantenhaltung mit ausgebreiteten Armen und nach oben gerichtetem Blick ohne weitere rituelle Gesten"[105]. Das Bewusstsein, bei der Feier der Eucharistie zum Volk hin zu zelebrieren *(celebrare versus populum)*, war jedenfalls unabhängig vom Kirchenbau und der Ausrichtung der Kirche

---

101 Vgl. *Lang*, Conversi ad Dominum (^{3}2005); *ders.*, The Direction of Liturgical Prayer (2007).

102 Vgl. *Nußbaum*, Die Zelebration versus populum und der Opfercharakter der Messe (1971/1996).

103 Vgl. *Metzger*, La place des liturges à l'autel (1971).

104 Vgl. *Gamber*, Zum Herrn hin! (1987), 41–46; *Wallraff*, Christus verus Sol (2001), 71–78.

105 *Lang*, Conversi ad Dominum (^{3}2005), 90f. Vgl. *Fiedrowicz*, Die überlieferte Messe (2011), 142f.

Ordo missae

gänzlich unbekannt.[106] Entscheidend war, dass die gottesdienstliche Versammlung zusammen mit dem Zelebranten gemeinsam auf Gott *(ad Dominum)* hin ausgerichtet betete, in der Erwartung der Wiederkunft Christi.

Josef Andreas Jungmann, Konsultor des Rates zur Durchführung der Liturgiereform, hielt die Stellung des Priesters zum Volk hin nicht in jeder Hinsicht für angemessen. Zwar meinte er, dass die Ostung beim Gebet ihre symbolische Bedeutung weitgehend verloren habe, doch verteidigte er noch in der 5. Auflage von „Missarum Sollemnia" zu Konzilsbeginn den Grundsatz, „daß beim Gebet alle, auch der Zelebrant, in einer Richtung nach Gott ausschauen sollen" und dies „für den gleichen Standort des Zelebranten sprechen" würde, „wenigstens dann, wenn man den Gedanken als Grundlage festhalten will, daß die Kirche noch unterwegs ist und Gott noch nicht endgültig besitzt. Der Grundsatz entspricht auch der im Darbringen enthaltenen Bewegung. Wäre die Messe nur Lehrgottesdienst und Kommunionfeier, so würde allerdings die Wendung zum Volk hin das Gegebene sein; anders wenn sie vor allem Huldigung und Opfer an Gott ist"[107]. Jungmann verweist in diesem Zusammenhang auf die Grundidee des „offenen Ringes" mit gemeinsamer Gebetsausrichtung von Priester und Gemeinde des Kirchenarchitekten Rudolf Schwarz (1897–1961).[108]

Die einseitige Betonung des Mahlcharakters der Eucharistie führte nach dem Zweiten Vatikanischen Konzil zum Modell der um den Tisch des Mahls versammelten Gemeinde. Mit dem Begriff des Mahls, der nach dem Konzil immer stärker ins Zentrum trat, ist die Feier der Eucharistie aber allein nicht angemessen beschrieben. Zwar hat Jesus das Gedächtnis seines Todes und seiner Auferstehung im Rahmen eines jüdischen Festmahls gestiftet,

---

106 Vgl. auch die Untersuchung von *Heid*, Gebetshaltung und Ostung in frühchristlicher Zeit (2006 [2008]).

107 *Jungmann*, Missarum Sollemnia I (⁶2003), 333.

108 Zum Werk vom Rudolf Schwarz, der mit Romano Guardini und der Bewegung „Quickborn" eng verbunden war, vgl. *ders.*, Vom Bau der Kirche (²1947); *ders.*, Kirchenbau (1960).

doch hat er nicht das Sättigungsmahl zur Wiederholung aufgetragen, sondern den danksagenden Lobpreis über Brot und Wein, in denen uns in der Feier der Eucharistie der Leib und das Blut Christi geschenkt werden. Die Eucharistie ist kein Sättigungsmahl, auch wenn sie damit anfänglich verbunden war. Das letzte Abendmahl Jesu mit seinen Jüngern war auch nicht die erste Feier der Eucharistie, sondern ihre „Stiftung". Zudem ist der Altar an erster Stelle der Ort für die Darbringung der Eucharistie und nicht in horizontaler Perspektive der Tisch eines Mahls. Dazu schreibt Reinhard Meßner: „Die angebliche Funktion des Altars als Mahltisch ist eine – nicht von Ideologie freie – Konstruktion des 20. Jahrhunderts. Seit es den einen Altar in der Eucharistiefeier gibt, war dieser nie Mahltisch."[109] Der Altar ist die „Schwelle zum Himmel", er symbolisiert den geöffneten Himmel, der uns durch die Präsenz des Herrn geschenkt wird. Die Mitte der gottesdienstlichen Versammlung überschreitet also den Kreis der zur Feier der Eucharistie versammelten Gläubigen. Die Mitte der gottesdienstlichen Versammlung ist „ex-zentrisch" – so die treffende Beschreibung Meßners.[110]

Die heute fast ausnahmslos praktizierte Stellung des Priesters zum Volk hin während der Orationen, einschließlich des Eucharistischen Hochgebets, ist ambivalent, da sie den Eindruck erweckt, der Adressat der Vorstehergebete sei nicht Gott, sondern die Gemeinde: „Was bedeutet es denn, wenn der Vorsteher das Gebet, das er doch im Namen der Gemeinde, als ihr Wortführer, an Gott richtet, leiblich *auf die Gemeinde zu*, in die Gemeinde hinein spricht? Wird hier nicht durch die leibliche Gebärde unterschwellig ein neuer Adressat des Gebets eingeführt? Frei von ideologischen Verhärtungen angeschaut, mit denen die ganze Fragestellung leidet [...] stellt das Beten *versus populum* doch den Akt einer (bloß) innergemeindlichen Kommunikation dar."[111] Letzt-

---

109 *Meßner*, Gebetsrichtung, Altar und die exzentrische Mitte der Gemeinde (2003), 34.
110 Vgl. ebd. 28.
111 Ebd. 33.

lich ist die Mitte der Eucharistiefeier positionslos: „The true sacred centre is unplaceable and lies beyond place itself, in God"[112]. Hans Urs von Balthasar (1905–1988) sprach mit Blick auf die Eucharistie treffend vom „patrozentrischen Gottesdienst"[113].

Die *sacred direction* der traditionellen Gebetsrichtung richtete die liturgische Versammlung auf ihren göttlichen Ursprung hin und auf ihr eschatologisches Ziel aus. Die *celebratio versus populum* erweckt mit ihrer ständigen *face-to-face* Beziehung zunehmend den Eindruck des geschlossenen Kreises. Eine Rückkehr zur traditionellen Gebetsausrichtung würde deutlicher machen, dass die Gläubigen nach der Schriftlesung und Homilie, zusammen mit dem Priester in danksagender Anbetung das eucharistische Opfer darbringen.[114] Da die traditionelle Gebetsrichtung nicht von heute auf morgen wiedergewonnen werden kann, hatte Joseph Ratzinger den Vorschlag gemacht, auf den Altar ein Kreuz (Passions- oder Triumphkreuz) zu stellen als der „innere Osten"[115] des Glaubens, als gemeinsame Ausrichtung von Priester und Volk auf den erhöhten Herrn. Der Gekreuzigte „soll der gemeinsame Blickpunkt für den Priester und die betende Gemeinde sein"[116]. Manche haben diesen Vorschlag als halbherzig kritisiert. Doch ist dabei zu berücksichtigen, dass eine erneute Veränderung der Gebetsrichtung zum gegenwärtigen Zeitpunkt viel Unruhe unter den Gläubigen hervorrufen würde.

Das Anliegen Joseph Ratzingers *in liturgicis* bestand darin, gegenüber der Ideologie des Bruchs eine „Hermeneutik der Re-

---

112 *Pickstock*, After Writing (^{2}2000), 174.
113 *von Balthasar*, Herrlichkeit I (1988), 553. – Zur trinitarischen Dimension der Liturgie vgl. *Hoping*, Das Beten Christi und seiner Kirche (2008).
114 Vgl. *Lang*, Conversi ad Dominum (^{3}2005), 135f. Bei der Schriftlesung ist zu beachten, dass diese nicht nur den Charakter der Unterweisung hat, sondern zu ihr konstitutiv auch die anamnetische Funktion gehört. Sie hat aber nicht den Charakter danksagender Darbringung wie dies beim *Offertorium* und der *Prex Eucharistica* der Fall ist.
115 *Ratzinger*, Der Geist der Liturgie, in: JRGS 11 (2008), 84 [73]. Zur Liturgietheologie Ratzingers vgl. *Hoping*, Kult und Reflexion (2009).
116 *Ratzinger*, Der Geist der Liturgie, in: JRGS 11 (2008), 84 [73].

Die Feier der Messe im Römischen Ritus

form" in Kontinuität zur Tradition der Kirche zurückzugewinnen. Für die Feiergestalt der Messe im *usus modernus* plädierte er dafür, wieder stärker ihren Charakter als sakrale und kultische Handlung deutlich zu machen.[117] Bis auf Weiteres wird es in der katholischen Kirche einen zweifache Form des Römischen Ritus geben, die alte und die neue Form.[118] Umso bedeutsamer ist eine *ars celebrandi*, die nicht als Gegensatz zur liturgischen Ordnung betrachtet wird. Nur so kann das Bewusstsein für die Einheit der römischen Liturgie wachgehalten werden.[119] In seinem Begleitbrief zum Motu proprio „Summorum Pontificum" hatte Benedikt XVI. dazu aufgerufen, die Feier der Messe und die Einheit des römischen Ritus sowie die liturgische Ordnung zu respektieren. Denn „die sicherste Gewähr dafür, dass das Missale Pauls VI. die Gemeinden eint und von ihnen geliebt wird, besteht im ehrfürchtigen Vollzug seiner Vorgaben, der seinen spirituellen Reichtum und seine theologische Tiefe sichtbar werden lässt"[120].

Mit den zum Teil erheblichen Eingriffen in die überlieferte Gestalt der römischen Messe hatte die Liturgiereform den fatalen Eindruck hinterlassen, dass man die Liturgie „fabrizieren" könne, weshalb nicht wenige Priester meinten und bis heute meinen, das Werk der Liturgiereformer durch „kreative" Lösungen gleichsam zu Ende führen zu müssen. Und so erleben wir in unseren sonntäg-

---

117 Neben der Erneuerung der gemeinsamen Gebetsausrichtung nannte Joseph Ratzinger in seinem Schlussvortrag „Bilan et Perspectives" auf der Tagung in Fontgombault (2001) zwei weitere wichtige Punkte einer „Reform der Reform": 1. die Korrektur einer falsch verstandenen liturgischen „Kreativität" und 2. eine korrekte Übersetzung der liturgischen Bücher. Vgl. *Ratzinger*, Bilan et Perspectives – Bilanz und Perspektiven, in: JRGS 11 (2008), 673–677. Zur Bedeutung der Sakralsprache vgl. *Fiedrowicz*, Die überlieferte Messe (2011), 150–186.
118 In einem Brief an Dr. Heinz-Lothar Barth, Bonn, vom 23. Juni 2003 hat Joseph Ratzinger die Meinung geäußert, dass es nicht ein dauerhaftes Nebeneinander von zwei Formen der römischen Messe geben könne, sondern auf Dauer Integration und Harmonie des Ritus das Ziel sein müsse. Vgl. *Barth*, Ist die traditionelle lateinische Messe antisemitisch? (2007), 17f.
119 Vgl. *Benedikt XVI.*, „Sacramentum Caritatis" (2007), Nr. 38.
120 *Ders.*, Begleitbrief zum Motu proprio „Summorum pontificum" (2007), 25.

Ordo missae

lichen Messfeiern oft eine erschreckende Formlosigkeit.[121] Hinzu kommt, im Vergleich zur Zeit des Konzils, ein desolater Zustand der liturgischen Bildung, der einen bewussten Mitvollzug der Gläubigen in der Liturgie zunehmend schwierig macht. Walter Kardinal Kaspers Rede vom „schwindsüchtigen Glauben" und „religiösen Analphabetismus"[122] gilt *mutatis mutandis* auch für die Liturgie. Eine gute liturgische Bildung aber ist Grundvoraussetzung einer nicht nur äußerlichen *participatio actuosa* der Gläubigen.

Im Jahr der Promulgation von „Sacrosanctum Concilium" waren die Deutschen Bischöfe fest entschlossen „alles zu tun, damit die ‚Constitutio de sacra Liturgia' nicht nur auf dem Papier stehen"[123] bleibt. Das Hauptziel des Konzils und der Liturgiereform bestand darin, „das christliche Leben unter den Gläubigen mehr und mehr zu vertiefen"[124]. Heute, gut vierzig Jahre später, müssen wir ernüchtert feststellen, dass die Liturgiereform vielerorts nicht zu einer Vertiefung des christlichen Lebens der Gläubigen geführt hat. In der Liturgie sind die Gläubigen heute zwar in der Lage zu verfolgen, was sich am Altar abspielt. Doch verstehen sie es immer weniger – trotz volkssprachlicher Liturgie. Hinzu kommt eine dramatische Entsakralisierung der Liturgie.[125]

---

121 Vgl. *Mosebach*, Häresie der Formlosigkeit (2007). Auch wenn Mosebach mit seiner Fundamentalkritik am „Novus Ordo" Paul VI. und seiner Rolle in der Liturgiereform Unrecht tut, bringt der Titel seines in zahlreiche Sprachen übersetzten Bestsellers doch das Problem der nachkonziliaren Liturgieentwicklung treffend auf den Punkt.
122 *Kasper*, Neue Evangelisierung als theologische, pastorale und geistliche Herausforderung, in: WKGS 5 (2009), 296.
123 *Die Deutschen Bischöfe*, Hirtenschreiben an den Klerus (4. Dezember 1963), in: LJ 14 (1964), 85–90: 86.
124 SC 1.
125 Vgl. *Hoping*, Heilige Handlung (2019); *ders.*, Sakramentalität und Sakralität als Kern katholischer Identität (2020). – Von religionssoziologischer Seite haben diese analysiert *Flanagan*, Sociology and Liturgy (1991) und *Torevell*, Losing the Sacred (2000). Torevell ist u. a. von der Bewegung der „Radical Orthodoxy" beeinflusst. Vgl. dazu *Milbank*, Theology and Social Theory (1990); *ders.*, The World Made Strange (1997); *Pickstock*, After Writing (^{2}2000).

Anlässlich des vierzigjährigen Jubiläums von „Sacrosanctum Concilium" (1963/2003) hat der damalige Präfekt der Kongregation für die Glaubenslehre, Joseph Kardinal Ratzinger, die bleibende theologische Bedeutung der Konstitution über die heilige Liturgie gewürdigt.[126] Ratzinger hat aber nie einen Zweifel an seiner Meinung gelassen, dass es im Zuge der Liturgiereform zu einer grundlegenden Veränderung im Verständnis der Liturgie gekommen ist: Nicht mehr die danksagende Anbetung erscheint nun als der primäre Sinn der Liturgie, sondern die Feier der Gemeinde, die sich darin ihrer Gemeinschaft mit Christus versichert. So aber droht der christliche Kult zu einem „sozialen Ritual"[127] abzusinken.

Die Konstitution „Sacrosanctum Concilium" hatte die Liturgie eine „heilige Handlung" genannt, in der durch Christus, den erhöhten Herrn, und die Glieder seines mystischen Leibes der „gesamte öffentliche Kult vollzogen"[128] wird. Als „Vollzug des priesterlichen Amtes Jesu Christi", in dem „durch sinnenfällige Zeichen die Heiligung des Menschen bezeichnet und in je eigener Weise bewirkt wird"[129], ist die Liturgie „vor allem Anbetung der göttlichen Majestät"[130]. Der christliche Kult gründet im „Geheimnis des geopferten und gerade so lebendigen Leibes Christi, […] der sich uns mitteilt und uns so in die reale Verbindung mit dem lebendigen Gott hineinführt"[131]. Der christliche Kult ist vor allem Teilnahme am *Pascha Christi*, an seinem *Transitus* vom Tod zum Leben.[132] Die Konzilsaussagen zur sakralen und kultischen Dimension der Liturgie hat Benedikt XVI. an den Anfang des Motu Proprio „Summorum Pontificum" ge-

---

126 Vgl. *Ratzinger*, 40 Jahre Konstitution über die heilige Liturgie, in: JRGS 11 (2008).
127 *Ders.*, Von der Bedeutung des Sonntags für Beten und Leben des Christen, in: JRGS 11 (2008), 256.
128 SC 7.
129 SC 8.
130 SC 33.
131 *Ratzinger*, Der Geist der Liturgie, in: JRGS 11 (2008), 55 [37].
132 Vgl. ebd. 48 [29].

Ordo missae

stellt.[133] Der Zusammenhang von Kreuz und Kult ist grundgelegt in den neutestamentlichen Anfängen der Kirche: Das Kreuz Christi wurde vom Kult des Tempels her und der christliche Kult vom Kreuz Christi her verstanden.[134]

Wer an der Feier der heiligen Messe in danksagender Anbetung teilnimmt, kann erkennen, dass zwischen ihrer alten und neuen Form kein Widerspruch besteht, weder in der *lex orandi* noch in der *lex credendi*. Es ist aber nötig, die beiden Formen der römischen Messe in ihrer rituellen Feiergestalt einander anzunähern. Denn die Liturgie in ihrer überlieferten Form kann nicht auf den Zustand von 1962 eingefroren werden.[135] Entscheidend für die Zukunft der Liturgie wird es sein, dass die Einheit von *ars celebrandi* und liturgischer Ordnung wiederentdeckt und zwischen beiden kein Gegensatz gesehen wird. Vor allem ist eine verbesserte Kultur der *ars celebrandi*, inklusive einer *ars praesidendi* nötig.[136] Und wenn die Liturgie wirklich im recht verstandenen Sinne das heilige Spiel der Menschen vor Gott ist, dann ist jede Eigenmächtigkeit und Formlosigkeit unangemessen. Jedes Spiel, auch und gerade das heilige Spiel, folgt bestimmten Regeln, die zu beachten sind.[137] Ohne die historisch gewachsene rituelle Gestalt der römischen Messe zu respektieren, kann die Feier der Eucharistie auch nicht „Zeichen der Einheit und Band der Liebe" (Augustinus) sein, sondern sie wird ein Gegenstand des Streites bleiben. Da das Zweite Vatikanische Konzil allen, und seien sie auch Priester, jede liturgische Eigenmächtigkeit untersagt[138], sind nicht jene Priester

---

133 Vgl. *Benedikt XVI.*, Motu proprio „Summorum pontificum" (2007), Vorwort: „Die Sorge der Päpste ist es bis zur heutigen Zeit stets gewesen, dass die Kirche Christi der Göttlichen Majestät einen würdigen Kult darbringt, zum ‚Lob und Ruhm Seines Namens' und ‚zum Segen für Seine ganze heilige Kirche'."
134 Vgl. *Backhaus*, Kult und Kreuz (1996).
135 Vgl. *Ratzinger*, Bilan et Perspectives, in: JRGS 11 (2008), 678.
136 Vgl. *Haunerland*, Der bleibende Anspruch liturgischer Erneuerung (2004), 68.
137 Vgl. ebd. 66.
138 Vgl. SC 22: „Das Recht, die heilige Liturgie zu ordnen, steht einzig der Autorität der Kirche zu. Diese Autorität liegt beim Apostolischen Stuhl und nach Maßgabe des Rechtes beim Bischof [...] Deshalb darf durchaus niemand

rechenschaftspflichtig, die sich an die liturgische Ordnung der Kirche halten, sondern jene, die diese gegen den Willen des Konzils missachten, indem sie zum Beispiel nicht approbierte Orationen verwenden, die Hochgebete des Messbuchs verändern, den Embolismus weglassen, etc.

Walter Kardinal Kasper schreibt zu den liturgischen Eigenmächtigkeiten, mit denen die Gläubigen nun seit Jahrzehnten konfrontiert sind: „Man kann die Liturgie also nicht immer wieder neu erfinden und sich nach eigenem Geschmack zusammenbasteln. Ich möchte, wenn ich an einem Gottesdienst teilnehme, nicht den subjektiven Einfällen und Anmutungen des jeweils Zelebrierenden ausgesetzt sein. Ich empfinde das als eine Zumutung; denn ich komme ja, um die Liturgie der Kirche mitzufeiern. In der der Liturgie eigenen Objektivität drückt sich das Universale der katholischen Liturgie aus."[139] Die Priester, wie alle anderen auch, die in der Liturgie einen besonderen Dienst übernehmen, sind gehalten, demütig hinter ihren Dienst und die Objektivität der vorgegebenen Liturgie zurückzutreten. Dies gilt für beide Formen der Messe, der alten wie der neuen Form. Es gibt eine Unverfügbarkeit der „göttlichen" Liturgie (so nennen die Kirchen des Ostens die Feier der Eucharistie), die jede liturgische Eigenmächtigkeit ausschließt.[140] Eine richtig verstandene Gestaltungsfreiheit in der Feier der Messe zeichnet sich dadurch aus, dass man die Möglichkeiten nutzt, die dafür legitimerweise bestehen. Und diese sind im Messbuch Pauls VI. nicht wenige.

---

sonst, auch wenn er Priester wäre, nach eigenem Gutdünken in der Liturgie etwas hinzufügen, wegnehmen oder ändern."

139 *Kasper*, Gottesdienst nach katholischem Verständnis, in: WKGS 10 (2010), 137.

140 Vgl. *Ratzinger*, Der Geist der Liturgie, in: JRGS 11 (2008), 143 [142].

Kapitel X

PRO VOBIS ET PRO MULTIS

Zur Theologie der Einsetzungsworte

Die Messbuchreform führte auch zu Änderungen bei den Einsetzungsworten. *Hoc est enim corpus meum* – diese Worte sprach der Priester traditionell bei der Konsekration des Brotes.[1] Die neue, erweiterte Fassung greift 1 Kor 11,24 (Vlg.) auf und lautet: *Hoc est enim corpus meum, quod pro vobis tradetur.*[2] „Das ist mein Leib, der für euch hingegeben wird."[3] Zur Konsekration des Weines spricht der Priester *Hoc est enim Calix Sanguinis mei qui pro vobis et pro multis effundetur in remissionem peccatorum.*[4] „Denn das ist der Kelch meines Blutes, das für euch und für alle vergossen wird zur Vergebung der Sünden."[5] Beim Kelchwort wurde die nichtbiblische Paranthese *mysterium fidei* aus dem Kelchwort herausgelöst, den *Verba Testamenti* als Ruf nachgesetzt und mit einer Akklamation des Volkes verbunden, die sich an 1 Kor 11,26 anlehnt.[6] Während man das Wort zur Konsekration des Brotes in den volkssprachlichen Messbüchern wörtlich übersetzte, hat man das *pro multis* des Kelchwortes in mehreren Volkssprachen (nicht in allen) frei mit „für alle" wiedergegeben.

Die Volksmessbücher (Schott, Bomm) hatten das *pro multis* bis zum Zweiten Vatikanischen Konzil wortgetreu mit „für viele" übersetzt.[7] Die von den Bischöfen Deutschlands, Österreichs, der

---

1 Vgl. MR 1962 (2007), 306.
2 MR [3]2002, 575.
3 MB [2]1988, 472.
4 MR [3]2002, 575.
5 So die Übersetzung in: MB [2]1988, 473.
6 Vgl. MR 1962 (2007), 307; MR [3]2002, 575–576. Im lateinisch-deutschen Altarmessbuch von 1965 ist *mysterium fidei* noch Teil des Kelchwortes. Vgl. AltarM 1, 110*.
7 Vgl. Schott 465f.; Bomm 771.

400

Schweiz und Luxemburg 1967 approbierte und noch im selben Jahr vom Heiligen Stuhl konfirmierte deutsche Fassung des Römischen Kanons übersetzte das *pro multis* mit „für die vielen".[8] Johannes Wagner (1908–1999), Konzilstheologe und langjähriger Leiter des Deutschen Liturgischen Instituts, sah darin die sprachlich interessantere Variante.[9] Dagegen hat die 1969 vorab veröffentlichte Übersetzung der neuen Hochgebete beim Kelchwort nicht mehr „für die vielen", sondern „für alle".[10] Die deutschsprachigen Bischöfe folgten dabei den italienischen Bischöfen, die dafür plädierten, das *pro multis* mit „per tutti" (für alle) wiederzugeben. So kam schließlich das „für alle" in die deutsche Messbuchausgabe.[11] Im Zuge des Prozesses zur Revision der Übersetzungen des römischen Messbuchs und der durch die Instruktion „Liturgiam authenticam" (2001) geforderten wortgetreuen Übersetzung des *pro multis* entzündete sich eine lebhafte Diskussion über Bedeutung und Übersetzung des liturgischen Kelchwortes.[12]

1. Jesus starb für Israel und die Völker

Das Kelchwort in Mk 14,24 lautet: „Das ist mein Blut des Bundes, das für viele vergossen wird" (τοῦτό ἐστιν τὸ αἷμά μου τῆς διαθήκης τὸ ἐκχυννόμενον ὑπὲρ πολλῶν). In Mt 26,28 heißt es: „Das ist mein Blut des Bundes, das für viele vergossen wird zur Vergebung der Sünden" (τοῦτο γάρ ἐστιν τὸ αἷμά μου τῆς

---

8 Gd 3 (1969) 152.

9 Vgl. *Wagner*, Mein Weg zur Liturgiereform (1993), 289.

10 Die Gottesdienstkongregation bestätigte später die Übersetzung des *pro multis* mit „für alle". Vgl. AAS 66 (1974), 661.

11 Vgl. MR ²1988, 473.

12 Vgl. *Prosinger*, Das Blut des Bundes – vergossen für viele? (2007); *Baumert – Seewann*, Eucharistie „für alle" oder „für viele"? (2008); *Theobald*, „Pro multis" (2007); *Söding*, Wie viele sind viele? (2007), *ders.*, Für euch – für viele – für alle (2007); *Gerhards*, Pro multis (2007); *Hoping*, „Für die vielen" (2007); *Striet*, Nur für viele oder doch für alle? (2007); *Tück*, Memoria passionis (2007); *ders.*, Für viele und für alle (2012); *Hauke*, „Für viele vergossen" (²2012); *Marschler*, Für viele (2013).

διαθήκης τὸ περὶ πολλῶν ἐκχυννόμενον εἰς ἄφεσιν ἁμαρτιῶν). Dem griechischen ὑπὲρ bzw. περὶ πολλῶν, das die Einheitsübersetzung wortgetreu mit „für viele" wiedergibt, entspricht im lateinischen Text der Vulgata und des „Missale Romanum" *pro multis*. Doch wer sind die vielen, für die das Blut Jesu vergossen wird? Starb Jesus „für viele" oder „für alle"? Werden „viele" oder „alle" gerettet?

Jesus wusste darum, dass er in Jerusalem Gefahr laufen würde zu sterben. Sein Ziel war es, das Gottesvolk Israel zu sammeln. Dazu berief er die zwölf Jünger als Repräsentanten Israels. Im Bewusstsein des drohenden Todes feierte Jesus mit den Zwölfen in unmittelbarer Nähe zum Pessachfest ein letztes Mahl, bei dem er die Gaben von Brot und Wein, die er den Zwölfen reichte, auf sein bevorstehendes Sterben bezog und ihnen so Anteil an seinem Leib und seinem Blut gab.[13] Jesus ging es nicht um die Frage, ob „viele" oder „alle" gerettet werden.[14]

Was waren die Gründe, warum man das *pro multis* statt mit „für viele" oder „für die vielen" mit „für alle" übersetzte, dem im Lateinischen *pro omnibus* entsprechen würde? Einfluss hatten hier die Thesen des evangelischen Neutestamentlers Joachim Jeremias. In seinem Werk „Die Abendmahlsworte Jesu" (1935) vertrat Jeremias die Auffassung, dass es sich beim ὑπὲρ bzw. περὶ πολλῶν um einen Semitismus handelt: Da das Aramäische kein adäquates Wort für „alle" habe, meine „für viele" soviel wie „für alle"[15]. „Für viele" *(rabim)* habe im Hebräischen inkludierenden Charakter, beziehe sich auf „die nicht zu zählenden Vielen, die große Schar, alle"[16], während πολλοί für sich genommen im Gegensatz zu „alle" stehe. Das Hebräische und Aramäische können aber durchaus zwischen „viele" *(rabim/sagî)* und „alle" *(kol, kûl)* unterscheiden, mögen die Übergänge im Einzelnen auch fließend sein. Es bleibt zudem die Frage, warum Matthäus und Markus im Griechischen „für viele" (περὶ

---

13 Vgl. *Hoping*, Jesus aus Galiläa (²2020), 93–116.
14 Vgl. *Lohfink*, Gegen die Verharmlosung Jesu (2013), 131f.
15 Vgl. *Jeremias*, Die Abendmahlsworte Jesu (³1960), 170.
16 *Ders.*, polloi (= viele) (1959), 536.

Zur Theologie der Einsetzungsworte

bzw. ὑπὲρ πολλῶν) gewählt haben, wo sprachlich „für alle" (περὶ παντῶν) möglich gewesen wäre?

Jeremias sah als Hintergrund des περὶ bzw. ὑπὲρ πολλῶν das vierte Gottesknechtslied (Jes 52,13–53,12): „Mein Knecht, der gerechte, macht die Vielen gerecht. [...] Er hob die Sünden der Vielen auf und trat für die Abtrünnigen ein" (53,11f.). Ohne den Bezug zum vierten Gottesknechtslied lässt sich das Kelchwort bei Matthäus und Markus wohl kaum verstehen.[17] Es ist auch zudem möglich, dass Jesus selbst sein Sterben im Lichte des Gottesknechtes, der „sein Leben als Sühnopfer dahingab" (Jes 53,16), gedeutet hat. Jeremias bezog „für viele" (*ha-rabim*; πολλοί) in Jes 53 direkt auf die Völkerwelt *(gôjīm)*.[18] Zu übersetzen sei das Kelchwort deshalb mit: das Blut, „das für die Völkerwelt vergossen wird"[19]. Viele Exegeten haben die Argumente von Jeremias übernommen, darunter zahlreiche katholische Exegeten.[20] Doch inzwischen ist der exegetische Konsens zerbrochen.

Erste Bedenken gegenüber der These, „für viele" meine im Hebräischen „für alle", meldete der Gräzist und Bibelwissenschaftler Max Zerwick (1901–1975) vom Päpstlichen Bibelinstitut an. Die Übersetzung hinge vom Kontext ab. Jesus habe die Wendung „für viele" gewählt, um an den Gottesknecht (Jes 53) zu erinnern. Wenn Zerwick sich dennoch für die Übersetzung des *pro multis* mit „für alle" aussprach, dann wegen möglicher Missverständnisse des „für viele"[21]. Rudolf Pesch vertrat einige Jahre später die Meinung, dass sich Jes 53 und somit auch Mk 14,24 bzw. Mt 26,28 auf ganz Israel und nur indirekt auf die Völker beziehen[22], wovon heute auch eine Mehrheit der Exegeten ausgeht. Gegen die Identifizierung der „vielen" mit der Völkerwelt spricht der Umstand, dass

---

17 Vgl. *Söding*, Für euch – für viele – für alle (2007), 23.
18 Vg. *Jeremias*, Die Abendmahlsworte Jesu (³1960), 171–174.
19 Ebd. 221.
20 Vgl. den Überblick bei *Marschler*, Für viele (2013), 45–53.
21 Vgl. *Zerwick*, Pro vobis et pro multis effundetur (1970).
22 Vgl. *Pesch*, Das Markusevangelium II (1977), 360; *ders.*, Das Abendmahl und Jesu Todesverständnis (1978), 95f.

403

die Zwölf, denen Jesus den Kelch reicht, Israel repräsentieren[23], das Bild vom „Blut des Bundes" mit seinem Bezug zum Sinaibund (vgl. Ex 24,8) bei Matthäus und Markus sowie der „Neue Bund" (vgl. Jer 31,31) bei Lukas und Paulus. Denn es ist jeweils ein Bund für Israel, der hier im Blick ist. Das letzte Abendmahl Jesu war auch von anderer Art als die Sündermähler Jesu. Wenn es Mt 26,27 heißt, dass Jesus den Zwölfen den Kelch des Heils mit den Worten reichte „trinkt alle (πάντες) daraus", dann sind damit die Zwölf gemeint, die für ganz Israel stehen. Mit den vielen ist, anders als noch Jeremias annahm, eher ganz Israel gemeint, indirekt sind aber auch die Völker im Blick, besteht Israels Erwählung doch darin, Zeichen für die Völker zu sein (vgl. Jes 56,7; Mk 11,17), so dass man sagen kann, dass Jesus nicht nur für Israel, sondern für die Völker stirbt.

Dass Jesus für alle gestorben ist, davon sind die Zeugen seiner Auferstehung überzeugt, in deren Reihe sich Paulus sieht (1 Kor 15,8). In Röm 8,32 sagt der Völkerapostel von Gott: „Er hat seinen eigenen Sohn nicht verschont, sondern ihn für uns alle hingegeben" (Röm 8,32). In 2 Kor 5,14 äußert sich Paulus noch deutlicher: „Einer ist für alle gestorben, also sind alle gestorben. Er ist aber für alle gestorben, damit die Lebenden nicht mehr für sich leben, sondern für den, der für sie starb und auferweckt wurde." Schließlich heißt es in 1 Tim 2,6, dass Jesus sein Leben dahingegeben hat „als Lösegeld für alle". Es war immer Lehre der Kirche, dass Jesus am Kreuz für alle Menschen gestorben ist. Im 5. Jahrhundert wurde die Meinung eines südgallischen Priesters verurteilt, wonach Christus nur für die Erwählten gestorben sei.[24] Das augustinische Erbe des Heilspartikularismus, wonach viele, ja die meisten Menschen, verloren gehen, weil sie nicht zum Glauben an Christus kommen, verdunkelte den universalen Heilswillen Gottes. Zwei Synoden von Quiercy (849/853) verurteilten die Leugnung des universalen Heilswillens durch den Mönch Gottschalk von Orbais: „So wie es keinen Menschen gibt,

---

23 Vgl. *Theobald*, „Pro multis" (2007), 24.
24 Vgl. DH 332.

Zur Theologie der Einsetzungsworte

gegeben hat oder geben wird, dessen Natur nicht in unserem Herrn Jesus Christus angenommen war, so gibt es keinen Menschen, hat es keinen gegeben und wird es keinen geben, für den er nicht gelitten hat"[25].

Im 17. Jahrhundert erfolgte die Verurteilung der im Jansenismus vertretenen Auffassung, Jesus sei nicht für alle Menschen gestorben.[26] Am 8. November 1949 verurteilte das Hl. Offizium, die spätere Kongregation für die Glaubenslehre, den rigoristischen Heilsexklusivismus des Bostoner Jesuiten Leonard Feeney (1897–1978), der meinte, mit Ausnahme von Katholiken und Katechumenen seien alle Menschen vom ewigen Heil ausgeschlossen. Am 4. Februar 1953 wurde Feeney exkommuniziert.[27] Damit war die Erklärung des Zweiten Vatikanischen Konzils zum universalen Heilswillen Gottes und zur Heilsmöglichkeit für alle Menschen vorbereitet. Gott will nicht nur, „dass alle Menschen gerettet werden und zur Erkenntnis der Wahrheit gelangen" (1 Tim 2,4), alle Menschen *können* gerettet werden, auch jene, die Christus nicht kennen.[28] Damit wollte das Konzil nicht die reale Möglichkeit bestreiten, dass Menschen sich für immer der Liebe Gottes verweigern. Denn das im Kreuz Christi und seiner Auferstehung begründete Geschenk des Heils muss vom Mensch angenommen werden. Das heißt: Das am Kreuz zum Heil der Welt vergossene Blut erlöst die Menschen nicht automatisch.

Da das von Gott in seinem menschgewordenen Sohn geschenkte Heil frei angenommen werden muss, ist zwischen objektiver und subjektiver Erlösung zu unterscheiden. Das Zweite Vatikanische Konzil hat diese Unterscheidung nicht aufgegeben. Die vom Konzil herausgestellte Heilsuniversalität des Todes Jesu verband sich aber immer stärker mit der Hoffnung, dass am Ende alle Menschen gerettet werden. Für Hans Urs von Balthasar er-

---

25 DH 624.
26 Vgl. DH 2005–2006.
27 Vgl. Brief des Hl. Offiziums an den Erzbischof von Boston, 8. August 1949 (DH 3866–3873, bes. 3870).
28 Vgl. LG 13; 16.

405

wächst diese Hoffnung aus der Nächsten- und Feindesliebe, die für den Menschen alles hofft.[29] Doch wie es am Ende für die einzelnen Menschen ausgehen wird, wissen wir nicht. Angesichts der Abgründe des Bösen im menschlichen Willen kommen wir mit einem Heilsoptimismus, der es von vornherein für ausgemacht hält, dass schließlich alle gerettet werden, theologisch auch nicht durch. Vielmehr ist an der realen Möglichkeit festzuhalten, dass Menschen, die im Bösen verhärtet sind, sich für immer der Vergebung Gottes verschließen. Ob also in der Vollendung des Reiches Gottes alle von der Frucht des Weinstocks trinken werden oder nicht (vgl. Mk 14,25), müssen wir offen lassen. Der alte „Catechismus Romanus" (1566/1567) war noch von einem heilsexklusivistischen Denken bestimmt.[30] Beim „Katechismus der Katholischen Kirche" (1993/2003) ist dies anders. Er geht von einer heilsuniversalen Sicht aus und lehrt, „dass Christus ausnahmslos für alle Menschen gestorben ist"[31]. Der Katechismus hält aber an der realen Möglichkeit eines ewigen Scheiterns fest.[32]

2. Die Teilhabe an der Eucharistie

Zumeist wird bei der Diskussion um das Kelchwort sein Kontext übersehen. Beim letzten Abendmahl hat Jesus nicht nur sein Sterben gedeutet. Schon Joseph Pascher hatte das Verb ἐκχυννόμενον des Kelchwortes, das sowohl „vergossen" als auch „ausgegossen" bedeuten kann, auf den Becher bezogen, den Jesus seinen Jüngern reicht, die zugleich Israel repräsentieren und für die zukünftige Kirche stehen.[33] Der Adressat des Kelchwortes in Lukas 22,20 (ὑπὲρ ὑμῶν ἐκχυννόμενον, für euch vergossen) und in 1 Kor 11,25f. sind

---

29 Vgl. *von Balthasar*, Was dürfen wir hoffen? (1986); *ders.*, Kleiner Diskurs über die Hölle ([4]2007).
30 Vgl. *Tück*, Für viele und für alle (2012), 352.
31 KKK Nr. 605.
32 Vgl. ebd. Nr. 1035.
33 Vgl. *Pascher*, Eucharistia (1947), 16; so auch *Baumert – Seewann*, Eucharistie „für alle" oder „für viele"? (2013), 507.511.

die Zwölf bzw. jene, die zum Gedächtnis Christi Eucharistie feiern. Das letzte Abendmahl war ein kultstiftender Akt, aus dem die Feier der Eucharistie, das Lebenszentrum der Kirche Christi, hervorgegangen ist. Es ist deshalb auch zu unterscheiden zwischen der Deutung des Heilstodes Jesu mit der Formel „für alle" und der Eucharistie, in der uns das in Jesu Sterben und seiner Auferstehung begründete Heil zugeeignet wird. Sichtbaren, sakramentalen Anteil gewinnen wir am Sterben Christi und seiner Auferstehung, wenn wir, durch Glaube und Taufe mit Christus verbunden (1 Kor 10,16–18), seinen Leib und sein Blut empfangen.

Mit den Konsekrationsworten, die man in die neuen Hochgebete übernommen hat, vollzieht der Priester eine einzigartige „Sprachhandlung": Zusammen mit dem Herabrufen des Heiligen Geistes auf die Gaben von Brot und Wein bilden die Einsetzungsworte den Kern des Eucharistiegebetes und bewirken die Konsekration von Brot und Wein in den Leib und das Blut Christi. Die Einsetzungsworte sind aber zugleich *Gebe*worte. Während die traditionelle Fassung des Brotwortes *(hoc est enim corpus meum)* den Gedanken der Realpräsenz zum Ausdruck bringt[34], unterstreicht die Erweiterung zusätzlich den Charakter der Eucharistie als Gabe. Joseph Ratzinger bemerkt dazu treffend: Der Leib Christi kann „Gabe werden, weil er hingegeben wird. Durch den Akt der Hingebung wird er mitteilungsfähig, sozusagen selbst in eine Gabe verwandelt"[35].

Die Eucharistie, so wird hier bereits deutlich, ist unter den Sakramenten *das* große *Sakrament der Gabe.*[36] Das Brot des Lebens und der Kelch des Heils werden uns gegeben und wir empfangen sie als göttliche Gabe. Die Kirche hat die Eucharistie nicht als eine unter vielen Gaben erhalten, sondern als „die Gabe" schlechthin, Jesus Christus, der für uns Menschen sein Leben gegeben hat: Christi Leib für uns gegeben, Christi Blut für uns vergossen. Die

---

34 Vgl. *Bugnini*, Die Liturgiereform (1988), 485.
35 *Ratzinger*, Eucharistie, Communio und Solidarität, in: JRGS 11 (2008), 439.
36 Vgl. dazu ausführlicher Kapitel XII.

Eucharistie ist das Sakrament der Christusbegegnung für die Kirche wie für jeden Einzelnen in ihr. Das Ziel der liturgischen Erneuerung war es, „die Menschen in die persönliche Begegnung mit dem anwesenden Herrn und so mit dem lebendigen Gott zu führen, damit durch die Berührung mit der Liebe Christi auch die Liebe seiner Geschwister untereinander wachse"[37]. Beim Sakrament der Eucharistie handelt es sich um die intensivste Begegnung mit Gott und unserem Herrn Jesus Christus.

Wie die Worte Jesu beim letzten Abendmahl unmittelbar den Zwölfen galten, die für ganz Israel stehen, so gelten die Worte, die der Priester über die Gaben von Brot und Wein spricht, unmittelbar den zur Eucharistie Versammelten, überall dort, wo die Eucharistie auf der Welt gefeiert wird, in allen Kulturen und Nationen. Nicht alle sind Teil des einen Leibes Christi, das Brot des Lebens und der Kelch des Heils werden daher nicht allen gereicht. Die Eucharistie nennt Thomas von Aquin ein Zeichen der Freundschaft mit denen, die zum Glauben an Christus gekommen sind. Die Eucharistie wird denen gerecht, die mit Christus in seiner Kirche verbunden sind. Deshalb ist es auch missverständlich zu sagen, dass die Kirche die Eucharistie „für alle" feiere. Die Interzessionen (Bitten) des eucharistischen Hochgebetes beziehen sich nicht unterschiedslos auf alle, Lebende und Tote, Glaubende wie Nichtglaubende, sondern auf alle Glaubenden und die in „Christus Entschlafenen"[38]. Das allgemeine Gebet der Gläubigen nach dem Credo formuliert dagegen Anliegen auch für die Welt, ebenso die großen Fürbitten am Karfreitag. Bei

---

37 So *Benedikt XVI.* in seiner Videobotschaft zum Abschluss des 50. Eucharistischen Weltkongresses in Dublin am 17. Juni 2012.

38 *Kaczynski*, Die Interzessionen im Hochgebet (1976), 310, hält dafür, dass man die Interzession nicht auf den Kreis derer beschränken müsse, die in voller Gemeinschaft mit der Kirche stehen. Das „Eucharistische Hochgebet III" scheint bei den Interzessionen eine Ausnahme zu bilden, heißt es doch: „Erhöre, gütiger Vater, die Gebete der versammelten Gemeinde und führe zu dir alle deine Söhne und Töchter, die noch fern sind von dir" (Messbuch 498). Doch das ist eine völlig irreführende Übersetzung des lateinischen Textes. Eine korrekte Übersetzung der Schlussbitte bietet jetzt das neue „Roman Missal" (2011): „Listen graciously to the prayers of this familiy [...] gather to yourself all your children scattered throughout the world".

den Toten gilt, dass die Eucharistie *für die in Christus gestorbenen Gläubigen*[39] dargebracht wird.

Doch jeder, der zum Tisch des Herrn hinzutritt, um seinen Leib zu empfangen, tut dies mit den anderen stellvertretend für alle, die Gott zum Heil führen will, auf Wegen, die nur er kennt. Die vielen, die den einen Leib Christi, die Kirche, bilden, tragen Verantwortung für alle, die (noch) nicht mit Christus durch Glaube und Taufe verbunden sind. *„Die Kirche lebt vom eucharistischen Christus. Von ihm wird sie genährt, von ihm wird sie erleuchtet.“*[40] Aus der Eucharistie empfängt jedes Glied am Leib Christi unsterbliche Nahrung für das ewige Leben. Doch Jesus ist und bleibt bedeutsam für alle Menschen. Denn er ist für alle gestorben, für jeden, der ein menschliches Antlitz trägt. Jesus starb nicht nur für einige Auserwählte, sondern für alle (2 Kor 5,14; 1 Tim 2,5f.).

Eine wörtliche Übersetzung des liturgischen Kelchwortes ist nicht nur schriftgemäß, sie entspricht auch der Tradition, die das *pro multis* des Kelchwortes nie im Sinne von *pro omnibus* (für alle) verstanden hat. Schon die Kirchenväter unterscheiden zwischen allen, für die Jesus gestorben ist und denen, die zum Glauben kommen.[41] Entscheidend war hier wohl die frühe Auslegung von Röm 5,19: „Denn wie durch den Ungehorsam des einen Menschen die vielen zu Sündern gemacht worden sind, so werden auch durch den Gehorsam des einen die vielen zu Gerechten gemacht werden.“ Die Vulgata übersetzt πολλοί beide Male mit *multi*, da die *multi*, die gerecht gemacht werden, nicht alle sind. Der „Catechismus Romanus“ fasst die einhellige Lehrtradition zum Verständnis des Kelchwortes der Messe so zusammen: „Jene Worte, welche beigefügt sind, *für euch und für viele*, sind aus Mt, teils aus Lk genommen, von der heiligen Kirche aber, welche vom Heiligen Geist belehrt ist, verbunden worden und dienen dazu, um die Frucht und den Nutzen des Leidens zu verdeutlichen. Denn wenn wir die Kraft desselben betrachten, so

---

39 KKK Nr. 1371.

40 *Johannes Paul II.*, Enzyklika „Ecclesia de Eucharistia“ (2003), Nr. 6.

41 Vgl. *Hauke*, „Für viele vergossen“ (^{2}2012), 12–32. Zur Theologiegeschichte insgesamt vgl. *Marschler*, Für viele (2013), 83–163.

muss man sagen, dass der Heiland sein Blut für das Heil aller vergossen hat; wenn wir aber die Frucht, welche die Menschen daraus ziehen, im Auge haben, werden wir leicht einsehen, dass dessen Nutzen nicht allen, sondern nur vielen zuteil wird."[42] Der „Katechismus der Katholischen Kirche", der von einer heilsuniversalen Sicht geprägt ist, bezieht das Kelchwort gleichwohl auf die Jünger Jesu bzw. die Eucharistie feiernde Gemeinde.[43] Der ältere „Katholische Erwachsenen-Katechismus" vertritt dagegen die damals noch weithin unumstrittene These, dass mit „für viele" im Kelchwort bei Mt und Mk sachlich „für alle" gemeint sei.[44]

3. Die Stimme der Kirchen

Von verschiedener Seite ist für die Übersetzung des *pro multis* mit „für alle" mit dem Einschub im Einsetzungsbericht der Abendmahlsmesse am Gründonnerstag argumentiert worden.[45] „Am Abend, bevor er *für unser Heil und das Heil aller Menschen* das Leiden auf sich nahm *(pro nostra omniumque salute)*".[46] Der Einschub ist alt[47], bezieht sich aber nicht auf den Kelch des Bundes, der den Jüngern gereicht wird, sondern direkt auf das Sterben Christi am Kreuz. Als Argument für eine nichtwörtliche Übersetzung des *pro multis* eignet er sich ebenso wenig der letzte Gründonnerstagsbrief (2005) von Johannes Paul II. Es ist richtig, dass der Brief das „für

---

42 Vgl. Catechismus Romanus, Pars II. cap. 4, 24 (ed. Rodríguez [1989], 250): „Sed verba illa quae adduntur: *pro vobis et pro multis*, a Matthaeo et Luca singula a singulis sumpta sunt; quae tamen sancta Ecclesia Spiritu Dei instructa simul coniunxit. Pertinent autem ad passionis fructum atque utilitatem declarandam. Nam si eius virtutem inspiciamus, pro omnium salute sanguinem a Salvatore effusum esse fatendum erit; si vero fructum quem ex eo homines perceperint, cogitemus, non ad omnes, sed ad multos tantum eam utilitatem pervenisse facile intelligemus."

43 Vgl. KKK Nr. 1339.

44 Vgl. KEK (1985), 186.

45 Vgl. z. B. *Gerhards*, Wie viele sind viele? (2007), 82.

46 Vgl. MB ²1988, [30].

47 Vgl. Sacramentarium Gregorianum Hadrianum (ed. Deshusses, 332).

viele" im Sinne von „für alle" interpretiert: „Hoc est enim corpus meum quod pro vobis tradetur. Der Leib und das Blut Christi sind hingegeben für das Heil des Menschen, des ganzen Menschen und aller Menschen. Dieses Heil ist integral und gleichzeitig universal, damit es keinen Menschen gibt, der – wenn nicht durch einen freien Akt der Ablehnung – von der Heilsmacht des Blutes Christi ausgeschlossen bliebe: *qui pro vobis et pro multis effundetur*. Es handelt sich um ein Opfer, das für ‚viele' hingegeben wird, wie der biblische Text (Mk 14, 24; Mt 26, 28; vgl. Jes 53, 11–12) in einer typisch semitischen Ausdrucksweise sagt. Während diese die große Schar bezeichnet, zu der das Heil gelangt, das der eine Christus gewirkt hat, schließt sie zugleich die Gesamtheit der Menschen ein, der es dargeboten wird: Es ist das Blut, ‚das für euch und für alle vergossen wird', wie einige Übersetzungen legitim deutlich machen. Das Fleisch Christi ist in der Tat hingegeben ‚für das Leben der Welt' (Joh 6, 51; vgl. 1 Joh 2, 2)."[48] Gegenüber der einhelligen Lehrtradition der katholischen Kirche ist das zitierte Gründonnerstagsschreiben Johannes Pauls II. aber von nachrangiger Bedeutung. In der Enzyklika „Ecclesia de Eucharistia" (2003), dem eucharistischen Vermächtnis von Johannes Paul II., findet sich die Interpretation des „pro multis" im Sinne von „für alle" nicht.[49]

Die Übersetzung von *pro multis* mit „für alle" war erst möglich geworden, nachdem man das Prinzip der Texttreue und Vollständigkeit, der Übersetzung *literale et integrale*, für die volkssprachigen Ausgaben des römischen Messbuchs aufgegeben hatte. Auf der Grundlage der Instruktion „Liturgiam authenticam" (2011) teilte Francis Kardinal Arinze, Präfekt der Gottesdienstkongregation, am 17. Oktober 2006 allen Bischöfe mit, dass in allen volkssprachlichen Ausgaben des römischen Messbuchs das *pro multis* in Zukunft wörtlich wiedergegeben werden muss und die Gläubigen durch Katechesen darauf vorzubereiten sind.[50] Da sich die

---

48 *Johannes Paul II.*, Gründonnerstagsansprache von 2005, Nr. 4.
49 Vgl. AAS 95 (2003) 434–475.
50 Vgl. Congregatio de culto divino et disciplina sacramentorum, Litterae circulares, Roma 17 octobre 2006, in: Notitiae Sept./Oct. 2006, Prot. N.

deutschsprachigen Bischöfe mehrheitlich weigerten, die Korrektur der Übersetzung des *pro multis* vorzunehmen, entschied Benedikt XVI. in einem Brief an den Vorsitzenden der Deutschen Bischofskonferenz vom 14. April 2012, dass das *pro multis* wörtlich mit „für viele" zu übersetzen ist.[51]

Man hat die Entscheidung als Konzession an die Traditionalisten der Priesterbruderschaft Pius X. von Erzbischof Marcel Lefebvre interpretiert. Dieser Eindruck konnte entstehen, da zeitgleich zum Brief Benedikts XVI. Verhandlungen mit der Piusbruderschaft über eine Rückkehr zur katholischen Kirche geführt wurden, die nicht erfolgreich waren, da die Priesterbruderschaft nicht bereit war, sich zum Zweiten Vatikanischen Konzil zu bekennen. Die Entscheidung Benedikts XVI. zur Frage der *pro multis*-Übersetzung hat seine Vorgeschichte allerdings in der Instruktion „Liturgiam authenticam" (2001). Der Brief von Benedikt XVI. zur *pro multis*-Übersetzung bekräftigte das Prinzip der Texttreue, das die Instruktion für die Revision der volkssprachlichen Ausgaben der liturgischen Bücher eingefordert hatte. In der Übersetzung des *pro multis* mit „für alle" sieht Benedikt XVI. ein Beispiel von vielen für die Grenze des Prinzips einer nur dynamischen Äquivalenz bei der Übersetzung von der Ursprungssprache des „Missale Romanum" in die Zielsprache der volkssprachlichen Messbücher. In seinem oben genannte Brief forderte Benedikt XVI. aus „Respekt vor dem Wort Jesu" eine wörtliche Übersetzung des *pro multis*. Für Benedikt XVI. gehört zu den grundlegenden Gewissheiten unseres Glaubens, dass Jesus für alle gestorben ist. Doch die Interpretation des Kelchwortes, in dessen Hintergrund Jes 53 steht, hat

---

467/05/L, 441–443 (ital.); 453–455 (dt.). Unter den zahlreichen Übersetzungskorrekturen im revidierten „Roman Missal" (2011) findet sich auch eine Korrektur der *pro multis*-Übersetzung („for many" statt „for all").

51 Vgl. AAS https://www.vatican.va/content/benedict-xvi/de/letters/2012/documents/hf_ben-xvi_let_20120414_zollitsch.html (abgerufen am 28. Mai 2021). – Im neuen „Gotteslob" (2013) wird das *pro multis* des Kelchwortes im abgedruckten Zweiten Eucharistischen Hochgebet mit „für viele" wiedergegeben. Vgl. Gotteslob (2013), Nr. 588, 5.

Zur Theologie der Einsetzungsworte

für Benedikt XVI. ihren Ort in der theologischen Auslegung und Katechese.[52]

Benedikt XVI. geht in seinem Brief zur Übersetzung des *pro multis* nicht auf die ökumenische Dimension der Frage ein, obschon weder die Anaphoren der göttlichen Liturgie der Ostkirchen noch das „Book of Common Prayer" der Anglikaner, die Abendmahlsagenden der Kirchen der Reformation oder das Messbuch der amerikanischen Methodisten im Kelchwort die Wendung „für euch und für alle" haben – nach dem Urteil des Exegeten Michael Theobald „ein ökumenisches Argument von nicht zu unterschätzendem Gewicht"[53]. Martin Luther hat in seinem lateinischen Messformular (1523) am *pro vobis et pro multis* festgehalten. In der „Deutschen Messe" (1526) bezieht er das Kelchwort auf die Jünger Jesu bzw. die Abendmahl feiernde Gemeinde („für euch"). Die heutige Praxis in den evangelischen Landeskirchen in Deutschland ist unterschiedlich. Während es in der Württembergischen Ausgabe des „Evangelischen Gesangbuches" im Kelchwort „für euch und für viele" heißt[54], haben das „Evangelische Gesangbuch" für die Landeskirche in Baden[55] und das „Evangelische Gottesdiensthandbuch" der Evangelischen Kirche der Union und der VELKD[56] im Kelchwort die Formel „für euch". Die katholische Kirche ist in zahlreichen Ortskirchen in der Frage des *pro multis* einen Sonderweg gegangen, denn nur die Altkatholiken haben die Übersetzung von *pro multis* mit „für alle" übernommen.[57] Vor allem für das Gespräch mit den orthodoxen Kirchen hatte die Entscheidung Benedikts XVI. zum *pro multis* Bedeutung. Denn von

---

52 Schon als Erzbischof von München und Freising hatte Joseph Ratzinger Vorbehalte gegenüber der Übersetzung des *pro multis* mit „für alle" geäußert (vgl. *ders.*, Eucharistie – Mitte der Kirche, in: JRGS 11 [2008], 310–314). Er bekräftigte sie im zweiten Band seines Jesusbuches. Vgl. *ders.*, Jesus von Nazareth II, in: JRGS 6/1 (2013), 512–522 [145–158].
53 *Theobald*, „Pro multis" (2007), 35.
54 Vgl. EG–Württ ([2]2007), 1248.
55 Vgl. EG–Baden ([3]1999), Nr. 025.
56 Vgl. Agenda ([3]2003), 170.
57 Vgl. E-AKath (1995), 168–223.

Seiten der Orthodoxie wird der katholischen Soteriologie und Eschatologie seit dem Mittelalter eine Tendenz zur Apokatastasislehre nachgesagt, die von orthodoxer Seite abgelehnt wird.

Papst Franziskus hat in der Frage der Übersetzung des „Missale Romanum" anders entschieden als seine beiden Vorgänger. Zunächst korrigierte er mit seinem Apostolischen Schreiben „Magnum principium" (2017) die Instruktion „Liturgiam authenticam" (2001) im Sinne dynamischenr Äquivalenz zu Gunsten der Zielsprache und gab den Bischofskonferenzen mehr Entscheidungsspielräume bei der Übersetzung.[58] In Verbindung damit wurde can. 838 des CIC/1983 novelliert. Can 838, § 3 lautet neu: „Die Bischofskonferenzen haben die innerhalb der festgesetzten Grenzen angepassten Übersetzungen der liturgischen Bücher in die Volkssprachen getreu und angemessen zu besorgen und zu approbieren sowie die liturgischen Bücher für die Regionen, für die sie zuständig sind, nach der Bestätigung durch den Apostolischen Stuhl herauszugeben." Drei Jahre später erschien das neue italienische „Messale Romano" (2020), in dem das *pro multis* des Kelchwortes wie bisher mit „per tutti" wiedergegeben wird.[59]

Die universale Heilsbedeutung des Todes Jesu wäre durch eine wortgetreue Übersetzung des *pro multis*, wie sie Benedikt XVI. gewünscht hat, in keiner Weise in Frage gestellt worden, da unbestritten ist, dass Jesus für alle starb. Die Konsekrationsworte, die der Priester über Brot und Wein *in persona Christi capitis* spricht, gelten freilich den Gläubigen, die an der Eucharistie teilnehmen. Die eucharistischen Gaben, das Brot des Lebens und der Kelch des Heils, werden nicht unterschiedslos allen gereicht, sondern denen, die mit Christus durch Taufe und Glauben verbunden sind. Eine Korrektur der *pro multis*-Übersetzung hätte die Möglichkeit eröffnen können, neu über den Zusammenhang von Passion und Eucharistie, Kreuz und Altar nachzudenken.

---

58 Vgl. *Franziskus*, Apostolisches Schreiben Motu proprio „Magnum principium" (2017): AAS 109
59 Vgl. Messale Romano, 3ª edizione (2020), 419.425.432.441.

Kapitel XI

COMMUNIO EUCHARISTICA

Eucharistische Ekklesiologie und Ökumene

Mit dem „Nicaeno-Constantinopolitanum" (Großes Glaubensbekenntnis) bekennen wir „die eine heilige katholische und apostolische Kirche" *(unam sanctam catholicam et apostolicam Ecclesiam)*. Im Vergleich zum „Apostolicum" wird neben der Heiligkeit, Katholizität und Apostolizität der Kirche auch ihre Einheit und Einzigkeit bekannt.[1] Doch von Anfang an hat es Spaltungen in der Kirche gegeben. Die großen Spaltungen waren die zwischen Ost- und Westkirche, die Abspaltung der Kirche von England und die Spaltung im Zeitalter der Reformation. Angestoßen durch zahlreiche ökumenische Initiativen kam es nach 1945 zur Gründung des „Ökumenischen Rates der Kirchen" (1948). Im Zuge der Ökumenischen Bewegung und der Bibelbewegung öffnete sich die katholische Kirche im Zweiten Vatikanischen Konzil für das ökumenische Gespräch mit den anderen Kirchen und kirchlichen Gemeinschaften. Die Enzyklika „Satis cognitum" (1896) hatte aus dem Bekenntnis zur einen heiligen katholischen und apostolischen Kirche noch gefolgert, dass die Kirche Christi „eine einzige und fortwährende" ist, und dass alle, die mit ihr nicht verbunden sind, „den Weg des Heiles verlassen"[2]. Das Dekret „Unitatis redintegratio" (1964) über den christlichen Ökumenismus hält an der Einheit und Einzigkeit der Kirche Christi fest, verzichtet aber auf Verurteilungen derer, die nicht in voller Gemeinschaft mit der katholischen Kirche stehen. Vielmehr bekennt es sich zur christlichen Ökumene: Da Christus „eine einige und einzige Kirche gegründet" hat, sieht die katholische Kirche eine ihrer Haupt-

---

1 In den Kirchen der Reformation wird die „heilige christliche Kirche" bzw. die „heilige allgemeine christliche Kirche" bekannt.
2 DH 3304.

415

aufgaben darin, „die Einheit aller Christen wiederherstellen zu helfen"[3].

Das Dekret „Unitatis redintegratio" formuliert die Prinzipien für die christliche Ökumene aus katholischer Sicht. Jesus Christus, der sich für uns am Kreuz als makellose Opfergabe dargebracht hat, hat „in seiner Kirche das wunderbare Sakrament der Eucharistie gestiftet, durch das die Einheit der Kirche bezeichnet und bewirkt wird"[4]. Durch den Heiligen Geist werden die Gläubigen mit Christus verbunden, der das „Prinzip der Einheit der Kirche" ist. Die Einheit der Kirche besteht „im Bekenntnis des einen Glaubens, in der gemeinsamen Feier des Gottesdienstes sowie in der brüderlichen Eintracht der Familie Gottes"[5]. Zur Kirche Jesu Christi, die zur Einheit berufen ist, gehört konstitutiv das Amt der Lehre, der Leitung und der Heiligung, das Christus dem Kollegium der Zwölf anvertraut hat und unter denen er Petrus auserwählte, um auf ihm, nach dem Bekenntnis des Glaubens, seine Kirche zu bauen, wobei Christus selbst der höchste Eckstein ist.[6] Die Kirche ist nach katholischem Verständnis eine bischöflich verfasste Kirche, die von den Nachfolgern der Apostel mit Petrus als ihrem Haupt unter der Wirkung des Heiligen Geistes geleitet wird.[7]

Die katholische Kirche betrachtet alle, die an Christus glauben und die Taufe empfangen haben, als Brüder und Schwestern, die „in einer gewissen, wenn auch nicht vollkommenen Gemeinschaft mit der katholischen Kirche"[8] stehen. Denn durch Glaube und Taufe gehören sie der Kirche Jesu Christi an. Die Gemein-

---

3 UR 1. Zum Ökumenismusdekret siehe *Feiner*, Kommentar zu „Unitatis Redintegratio" (1967); *Hilberath*, Theologischer Kommentar zum Dekret über den Ökumenismus „Unitatis redintegratio" (2005). Zur Geschichte der christlichen Ökumene und zur ökumenischen Theologie vgl. *Nüssel – Sattler*, Einführung in die ökumenische Theologie (2008).
4 UR 2.
5 Ebd.
6 Vgl. ebd.
7 Vgl. ebd.
8 Ebd.

Eucharistische Ekklesiologie und Ökumene

schaft der Christen ist aber nicht nur eine unsichtbare, dem weltlichen Blick verborgene Kirche.[9] Die sichtbare und die unsichtbare Kirche sind nicht zwei verschiedene Dinge, sie bilden „eine einzige komplexe Wirklichkeit, die aus menschlichem und göttlichem Element zusammenwächst"[10]. Es gibt viel, was die Christen verschiedener Kirchen und kirchlicher Gemeinschaften untereinander verbindet: das geschriebene Wort Gottes, die Taufe, das Glaubensbekenntnis, Gebet und Lobpreis Gottes, gottesdienstliche Feiern, zum Teil auch das Sakrament der Eucharistie und andere Sakramente, wie bei den Kirchen der Orthodoxie, mit denen die Katholische Kirche in „brüderlicher Gemeinschaft des Glaubens und des sakramentalen Lebens verbunden"[11] ist.

1. Eucharistie: Sakrament der Einheit

In der Ökumene der christlichen Kirchen kam es nach dem Zweiten Vatikanischen Konzil in bi- und multilateralen Dialogen zu wichtigen Annäherungen in Fragen des Glaubens und der Sakramente.[12] Die ökumenische Herausforderung, vor der die Kirchen heute stehen, ist eine Verständigung über die Kirche und ihre Einheit und das heißt auch über das Ziel der Ökumene. In den christlichen Kirchen existieren dazu zum Teil recht unterschiedliche Vorstellungen.[13] Die katholische Kirche und die Kirchen der Orthodoxie teilen die Überzeugung, dass die Kirche ihrem Wesen nach eine eucharis-

---

9 Vgl. *Luther*, De servo arbitrio (1525): WA 18, 652: „abscondita est Ecclesia, latent sancti".
10 LG 8.
11 UR 14.
12 Vgl. *Schuegraf*, Der einen Kirche Gestalt geben (2001).
13 Vgl. dazu *Fries – Rahner*, Einigung der Kirchen – reale Möglichkeit (1985); *Fries – Pesch*, Streiten für die eine Kirche (1987); *Herms*, Einheit der Christen in der Gemeinschaft der Kirchen (1984); *Meyer*, Ökumenische Zielvorstellungen (1984); *Thönissen*, Gemeinschaft durch Teilhabe an Jesus Christus (1996); *Hintzen – Thönissen*, Kirchengemeinschaft möglich? (2001); *Thönissen*, „Unitatis redintegratio" (2005).

Communio eucharistica

tische Gemeinschaft ist und durch sie existiert.[14] Für den byzantinischen Theologen Nikolaos Kabasilas (1319/1323 – nach 1391) kommt der Sinn der Kirche in der Eucharistie am deutlichsten zum Ausdruck, darin findet sie auch die höchste Erfüllung ihres Lebens in Christus.[15] Wichtige Beiträge zur eucharistischen Ekklesiologie kamen von dem russischen Exilstheologen Nikolaj Afanasjew (1893–1963)[16], dem griechisch-orthodoxen Theologen Ioannis Jean Zizioulas[17] und dem russisch-orthodoxen Theologen Alexander Schmemann (1921–1983)[18].

Ansätze für eine eucharistische Ekklesiologie finden sich auch in der Dogmatischen Konstitution „Lumen gentium" (1965) über die Kirche[19] und im Dekret „Unitatis redintegratio" über den Ökumenismus[20]. Die Kirche ist Kommunion, Gemeinschaft des Wortes und des Leibes Christi, die sie zu einem Volk werden lässt. Die Kirche ist entstanden, als der Herr unter den Gestalten von Brot und Wein seinen Leib und sein Blut „für die vielen" gegeben hat und die Kirche den Auftrag erhielt: „Tut dies zu meinem Gedächtnis". Die Kirche kommt aus der Eucharistie und ist in ihrem Zentrum eucharistische Versammlung. Darin ist auch der Gedanke der Kirche als *Communio* begründet.[21] Denn *Communio* ist

---

14 Vgl. *Rauch* (Hg.), Die Eucharistie der Einen Kirche (1983).

15 Vgl. *Kabasilas*, De vita in Christo 4 (PG 150, 585B).

16 Vgl. *Afanasjew*, La primauté de Pierre dans l'Église orthodoxe (1960); *ders.*, L'église du Saint-Esprit (1975). Zu Afanasjews eucharistischer Ekklesiologie vgl. *Plank*, Die Eucharistieversammlung als Kirche (1980).

17 Vgl. *Zizioulas*, L'eucharistie, l'évêque et l'église durant les trois premiers siècles (1994); *ders.*, Being as Communion (1985); *ders.*, Communion and Othernesse (2006); *ders.*, Die Eucharistie in der neuzeitlichen orthodoxen Theologie (1977); *McPartlan*, The Eucharist makes the Church (1993).

18 Vgl. *Schmemann*, Eucharistie (2005).

19 Vgl. LG 3.

20 Vgl. UR 15.

21 Vgl. aus der inzwischen kaum mehr überschaubaren Literatur: *Ratzinger*, Kommunion – Kommunität – Sendung, in: JRGS 8/1 (2010); *ders.*, Gesamtkirche und Teilkirche, in: JRGS 8/1 (2010); *Kasper*, Die Kirche Jesu Christi, in: WKGS 11 (2008); *ders.* Kirche als Communio, in: WKGS 11 (2008); *ders.*, Communio, in: WKGS 14 (2012); *Greshake*, Communio – Schlüsselbegriff der Dogmatik (1992); *Hilberath*, Kirche als Communio (1994); *Drumm – Ay-*

Kirche vor allem als Eucharistiegemeinschaft. Die innere Verbindung von Kirche und Eucharistie verdeutlicht auch die dreifache Bedeutung des Ausdrucks *corpus Christi*. Wie oben gezeigt, bezeichnet *corpus Christi* sowohl den historischen Leib Jesu Christi, den eucharistischen Leib und den ekklesialen Leib Christi, der aus vielen Gliedern besteht. Die eucharistische Ekklesiologie unterstreicht, dass die Eucharistie nicht ein isoliertes Einzelsakrament neben anderen sakramentalen Zeichen ist, sondern Eucharistiegemeinschaft und Kirchengemeinschaft in engstem Zusammenhang miteinander stehen.[22]

Zwischen denen, die an der Eucharistiefeier vollumfänglich teilnehmen und die Kommunion empfangen, darf nichts fundamental Trennendes bestehen, werden sie doch durch die Teilnahme am Leib und Blut Christi „ein Leib und ein Geist". 1 Kor 10,16f. ist eine Art „Grundtext" für das Verständnis von Kirche als eucharistischer Gemeinschaft: „Ist der Kelch des Segens, über den wir den Segen sprechen, nicht Teilhabe am Blut Christi? Ist das Brot, das wir brechen, nicht Teilhabe am Leib Christi? *Ein* Brot ist es. Darum sind wir viele *ein* Leib; denn wir alle haben teil an dem einen Brot." *Gemeinschaft in Christus durch Teilhabe* – dies ist der Schlüssel für das katholische Verständnis kirchlicher Einheit. Durch das Sakrament der Eucharistie wird „die Einheit der Kirche bezeichnet und bewirkt"[23]. Doch wie könnten jene, die teilhaben am Leib und Blut Christi, eins sein, wenn zwischen ihnen Trennendes im Verständnis des eucharistischen und ekklesialen Leibes Christi besteht? „Die Einheit der Eucharistie feiernden Gemeinden untereinander" ist „nicht eine äußere Zutat zur eucharistischen Ekklesiologie, sondern ihre innere Bedingung"[24].

---

mans, Communio ([3]1994); *Schäfer*, Communio (1999); *Aymans*, Communio (1999); *Ahlers*, Communio eucharistica (1990).

22 Vgl. *Thönissen*, Einheitsverständnis und Einheitsmodell nach katholischer Lehre (2001), 88.

23 UR 2.

24 *Ratzinger*, Die Ekklesiologie des Zweiten Vatikanums, in: JRGS 8/1 (2010), 265.

Die eine und einzige Kirche Jesu Christi, so lehrt es das Zweite Vatikanische Konzil, ist verwirklicht in der katholischen Kirche *(subsistit in Ecclesia catholica)*, die vom Kollegium der Bischöfe mit dem Nachfolger des Petrus an ihrer Spitze geleitet wird.[25] Die Kirche Jesu Christi ist mit der katholischen Kirche nicht einfach identisch (daher *subsistit in* und nicht *est*), steht aber in einer wesensmäßigen Beziehung zu ihr.[26] Das *subsistit in* ist eine ekklesiologische „Öffnungsklausel" (Lothar Ullrich), hält aber daran fest, dass die Kirche Jesu Christi in der katholischen Kirche vollempfänglich existiert. Zum *subsistit in* wurde in den Jahren nach dem Konzil viel geschrieben.[27] In der vom Konzil getroffenen Unterscheidung zwischen *subsistit in* und *est*, so könnte man sagen, liegt das ganze ökumenische Problem.[28] Richtig interpretiert wird die Aussage, wenn sowohl ein ekklesiologischer Pluralismus, der alle Kirchen und kirchlichen Gemeinschaften als

---

25 Vgl. LG 8.

26 Vgl. ebd.: „Haec Ecclesia, in hoc mundo ut societas constituta et ordinata, subsistit in Ecclesia catholica, a successore Petri et Episcopis in eius communione gubernata, licet extra eius compaginem elementa plura sanctificationis et veritatis inveniantur, quae ut dona Ecclesiae Christi propria, ad unitatem catholicam impellunt."

27 Zu der hier nicht aufzurollenden Diskussion vgl. *Kasper*, Zur Theologie und Praxis des bischöflichen Amtes, in: WKGS 12 (2009); *ders.*, Das Verhältnis von Universalkirche und Ortskirche, in: WKGS 11 (2008); *ders.*, Katholische Kirche (2011), 234–238; *Ratzinger*, Die Ekklesiologie der Konstitution *Lumen gentium*, in: JRGS 8/1 (2010); *ders.*, Fragen zu Struktur und Aufgaben der Bischofssynode, in: JRGS 8/1 (2010); *ders.*, Ortskirche und Universalkirche, in: JRGS 8/1 (2010); *Kehl*, Die eine Kirche und die vielen Kirchen (2001); *ders.*, Zum jüngsten Disput um das Verhältnis von Universalkirche und Ortskirchen (2003); *von Teuffenbach*, Die Bedeutung des subsistit in LG 8 (2002); *Walter*, Ein Blick zurück und nach vorne aus dem Abstand von fast vierzig Jahren am Beispiel des Verhältnisses von Orts- und Universalkirche (2004); *Becker*, Subsistit in (2005); *Sullivan*, Quaestio Disputata (2006); *ders.*, Further Thoughts on the Meaning of subsistit in (2010); *Hofmann*, Kirche als universale concretum (2013); *Kasper*, Der „Streit der Kardinäle" (2013). Zu Anregungen für das Verständnis von Universalkirche und Ortskirche aus der Patristik und der orthodoxen Theologie vgl. *Lies*, Eucharistie aus ökumenischer Verantwortung (1996).

28 Vgl. *Ratzinger*, Die Ekklesiologie der Konstitution *Lumen gentium*, in: JRGS 8/1 (2010), 591.

gleichwertig betrachtet, vermieden wird, als auch ein ekklesiologischer Exklusivismus, der die Kirche Jesu Christi mit der katholischen Kirche einfach gleichsetzt.[29] „Das Konzil will uns sagen, dass die Kirche Jesu Christi in der katholischen Kirche als konkretes Subjekt in dieser Welt anzutreffen ist."[30] Es sollte der Anspruch festgehalten werden, dass die katholische Kirche unverlierbar die eine wahre Kirche ist. Zugleich sollte ein Raum eröffnet werden für die Anerkennung von Elementen der wahren Kirche außerhalb der katholischen Kirche.[31] Durch die noch bestehende Trennung zwischen den Kirchen kann die Katholizität in der katholischen Kirche nicht vollkommen zum Ausdruck kommen.[32] Das heißt aber nicht, dass die Kirche nichts anderes ist „als eine gewisse – zwar getrennte, aber immer noch irgendwie eine – Summe von Kirchen und kirchlichen Gemeinschaften", und die Einheit der Kirche heute nirgendwo mehr wahrhaft bestehe, „so dass sie nur als ein Ziel anzusehen sei, das alle Kirchen und Gemeinschaften erstreben müssten"[33]. Nach katholischem Verständnis gibt es die einzige Kirche Christi, die in der katholischen Kirche subsistiert und vom Nachfolger Petri und von den Bischöfen in Gemeinschaft mit ihm geleitet wird.[34]

„Die katholische Kirche ist davon überzeugt, dass in ihr allein die Fülle aller Heilsmittel gegeben ist. In ihr allein subsistiert die Kirche Jesu Christi in einer unverlierbaren und bleibenden Weise. In ihr ist darum auch die der Kirche wesentliche Einheit schon gegeben. Ihre Einheit ist aber aufgrund der Spaltungen verwundet. Diese Verwundung gilt es durch den ökumenischen Dialog zu heilen; durch ihn soll die unvollständige Einheit zur vollen Einheit ge-

---

29 Anders *Hilberath*, Eucharistie und Kirchengemeinschaft (2006), 44.

30 *Ratzinger*, Die Ekklesiologie der Konstitution *Lumen gentium*, in: JRGS 8/1 (2010), 592.

31 Dies geht aus der Relatio der „Commissio doctrinalis" des Konzils hervor. Vgl. *Alberigo – Magistretti* (Hg.), Synopsis historica (1975), 440.

32 Vgl. UR 4.

33 *Kongregation für die Glaubenslehre*, Erklärung „Mysterium Ecclesiae" (1973), Nr. 1 (DH 4530).

34 Vgl. ebd.

Communio eucharistica

führt werden."[35] Ob die aus der Reformation hervorgegangenen kirchlichen Gemeinschaften *(communitates ecclesiae)* als Kirchen *(ecclesiae)* im Sinne der katholischen Kirche bezeichnet werden können[36], war auf dem Zweiten Vatikanischen Konzil umstritten[37] und ist es bis heute geblieben. Die lutherischen und reformierten Glaubensgemeinschaften sind jedenfalls keine Kirchen nach katholischem Verständnis und wollen es auch nicht sein.[38]

Die Erklärung der Kongregation für die Glaubenslehre „Dominus Iesus" (2000) spricht den Kirchen der Reformation, da sie keinen gültigen Episkopat haben und das ursprüngliche und vollständige Wesen des eucharistischen Geheimnisses nicht bewahrt haben, das volle Kirchesein ab: Sie seien nicht Kirchen im eigentlichen Sinne *(sensu proprio Ecclesiae non sunt).*[39] Gemeint war mit der missverständlichen Formulierung, dass die Kirchen der Reformation, die sich selbst als Kirche verstehen, nicht Kirchen nach katholischen Verständnis sind. Kardinal Kasper hat vorgeschlagen, von einem „anderen Typ von Kirche"[40] zu sprechen. Bei den Kirchen der Reformation handelt es sich jedenfalls um Kirchen, denen zum vollen Kirchesein nach katholischem Verständnis Entscheidendes fehlt, vor allem das bischöfliche und priesterliche Amt sowie, damit zusammenhängend, die volle Wirklichkeit der Eucharistiefeier. Dennoch finden sich in ihnen zahlreiche Elemente des Kircheseins.[41]

---

35 *Kasper*, Katholische Kirche (2011), 235f.

36 Vgl. UR 19.

37 Vgl. *Feiner*, Kommentar zu „Unitatis Redintegratio" (1967), 55f.

38 Die Antwort des Rates der Evangelischen Kirche in Deutschland auf die vatikanische Erklärung „Dominus Iesus" (2000) ist das Dokument „Kirchengemeinschaft nach evangelischem Verständnis. Ein Votum zum geordneten Miteinander bekenntnisverschiedener Kirchen" (2001).

39 Vgl. *Kongregation für die Glaubenslehre*, Erklärung „Dominus Iesus" über die Einzigkeit und heilmachende Universalität Jesu Christi und der Kirche (2000), Nr. 17 (DH 5088). Dieses Urteil wurde durch das Dokument „Antworten auf Fragen zu einigen Aussagen bezüglich der Lehre über die Kirche" vom 29. Juni 2007 (DH 5108) bestätigt.

40 *Kasper*, Situation und Zukunft der Ökumene, in: WKGS 14 (2012), 357.

41 Die dogmatische Konstitution „Lumen gentium" über die Kirche spricht

Mit der Aussage, dass „Elemente oder Güter, aus denen insgesamt die Kirche erbaut wird und ihr Leben gewinnt, auch außerhalb der sichtbaren Grenzen der katholischen Kirche existieren können"[42], geht das Konzil über die traditionelle Sicht hinaus. Denn die Elemente sind nicht irgendwelche Elemente, sondern „institutionelle ekklesiale Elemente"[43] oder „sakramentale Strukturelemente"[44], wie der christliche Glaube und die Taufe, die eine fundamentale Einheit zwischen den Kirchen und kirchlichen Gemeinschaften begründen. Die von Rom getrennten Ostkirchen erkennt die katholische Kirche als wahre Kirchen *(ecclesiae)* an, bezeichnet sie sogar als „Schwesterkirchen"[45], die mit der katholischen Kirche in der Gemeinschaft des Glaubens und des sakramentalen Lebens verbunden sind.[46] Die mit Rom nicht verbundenen Ostkirchen sind Kirchen im wahren Sinne. Denn diese Kirchen zeichnen sich dadurch aus, dass sie innerhalb der apostolischen Sukzession die Sakramente besitzen, vor allem das Priestertum und die Eucharistie. Eine *communicatio in sacris* mit den Kirchen der Orthodoxie, das heißt der gegenseitige Empfang der Sakramente (Bußsakrament, Eucharistie, Krankensalbung) wäre daher möglich.[47] Zur vollen Einheit fehlt letztlich die

---

von „vielfältige[n] Elemente[n] der Heiligung und der Wahrheit", „die als der Kirche Christi eigene Gaben auf die katholische Einheit hindrängen" (LG 8). Wenn hier von reformatorischen Kirchen gesprochen wird, dann immer gemäß ihrem eigenen Selbstverständnis.

42 UR 3.

43 *Feiner*, Kommentar zum Ökumenismusdekret „Unitatis redintegratio" (1967), 57.

44 *Kehl*, Die Kirche (1992), 419.

45 *Paul VI.*, Breve „Anno ineunte" an Patriarch Athenagoras I. von Konstantinopel vom 25. Juli 1967, 852f.; *Johannes Paul II.*, Enzyklika „Slavorum Apostoli" vom 2. Juni 1985, 807; *ders.*, Enzyklika „Ut unum sint" vom 25. Mai 1995, 954f.957; *Kongregation für die katholische Glaubenslehre*, Note über den Ausdruck „Schwesterkirchen" (2000).

46 Das Zweite Vatikanische Konzil gebraucht den Ausdruck „Schwesterkirchen", um die brüderlichen Beziehungen zwischen den Teilkirchen zu bezeichnen (vgl. UR 14). Im weiteren Sinne könnte man auch von der Kirche der Reformation als „Schwesterkirche" sprechen.

47 Vgl. UR 14–15.

Einheit mit dem Bischof von Rom, über die eine Verständigung weiterhin schwierig ist.

Die Kirche als konkrete Wirklichkeit manifestiert sich in der Einzelgemeinde vor Ort, die in ihrem Zentrum eucharistische Versammlung ist. In der eucharistischen Versammlung aber wird die ganze, weltweite Kirche präsent.[48] Die Einzelgemeinde ist Kirche Jesu Christi nur in Verbindung mit der Gemeinschaft der durch den Bischof repräsentierten und von ihm geleiteten Ortskirche in der Einheit mit der Weltkirche. Das priesterliche Amt ist nicht ablösbar vom bischöflichen Amt. In der Einheit des Glaubens, des sakramentalen Lebens und des Amtes kommt die Einheit der Kirche sichtbar zum Ausdruck. Diese Einheit muss deshalb aus katholischer Sicht das Ziel der ökumenischen Bewegung sein.[49]

Die Teilhabe an Leib und Blut Christi setzt die Taufe als das sakramentale Geschehen der Rechtfertigung voraus. Die Taufe ist „hingeordnet auf das vollständige Bekenntnis des Glaubens, auf die völlige Eingliederung in die Heilsveranstaltung, wie Christus sie gewollt hat, schließlich auf die vollständige Einfügung in die eucharistische Gemeinschaft"[50]. Dies bedeutet keine Abwertung der Taufe, denn sie ist das bleibende Fundament des christlichen Lebens (vgl. Röm 6; 1 Kor 12,13). Die Taufe begründet ein unwiderrufliches sakramentales Band der Einheit zwischen allen, die durch sie wiedergeboren worden sind. Wer an Christus glaubt und die Taufe empfangen hat, „steht dadurch in einer gewissen, wenn auch nicht vollkommenen Gemeinschaft mit der katholischen Kirche"[51]. „Man darf jedoch die Gemeinschaft beim Gottesdienst *(communicatio in sacris)* nicht als ein allgemein und ohne Unterschied gültiges Mittel zur Wiederstellung der Einheit

---

48 Die ortskirchliche und universalkirchliche Communio der Eucharistie ist auch von einzelnen Theologen aus der reformatorischen Tradition wiederentdeckt worden. Vgl. *Pannenberg*, Kirche und Ökumene (2000), 11–22; *Wenz*, Communio Ecclesiarum (2001).

49 Vgl. *Thönissen*, Einheitsverständnis und Einheitsmodell nach katholischer Lehre (2001), 93.95.

50 UR 22.

51 UR 3.

der Christen ansehen."[52] Dies gilt besonders für die Feier der Eucharistie, die wie kein anderes Sakrament Zeichen der kirchlichen Einheit ist. Aus katholischer Sicht, und erst recht nach orthodoxer Auffassung, setzt Eucharistiegemeinschaft Kirchengemeinschaft voraus.[53] Denn in der Eucharistie kommt es zur sakramentalen Verdichtung der kirchlichen *Koinonia*. Das Konzept „Einheit in versöhnter Verschiedenheit" stößt am unterschiedlichen Verständnis von Kirche, Eucharistie und Amt an seine Grenzen. Mit einem für die Herrenmahlsgemeinschaft erforderlichen katholisch-evangelischen Konsens in der Frage des Kirchen- und Amtsverständnisses ist aber auf absehbare Zeit nicht zu rechnen. Dagegen bestehen gegen eine eucharistische Gemeinschaft zwischen der katholischen Kirche und den orthodoxen Kirchen keine grundsätzlichen Einwände, da letztere auch ohne volle Gemeinschaft mit dem römischen Bischof wahre, bischöflich verfasste Teilkirchen sind, in denen das Amt und die anderen Sakramente gültig gespendet werden.

Bei der Forderung nach katholisch-evangelischer Herrenmahlsgemeinschaft wird oft betont, dass Christus der Herr seines Mahles ist und er alle einlädt. Dabei wird die Eucharistie einseitig auf der Linie der Sündermähler Jesu als Zeichen der bedingungslosen Gnade Gottes interpretiert, ohne den Unterschied zwischen den Sündermählern, dem letzten Abendmahl Jesu mit seinen Jüngern und der Eucharistie zu beachten. Wer das Herrenmahl in direkter Verbindung mit der Rechtfertigungslehre sieht, für den stellt sich die Frage, was einer Herrenmahlsgemeinschaft zwischen Katholiken und Protestanten noch entgegensteht, nachdem eine Einigung in der Rechtfertigungslehre erzielt wurde: Gott rechtfertigt den Menschen *sola gratia* und der auferstandene Herr lädt zu seinem Mahl ein. Doch nach katholischem Verständnis kann die Eucharistie als Feier der Kirche und ihrer Gemeinschaft nicht durch Rekurs auf den auferstandenen und erhöhten Herrn als Gastgeber

---

52 UR 8.

53 Vgl. *Koch*, Eucharistie (2005), 109.

Communio eucharistica

unterlaufen werden.[54] An dieser Stelle bedarf es eines intensiven Gesprächs über das Verständnis von Kirche, Eucharistie und Amt mit den Kirchen der Reformation. Kirche und Eucharistie gehören nach katholischem (und orthodoxem) Verständnis untrennbar zusammen.

Da die Verbindung von Kircheneinheit und Gemeinschaft im Herrenmahl nicht auflösbar ist, kann das gemeinsame Herrenmahl nur am Ende und nicht am Anfang des ökumenischen Gespräches stehen.[55] Das gemeinsame Band der Taufe reicht als Grundlage für eine gemeinschaftliche Feier des Herrenmahls nicht aus.[56] Denn die Taufe ist auf das gemeinsame Bekenntnis des Glaubens und die *eine* Eucharistie hingeordnet. Die eucharistische Gemeinschaft bildet das Fundament der Kirche und ist zugleich Ausdruck der Kirchengemeinschaft, die nach katholischem Verständnis das Amt und die Gemeinschaft der Bischöfe einschließt. Ohne eine Einigung im Kirchen- und Amtsverständnis sowie im Verständnis von Kirchengemeinschaft und Eucharistiegemeinschaft kann es keine gemeinsame Feier des Herrenmahls geben. Denn die Eucharistie ist nicht nur ein „Band der Liebe" *(vinculum caritatis)*, sondern ein „Zeichen der Einheit" *(unitatis signum)* und Symbol der Eintracht *(symbolum concordiae)*.[57]

Ein ganz anderes Modell von Kirchengemeinschaft wird vom Rat der „Evangelischen Kirche in Deutschland" (der Gemeinschaft lutherischer, reformierter und unierter Gliedkirchen) im „Votum zum geordneten Miteinander bekenntnisverschiedener Kirchen" (2001) vertreten.[58] Ausgehend von der „Leuenberger Konkordie" (1973) sieht das Votum das Ziel der christlichen Ökumene in einer Gemeinschaft bekenntnisdifferenter Kirchen, nicht in einer sichtbaren Einheit der Kirche. Die „Leuenberger Konkordie", die das Bekenntnis zur Gegenwart Christi in der Eucharistie aus der „Wittenberger Konkordie" aufnimmt, führte zu einer Abendmahls-

---

54 Vgl. Dialog 4 (1986), 29–33; DwÜ III (2003).
55 Vgl. *Lehmann*, Einheit der Kirche und Gemeinschaft im Herrenmahl (2002), 171f.
56 Anders *Brosseder – Link* (Hg.), Eucharistische Gastfreundschaft (2003).
57 Vgl. DH 1649.
58 Vgl. VeK (2001).

und Kanzelgemeinschaft zwischen den lutherischen und reformierten Kirchen. Allerdings sind nicht alle lutherischen bzw. presbyterianischen Kirchen der „Leuenberger Konkordie" beigetreten, zum Beispiel nicht die lutherische Kirche in Schweden. Die Konkordie ist eine Gemeinschaft bekenntnisverschiedener Kirchen auf der Grundlage der evangelischen Rechtfertigungsbotschaft. In der Konkordie wird die traditionelle Einheit von Kirchengemeinschaft und Bekenntnisgemeinschaft aufgegeben. Beim Votum des Rates der Evangelischen Kirche in Deutschland handelt es sich um ein innerprotestantisches Modell kirchlicher Einheit. Von diesem Modell sagt das Votum zu Recht, dass es offensichtlich mit der römisch-katholischen Vorstellung von der sichtbaren, vollen Einheit der Kirche inkompatibel ist.[59]

Am Streit um die Erklärung „Dominus Iesus" und dem Votum der Evangelischen Kirche in Deutschland zur Kirchengemeinschaft nach evangelischem Verständnis zeigt sich, dass es bis heute keine Verständigung über das Ziel der Ökumene gibt. Das jeweilige Verständnis von Kirche und ihrer Einheit auf katholischer und evangelischer Seite ist letztlich nicht miteinander vereinbar. Die katholische Kirche hat als Ziel eine sichtbare Einheit der Kirche. Das Votum der Evangelischen Kirche in Deutschland wendet sich gegen eine solche Einheit. Mag das Votum als Reaktion auf „Dominus Iesus" auch verständlich sein, so hat es doch deutlich gemacht, dass es im Kirchenverständnis erhebliche Differenzen zwischen der katholischen Kirche und den reformatorischen Kirchen gibt, so dass auf absehbare Zeit eine Eucharistiegemeinschaft nicht zu erreichen sein wird.[60]

---

59 Vgl. ebd., Nr. 23.
60 Vgl. *Koch*, Eucharistie (2005), 106. Zum Stand des Dialogs mit den Anglikanern vgl. DwÜ III (2003), 213–233; zum Stand des Dialogs mit den Altkatholiken vgl. KuK (2010), 13–44.

2. Ökumene mit den reformatorischen Kirchen

Zentrale Kontroverspunkte im Verständnis der Eucharistie im Gespräch mit den reformatorischen Kirchen sind die Eucharistie als Opfer, die Gegenwart Christi mit Leib und Blut in den Gaben von Brot und Wein sowie die Frage des Priesteramtes. Im Ökumenismusdekret erklären die Väter des Zweiten Vatikanischen Konzils zu den Kirchen der Reformation: „Obgleich bei den von uns getrennten kirchlichen Gemeinschaften die aus der Taufe hervorgehende volle Gemeinschaft mit uns fehlt und obgleich sie nach unserem Glauben vor allem wegen des Fehlens des Weihesakramentes *(defectus ordinis)* die ursprüngliche und vollständige Wirklichkeit des eucharistischen Mysteriums nicht bewahrt haben, bekennen sie doch bei der Gedächtnisfeier des Todes und der Auferstehung des Herrn im Heiligen Abendmahl, dass hier die lebendige Gemeinschaft mit Christus bezeichnet werde, und sie erwarten seine glorreiche Wiederkunft. Deshalb sind die Lehre vom Abendmahl des Herrn, von den übrigen Sakramenten, von der Liturgie und von den Dienstämtern der Kirche notwendiger Gegenstand des Dialogs"[61]. Diese Erklärung bestimmt bis heute das Verhältnis der katholischen Kirche zu den reformatorischen Kirchen. In der Amtsfrage bestehen weiterhin tiefgreifende Differenzen, da die Kirchen der Reformation ein vom gemeinsamen Priestertum aller Gläubigen unterschiedenes sakramentales Priesteramt nicht anerkennen.[62] In der Frage der Realpräsenz Christi in der Eucharistie, aber auch der Eucharistie als Opfer, ist es dagegen zu deutlichen Annäherungen gekommen, ohne dass hier alle Differenzen behoben wären.

Eucharistische Realpräsenz: Das Dokument „Das Herrenmahl" (1978) der Gemeinsamen Römisch-Katholischen und Evangelisch-Lutherischen Kommission des Rates für die Einheit der Christen in Rom und des Lutherischen Weltbundes stellt zur eucharistischen Gegenwart Christi fest: „Im Sakrament des Abendmahls ist Jesus Christus, wahrer Gott und wahrer Mensch,

---

61 UR 22.
62 Vgl. Amt (1981).

Eucharistische Ekklesiologie und Ökumene

voll und ganz mit seinem Leib und seinem Blut unter dem Zeichen von Brot und Wein gegenwärtig."[63] Lutheraner und Katholiken wenden sich gemeinsam „gegen ein rein erinnerndes oder figuratives Verständnis des Sakraments"[64]. Bei der Realpräsenz Christi mit Leib und Blut in und unter den Zeichen von Brot und Wein handelt es sich nicht um eine „räumliche oder naturhafte Art der Gegenwart"[65]. Gemeinsam bekennen katholische und lutherische Christen heute die wahre und wirkliche Gegenwart des Herrn in der Eucharistie. Unterschiede bestehen hinsichtlich der begrifflichen Bestimmung der Realpräsenz und hinsichtlich ihrer Dauer.[66]

Die ökumenische Diskussion hat gezeigt, dass die Weise, die somatische Realpräsenz zu denken, kein trennender Gegensatz mehr zwischen Katholiken und Lutheranern sein muss. „Die lutherische Tradition bejaht mit der katholischen Tradition, daß die konsekrierten Elemente nicht schlechthin Brot und Wein bleiben, sondern kraft des schöpferischen Wortes als Leib und Blut Christi geschenkt werden. In diesem Sinne konnte auch sie gelegentlich mit der griechischen Tradition von einer ‚Wandlung' sprechen"[67], etwa in der Apologie der „Confessio Augustana"[68]. In der Frage der somatischen Realpräsenz Christi im eucharistischen Brot über die Feier der Eucharistie hinaus sowie der Praxis der eucharistischen Anbetung besteht zwischen Katholiken und Lutheranern dagegen weiterhin kein Konsens, obschon es in der gottesdienstlichen Praxis Annäherungen gibt, etwa dadurch, dass die konsekrierten Gaben von Brot und Wein in der Feier des Abendmahls konsumiert werden.

Die Kommission für „Glaube und Kirchenverfassung" (Faith and Order) des Ökumenischen Rates der Kirchen sagt im „Lima-Dokument" (1982) über die reale Präsenz Christi im Sakrament

---

63 Herrenmahl ([1]1978), Nr. 16.
64 Ebd.
65 Ebd.
66 Vgl. ebd. Nr. 48.
67 Ebd. Nr. 51.
68 Vgl. Apologia Confessionis X (BSLK 247f.).

der Eucharistie: „Das eucharistische Mahl ist das Sakrament des Leibes und Blutes Christi, das Sakrament seiner wirklichen Gegenwart (Realpräsenz). Christus erfüllt sein Versprechen, bis zum Ende der Welt immer bei den Seinen zu sein, in vielfältiger Weise. Doch die Art der Gegenwart in der Eucharistie ist einzigartig. Jesus sagte über dem Brot und über dem Wein der Eucharistie: Dies ist mein Leib ..., dies ist mein Blut. Was Christus sprach, ist wahr und diese Wahrheit wird jedes Mal erfüllt, wenn die Eucharistie gefeiert wird. Die Kirche bekennt Christi reale, lebendige und handelnde Gegenwart in der Eucharistie."[69]

Einen Einblick in das evangelische Abendmahlsverständnis heute gibt die Orientierungshilfe des Rates der Evangelischen Kirche in Deutschland „Das Abendmahl" (2003)[70]. Was das Verständnis der Realpräsenz Christi mit seinem Leib und seinem Blut im Brot und Wein der Eucharistie betrifft, so gibt es zwischen Lutheranern und Katholiken keine trennende Differenz mehr, auch wenn die begrifflichen Modelle zum Verständnis dieser Präsenz verschieden sind (Transsubstantiation, Konsubstantiation). Insofern anerkannt wird, dass Christus mit Leib und Blut in, mit und unter den Gaben von Brot und Wein gegenwärtig ist, besteht, was die Präsenz Christi mit Leib und Blut in der Feier der Eucharistie betrifft, kein Gegensatz, freilich nicht, was die Präsenz Christi in der konsekrierten Hostie über die Feier hinaus betrifft. Denn nach lutherischem Verständnis besteht die besondere Verbindung zwischen dem lebendigen Jesus Christus, seinem Leib und Blut, und den Elementen Brot und Wein nämlich nur „während des Gebrauchs im Gottesdienst *(in usu)*"[71].

Einen wichtigen Schritt in der Ökumene zwischen Katholiken und Lutheranern war die Wiederentdeckung des Eucharistiegebets durch das „Evangelische Gottesdienstbuch" (1999) der Vereinigten Evangelisch-Lutherischen Kirche Deutschlands und der

---

69 DwÜ I (1983), 560.
70 Vgl. Abendmahl (2003).
71 Ebd. 51.

Vereinigten Evangelischen Kirche der Union.[72] Dass die Entfaltung der *Verba Testamenti* in einem Eucharistiegebet mit Anamnese, Epiklese, Gotteslob und eschatologischem Ausblick im Gottesdienstbuch Vorrang erhalten hat gegenüber der Tradition, sich auf die Einsetzungsworte zu beschränken, ist für die ökumenische Verständigung über die Feier der Eucharistie von kaum zu überschätzender Bedeutung, auch wenn diese Entwicklung intern umstritten war und ist. Kritiker sehen darin eine die konfessionelle Identität lutherischer Theologie gefährdende „Eucharistisierung" der Kernhandlung des Herrenmahls.[73] Zwar wurden einige „katholisierende" Texte überarbeitet bzw. gestrichen. Doch wurde die Öffnung der evangelischen Abendmahlsliturgie zum „Eucharistiegebet" nicht zurückgenommen.

Lutheraner und Reformierte, die die „Leuenberger Konkordie" von 1973 angenommen haben, einigten sich darauf, dass Christus im Abendmahl gegenwärtig ist im Wort der Verkündigung *mit* den Zeichen von Brot und Wein. Da die theologischen Differenzen hinsichtlich der Gegenwart Christi in und unter den Zeichen von Brot und Wein zwischen Lutheranern und Reformierten nicht behoben wurden, ist die Abendmahlsgemeinschaft, zu der die „Leuenberger Konkordie" geführt hat, vor allem pragmatischer Natur.[74] Dass die theologischen Differenzen im Verständnis der Realpräsenz Christi in Brot und Wein zwischen den Lutheranern und Reformierten nicht beigelegt wurden, bestätigt die Orientierungshilfe „Das Abendmahl" der Evangelischen Kirche in Deutschland. Darin heißt es: „In der Leuenberger Konkordie von 1973 wird ein gemeinsames evangelisches Abendmahlsverständnis beschrieben, das der theologische Grund der Abendmahlsgemeinschaft zwischen Lutheranern, Reformierten und Unierten ist. Da Positionen, die die evangelischen Konfessionen weiterhin unter-

---

72 Vgl. Agenda (1999).
73 Vgl. *Wendebourg*, Den falschen Weg Roms zu Ende gegangen? (1997); *dies.*, Noch einmal „Den falschen Weg Roms zu Ende gegangen?" (2002); *Ziegler*, Das Eucharistiegebet (2013). Zur Kritik an den Beiträgen Wendebourgs vgl. *Schulz*, Eingrenzung oder Ausstrahlung? (2003).
74 Vgl. Abendmahl (2003), 40.

Communio eucharistica

scheiden (wie beispielsweise die zur Art und Weise der Präsenz Jesu Christi im Mahl), bei der Formulierung des gemeinsamen Grundverständnisses ausgeklammert wurden, können die Konfessionen die Konkordie in Übereinstimmung mit ihren eigenen Bekenntnistraditionen rezipieren"[75]. Die Kompromissformel, die man gefunden hat, lautet: „Im Abendmahl schenkt sich der auferstandene Jesus Christus in seinem für alle dahingegebenen Leib und Blut durch sein verheißendes Wort mit Brot und Wein."[76] Für die Kanzel- und Abendmahlsgemeinschaft zwischen Lutheranern und Reformierten wird damit die strittige Frage der somatischen Realpräsenz Christi, ob Jesus mit Leib und Blut in, mit und unter den Gaben von Brot und Wein gegenwärtig ist (so die lutherische Tradition), oder Brot und Wein verdeutlichende Zeichen für die Gegenwart Christi im Wort der Verkündigung sind (so die Tradition der Reformierten), als theologisch irrelevant betrachtet.

Die Eucharistie als Opfer: Die Feier der Eucharistie ist Anamnese des ganzen Versöhnungshandelns Gottes in Jesus Christus.[77] Mit Hilfe des vollen biblischen Begriffs des Gedächtnisses *(Memorial)* war es möglich, zu einem klareren Verständnis des Verhältnisses zwischen dem Opfer Christi und der Eucharistie zu gelangen. Im Dokument „Das Herrenmahl" heißt es: „In der *Gedächtnisfeier des Gottesvolkes* geschieht mehr, als dass man sich verflossene Ereignisse mit dem Erinnerungsvermögen und der Phantasie vergegenwärtigt. Das Entscheidende ist nicht, dass man sich Vergangenes ins Gedächtnis ruft und so mit Christi Heilstat konfrontiert ist. Im schöpferischen Handeln Gottes wird das Heilsgeschehen aus der Vergangenheit Heilsangebot für die Gegenwart und Heilszusage für die Zukunft. Alle, die zu seinem Gedächtnis Eucharistie feiern, werden in Christi Leben, Leiden und Sterben und Auferstehen einbezogen. Sie empfangen die Früchte des Lebensopfers Christi und damit des gesamten versöhnenden Heilshandelns Gottes [...] Im gläubigen Empfangen werden sie [die Gläubigen] als

---

75 Ebd. 24f.
76 LK III. 1.
77 Vgl. Herrenmahl ([1]1978), Nr. 17.

Eucharistische Ekklesiologie und Ökumene

sein Leib in das versöhnende Opfer hineingenommen, das sie zur Hingabe ihrer selbst ausrüstet (Röm 12,1) und sie befähigt, durch Jesus Christus geistliche Opfer (1 Petr 2,5) im Dienst an der Welt darzubringen. So kann im Herrenmahl eingeübt werden, was im ganzen Christusleben auszuüben ist. Mit einem demütigen Herzen bringen wir uns selbst als ein lebendiges und heiliges Opfer dar, ein Opfer, das in unserem ganzen täglichen Leben einen Ausdruck finden muss."[78]

An anderer Stelle heißt es im Dokument „Das Herrenmahl": „Der in unserer Mitte gegenwärtige Herr will uns in seine Lebensbewegung hineinnehmen. Der sich in seiner Liebe in den Tod gegeben hat, lebt in uns (Gal 2,20). Mit ihm sind wir durch seine Gnade vom Tod zum Leben übergegangen (Joh 5,24). Mit ihm wandern wir in der Teilhabe am eucharistischen Sakrament durch diese Welt in die zukünftige Welt *(pascha, transitus)*. Als Beschenkte und durch seinen Geist lebendig Gewordene dürfen wir seine Liebe weitergeben und so den Vater verherrlichen. So wenig wie wir aus eigener Kraft Gott ein wirkliches Opfer darbringen können, so sehr sollen wir durch die Kraft Christi in sein Opfer hineingenommen werden. Wenn wir im Abendmahl mit unserer Hingabe vor Gott treten, dann tun wir das nur durch Christus, das heißt unter Bezugnahme auf seine Hingabe [...] sich hingeben heißt letztlich: sich öffnen, um ihn zu empfangen. So werden wir vereint mit unserem Herrn, der sich dem Vater darbietet und in Gemeinschaft mit der universalen Kirche im Himmel und auf Erden, in dem mit Christi Blut besiegelten Bund erneuert und bieten uns selbst in einem lebendigen und heiligen Opfer dar, das in unserem ganzen alltäglichen Leben zum Ausdruck kommen muss."[79]

„Christus selbst ist mit allem, was er für uns und für die gesamte Schöpfung vollbracht hat (in seiner Menschwerdung, seiner Erniedrigung, seinem Dienst, seiner Unterweisung, seinem Leiden, seinem Opfer, seiner Auferstehung und Himmelfahrt und indem er den Geist sandte), in dieser ‚Anamnese' [der Eucharistie] gegen-

---

78 Ebd. Nr. 36.
79 Ebd. Nr. 18 (Hervorhebung, H.H.).

433

Communio eucharistica

wärtig und schenkt uns Gemeinschaft mit sich. Die Eucharistie ist auch der Vorgeschmack seiner Parusie und des vollendeten Gottesreiches [...] Indem sie dankbar Gottes große Taten der Erlösung in Erinnerung ruft, bittet die Kirche ihn, die Früchte dieser Taten jedem Menschen zu schenken. In Danksagung und Fürbitte ist die Kirche mit dem Sohn, ihrem großen Hohenpriester und Fürsprecher, vereinigt (Röm 8,34; Hebr 7,25). Die Eucharistie ist das Sakrament des einzigartigen Opfers Jesu Christi, der ewig lebt, um Fürsprache für uns einzulegen."[80] Von katholischer Seite wird bekräftigt, dass das einmalige Kreuzesopfer Jesu Christi „weder fortgesetzt noch wiederholt, noch ersetzt, noch ergänzt werden"[81] kann. Wenn der „Catechismus Romanus" (1566/1567) sagt, dass das Kreuzesopfer in der Messe erneuert wird *(instauretur)*[82], so ist das eine erklärungsbedürftige Formulierung; Erinnerung meint nicht Wiederholung, sondern sakramentale Vergegenwärtigung.

Differenzen bestehen weiterhin in der Frage des Opfers, das die Kiche darbringt. Nach katholischem Verständnis bringen die Gläubigen im Opfer der Eucharistie nicht nur sich selbst dar, sondern der Priester bringt zusammen mit den Gläubigen den Leib und das Blut Christi dar. Das Zweite Vatikanische Konzil hat im Kern die Lehre des Konzils von Trient über das Messopfer[83] bestätigt, wenn es in der Liturgiekonstitution erklärt, die Gläubigen sollen „Gott Dank sagen und die makellose Opfergabe nicht allein durch die Hände des Priesters, sondern auch gemeinsam mit ihm darbringen. Dadurch sollen sie lernen, sich selbst darzubringen"[84]. Die neuen Eucharistischen Hochgebete des Messbuchs Pauls VI. enthalten daher wie der „Canon Romanus" Gebete zur postkonsekratorischen Darbringung der Opfergaben.

Mit Blick auf den Kreuzestod Jesu anerkennt die Orientierungshilfe „Das Abendmahl", dass man im recht verstandenen

---

80 Ebd.
81 Ebd. Nr. 56.
82 Vgl. Catechismus Romanus p. II, c. IV, q. 61.
83 Vgl. DH 1740–1743.1751.
84 SC 47.

Eucharistische Ekklesiologie und Ökumene

Sinne vom Kreuzesopfer Jesu sprechen kann: Jesus ist nicht nur *victima/victim*, ein Opfer von Gewalt. Denn im Gehorsam gegenüber dem Willen des Vaters blieb er in seinem Sterben seiner Sendung treu.[85] Sein Sterben am Kreuz ist ein Opfer im Sinne von *sacrificium/sacrifice*, das sich aber von allen anderen vorausgehenden kultischen Opfern unterscheidet. Denn nicht der Mensch versöhnt Gott durch ein Opfer, sondern Christus, Gottes Sohn, opfert sich am Kreuz für die Sünden der Menschen. Schließlich wird anerkannt, dass im Neuen Testament der Kreuzestod Jesu auch als „Sühnopfer" verstanden wird (Röm 3,25; 1 Joh 2,2; 4,10), da Jesus in Übereinstimmung mit dem Willen Gottes stellvertretend Sünde, Leiden und Tod der Menschen auf sich genommen hat zu ihrer Vergebung. Sühne aber ist nach biblischem Verständnis, und dies gilt vor allem für den Sühnetod Jesu, nicht Menschenwerk, sondern eine *Gabe Gottes*.[86] In Brot und Wein wird uns die leibliche Nähe Jesu Christi geschenkt, der für uns gestorben ist.[87]

Das geistliche Amt: In der Frage des ordinationsgebundenen Amtes bestehen zwischen der katholischen Kirche und den Lutheranern weiterhin gewichtige Differenzen, die eine Eucharistie- und Kirchengemeinschaft auf absehbare Zeit ausschließen.[88] So bekräftigt die Handreichung „Das Abendmahl" die Ablehnung eines Priestertums des Weiheamtes: „Nach evangelischem Verständnis ist die Ordination zum Pfarramt keine Weihe, die eine besondere Fähigkeit im Blick auf das Abendmahl und seine Elemente vermittelt. Jeder Christenmensch könnte die Feier leiten und die Einsetzungsworte sprechen, weil er durch die Taufe Anteil an dem ganzen Heilswerk Christi bekommt."[89] Von Gott eingesetzt ist das geistliche Amt ausschließlich ein öffentliches Predigtamt der Evangeliumsverkündigung und der Sakramentenverwaltung[90], das sich

---

85 Vgl. Abendmahl (2003), 40.
86 Vgl. ebd. 41.
87 Vgl. ebd. 42f.
88 Zum ökumenischen Gespräch vgl. Dialog 14 (2008); *Hell – Lies*, Amt und Eucharistiegemeinschaft (2004).
89 Abendmahl (2003), 51.
90 Vgl. CA V und XIV (BSLK 58f.61).

435

Communio eucharistica

in seiner Ordnung grundsätzlich wandeln kann, auch in seiner Unterscheidung und Zuordnung zu den verschiedenen anderen kirchlichen Diensten.[91] Die Kirchen der Reformation kennen kein dem Priesteramt der katholischen Kirche vergleichbares Amt. Deshalb ist es auch berechtigt, vom „Fehlen" (*defectus*) des Weihesakramentes zu sprechen.[92] Damit aber fehlt eine zentrale Voraussetzung für ein gemeinsames, Eucharistiegemeinschaft ermöglichendes Kirchenverständnisn. Hinzu kommt die fehlende episkopale Kirchenstruktur.

Nimmt man die Handreichung „Das Abendmahl" zum evangelischen Amtsverständnis beim Wort, „kann die katholische Kirche nicht auf der einen Seite überzeugt sein, dass das eucharistische Mahl und die apostolische Sukzession im Bischofsamt und im priesterlichen Dienst zum Wesen der Kirche Jesu Christi gehören, und auf der anderen Seite zugleich sagen, dass das Amt in Kirchen und kirchlichen Gemeinschaften, die eben diese Wirklichkeiten nicht, zumindest nicht im gleichen Sinn, zum Wesen der Kirche zählen, in gleicher Weise anerkannt sein könne"[93]. Oder anders formuliert: Man kann nicht davon überzeugt sein, dass nur der geweihte Priester gültig der Eucharistie vorstehen kann, bei den Kirchen der Reformation aber davon absehen, die den Zusammenhang von Priesteramt und Eucharistie in Frage stellen. So sind evangelische Pfarrer zwar mit der Verkündigung des Wortes und der Sakramentsverwaltung beauftragt, doch ist die Leitung des Abendmahls nicht an die Ordination gebunden, auch wenn die Praxis der Delegation zur Leitung des Abendmahls an Nichtordinierte innerhalb der Evangelischen Kirche in Deutschland nicht unumstritten ist.[94]

So wird in der evangelischen Theologie durchaus kontrovers diskutiert, wie die Weisung der „Confessio Augustana" zu verstehen ist, niemand dürfe „ohne ordentliche Berufung (*rite vocatus*)

---

91 Vgl. KeV (2001), Nr. 7.
92 Vgl. UR 22.
93 *Koch*, Eucharistie (2005), 109f.
94 Vgl. Abendmahl (2003), 53f.

[...] predigen [...] oder die Sakramente reichen"[95]. Bezieht sich das *rite vocatus* auf die Ordination, die zumeist mit der Pfarrinvestitur verbunden ist, oder wird der Anforderung des *rite vocatus* auch durch die Delegation eines Nichtordinierten durch einen Ordinierten entsprochen? Wolfhart Pannenberg vertritt die erste Interpretation. Er fordert daher nicht nur den Ordinationsvorbehalt für die Feier des Abendmahls, sondern auch eine Sukzession in der Ordination als Grundvoraussetzung einer Einigung über das geistliche Amt.[96] Eine evangelische Amtslehre, die Anspruch auf Kontinuität zur Tradition erhebt, muss von einer entsprechenden Amtspraxis gedeckt sein.[97] Martin Luther selbst hat am Prinzip der apostolisch-episkopalen Amtssukzession festgehalten und sich für die Abweichung von diesem Prinzip auf eine Notlage berufen, die darin bestand, dass kein Bischof für die Ordination evangelischer Pfarrer zu Verfügung stand.[98]

Eucharistiegemeinschaft: Eine pragmatische Einigung, wie sie mit der „Leuenberger Konkordie" zwischen Lutheranern und Reformierten in der Frage der Abendmahlsgemeinschaft erzielt wurde, kann aus katholischer Sicht kein Modell für eine Eucharistiegemeinschaft zwischen den Kirchen sein. Da bei der Feier der Eucharistie immer die Kirche und ihr Selbstverständnis im Spiel sind, einschließlich der Frage des geistlichen Amtes, setzt eine Eucharistiegemeinschaft hier einen ausreichenden Konsens voraus. Differenzierter ist die Frage der eucharistischen Gastfreundschaft, etwa bei konfessionsverschiedenen Ehen, zu beurteilen. Den Katholiken ist die Teilnahme am evangelischen Abendmahl nicht erlaubt, da dieses wie das geistliche Amt in seiner Gültigkeit von der katholischen Kirche nicht anerkannt ist. Kirchenrechtlich folgt daraus, dass Katholiken Sakramente wie das Sakrament der Eucharistie nur von einem Spender empfangen dürfen, „in dessen

---

95 CA XIV (BSLK 69).
96 Vgl. *Pannenberg*, Systematische Theologie III (1993), 440.
97 Vgl. *Wenz*, Das kirchliche Amt aus evangelischer Perspektive (2003), 378.
98 Vgl. *Luther*, Dass eine christliche Versammlung und Gemeinde Recht und Macht habe, alle Lehre zu beurteilen und Lehrer zu berufen, ein- und abzusetzen, Ursache und Grund aus der Schrift: WA 11; 413,22–414,10.

Kirche diese Sakramente gültig gespendet werden"[99]. Hier besteht eine Asymmetrie im Verhältnis der katholischen Kirche zu den Kirchen der Reformation. Denn diese erlauben Katholiken, beim evangelischen Abendmahl zu kommunizieren. Die katholische Kirche ermöglicht evangelischen Christen dagegen nur in einer „schweren Notlage" *(gravis necessitas)*[100] eine begrenzte, ausnahmsweise Zulassung zur Eucharistie.

Da sich Gemeinschaft im Herrenmahl und Kirchengemeinschaft entsprechen müssen, kann es eine Herrenmahlsgemeinschaft ohne Wiederherstellung der Kircheneinheit nicht geben. Eine Herrenmahlsgemeinschaft würde den Schein einer Einheit entstehen lassen, die so nicht besteht. Daher sind *Interkommunion* und *Konzelebration* bzw. *Interzelebration* geistlicher Amtsträger verschiedener Konfessionen bei der Feier der Eucharistie theologisch nicht vertretbar.[101] Das kirchliche Gesetzbuch untersagt es deshalb katholischen Priestern, „zusammen mit Priestern oder Amtsträgern von Kirchen oder kirchlichen Gemeinschaften, die nicht in der vollen Gemeinschaft mit der katholischen Kirche stehen, die Eucharistie zu konzelebrieren."[102] Volle Eucharistiegemeinschaft ist nach katholischem und orthodoxem Verständnis nur bei voller Kirchengemeinschaft möglich. Denn die Eucharistie ist das *sacramentum ecclesiae et unitatis* (Sakrament der Kirche und der Einheit). Sofern das enge Verhältnis zwischen dem Geheimnis der Kirche und dem Mysterium der Eucharistie nicht verdunkelt wird, kann in Einzelfällen eine Zulassung von evangeli-

---

99   CIC can. 844, § 2. Vgl. Ökumenisches Direktorium (1993), Nr. 132.
100   CIC can. 844, § 4. Vgl. Ökumenisches Direktorium (1993), Nr. 131.
101   Terminologisch ist hier folgende Unterscheidung vorausgesetzt: Von der begrenzten Zulassung im Einzelfall ist die allgemeine Zulassung für alle Gläubigen einer anderen Kirche zu unterscheiden *(Interkommunion)*. Die *Konzelebration* ist im ökumenischen Kontext die gelegentliche gemeinsame Zelebration von Priestern bzw. Amtsträgern verschiedener Konfessionen bei der Feier des Herrenmahls. Bei der *Interzelebration* erlauben zwei oder mehrere Kirchen den Amtsträgern wechselseitig, der Feier der Eucharistie bzw. des Abendmahls vorzustehen.
102   CIC can. 908.

Eucharistische Ekklesiologie und Ökumene

schen Christen zur Kommunion erfolgen, nicht nur bei Todesgefahr, sondern zum Beispiel bei der Trauung eines Katholiken mit einem evangelischen Christen.[103] Wenn dies aber für die Trauung möglich ist, dann im Einzelfall wohl auch bei der Teilnahme eines evangelischen Christen an einer sonntäglichen Eucharistiefeier.[104] Für eine Eucharistiegemeinschaft braucht es dagegen zwischen den Kirchen der Reformation und der katholischen Kirche einen Konsens im Kirchen-, Herrenmahls- und Amtsverständnis.

Am 31. Oktober 1999, dem Reformationstag, unterzeichneten Edward Idris Cassidy (1924–2021), der Präsident des Päpstlichen Rates zur Förderung der Einheit der Christen, und Dr. Christian Krause, der Präsident des Lutherischen Weltbundes, in der evangelisch-lutherischen St.-Anna-Kirche in Augsburg eine „Gemeinsame Offizielle Feststellung zur Rechtfertigungslehre"[105]. Durch die Einigung in der Rechtfertigungslehre zwischen katholischer Kirche und Lutherischem Weltbund ist die Diskussion um das Thema „Einheit der Kirche und Gemeinschaft im Herrenmahl" neu angestoßen worden.[106] Zentral ist dabei die noch offene ekklesiologische Frage. Nach der Einigung in der Rechtfertigungslehre ist es an der Zeit, dass sich die katholische Kirche und der Lutherische Weltbund dem Thema Kirchenverständnis zuwenden.[107]

---

103 Vgl. Ökumenisches Direktorium (1993), Nr. 159.
104 Vgl. den folgenden Exkurs.
105 Zur Kritik von evangelischer Seite an der Rechtfertigungserklärung vgl. *Jüngel*, Das Evangelium von der Rechtfertigung des Gottlosen als Zentrum des christlichen Glaubens (1999).
106 Vgl. *Lehmann*, Einheit der Kirche und Gemeinschaft im Herrenmahl (2002), 149.
107 Vgl. *Kasper*, Ein Herr, ein Glaube, eine Taufe (2002).

Communio eucharistica

Exkurs: „Gemeinsam am Tisch des Herrn"?

Am 11. September 2019 stellte der „Ökumenische Arbeitskreis evangelischer und katholischer Theologen" (ÖAK) das Votum „Gemeinsam am Tisch des Herrn" vor, das zunächst online und ein Jahr später mit einer englischen Übersetzung in Buchform veröffentlicht wurde.[108] Mit ihrem Votum sprechen sich die evangelischen und katholischen Mitglieder des ÖAK für eine allgemeine Öffnung von Abendmahl und Eucharistie für Gläubige (eucharistische Gastfreundschaft, Interkommunion) von Kirchen und kirchlichen Gemeinschaften aus, die in der „Arbeitsgemeinschaft christlicher Kirchen in Deutschland" zusammengeschlossen sind. Das Votum des ÖAK beruht auf den Prinzipien der „offenen Einladung der Getauften zum Abendmahl/zur Eucharistie"[109] und der „Teilnahme an den Feiern von Abendmahl/Eucharistie in Achtung der je anderen liturgischen Traditionen"[110], inklusive der Einladung zum Empfang des Abendmahls und der Eucharistie.

Damit geht das Votum des ÖAK über den Text „Mit Christus gehen – Der Einheit auf der Spur. Konfessionsverbindende Ehen und gemeinsame Teilnahme an der Eucharistie" (2018) hinaus.[111] Dieser sollte ursprünglich als „Pastorale Handreichung" der Deutschen Bischofskonferenz verabschiedet und veröffentlicht werden, wozu es nicht kam, da sieben Ortsbischöfe dem Text ihre Zustimmung verweigerten und sich in der Sache, von der sie meinten, dass sie Fragen des Glaubenslehre betrifft, an Luis Kardinal Lada-

---

108 Vgl. *Leppin – Sattler*, „Gemeinsam am Tisch des Herrn / Together at the Lord's Table" (2020).

109 GaTH 7.9. – Zu Anliegen und Rezeption von GaTH erschien nach der Kritik am Votum durch die Kongregation für die Glaubenslehre und eine Reihe von katholischen Dogmatikern *Leppin – Sattler* (Hg.), Gemeinsam am Tisch des Herrn II (2021) mit einer Reihe von Beiträgen von Mitgliedern des ÖAK und einem Anhang zur Dokumentation wichtiger Erklärungen von kirchenleitender Seite.

110 GaTII 8.1.

111 Zur theologischen Debatte um die „Orientierungshilfe" vgl. *Söding – Thönissen*, Eucharistie – Kirche – Ökumene (2019).

Eucharistische Ekklesiologie und Ökumene

ria, den Präfekten der Kongregation für die Glaubenslehre, wandten. In zwei Gesprächen kamen Kardinal Ladaria und Papst Franziskus überein, dass die Handreichung den Glauben und die Einheit der Kirche tangiert, von weltkirchlicher Bedeutung ist und keine rechtliche Grundlage hat.

In einem Brief vom 25. Mai 2018 wurde Reinhard Kardinal Marx, dem damaligen Vorsitzenden der DBK, von Kardinal Ladaria mitgeteilt, dass es sich bei „Frage der Kommunionzulassung von evangelischen Christen in konfessionsverschiedenen Ehen um ein Thema handelt, das den Glauben der Kirche berührt und von weltkirchlicher Relevanz ist". Zudem seien die „Auswirkungen auf die ökumenischen Beziehungen zu anderen Kirchen und kirchlichen Gemeinschaften" nicht zu unterschätzen. Schließlich gehe es um Auslegung und Anwendung von can. 844, § 4 CIC/1983 (gravis necessitas), die weltkirchlich geklärt werden müssen. Der Text der geplanten Handreichung sei deshalb „nicht reif zur Veröffentlichung"[112]. Doch Kardinal Marx gelang es, Papst Franziskus dazu zu bewegen, einer Veröffentlichung des Textes zwar nicht als Handreichung der Deutschen Bischofskonferenz, wohl aber als „Orientierungshilfe und Studientext" zuzustimmen.[113] Die Folge war, dass der Text jetzt ohne Angabe des Autors und ohne Logo der DBK auf ihrer Homepage online gestellt wurde.[114] Einige Bischöfe empfehlen die Orientierungshilfe für die Pastoral mit konfessionsverschiedenen Ehen.[115]

---

112 Vgl. https://www.dbk.de/fileadmin/redaktion/diverse_downloads/dossiers _2018/05-Dokument-Brief-Kongregation-Glaubenslehre-25.05.2018.pdf (aufgerufen am 28. Mai 2020),

113 Vgl. *Hoping*, Gezeichnet F. (2018).

114 https:// www. dbk.de/ fileadmin/redaktion/diverse_downloads/dossiers_ 2018 /08-Orientierungshilfe-Kommunion.pdf (aufgerufen am 28. Mai 2020).

115 Zum Beispiel Bischof Gerhard Feige (Magdeburg) und Erzbischof Stefan Heße (Hamburg). Neben dem Bistum Trier hat das Bistum Speyer die Orientierungshilfe im Wortlaut (mit der dazu gehörigen Erklärung der DBK) veröffentlicht, allerdings ohne Unterschrift des Ortsbischofs, der den Text allerdings in einem Brief vom 9. Juli 2019 als „verbindliche Orientierung" bezeichnete.

Zum Empfang des Abendmahls durch einen Katholiken in einer konfessionsverschiedenen Ehe heißt es in der Orientierungshilfe: „Wir wissen, dass das, was wir zur Möglichkeit einer Teilnahme einer evangelischen Ehefrau oder eines evangelischen Ehemanns an der katholischen Eucharistie sagen, nicht zugleich damit verbunden ist, dass die katholische Ehepartnerin oder der katholische Ehepartner zum evangelischen Abendmahl hinzutreten kann. Ein solcher Schritt setzt ein gemeinsames Verständnis des Abendmahles und der Eucharistie, der Sakramentalität der Kirche und des Amtes voraus, sodass die Eucharistiegemeinschaft die Kirchengemeinschaft ausdrücken und vertiefen kann."[116]

Für die gemeinsame Teilnahme an der Feier der Eucharistie, einschließlich des Empfangs der Kommunion, beruft sich die Orientierungshilfe zum einen auf die sakramentale Ehe des interkonfessionellen Paares und ihren Charakter als „kleiner Kirche" (ecclesioloa)[117], zum anderen auf die Enzyklika „Ecclesia de Eucharistia" (2003), in der sich Johannes Paul II. an einer Stelle auf can. 844, § 4 CIC/1983 bezieht, der neben der Todesgefahr von einer anderen schweren Notlage spricht, die es im Einzelfall möglich mache, dass ein nichtkatholischer Christ die Eucharistie empfängt: „Wenn Todesgefahr besteht oder wenn nach dem Urteil des Diözesanbischofs bzw. der Bischofskonferenz eine andere schwere Notlage [alia gravis necessitas] dazu drängt, spenden katholische Spender diese Sakramente [Buße, Eucharistie, Krankensalbung, H.H.] erlaubt auch den übrigen nicht in der vollen Gemeinschaft mit der katholischen Kirche stehenden Christen, die einen Spender der eigenen Gemeinschaft nicht aufsuchen können und von sich aus darum bitten, sofern sie bezüglich dieser Sakramente den Glauben bekunden und in rechter Weise disponiert sind."[118]

---

116 OrH Nr. 8. – Damit bezieht sich die Orientierungshilfe auf eine Passage im Dekret „Unitatis redintegratio" (1964) über den Ökumenismus (UR 22).
117 Vgl. OrH Nr. 29.
118 Can. 844, § 4: „Si adsit periculum mortis aut, iudicio Episcopi dioecesani aut Episcoporum conferentiae, alia urgeat gravis necessitas, ministri catholici licite eadem sacramenta administrant ceteris quoque christianis plenam communionem cum Ecclesia catholica non habentibus, qui ad suae communi-

Eucharistische Ekklesiologie und Ökumene

In der Enzyklika „Ecclesia de Eucharistia" wird aus der schweren Notlage ein schweres geistliches Bedürfnis: „Wenn die volle Gemeinschaft fehlt, ist die Konzelebration in keinem Fall statthaft. Dies gilt nicht für die Spendung der Eucharistie *unter besonderen Umständen und an einzelne Personen*, die zu Kirchen oder kirchlichen Gemeinschaften gehören, die nicht in der vollen Gemeinschaft mit der katholischen Kirche stehen. In diesem Fall geht es nämlich darum, einem schwerwiegenden geistlichen Bedürfnis *[gravi spirituali necessitati]* einzelner Gläubiger im Hinblick auf das ewige Heil entgegenzukommen, nicht aber um die Praxis einer *Interkommunion*, die nicht möglich ist, solange die sichtbaren Bande der kirchlichen Gemeinschaft nicht vollständig geknüpft sind."[119]

Da eine konfessionsverschiedene Ehe an sich keine objektive Notlage nach can. 844, § 4 CIC/1983 darstellt, spricht die Orientierungshilfe wie der deutsche Text der Enzyklika „Ecclesia de Eucharistia" von einem schwerwiegenden geistlichen Bedürfnis und zwar im Sinn einer Sehnsucht[120], eines Wunsches[121] oder eines Verlangens[122] des nichtkatholischen Partners, die Eucharistie zu empfangen.[123] Für diese Auslegung von can. 844, § 4 beruft sich die

---

tatis ministrum accedere nequeant atque sponte id petant, dummodo quoad eadem sacramenta fidem catholicam manifestent et rite sint dispositi." – Die deutsche Fassung des CIC übersetzt „gravis necessitas" mit „schwerer Notlage".

119 *Johannes Paul II.*, Enzyklika „Ecclesia de Eucharistia", Nr. 45: „Si numquam concelebratio permittitur, deficiente plena communione, hoc non idem accidit in Eucharistiae administratione, *quibusdam in peculiaribus adiunctis, pro hominibus singulis* ad Ecclesias aut Communitates ecclesiales pertinentibus quae non habent cum Ecclesia Catholica plenam communionem. His enim in casibus propositum est gravi spirituali necessitati prospicere de aeterna singulorum fidelium salute, non constituere aliquam *intercommunionem*, quae fieri non potest nisi plene visibilia vincula ecclesialis communionis iam contracta sunt."

120 Vgl. OrH Nr. 17.

121 Vgl. ebd. Nr. 18.

122 Vgl. ebd. Nr. 27.

123 Die OrH verwendet die Begriffe Sehnsucht, Wunsch und Verlangen offensichtlich synonym. – In der Kanonistik gilt der Begriff der „gravis necessitas (spiritualis)" als unbestimmter Rechtsbegriff. Die Auslegungen von can. 844, § 4 hinsichtlich seiner Möglichkeiten für den Kommunionempfang reichen,

Orientierungshilfe auf eine Aussage Johannes Pauls II. in seiner Enzyklika „Ut unum sint" (22. Mai 1995): „Ein Grund zur Freude ist in diesem Zusammenhang, daran zu erinnern, dass die katholischen Priester in bestimmten Einzelfällen die Sakramente der Eucharistie, der Buße und der Krankensalbung anderen Christen spenden können, die zwar noch nicht in voller Gemeinschaft mit der katholischen Kirche stehen, aber sehnlich den Empfang der Sakramente wünschen, von sich aus darum bitten und den Glauben bezeugen, den die katholische Kirche in diesen Sakramenten bekennt."[124]

Der Anhang zur Orientierungshilfe zitiert aus einem Brief von Christoph Kardinal Schönborn: „Wer das Amen zum Hochgebet ehrlichen Herzens sprechen kann, der kann auch die Frucht dieses Hochgebets, die Kommunion ehrlichen Herzens empfangen."[125] Doch was umfasst das „Amen" zum Hochgebet? Ausschließlich das Bekenntnis zur Gegenwart Christi mit Leib und Blut in den Gaben von Brot und Wein oder auch das Bekenntnis zur eucharistischen Gemeinschaft, die im Hochgebet genannt wird? Nach Kardinal Schönborn umfasst das Amen: „Das Gedenken der Heilstaten Gottes, die im Opfer Jesu Christi gipfeln, die Herabrufung des Heiligen Geistes, die Darbringung des eucharistischen Opfers in der Gemeinschaft mit dem Papst und dem Ortsbischof, in der Gemeinschaft mit der Kirche der im Himmel Vollendeten, d. h. mit Maria, den Aposteln und Märtyrern und allen Heiligen, und in fürbittender Gemeinschaft mit den in Christus

---

so Matthias Pulte, „von einer schweren Notlage über die schwerwiegende geistliche Notwendigkeit bis zur berechtigten Notwendigkeit und einem schwerwiegenden geistlichen Bedürfnis": *ders.*, „Si alia gravis necessitas (spiritualis) urget" (2019), 485. – Zur Diskussion um die *alia gravis necessitas* vgl. *Demel*, Gemeinsam zum Tisch des Herrn (2003); *Thönissen*, Gravis spiritualis necessitas (2019).

124 *Papst Johannes Paul II.*, Enzyklika „Ut unum sint" (1995) über den Einsatz für die Ökumene Nr. 46 (Verlautbarungen des Apostolischen Stuhls 121), Bonn 1995, 35.

125 OrH Anhang.

Entschlafenen"[126]. In seinem Eucharistiebuch hat Schönborn bekräftigt, dass zum katholischen Eucharistieglauben nicht allein das Bekenntnis zu Gegenwart Christi mit Leib und Blut in den Gaben von Brot und Wein gehört.[127] Auch für Walter Kardinal Kasper erfordert der Empfang der Eucharistie durch einen nichtkatholischen Christen, dass er zum katholischen Eucharistieglauben, wie er im Hochgebet zum Ausdruck kommt, „Amen" sagen, das heißt diesem zustimmen kann.[128]

Der katholische Liturgiewissenschaftler Stefan Kopp lehnt dies als unvertretbare Maximalforderung ab. Mit Berufung auf Florian Ihsen[129] hält er das Bekenntnis zur somatischen Realpräsenz Christ und die Anerkennung des Papstes für ausreichend.[130] Bei dieser Interpretation der Amen-Regel entfällt bis auf die Einheit mit dem Bischof von Rom der ganze sonstige Inhalt des Eucharistischen Hochgebets, einschließlich der Darbringung des Opfers der Eucharistie durch den Priester und die Gemeinschaft mit dem Ortsbischof, ohne die es nach katholischem Verständnis keine Eucharistie gibt.[131]

Das „Ökumenische Direktorium" (1993) zur Ausführung der Prinzipien und Normen über den Ökumenismus des Päpstlichen Rates zur Förderung der Einheit der Christen hatte mit Blick auf die *communicatio in sacris* bei konfessionsverschiedenen Paaren – wie das „Ökumenische Direktorium" von 1967 und die Instruktion „In quibus rerum" (1972) – noch von „Ausnahmefällen"[132] gesprochen, bei denen es nicht möglich ist, „einen Spender der eigenen Kirche oder kirchlichen Gemeinschaft auf-

---

126 Vgl. *Schönborn*, Aus einem Brief an einen evangelischen Christen (1999), 10.
127 Vgl. *ders.*, Wovon wir leben können (2005), 152–155.
128 Vgl. *Kasper*, Sakrament der Einheit (2004), 68.
129 Vgl. *Ihsen*, Eine Kirche in der Liturgie (2010), 67.
130 Vgl. *Kopp*, Das „Amen" zum Hochgebet und beim Kommunionempfang (2019), 132f.
131 *Gerhards – Schwier*, Ambiguitätstoleranz (2021) lassen offen, worin die wesentlichen „Identifikationsmomente" (75) für eine eucharistische Gastfreundschaft bestehen.
132 ÖDir. Nr. 129.

zusuchen"[133] und der Christ einer anderen Kirche oder kirchlichen Gemeinschaften den „katholischen Glauben"[134] hinsichtlich des Sakraments der Eucharistie bekennt und auf den Empfang der Eucharistie entsprechend vorbereitet ist.

Somit wurde aus dem „Ausnahmefall" zunächst eine „schwere Notlage", dann ein „schwerwiegendes geistliches Bedürfnis" und schließlich in der Orientierungshilfe der Wunsch des evangelischen Partners der konfessionsverschiedenen Ehe, die Eucharistie zu empfangen. Die Notlage besteht, wenn der evangelische Partner der konfessionsverschiedenen Ehe sie für gegeben hält. Deutlich wird dies, wenn es in der Orientierungshilfe heißt: „Alle, die nach einer reiflichen Prüfung [...] zu dem Gewissensurteil gelangt sind, den Glauben der katholischen Kirche zu bejahen, eine schwere geistliche Notlage beenden und die Sehnsucht nach der Eucharistie stillen zu müssen, dürfen zum Tisch des Herrn hinzutreten."[135]

Die Orientierungshilfe unterstreicht, dass die Nichterreichbarkeit eines Spenders der eigenen Gemeinschaft in „Ut unum sint" und „Ecclesia de Eucharistia", aber auch im „Katechismus der Katholischen Kirche"[136] nicht mehr als eigenes Kriterium genannt wird.[137] Dies hebt freilich, so der Kanonist Stefan Haering (1959–2020), nicht die Geltung von can. 844, § 4 auf.[138] Häring weiter: „Die Orientierungshilfe tendiert einerseits dazu, diese rechtliche Bestimmung zu minimieren und in den Hintergrund zu rücken. Sie bräuchte andererseits aber auf diesen Aspekt gar nicht einzugehen, wenn das sakramentale Eheband des interkonfessionellen Paares die gemeinsame Kommunion rechtfertigt."[139]

---

133 ÖDir. Nr. 131.

134 Ebd.

135 OrH Nr. 56.

136 Vgl. KKK 1401. – Hier ist aber nicht von einem geistlichen Bedürfnis, sondern von einer schweren Notlage die Rede.

137 Vgl. OrH Nr. 16.

138 Vgl. *Haering*, Recht verstehen (2019), 460. – Dies gilt auch für die Bestimmung in Nr. 131 des „Ökumenischen Direktorium" (1993).

139 *Haering*, Recht verstehen (2019), 469.

Eucharistische Ekklesiologie und Ökumene

Ein dringender Wunsch oder ein Verlangen ist sicherlich keine schwere Notlage im Sinne des Kirchenrechts. Es muss sich um eine wirkliche Notlage bei dem nichtkatholischen Partner einer konfessionsverschiedenen Ehe handeln, etwa dass er keine Verbindung mehr zur Kirche hat, in der er getauft wurde, sondern mit seinem katholischen Partner regelmäßig an der Feier der Eucharistie teilnimmt und den im Hochgebet zum Ausdruck kommenden Glauben der katholischen Kirche teilt. Dies würde wohl den in can. 844, § 4 genannten Kriterien für eine „andere schwerwiegende Notlage" als derjenigen der Todesgefahr entsprechen, müsste aber von einem Diözesanbischof oder der Bischofskonferenz als Norm festgesetzt werden. Der Orientierungshilfe besitzt aber weder die nötige Rechtsverbindlichkeit noch enthält sie eine konkrete Norm für schwere Notlagen neben der Todesgefahr.

Anders als die „Orientierungshilfe" (2018) plädiert das Votum „Gemeinsam am Tisch des Herrn" (2019/2020) für die Praxis eucharistischer Gastfreundschaft, das heißt der Interkommunion. Dabei unterstellt das Votum einen differenzierten Konsens im Verständnis der Eucharistie bzw. des Abendmahls, der eine Interkommunion schon heute rechtfertigen würde.[140] Unter den Texten des ÖAK nimmt das Votum „Gemeinsam am Tisch des Herrn" inso-

---

140 Zum positiven Echo auf GaTH von Seiten katholischer Theologen vgl. *Böttigheimer*, Alles oder Nichts? (2020); *Gerhards*, Gemeinsam am Tisch des Herrn (2020); *Kranemann*, „Gemeinsam am Tisch des Herrn" (2020); *Söding*, Vorgeschmack der Einheit (2020); *Schmidt*, Die Trennung erklären – an der Gemeinschaft mitarbeiten? (2020); *Vorholt*, „Gemeinsam am Tisch des Herrn" (2020). – Zur Kritik von katholischen Dogmatikern an GaTH, die in der Berichterstattung und den Debatten in den sozialen Medien weitegehend ignoriert wurde, vgl. *Freitag*, Gemeinsam am Tisch des Herrn? (2020); *Hallensleben*, Nach uns die Sintflut (2021); *Hoping*, Sakrament und Kirche (2020); *ders.*, Mit dem Brecheisen (2020); *Stubenrauch*, Ökumene mit dem Brecheisen? (2020). In ihrer „Einführung" zu „Gemeinsam am Tisch des Herrn II" (2021) gehen Volker Leppin und Dorothea Sattler auf die von katholischer Seite gegen das Votum des ÖAK vorgebrachten Argumente nicht ein, sondern kritisieren die Bilder „Brecheisen" und „Sintflut" (vgl. *dies.*, Einführung der Wissenschaftlichen Leitung [2021], 26). Zuletzt sind von dem Pastoraltheologen Andreas Wollbold (*ders.*, Ungeduld ist ein schlechter Theologe [2021]) und dem Dogmatiker Markus Lersch (*ders.*, Die Sakramentalität des Glaubens als „mis-

Communio eucharistica

fern eine Sonderstellung ein, als Bischof Georg Bätzing von Limburg, der bischöfliche Vorsitzende des ÖAK von katholischer Seite, zwischenzeitlich zum Vorsitzenden der DBK gewählte worden war und sich mit einer Reihe weiterer deutscher Bischöfe hinter das Votum stellte und darin eine theologische Grundlage für eine gegenseitige Einladung zum Empfang von Abendmahl und Eucharistie beim 3. Ökumenischen Kirchentag (13.–16. Mai 2021) in Frankfurt erkannte. Die Kongregation für die Glaubenslehre reagierte auf das Votum des ÖAK erst, als es eine positive Aufnahme durch die Deutsche Bischofskonferenz und ihre Ökumenekommission erfuhr.

In einem Brief von Kardinal Ladaria vom 18. September 2020 an Bischof Bätzing, der den Bischöfen der DBK kurz vor ihrer Vollversammlung in Fulda (22.–24. September) zugestellt worden war und dem eine Anlage mit lehrmäßigen Anmerkungen beigefügt ist, erteilte der Präfekt der Glaubenskongregation einer wechselseitigen Teilnahme an Eucharistie und Abendmahl eine Absage: Die „noch bestehenden Divergenzen im Eucharistie- und Amtsverständnis zwischen der katholischen Kirche und den Reformatorischen Traditionen" würden es weiterhin nicht erlauben, „Abendmahl und Eucharistie im theologischen Sinngehalt gleichzusetzen. Die Lehrunterschiede sind immer noch so gewichtig, dass sie eine wechselseitige Teilnahme am Abendmahl bzw. an der Eucharistie derzeit ausschließen. Das Dokument kann daher auch nicht als Leidfaden für eine individuelle Gewissensentscheidung über ein Hinzutreten zum Abendmahl bzw. zur Eucharistie dienen"[141].

In einem Interview mit der in Freiburg erscheinenden „Herder Korrespondenz" kommentierte Kurt Kardinal Koch, Präsident des Päpstlichen Rates für die Einheit der Christen, Lardarias Brief mit den Worten: „Nach diesem Spruch aus Rom können Deutsch-

---

sing link" der jüngeren ökumenischen Dialoge [2021]) zwei kritische Analysen zu GaTH erschienen.

141 https://www.dbk.de/fileadmin/redaktion/diverse_downloads/dossiers_2020/2020-09-18_Kard.-Ladaria_Lettera-Vorsitzender-DBK.PDF (aufgerufen am 28. Mai 2021).

lands Bischöfe nicht zur Tagesordnung übergehen."[142] Schon in einem Interview mit „Vatican News" vom 21. Januar 2020 hatte Koch erklärt, dass Abendmahl und Eucharistie ihrem theologischen Sinngehalt nach nicht identisch sind.[143]

Während Bischof Bätzing sich zunächst hinter die vom ÖAK empfohlene wechselseitige eucharistische Gastfreundschaft gestellt hatte, behauptete er als Vorsitzender des DBK, dem Votum des ÖAK gehe es gar nicht um eine Interkommunion, sondern ausschließlich um eine individuelle Gewissensentscheidung von Gläubigen im Einzelfall, an der Mahlfeier der anderen Konfession teilzunehmen. Kurz vor dem 3. Ökumenischen Kirchentag erklärte er, dort könne es keine Interkommunion geben. Was der ÖAK vorschlagen hatte und theologisch für gerechtfertigt hält, ist aber nichts anderes als eine wechselseitige eucharistische Gastfreundschaft, die man Interkommunion nennt. Auch Thomas Söding, wie Bätzing Mitglied des ÖAK, versteht „Gemeinsam am Tisch des Herrn" als Aufruf zur individuellen Gewissensentscheidung[144], obwohl im Text des ÖAK nirgendwo auf eine Gewissensentscheidung rekurriert wird. Vielmehr wird hier ein grundlegender differenzierter Konsens im Verständnis der Eucharistie festgestellt, der schon jetzt eine wechselseitige eucharistische Gastfreundschaft theologisch vertretbar erscheinen lasse. In seinem jüngsten Beitrag zum Votum des ÖAK erklärt Söding, dass die vom Votum des ÖAK angenommene Identität von Eucharistie und Abendmahl „nicht durch die herrschende Lehre der katholischen Kirche gedeckt ist" und deshalb das Urteil über die Identität „im persönlichen Gewissen verankert sein muss"[145].

---

142 https://www.herder.de/hk/kirche/kardinal-kurt-koch-zur-entscheidung-der -glaubenskongregation-nach-diesem-spruch-aus-rom-koennen-deutschlands- bischoefe-nicht-zur-tagesordnung-uebergehen (aufgerufen am 28. Mai 2021).
143 Vgl. https://www.vaticannews.va/de/vatikan/news/2020-01/kardinal-koch- eucharistie-und-abendmahl-sind-nicht-das-gleiche.html (aufgerufen am 28. Mai 2021).
144 Vgl. *Söding*, Vorgeschmack der Einheit (2020), 29f.; ebenso *Böttigheimer*, Alles oder Nichts? (2020), 23.
145 *Söding*, Kommunion ohne communio plena? (2021), 152.

Von Gewissensurteil ist aber erst in der „Würdigung" des Votums durch den Kontaktgesprächskreis von DBK und EKD die Rede. Die am Kontaktgesprächskreis beteiligten katholischen Bischöfe wenden sich darin *gegen* eine wechselseitige Teilnahme an Abendmahl und Eucharistie, da dadurch „die Frage der Einheit der Kirche berührt" sei. Sie attestieren aber dem Votum des ÖAK, dass es „einen theologischen Begründungsrahmen für die individuelle Gewissensentscheidung einzelner Gläubiger entfaltet, wechselseitig zur Eucharistie bzw. zum Abendmahl hinzuzutreten"[146].

Dagegen erklärt die Glaubenskongregation, dass das ÖAK-Votum „nicht als Leitfaden für eine individuelle Gewissensentscheidung über ein Hinzutreten zum Abendmahl bzw. zur Eucharistie dienen" könne, da es die Lehrunterschiede nicht erlauben, „Abendmahl und Eucharistie" ihrem theologischen Sinngehalt nach gleichzusetzen, wie dies im ÖAK-Votum geschieht, das Eucharistie und Abendmahl als unterschiedliche Feierformen ein und desselben Geschehens betrachtet, wobei die Differenzen im Kirche-, Eucharistie- und Amtsverständnis vom ÖAK entweder ausgeblendet oder nivelliert werden. In einem Interview mit Radio Vatikan hat Kardinal Koch erklärt, dass die katholische Kirche die Voraussetzung, „dass die katholische Eucharistiefeier und das evangelische Abendmahl identisch seien"[147], nicht teilt.

Der ÖAK geht bei dem von ihm unterstellen differenzierten Konsens im Verständnis der Eucharistie von der Abendmahlsformel der „Leuenberger Konkordie reformatorischer Kirchen in Europa" (1973) aus, wonach sich „der auferstandene Jesus Christus in seinem für alle dahingegebenen Leib und Blut durch sein verheißendes Wort mit Brot und Wein"[148] schenkt. Darin sieht der ÖAK einen tragfähigen evangelisch-katholischen Konsens hin-

---

146 Vgl. https://www.dbk.de/fileadmin/redaktion/diverse_downloads/presse_2020/2020-160a-Wuerdigung-Kontaktgespraechskreis-zum-Votum-des-OEAK.pdf (aufgerufen am 28. Mai 2021).
147 www.vaticannews.va/de/vatikan/news/2020-01/kardinal-koch-eucharistie-und-abendmahl-sind-nicht-das-gleiche (aufgerufen am 28. Mai 2021).
148 LK 2b.

sichtlich der Realpräsenz Christi in der Eucharistie. Die Abendmahlsformel der LK hatte freilich die Lehrdifferenzen zwischen Lutheranern und Reformierten bewusst „ausgeklammert". Jede Mitgliedskirche der Leuenberger Konkordie, die sich 2003 den Namen „Gemeinschaft Evangelischer Kirchen in Europa" gab, kann die Abendmahlsformel der LK mit ihrer jeweiligen Bekenntnistradition rezipieren.[149] Vom Einspruch der römischen Glaubenskongregation konnte der ÖAK nicht wirklich überrascht gewesen sein, führt der Vatikan seinen Dialog mit der GEKE doch nicht auf der Grundlage der Abendmahlsformel der LK, woran der Präfekt der Kongregation, Luis Kardinal Ladaria, erinnert.

Wenn das ÖAK-Papier Eucharistie und Abendmahl als Feierformen eines identischen Mahles betrachtet, das mit Jesus Christus als Gastgeber allen Getauften unabhängig von ihrem Bekenntnis offensteht, läuft dies auf eine Trennung von Sakrament und Kirche hinaus, die nicht nur für die römisch-katholische Kirche, sondern auch für die Kirchen des Ostens inakzeptabel ist. Der Arbeitskreis geht gegenüber den noch bestehenden theologischen Differenzen im Kirchen- und Eucharistieverständnisses von einem Primat der Pastoral aus: „In der ökumenischen Hermeneutik von heute ist die Achtsamkeit auf die pastorale Praxis von hoher Bedeutung. Viele Gläubige in den christlichen Gemeinden – insbesondere jene, die in konfessionsverbindenden Ehen leben – haben kaum noch Verständnis für ausdifferenzierte theologische Begründungen"[150]. Zu-

---

149 Die lutherische Theologin Christine Axt-Piscalar interpretiert die Abendmahlsformel der LK ausgehend vom Gedanken der personalen Sebstvergegenwärtigung Jesu Christi als „sakramentales Einssein Jesu Christi mit Brot und Wein" (*dies.*, Die Sebstvergegenwärtigung und Selbstgabe Jesu im Herrenmahl [2021], 119). Mit Brot und Wein schenkt sich der eine gekreuzigte, auferweckte und erhöhte Herr *„in der Ganzheit seiner Person"* (ebd.), das heißt mit Leib und Blut. ‚Jesus Christus schenkt sich uns in seinem für alle dahingegebenen Leib und Blut mit Brot und Wein' meint: Jesus Christus *„schenkt sich uns in seiner Persongegenwart als der ganze Christus in der Einheit von Gottheit und Menschheit"* (ebd.). So verstanden müsste die Abendmahlsformel der LK dem katholischen Verständnis der somatischen Realpräsenz Christi in den Gaben von Brot und Wein nicht entgegenstehen.
150 GaTH 5.3.6.

451

dem begründet das Votum des ÖAK die Praxis der Interkommunion mit dem „Grundeinverständnis über die Taufe", sofern dieses „stärker sei als die Unterschiede im Verständnis der Kirche"[151]. Der Arbeitskreis hält auch ein „Grundeinverständnis" hinsichtlich der Feier von Abendmahl und Eucharistie für möglich, dem die bestehenden Lehrdifferenzen nicht entgegenstehen dürften, da es Christus sei, der zu Empfang des Sakraments einlade.

Nach katholischer Lehre existieren Eucharistie und Kirche aber nicht unabhängig voneinander. Wenn der ÖAK erklärt, die Einladung Christi zum Empfang von Eucharistie und Abendmahl überschreite alle „konfessionellen Grenzen und Grenzziehungen"[152], so unterläuft er jene sakramentale Einheit von Eucharistie-, Kirchen- und Bekenntnisgemeinschaft, die nicht nur von der römisch-katholischen Kirche, sondern auch von den Kirchen des Ostens als konstitutiv für die eine Kirche Jesu Christi angesehen wird. Die Taufe, so Bertram Stubenrauch, wird im Votum ÖAK zu einer Art „Supersakrament"[153] jenseits der sichtbaren Kirchen und ihres Bekenntnisses. Die christliche Taufe ist aber nicht nur das grundlegende sakramentale Band, das die Gläubigen aller Kirchen und kirchlichen Gemeinschaften verbindet. Durch die Taufe gehört man zugleich einer bestimmten Konfessionskirche mit ihrer jeweiligen Tradition an.[154]

Einseitig evangelische Hermeneutik dominiert im Votum des ÖAK nicht nur beim Verständnis der Eucharistie, sondern auch des geistlichen Amtes etwa beim Vorbehalt gegenüber der frühkirchlichen Sazerdotalisierung des Amtes. Der „defectus ordinis"[155] wird nicht als Fehlen des Sakramentes des kirchlichen Dienstamtes, sondern nur als Mangel betrachtet.[156] Im Kontext des Ökumenismusdekret „Unitatis redintegratio" geht es aller-

---

151 Ebd. 2.5.
152 Ebd. 5.4.1.
153 Vgl. *Stubenrauch*, Ökumene mit dem Brecheisen? (2020), 77.
154 Vgl. *Wollbold*, Ungeduld ist ein schlechter Theologe (2021), 144 Anm. 29.
155 UR 22.
156 Nach Wollbold (Ungeduld ist ein schlechter Theologe [2021], 157–160), geschieht dies offensichtlich im Anschluss an die umstrittene, nur in Auszügen

dings um das Fehlen geweihter Amtsträger, die Voraussetzung für die Feier der Eucharistie sind. In der Regel bezeichnet *defectus* im sakramententheologischen Kontext auch das Fehlen von Materie oder Form des Sakraments.[157]

Nach der lutherischen Bekenntnisschrift der „Formula Concordiae" von 1577, vom ÖAK nur in historischer Perspektive zitiert, ist Jesus Christus mit Leib und Blut mit, in und unter den Zeichen von Brot und Wein gegenwärtig. In einigen internationalen lutherisch-katholischen Dialogen ist es gelungen, eine vertiefte Bekenntniseinheit zur Präsenz Christi in der Eucharistie zu gewinnen. Neben der nordamerikanischen „Declaration on the Way" (2015)[158] ist hier vor allem das finnische Dokument „Communion in Growth" (2017)[159] zu nennen, in dem als gemeinsames Bekenntnis formuliert wird, dass Christus bei der Feier der Eucharistie in und unter den Zeichen von Brot und Wein *vere, realiter et substantialer* gegenwärtig ist.[160] Volker Leppin und Dorothea Sattler, die wissenschaftlichen Leiter des ÖAK, erwähnen die beiden Erklärungen zwar in ihrer Einführung zum Votum des ÖAK, im Text des Arbeitskreises spielen sie dagegen keine Rolle.

Bei der strittigen Frage des Opfercharakters der Eucharistie plädiert der ÖAK dafür, alle Aussagen, die von der Eucharistie als Darbringung der gewandelten Gaben von Brot und Wein durch die Kirche sprechen, zu überprüfen. Das Opfer der Kirche könne nur in der Lebenshingabe der Kirche bestehen, sofern sich diese in die Lebenshingabe Jesu für uns einschließen lässt[161], weshalb die postkonsekratorischen Darbringungsaussagen der katholischen Hochgebete einer Reform bedürften.[162] Auch hier argumentieren

---

veröffentlichte Dissertation des italienischen Theologen Pierluigi Cipriani (vgl. *ders.*, Defectus ordinis [2001]).
157 So auch *Wollbold*, ebd. 157.
158 Vgl. Decl. No. 30.
159 Vgl. CGrowth No. 318–319.
160 Vgl. ebd. No. 318.
161 Vgl. GaTH 5.4.6.
162 Vgl. ebd. 8.4.

Communio eucharistica

„Declaration on the Way"[163] und „Communion in Growth"[164] weitaus differenzierter.

Das ÖAK-Votum impliziert die Anerkennung „der Leitungsdienste, wie sie von der feiernden Gemeinde vorgesehen sind"[165]. Die Differenzen im Amtsverständnis halten die Mitglieder des ÖAK für „nachrangig"[166]. Von „grundlegenden Übereinstimmungen"[167] in der Amtsfrage kann der ÖAK nur sprechen, weil er vom Unterschied zwischen dem *gemeinsamen Priestertum* und dem *Priestertum des Dienstamtes,* wie ihn die katholische Kirche lehrt[168], absieht. Nach katholischem Verständnis ist der priesterliche Charakter des kirchlichen Dienstamtes konstitutiv, für den ÖAK dagegen nur von sekundärer Bedeutung. Pneumatologisch sei es angemessen, „auf die erkennbare Fruchtbarkeit der kirchlichen Dienste und Ämter (via empirica)"[169] zu schauen. Die *via empirica* ist ein Schlüsselargument des Votums des ÖAK: Die von der „Gemeinschaft der Getauften wahrgenommene geistliche Wirksamkeit der Ämter" soll „das geistliche Urteil über die die Valenz der Dienstämter"[170] begründen. Eine Anerkennung der Ämter kann es aber nur durch die Kirchenleitungen geben.

Bei der Frage der Leitung des Herrenmahles plädiert der ÖAK dafür, diese an die Ordination zu binden.[171] Einen Ordinationsvorbehalt kennen die meisten Landeskirchen der EKD freilich nicht. Auch Nichtordinierte (Vikare, Prädikanten) können der Abendmahlsfeier vorstehen. Begründet wird dies mit dem allgemeinen Priestertum, das nach evangelischem Verständnis ein davon unterschiedenes sakramentales Priestertum des Dienstamtes ausschließt. Das Amt der öffentlichen Verkündigung und

---

163 Vgl. Decl. No. 29.
164 Vgl. CGrowth No. 315–317.
165 GaTH 8.1.
166 Ebd. 5.3.6.
167 Ebd. 6.1.
168 Vgl. LG 10.
169 GaTH 6.3.5.
170 Ebd. 6.4.
171 Vgl. ebd. 5.4.5.

der Sakramentsverwaltung, zu dem ordiniert bzw. in das instituiert wird, gibt es – so zuletzt der Rat der EKD in „Rechtfertigung und Freiheit" (2014) – „nur um der Ordnung willen"[172].

Die evangelischen Mitglieder des ÖAK sehen im katholischen Priesteramt, auch wenn sie es als gültiges Amt in apostolischer Nachfolge anerkennen, eine Fehlentwicklung des im Neuen Testament grundgelegten Amtes, ebenso in der Vorstellung vom *character indelebilis* des gültig geweihten Priesters[173], was beides der katholischen Lehre über das priesterliche Dienstamt entgegenläuft. Von einem grundlegenden Konsens in der Amtsfrage, wie ihn der ÖAK präsumiert, kann daher keine Rede sein. Auf die Frage der Frauenordination, die für die katholische Kirche nicht nur von disziplinärer, sondern von lehrmäßiger Bedeutung ist, geht der ÖAK nicht ein.

Wie bei Herrenmahl und Amt gibt es auch hinsichtlich des Ziels der Ökumene kein Einverständnis. Zum Reformationsgedenken (2017) erklärten EKD und DBK, dass es „keine gemeinsame Sicht der kirchlichen Einheit gibt, die wir zu suchen haben"[174]. Schon in „Kirchengemeinschaft nach evangelischem Verständnis" (2001) hatte der Rat der EKD als Antwort auf die vatikanische Erklärung „Dominus Iesus" (2000) über die Einzigkeit und Heilsuniversalität Jesu Christi und der Kirche festgestellt, dass die römisch-katholische Vorstellung von der sichtbaren, vollen Einheit der Kirchen mit dem evangelischen Verständnis von Kirchengemeinschaft offensichtlich „nicht kompatibel"[175] sei. Anders als bei der Rechtfertigungslehre, bei der die Katholische Kirche und der Lutherische Weltbund in einer Gemeinsamen Erklärung (1999) einen von den Kirchenleitungen anerkannten differenzierten Konsens erzielen konnten, existiert ein solcher Konsens beim Verständnis von Kirche, Eucharistie und Amt nicht.[176] Dennoch

---

172 Vgl. *Evangelische Kirche in Deutschland*, Rechtfertigung und Freiheit (2014), 2.6.3
173 Vgl. GaTH 4.6.
174 EuJC 4.3.
175 KGem 2.3.
176 Auf den Ausfall einer Reflexion auf die Sakramentalität des Glaubens in

Communio eucharistica

betrachtet der ÖAK „die Praxis wechselseitiger Teilnahme an den Feiern von Abendmahl/Eucharistie in Achtung der je anderen liturgischen Tradition als theologisch begründet" und „pastoral geboten".

Das Prinzip der offenen Einladung der aller Getauften zum Abendmahl/zur Eucharistie konfligiert mit der Erklärung des Konzilsdekrets „Unitatis Redintegratio" (1964) über den Ökumenismus, wonach die Bezeugung der Einheit der Kirche eine *communicatio in sacris,* also eine Gemeinschaft beim heiligen Mahl, in den meisten Fällen ausschließt, mag sie wegen der „Sorge um die Gnade"[177] des Nichtkatholiken auch im Einzelfall möglich sein. Der ÖAK sieht in der Konzilserklärung ein durch die neueren ökumenischen Verständigungsprozesse überholtes „dialektisches Verständnis"[178] von Eucharistie- und Kirchengemeinschaft, sofern nicht die Kirche, sondern Christus zur Teilnahme am eucharistischen Mahl einlade.[179]

Damit erklärt der ÖAK die in der Taufe durch den Heiligen Geist gestiftete Einheit der Gläubigen zur alles entscheidenden Einheit.[180] Wo hinsichtlich der Sakramentalität der Kirche, der Eucharistie und des Amtes lehrmäßige Differenzen bestehen, werden sie vom ÖAK als nicht mehr trennend eingestuft, auch wo sie aus katholischer Sicht den Bereich der authentischen Glaubenslehre berühren. Daher erwartet der ÖAK von evangelischen Christen, die zum Empfang der Eucharistie hinzutreten, auch keine vorgängige Zustimmung zu dem im katholischem Eucharistiegebet zum Ausdruck kommenden Glauben. Es reiche der Respekt vor der li-

---

GaTH hat *Lersch,* Die Sakramentalität des Glaubens als „missing link" der jüngeren ökumenischen Dialoge (2021), aufmerksam gemacht.

177 UR 8

178 GaTH 7.8.

179 Dies ist eine auch unter katholischen Theologinnen und Theologen inzwischen verbreitete Argumentation. Ansgar Wucherpfenning meint, dass sie sich aus den Zeugnissen der Mahltradition des Neuen Testaments ergeben würde. Vgl. *ders.,* Wie hat Jesus die Eucharistie gewollt? (2018); *ders.,* Jesus als Gastgeber der Eucharistie? (2020); *ders.,* Wie hat Jesus Eucharistie gewollt? (2021).

180 Vgl. *Buckenmaier,* Konnte Jesus Eucharistie feiern? (2019).

turgischen Tradition und den im Hochgebet genannten kirchlichen Autoritäten.[181] Die Glaubenskongregation führt dagegen das Prinzip der *lex orandi – lex credendi* an. Für den ÖAK erscheint dieses Prinzip nicht relevant, da „Gemeinsam am Tisch des Herrn" Eucharistie und Abendmahl als Feierformen eines unabhängig vom konfessionellen Bekenntnis für alle Getauften offenes Mahl betrachtet. Bertram Stubenrauch spricht von einer „Ökumene mit dem Brecheisen"[182]. Dies mag ein hartes Urteil sein, jedenfalls weckt eine Konsensökumene ohne ausreichende reflektierte Differenzhermeneutik Hoffnungen, die sie nicht erfüllen kann.

3. Ökumene mit den Kirchen der Orthodoxie

Die römisch-katholische Kirche und die Kirchen der Orthodoxie teilen den Glauben, dass die Eucharistie das Herz der Kirche ist.[183] Da die orthodoxen Kirchen „wahre Sakramente haben, vor allem aber kraft der apostolischen Sukzession das Priesteramt und die Eucharistie, durch die sie in engster Beziehung immer noch mit uns verbunden sind, ist eine gewisse Gemeinschaft in heiligen Dingen *(communicatio in sacris)*, sofern bestimmte Umstände gegeben sind und die kirchliche Autorität zustimmt, nicht nur möglich, sondern auch geraten."[184] Welchen Umfang die *communicatio in sacris* im Einzelfall haben kann, darüber gehen die Meinungen in den orthodoxen Kirchen und der römisch-katholischen Kirche auseinander. In den 80er Jahren des letzten Jahrhunderts kam es im Dialog zwischen der katholischen und der orthodoxen Kirche auf nationaler wie internationaler Ebene zu bedeutenden Konsens-

---

181 Vgl. GaTH 8.1.
182 Vgl. *Stubenrauch*, Ökumene mit dem Brecheisen? (2020).
183 Vgl. *Zizioulas*, in: L'Osservatore Romano vom 13. Oktober 2005, 7.
184 UR 15: „Cum autem illae Ecclesiae, quamvis seiunctae, vera sacramenta habeant, praecipue vero, vi successionis apostolicae, Sacerdotium et Eucharistiam, quibus arctissima necessitudine adhuc nobiscum coniunguntur, quaedam communicatio in sacris, datis opportunis circumstantiis et approbante auctoritate ecclesiastica, non solum possibilis est sed etiam suadetur."

Communio eucharistica

erklärungen zur Eucharistie und zum kirchlichen Amt.[185] In den 90er Jahren brach der Dialog vor allem aus kirchenpolitischen Gründen ab.[186] Im Pontifikat Benedikts XVI. wurde versucht, den Dialog wieder aufzunehmen und konstruktiv weiterzuführen. Papst Franziskus hat die Bemühungen um eine Fortführung des Dialogs fortgesetzt.

Die Dokumente der Dialogkommission auf internationaler und nationaler Ebene befassen sich mit der Eucharistie und der Einheit der Kirche, Glaube, den Sakramenten, der kirchlichen Gemeinschaft und dem Weihesakrament. Die Dokumente zeigen eine große Übereinstimmung in den zentralen Fragen des Glaubens und der Sakramente. Die katholische Kirche anerkennt die orthodoxen Kirchen wegen des gemeinsamen Glaubens, der Sakramente und der Gemeinsamkeit des kirchlichen Amtes (Bischof, Priester, Diakon) als „Schwesterkirchen", das heißt als wahre Ortskirchen der einen Kirche Jesu Christi.[187]

Aus der Sicht eines sakramentalen Verständnisses der Kirche Christi ist das Geheimnis der Eucharistie im Licht des Geheimnisses der göttlichen Dreifaltigkeit zu betrachten.[188] Beim letzten Abendmahl hat Christus, der menschgewordene Sohn Gottes, das Sakrament der Eucharistie eingesetzt. Das Sakrament des Chris-

---

185 Vgl. EeK (1989).
186 Die Probleme hängen mit dem sogenannten „Uniatismus" und dem „Proselytismus" zusammen, den die orthodoxen Kirchen den katholischen Ostkirchen vorwerfen. Vgl. Dokument der 6. Vollversammlung der Dialogkommission der Katholischen Kirche und der Orthodoxen Kirche (1990): DwÜ III, 555–560; Der Uniatismus – Eine überholte Unionsmethode und die derzeitige Suche nach der vollen Gemeinschaft. Dokument der Gemeinsamen Internationalen Kommission für den theologischen Dialog zwischen der Katholischen Kirche und der Orthodoxen Kirche (1993): DwÜ III, 560–567.
187 Zum gemeinsamen Verständnis des Weiheamtes sowie den Differenzen hinsichtlich der Funktionen des Diakons vgl. Eucharistie (1989), 47–58 (= EeK); *Gemeinsame Kommission der Griechisch-Orthodoxen Metropolie von Deutschland und der Deutschen Bischofskonferenz*, Das Sakrament der Weihe (Bischof, Priester, Diakon). Eine theologisch-pastorale Handreichung (2006), in: Orthodoxes Forum 20 (2006), 85–91.
188 Vgl. Das Geheimnis der Kirche und der Eucharistie im Licht des Geheimnisses der Heiligen Dreifaltigkeit (1982): DwÜ II (1992), 531.

tusereignisses ist übergegangen in das Sakrament der Eucharistie. In ihr schenkt sich uns Christus mit seinem Leib und seinem Blut, mit seinem Leben für die vielen, Gottes Gabe für die Welt. Die fortdauernde Hingabe Christi ist eine Wirklichkeit im Heiligen Geist.[189] Im Geist werden die Gläubigen getauft, durch ihn werden sie auch gesalbt, um dadurch Christus, dem erhöhten Herrn, eingegliedert zu werden, in dem sie einen Leib bilden (1 Kor 12,13).

Die Eucharistie macht das Geheimnis der Kirche kund, das Geheimnis der trinitarischen *Koinonia*, das „Wohnen Gottes bei uns Menschen" (vgl. Offb 21,3). Und so ist die Eucharistie der „Mittelpunkt des sakramentalen Lebens"[190]. Wenn die Kirche Eucharistie feiert, verwirklicht sie daher, „was sie ist", den Leib Christi (1 Kor 10,17). Die Eucharistie feiert die Kirche als „Ausdruck der himmlischen Liturgie in dieser Zeit"[191]. Die Eucharistie ist aber zugleich die sakramentale Feier, durch welche die Kirche zum Leib Christi gestaltet wird. Deshalb ist die Eucharistie wie keine andere Feier Sakrament der Kirche. Ohne den Geist, der in der Feier der Eucharistie auf die Gaben von Brot und Wein herabgerufen wird, werden diese nicht in den Leib und das Blut Christi verwandelt. Die ganze Feier der Eucharistie ist „eine Epiklese, die sich aber in bestimmten Augenblicken deutlicher ausdrückt"[192]. Die Epiklese ist nicht nur Wandlungsbitte, sondern ein Gebet um „die Kommunion aller mit dem Geheimnis, das durch den Sohn offenbart ist"[193].

Das eucharistische Geheimnis vollzieht sich „in dem Gebet, welches die Worte, durch die das fleischgewordene Wort das Sakrament eingesetzt hat, und die Epiklese miteinander verbindet, in welcher die Kirche, erfüllt vom Glauben, durch den Sohn den Vater bittet, den Heiligen Geist zu senden, damit in der einzigen Darbringung des fleischgewordenen Sohnes alles in der Einheit

---

189 Vgl. ebd. 532.
190 Ebd. 533.
191 Ebd. 532.
192 Ebd. 533.
193 Ebd.

vollendet werde"[194]. In diesem Konsens kann die Kontroverse, die zwischen der römisch-katholischen Kirche und den orthodoxen Kirchen seit dem 14. Jahrhundert um die unterschiedliche Gewichtung der *Verba Testamenti* und der Epiklese geführt wurde, überwunden werden. Es ist gemeinsamer Glauben der orthodoxen und der römisch-katholischen Kirche, dass die *Verba Testamenti* und die Epiklese die beiden Brennpunkte der Anaphora (Eucharistisches Gebet) darstellen, mögen sie auch in der antiochenisch-byzantinischen und der alexandrinisch-römischen Tradition anders miteinander verbunden sein. Dies begründet kein kirchentrennendes Hindernis, da die jeweiligen Traditionen immer als „legitime altkirchliche Überlieferungen"[195] betrachtet wurden.

Die Reform des römischen Messritus nach dem Zweiten Vatikanischen Konzil hat zusätzlich zum „Canon Romanus" drei weitere Hochgebete eingeführt, in denen nicht nur der Danksagungscharakter der Anaphora unterstrichen, sondern auch die konstitutive Bedeutung der Epiklese gestärkt wurde. Benedikt XVI. beschreibt die durch die beiden Brennpunkte der Epiklese und der *Verba Testamenti* markierte Gebetshandlung der *Prex Eucharistica* als die eucharistische Kernhandlung.[196] Im römischen Ritus wird sie durch das Knien der Gläubigen, das von der Epiklese bis zum *Mysterium fidei* vorgesehen ist[197], unterstrichen. Ohne das Herabrufen des Heiligen Geistes in der Epiklese wären die *Verba Testamenti*, die der Priester *in persona Christi* spricht und die Brot und Wein als Leib und Blut Christi identifizieren, nicht wirksam. Der Geist ist es auch, der die Gläubigen in „einem Leib" vereint und zu einem geistigen Opfer macht, das dem Vater wohl gefällt. Die Aussagen Papst Benedikts XVI. in seinem Schreiben „Sacramentum Caritatis" sind von großer Bedeutung für das Gespräch zwischen der katholischen Kirche und den orthodoxen Kirchen, die durch das starke

---

194 Ebd.

195 EeK (1989), 18f.

196 Vgl. *Benedikt XVI.*, Nachsynodales Apostolisches Schreiben „Sacramentum Caritatis" (2007), Nr. 13; 48.

197 Vgl. IGMR Nr. 43.

Band der Eucharistie und die vollständige Wahrung ihres Mysterium miteinander verbunden sind.[198]

Über den Konsens in der Frage der untrennbaren Einheit der *Verba Testamenti* und der Epiklese hinaus besteht auch ein Konsens darin, dass es in der Feier der Eucharistie zur Wandlung der Gaben von Brot und Wein kommt. Den Begriff der *transsubstantiatio*, der in der Liturgie nie verwendet wird, versteht das Konzil von Trient als nähere Bestimmung des älteren Begriffs der *conversio* (Wandlung).[199] Ihm entspricht der griechische Terminus μεταβολή. Dessen Verbform (μεταβάλλειν) begegnet zum Beispiel in der Epiklese der Chrysostomusanaphora. Die Epiklese: „mache dieses Brot zum kostbaren Leib deines Christus [...] und was in diesem Kelch ist, zum kostbaren Blut Deines Christus" endet mit den Worten „verwandelnd durch deinen Heiligen Geist (μεταβαλών τῷ πνεύματί σου τῷ ἁγίῳ)"[200]. Im patristisch-liturgischen Begriff der „Verwandlung" (*conversio*, μεταβολή) kommt „die in der Eucharistiefeier vorgegebene gemeinsame Glaubensüberlieferung"[201] der römisch-katholischen Kirche und der Kirchen der Orthodoxie zum Ausdruck.

Der Gebrauch von ungesäuertem Brot *(Azymen)* für die Eucharistie, der sich in der katholischen Kirche seit der ersten Millenniumswende durchsetzte, bot die Möglichkeit, die heilsgeschichtliche Dimension der Eucharistie als neues und wahres Paschamahl zu unterstreichen. Es ist aber unsicher, ob das letzte Abendmahl Jesu mit seinen Jüngern ein rituelles Pessachmahl war oder ein Mahl ohne Azymen. Zudem kommt in der göttlichen Liturgie durch die Proskomidie die Passionssymbolik ebenfalls zum Ausdruck.[202] Bei der Frage der Häufigkeit des Kommunion-

---

198 Vgl. *Benedikt XVI.*, Nachsynodales Apostolisches Schreiben „Sacramentum Caritatis" (2007), Nr. 15.

199 Vgl. DH 1642: „quam quidem conversionem catholica Ecclesia aptissime transsubstantiationem appellat".

200 Die göttliche Liturgie des heiligen Johannes Chrysostomos (2004), 120–123.

201 EeK (1989), 20.

202 Vgl. ebd. 17f.

empfangs besteht Einigkeit, dass „sowohl die heutige orthodoxe Praxis einer Zurückhaltung beim sonntäglichen Kommunionempfang wie auch die seit Pius X. und der liturgischen Bewegung bewirkte Häufigkeit des Kommunionempfangs bei katholischen Gläubigen […] stets neu der Überprüfung an den apostolischen und frühchristlichen Maßstäben"[203] bedürfen. Der Empfang von Leib und Blut Christi ist Ziel der Teilnahme an der Feier der Eucharistie; er setzt aber die entsprechende Disposition voraus. Bei schweren Sünden fordert auch die katholische Disziplin den vorhergehenden Empfang des Bußsakramentes.

Die volle Zeichenhaftigkeit der Kommunion kommt durch den Empfang des Leibes und Blutes Christi zum Ausdruck. Die Tradition der römisch-katholischen und der orthodoxen Kirchen „stimmt darin überein, dass das Vermächtnis des ‚hingegebenen Leibes' *und* des ‚vergossenen Blutes' in der Bereitung und Darbringung von Brot und Wein, in der Proklamation der Herrenworte und in der Epiklese über beide Gestalten und im Empfang beider Gestalten – wenigstens durch den zelebrierenden Priester – realisiert wird"[204]. Das Zweite Vatikanische Konzil und das nachkonziliare Liturgierecht haben der Kommunion unter beiden Gestalten mehr Raum gegeben.[205] Mit der Möglichkeit der Handkommunion und dem Trinken aus dem Kelch sind freilich vielfach praktische Schwierigkeiten verbunden, die einer regelmäßigen Praxis der Kommunion unter beiden Gestalten entgegenstehen. Die Handkommunion erschwert die Kommunion unter beiden Gestalten, die in den orthodoxen Kirchen in der Form der Mundkommunion selbstverständlich ist.

Bei der Verehrung der konsekrierten Gaben außerhalb der Eucharistiefeier ist daran zu erinnern, dass die liturgischen Traditionen der römisch-katholischen und der orthodoxen Kirchen den geheiligten Gaben immer Ehrfurcht erwiesen haben, auch den für

---

203 Ebd. 15.
204 Ebd. 17.
205 Vgl. SC 51. Eine Liste der Möglichkeiten für eine Kommunion unter beiden Gestalten enthalten AEM Nr. 242 und GORM Nr. 281–287.

Eucharistische Ekklesiologie und Ökumene

die Krankenkommunion aufbewahrten und den vorkonsekrierten Gaben. Die konsekrierten Gaben bei der orthodoxen „missa praesanctificatorum", ihre Übertragung sowie die dabei bekundete Ehrfurcht können „für die in der römisch-katholischen Kirche im Mittelalter entstandenen Sakramentsprozessionen beim orthodoxen Christen Verständnis wecken"[206]. „Die in der römisch-katholischen Kirche in den letzten Jahrzehnten deutlich gewordene engere Bindung der Verehrung der eucharistischen Gaben an die Feier der Eucharistie bedeutet eine begrüßenswerte Annäherung an die altkirchliche Praxis."[207]

Die katholische Kirche und die orthodoxen Kirchen teilen den gemeinsamen Glauben, die Sakramente und ein gemeinsames Verständnis des Weiheamtes. Was sie noch trennt, ist vor allem eine Verständigung über die volle Gemeinschaft mit dem Bischof von Rom. Nach katholischem Verständnis kann die eucharistische Ekklesiologie nicht allein vom ortskirchlichen Prinzip her entfaltet werden, zu ihr gehört auf universalkirchlicher Ebene das Petrusamt. Gleichwohl erlaubt die römisch-katholische Kirche in Einzelfällen die Kommunion von orthodoxen Christen in der katholischen Eucharistiefeier und die Kommunion von katholischen Christen in der orthodoxen göttlichen Liturgie. Da zwischen der römisch-katholischen und den orthodoxen Kirchen eine Gemeinsamkeit der Sakramente, des Priestertums und der apostolischen Sukzession besteht, können in Einzelfällen die Sakramente der Buße, der Eucharistie und der Krankensalbung orthodoxen Christen gespendet werden, die nicht in der vollen Gemeinschaft mit der katholischen Kirche stehen, wenn diese von sich aus darum bitten und entsprechend disponiert sind.[208] Sofern eine Notwendigkeit dies erfordert oder ein geistlicher Nutzen dazu rät, ist es auch möglich, dass katholische Gläubige die Sakramente der Buße, der Eucharistie und

---

206 EeK (1989), 16.
207 Ebd.
208 Vgl. CIC can. 844, § 3.

463

der Krankensalbung in den Orthodoxen Kirchen empfangen, sollte kein katholischer Spender vorhanden sein.[209]

Da die orthodoxen Kirchen die wechselseitige Zulassung zur Kommunion an die *volle* eucharistische Gemeinschaft *(koinonia)* der Kirche binden, lehnen sie eine wechselseitige Zulassung zur Kommunion von Kirchen, die noch voneinander getrennt sind, grundsätzlich ab: Der Empfang der Eucharistie setzt „die Fülle des gesamten kirchlichen Lebens voraus, die noch nicht erreicht ist"[210]. Im Verständnis der Eucharistie und des priesterlichen Amtes ist es nicht begründet, dass eine gemeinsame Eucharistie derzeit noch nicht möglich ist. Es sind die unterschiedlichen Vorstellungen zur Ausgestaltung des Petrusamtes, die eine volle Kirchengemeinschaft vorerst noch ausschließen. Vielleicht ist der Zeitpunkt aber nicht mehr allzu fern, an dem Katholiken und Orthodoxe gemeinsame Eucharistie feiern können.

---

209 Vgl. ebd. § 4.
210 EeK (1989), 16.

Kapitel XII

CONVIVIUM PASCHALE

Die Eucharistie als Sakrament der Gabe

Memores et offerimus. Danksagend bringen wir dar – so könnte man die Formel im ersten postkonsekratorischen Gebet nach den *Verba Testamenti* übersetzen.[1] In der danksagenden Darbringung besteht der theologische Sinngehalt der Eucharistie, von dem ihre liturgische Feiergestalt zu unterscheiden, aber nicht zu trennen ist. Während zur Feiergestalt der Eucharistie z. B. die liturgischen Texte, Gesänge, Gebärden und Zeichen gehören, geht es beim Sinngehalt um Grundvollzug und Inhalt der Eucharistie. Am Ende des Durchgangs durch Geschichte und Theologie der Eucharistie soll eine systematische Reflexion über die Eucharistie als Gabe stehen. Im Sinne einer abschließenden Synthese fragen wir nach der Eucharistie als danksagender Darbringung, leiblicher Gegenwart Christi in Brot und Wein und Verwandlung der Gläubigen. Ausgehend von einer Phänomenologie der Gabe wird die Eucharistie als *Gabe des Lebens* (Opfer), als *Gabe der Gegenwart* (Realpräsenz) und *Gabe der Verwandlung* (Transformation) entfaltet. Der dreifachen Gabe entspricht zeittheologisch die von Thomas von Aquin vorgenommene Unterscheidung zwischen dem Sakrament als *signum rememorativum* (erinnerndes Zeichen), *signum demonstrativum* (hinweisendes Zeichen) und *signum prognosticum* (vorausweisendes Zeichen).[2]

---

1 Vgl. die Gebete *Unde et memores* (Erstes Hochgebet: MR ²2002, 576); *Memores, igitur* (Zweites Hochgebet: MR ²2002, 582); *Memores igitur* (Drittes Hochgebet: MR ²2002, 587); *Unde et nos* (Viertes Hochgebet: MR ²2002, 595).
2 Vgl. *Thomas von Aquin*, STh III q.60, a.3.

Convivium paschale

1. Gabe des Lebens und der Darbringung

In der Eucharistie feiern wir das Gedächtnis des Kreuzesopfers Christi und seiner Auferstehung, indem wir unter Danksagung Brot und Wein darbringen, die durch die Kraft des Heiligen Geistes und die *Verba Testamenti* zu Leib und Blut Christi werden. Das Kreuzesopfer Christi besteht in seiner Lebenshingabe für uns. In der Eucharistie wird der gekreuzigte und auferweckte Herr in seiner Lebenshingabe für uns gegenwärtig. Die Eucharistie ist daher mehr als das gemeinsame Mahl im Namen Jesu Christi. In „Vom Geist der Liturgie" (1918) schreibt Romano Guardini, „das Wesentliche in der heiligen Messe" seien „Opferhandlung und göttliches Mahl"[3]. Die Grundgestalt der Eucharistie ist nicht das Mahl unter Absehung des Opfers. Darbringung und Mahl gehören untrennbar zusammen. Joseph Pascher (1893–1979) sah die tragende Form der Eucharistie in der Mahlgestalt, in die aber die Gestalt des Opfers eingezeichnet sei, da die getrennte Konsekration der Gaben von Brot und Wein symbolisch auf den Kreuzestod Christi verweise. Zwischen Mahl und Opfer könne es von daher keinen Gegensatz geben.[4]

Doch Paschers Vermittlungsversuch blieb zu äußerlich, als dass er theologisch überzeugen konnte. Der Sinngehalt der Eucharistie, so könnte man sagen, ist die *danksagende Darbringung*, die sich im eucharistischen Gebet vollzieht und die ihr Ziel im eucharistischen Mahl hat.[5] Die Eucharistie ist die sakramentale Vergegenwärtigung und Darbringung des einen Opfers Christi durch die Kirche.[6] „So oft das Kreuzesopfer, in dem ‚Christus, unser Opferlamm, geopfert wurde‘, auf dem Altar gefeiert wird, vollzieht sich das Werk unserer Erlösung."[7] Beim Gedächtnis des Kreuzes-

---

3 *Guardini*, Vom Geist der Liturgie ([20]1997), 57.
4 Vgl. *Pascher*, Eucharistia (1947), 27.
5 Vgl. *Ratzinger*, Gestalt und Gehalt der eucharistischen Feier, in: JRGS 11 (2008); *ders.*, Eucharistie – Mitte der Kirche, in: JRGS 11 (2008); *Lies*, Eulogia (1978), 67–97; *ders.*, Eucharistie in ökumenischer Verantwortung (1996); *Kasper*, Die Eucharistie, in: WKGS 10 (2010); *Koch*, Eucharistie (2005), 39–54.
6 Vgl. KKK 1362.
7 LG 3.

opfers Christi handelt es sich um mehr als nur ein menschliches Erinnern an ein Ereignis der Vergangenheit. Die Eucharistie stellt das Kreuzesopfer Christi dar und macht es gegenwärtig, weil es der erhöhte Herr selbst ist, der sich in der Eucharistie in seiner Lebenshingabe für uns vergegenwärtigt.

Wo die Feier der Eucharistie als Gedächtnis, Danksagung und Mahl nicht mehr hinabreicht in die Tiefe des Todes, droht sie oberflächlich zu werden.[8] „Wenn man etwa die Eucharistie vom liturgischen Phänomen her als ‚Versammlung' oder vom Gründungsakt innerhalb des letzten Paschas Jesu her als ‚Mahl' beschreibt, so hat man nur Einzelelemente erfasst, verfehlt aber den großen geschichtlichen und theologischen Zusammenhang."[9] Es wäre auch ein Missverständnis zu meinen, die Eucharistie setze einfach die Sündermähler Jesu fort. Die Eucharistie, so Joseph Ratzinger, ist nicht „der Tisch der Sünder, an den sich Jesus hinsetzt", sie ist nicht „die offene Gebärde, zu der er alle ohne Grenzen einlädt"[10], nicht der offene Tisch, an den alle ohne Vorbedingungen geladen sind. Die Eucharistie ist das „Sakrament derer, die sich vom Herrn haben versöhnen lassen"[11].

Die Feier der Eucharistie bedeutet Teilhabe am Dankgebet Christi über die Gaben von Brot und Wein, in denen er sich uns mit Leib und Blut schenkt.[12] In den Gaben von Brot und Wein will Christus für immer bei seiner Kirche sein. Wie in seiner Lebenshingabe am Kreuz ist Christus in der Eucharistie die Gabe Gottes an uns, die wir empfangen und auf die wir mit danksagender Darbringung antworten.[13] In der Liturgiekonstitution heißt es

---

8 Vgl. *Ratzinger*, Eucharistie – Mitte der Kirche, in: JRGS 11 (2008), 318f.

9 *Ders.*, Der Geist der Liturgie, in: JRGS 11 (2008), 60 [42]. Vgl. auch *Johannes Paul II.*, Enzyklika „Ecclesia de Eucharistia" (2003), Nr. 10: „Einmal des Opfercharakters beraubt, wird das eucharistische Geheimnis so vollzogen, als ob es nicht den Sinn und den Wert eines Treffens zum brüderlichen Mahl übersteigen würde."

10 *Ratzinger*, Eucharistie – Mitte der Kirche, in: JRGS 11 (2008), 330.

11 Ebd. 331.

12 Vgl. *ders.*, Gestalt und Gehalt der eucharistischen Feier, in: JRGS 11 (2008), 373f.

13 Vgl. *ders.*, Eucharistie – Mitte der Kirche, in: JRGS 11 (2008), 319f.

zur Feier der Eucharistie: Die Gläubigen sollen „Gott danksagen und die unbefleckte Opfergabe darbringen *(immaculatam hostiam offerre)*, nicht nur durch die Hände des Priesters, sondern auch gemeinsam mit ihm und dadurch sich selber darbringen lernen"[14]. Daher wird die Eucharistie auch das heilige Opfer genannt, das alle anderen Opfer vollendet.[15] Das Opfer der Eucharistie ist seinem Wesen nach ein geistiges Opfer (λογικὴ θυσία: Röm 12,1), das sich aber in einer sichtbaren Darbringung vollzieht. Kern dieser Darbringung ist die *oratio oblationis* über Brot und Wein im Eucharistischen Hochgebet – vorbereitet durch das *Offertorium*. Bei der danksagenden Darbringung, die einen Bogen spannt von den Begleitgebeten zur Darbringung der Opfergaben beim *Offertorium* bis zur postkonsekratorischen Darbringung von Leib und Blut Christi, sind geistiger und ritueller Vollzug zu unterscheiden, aber nicht zu trennen.

Das Opfer Christi wird durch den Priester „im Namen der ganzen Kirche" zusammen mit den Gläubigen dargebracht, und zwar auf „unblutige, sakramentale Weise"[16]. Das Opfer Christi und das Opfer der Eucharistie, so das Konzil von Trient, sind ein einziges Opfer: „Denn die Opfergabe ist ein und dieselbe; derselbe, der sich selbst damals am Kreuze opferte, opfert jetzt durch den Dienst der Priester; allein die Weise des Opfers ist verschieden."[17] Die Darbringung des Opfers Christi gehört zum zentralen Dienst des Priesters. Im Gebet zur Salbung der Hände bei der Priesterweihe spricht der Bischof: „Unser Herr Jesus Christus, den der Vater mit dem Heiligen Geist und mit Kraft gesalbt hat, behüte dich. Er stärke dich in deinem Dienst, das Volk Gottes zu heiligen und Gott das Opfer darzubringen."[18] Im „Schott" von 1962 lesen wir als Einleitung zur Präfation, mit der das Eucharistiegebet beginnt: „Es naht nun der Höhepunkt der heiligen Opferfeier, wo Christus

---

14 SC 48.
15 Vgl. KKK 1330.
16 PO 2.
17 DH 1743.
18 Die Weihe des Bischofs, der Priester und der Diakone (1994), 94.

Die Eucharistie als Sakrament der Gabe

unsere irdischen Opfergaben in seinen eigenen Leib und sein eigenes Blut verwandelt und so selber unsere unendliche wertvolle Opfergabe an den himmlischen Vater wird"[19]. Wie sind diese Aussagen zum Opfer, das der Priester zusammen mit dem Gläubigen darbringt, zu verstehen?

Der religiöse Zentralbegriff des Opfers ist heute zahlreichen Missverständnissen ausgesetzt. Nicht wenige Theologen lehnen den Opferbegriff ganz ab. Verbreitet ist die Vorstellung, das Opfer habe es primär mit der Zerstörung der Opfermaterie zu tun. Zwar spielt die Destruktion der Opfergabe in der Religionsgeschichte eine nicht geringe Rolle. Doch das Wesen des Opfers ist nicht die Gewalt, sondern die Gabe, mit und in der sich der Mensch Gott übergibt, ihm das zurückgibt, was er von ihm empfangen hat. Die deutsche Sprache kann nicht zwischen *victima* und *sacrificium* unterscheiden. Sowohl das Gewaltopfer als auch das Opfer, das Menschen bringen, werden als Opfer bezeichnet, während andere Sprachen, z. B. das Englische, hier differenzieren *(victim/sacrifice)*. Die Darbringung der Eucharistie ist ein Opfer im Sinne eines *sacrificium/sacrifice*. In der Eucharistie wiederholt sich nicht der Kreuzestod Jesu, doch wird in ihr der gekreuzigte und erhöhte Herr mit seiner Lebenshingabe für uns gegenwärtig.

Als Mitte der Liturgie nennt das Zweite Vatikanische Konzil das Gedächtnis des Paschamysteriums Christi.[20] In der Liturgie vollzieht sich auf sakramentale Weise das Werk unserer Erlösung.[21] Dies gilt besonders für die Feier der Eucharistie, die „Quelle und Höhepunkt des ganzen christlichen Lebens ist"[22]. Darin schenkt sich uns Christus mit seinem Leib und seinem Blut: „Unser Erlöser hat beim letzten Abendmahl in der Nacht, da er überliefert wurde, das eucharistische Opfer seines Leibes und Blutes eingesetzt, um dadurch das Opfer des Kreuzes durch die Zeiten hindurch bis zu seiner Wiederkunft fortdauern zu lassen und so der

---

19 Schott (1958/1962), 459.
20 Vgl. SC 5–7.
21 Vgl. SC 2.
22 LG 11.

Convivium paschale

Kirche, seiner geliebten Braut, eine Gedächtnisfeier seines Todes und seiner Auferstehung anzuvertrauen."[23]

Damit die Darbringung der Eucharistie nicht falsch, nämlich im Sinne der durch das Kreuz Christi überwundenen Kultopfer verstanden wird, ist es erforderlich, den christlichen Opferbegriff genauer zu klären. Dies soll im Folgenden im Kontext einer Phänomenologie der Gabe geschehen.[24] „Gabe" ist ein Urwort der Theologie.[25] In Röm 6,23 spricht Paulus von der „Gabe Gottes", die „ewiges Leben" ist in Jesus Christus. Ähnlich erklärt Joh 3,16, Gottes Liebe sei dadurch offenbar geworden, dass er „seinen einzigen Sohn gab", damit wir das „ewige Leben" haben. Die Eucharistie verdankt sich der Gabe des Leibes Jesu, der den Jüngern beim letzten Abendmahl „gegeben" wurde (Lk 22,19).

Es ist das Verdienst des französischen Ethnologen Marcel Mauss (1872–1950), auf die soziale Funktion der Gabe aufmerksam gemacht zu haben. Mit seinem „Essai sur le don" (1925)[26], in dem er den Gabentausch in archaischen Gesellschaften untersucht, hat Mauss einen bis heute anhaltenden Gabendiskurs angestoßen, dessen disziplinäre Verzweigungen kaum noch überschaubar sind.[27] Besondere Beachtung verdienen hier die Ansätze zu einer *Phänomenologie der Gabe*. Die von Edmund Husserl (1859–1938) begründete Phänomenologie hat zu ihrem Gegenstand das, was erscheint,

---

23 SC 47.
24 Einführendes dazu in *Zaborowski*, Enthüllung und Verbergung (2003).
25 Vgl. *Hoffmann* (Hg.), Die Gabe. Ein „Urwort" der Theologie? (2009).
26 Vgl. *Mauss*, Die Gabe (^{3}1996).
27 Vgl. *Wolf*, Philosophie der Gabe (2006); *Rosenberger* (Hg.), Geschenkt – umsonst gegeben? (2006); *Caillé*, Anthropologie der Gabe (2007); *Hénaff*, Der Preis der Wahrheit (2009); *Bourdieu*, Marginalia (1997); *Godelier*, Das Rätsel der Gabe (1999); *Oswald Bayer*, Gabe (^{4}2000); *ders.*, Ethik der Gabe (2009); *Milbank*, Can a Gift be Given? (1995); *Wohlmuth*, „... mein Leib, der für euch gegebene" (2009); *Büchner*, Wie kann Gott in der Welt wirken? (2010); *Dalferth*, Alles umsonst (2007); *ders.*, Umsonst (2011); *Hoffmann*, Skizzen zu einer Theologie der Gabe (2013); *dies.*, Ambivalenz des Lebens (2009); *dies.*, Die Opfergabe Jesu Christi (2012); *dies.*, Die Eucharistie: Gabe und Opfer (2015); *Hoping*, Mehr als Brot und Wein (2009); *ders.*, Christus praesens (2015); *ders.*, Die Ökonomie des Opfers und die Gabe der Eucharistie (2009).

was gegeben ist. Seit Martin Heidegger (1889–1976) hat die Phänomenologie zahlreiche Weiterentwicklungen erfahren. Wichtige Anregungen für die Phänomenologie der Gabe gingen von Jacques Derrida (1930–2004) und Jean-Luc Marion[28] aus.

Derrida spricht von der *Aporie der Gabe,* die darin bestehe, dass die Gabe, etwa ein Geschenk oder eine Einladung, mit zeitlichem Aufschub die Gegengabe hervorruft, so dass zu fragen ist, ob es jenseits dieser „Ökonomie der Gabe" eine reine, nichtökonomische Gabe überhaupt geben könne. Für Derrida kündigt sich die reine, nichtökonomische Gabe in der Ökonomie der Gabe als unmögliche Möglichkeit, das heißt als Paradox, an.[29] Derrida geht es nicht darum, die reine Gabe zu bestreiten, er will sie retten.[30] „I never concluded that there is no gift."[31] Derridas Idee der reinen Gabe orientiert sich, neben dem zweckfreien Lobpreis Gottes, am Almosengeben, von dem es in Mt 6,3 heißt: „Wenn du Almosen gibst, soll deine linke Hand nicht wissen, was deine rechte tut"; oder an der Feindesliebe, die Liebe schenkt, ohne jede Erwartung auf Gegenliebe, auch wenn sie diese hervorrufen kann; aber auch daran, zu vergeben, ohne dass der Täter um Vergebung gebeten hätte. Schließlich besteht die reine Gabe darin, sein Leben zu geben, oder wie Derrida sagt, „den Tod geben" *(donner la mort).*[32] Derrida will die Möglichkeit des Unmöglichen denken, wie die Vergebung, für die es „keine Begrenzung" gibt, „keine Mäßigung, kein *bis dahin*"[33]. Derrida nennt diese Vergebung die unbedingte Vergebung ohne Souveränität, im Unterschied zum staatlichen Gnadenakt. „Man muß, so scheint mir, von der Tatsache ausgehen, dass es, nun ja, Unverzeihbares gibt. Ist es nicht eigentlich das einzige, was es zu verzeihen gibt? Das ein-

---

28 Vgl. *Marion,* Esquisse d'un concept phénoménologique du don (1994), 75–94; *ders.,* gegeben sei (2015); *ders.,* Gott ohne Sein (2014).

29 Vgl. *Derrida,* Falschgeld. Zeit geben I (1993).

30 Anders *Dalferth,* Alles Umsonst (2007), 159f., für den Derrida das Phänomen der Gabe annihiliert.

31 *Derrida,* A Discussion between Jacques Derrida and Jean-Luc Marion (1999), 59f.

32 Vgl. *Derrida,* Den Tod geben (1994), 331–445.

33 *Ders.,* Jahrhundert der Vergebung (2000), 17.

Convivium paschale

zige, was nach Verzeihung *ruft*? Wenn man nur bereit wäre zu verzeihen, was verzeihbar ist, was die Kirche ‚läßliche Sünde' nennt, dann würde sich die Idee der Vergebung verflüchtigen."[34] Eine Vergebung, die ihren Namen verdient, müsste für Derrida „das Unverzeihbare" verzeihen können, „ohne Bedingung"[35].

Marions *Phänomenologie der Gebung* zielt auf eine reine Gegebenheit *(donation)* jenseits intentionaler Präsenz.[36] Reine Gegebenheit wird für Marion in Phänomenen erfahren, die er gesättigte Phänomene nennt. Beispiele sind etwa die Wirkung eines Bildes, die reine Selbstaffektion des Leibes oder die Erfahrung des Anderen in der Begegnung mit seinem Antlitz.[37] Die reine Gegebenheit *par excellence* („id quo nihil manifestius donari potest"[38]) ist für Marion das mögliche Ereignis einer göttlichen Offenbarung.[39] Auch Marion weist auf Dimensionen der Wirklichkeit hin, die über die Ordnung der sichtbaren Phänomene hinausgehen: Es gibt mehr, als was sichtbar erscheint. In seiner 1982 vorgelegten theologischen Phänomenologie „Dieu sans l'être" („Gott ohne Sein") hat Marion den Versuch unternommen, Gott in radikaler Alterität als Gabe der Liebe *(agape)* zu denken. „Dieu sans l'être" ist der Versuch, unser Verhältnis zu Gott anders als in Kategorien des Seins zu fassen.[40] Auch in seiner späteren Phänomenologie der

---

34 Ebd. 11.
35 Ebd. 12.
36 Vgl. *Marion*, Gegeben sei (2015), 149–152. Der Begriff „donation" ist nicht leicht zu übersetzen. *Alferi*, „... Die Unfasslichkeit der uns übersteigend-zuvorkommenden Liebe Gottes ..." (2013), bevorzugt als Übersetzung „Gebung", um Missverständnisse, die mit dem Wort „Gegebenheit" (im Sinne des Faktischen), verbunden sein können, zu vermeiden.
37 Zum saturierten Phänomen vgl. *Marion*, De surcroît (2001); *ders.*, Das Erotische (2014). *Dalferth*, Alles umsonst (2007), 161f. und *ders.*, Umsonst (2011), 95, wirft Jean-Luc Marion vor, alles als Gabe zu begreifen. Dabei übersieht er nicht nur Marions Unterscheidung zwischen Gabe und Gebung, sondern ebenso seine Theorie der gesättigten Phänomene, die von einer unterschiedlichen Intensität der Gebung ausgeht.
38 Vgl. *Marion*, Gegeben sei (2015), 407.
39 Vgl. ebd. 404f. 409; *ders.*, De surcroît (2001), 190–195.
40 Vgl. *ders.*, Gott ohne Sein (2014).

472

Gebung in „Etant donné" (1997) spricht Marion davon, dass die Gabe ohne Gegenwart gegeben wird *(présent sans présence)*.[41] Hierbei ist zu beachten, dass nach Martin Heidegger die Geschichte der Metaphysik eine Geschichte der *présence* ist und nach Jacques Derrida die Geschichte der *présence* bis zur Bewusstseinsphänomenologie Husserls reicht.

Die Theologie kann den philosophischen Gabendiskurs nicht kritiklos rezipieren. Der philosophische Gabendiskurs kann aber helfen, Gott, Schöpfung und Erlösung als Gabe zu denken. Dies ist freilich nicht ohne die Annahme einer *Gegenwärtigkeit* des göttlichen Ursprungs möglich. Die fundamentale göttliche Gabe ist die *creatio ex nihilo*, die Schöpfung aus dem Nichts, von der in einer werdenden Welt die *creatio continua*, die fortdauernde Schöpfung, nicht zu trennen ist. Die Gabe der Schöpfung ist die ursprünglichste Gabe, die Gabe der Existenz vor allem unserer menschlichen Existenz.[42] Als Gabe ist alles Seiende auf Gott bezogen. Wo aber die Gabe der Schöpfung den Geber erkennen lässt, evoziert sie die Antwort, in der Form des Dankens oder der Verweigerung.[43]

Wo der Geber aller Gaben sich selbst zur Gabe gibt, ereignet sich endgültige Offenbarung Gottes. Wir glauben, dass Jesus Christus diese endgültige Offenbarung und Gabe Gottes ist. Er ist das „Bild", die „Ikone" (εἰκών) des unsichtbaren Gottes (Kol 1,15), Sichtbarkeit des Unsichtbaren. Aufgrund der Sünde, die zwischen Gott und die Menschen getreten ist, gehören in der Offenbarung Gottes Gabe und Vergebung aufs Engste zusammen. Der Gott Jesu ist der Gott *unbedingter* Vergebung. Hätte Jesus Gottes Vergebung wie Johannes der Täufer an die *tᵉšûbāh* (Umkehr, Buße) gebunden, hätte er damit kaum Anstoß erregt. Doch Jesus nimmt in Anspruch, den Sündern in eigener Autorität und vorbehaltlos zu vergeben, ruft sie aber auf, von ihrem sündigen Leben abzulassen. Jesu Sündenvergebung aber verdichtet sich in seinem Sterben für unsere Sünden.

---

41 Vgl. *ders.*, Gegeben sei (2015), 150.
42 Zum Menschen als Gottes Ebenbild vgl. in fundamentaltheologischer und ökumenischer Perspektive *Hoping*, Gottes Ebenbild (2005).
43 Vgl. *Milbank*, Can a Gift be Given? (1995), 135f.

Convivium paschale

Die Lebenshingabe Jesu am Kreuz ist keine dingliche Gabe, sondern die hyperbolische, alles überbietende Gabe unbedingter Vergebung. Die Gabe, die uns im Sterben Jesu geschenkt wird, besteht nicht darin, dass Jesus von Menschen zum Opfer gemacht wurde *(victima/victim)*, sondern in der äußersten Gabe *(sacrificium/sacrifice)*, die Gott uns in seinem Sohn geschenkt hat, in dem Opfer des Lebens jenseits der Gewalt.[44] Über diese äußerste Gabe hinaus kann Größeres nicht gegeben werden. In ihr hat Gott den Menschen, die sich von ihm abgewendet haben, alle Liebe geschenkt, die er geben konnte. Die von Gott gegebene Gabe, sei es in der Schöpfung, in der Lebenshingabe Jesu oder in der Rechtfertigung des Sünders, durchbricht die Tauschökonomie des *do ut des*. Gott gibt sich und wir empfangen ohne jedes Verdienst.[45]

Das Gabenmotiv bestimmt die eucharistische Liturgie von Beginn an. In den neuen Begleitgebeten zur Darbringung von Brot und Wein beim *Offertorium* werden Brot und Wein zunächst als Gaben der Natur, als Frucht der Erde, aber auch als Frucht der Arbeit dargebracht. Was der Priester beim *Offertorium* darbringt, müssen wir uns immer neu schenken lassen, denn Brot und Wein

---

44 Vgl. *Wohlmuth*, Opfer (2000), 125.

45 Veronika Hoffmann rezipiert in ihren Arbeiten zu einer Theologie der Gabe (vgl. u. a. *dies.*, Skizzen zu einer Theologie der Gabe [2013]) die Gabentheorie von Marcel Hénaff (1942–2018). In der Tradition von Mauss, der im Gabentausch die Quelle des Sozialen erkannte, sah Hénaff in der Gegenseitigkeit von Geben und Nehmen die Gabe der Anerkennung jenseits einer Ökonomie der Gabe. Im Anschluss an Hénaff interpretiert Hoffmann das Christusereignis als Interaktionsgeschehen zwischen Gott und Mensch, gabentheologisch formuliert: zwischen göttlicher Gabe und menschlicher Antwort. Doch das freiwillig übernommene Leiden und Sterben des Gekreuzigten ist mehr als die Antwort eines Menschen, mehr als ein Martyrium, in ihm vollzieht der menschgewordene Sohn Gottes sein in ewiger Präexistenz gründendes Verhältnis zum himmlischen Vater, so dass das gewaltsame Sterben des Gekreuzigten Gott selbst in seinem Innersten betrifft. Das heißt nicht, dass im gewaltsamen Tod Jesu das Wesen des göttlichen Opfers bestehen würde. Das Lebensopfer Christi am Kreuz ist vielmehr ein Opfer jenseits der Gewalt. Allerdings lässt sich der biblische Gedanke des stellvertretenden Sühnetodes Christi nur erschließen, wenn dabei – anders als bei Hoffmann – die Viktimisierung des Gekreuzigten, der ohne Sünde war, in den Blick genommen wird (vgl. *Hoffmann*, Die Opfergabe Jesu Christi [2013], 306).

474

Die Eucharistie als Sakrament der Gabe

sind wie die gute Ernte nicht selbstverständlich. Die Gebetseinladung *Orate fratres* und das Gebet über die Opfergaben *(oratio super oblata)* machen deutlich, dass Brot und Wein Gaben sind, die Gott dargebracht werden. In der Feier der Eucharistie werden aus ihnen, in einem Augenblick, der uns entzogen ist, Leib und Blut Christi. Das *Offertorium* ist Bereitung und Darbringung der Opfergaben, und nicht nur das Bereitstellen der Gaben auf dem Altar.

Doch unsere menschliche Darbringung wird Gabe Gottes an uns.[46] Dies macht das Eucharistische Hochgebet deutlich, das sich an das *Offertorium* anschließt. Der Einsetzungsbericht des Gebets ist kein gewöhnlicher Bericht, durch den ein vergangenes Ereignis in Erinnerung gerufen wird. Die im Einsetzungsbericht hervorgehobenen *Verba Testamenti* sind mehr als ein Zitat. Sie weisen nicht nur zurück, hinein in die Situation des letzten Abendmahls; in der Pragmatik des Eucharistischen Hochgebets identifizieren die *Verba Testamenti* die auf dem Altar liegenden Gaben von Brot und Wein als Leib und Blut Christi: „Hoc est enim corpus meum, quod pro vobis tradetur". „Hic est enim calix sanguinis mei … qui pro vobis et pro multis effundetur." Durch die Worte Christi und den Heiligen Geist werden Brot und Wein in den Leib und das Blut Christi gewandelt – für uns als Gabe.[47]

Wie das *Offertorium* und die eucharistische Kernhandlung von der Gabenepiklese bis zum *Mysterium fidei* durch das Gabenmotiv bestimmt wird, so ist dies auch beim postkonsekratorischen Darbringungsgebet der Fall. Dabei ist zu beachten, dass es Christus selbst ist, der in der Eucharistie vor dem Vater im Heiligen Geist die Liturgie des Neuen Bundes vollzieht und uns darin mit unserer danksagenden Darbringung hineinnimmt.[48] An erster Stelle ist die Eucharistie die Liturgie des Sohnes bei uns Menschen (vgl. Hebr 5,1). Christus selbst ist es, der uns in unserer Dank-

---

46 Vgl. *Ruster*, Wandlung (2006), 147.
47 Vgl. KKK 1333.
48 Zur trinitarischen Dimension des Opfers der Eucharistie vgl. *Daly*, Sacrifice unveiled (2009), 228f. u. ö.

Convivium paschale

sagung zu Gott, dem Vater, führt.[49] Christus bringt uns ihm zum Opfer dar, indem wir uns in ihm Gott darbringen. Dies geschieht durch eine nicht nur passive, sondern aktive Teilhabe an der Darbringung des Priesters, der in der Person Christi handelt und im Namen der Kirche Gott das Brot des Lebens und den Kelch des Heils vor Augen stellt. Gott wird gegeben, was er uns gegeben hat und was durch die Kraft des Geistes und Christi schöpferisches Wort eucharistisiert wurde.

„Christus ist also nicht zuerst eine Gabe, die wir Menschen in der Eucharistie Gott, und schon gar nicht einem zürnenden Gott, darbringen sollten und könnten. Es ist vielmehr bereits das Werk der Liebe Gottes, dass er uns seinen Sohn geschenkt hat. Ihn schenken wir Gott, dem Vater, in der Eucharistie zurück. Gott schenkt, damit wir schenken können. Seit ältesten Zeiten wird dieses Opferverständnis im Römischen Kanon ausgedrückt, wenn es heißt: ,De tuis donis ac datis' – ,Aus deinen Geschenken und Gaben schenken wir dir'.“[50] Es geht beim Opfer der Eucharistie nicht um ein Opfer, das in Konkurrenz zum einzigartigen Opfer Christi am Kreuz tritt. Die Darbringung des Leibes und Blutes Christi geschieht in Lob und Dank.[51] Die Eucharistie ist eine *oblatio* (Darbringung, Opfer) in der Form der Danksagung und des Gedächtnisses.[52]

Die Kirche opfert also nicht einfach Christus dem Vater, unsere *oblatio* setzt vielmehr Gottes Gabe an uns voraus. In unserer Darbringung erkennt Gott Christus, der uns mit ihm versöhnt hat. In diesem Sinne ist auch die Aussage im *Memores igitur* des Dritten Hochgebets zu verstehen: „Respice, quaesumus, in oblationem Ecclesiae tuae et, agnoscens Hostiam, cuius voluisti immolatione placari, concede, ut qui Corpore et Sanguine Filii tui reficimur, Spiritu eius Sancto repleti, unum corpus et unus spiri-

---

49 Vgl. *Oster*, Person und Transsubstantiation (2010), 552–559.
50 *Koch*, Eucharistie (2005), 52.
51 Vgl. *Lies*, Mysterium fidei (2005), 154.
52 Bei Hoffmanns Interpretation der postkonsekratorischen Darbringungsaussagen des Eucharistischen Hochgebets bleibt unklar, was es heißen soll, dass wir „Christus darbringen“, indem wir ihn dem Vater vor Augen stellen. Vgl. *dies.*, Die Opfergabe Jesu Christi (2013), 316–319.

tus inveniamur in Christo." Eine wortgetreue Übersetzung würde lauten: „Blicke, so bitten wir, auf die Opfergabe deiner Kirche. Erkenne in ihr das Lamm, das geopfert wurde und uns nach deinem Willen mit dir versöhnt hat. Stärke uns durch den Leib und das Blut deines Sohnes und erfülle uns mit seinem Heiligen Geist, damit wir *ein* Leib und *ein* Geist werden in Christus."[53] „Von unten" wird die Eucharistie durch den Priester zusammen mit den Gläubigen dargebracht, „von oben" aus gesehen ist es Christus, der sich in ihr für uns zur Speise macht, indem er die Gaben von Brot und Wein durch die Kraft des Geistes in seinen Leib und sein Blut verwandelt.[54] Die Liturgie des Sohnes bei uns Menschen zielt darauf ab, dass unsere eigene leibhaftige Existenz ein lebendiges Opfer wird (Röm 12,1), geeint mit der Lebenshingabe des Sohnes.

So kommt es in der Eucharistie zur Verschränkung der irdischen Zeit mit der Zeit Christi und seiner alles umfassenden Gegenwart.[55] Wie keine andere Feier ist die Feier der Eucharistie die Liturgie des offenen Himmels, in der wir an der himmlischen Liturgie vorauskostend teilnehmen.[56] Die historisch gewachsene Feiergestalt der Eucharistie muss ihrem theologischen Gehalt als *danksagender Darbringung* entsprechen. Die Eucharistie kann nicht auf ihren Mahlcharakter reduziert werden, zumal sich das eucharistische Mahl von einem gewöhnlichen gemeinschaftlichen Essen unterscheidet. Das eucharistische Mahl ist ein *heiliges Mahl*, in dem Brot und Wein dargebracht und geheiligt werden und wir in ihnen Leib und Blut Christi empfangen. Treffend kommt dies im Begriff des Paschamahls *(convivium paschale)* zum Ausdruck.[57] Die vielfach vertonte Antiphon „O sacrum convivium" fasst die

---

53 Der erste Teil wird im deutschen Messbuch missverständich übersetzt. Vgl. MB ²1988, 496: „Schau gütig auf die Gabe deiner Kirche. Denn sie [die Kirche?] stellt dir das Lamm vor Augen, das geopfert wurde und uns nach deinem Willen mir dir versöhnt hat".
54 Vgl. *Ruster*, Wandlung (2006), 147–150.
55 Vgl. *Ratzinger*, Der Geist der Liturgie, in: JRGS 11 (2008), 68 [54].
56 Vgl. SC 22.
57 Vgl. SC 47.

Convivium paschale

drei Zeitaspekte des Sakramentes der Eucharistie in poetischer Verdichtung zusammen: „O heiliges Gastmahl, bei dem Christus verzehrt wird, das Gedächtnis seines Leidens wird erneuert, der Geist wird erfüllt mit Gnade und uns wird ein Pfand der zukünftigen Herrlichkeit gegeben. Halleluja."[58]

2. Gabe der Gegenwart und Kommunion

Welcher Phänomenalität gehört das Sakrament der Eucharistie an?[59] Weder Metaphysik noch Phänomenologie können das Mysterium der Eucharistie vollständig erschließen. Eine Phänomenologie der Gabe erlaubt es aber, die Eucharistie besser als Sakrament der Gegenwart zu verstehen. Die sonntägliche Eucharistie wird in der Versammlung der Gläubigen gefeiert. Zu ihrer Voraussetzung hat sie die Gegenwart des erhöhten Herrn, der für uns sein Leben gegeben hat. Wie jede liturgische Feier ist auch die Eucharistie von der Spannung von *Anwesenheit* und *Abwesenheit* geprägt: „Die Eucharistie ist eine besondere Form der Gegenwart Christi im Geiste, die seinen Todesabschied und damit sein ‚Fortgehen' dauernd als Grund in sich trägt und bezeugt. So steht die eucharistische Gegenwart Jesu dauernd in der Spannung von Anwesenheit und Abwesenheit Jesu, und so kann ihr Ort nur die Geschichte der Kirche auf dem Pilgerweg bis zum endgültigen Offenbarwerden der Herrschaft Gottes sein."[60]

Die Gegenwart Christi unter uns lässt sich nur von seiner leiblichen Auferstehung her verstehen. Dies gilt *a fortiori* für die Gegenwart Christi mit seinem Leib und Blut in den Gaben von Brot und Wein. Der innere Zusammenhang von Ostern und Eucharistie zeigt sich im Neuen Testament an den Erzählungen vom

---

58 „O sacrum convivium, in quo Christus sumitur: recolitur memoria passionis eius, mens impletur gratia et futurae gloriae nobis pignus datur. Alleluia."

59 Diese Frage wird von *Marion*, Die Phänomenalität des Sakraments (2007), gestellt.

60 *Gerken*, Theologie der Eucharistie (1973), 30.

Mahl des Auferstandenen mit seinen Jüngern (Lk 24,13–35; Joh 21). Die leibliche Auferstehung Jesu und seine Himmelfahrt bedeuten für seine Jünger eine neue Form der Gegenwart. Jesus ist nicht mehr „im Fleisch", das heißt in irdisch-leiblicher Präsenz, den Jüngern nahe. Seine neue Form der Gegenwart ist eine „geglaubte leibliche Gegenwart bei sichtbarer Abwesenheit"[61]. Es ist die Gegenwart einer „reinen Gabe", die nicht sichtbar, gleichwohl nicht weniger real ist als die physische Präsenz. So erkennen die Jünger, die auf ihrem Weg nach Emmaus sind, Jesus in dem Fremden erst, als dieser mit ihnen das Brot bricht und sich im selben Moment der sichtbaren Wahrnehmung entzieht (Lk 24,30f.). Die vorübergehende, zeitlich begrenzte Gegenwart Jesu unter seinen Jüngern hat sich mit seiner Auferstehung und Himmelfahrt zur Gabe einer „endgültigen Gegenwart"[62] verdichtet, die uns in Brot und Wein geschenkt wird.[63]

Zur anwesenden Abwesenheit des erhöhten Herrn schreibt Papst Leo der Große: Damals wurde der Menschensohn als Gottessohn offenbar, „da er sich in die Glorie der väterlichen Herrlichkeit zurückzog und auf unaussprechliche Weise der Gottheit nach gegenwärtiger wurde, während er als Mensch sich entfernte [...] Wenn ich zum Vater auffahren werde, wirst du mich vollkommener und wahrhaftiger berühren."[64] Mit der Himmelfahrt Christi ist die neue Form seines Gegenwärtigseins definitiv ge-

---

61 *Marion*, Verklärte Gegenwart (1992), 182.
62 Ebd. 181.189.
63 Vgl. auch *ders*, Gott ohne Sein, 217–243. Zur eucharistischen Hermeneutik bei Marion vgl. ausführlicher *Hoping*, Christus praesens (2015). – Es überrascht, dass Veronika Hoffmann in ihrer Habilitationsschrift „Skizzen zu einer Theologie der Gabe" (2013) bei ihrer Rekonstruktion der Phänomenologie der Gebung *(donation)* von Jean-Luc Marion (vgl. *dies.*, Skizzen zu einer Theologie der Gabe [2013], 91–104) dessen eucharistische Hermeneutik ausblendet, zumal Hoffmann das Ziel verfolgt, Skizzen zu einer Theologie der Gabe vorzulegen und darin die Eucharistie als Gabe einen zentralen Raum einnimmt.
64 *Leo der Große*, Sermo LXXIV, 4 (PL 54, 398C–399A): „cum in paternae maiestatis gloriam se recepit et ineffabili modo coepit esse Divinitate praesentior, qui factus est humanitate longinquior [...] Cum ad Patrem ascendero, tunc me perfectius veriusque palpabis".

Convivium paschale

worden. Ohne den Weggang Christi, der mit seiner Auferstehung und Himmelfahrt verbunden ist, gäbe es weder die Gegenwart des Heiligen Geistes unter uns noch die Eucharistie *mit und in* der Gegenwart des erhöhten Herrn. Der Abstand zwischen dem erhöhten Herrn und seiner Kirche führt zu einer neuen Form der Gegenwart: „Ich gehe fort (ὑπάγο) und komme wieder zu euch (ἔρχομαι πρὸς ὑμᾶς)", sagt Jesus zu seinen Jüngern, als er ihnen den Heiligen Geist verheißt (Joh 14,28). „Christus ist kraft der Himmelfahrt nicht der von der Welt Abwesende, sondern der auf neue Weise in ihr Anwesende."[65] Christus hört mit seiner Himmelfahrt nicht auf, gegenwärtig zu sein; seine Gegenwart vollendet sich in der Herrlichkeit Gottes. Von dort her wird sie die Gegenwart Christi für alle Menschen, die mit ihm verbunden sind, zur reinen und universalen Gabe im Sakrament der Eucharistie: „Christus ist weder in sichtbarem Fleisch gegenwärtig, noch ist er ein Abwesender, dessen Gegenwart man im Geist und Andenken gedächte, da sein eucharistischer Leib uns täglich dargeboten wird."[66] Die sakramentale Gegenwart Christi gründet in seinem Weggang. Wäre Jesus noch physisch anwesend, könnte er nicht allen Menschen aller Zeiten und Orte im Sakrament der Eucharistie gegenwärtig sein.[67]

Die Gegenwart Christi in den Gestalten von Brot und Wein wird in der Theologie als „somatische Realpräsenz" bezeichnet. Somatisch bezieht sich dabei nicht auf eine physische Präsenz, sondern auf die sakramentale Präsenz Christi mit seiner verklärten Leiblichkeit in Brot und Wein. Wurde die somatische Realpräsenz früher substanzontologisch gedacht, wird sie heute stärker als personale Gegenwart verstanden.[68] Die empirische Naturforschung

---

65 *Ratzinger*, Himmelfahrt Christi, in: JRGS 6/2 (2013), 856. Es handelt sich um einen Artikel Ratzingers zur Himmelfahrt Christi im LThK ([2]1960), auf den *Marion*, Verklärte Gegenwart" (1991), 186, Bezug nimmt.
66 *Ders.*, Verklärte Gegenwart (1992), 188.
67 Vgl. *Gerken*, Theologie der Eucharistie (1973), 178f.
68 Vgl. *Chauvet*, Symbol und Sakrament ([2]2017), der „postmetaphysisch", das heißt in Überwindung der Onto-theologie, ausgehend vom Begriff des Symbols, besonders des Leibes, eine personale Gegenwart zu denken versucht.

Die Eucharistie als Sakrament der Gabe

hat zu einer Veränderung des Substanzbegriffs geführt, der immer weniger als ontologischer Begriff, sondern als ein Begriff für die materielle Realität von Elementarem aufgefasst wurde. Physischchemisch aber geschieht mit den Gaben von Brot und Wein durch ihre Wandlung nichts.[69] Doch auch wenn bei der Konsekration der Gaben von Brot und Wein keine sinnlich wahrnehmbare Veränderung stattfindet, so heißt das nicht, dass gar nichts geschieht; es sei denn, man nimmt reduktionistisch an, dass alle Wirklichkeit Natur im Sinne materieller Zustände ist. Ein solcher Naturalismus aber lässt keinen „Raum" mehr für die Wirklichkeit Gottes, seine Offenbarung und seine Gegenwart unter uns.

In den fünfziger Jahren des 20. Jahrhunderts wurden mit Blick auf den veränderten Substanzbegriff verschiedene Neuinterpretationen der Lehre von der somatischen Realpräsenz Christi in der Eucharistie vorgelegt. Zentral für diese Versuche waren die Begriffe *Transsignifikation* und *Transfinalisation*. Um den Missverständnissen, die der Begriff *Transsubstantiation* oft hervorruft, zu begegnen, haben Piet Schoonenberg (1911–1999)[70] und Edward Schillebeeckx (1914–2009)[71] vorgeschlagen, mit Blick auf die eucharistische Wandlung von einer *Transsignifikation* (Umbezeichnung, Umwidmung) bzw. *Transfinalisation* (Umwandlung des Zwecks) zu sprechen.[72] In der Feier der Eucharistie werden die Gestalten von Brot und Wein durch das eucharistische Gebet geheiligt und gewinnen so eine neue Bedeutung *(significatio)* bzw. eine neue Zweckbestimmung *(finis)*. Brot und Wein sind nicht mehr bloße Nahrungsmittel, sondern Zeichen für Christi Leib und Blut. Schoonenberg entwickelt seine Neuinterpretation im Kontext einer Phänomenologie des Zeichens. Er unterscheidet zwischen

---

69 Vgl. *Wohlmuth*, Eucharistie als liturgische Feier der Gegenwart Christi (2002), 103.
70 Vgl. *Schoonenberg*, De tegenwoordigheid van Christus (1964), *ders.*, Tegenwoordigheid (1964); *ders.*, Inwieweit ist die Lehre von der Transsubstantiation historisch bestimmt? (1967).
71 Vgl. *Schillebeeckx*, Die eucharistische Gegenwart (1967), 71f.
72 Vgl. auch Glaubensverkündigung für Erwachsene. Deutsche Ausgabe des Holländischen Katechismus, übersetzt von J. Dreißen (1961), 385.

dem bloß informierenden Zeichen (z. B. dem Verkehrsschild) und dem realisierenden Zeichen, in dem sich eine Person ausdrückt. So kann ein Geschenk die Liebe eines Menschen zu einem anderen symbolisieren. Das Geschenk ist nicht nur ein Zeichen, das auf die Liebe verweist, sondern in ihm drückt sich die Liebe aus. Sakramente gehören für Schoonenberg zu den realisierenden Zeichen, sind aber realisierende Zeichen *sui generis*.

Gegen die Transsignifikations- und Transfinalisationstheorie wurde eingewandt, dass es sich bei der eucharistischen Gegenwart Christi in Brot und Wein nicht nur um eine durch Menschen vorgenommene *Umwertung* einer Sache zu einem Symbol handelt. Der Sinnbegriff und der Begriff des Seins sind auch nicht einfach identisch. Sinn setzt vielmehr Sein voraus. Die Grenze der Rede von der Transsignifikation bzw. Transfinalisation besteht darin, dass die Gegenwart Christi in den Gaben von Brot und Wein sich nach der Lehre der Kirche nicht durch menschliche Intentionalität bewirkt wird. Der Begriff der Transsubstantiation impliziert eine *ontologische* Behauptung: Brot und Wein werden ihrem Sein nach verwandelt. Begriffe wie Transsignifikation oder Transfinalisation verbleiben demgegenüber auf der Ebene der Intentionalität.[73] Dies war der Grund, warum Papst Paul VI. in seiner Enzyklika „Mysterium fidei" (3. September 1965)[74] lehramtlich zur Diskussion um die Gegenwart Christi in der Eucharistie Stellung bezog. Die Begriffe Transsignifikation und Transfinalisation werden nicht abgelehnt, doch es wird festgestellt, dass sie zur angemessenen Erklärung der eucharistischen Wandlung allein nicht ausreichen und durch den Begriff der Transsubstantiation ergänzt werden müssen. Dabei wird ein ontologischer, kein naturwissenschaftlicher Substanzbegriff vorausgesetzt.

Die neueren theologischen Versuche zur Gegenwart Christi in der Eucharistie bemühen sich darum, zu einem stärker dynamisch-personalem Verständnis der eucharistischen Gegenwart

---

73 Vgl. *Jorissen*, Die Diskussion um die eucharistische Realpräsenz und die Transsubstantiation in der neueren Theologie (1970), 46f.
74 Vgl. DH 4410–4413.

Christi zu gelangen. So haben Alexander Gerken[75] und der evangelische Theologe Notger Slenczka[76] für eine *personale* und das heißt *relationale Ontologie* bei der hermeneutischen Erschließung der leiblichen Gegenwart Christi in der Eucharistie plädiert. Schon Bernhard Welte (1908–1983) hatte vorgeschlagen, die Gegenwart Christi in den Gaben von Brot und Wein ausgehend von einer relationalen Ontologie zu verstehen, doch verbleibt Weltes Entwurf letztlich auf der Ebene des Sinns bzw. der Bedeutung.[77] Brot und Wein *bedeuten* aber nicht nur, sondern *sind* wahrhaftig Leib und Blut Christi.

Phänomenologisch betrachtet setzt eine relationale Ontologie der Eucharistie voraus, dass alles Seiende „gegeben" ist. Entscheidend ist, dass es sich bei der Gegenwart Christi in den Zeichen von Brot und Wein um eine wirkliche und in diesem Sinne substantielle Gegenwart handelt. In „Mysterium fidei" heißt es: „Nach Vollzug der Wesensverwandlung nehmen die Gestalten von Brot und Wein zweifellos eine neue Bedeutung und einen neuen Zweck an; denn sie sind nicht mehr gewöhnliches Brot und gewöhnlicher Trank, sondern Zeichen für eine heilige Sache und Zeichen für eine geistige Speise; sie nehmen aber deshalb eine neue Bedeutung und einen neuen Zweck an, weil sie eine neue ‚Wirklichkeit' erhalten, die wir zu Recht ontologisch nennen."[78] In der Tat geschieht, wenn der Priester die *Verba Testa-*

---

75 Vgl. *Gerken*, Dogmengeschichtliche Reflexionen über die heutige Wende in der Eucharistielehre (1972); *ders.*, Theologie der Eucharistie (1973), 199–228; *ders.*, Kann sich die Eucharistielehre ändern? (1975).

76 Vgl. *Slenczka*, Realpräsenz und Ontologie (1993), 542–582.

77 Vgl. *Welte*, Diskussionsbeiträge (1960), 184–195. Hier liegt auch eine Grenze des Entwurfs von Georg Hintzen, der den Gedanken der eucharistischen Realpräsenz ganz vom Sinnbegriff her versteht. Vgl. *ders.*, Transsignifikation und Transfinalisation (1985); *ders.*, Gedanken zu einem personalen Verständnis der eucharistischen Realpräsenz (1985). Vgl. die Kritik von *Slenczka*, Realpräsenz und Ontologie (1993), 205–227, sowie die Replik von *Hintzen*, Personale und sakramentale Gegenwart (1993) und die nochmalige Antwort von *Slenczka*, Zur ökumenischen Bedeutung der Transsignifikationslehre (1994).

78 DH 4413.

menti spricht, eine Transsignifikation. In der „menschlichen Transsignifikation" ereignet sich aber „göttlich gewirkte Transsubstantiation"[79]. Es geht nicht um eine bloße „Umfunktionierung" von Brot und Wein, sondern um eine „Umsubstanziierung"[80].

Joseph Ratzinger erläutert die Transsubstantiationslehre ausgehend vom Begriff geschöpflicher Substantialität. Er unterscheidet zwischen allgemeiner geschöpflicher Substantialität und der Substantialität des personalen geschöpflichen Seins. Die allgemeine geschöpfliche Substantialität des Seins besteht darin, „dass es, obwohl Sein-von-woanders-her doch Sein-in-Selbständigkeit ist, als Geschaffenes nicht Gott, sondern in die Selbständigkeit eines für sich bestehenden, eigenen nichtgöttlichen Seins gesetzt ist"[81]. Die Substantialität der Person ist das geistige, sich leiblich ausdrückende Selbst des Menschen. Brot und Wein werden in ihrem Sein und Wesen als Speise verwandelt und so zu Zeichen des Leibes und Blutes Christi. Mit der eucharistischen Wandlung verlieren sie sozusagen ihre kreatürliche Selbständigkeit, sie hören auf, in sich selbst zu stehen und werden „zu *reinen* Zeichen Seiner Anwesenheit"[82]. Das sakramentale Wort bewirkt, dass die geschöpflichen Gaben „aus in sich stehenden Dingen zu bloßen Zeichen werden, die ihren kreatürlichen Eigenstand verloren haben, nicht mehr für sich selbst stehen, sondern allein für Ihn, durch Ihn, in Ihm. Sie sind nun so in ihrem Wesen, in ihrem Sein, Zeichen, wie sie vorher in ihrem Wesen Dinge waren."[83] „Was grundsätzlich in allen Kreaturen steckt: dass sie Zeichen sein können und sollen Seiner Anwesenheit, das wird hier durch das sakramentale Wort in höchstem Maße Wirklichkeit."[84] Anwesend ist Christi „durch das Kreuz hindurchgegangene Liebe, in der Er sich selbst (die ‚Substanz' seiner selbst), Sein von Tod und Auf-

---

79 *Lies*, Mysterium fidei (2005), 129.
80 *Koch*, Eucharistie (2005), 56.
81 *Ratzinger*, Das Problem der Transsubstantiation und die Frage nach dem Sinn der Eucharistie, in: JRGS 11 (2008), 292.
82 Ebd.
83 Ebd.
84 Ebd. 293.

erstehung geprägtes Du als heilschaffende Wirklichkeit uns gewährt"[85].

Christus ist also mit bzw. in seiner verklärten Leiblichkeit in Brot und Wein gegenwärtig, also seinem wesentlichen Selbstsein nach.[86] Hier besteht eine Analogie zum Inkarnationsgeschehen. Johannes Betz (1914–1984) schreibt dazu: „In seiner Inkarnation ergreift der Logos eine menschliche Natur und macht sie sich so innig zu eigen, dass sie nicht im natürlichen personalen Selbstand existiert, sondern im Logos ihren Subsistenzgrund hat, von ihm in hypostatischer Relation und Einheit gehalten wird, zu seinem Sakrament, seiner Erscheinungsweise wird. Nun stellt die Eucharistie eine heilsgeschichtliche Erinnerung und Analogie dazu dar. In ihr ergreift der Logos in Erinnerung seiner Menschheit die Gott dargebrachten, übereigneten Opfergaben und nimmt auch sie so innig zu eigen an, dass sie aufhören, eigenständige geschöpfliche Gebilde zu sein, zu seinem Sakrament, zur anamnetischen Erscheinungsweise seines Leibes und Blutes, ja sogar substantiell sein Leib und Blut werden [...] Denn daß der Logos die Gaben annehme und sich zu eigen mache, das bedeutet ins Ontologische übersetzt, daß sie ihren Selbstand verlieren, in ihm gründen, ja substantiell zu seinem Leib und Blut werden."[87]

Vom *Sein als Gabe* ausgehend, zu der untrennbar die Relation gehört, kann die Verwandlung von Brot und Wein besser verstanden werden. Schöpfungstheologisch ist das Sein des Seienden als *Gabe* zu bestimmen. Brot und Wein, Früchte der menschlichen Arbeit, sind Gaben Gottes an uns und sie werden zu Leib und Blut seines Sohnes, zu Gaben der Gegenwart Christi für uns. Die Gegenwart Christi ist dabei personal, nicht dinglich zu denken. Die Gnade, die uns im Sakrament der Eucharistie geschenkt wird, ist Christus in seiner Selbsthingabe für uns. Christus ist in den eucharistischen Gaben nicht wie eine naturale Sache gegenwärtig, sondern „auf eine personale Weise und in der Beziehung zu Per-

---

85 Ebd. 294.
86 Vgl. *Koch*, Eucharistie (2005), 58.
87 *Betz*, Eucharistie als zentrales Mysterium (1973), 308f.

Convivium paschale

sonen"[88]. Doch wie kann Christus im Sakrament der Eucharistie gegenwärtig sein, ohne auf die sinnliche Präsenz der eucharistischen Elemente reduziert zu werden? Wie können wir Christus als Gabe empfangen?[89] Können wir Christus, wie Jean-Luc Marion meint, „jenseits des Seins"[90] als Gabe der Liebe empfangen?

Dies wäre nicht ohne eine Form der Gegenwart möglich. Marions Begriff der Offenbarung, wonach sich in der Offenbarung „eine die Erfahrung transzendierende Instanz gleichwohl erfahrbar manifestiert"[91], fordert eine *zeitliche* Gegenwärtigkeit. Ohne dass der auferweckte Gekreuzigte im Horizont der Zeit gegenwärtig wird, könnten wir ihn, da wir zeitlich existieren, nicht empfangen.[92] Das sakramentale Gedächtnis, das sich in der Feier der Eucharistie vollzieht, ist phänomenologisch nicht nur *retentional* – im Sinne eines von uns wiedererinnerten Christus. Das sakramentale Gedächtnis schließt die Selbstpräsenz Christi, die Präsenz seiner Gabe, ein.[93] Die Gabe der Eucharistie kann aber nicht gegeben werden, wenn sie nicht dem, der sie empfängt, gegenwärtig ist. Oder anders gesagt: Der Empfang des Leibes Christi setzt Leiblichkeit voraus.

Durch die gabenhafte Präsenz Christi kommt es in der Feier des Herrenmahls zu einer eucharistisch gefüllten Zeit, in welcher Vergangenheit, Gegenwart und Zukunft ineins versammelt sind. Die Eucharistie ist *signum rememorativum* (Vergangenheit), *sig-*

---

88 *Koch*, Eucharistie (2005), 57. Vgl. dazu ausführlicher *Oster*, Person und Transsubstantiation (2010), 575–647.

89 Vgl. *Milbank*, Can a Gift be Given? (1995); *ders.*, The Word Made Strange (1997), 36–52; *ders.*, Being Reconciled (2003).

90 *Marion*, Gott ohne Sein (2014), 247–282.

91 *Ders.*, Aspekte der Religionsphänomenologie (2007), 16.

92 Vgl. die Kritik von *Kühn*, Gabe als Leib in Christentum und Phänomenologie (2004), 88, an Jean-Luc Marion, der zwar mit Recht eine räumliche Fixierung der eucharistischen Realpräsenz Christi zurückweist, aber die Transsubstantiation im Sinne eines persistierenden „Abstandes" (*écart*) des Leibes Christi versteht (vgl. *Marion*, Gott ohne Sein [2014]), so aber der gabenhaften Präsenz Christi in den eucharistischen Gaben nicht gerecht werde.

93 Vgl. *Kühn*, Gabe als Leib in Christentum und Phänomenologie (2004), 82f.

num demonstrativum (Gegenwart) und *signum prognosticum* (Zukunft). Ein ausschließlich an Dia-chronie, Unter-brechung und Ek-statik orientiertes Zeitverständnis wird der gabenhaften Präsenz der Eucharistie nicht gerecht. Der „Ästhetik der Abwesenheit", wie sie in der „postmodernen" Philosophie zum Teil beschworen wird, hat George Steiner (1929–2020) eine „Ästhetik der Anwesenheit" entgegengesetzt. In seinem Buch „Von realer Gegenwart" (1990) wendet sich Steiner gegen den postmodernen Bruch „zwischen Wort und Welt"[94], gegen das Zeichen, das für Abwesenheit steht[95], und setzt ihm die Erfahrung „realer Gegenwart" entgegen, wie sie Menschen in ästhetischen Schöpfungen wie Literatur, bildender Kunst und Musik machen.[96]

Steiner spricht von „Substantiation", wobei die Semantik des Wortes, wie sie mit der Lehre von der eucharistischen Verwandlung gegeben ist, zu beachten ist. Schöpferisch geprägte Form lässt sich für Steiner letztlich nicht ohne die Annahme einer Gegenwart Gottes verstehen. Die Erfahrung schöpferisch geprägter Form ist die „Begegnung zwischen zwei Freiheiten"[97], und gerade in der außergewöhnlichen Form des wahren Kunstwerkes vermittelt sie eine Erfahrung von Transzendenz. In seinem Nachwort zu Steiners Buch „Von realer Gegenwart" hat Botho Strauß unter dem Titel „Der Aufstand gegen die sekundäre Welt. Bemerkungen zu einer Ästhetik der Anwesenheit" die „Transsubstantiation" als Modell einer „Ästhetik der Anwesenheit" bezeichnet und auf wichtige Bekenner und praktizierende Gläubige der Realpräsenz unter den schöpferischen Menschen, den Denkern, Dichtern und Kunstschaffenden unserer Zeit hingewiesen, die gegen die sekundäre Welt aufbegehrt haben. Für Strauß geht es um nicht weniger als um die Zurückgewinnung des Primären, der Erfahrung realer Gegenwart.[98]

---

94 *Steiner*, Von realer Gegenwart (1990), 27.
95 Vgl. ebd. 125.
96 Vgl. zum Thema Musik, Zeit und Gegenwart *Hoping*, Die Macht der Musik (2021).
97 *Steiner*, Von realer Gegenwart (1990), 202.
98 Vgl. *Strauß*, Der Aufstand gegen die sekundäre Welt (1990), 307f.

Natürlich ist die Präsenz der eucharistischen Gabe eine andere Gegenwart als die Anwesenheit der uns umgebenden Dinge und Elemente. Sie ist eine ereignishafte und zugleich gabenhafte Präsenz. Diese gabenhafte Präsenz kann nicht semiologisch durch einen anderen Gebrauch von Brot und Wein, also ausschließlich transsignifikativ oder transfinal durch Veränderung der Eigenschaftsbedeutungen erklärt werden. Denn damit würde man die gabenhafte Präsenz Christi an das Bewusstsein der Gläubigen binden.[99] Die reale Gegenwart Christi in den Zeichen (species) von Brot und Wein hängt aber nicht von unserer Vorstellung ab. Von daher ist eine „substantiierte" Präsenz unverzichtbar.[100] Die Dialektik von Nähe und Ferne, von Anwesenheit und Abwesenheit, die für unsere Gemeinschaft mit dem auferstandenen Herrn bestimmend ist, wird durch seine wirkliche Gegenwart Christ in Brot und Wein nicht aufgehoben.[101] Bei der Konsekration der Gaben von Brot und Wein kommt es zum Augenblick, in dem geschieht, was wir nicht aus uns heraus bewirken können, nämlich die „Reduktion des empirisch Gegebenen auf das Wunder des sich in aller Freiheit Gebenden"[102] – so Josef Wohlmuth in einer schönen und zugleich präzisen Formulierung zur Gabe der Eucharistie. Die Eucharistie ist die reine Gabe Gottes, die dem Tetragramm, dem Mose geoffenbarten Gottesnamen, die eucharistische Bestimmung „Mich für euch"[103] gibt. Oder mit den Worten des „Doctor eucharistiae": „Nicht der Mensch bewirkt, dass die Gaben Leib und Blut Christi werden, sondern Christus selbst, der für uns gekreuzigt worden ist. Der Priester, der jene Worte spricht, stellt Christus dar: aber die

---

99 Vgl. Kühn, Gabe als Leib in Christentum und Phänomenologie (2004), 84.
100 Wohlmuth, Eucharistie als liturgische Feier der Gegenwart (2002), 108–111, spricht sich deshalb dafür aus, am Begriff „Transsubstantiation" festzuhalten; anders Pröpper, Zur vielfältigen Rede von der Gegenwart Gottes und Jesu Christi (2001), der das Verstehensmodell der Transsubstantiation verabschieden möchte.
101 Vgl. Weiland, Geste des Gebens (2021).
102 Wohlmuth, Vom Tausch zur Gabe (2007), 221.
103 Ebd.

Kraft und die Gnade ist Gottes. ,Das ist mein Leib', sagt er. Dieses Wort wandelt die Gaben."[104]

Bei den *Verba Testamenti* handelt es sich um einen doppelten Sprechakt: einen identifizierenden Sprechakt (Das *ist* mein Leib ...)[105] und einen performativen Sprechakt, nämlich das Geben der Gabe (für euch *gegeben* ...) bis in den Tod *(donner la mort)*. In der Eucharistie empfangen wir den für uns *in den Tod gegebenen Leib Christi* (Lk 22,19), an dem wir dann zutiefst teilhaben, wenn wir selbst zur Gabe werden in unserem Tod.[106] Die vom Priester *in persona Christi* gesprochenen *Verba Testamenti* sind zugleich *Deuteworte* und *Gebeworte*.[107] Für den geweihten Priester, aber auch für die Gemeinschaft der Gläubigen, stellen die Deute- und Gebeworte der *Verba Testamenti* einen ungeheuren Anspruch dar. Der Priester, der den zentralen Sprechakt von der Gabenepiklese bis zu den *Verba Testamenti* vollzieht, vertritt nicht einfach den abwesenden Herrn, er ist aber auch kein *alter Christus*, sondern zeigt als recht verstandene „Ikone" Christi, dass die göttliche Gabe der Eucharistie auf radikale Weise alle menschliche Gabe und Vollmacht übersteigt.[108] Allein aus sich heraus könnte der Priester die heilige Handlung, zu der er geweiht ist, gar nicht vollziehen. Deshalb ruft er den Heiligen Geist auf die Gaben von Brot und Wein herab.[109] Im Brot des Lebens und im Kelch des Heils gibt sich Christus uns zur Speise, „jede Fülle der Großzügigkeit übersteigend, jedes Maß der Liebe überschrei-

---

104 *Johannes Chrysostomus*, De proditione Iudae homiliae I, 6 (PG 49, 380): „Non enim homo est, qui facit ut proposita efficiantur corpus et sanguis Christi, sed ipse Christus qui pro nobis crucifixus est. Figuram implens stat sacerdos verba illa proferens: virtus autem et gratia Dei est. *Hoc est corpus meum*, inquit. Hoc verbum transformat ea, quae proposita sunt."

105 *Saberschinsky*, Einführung in die Feier der Eucharistie (2009), 151, bestreitet, dass die *Verba Testamenti* eine indikativische Funktion haben.

106 Vgl. *Wohlmuth*, Impulse für eine künftige Theologie der Gabe bei Jean-Luc Marion (2007), 270.

107 Vgl. *ders.*, Vom Tausch zur Gabe (2007), 222.

108 Vgl. *Haunerland*, Das eine Herrenmahl und die vielen Eucharistiegebete (2005), 129.

109 Das spricht nicht gegen die Deutung der *Verba Testamenti* als performativen Sprechakt. Anders *Daly*, Sacrifice unveiled (2009), 16f.

Convivium paschale

tend": „O einzigartige und bewundernswerte Freigebigkeit, da der Schenker zum Geschenk wurde und die Gabe völlig gleich mit dem Geber ist" – so dichtet Papst Urban IV. in seiner Hymne auf die Eucharistie.[110] Das Sakrament der Eucharistie ist unter den Sakramenten das größte Sakrament der Liebe *(maxime sacramentum caritatis)*.[111] Die Eucharistie ist nicht nur ein Sakrament des Lebens, sondern ebenso des Sterbens, denn sie hat einen Tod gekostet. Die Wirklichkeit der Eucharistie würde verfehlt werden, wollte man sie allein als „Gabentauschritual"[112] im Sinne einer Zirkulation des Lebens, an dem alle teilhaben, konzipieren.

Die Darbringung der Eucharistie ist ausgerichtet auf die innige Vereinigung mit Christus. Die Gegenwart Christi in den Gaben von Brot und Wein zielt auf den Empfang der Eucharistie.[113] Dabei durchbricht die Feier der Eucharistie die Ökonomie der Gabe. Wer den Leib und das Blut Christi empfängt, der empfängt ohne die Möglichkeit einer Gegengabe.[114] Die Gabe der Eucharistie (1 Kor 11,24) hebt jedes *do ut des* auf. Wie die Rechtfertigung des Gottlosen (Röm 4,5), kann auch die Gabe der Eucharistie nur in hinnehmender Passivität empfangen werden.[115] Die Gabe der Eucharistie steht, sofern sie die Ökonomie der Gabe durchkreuzt, in einem kritischen Verhältnis zur Gewinnung sozialer Energie durch Opfer und Transaktion.[116] Die Eucharistie zielt auf die Verwandlung dessen, der die Gabe der Eucharistie gläubig empfängt. Die einzig mögliche Antwort auf Seiten des Empfangenden ist die Haltung des Dankes, des zustimmenden Amen und eine der empfangenen Gabe entsprechende Praxis der Selbsthingabe. Die Eucharistie kann daher allein in der Pragmatik der

---

110 *Urban IV.*, Bulle „Transiturus de hoc mundo" (1. August 1264): DH 847.
111 Vgl. *Thomas von Aquin*, STh III, q.80, a.3c.
112 So *Bieler – Schottroff*, Das Abendmahl (2007), 134–139.
113 Vgl. *Betz*, Eucharistie als zentrales Mysterium (1973), 311.
114 Vgl. *Wohlmuth*, Vom Tausch zur Gabe (2007), 221f.
115 Auf diesen Zusammenhang hat *Bayer,* Gabe (⁴2002), 446, aufmerksam gemacht. *Dalferth*, Umsonst (2011), 231, spricht von „kreativer Passivität".
116 Vgl. *Stock*, Gabenbereitung (2003), 51.

Eucharistie selbst, der darbringenden Danksagung, angemessen gefeiert werden.

Der Empfang der Kommunion ist nur möglich in Gebet und Anbetung. Das Gebet ist seinem Wesen nach Aufmerksamkeit für Gott. Diese kann im Warten auf Gott bestehen, in der Meditation des Wortes Gottes, im stillen Gebet, in der schweigenden Anbetung oder im gesprochenen Gebet, ob es geprägtes Gebet ist oder ganz persönlich.[117] Im Werk der politischen Mystikerin Simone Weil (1909–1943) spielt die Aufmerksamkeit *(attente)* eine große Rolle[118]: „Die Aufmerksamkeit besteht darin, das Denken auszusetzen, den Geist verfügbar, leer und für den Gegenstand offen zu halten"[119], das heißt „wartend, nichts suchend, aber bereit, den Gegenstand, der in ihn eingehen wird, in seiner nackten Wahrheit aufzunehmen"[120]. Die Eucharistie zielt auf die Aufmerksamkeit in der Bereitschaft zu empfangen: „Wer die Leere einen Augenblick lang erträgt – empfängt entweder das übernatürliche Brot, oder er fällt."[121] Ohne die Bereitschaft zu empfangen kann die leibhaftige Liebe Christi, die uns im Sakrament der Eucharistie geschenkt wird, nicht in uns eingehen. Die konsekrierte Hostie unbedacht oder aus Routine zu empfangen, dies würde der einzigartigen Bedeutung der Gabe der Eucharistie nicht gerecht. Was wir heute brauchen, ist eine neue eucharistische Kultur des Empfangens.

---

117 Zu einer Phänomenologie des Gebets vgl. *Casper*, Das Ereignis des Betens (1998). Auf die Bedeutung der „Aufmerksamkeit" in der Phänomenologie des Gebets hat *Casper*, ebd., bes. 20–34, aufmerksam gemacht.

118 Zur Bedeutung Weils für die Theologie vgl. *Abbt – Müller* (1999), Simone Weil (1999); *Müller*, Simone Weil (2009).

119 *Weil*, Das Unglück und die Gottesliebe (^{2}1961), 103.

120 Ebd. 104.

121 *Dies.*, Cahiers (1993), 182.

Convivium paschale

Exkurs: Leibliche, sakramentale und virtuelle Präsenz

Die Frage nach dem Verhältnis von Realität und Virtualität ist nicht erst durch die Corona-Pandemie virulent geworden, sondern stellt sich seit dem Aufkommen von Rundfunk und Fernsehen und dem *Digital Turn*.[122] Cyberspace und Internet werfen neu die Frage „Was ist Wirklichkeit?" auf. Dies gilt auch für die „Liturgie im Zeitalter ihrer medialen Reproduzierbarkeit"[123]. Durch elektronische Medien übertragene Gottesdienste ermöglichen Personen, die nicht in physischer (Ko-)Präsenz an der Feier teilnehmen können, eine zumindest „intentionale Teilnahme"[124]. In der Corona-Pandemie kam es zu einer Explosion vor allem *via Internet* übertragener Gottesdienste.[125] Als zu Beginn der Corona-Pandemie öffentliche Gottesdienste untersagt waren, zelebrierten Priester die Eucharistie teilweise nur mit einem Ministranten, Lektor und Kantor in ansonsten leeren Kirchen, oder sie zelebrierten ganz allein. Die anderen Gläubigen nahmen an der Feier digital teil. Liturgiewissenschaftler nannten solche Messefeiern „Geistermessen"[126]. Eine Dogmatikerin sprach von „Retrokatholizismus"[127].

---

122 Mit dem Phänomen Virtualität beschäftigen sich aus philosophischer, theologischer und kulturwissenschaftlicher Perspektive *Roth – Schreiber – Siemons* (Hg.), Die Anwesenheit des Abwesenden (2000).
123 Vgl. *Irlenborn*, Die Liturgie im Zeitalter ihrer medialen Reproduzierbarkeit (2020). Irlenborn, der sich in seinem Beitrag mit den Folgen des *Digital Turn* für unser Wirklichkeitsverständnis und den christlichen Glauben beschäftigt, verweist auf den berühmten Essay „Das Kunstwerk im Zeitalter seiner technischen Reproduzierbarkeit" von Walter Benjamin (1892–1940).
124 *Gilles*, Durch das Auge der Kamera (2000), 14.
125 Bei liturgischer Virtualität spricht man auch von digitaler Liturgie, Online-Gottesdienst oder Liturgie in den Neuen Medien. Vgl. *Böntert – Krysmann* (Hg.), Online zu Gott?! (2020); *Böntert*, Gottesdienst im Internet (2005); *ders.,* Gottesdienst nach dem *Digital Turn* (2020).
126 Vgl. die pointierte Stellungnahme von Albert Gerhards, Stefan Winter und Benedikt Kranemann: *dies.,* Privatmessen passen nicht zum heutigen Verständnis von Eucharistie (18. März 2020): https://www.katholisch.de/artikel/24874-privat messen-passen-nicht-zum-heutigen-verstaendnis-von-eucharistie (aufgerufen am 17. Juli 2021).
127 Vgl. *Julia Knop,* „Ein Retrokatholizismus, der gerade fröhliche Urständ

Mit einem „Retro", das heißt hinter die vatikanische Liturgiereform zurück, hatten die gewählten Formen der Messfeier freilich nichts zu tun. Das Messbuch Pauls VI. (1970), die erste Frucht der Liturgiereform, sieht neben der Feier der Messe mit der Gemeinde als legitime Form explizit auch die Messe eines Priesters mit nur einem weiteren Gläubigen, der als Ministrant mitwirkt, vor. In der „Allgemeinen Einführung" des Messbuchs wird diese Form „Messe ohne Gemeinde *[sine populo]*"[128] genannt. Die Feier der Messe ohne weiteren Gläubigen ist bei einer schweren Notlage *(ex gravi necessitate)* erlaubt.[129] *Der* CIC/1983 sieht die Möglichkeit schon bei einem „gerechten und vernünftigen Grund *(iusta et rationabili de causa)*"[130] vor.

Die Frage der vom Priester allein gefeierten Messe ist nicht neu. Petrus Damiani diskutierte im 11. Jahrhundert die Frage, ob ein Eremit allein die heilige Messe feiern könne. Welchen Sinn macht es, so fragt Petrus, den liturgischen Gruß „Dominus vobiscum" (Der Herr sei mit euch) zu sprechen, wenn kein weiterer Gläubiger an der Messfeier teilnimmt?[131] Die Antwort, die der Benediktinermönch gibt, ist auch diejenige der Liturgiekonstitution „Sacrosanctum Concilium" und des Messbuchs Pauls VI.: Die Feier der heiligen Messe ist immer, auch wenn der Priester sie allein zelebriert, Feier der Kirche und keine private Veranstaltung.[132] Im Eucharistiegebet werden daher der Papst, der Ortsbischof,

---

feiert" (26. März 2020): https://www.uni-erfurt.de/katholisch-theologische-fakultaet/fakultaet/aktuelles/theologie-aktuell/ein-retrokatholizismus-der-gerade-froehliche-urstaend-feiert-julia-knop-warnt-vor-kirchlichen-rueckschritten-angesichts-corona (aufgerufen am 24. Juli 2021).

128 Vgl. Missale Romanum (1970), Institutio Generalis No. 209.

129 Vgl. ebd. No. 211.

130 Vgl. can. 906 CIC/1983; s. ebenso Missale Romanum (2002), Institutio Generalis No. 254.

131 Vgl. *Petrus Damiani*, Liber qui dicitur Dominus vobiscum VIII. – Ich verdanke den Hinweis Michael-Dominique Magielse OP. Vgl. *ders.*, A Distance Eucharist in Bits and Bytes (2020), 24f.

132 Vgl. auch *Haunerland*, Den Auftrag des Herrn erfüllen – auch in schwierigen Zeiten (2020), 223f.

Convivium paschale

Priester und Diakone, Lebende und Verstorbene, ja das ganze Volk Gottes genannt.

Dass mit allen Medien, auch den neuen, eine religiöse Bezugnahme auf Jesus möglich ist, ist unstrittig. Doch mit der Inkarnation des Sohnes Gottes wurde der menschliche Leib und nicht ein technisches oder elektronisches Medium zum entscheidenden Gottesmedium[133], ohne dass die Medienkörper Bild und Sprache ihre Bedeutung für die christliche Religion verloren hätten. Mit den neuen elektronischen Medien, durch die Menschen, ohne dass sie in leiblicher Kopräsenz zusammenkommen, miteinander kommunizieren, stellt sich die Frage, welche Funktion ihnen für die Vermittlung des in Jesus Christus begründeten Heils zukommt und wo sie an ihre Grenze stoßen. Dass Kommunikation nicht notwendig leibliche Kopräsenz voraussetzt, ist, wie der traditionelle Brief zeigt, kein Spezifikum des digitalen Zeitalters. Im Internet kommunizieren wir statt mit analogen Medien (Briefe, Depeschen, Bücher etc.), über digitalisierte Sprache, Texte und Bilder. Zu den digitalen Bildern gehört auch das virtuelle Spiegelbild, durch das wir, ähnlich wie bei einem analogen Spiegel, unseren Körper sehen können[134] und über das wir versuchen, Macht zu gewinnen.[135]

Transzendenz oder die Gegenwart des Göttlichen erfahren Menschen niemals unmittelbar, sondern immer vermittelt durch Zeichen und Medien, weshalb das Phänomen der medialen Vermittlung intrinsisch zur Religion gehört. Ohne symbolische Formen und Medien wäre auch die geistgewirkte Erinnerung an Jesus Christus, den auferweckten Gekreuzigten, in dem unser Heil begründet ist, nicht möglich gewesen. Die klassischen *media salutis* sind Gottes Wort bzw. die Schrift, die Sakramente und die Kirche. Christian Danz nennt die *media salutis* die „Medienkörper" Jesu

---

133 Dies ist die zentrale und im Kern richtige These von Eckhard Nordhofen in seinem vielbeachteten Buch über die Körper Gottes. Vgl. *ders.*, Corpora (³2020). – Zur Diskussion vgl. *Ramb* u. a. (Hg.), Die anarchische Kraft des Monotheismus (2021).

134 Vgl. *Hoff*, Verteidigung des Heiligen (2021), 143f.

135 Vgl. *Aboujaoude*, Virtually You (2018).

Christi, der das Medium Gottes in seiner Offenbarung schlechthin ist.[136] Die *media salutis* versteht der evangelische Theologe als Medien, als Gaben des Geistes, durch die sich die Erinnerung an Jesus Christus vollzieht. Medien der Erinnerung an Jesus Christus könnten aber ebenso die elektronischen Medien sein. „Ist der Geist an bestimmte Medien gebunden", so fragt Danz, „oder kommen alle Medien für die Weitergabe der Erinnerung an Christus in Betracht? Wirkt der Gottesgeist nur in dem Wort der Bibel und in den Sakramenten, oder findet er sich auch im World Wide Web und im IPhone? Wenn jede Weitergabe der christlichen Religion an Medien gebunden ist, dann kann es freilich keine Gründe geben, warum bestimmte Medien besser geeignet sein sollen als andere."[137] Gegenüber Jesus Christus, dem einen Sakrament Gottes, fasst Danz die *signa sacramentalia* Taufe und Abendmahl als „symbolische Medien" auf, denen die Funktion zukommen, die „christliche Religion"[138], die in der „Erinnerung an Jesus Christus"[139] bestehe, weiterzugeben.

Genuiner Ort der klassischen *media salutis* war und ist die gottesdienstliche Versammlung der christlichen Gemeinde in leiblicher Kopräsenz. Diese hat es mit einem in der Responsivität unserer Leibkörper gründenden Spektrum an Resonanzphänomenen zu tun, das es bei einer digitalen Teilnahme so nicht gibt.[140] Die virtuelle Welt ist aber nicht fiktiv, sondern durchaus real, weshalb wir von virtueller *Realität* und nicht von Fiktionalität sprechen. Die Erfahrungen, die wir mit digitalen Audio- und Bildmedien, ihrer Hard- und Software (Algorithmus) machen, beschreiben

---

136 Vgl. *Danz*, Christus und seine Medienkörper (2021); Ausführlicher zu Danz' pneumatologisch-medientheoretischer Zeichentheorie im Anschluss an die „Philosophie der symbolischen Formen" von Ernst Cassirer (1874–1945) vgl. *ders.*, Gottes Geist (2019), 257–314.
137 *Ders.*, Gottes Geist (2019), 258.
138 Ebd. 287.
139 Ebd. 289.
140 Der Soziologe Hartmut Rosa hat das Phänomen der Resonanz in das Zentrum seiner Soziologie der Weltbeziehung gestellt. Vgl. *ders.*, Resonanz (2019).

wir in Analogie zur Kommunikation in der analogen Welt. So sprechen wir von virtueller *Umgebung* (Präsentations- und Interaktionstechniken), einer virtuellen *Gemeinschaft* (durch ein Netz verbundene Gruppe von Computer-Benutzern, die gelegentlich und ständig miteinander kommunizieren) und dem virtuellen *Raum* (Cyberspace). Die Erfahrungen von Präsenz in der analogen und virtuellen Realität sind nicht dieselben, unabhängig davon, ob die digitalen Bilder einer Entität oder eines Ereignisses synchron oder asynchron zu ihnen erzeugt werden. Gleichwohl meint Danz: „Jesus als den Christus und seine Medienkörper gibt es nur in und für die christliche Religion, mit der sie zugleich entstehen. Kriterium ihres Mediengebrauchs kann weder ein bestimmtes Medium wie Wort, Schrift oder Sakramente noch eine leibliche Kopräsenz der Kommunikanten sein. Christlich ist ein Mediengebrauch allein dadurch, dass er religiösen Sinn mit Bezug auf Jesus Christus herstellt. Aber genau das ist mit allen Medien möglich."[141]

Bei der Feier der Eucharistie handelt es sich aber um eine sakramentale Feier. Doch kann es so etwas wie virtuelle Sakramente geben? Diese Frage stellt sich nicht nur für die Eucharistie, sondern auch für die anderen Sakramente. Zur Gegenwart Christi in der Eucharistie heißt es in „Sacrosanctum Concilium": „Gegenwärtig ist er im Opfer der Messe sowohl in der Person dessen, der den priesterlichen Dienst vollzieht – denn ‚derselbe bringt das Opfer jetzt dar durch den Dienst der Priester, der sich einst am Kreuz selbst dargebracht hat'–, wie vor allem unter den eucharistischen Gestalten. Gegenwärtig ist er mit seiner Kraft in den Sakramenten, so dass, wenn immer einer tauft, Christus selber tauft. Gegenwärtig ist er in seinem Wort, da er selbst spricht, wenn die heiligen Schriften in der Kirche gelesen werden. Gegenwärtig ist er schließlich, wenn die Kirche betet und singt, er, der versprochen hat: ‚Wo zwei oder drei in meinem Namen versammelt sind, da

---

141 *Danz*, Christus und seine Medienkörper (2021), 424. – Zur Debatte um die Digitalisierung des Gottesdienstes in der evangelischen Theologie vgl. *Deeg – Lehnert* (Hg.), Liturgie – Körper – Medien (2019).

bin ich mitten unter ihnen' (Mt 18,20)."[142] Nach seiner Auferstehung gab er seinen Jüngern die Verheißung: „Und siehe, ich bin bei euch alle Tage bis zum Ende der Welt" (Mt 28,19).

Jesus spricht hier nicht von einer virtuellen Welt, sondern seiner Gegenwart als erhöhter Herr, die theologisch seine verklärte Gegenwart genannt wird, weil er sich den Zeugen und Zeuginnen seiner Auferstehung in verklärter Gestalt gezeigt hat. Er erschien ihnen nicht als Geist (Lk 24,36–42), aber auch nicht in der Gestalt eines vergänglichen physischen Leibkörpers, sondern – sieht man einmal von der Begegnung des Apostels Paulus mit dem Auferstanden ab (1 Kor 15,1–11; Apg 9,1–19; 22,3–21; 26,4–23) – in einer neuen Form von Leiblichkeit, so dass der Auferstandene nicht sofort erkannt wird, wo er sich nicht als der Gekreuzigte mit seinen Wundmalen zeigt, wie gegenüber dem Apostel Thomas (Joh 20,24–29).

Zu den Zeugen der Auferstehung Jesu gehören auch die Jünger, die auf dem Weg nach Emmaus sind (Lk 24,13–35), die den Auferstandenen, der ihnen die Schriften auslegt, erkennen, als dieser über das Brot den Lobpreis anstimmt, das Brot bricht und es ihnen reicht (Lk 24,30). Das Zeugnis der Jünger von Emmaus ist für die Zeit der Kirche von großer Bedeutung, weil wir, die wir dem historischen Jesus nicht begegnet sind, die Gegenwart des Auferstanden vor allem in der Feier des Herrenmahls erfahren, dem erhöhten Herrn aber auch im Nächsten und seiner Not begegnen, wie eindringlich das große Gerichtsgleichnis deutlich macht (Mt 25,31–46).

Wenn die Dogmatische Konstitution „Dei Verbum" (18. November 1965) über die göttliche Offenbarung das Bild vom Tisch des Wortes Gottes und des Leibes Christi nebeneinander stellt[143], will sie deutlich machen, dass die Liturgie des Wortes Gottes konstitutiv zur Feier des Paschamysteriums Christi gehört und nicht nur eine Art Vorfeier zur eucharistischen Liturgie darstellt. Mit dem Bild von den beiden Tischen wird nicht der Unterschied in den Gegenwartsweisen Christi bestritten (vom Tisch des Mahles

---

142 SC 7.
143 Vgl. DV 21: „mensa tam verbi Dei quam Corporis Christi".

Convivium paschale

spricht „Dei Verbum" nicht). Der Unterschied wird heute nicht selten in eine undifferenzierte Allgegenwart Christi in Wort und Sakrament aufgelöst. Doch die Realpräsenz Christi in den eucharistischen Gaben von Brot und Wein ist singulär. Sie ist weder bei den anderen sakramentalen Zeichen (Wasser der Taufe, Salböl etc.) noch im Wort der Verkündigung gegeben, in denen Christi mit seiner Kraft, aber nicht mit Leib und Blut gegenwärtig ist.

Die besondere Präsenz Christi in der Eucharistie ist Teil der authentischen Glaubenslehre der katholischen Kirche und nicht nur eine theologische Lehrmeinung, die seit der Kirchenväterzeit und dem Mittelalter vertreten wird. Selbst Martin Luther, der die Gegenwart Christi mit Leib und Blut in und unter den Zeichen von Brot und Wein mit der Ubiquität (Allgegenwart) des erhöhten Herrn zu begründen versuchte, hielt daran fest, dass die eucharistische Realpräsenz Christ eine andere ist als seine Gegenwart im Wort. Die Gegenwart Christi mit Leib und Blut in und unter den Zeichen von Brot und Wein besagt, dass Christus mit Leib und Seele, Gottheit und Menschheit real gegenwärtig ist.

Doch wie ist eine Gegenwart Christi in der Liturgie der Kirche überhaupt möglich, da doch das Heilsgeschehen in Jesus Christus ein Ereignis der Vergangenheit darstellt. Der Liturgiewissenschaftler Odo Casel hat die Feier der Eucharistie in Analogie zu den Kultmysterien der Antike verstanden, ohne dabei eine historische Abhängigkeit oder inhaltliche Analogie zu behaupten. Für Casel ist die Liturgie der Kirche „der rituelle Vollzug des Erlösungswerkes Christi", in der sich „die Gegenwart göttlicher Heilstat unter dem Schleier der Symbole" ereignet – gemäß dem Diktum Papst Leo des Großen: „Was an unserem Erlöser sichtbar war, ist in die Mysterien übergegangen". Die Mysterientheologie hat die Einheit von Glaubensgeheimnis und Kulthandlung wiederentdeckt und die Feier des Heilsmysteriums Christi erneut in das Zentrum christlicher Existenz und Spiritualität gerückt. Doch ihr Problem besteht darin, dass sie die Liturgie wie die *Epiphanie* eines vergangenen Ereignisses auffasst, welches gleichsam in zeitlicher Entgrenzung heute erscheint – so die Kritik des Fundamentaltheologen Gottlieb Söhngen.

Schon die Kirchenväter hatten die eucharistische Realpräsenz ausgehend von der Inkarnation des Gottessohnes her konzipiert. Denn es ist der eine historische, auferstandene und erhöhte Herr, der sich kraft des Geistes im liturgischen Gedenken selbst vergegenwärtigt. Der auferweckte Gekreuzigte ist keine andere Person als die des menschgewordenen Sohnes Gottes. Jesus erhielt bei seiner Auferstehung von den Toten auch nicht einen gänzlich neuen Leib, vielmehr wurde sein historischer Leib, der die Verwesung nicht geschaut hat (Apg 2,31), verklärt, das heißt transformiert in eine neue himmlische Gestalt. Das liturgische Gedenken *(commemoratio)* holt nicht ein Ereignis der Vergangenheit gleichsam in die Gegenwart zurück, sondern im Geist schenkt sich uns der erhöhte Herr mit seiner Gegenwart. Deshalb hat das Zweite Vatikanische Konzil der Realpräsenz Christi in den Gaben von Brot und Wein, die nicht selten als eine statisch-dingliche missverstanden wurde, die grundlegende dynamische und personale Präsenz Christi zur Seite gestellt. Die Theologie spricht hier von der kommemorativen Aktualpräsenz Christi.

Die Liturgie der Kirche in Wort und Sakrament kann von der Digitalisierung unseres Lebens nicht unberührt bleiben. Liturgiewissenschaft und Sakramententheologie müssen sich daher intensiver als bisher mit der digitalen Transformation befassen und bedenken, wie wir die Gegenwart Christi in unserer Welt erfahrbar machen und wie wir von ihr sprechen können. Der digitale Raum bietet viele Möglichkeiten für die Verkündigung des Wortes Gottes, der Botschaft seines Sohnes, die (Selbst-)Präsentation der Kirche und die (Neu-)Evangelisierung, aber auch für die Erfahrung der Kirche als *Communio*.[144] Seine Grenze findet das Internet allerdings bei den liturgisch-sakramentalen Feiern, bei denen wir zwar digital betend „dabei" sein, an denen wir aber wegen fehlender leiblicher Kopräsenz nicht vollumfänglich teilnehmen können.

Allerdings ist dies nicht unumstritten. Antonio Spadaro[145] und Felix Akam[146] weisen auf den britischen Theologen Paul

---

144 Vgl. *Roth*, Digital Community und liturgische Gemeinschaft (2020).
145 Vgl. *Spadaro*, Cybertheology (2014), 73.
146 Vgl. *Akam*, The Church in the Screen (2021), 257.

Convivium paschale

S. Fiddes hin. Auf einer Tagung zum Thema „The Virtual Body of Christ? Sacrament and Liturgy in Digital Spaces" (2009) vertrat der Baptist Fiddes die These, dass eine „Cyber-Eucharistie" möglich sei, bei der ein Avatar im virtuellen Raum ein digitales Simulakrum von Brot und Wein empfängt und die reale Person, die hinter dem Avatar steht, die damit verbundene Gnade. Möglich sei dies, so Fiddes, weil Gott überall gegenwärtig ist, in der analogen wie in der digitalen Welt.[147] Fiddes' Vorschlag „Cyber-Eucharistie" löste eine kontroverse Debatte mit Pro- und Contra-Beiträgen aus. Der anglikanische Theologe Bosco Peters wandte ein, dass eine solche „Cyber-Eucharistie" die Einheit von Gabendarbringung, Danksagung und Kommunion aufhebe und zu einem magischen Verständnis der Konsekration von Brot und Wein führt.[148]

Einer der ersten Vorschläge einer „Cyber-Eucharistie" kam von Stephen C. Rose (1997): Die Personen, die an einer „Cyber-Eucharistie" teilnehmen, sitzen vor einem Computer mit Brot und Wein in Reichweitete. Die Teilnehmer sprechen zusammen das Vater unser und ein von Rose formuliertes Eucharistiegebet. Das Experiment wurde schon bald wiedereingestellt. In der Corona-Pandemie wurde von einigen evangelischen und wenigen katholischen Amtsträgern Ähnliches praktiziert. Die Einsetzungsworte bzw. das Eucharistiegebet wurden vom geistlichen Amtsträgern über Brot und Wein gesprochen, die Teilnehmer, die digital mit ihm und weiteren analog teilnehmenden Gläubigen verbunden sind, halten dabei Brot und Wein in Reichweite, die sie anschließend kommunizieren. Auch hier werden Gabendarbringung, Danksagung und Kommunion auseinandergerissen.

Nach katholischem Eucharistieverständnis kann nur ein gültig geweihter Priester in der Person Christi das Eucharistiegebet und die Einsetzungsworte über die Gaben von Brot und Wein sprechen. Er kann nicht durch ein digitales Bild seiner Person er-

---

147 Vgl. *Fiddes*, Sacraments in a Virtual World (2009): https://www.frsi mon.uk/paul-fiddes-sacraments-in-a-virtual-world (aufgerufen am 27. Juli 2021).
148 Vgl. *Peters*, Can Sacraments work in the Virtual World? (2009): https://liturgy.co.nz/virtual-eucharist (aufgerufen am 27. Juli 2021).

setzt werden. Die Konsekration der Gaben via Internet schließt die katholische Kirche daher aus. Auch wenn wir heute die somatische Realpräsenz nicht mehr in Kategorien mittelalterlicher Substanzmetaphysik beschreiben, sondern eher im Sinne einer relationalen Ontologie, so würde eine digitale Wandlung doch die Einheit der sakramentalen Handlung aufheben.[149] Virtuelle Realität kann leibliche Präsenz nicht ersetzen. Besonders gilt dies für die Feier der Sakramente.

Sakramente können nicht im Internet bezeichnen und bewirken, was sie bezeichnen, da sie an das sinnliche Zeichen in der analogen Welt gebunden sind.[150] In der Welt der *Bits* und *Bytes* gibt es weder Wasser, Brot, Wein, Öl etc., die konstitutiv sind für die Sakramente, auch wenn sie wie der rituelle Vollzug einer sakramentalen Feier abgebildet und in der digitalen Welt verbreitet werden. Nicht zuletzt der Empfang eines Sakraments setzt voraus, dass Menschen in körperlich-leiblicher Co-Präsenz und nicht nur digital mit einander kommunizieren.[151] Beim Sakrament der Eucharistie gilt dies auch für die Kommunion außerhalb der Messfeier, etwa der Krankenkommunion, bei der das eucharistische Brot nicht neu konsekriert wird. Das Sakrament der Eucharistie wird aus einer analogen Feier der Eucharistie heraus oder aus dem Tabernakel gebracht.

Der italienische Jesuitentheologe Antonio Spadaro schreibt in seinem Buch „Cybertheology" (2014): „The Catholic Church always insists that it is impossible and anthropologically erroneous to consider virtual reality to be *able* to substitute for the real, tangible, and concrete experience of the Christian Community: the same applies, visibly and historically, to liturgical celebrations and sacraments."[152] Schon im Pontifikat Johannes Pauls II. hatte der Päpstliche Rat für die Kommunikationsmittel in seinem Dokument „La Chiesa e internet" (2002) erklärt: „Es gibt keine

---

149 So auch *Söding*, Sakramente virtuell? (2021), 43.
150 Vgl. ebd. 41.
151 Vgl. ebd. 43.
152 *Spadaro*, Cybertheology (2014), 74f.

Sakramente im Internet"[153]. Der Rat anerkannte aber, dass wir, wenn wir ins Internet eintauchen, „dank der Gnade Gottes" religiöse Erfahrungen machen können, obschon die leibkörperliche Beziehung zu den anderen Gläubigen und der analogen Welt fehlt. Sakramente können aber nicht, sofern man sie nicht auf Medien der Erinnerung an Jesus Christus reduziert, im Internet gefeiert werden. Denn sie setzten den menschlichen Leibkörper und eine leibliche Kopräsenz voraus.

Unser Leibkörper ist das fundamentale anthropologische Zeichen. Er bildet zugleich die Schnittstelle zwischen dem Raum des Analogen und des Digitalen. Die moderne Phänomenologie des Leibes, beginnend mit „La phénoménologie de la perception" (1945) von Maurice Merleau-Ponty (1908–1961), hat gegenüber einem Dualismus von Geist und Materie und dem bewusstseinsphilosophischen Formalismus in der Folge von Immanuel Kants (1724–1804) transzendentaler Analytik die fundamentale Bedeutung des Apriori unseres Leibkörpers für unser Erkennen herausgearbeitet. Hinsichtlich der Beziehung verschiedener menschlicher Leibkörper sprach Merleau-Ponty von „intercorporéité" (Zwischenleiblichkeit).[154]

Unser Leibkörper ist Voraussetzung dafür, dass wir Erfahrungen des Heiligen machen können. Zugleich ist er die Grundlage für den Gedanken der Sakramentalität.[155] Vom menschlichen Leibkörper kann man auch im digitalen Zeitalter nicht absehen.[156] So setzen digitale Gottesdienste voraus, „dass echte Menschen vor ihren Geräten sitzen, mit ihrem Glauben, ihrer Liebe und ihrer Hoffnung, die sich im Internet mit anderen echten Menschen verbinden – und dies nicht nur wissen, sondern auch erwarten."[157] Liturgietheologisch stellt sich mit dem digitalen Zeitalter die Fra-

---

153 ChInt II.9.
154 Vgl. *Merleau-Ponty*, Phänomenologie der Wahrnehmung (1966), passim.
155 Nach *Wenzel*, Sakramentales Selbst (2003), ist die sakramentale Denkfigur im menschlichen Sprachleib begründet.
156 Zur Anthropologie der digitalen Transformation vgl. *Hoff*, Verteidigung des Heiligen (2021).
157 *Söding*, Virtuelle Sakramente? (2021), 41.

Die Eucharistie als Sakrament der Gabe

ge, wie sich die leibliche Präsenz des menschlichen Körpers, die sakramentale Präsenz in heiligen Zeichen und die durch elektronische Medien vermittelte virtuelle Präsenz zueinander verhalten. Leibliche Präsenz ist wie leibliche Kopräsenz an einen bestimmten Ort gebunden, während es in der virtuellen Welt, mögen wir mit ihr auch über unseren positionsgebundenen Leibkörper verbunden sein, zu einer räumlichen Entgrenzung kommt.[158]

Eucharistietheologisch wäre zu klären, ob eine eucharistische Anbetung digital möglich ist, und wenn ja, ob sie dem Glauben an die somatische Realpräsenz Christi in Brot und Wein zuträglich ist, denn wer wird schon vor einem Computer in die Knie gehen. Die Intention dessen, der anbetet, müsste jedenfalls auf den Leib Christi, der in und unter dem analogen Zeichen der Hostie gegenwärtig ist, bezogen sein, was auch bei einer geistlichen Kommunion *via Screen* zu beachten wäre. Denn im digitalen Simulakrum von Brot und Wein ist Christus nicht gegenwärtig.[159] Unabhängig von der Frage digitaler Anbetung und geistlicher Kommunion kann die digitale Partizipation an einer Eucharistiefeier die analoge Teilnahme daran nicht ersetzen. Wer an einer sonntäglichen Feier der Eucharistie aufgrund von Krankheit oder einem anderen Grund physisch nicht teilnehmen kann, ist davon dispensiert, sie in leiblicher Kopräsenz mitzufeiern.

3. Gabe der Verwandlung und ewiges Leben

Das Sakrament der Eucharistie ist nicht nur das Sakrament der *Gabe*. Aus der einzigartigen Gabe, die wir empfangen, erwächst für Simone Weil zugleich die *Aufgabe*, in jedem Menschen, und sei er auch noch so entstellt und gedemütigt wie der Mensch *(Ecce ho-*

---

158 Wenn Dennis Ford vom „Digital God" spricht, ist nicht immer klar, ob damit elektronisch vermittelte Gottesbilder und religiöse Erfahrungen gemeint sind oder die Unendlichkeit der virtuellen Welt. Vgl. *ders.*, A Theology for a Mediated God (2016), 94–100.
159 *Spadaro*, Cybertheology (2014), 75f., hält eine digitale Anbetung und geistliche Kommunion gleichwohl für möglich.

mo), der für uns sein Leben gegeben hat, die Menschheit zu sehen, die seine Würde ausmacht.[160] Wir sollen den Nächsten um seiner selbst willen lieben, so wie Gott uns geliebt hat – kenotisch und gleichsam selbstvergessen. So gibt es Augenblicke, „in denen der Gedanke an Gott uns von ihm trennt."[161] Weil verdeutlicht dies an der eschatologischen Gerichtsszene in Mt 25: „Wenn ein Bettler Hunger hat, so ist das in einem gewissen Sinne viel wichtiger, als wenn Christus Hunger hätte. Christus als Mensch. Aber das Wort, das Fleisch geworden ist, hungert danach, dass dieser Bettler zu essen bekommt, wenn man sich eine göttliche Entsprechung zum Verlangen vorstellen kann."[162]

Es ist kein Zufall, dass ein Mahl zur Eucharistie, zur Danksagung geworden ist. Dies hängt mit der natürlichen Symbolik des Mahles zusammen. Nirgendwo wird so deutlich und augenfällig, dass Menschen Empfangende sind wie bei einem gemeinsamen Essen. Als Mahlgemeinschaft, die über den bloßen Vorgang der Nahrungsaufnahme hinausgeht, hat das Essen eine natürliche Zeichenhaftigkeit. Schon mit der gewöhnlichen Speise, sofern wir sie als Gabe empfangen, nehmen wir Gottes Liebe in uns auf. In diesem Sinne können wir mit Simone Weil sagen: „Wird die Gabe recht gegeben und recht empfangen, so ist das Geben und Nehmen eines Stückes Brot zwischen zwei Menschen etwas wie eine wahre Kommunion."[163] Die Eucharistie ist davon aber noch einmal unterschieden. Denn in der Eucharistie empfangen wir Gottes Liebe, die sich bis zum Äußersten, bis zum Tod am Kreuz, verschenkt hat und die sich als eine Liebe gibt, die nur in der übernatürlichen Liebe *(caritas)* berührt werden kann. „Natürlich ist ganz einfach das, was tatsächlich in unser Fassungsvermögen gelegt wurde; aber alle Teile des menschlichen Lebens enthalten die gleiche Dichte von Mysterium, Absurdität, Unfassbarkeit wie zum Beispiel die Eucharistie, und es ist auch bei allen gleich unmöglich,

---

160 Vgl. *Weil*, Das Unglück und die Gottesliebe (^{2}1961), 149f.
161 Ebd. 152.
162 *Dies.*, Cahiers II (1993), 274.
163 *Dies.*, Das Unglück und die Gottesliebe (^{2}1961), 137.

Die Eucharistie als Sakrament der Gabe

sie durch einen anderen wirklichen Kontakt zu bewähren, als durch die Fähigkeit der übernatürlichen Liebe."[164] „Es ist nicht weiter erstaunlich, dass ein Mensch, der Brot hat, einem Hungrigen ein Stück davon abgibt. Erstaunlich aber ist, dass er dessen mit einer Gebärde fähig ist, die sich von der des Kaufens unterscheidet. Wenn das Almosen nicht übernatürlich ist, so gleicht es einem Kaufhandel. Es kauft den Unglücklichen."[165]

Gewöhnliche Speisen und Getränke nähren uns, indem wir sie verzehren. Doch so viel wir auch essen, unser Leben verbraucht sich unaufhörlich. Die eucharistische Speise wird gegeben, damit wir verwandelt werden und nie mehr Hunger haben.[166] Augustinus beschreibt dies mit den berühmten Worten seiner „Confessiones": „Nicht wirst du mich in dich verwandeln, gleich der Speise deines Fleisches, du wirst gewandelt werden in mich [Christus]."[167] Der Gedanke findet sich ebenso im „Liber de sacramento eucharistiae" Alberts des Großen: „Die fleischliche Speise erhält von unserem Leib die Nahrungskraft, wie von der speisenden und nährenden Seele, die sie [die Speise] verändert und zur Ähnlichkeit mit dem ernährten Leib verwandelt. Und weil der genährte Leib zerstörbar und auflösbar ist, wird die Speise im Leib zerstört und aufgelöst, und beide, die Speise und der Leib, werden zur Fäulnis gemacht. Wenn aber dieser göttliche Leib in uns verwandelt würde, nützte er uns nichts, sondern ginge mit uns zugrunde. Weil

---

164 *Dies.*, Cahiers II (1993), 253.

165 *Dies.*, Das Unglück und die Gottesliebe (^{2}1961), 147.

166 Vgl. *Benedikt XVI.*, Ansprache vor der Vollversammlung der Gottesdienstkongregation am 13. März 2009: „Denn in der Eucharistiefeier erleben wir die grundlegende Verwandlung von Gewalt in Liebe sowie von Tod in Leben. Sie führt zu weiteren Verwandlungen. Diese Feier hat das Ziel, dass Brot und Wein in Fleisch und Blut umgewandelt werden. Doch dies allein genügt uns nicht – im Gegenteil: An dieser Verwandlung beginnt etwas Neues für uns. Der Leib und das Blut Christi werden uns geschenkt, damit wir selber eine Umwandlung durchmachen."

167 *Augustinus*, Confessiones VII, 10 (CCL 27, 104): „Nec tu me in te mutabis sicut cibum carnis tuae, sed tu mutaberis in me." Vgl. auch *Ambrosius*, Expositio Evangelii secundum Lucam VI, 71–75 (CCL 14, 199–201); ebenso *Leo der Große*, Sermo LXIII, 7 (PL 54, 357B–C).

Convivium paschale

aber seine Kraft unsere Schwachheit überwindet und uns zu sich hin verwandelt, muss unsere Schwachheit in seine göttliche Kraft übergehen. Und so werden wir stark gemacht und können nicht vergehen, weil wir von ihm stark gemacht sind für die Ewigkeit."[168] In der Bulle „Transiturus de hoc mundo" zur Einführung des Fronleichnamsfestes sagt Papst Urban IV. vom eucharistischen Brot: „Dieses Brot wird verzehrt, aber wahrhaft nicht aufgezehrt; es wird gegessen, aber nicht umgewandelt; denn es wird keineswegs in den Essenden umgeformt, sondern, wenn es würdig empfangen wird, wird ihm der Empfangende gleichgestaltet."[169] Nicht von der *species* des Brotes ist hier die Rede, von seiner sinnlichen Gestalt und seinen materiellen Eigenschaften, sondern von Christus in seiner Gegenwart im Zeichen des Brotes. Seine Gegenwart ist eine „wirksame" Gegenwart, ja eine in uns wirkende Gegenwart.

Die Gegenwart Christi in den eucharistischen Gaben ist einzigartig und erhebt die Eucharistie über alle Sakramente. Die Eucharistie ist „gleichsam die Vollendung des geistlichen Lebens und das Ziel aller Sakramente"[170]. Doch ohne Verwandlung, ohne Auferstehung und neues Leben wäre die Eucharistie nicht mehr als eine Gedächtnisfeier für einen Toten. Und so ist die Eucharistie ein „Fest des Lebens"[171], denn in ihr dürfen wir „die ins ewige Leben tragende Lebensnahrung aufnehmen"[172]. Wir nehmen Christus in uns auf, der der Weg, die Wahrheit und das Leben ist (Joh 14,6). Daher ist die Eucharistie das intensivste Zeichen der Verbindung mit Christus: „Wie die Nahrung einverleibt wird und vollständig im Essenden *aufgenommen* wird, so innig und nahe geschieht die Verbindung des Glaubenden mit Christus."[173] Christus gibt sich uns nicht nur als „Weg", sondern

---

168 *Albertus Magnus*, Liber de sacramento eucharistiae d. III, tr. I, c. 5, 5 (ed. Borgnet 38, 256). Vgl. auch *Thomas von Aquin*, STh III, q.73, a.3, ad 2.
169 *Urban IV.*, Bulle „Transiturus de hoc mundo" (11. August 1264): DH 847.
170 *Thomas von Aquin*, STh III, q.73, a.3c.
171 *Ratzinger*, Eucharistie – Mitte der Kirche, in: JRGS 11 (2008), 318.
172 *Bachl*, Eucharistie (2008), 59.100.
173 Ebd. 116.

als „Nahrung". Durst und Hunger der Menschen haben selbst einen leiblich sakramentalen Charakter, auch im Leben und Sterben Jesu Christi (vgl. Joh 19,28: „Mich dürstet").[174]

Im Sakrament der Eucharistie erhalten wir Anteil an jenem einzigartigen Leben, das Jesus, Gottes menschgewordener Sohn, am Kreuz dahingegeben hat und das durch seine Auferweckung von den Toten bei Gott vollendet wurde. In der Eucharistie ist das *Triduum paschale* gewissermaßen gesammelt und für immer konzentriert.[175] Die Eucharistie ist die „Verleiblichung" der Liebe Gottes. In ihr empfängt der Mensch, wovon er leben kann: „O Sakrament der Liebe!", schreibt Augustinus in seinem Johanneskommentar: „Wer leben will, hat einen Ort, wo er leben kann, und hat etwas, von dem er leben kann. Er möge hinzutreten, glauben und teilhaben an dem Leib, um lebendig zu werden."[176] Nicht vergängliches Leben schenkt die Eucharistie, sondern sie gibt Anteil am ewigen Leben Jesu Christi, der für immer hinübergegangen ist *(transitus)* in das Leben, das keinen Tod mehr kennt.

Doch nur der kann wahrhaft kommunizieren, der zuvor angebetet hat: „Weil er im Fleisch selber hier wandelte, so gab er uns auch sein Fleisch als Speise zum Heil; niemand aber isst jenes Fleisch, der nicht zuvor angebetet hat."[177] Das Knien ist hier die sprechende „leibhaftige Gebärde der Anbetung"[178], da wir darin „aufrecht, bereit, verfügbar bleiben, aber zugleich uns vor der Größe des lebendigen Gottes und seines Namens beugen"[179]. Das Knien ist „der leibhaftige Ausdruck unseres Ja zur wirklichen Gegenwart Jesu Christi, der als Gott und Mensch, mit Leib und Seele,

---

174 Vgl. *Kühn*, Gabe als Leib in Christentum und Phänomenologie (2004), 92f.

175 Vgl. *Johannes Paul II.*, Enzyklika „Ecclesia de Eucharistia" (2003), Nr. 5.

176 *Augustinus*, In Iohannis evangelium tractatus XXVI, 13 (CCL 36, 266): „O sacramentum pietatis! [...] Qui vult vivere, habet ubi vivat, habet unde vivat. Accedat, credat, incorporetur ut vivificetur."

177 *Ders.*, Enarrationes in Psalmos LIXVIII, 9 (CCL 39, 1385): „Et quia in ipsa carne hic ambulavit, et ipsam carnem nobis manducandam ad salutem dedit; nemo autem illam carnem manducat, nisi prius adoraverit".

178 *Ratzinger*, Eucharistie – Mitte der Kirche, in: JRGS 11 (2008), 357.

179 Ebd. Zur liturgischen Gebärde des Kniens vgl. auch *ders.*, Der Geist der Liturgie, in: JRGS 11 (2008), 158–165 [159–167].

Convivium paschale

mit Fleisch und Blut unter uns anwesend ist"[180]. Das „Beugen der Knie vor der Gegenwart des lebendigen Gottes"[181], die Haltung der Anbetung und die Ehrfurcht vor dem eucharistischen Sakrament wiederzugewinnen, gehört zu den Aufgaben einer *ars celebrandi* der eucharistischen Liturgie. Die Anbetung führt nicht nur zum Mahl, sie kann auch ihre Fortsetzung finden in der eucharistischen Anbetung außerhalb der Messfeier. In der konsekrierten Hostie lebt die Eucharistie gleichsam „kristallisiert" weiter, selbst wenn ihre Feier abgeschlossen ist.[182] Zur Verwandlung des Menschen durch die Eucharistie gehört nicht nur die sakramentale Kommunion. Auch die eucharistische Anbetung kann verwandeln. Die Anbetung außerhalb der Messe verlängert und intensiviert gleichsam die Anbetung, die schon in der Feier der Eucharistie beginnt.[183] So sind die Gläubigen gehalten, während der Konsekration, von der Wandlungsepiklese bis zum *Mysterium fidei*, zu knien.[184] Der zelebrierende Priester ist angehalten, jeweils nach den *Verba Testamenti* zum Zeichen der Anbetung das Knie zu beugen, ebenfalls bevor er die Kommunion empfängt.

Die Anbetung in der Feier der Eucharistie ist Anbetung, die Vereinigung werden soll.[185] Im Empfang des Leibes und Blutes Christi erhalten wir das Unterpfand des ewigen Lebens (Joh 6,51–58). Daher hat man die Eucharistie schon früh „Arznei der Unsterblichkeit" *(pharmacum immortalitatis)*[186] genannt. „Ich bin dein Ernährer, da ich mich selbst als Brot gebe und mich täglich

---

180 *Ders.*, Eucharistie – Mitte der Kirche, in: JRGS 11 (2008), 358.
181 *Ders.*, Der Geist der Liturgie, in: JRGS 11 (2008), 162 [164].
182 Vgl. *Koch*, Eucharistie (2005), 59.
183 Vgl. *Benedikt XVI.*, Nachsynodales Apostolisches Schreiben „Sacramentum Caritatis" (2007), Nr. 66.
184 Vgl. GORM Nr. 43.
185 In diesem Zusammenhang ist auch die Förderung der knienden Mundkommunion durch Papst Benedikt XVI. zu sehen. Denn bei der stehenden Handkommunion wird leicht vergessen, dass wir den Leib Christi nicht erhalten wie ein ausgegebenes Stück Brot. Würden alle Gläubigen an einer Kommunionbank kniend kommunizieren, wäre der Unterschied zwischen Mund- und Handkommunion kaum erheblich.
186 *Ignatius von Antiochien*, Ad Ephesios XX (PG 5, 755A).

als Trank der Unsterblichkeit darbiete."[187] Auch die eucharistische Anbetung weist über das irdische Leben voraus auf das ewige Leben, in dem Gott „weder auf diesem Berg [Garizim] noch in Jerusalem", sondern für alle Ewigkeit „im Geist und in der Wahrheit" (Joh 4,21.23) angebetet werden wird. Anbetung ist hier nicht nur Einbruch der Ewigkeit in die Zeit, sondern bleibende Gegenwart. Zum ewigen Leben gehört wesentlich das „Verweilen in der dankbaren Anbetung des absoluten Geheimnisses Gottes"[188]. Die Eucharistie ist nicht allein das sakramentale Gedächtnis des Leidens und Sterbens Christi, sondern seines Transitus vom Tod zum Leben, so dass wir „durch unsere Teilnahme am Altar [...] mit aller Gnade und allem Segen des Himmels"[189] erfüllt werden.

Die Eucharistie ist eine Antizipation der himmlischen Herrlichkeit, die in der Feiergestalt der Eucharistie einen angemessenen Ausdruck sucht. Die eschatologische Dimension ist der Eucharistie vom letzten Abendmahl her eingestiftet. Als Jesus mit den Zwölfen zusammen war, das Brot brach und ihnen den Kelch des Segens reichte, blickte er auf die Vollendung im Reich Gottes voraus: „Ich sage euch: Von jetzt an werde ich nicht mehr von der Frucht des Weinstocks trinken bis zu dem Tag, an dem ich mit euch von neuem davon trinke im Reich meines Vaters" (Mt 26,29). Wir haben die Verheißung, dass der erhöhte Herr in seiner Eucharistie immer wieder neu zu uns kommt, um in unserer Mitte und in den Gaben von Brot und Wein gegenwärtig zu sein. Seine Gegenwart ist verhüllt – als Abwesender ist er anwesend. Die Eucharistie ist die sichtbare Verheißung der endgültigen Zukunft bei Gott in seinem Reich. Dort werden wir Gott sehen, wie er ist, und ihm auf ewig sein Lob singen.[190] Und so „erwarten wir voll Zuversicht das Kommen unseres Erlösers Jesus Christus"[191].

---

187 *Clemens von Alexandrien*, Quis dives salvus erit 23, 4 (GCS III 175, 4–5).
188 *Koch*, Eucharistie (2005), 60.
189 MB ²1988, 475 *(Supra quae)*.
190 Vgl. MB ²1988, 499: „Dann wirst du alle Tränen trocknen. Wir werden dich, unseren Gott, schauen, wie du bist, dir ähnlich sein auf ewig und dein Lob singen ohne Ende" (Drittes Hochgebet: Messe für Verstorbene).
191 Ebd. 513 (Embolismus nach dem *Vater unser*).

Die Eucharistie ist zugleich eine Verheißung für die Erde und die auf ihr wohnenden Menschen. Denn was könnte die gleichnishafte Rede vom Essen und Trinken im Reich Gottes anderes darstellen als „die Versöhnung des Personalen mit der Natur"[192]? Da die Vernichtung und Vollendung des sich verzehrenden Lebens noch aussteht, ist die Eucharistie mehr als ein Fest der Zustimmung zur Welt. Das heilige Mahl ist Ausdruck von Freude und Dankbarkeit, es ist aber zugleich Gedenken der Toten und Ort des Fragens nach Gottes Wegen mit seiner Schöpfung. Dazu gehört auch der Skandal des Hungers, den so viele Menschen erleiden. Das eucharistische Brot allein macht nicht satt. Aus der Feier der Eucharistie erwächst daher die Aufgabe, den Menschen nicht nur das Brot des ewigen Lebens zu geben, sondern auch das Brot des täglichen Überlebens, und so denen, die hungern und dürsten nach Gerechtigkeit und Frieden, die Chance zu geben, in Würde zu leben. Eucharistie und Diakonie gehören aufs Engste zusammen, und Diakonie erwächst aus der Eucharistie.[193]

Die eucharistische Wandlung besitzt schließlich auch eine kosmische Dimension, denn sie verbindet Himmel und Erde. In ihr werden die Gaben von Brot und Wein zu Leib und Blut Christi. Die kosmische Dimension der Eucharistie hat wohl keiner so tief erfasst wie Pierre Teilhard de Chardin (1881–1955).[194] Seine Erfahrung der Eucharistie drückt sich in der Vision einer kosmischen *eucharistisation* aus.[195] In der eucharistischen „Wandlung" der natürlichen Elemente von Brot und Wein erkennt Teilhard de Chardin die Vorwegnahme der universalen Wandlung des ganzen Kosmos in den Leib Christi.[196] Teilhard de Chardins Vision muss mit der leiblichen Auferstehung der Toten zusammengesehen werden, so wie die Feier der Eucharistie mit der Erscheinung des Auferstandenen gegenüber den Jüngern von Emmaus. In der

---

192 *Bachl*, Eucharistie (2008), 158.
193 Vgl. *Theobald*, Eucharistie als Quelle sozialen Handelns (2012), bes. 282–304.
194 Vgl. *Teilhard de Chardin*, Lobgesang des Alls (1961).
195 Vgl. ebd. 13–16.
196 Vgl. *Benz*, Schöpfungsglaube und Endzeiterwartung (1965), 243f.

Eucharistie schenkt sich uns immer wieder neu der gekreuzigte und erhöhte Herr in seiner verklärten Leiblichkeit, die auch uns verheißen ist in der Auferstehung der Toten. Das biblische Hoffnungsbild eines neuen Himmels und einer neuen Erde (Offb 21,1) umfasst die kosmische Dimension der eucharistischen Wandlung.

Mit Kurt Koch können wir vom „eucharistischen Geheimnis der Wandlung"[197] sprechen. Grundlegend ist die Wandlung des Todes in Liebe. Jesus Christus hat den Tod von innen her durch einen einzigartigen Akt göttlicher und menschlicher Liebe verwandelt. Diese Liebe wird uns in der Feier der Eucharistie immer wieder neu geschenkt. Die Eucharistie ist nicht nur Gedächtnis des Sterbens Christi für uns, sondern seines *transitus* vom Tod zum Leben. Dieser *transitus* Christi ist die Voraussetzung für seine Gegenwart in der Eucharistie und die unbegreifliche Wandlung der Gaben von Brot und Wein in seinen Leib und sein Blut. Die Wandlung der Gaben aber zielt auf die Wandlung der Gläubigen in den Leib Christi (1 Kor 10,16f.). In der Eucharistie empfangen wir den sakramentalen Leib Christi und werden so in seinen Leib gewandelt. Schließlich geschieht in der Eucharistie immer wieder Parusie, Ankunft Christi, die seine endzeitliche Parusie vorwegnimmt. Die Eucharistie stärkt daher die Hoffnung auf die endgültige Verwandlung der Schöpfung, in der Gott alles in allem sein wird. Mit dem *Ite missa est* entlässt uns die Feier der Eucharistie, welche uns in die Gegenwart Gottes führt, am Ende immer wieder in die Zeit unseres Alltags. Die Eucharistie zielt auf die Wandlung derer, die sie empfangen, wie ihres Lebens. So kann der Apostel Paulus das christliche Leben eine λογική λατρεία, einen geistigen Gottesdienst, nennen und die Christen ermahnen, sich selbst als „lebendiges, heiliges und Gott wohlgefälliges Opfer" darzubringen – als „geistigen Gottesdienst" (Röm 12,1). Das Leben selbst will *Eucharistia*, danksagende Darbringung werden und das heißt: *Gabe*.

---

197 *Koch*, Eucharistie (2005), 60–66.

Abkürzungen

AAS	Acta Apostolicae Sedis, Vatikan 1909ff.
Abendmahl	Das Abendmahl. Eine Orientierungshilfe zu Verständnis und Praxis des Abendmahls in der evangelischen Kirche. Vorgelegt vom Rat der Evangelischen Kirche in Deutschland, Gütersloh 2003.
AEM	Allgemeine Einführung in das Messbuch, in: Die Feier der Heiligen Messe = MB ^{2}1988, 25*–75*.
Agenda	Evangelisches Gottesdienstbuch. Agenda für die Evangelische Kirche der Union und die Vereinigte Evangelisch-Lutherische Kirche Deutschlands, Berlin ^{3}2003.
AltarM	Lateinisch-deutsches Altarmeßbuch, im Auftrag der Fuldaer und der Schweizer Bischofskonferenz, besorgt von den Liturgischen Kommissionen Deutschlands und der Schweiz, Bd. 1, Einsiedeln – Köln 1965.
Amt	Gemeinsame Römisch-Katholische/Evangelisch-Lutherische Kommission, Das geistliche Amt in der Kirche, Paderborn – Frankfurt/ Main 1981.
Bomm	Lateinisch-deutsches Volksmeßbuch. Das vollständige römische Meßbuch für alle Tage des Jahres. Mit Erklärungen und einem Choralanhang, Einsiedeln – Köln ^{13}1961.
BSLK	Bekenntnisschriften der evangelisch-lutherischen Kirche, hg. im Gedenkjahr der Augsburgischen Konfession 1930, Göttingen ^{12}1998.
CA	Confessio Augustana.
CCL	Corpus Christianorum Series Latina, Turnhout – Paris 1953ff.
CGrowth	Communion in Growth: Declaration on the Church, Eucharist, and Ministry. Report from the Lutheran-Catholic Dialogue Commission for Finland, Helsinki 2017.
CIC	Codex Iuris Canonici. Kodex des kanonischen Rechts (1983). Lateinisch-deutsche Ausgabe mit Sachverzeichnis im Auftrag der Deutschen Bischofskonferenz, Kevelear ^{6}2017 (Neuausgabe).
ChInt	Pontificio consiglio delle communicazioni sociali, La Chiesa e Internet (22. Februar 2002), Vatikan 2002.
COD	Conciliorum Oecumenicorum Decreta. Dekrete der Ökumenischen Konzilien. Lateinisch-deutsch, 3 Bde., im Auftrag der Görres-Gesellschaft ins Deutsche übertragen und herausgegeben

	unter Mitarbeit von G. Sunnus und J. Uphus von J. Wohlmuth, Paderborn – München – Wien – Zürich 1998–2002.
CSEL	Corpus Scriptorum Ecclesiasticorum Latinorum, hg. von der Österreichischen Akademie der Wissenschaften, Wien 1866ff.
CT	Concilium Tridentinum. Diariorum, Actorum, Epistularum, Tractatuum Nova Collectio. Edidit Societas Goerresiana promovendis inter Germanos catholicos Litterarum Studiis, Freiburg 1901–2001.
DBK	Deutsche Bischofskonferenz.
Decl.	Bishops' Committee for Ecumenical and Interreligious Affairs – Unitet States Conference of Catholic Bishops and Evangelical Lutheran Church in America, Declaration on the Way: Church, Ministry, and Eucharist, Minneapolis 2015.
DEL	Dokumente zur Erneuerung der Liturgie: Dokumente des Apostolischen Stuhls 1963–1973 und des Zweiten Vatikanischen Konzils, Bde. 1–4, hg. von H. Rennings unter Mitarbeit von M. Klöckener, Kevelaer – Freiburg/Schweiz 1983–2008.
DH	Heinrich Denzinger, Enchiridion symbolorum definitionum et declarationum de rebus fidei et morum. Kompendium der Glaubensbekenntnisse und kirchlichen Lehrentscheidungen. Lateinisch-deutsch. Verbessert, erweitert, ins Deutsche übertragen und unter Mitarbeit von H. Hoping herausgegeben von P. Hünermann, Freiburg – Basel – Wien ^{45}2017.
Dialog 4	Lehrverurteilungen – kirchentrennend? Rechtfertigung, Sakramente und Amt im Zeitalter der Reformation und heute (Dialog der Kirchen 4), hg. von K. Lehmann und W. Pannenberg, Freiburg – Göttingen 1986.
Dialog 14	Das kirchliche Amt in apostolischer Nachfolge 3 (Dialog der Kirchen 14), hg. D. Sattler und G. Wenz, Freiburg – Göttingen 2008.
DV	Dogmatische Konstitution „Dei Verbum" über die göttliche Offenbarung des Zweiten Vatikanischen Konzils (1965).
DwÜ I	Dokumente wachsender Übereinstimmung I: 1931–1982, hg. von H. Meyer u. a., Paderborn – Leipzig – Frankfurt/Main 1983.
DwÜ III	Dokumente wachsender Übereinstimmung III: 1990–2001, hg. von H. Meyer u. a., Paderborn – Leipzig – Frankfurt/Main 2003.
DwÜ IV	Dokumente wachsender Übereinstimmung IV: 2001–2010, hg. von J. Oldemann u. a., Paderborn – Leipzig – Frankfurt/Main 2012.
E.-Akath	Die Feier der Eucharistie im katholischen Bistum der Alt-Katholiken in Deutschland. Für den gottesdienstliche Gebrauch erarbeitet durch die liturgische Kommission [des Katholischen Bistums der Alt-Katholiken, Bonn] und hg. durch Bischof und Synodalvertretung, München 1995.
EeK	Gemeinsame Kommission der Griechisch-Orthodoxen Metro-

Abkürzungen

	polie und der römisch-katholischen Kirche in Deutschland, Die Eucharistie der einen Kirche. Liturgische Überlieferung und kirchliche Gemeinschaft, in: Die Deutschen Bischöfe: Ökumene-Kommission 8: Die Eucharistie der einen Kirche. Dokumente des katholisch-orthodoxen Dialogs auf deutscher und internationale Ebene, Bonn 1989, 7–24.
EG-Württ	Evangelisches Gesangbuch. Ausgabe für die Evangelische Landeskirche in Württemberg, Stuttgart [2]2007.
EG-Baden	Evangelisches Gesangbuch. Ausgabe für die Evangelische Landeskirche in Baden, für die Kirchen Augsburgischen Bekenntnisses und die Reformierte Kirche in Elsass und Lothringen, Karlsruhe [3]1999.
E-JC	Deutsche Bischofskonferenz – Evangelische Kirche in Deutschland, Erinnerung heilen – Jesus Christus bezeugen. Ein gemeinsames Wort zum Jahr 2017 (Gemeinsame Texte 24), Bonn 2016.
EKD	Evangelische Kirche in Deutschland
FC	Fontes Christiani. Zweisprachige Neuausgabe christlicher Quellentexte aus Altertum und Mittelalter, Freiburg 1990ff.
GaTH	Ökumenischer Arbeitskreis evangelischer und katholischer Theologen, Gemeinsam am Tisch des Herrn / Together at the Lord's table. Ein Votum des Ökumenischen Arbeitskreises evangelischer und katholischer Theologen / A statement of the Ecumenical Study Group of Protestant and Catholic Theologians, hg. von Volker Leppin und Dorothea Sattler, Freiburg – Basel – Wien – Göttingen 2020.
GCS	Die griechischen christlichen Schriftsteller der ersten drei Jahrhunderte (Berlin-Brandenburgische Akademie der Wissenschaften), Leipzig 1897ff.
GEKE	Gemeinschaft evangelischer Kirchen in Europa
Gotteslob	Gotteslob. Katholisches Gebet- und Gesangbuch. Ausgabe für die Erzdiözese Freiburg. Gemeinsamer Eigenteil mit der Diözese Rottenburg-Stuttgart, Freiburg – Basel – Wien 2013.
GORM	Missale Romanum. Editio typica tertia 2002. Grundordnung des Römischen Messbuchs. Vorabpublikation zum Deutschen Messbuch (3. Auflage), Bonn 2007.
Herrenmahl	Gemeinsame Römisch-Katholische Evangelisch-Lutherische Kommission, Das Herrenmahl, Paderborn – Frankfurt/Main 1978.
IGMR	Institutio generalis Missalis Romani ([1]1970; [3]2002).
JRGS	Joseph Ratzinger, Gesammelte Schriften, hg. von Kardinal Gerhard-Ludwig Müller, Freiburg – Basel – Wien 2008ff.
KEK	Katholischer Erwachsenen-Katechismus. Das Glaubensbekenntnis der Kirche, hg. von der Deutschen Bischofskonferenz, Kevelaer u. a. 1985

Abkürzungen

KeV	Kirchengemeinschaft nach evangelischem Verständnis. Ein Votum zum geordneten Miteinander bekenntnisverschiedener Kirchen. Ein Beitrag des Rates der Evangelischen Kirche in Deutschland, Hannover 2001.
KGem	Evangelische Kirche in Deutschland, Kirchengemeinschaft nach evangelischem Verständnis, Hannover 2001.
KKK	Katechismus der Katholischen Kirche (1993). Neuübersetzung aufgrund der Editio typica latina, München – Vatikan 2003.
KuK	Kirche und Kirchengemeinschaft. Bericht der Internationalen Römisch-Katholischen/Altkatholischen Dialogkommission (2009), hg. von I. Mildenberger, Paderborn – Frankfurt/Main 2010.
LG	Dogmatische Konstitution „Lumen gentium" über die Kirche des Zweiten Vatikanischen Konzils (1964).
LK	Leuenberger Konkordie reformatorischer Kirchen in Europa (1973)
Mansi	Sacrorum conciliorum nova et amplissima collectio, ed. G.D. Mansi, Florenz – Venedig 1759–1827; Paris 1899–1927.
MB [2]1988	Die Feier der Heiligen Messe. Messbuch für die Bistümer des deutschen Sprachgebiets. Authentische Ausgabe für den liturgischen Gebrauch. Kleinausgabe: Das Meßbuch für alle Tage des Jahres, hg. im Auftrag der Bischofskonferenzen Deutschlands, Österreichs und der Schweiz sowie der Bischöfe von Luxemburg, Bozen-Brixen und Lüttich, Einsiedeln – Köln – Freiburg – Basel u. a. [2]1988.
MR 1962	Missale Romanum ex decreto SS. Concilii Tridentini restitutum Summorum Pontificum cura recognitum. Editio typica 1962, ed. M. Sodi & A. Toniolo, Vatikan 2007.
MR [1]1970	Missale Romanum ex decreto Sacrosancti Oecumenici Concilii Vaticani II instauratum auctoritate Pauli PP. VI promulgatum, Editio typica, Vatikan 1970.
MR [2]1975	Missale Romanum ex decreto Sacrosancti Oecumenici Concilii Vaticani II instauratum auctoritate Pauli PP. VI promulgatum, Editio typica altera, Vatikan 1975.
MR [3]2002	Missale Romanum ex decreto Sacrosancti Oecumenici Concilii Vaticani II auctoritate Pauli PP. VI cura recognitam, Editio typica tertia, Vatikan 2002.
ÖAK	Ökumenischer Arbeitskreis evangelischer und katholischer Theologen (Jäger-Stählin-Kreis).
OrH	Mit Christus gehen – Der Einheit auf der Spur. Konfessionsverbindende Ehen und gemeinsame Teilnahme an der Eucharistie (20. Februar 2018). Eine Orientierungshilfe: https://www.dbk.de/fileadmin/redaktion/diverse_downloads/dossiers_2018/08–Orientierungshilfe-Kommunion.pdf

PG	Patrologia cursus completus: Series Graeca, ed. J.-P. Migne, Paris 1857–1866.
PL	Patrologia cursus completus: Series Latina, ed. J.-P. Migne, Paris 1841–1864.
PO	Dekret „Presbyterorum ordinis" über Dienst und Leben der Priester des Zweiten Vatikanischen Konzils (1965).
SC	Konstitution „Sacrosanctum Concilium" über die heilige Liturgie des Zweiten Vatikanischen Konzils (1963).
Schott	Das vollständige Römische Meßbuch. Lateinisch-Deutsch. Mit allgemeinen und besonderen Einführungen im Anschluß an das Meßbuch, hg. von den Benediktinern der Erzabtei Beuron, Freiburg 1958/1962.
UR	Dekret „Unitatis Redintegratio" über den Ökumenismus des Zweiten Vatikanischen Konzils (1964).
WA	D. Luthers Werke. Kritische Gesamtausgabe, Weimar 1883–2009.
WKGS	Walter Kasper, Gesammelte Schriften, hg. von G. Augustin und Kl. Krämer unter Mitwirkung des Kardinal Walter Kasper Instituts, Freiburg – Basel – Wien 2007ff.

Anhang

1. Abendmahlsberichte

Mt 26,26–29

26 Ἐσθιόντων δὲ αὐτῶν λαβὼν ὁ Ἰησοῦς ἄρτον καὶ εὐλογήσας
  Während des Mahls nahm Jesus das Brot und sprach den Lobpreis;
ἔκλασεν καὶ δοὺς τοῖς μαθηταῖς εἶπεν·
  dann brach er das Brot, reichte es den Jüngern und sagte:
λάβετε φάγετε, τοῦτό ἐστιν τὸ σῶμά μου.
  Nehmt und esst; das ist mein Leib.
27 καὶ λαβὼν ποτήριον καὶ εὐχαριστήσας
  Dann nahm er den Kelch, sprach das Dankgebet;
ἔδωκεν αὐτοῖς λέγων·
  gab ihn den Jüngern und sagte:
πίετε ἐξ αὐτοῦ πάντες,
  Trinkt alle daraus;
28 τοῦτο γάρ ἐστιν τὸ αἷμά μου τῆς διαθήκης
  das ist mein Blut des Bundes,
τὸ περὶ πολλῶν ἐκχυννόμενον εἰς ἄφεσιν ἁμαρτιῶν.
  das für viele vergossen wird zur Vergebung der Sünden.
29 λέγω δὲ ὑμῖν,
  Ich sage euch:
οὐ μὴ πίω ἀπ᾽ ἄρτι ἐκ τούτου τοῦ γενήματος τῆς ἀμπέλου ἕως τῆς ἡμέρας
  Von jetzt an werde ich nicht mehr von dieser Frucht des Weinstocks trinken,
  bis zu dem Tag,
ἐκείνης ὅταν αὐτὸ πίνω μεθ᾽ ὑμῶν καινὸν ἐν τῇ βασιλείᾳ τοῦ πατρὸς μου.
  an dem ich mit euch von Neuem davon trinke im Reich meines Vaters.

Mk 14,22–25

22 Καὶ ἐσθιόντων αὐτῶν λαβὼν ἄρτον εὐλογήσας
  Während des Mahls nahm er das Brot und sprach den Lobpreis;
ἔκλασεν καὶ ἔδωκεν αὐτοῖς καὶ εἶπεν· λάβετε, τοῦτό ἐστιν τὸ σῶμά μου.
  dann brach er das Brot, reichte es ihnen und sagte: Nehmt, das ist mein Leib.
23 καὶ λαβὼν ποτήριον εὐχαριστήσας
  Dann nahm er den Kelch, sprach das Dankgebet,

Anhang

ἔδωκεν αὐτοῖς, καὶ ἔπιον ἐξ αὐτοῦ πάντες.
gab ihn den Jüngern und sie tranken alle daraus.
24 καὶ εἶπεν αὐτοῖς· τοῦτό ἐστιν τὸ αἷμά μου τῆς διαθήκης
Und er sagte zu ihnen: Das ist mein Blut des Bundes,
τὸ ἐκχυννόμενον ὑπὲρ πολλῶν.
das für viele vergossen wird.
25 ἀμὴν λέγω ὑμῖν
Amen, ich sage euch:
ὅτι οὐκέτι οὐ μὴ πίω ἐκ τοῦ γενήματῆς τῆς ἀμπέλου ἕως τῆς ἡμέρας
Ich werde nicht mehr von der Frucht des Weinstocks trinken bis zu dem Tag,
ἐκείνης ὅταν αὐτὸ πίνω καινὸν ἐν τῇ βασιλείᾳ τοῦ θεοῦ.
an dem ich von Neuem davon trinke im Reich Gottes.

Lk 22,14–20

14 Καὶ ὅτε ἐγένετο ἡ ὥρα, ἀνέπεσεν καὶ οἱ ἀπόστολοι σὺν αὐτῷ.
Als die Stunde gekommen war, legte er sich mit den Aposteln zu Tisch.
15 καὶ εἶπεν πρὸς αὐτούς· ἐπιθυμίᾳ ἐπεθύμησα
Und er sagte zu ihnen: Mit großer Sehnsucht habe ich danach verlangt,
τοῦτο τὸ πάσχα φαγεῖν μεθ᾽ ὑμῶν πρὸ τοῦ με παθεῖν·
vor meinem Leiden dieses Paschamahl mit euch zu essen.
16 λέγω γὰρ ὑμῖν ὅτι οὐ μὴ φάγω αὐτὸ
Denn ich sage euch: Ich werde es nicht mehr essen,
ἕως ὅτου πληρωθῇ ἐν τῇ βασιλείᾳ τοῦ θεοῦ.
bis es seine Erfüllung findet im Reich Gottes.
17 καὶ δεξάμενος ποτήριον εὐχαριστήσας εἶπεν·
Und er nahm einen Kelch, sprach das Dankgebet und sagte:
λάβετε τοῦτο καὶ διαμερίσατε εἰς ἑαυτούς·
Nehmt diesen und teilt ihn untereinander!
18 λέγω γὰρ ὑμῖν,
Denn ich sage euch:
[ὅτι] οὐ μὴ πίω ἀπὸ τοῦ νῦν ἀπὸ τοῦ γενήματος τῆς ἀμπέλου
Von nun an werde ich nicht mehr von der Frucht des Weinstocks trinken,
ἕως οὗ ἡ βασιλεία τοῦ θεοῦ ἔλθῃ.
bis das Reich Gottes kommt.
19 καὶ λαβὼν ἄρτον εὐχαριστήσας ἔκλασεν
Und er nahm Brot, sprach das Dankgebet, brach es
καὶ ἔδωκεν αὐτοῖς λέγων·
und reichte es ihnen mit den Worten:
τοῦτό ἐστιν τὸ σῶμά μου τὸ ὑπὲρ ὑμῶν διδόμενον·
Das ist mein Leib, der für euch hingegeben wird.
τοῦτο ποιεῖτε εἰς τὴν ἐμὴν ἀνάμνησιν.
Tut dies zu meinem Gedächtnis!

Anhang

20 καὶ τὸ ποτήριον ὡσαύτως μετὰ τὸ δειπνῆσαι, λέγων·

Ebenso nahm er nach dem Mahl den Kelch und sagte:

τοῦτο τὸ ποτήριον ἡ καινὴ διαθήκη ἐν τῷ αἵματί μου τὸ ὑπὲρ ὑμῶν ἐκχυννό-μενον.

Dieser Kelch ist der Neue Bund in meinem Blut, das für euch vergossen wird.

1 Kor 11,23–26

23 Ἐγὼ γὰρ παρέλαβον ἀπὸ τοῦ κυρίου, ὃ καὶ παρέδωκα ὑμῖν,

Denn ich habe vom Herrn empfangen, was ich euch dann überliefert habe:

ὅτι ὁ κύριος Ἰησοῦς ἐν τῇ νυκτὶ ᾗ παρεδίδετο ἔλαβεν ἄρτον

Jesus, der Herr, nahm in der Nacht, in der er ausgeliefert wurde, Brot,

24 καὶ εὐχαριστήσας ἔκλασεν καὶ εἶπεν·

sprach das Dankgebet, brach das Brot und sagte:

τοῦτό μού ἐστιν τὸ σῶμα τὸ ὑπὲρ ὑμῶν· τοῦτο ποιεῖτε εἰς τὴν ἐμὴν ἀνάμνησιν.

Das ist mein Leib für euch. Tut dies zu meinem Gedächtnis!

25 ὡσαύτως καὶ τὸ ποτήριον μετὰ τὸ δειπνῆσαι λέγων·

Ebenso nahm er nach dem Mahl den Kelch und sagte:

τοῦτο τὸ ποτήριον ἡ καινὴ διαθήκη ἐστὶν ἐν τῷ ἐμῷ αἵματι·

Dieser Kelch ist der Neue Bund in meinem Blut.

τοῦτο ποιεῖτε, ὁσάκις ἐὰν πίνητε, εἰς τὴν ἐμὴν ἀνάμνησιν.

Tut dies, sooft ihr daraus trinkt, zu meinem Gedächtnis!

26 ὁσάκις γὰρ ἐὰν ἐσθίητε τὸν ἄρτον τοῦτον καὶ τὸ ποτήριον πίνητε,

Denn sooft ihr von diesem Brot esst und aus dem Kelch trinkt,

τὸν θάνατον τοῦ κυρίου καταγγέλλετε ἄχρι οὗ ἔλθῃ.

verkündet ihr den Tod des Herrn, bis er kommt.

2. Ordo Romanus I (um 700)

WORTFEIER

Handlung	Bezeichnung	Handelnder
Einzug und Gesang	Introitus	Zelebrans, Chor
Litanei (verkürzt)	Kyrie eleison	Chor, alle
Lob Gottes	Gloria	Zelebrans, Chor, alle
Zusammenfassendes Gebet	Collecta	Zelebrans
Lesung (Propheten, Apostel)	Epistel	Subdiakon
Antwortgesang	Graduale	Chor, alle
Feierliche Begrüßung Christi	Alleluja	Chor, alle
Lesung des Evangeliums	Evangelium	Diakon
Auslegung der Schrift	Homilie	Zelebrans

Anhang

	OPFERFEIER	
Handlung	*Bezeichnung*	*Handelnder*
Darbringung der Opfergaben	Offertorium	Zelebrans
Gebet über die Opfergaben	Oratio super oblata	Zelebrans
Hochgebet	*Canon Romanus*	
Danksagung	Präfation	Zelebrans
Hymnus	Sanctus	Chor, alle
Segensbitte	Te igitur	Zelebrans
Gedächtnis der Lebenden	Memento	Zelebrans
Heiligengedächtnis	Communicantes	Zelebrans
Annahmebitte	Hanc igitur	Zelebrans
Wandlungsbitte	Quam oblationem	Zelebrans
Einsetzungsworte	Qui pridie	Zelebrans
Gedächtnis	Unde et memores	Zelebrans
Annahmebitte	Supra quae	Zelebrans
Communio	Supplices te rogamus	Zelebrans
Gedächtnis der Toten	Memento	Zelebrans
Heiligengemeinschaft	Nobis quoque	Zelebrans
Lobpreis (Doxologie)	Per ipsum	Zelebrans
	KOMMUNION	
Herrengebet	Pater noster	Zelebrans, alle (Schluss)
Friedensgruß	Pax Domini	Zelebrans
Brotbrechung	Agnus Dei	Chor, alle
Kommunion	Communio	Zelebrans, alle
Gebet nach der Kommunion	Postcommunio	Zelebrans
Entlassung	Ite missa est	Zelebrans
Segen	Benedictio	Zelebrans

Anhang

3. Ambrosius: Eucharistiegebet (Epiklese, Einsetzungsworte)[1]

Fac nobis hanc oblationem scriptam, rationabilem, acceptabilem, quod est figura corporis et sanguinis domini nostri Iesu Christi.

Mache uns dieses Opfer zu einem festgeschriebenen, geistigen und wohlgefälligen, das die Bild(wirklichkeit) des Leibes und Blutes unseres Herrn Jesus Christus ist.

Qui pridie quam pateretur, in sanctis manibus suis accepit panem, respexit ad caelum, ad te, sancte pater omnipotens aeterne deus, gratias agens benedixit, fregit, fractumque apostolis et discipulis suis tradidit dicens:

Am Tag vor seinem Leiden nahm er das Brot in seine heiligen Hände, blickte zum Himmel, zu dir, heiliger Vater, allmächtiger, ewiger Gott, segnete es, indem er die Danksagung sprach, brach es und reichte das Gebrochene seinen Aposteln und Jüngern mit den Worten:

accipite et edite ex hoc omnes; hoc est enim corpus meum, quod pro multis confringetur.

Nehmt und esst alle davon; denn das ist mein Leib, der für viele zerbrochen wird.

Similiter etiam calicem, postquam cenatum est, pridie quam pateretur, accepit, respexit ad caelum, ad te, sancte pater omnipotens aeterne deus, gratias agens benedixit, apostolis et discipulis suis tradidit dicens:

Ebenso nahm er am Tag vor seinem Leiden nach dem Mahl den Kelch, blickte zum Himmel, zu dir, heiliger Vater, allmächtiger, ewiger Gott, segnete ihn, indem er die Danksagung sprach, und reichte ihn seinen Aposteln und Jüngern mit den Worten:

accipite et bibite ex hoc omnes; hic est enim sanguis meus.

Nehmt und trinkt alle daraus, denn das ist mein Blut.

---

1 FC 3, 148f.

Anhang

4. Canon Romanus/Erstes Eucharistisches Hochgebet

Missale Romanum[1]

TE IGITUR, clementissime
Pater, per Iesum Christum,
Filium tuum, Dominum nostrum,
supplices rogamus ac petimus, uti
accepta habeas et benedicas haec dona,
haec munera, haec sancta sacrificia
illibata, in primis, quae tibi offerimus
pro Ecclesia tua sancta catholica: quam
pacificare, custodire, adunare et regere
digneris toto orbe terrarum: una cum
famulo tuo Papa nostro N. et Antistite
nostro N. et omnibus orthodoxis atque
catholicae et apostolicae fidei cultoribus.

MEMENTO, DOMINE, famulorum
famularumque tuarum N. et N. et
omnium circumstantium, quorum tibi
fides cognita est et nota devotio, pro
quibus tibi offerimus: vel qui tibi
offerunt hoc sacrificium laudis, pro se
suisque omnibus: pro redemptione
animarum suarum, pro spe salutis et
incolumitatis suae: tibique reddunt vota
sua aeterno Deo, vivo et vero.

COMMUNICANTES, et memoriam
venerantes, in primis gloriosae semper
Virginis Mariae, Genetricis eiusdem Dei
et Domini nostri Iesu Christi: sed et
beati Ioseph, eiusdem Virginis Sponsi, et
beatorum Apostolorum ac Martyrum
tuorum, Petri et Pauli, Andreae, (Iacobi,
Ioannis, Thomae, Iacobi, Philippi,
Bartholomaei, Matthaei, Simonis et
Thaddaei: Lini, Cleti, Clementis, Xysti,
Cornelii, Cypriani, Laurentii,
Chrysogoni, Ioannis et Pauli, Cosmae et
Damiani) et omnium Sanctorum

Messbuch[2]

Dich, gütiger Vater, bitten wir durch
deinen Sohn, unseren Herrn Jesus
Christus: Nimm diese heiligen,
makellosen Opfergaben an und segne
sie. Wir bringen sie dar vor allem für
deine heilige katholische Kirche in
Gemeinschaft mit deinem Diener,
unseren Papst N., mit unserem Bischof
N. und mit allen, die Sorge tragen für
den katholischen und apostolischen
Glauben. Schenke deiner Kirche Frieden
und Einheit, behüte und leite sie auf der
ganzen Erde.

Gedenke, Herr, deiner Diener und
Dienerinnen N. und N. (für die wir
heute besonders beten) und aller, die
hier versammelt sind. Herr, du kennst
ihren Glauben und ihre Hingabe; für sie
bringen wir dieses Opfer des Lobes dar,
und sie selber weihen es dir für sich und
für alle, die ihnen verbunden sind, für
die Erlösung und für ihre Hoffnung auf
das unverlierbare Heil. Vor dich, den
ewigen, lebendigen und wahren Gott,
bringen sie ihre Gebete und Gaben.

In Gemeinschaft mit der ganzen Kirche
gedenken wir deiner Heiligen. Wir
ehren vor allem Maria, die glorreiche,
allzeit jungfräuliche Mutter unseres
Herrn und Gottes Jesus Christus. Wir
ehren ihren Bräutigam, den heiligen
Josef, deine heiligen Apostel und
Märtyrer: Petrus und Paulus, Andreas
(Jakobus, Johannes, Thomas, Jakobus,
Philippus, Bartholomäus, Matthäus,
Simon und Thaddäus, Linus, Kletus,
Klemens, Xystus, Kornelius, Cyprianus,
Laurentius, Chrysogonus, Johannes und

---

1 MR [3]2002, 571–579.
2 MB [2]1988, 462–477.

Anhang

tuorum; quorum meritis precibusque concedas, ut in omnibus protectionis tuae muniamur auxilio. (Per Christum Dominum nostrum. Amen.)

Paulus, Kosmas und Damianus) und alle deine Heiligen; blicke auf ihr heiliges Leben und Sterben und gewähre uns auf ihre Fürsprache in allem deine Hilfe und deinen Schutz.

HANC IGITUR oblationem servitutis nostrae, sed et cunctae familiae tuae, quaesumus, Domine, ut placatus accipias: diesque nostros in tua pace disponas, atque ab aeterna damnatione nos eripi et in electorum tuorum iubeas grege numerari. (Per Christum Dominum nostrum. Amen.)

Nimm gnädig an, o Gott, diese Gaben deiner Diener und deiner ganzen Gemeinde; ordne unsere Tagen in deinem Frieden, rette uns vor dem ewigen Verderben und nimm uns auf in die Schar deiner Erwählten.

QUAM OBLATIONEM tu, Deus, in omnibus, quaesumus, benedictam, adscriptam, ratam, rationabilem, acceptabilemque facere digneris: ut nobis Corpus et Sanguis fiat dilectissimi Filii tui, Domini nostri Iesu Christi.

Schenke, o Gott, diesen Gaben Segen in Fülle und nimm sie zu eigen an. Mache sie uns zum wahren Opfer im Geiste, das dir wohlgefällt: zum Leib und Blut deines geliebten Sohnes, unseres Herrn Jesus Christus.

QUI, PRIDIE quam pateretur, accepit panem in sanctas ac venerabiles manus suas, et elevatis oculis in caelum ad te Deum Patrem suum omnipotentem, tibi gratias agens benedixit, fregit, deditque discipulis suis, dicens:

Am Abend vor seinem Leiden nahm er das Brot in seine heiligen und ehrwürdigen Hände, erhob die Augen zum Himmel, zu dir, seinem Vater, dem allmächtigen Gott, sagte dir Lob und Dank, brach das Brot, reichte es den Jüngern und sprach:

ACCIPITE ET MANDUCATE EX HOC OMNES: HOC EST ENIM CORPUS MEUM, QUOD PRO VOBIS TRADETUR.

NEHMT UND ESST ALLE DAVON: DAS IST MEIN LEIB, DER FÜR EUCH HINGEGEBEN WIRD.

SIMILI MODO, postquam cenatum est, accipiens et hunc praeclarum calicem in sanctas ac venerabiles manus suas, item tibi gratias agens benedixit, deditque discipulis suis, dicens:

Ebenso nahm er nach dem Mahl diesen erhabenen Kelch in seine heiligen und ehrwürdigen Hände, sagte dir Lob und Dank, reichte den Kelch seinen Jüngern und sprach:

ACCIPITE ET BIBITE EX EO OMNES: HIC EST ENIM CALIX SANGUINIS MEI, NOVI ET AETERNI TESTAMENTI, QUI PRO VOBIS ET PRO MULTIS EFFUNDETUR IN REMISSIONEM PECCATORUM.

NEHMT UND TRINKT ALLE DARAUS: DAS IST DER KELCH DES NEUEN UND EWIGEN BUNDES, MEIN BLUT, DAS FÜR EUCH UND FÜR ALLE [FÜR VIELE][3] VERGOSSEN WIRD ZUR VERGEBUNG DER SÜNDEN.

---

3 Gemäß der Entscheidung Benedikts XVI. in seinem Brief vom 14. April 2012 an den Vorsitzenden der Deutschen Bischofskonferenz.

Anhang

HOC FACITE IN MEAM COMMEMORATIONEM.

Mysterium fidei.

Mortem tuam annuntiamus, Domine, et tuam resurrectionem confitemur, donec venias.

UNDE ET MEMORES, Domine, nos servi tui, sed et plebs tua sancta, eiusdem Christi, Filii tui, Domine nostri, tam beatae passionis, necnon et ab inferis resurrectionis, sed et in caelos gloriosae ascensionis, offerimus praeclare maiestati tuae de tuis donis ac datis hostiam puram, hostiam sanctam, hostiam immaculatam, Panem sanctum vitae aeternae et Calice salutis perpetuae.

SUPRA QUAE propitio ac sereno vultu respicere digneris; et accepta habere, sicuti accepta habere dignatus es munera pueri tui iusti Abel, et sacrificium Patriarchae nostri Abrahae, et quod tibi obtulit sumus sacerdos tuus Melchisedech, sanctum sacrificium, immaculatam hostiam.

SUPPLICES TE ROGAMUS, omnipotens Deus: iube haec perferri per manus sancti Angeli tui in sublime altare tuum, in conspectu divinae maiestatis tuae; ut, quotquot ex hac altaris participatione sacrosanctum Filii tui Corpus et Sanguinem sumpserimus, omni benedictione caelesti et gratia repleamur. (Per Christum Dominum nostrum. Amen.)

MEMENTO ETIAM, Domine, famulorum famularumque tuarum N. et N., qui nos praecesserunt cum signo fidei, et dormiunt in somno pacis. Ipsis, Domine, et omnibus in Christo quiescentibus, locum refrigerii, lucis et pacis, ut indulgeas, deprecamur.

TUT DIES ZU MEINEM GEDÄCHTNIS.

Geheimnis des Glaubens.

Deinen Tod, o Herr, verkünden wir, und deine Auferstehung preisen wir, bis du kommst in Herrlichkeit.

Darum, gütiger Vater, feiern wir, deine Diener und dein heiliges Volk, das Gedächtnis deines Sohnes, unseres Herrn Jesus Christus. Wir verkünden sein heilbringendes Leiden, seine Auferstehung von den Toten und seine glorreiche Himmelfahrt. So bringen wir aus den Gaben, die du uns geschenkt hast, dir, dem erhabenen Gott, die reine, heilige und makellose Opfergabe dar: das Brot des Lebens und den Kelch des ewigen Heiles.

Blicke versöhnt und gütig darauf nieder und nimm sie an wie einst die Gaben deines gerechten Dieners Abel, wie das Opfer unseres Vaters Abraham, wie die heilige Gabe, das reine Opfer deines Hohenpriesters Melchisedek.

Wir bitten dich, allmächtiger Gott: Dein heiliger Engel trage diese Opfergabe auf deinen himmlischen Altar vor deine göttliche Herrlichkeit; und wenn wir durch unsere Teilnahme am Altar den heiligen Leib und das Blut deines Sohnes empfangen, erfülle uns mit aller Gnade und allem Segen des Himmels.

Gedenke, Herr, auch deiner Diener und Dienerinnen (N. und N.), die uns vorangegangen sind, bezeichnet mit dem Siegel des Glaubens, und die nun ruhen in Frieden. Wir bitten dich: Führe sie und alle, die in Christus entschlafen sind, an den Ort der

Anhang

(Per Christim Dominum nostrum. Amen.)

Verheißung, des Lichtes und des Friedens.

NOBIS QUOQUE peccatoribus famulis tuis, de multitudine miserationum tuarum sperantibus, partem aliquam et societatem donare digneris cum tuis sanctis Apostolis et Martyribus: cum Ioanne, Stephano, Matthia, Barnaba, (Ignatio, Alexandro, Marcellino, Petro, Felicitate, Perpetua, Agatha, Lucia, Agneta, Caecilia, Anastasia) et omnibus Sanctis tuis: intra quorum nos consortium, non aestimator meriti, sed veniae, quaesumus, largitor admitte. Per Christum Dominum nostrum.

Auch uns, deinen sündigen Dienern, die auf deine reiche Barmherzigkeit hoffen, gib Anteil und Gemeinschaft mit deinen heiligen Aposteln und Märtyrern: Johannes, Stephanus, Matthias, Barnabas (Ignatius, Alexander, Marzellinus, Petrus, Felizitas, Perpetua, Agatha, Luzia, Agnes, Cäcilia, Anastasia) und mit allen deinen Heiligen; wäge nicht unser Verdienst, sondern schenke gnädig Verzeihung und gib uns mit ihnen das Erbe des Himmels. Darum bitten wir Dich, durch unseren Herrn Jesus Christus.

PER QUEM haec omnia, Domine, semper bona creas, sanctificas, vivificas, benedicis, et praestas nobis.

Denn durch ihn erschaffst du immerfort all diese guten Gaben, gibst ihnen Leben und Weihe und spendest sie uns.

PER IPSUM, et cum ipso, et in ipso, est tibi Deo Patri omnipotenti, in unitate Spiritus Sancti, omnis honor et gloria per omnia saecula saeculorum. Amen.

Durch ihn und mit ihm und in ihm ist dir, Gott, allmächtiger Vater, in der Einheit des Heiligen Geistes alle Herrlichkeit und Ehre jetzt und in Ewigkeit. Amen.

Anhang

5. Martin Luther: Messformulare

Formula Missae 1523	Deutsche Messe 1526
Introitus Kyrie Gloria (kann entfallen) Kollekte	Deutsches Lied o. deutscher Psalm Kyrie – Kollekte
Epistel Graduale Sequenz (nur Weihnachten und Pfingsten) Evangelium Credo (Nicaenum) Predigt (auch vor dem Introitus möglich)	Epistel Deutsches Lied – Evangelium Deutsches Glaubenslied Predigt
Bereitung von Brot und Wein s. u. Präfationsdialog Präfation (nur Einleitungsteil) Einsetzungsworte (relativisch an die Präfation angeschlossen) *Sanctus* und *Benedictus* mit Elevation *Vater Unser* Friedensgruß Gebet „Domine, Jesu Christe, fili Dei vivi" Austeilung mit Spendeformel dabei *Agnus Dei* und evtl. Communio-Gesang Gebet „Quod ore sumpsimus" oder „Corpus tuum Domine"	– *Vater Unser*-Paraphrase mit Abendmahlsvermahnung – – Einsetzungsworte und Austeilung – Brotwort mit Elevation, Austeilung, dabei deutsches *Sanctus* oder Abendmahlslied – Kelchwort mit Elevation, Austeilung, dabei deutsches *Agnus Dei* oder Abendmahlslied s. o. – – s. o. Dankgebet
Benedicamus Segen (Num 6)	– Segen (Num 6)

nach: *Meyer*, Eucharistie (Gottesdienst der Kirche: Handbuch der Liturgiewissenschaft 4), Regensburg 1989, 408.

Anhang

6. Eucharistiegebet der „Traditio Apostolica"[1]

Dominus vobiscum.
Et cum spiritu tuo.
Sursum corda.
Habemus ad dominum.
Gratias agamus domino.
Dignum et iustum est.

Der Herr sei mit euch.
Und mit deinem Geiste.
Empor die Herzen.
Wir haben sie beim Herrn.
Lasst uns danksagen dem Herrn.
Das ist würdig und recht.

Gratias tibi referimus deus, per
dilectum puerum tuum Iesum
Christum, quem in ultimis
temporibus misisti nobis
salvatorem et redemptorem et
angelum voluntatis tuae, qui est
verbum tuum inseparabilem,
per quem omnia fecisti et
beneplacitum tibi fuit, misisti de
caelo in matricem virginis,
quique in utero habitus
incarnatus est et filius tibi
ostensus est, ex spiritu
sancto et virgine natus.

Wir sagen dir Dank, Gott,
durch deinen geliebten
Knecht Jesus Christus, den
du uns in diesen letzten
Zeiten als Retter, Erlöser
und Boten deines Willens
gesandt hast. Er ist dein von
dir untrennbares Wort, durch
ihn hast du alles geschaffen
zu deinem Wohlgefallen, ihn
hast du vom Himmel gesandt
in den Schoß einer Jungfrau.
Im Leib getragen, wurde er
Mensch und offenbarte sich
als dein Sohn, geboren aus
dem Heiligen Geist und der Jungfrau.

Qui voluntatem tuam conplens
et populum sanctum tibi
adquirens extendis manus cum
pateretur, ut a passione liberaret
eos qui in te crediderunt.

Der deinen Willen erfüllen
und dir ein heiliges Volk
erwerben wollte, hat in
seinem Leiden die Hände
ausgebreitet, um die von
Leiden zu befreien, die an
dich geglaubt haben.

Qui cumque traderetur
voluntariae passioni, ut mortem
solvat et vincula diabuli
dirumpat, et infernum calcet et
iustos illuminet, et terminum
figat et resurrectionem
manifestet, accipiens panem
gratias tibi agens dixit:

Als er sich freiwillig dem
Leiden auslieferte, um den
Tod aufzuheben, die Fesseln
des Teufels zu zerreißen, die
Unterwelt niederzutreten, die
Gerechten zu erleuchten, eine
Grenze zu ziehen und die Auferstehung
kundzutun, nahm er Brot, sagte dir
Dank und sprach:

---

1 FC 1, 222–227.

Anhang

Accipite, manducate, hoc est corpus meum quod pro vobis confringetur.

Nehmet, esst, dies ist mein Leib, der für euch zerbrochen wird.

Similiter et calicem dicens:

Ebenso nahm er auch den Kelch und sprach:

Hic est sanguis meus qui pro vobis effunditur. Quando hoc facitis, meam commemorationem facitis.

Dies ist mein Blut, das für euch vergossen wird. Wenn ihr dies tut, tut ihr es zu meinem Gedächtnis.

Memores igitur mortis et resurrectionis eius, offerimus tibi panem et calicem, gratias tibi agentes quia nos dignos habuisti adstare coram te et tibi ministrare.

Seines Todes und seiner Auferstehung eingedenk bringen wir dir das Brot und den Kelch dar. Wir sagen dir Dank, dass du uns für würdig erachtet hast, vor dir zu stehen und dir als Priester zu dienen.

Et petimus ut mittas spiritum tuum sanctum in oblationem sanctae ecclesiae: in unum congregans des omnibus qui percipiunt sanctis in repletionem spiritus sancti ad confirmationem fidei in veritate, ut te laudemus et glorificemus per puerum tuum Iesum Christum, per quem tibi gloria et honor patri et filio cum sancto spiritu in sancta ecclesia tua et nunc et in saecula saeculorum.
Amen.

Auch bitten wir dich, deinen Heiligen Geist auf die Gabe der heiligen Kirche herabzusenden. Du versammelst sie zur Einheit, so gib allen Heiligen, die sie empfangen, Erfüllung mit Heiligem Geist zur Stärkung des Glaubens in der Wahrheit, dass wir dich loben und verherrlichen durch deinen Knecht Jesus Christus, durch den Herrlichkeit und Ehre ist dem Vater und dem Sohn mit dem Heiligen Geist in deiner heiligen Kirche jetzt und von Ewigkeit zu Ewigkeit.
Amen.

Anhang

7. Zweites Eucharistisches Hochgebet

Missale Romanum[1]   Messbuch[2]

Dominus vobiscum.
Et cum spiritu tuo.
Sursum corda.
Habemus ad Dominum.
Gratias agamus Domino Deo
nostro.
Dignum et iustum est.

Der Herr sei mit euch.
Und mit deinem Geiste.
Erhebet die Herzen.
Wir haben sie beim Herrn.
Lasset uns danken dem Herrn,
unserm Gott.
Das ist würdig und recht.

Vere dignum et iustum est,
aequum et salutare, nos tibi,
sancte Pater, semper et ubique
gratias agere per Filium
dilectionis tuae Iesum Christum,
Verbum tuum per quod cuncta fecisti:
quem misisti nobis Salvatorem et
Redemptorem, incarnatum de Spiritu
Sancto et ex Virgine natum. Qui
voluntatem tuam adimplens et populum
tibi sanctum acquirens extendit manus
cum pateretur, ut mortem solveret et
resurrectionem manifestaret.
Et ideo cum Angelis et omnibus
Sanctis gloriam tuam praedicamus, una
voce dicentes:

In Wahrheit ist es würdig
und recht, dir, Herr, heiliger
Vater, immer und überall zu
danken durch deinen geliebten Sohn
Jesus Christus. Er ist dein Wort,
durch ihn hast du alles
erschaffen. Ihn hast du
gesandt als unseren Erlöser
und Heiland. Er ist Mensch
geworden durch den Heiligen
Geist, geboren von der Jungfrau
Maria. Um deinen Ratschluss zu
erfüllen und dir ein heiliges Volk zu
erwerben, hat er sterbend die Arme
ausgebreitet am Holze des Kreuzes. Er
hat die Macht des Todes gebrochen und
die Auferstehung kundgetan. Darum
preisen wir dich mit allen Engeln und
Heiligen und singen vereint mit ihnen
das Lob deiner Herrlichkeit:

Sanctus, Sanctus, Sanctus,
Dominus Deus Sabaoth.
Pleni sunt caeli et terra gloria tua.
Hosanna in excelsis.
Benedictus qui venit in nomine Domini.
Hosanna in excelsis.

Heilig, heilig, heilig, Gott, Herr aller
Mächte und Gewalten. Erfüllt sind
Himmel und Erde von deiner
Herrlichkeit. Hosanna in der Höhe.
Hochgelobt sei, der da kommt im
Namen des Herrn. Hosanna in der
Höhe.

Vere Sanctus es, Domine, fons
omnis sanctitatis.

Ja, du bist heilig, großer Gott, du bist
der Quell aller Heiligkeit.

---

1 MR ³2002, 580–584.
2 MB ²1988, 68–179.

529

Anhang

Haec ergo dona, quaesumus, Spiritus tui rore sanctifica, ut nobis Corpus et Sanguis fiant Domini nostri Iesu Christi.

Darum bitten wir dich: Sende deinen Geist auf diese Gaben herab und heilige sie, damit sie uns werden Leib und Blut deines Sohnes, unseres Herrn Jesus Christus.

Qui cum Passioni voluntarie traderetur, accepit panem et gratias agens fregit, deditque discipulis suis, dicens:

Denn am Abend, an dem er ausgeliefert wurde und sich aus freiem Willen dem Leiden unterwarf, nahm er das Brot und sagte Dank, brach es, reichte es seinen Jüngern und sprach:

ACCIPITE ET MANDUCATE EX HOC OMNES: HOC EST ENIM CORPUS MEUM, QUOD PRO VOBIS TRADETUR.

NEHMET UND ESSET ALLE DAVON: DAS IST MEIN LEIB, DER FÜR EUCH HINGEGEBEN WIRD.

Simili modo, postquam cenatum est, accipiens et calicem, iterum gratias agens deditque discipulis suis, dicens:

Ebenso nahm er nach dem Mahl den Kelch, dankte wiederum, reichte ihn seinen Jüngern und sprach:

ACCIPITE ET BIBITE EX EO OMNES: HIC EST ENIM CALIX SANGUINIS MEI NOVI ET AETERNI TESTAMENTI, QUI PRO VOBIS ET PRO MULTIS EFFUNDETUR IN REMISSIONEM PECCATORUM.
HOC FACITE IN MEAM COMMEMORATIONEM.

NEHMET UND TRINKET ALLE DARAUS: DAS IST DER KELCH DES NEUEN UND EWIGEN BUNDES, MEIN BLUT, DAS FÜR EUCH UND FÜR ALLE [FÜR VIELE][3] VERGOSSEN WIRD ZUR VERGEBUNG DER SÜNDEN.
TUT DIES ZU MEINEM GEDÄCHTNIS.

Mysterium fidei:
Mortem tuam annuntiamus, Domine, et tuam resurrectionem confitemur, donec venias.

Geheimnis des Glaubens:
Deinen Tod, o Herr, verkünden wir, und deine Auferstehung preisen wir, bis du kommst in Herrlichkeit.

Memores igitur mortis et resurrectionis eius, tibi, Domine, panem vitae et calicem salutis offerimus, gratias agentes quia nos dignos habuisti astare coram te et tibi ministrare.

Darum, gütiger Vater, feiern wir das Gedächtnis des Todes und der Auferstehung deines Sohnes und bringen dir so das Brot des Lebens und den Kelch des Heiles dar. Wir danken dir, dass du uns berufen hast, vor dir zu stehen und dir zu dienen.

Et supplices te deprecamur ut Corporis et Sanguinis Christi participes a Spiritu Sancto congregemur in unum.

Wir bitten dich [Demütig bitten wir dich]: Schenke uns Anteil an Christi Leib und Blut und lass uns eins werden durch den Heiligen Geist.

---

3 [ ] = Gotteslob Nr. 558.

Anhang

Recordare, Domine, Ecclesiae tuae toto orbe diffusae, ut eam in caritate perficias una cum Papa nostro N. et Episcopo nostro N. et universo clero.	Gedenke [, Herr,] deiner Kirche auf der ganzen Erde und vollende dein Volk [sie] in der Liebe, vereint [in Gemeinschaft] mit unserem Papst N., unserem Bischof N. und allen Bischöfen, unseren Priestern und Diakonen und mit allen, die zum Dienst in der Kirche bestellt sind.
Memento etiam fratrum nostrorum, qui in spe resurrectionis dormierunt, omniumque in tua miseratione defunctorum, et eos in lumen vultus tui admitte.	Gedenke (aller) unserer Brüder und Schwestern, die entschlafen sind in der Hoffnung, dass sie auferstehen. Nimm sie und alle, die in deiner Gnade aus dieser Welt geschieden sind, in dein Reich auf, wo sie dich schauen von Angesicht zu Angesicht.
Omnium nostrum, qaesumus, miserere, ut cum beata Dei Genetrice Virgine Maria, *beato Josef, eius Sponso*[4], beatis Apostolis et omnibus Sanctis, qui tibi a saeculo placuerunt, aeternae vitae mereamur esse consortes, et te laudemus et glorificemus per Filium tuum Iesum Christum.	Vater, erbarme dich [Wir bitten dich, erbarme dich] über uns alle, damit uns das ewige Leben zuteil wird in der Gemeinschaft mit der seligen Jungfrau und Gottesmutter Maria, *mit dem seligen Josef, ihrem Bräutigam,* mit deinen Aposteln und mit allen [Heiligen], die bei dir Gnade gefunden haben von Anbeginn der Welt, dass wir dich loben und preisen durch deinen Sohn Jesus Christus.
Per ipsum, et cum ipso, et in ipso, est tibi Deo Patri omnipotenti, in unitate Spiritus Sancti, omnis honor et gloria per omnia saecula saeculorum.	Durch ihn und mit ihm und in ihm ist dir, Gott, allmächtiger Vater, in der Einheit des Heiligen Geistes alle Herrlichkeit und Ehre jetzt und in Ewigkeit.
Amen.	Amen.

---

4 Ergänzung gemäß dem Dekret der Kongregation für den Gottesdienst und die Sakramentenordnung vom 1. Mai 2013 zur Einfügung des Namens des seligen Josef in die Hochgebete II–IV.

Sekundärliteratur

Abbt, Imelda – Müller, Wolfgang W. (Hg.)
– Simone Weil. Ein Leben gibt zu denken, St. Ottilien 1999.

Aboujaoude, Elias
– Virtually You. The Dangerous Powers of the E-Personality, New York 2018.

Afanasjew, Nikolaj
– La primauté de Pierre dans l'Église orthodoxe, Neuchâtel 1960.
– L'église du Saint-Esprit, Paris 1975.

Agamben, Giorgio
– Opus Dei. Die Archäologie des Amtes. Übersetzt von M. Hack, Frankfurt/Main 2013.

Ahlers, Reinhild
– Communio eucharistica. Eine kirchenrechtliche Untersuchung zur Eucharistie im Codex iuris canonici (Eichstätter Studien, Neue Folge 29), Regensburg 1990.

Akam, Felix Uche
– Church on the Screen: Questioning the Status of Screen-mediated Church and the Necessity of Cyber Theology for iPentecost, Chisinau 2021.

Albertus Magnus
– Über die Eucharistie. Kommentar zur heiligen Messe „De mysterio missae" und ausgewählte Passagen aus „De corpore Domini", eingeleitet von R. Meyer, übersetzt von M. Schlosser (Christliche Meister 64), Freiburg 2017.

Aldenhoven, Herwig
– Darbringung und Epiklese im Eucharistiegebet. Eine Studie über die Struktur des Eucharistiegebetes in den altkatholischen Liturgien im Lichte der Liturgiegeschichte, in: IKZ 61 (1971) 79–117.150–189.

Alferi, Thomas
– „... Die Unfasslichkeit der uns übersteigend-zuvorkommenden Liebe Gottes ...". Von Balthasar als Orientierung für Marion, in: Jean-Luc Marion. Studien zum Werk, hg. von H.-B. Gerl-Falkowitz, Dresden 2013, 103–125.

Andrieu, Michel
– Les Ordines Romani du haut moyen âge II, Louvain 1960.

Angenendt, Arnold
– Missa specialis. Zugleich ein Beitrag zur Entstehung der Privatmesse, in: FMSt 17 (1983) 153–221.
– Geschichte der Religiosität im Mittelalter, Darmstadt [2]2000.
– Liturgik und Historik. Gab es eine organische Liturgie-Entwicklung? Freiburg – Basel – Wien 2001.
– Die Revolution des geistigen Opfers. Blut – Sündenbock – Eucharistie, Freiburg – Basel – Wien 2011.
– Offertorium. Das mittelalterliche Messopfer (LQF 101), Münster [3]2014.
– Liturgie im Frühmittelalter, in: Geschichte der Liturgie in den Kirchen des Westens. Rituelle Ent-

wicklungen, theologische Konzepte und kulturelle Kontexte, hg. von J. Bärsch und B. Kranemann in Verbindung mit W. Haunerland und M. Klöckener, Bd. 1: Von der Antike bis zur Neuzeit, Münster 2018, 273–292.

Ansorge, Dirk
– Jenseits von Begriff und Vorstellung. Das Wunder der Eucharistie im Mittelalter, in: Phänomenologie der Gabe. Neue Zugänge zum Mysterium der Eucharistie (QD 270), hg. von F. Bruckmann, Freiburg – Basel – Wien 2015, 67–103.

Appleby, David
– „Beautiful on the Cross, Beautiful in His Torments": The Place of the Body in the Thoughts of Paschasius Radbertus, in: Tr 60 (2005) 1–46.

Aris, Marc-Aeilko
– Figura, in: Das Mittelalter. Perspektiven mediävistischer Forschung, Bd.15/2, Berlin 2010, 63–79.

Auf der Maur, Hansjörg
– Die Osterfeier in der alten Kirche. Aus dem Nachlass hg. von R. Meßner, Münster 2003.

Ausdall, Kristen van
– Art and Eucharist in the Late Middle Ages, in: A Companion to the Eucharist in den the Middle Ages (Brill's Companion to the Christian Tradition 26), ed. by I.C. Levy, Leiden 2012, 541–617.

Aymans, Winfried
– Communio IV. Kirchenrechtlich, in: RGG 2 (1999) 439–440.

Axt-Piscalar, Christine
– Die Selbstvergegenwärtigung und Selbstgabe Jesu im Herrenmahl, in: Gemeinsam am Tisch des Herrn.

Ein Votum des ökumenischen Arbeitskrieses evangelischer und katholische Theologen II. Anliegen und Rezeption, Freiburg – Göttingen 2021, 109–128.

Bachl, Gottfried
– Eucharistie. Essen als Symbol? (Theologische Meditationen 10), Köln 1983.
– Eucharistie. Macht und Verlust des Verzehrens (Essays zu Kultur und Glaube), hg. von J. Hake und E. Salmann OSB, St. Ottilien 2008.

Backhaus, Knut
– „Lösepreis für viele" (Mk 10,45). Zur Heilsbedeutung des Todes Jesu bei Markus, in: Der Evangelist als Theologe. Studien zum Markusevangelium (Stuttgarter Biblische Studien 163), hg. von Th. Söding, Stuttgart 1995, 91–118.
– Kult und Kreuz. Zur frühchristlichen Dynamik ihrer theologischen Beziehung, in: ThGl 86 (1996) 512–543.
– Hat Jesus vom Gottesbund gesprochen? in: ThGl 86 (1996) 343–356.
– Der Hebräerbrief, Regensburg 2009.

Bärsch, Jürgen
– Liturgie im Hoch- und Spätmittelalter, in: Geschichte der Liturgie in den Kirchen des Westens. Rituelle Entwicklungen, theologische Konzepte und kulturelle Kontexte, hg. von J. Bärsch und B. Kranemann in Verbindung mit W. Haunerland und M. Klöckener, Bd. 1: Von der Antike bis zur Neuzeit, Münster 2018, 329–376.

Bakker, Paul J.J.M
– La raison et le miracle. Les doctrines eucharistiques (c. 1250–1400), 2 vols., Nijmegen 1999.

Sekundärliteratur

Baldovin, John F.
- The Urban Character of Christian Worship. The Origins, Development, and Meaning of Stational Liturgy (OrChrA 228), Rom 1987.
- Hippolytus and the *Apostolic Tradition*: Recent Research and Commentary, in: TS 64 (2003) 520–542.
- Reforming the Liturgy: A Response to the Critics, Collegeville 2008.
- Idols and Icons. Überlegungen zum derzeitigen Stand der Liturgiereform, in: LJ 61 (2011) 154–170.
- Eucharistic Prayer II: History of the Latin Text und Rite, in: A Commentary on the Order of Mass of *The Roman Missal*. Forworded by Cardinal Roger Mahony, ed. by E. Foley, Collegeville 2011, 311–316.

Balthasar, Hans Urs von
- Was dürfen wir hoffen, Einsiedeln 1986.
- Herrlichkeit. Eine theologische Ästhetik. Bd. 1: Schau der Gestalt, Einsiedeln – Trier 1988.
- Kleiner Diskurs über die Hölle – Apokatastasis, Freiburg – Einsiedeln [4]2007.

Barba, Maurizio
- La riforma conciliare dell'Ordo Missae. Il percorso storica – redazionale dei riti d'ingresso, di offertorio, e di communione, Rom 2008.

Barr, David
- Scotus and Transsubstantiation, in: MS 43 (1972) 336–360.

Barth, Heinz-Lothar
- Ist die traditionelle lateinische Messe antisemitisch? Antwort auf ein Papier des Zentralkomitees der Katholiken (Brennpunkte Theologie 7), Altötting 2007.

- Die Mär vom antiken Kanon des Hippolytos. Untersuchungen zur Liturgiereform, Stuttgart 2008.

Barth, Markus
- Das Mahl des Herrn. Gemeinschaft mit Israel, mit Christus und unter den Gästen, Neukirchen-Vluyn 1986.

Bauckham, Richard
- Sabbat and Sunday in the Post-Apostolic Church, in: From Sabbat to Lord's Day, ed. by D.A. Carson, Zondervan 1982, 251–298.

Baudler, Georg
- Die Befreiung von einem Gott der Gewalt, Düsseldorf 1999.

Bäumer, Remigius (Hg.)
- Concilium Tridentinum, Darmstadt 1979.

Baumert, Norbert – Seewann, Maria-Irma
- Eucharistie „für alle" oder „für viele"?, in: Gr 89 (2008) 501–532.

Baumstark, Anton
- Vom geschichtlichen Werden der Liturgie (Ecclesia Orans 10), Freiburg – Basel – Wien 1923.
- Trishagion und Quedusha, in: JLW 3 (1923) 18–32.
- Das „Problem" des römischen Meßkanons. Eine Retractatio auf geistesgeschichtlichem Hintergrund, in: EL 53 (1939), 204–243.
- Liturgie comparée. Principes et méthodes pour l'étude historique des liturgies chrétiennes (Collection Irénikon), Chevetogne [3]1954.

Bayer, Axel
- Spaltung der Christenheit. Das sogenannte Morgenländische Schisma von 1054, Köln – Weimar – Wien 2004.

Bayer, Oswald
– Gabe, in: RGG 3 (^{4}2002) 445–446.
– Ethik der Gabe, in: Die Gabe. Ein „Urwort" der Theologie, hg. von V. Hoffmann, Frankfurt/Main 2009, 99–123.

Beauduin, Lambert
– La vraie prière de l'Église (1909), in: A. Haquin, Dom Lambert Beauduin et le renouveau liturgique, Gembloux 1970, 238–341.

Becker, Jürgen
– Jesus von Nazaret, Berlin – New York 1996.

Becker, Karl J.
– Subsistit in, in: OR 5./6. Dezember 2005, 6–7.

Belting, Hans
– Das echte Bild. Bildfragen als Glaubensfragen, München 2005.

Benz, Ernst
– Schöpfungsglaube und Endzeiterwartung. Antwort auf Teilhard de Chardins Theologie der Evolution, München 1965.

Berger, Klaus
– Im Anfang war Johannes. Datierung und Theologie des vierten Evangeliums, Stuttgart 1997.
– Manna, Mehl und Sauerteig. Korn und Brot im Alltag der frühen Christen, Stuttgart 1993.

Berger, Klaus – Nord, Christiane
– Das Neue Testament und frühchristliche Schriften, übersetzt und kommentiert, Frankfurt/Main – Leipzig 1999.

Berger, Rupert
– Die Wendung „offerre pro" in der römischen Liturgie, Münster 1965.

– Die Feier der Heiligen Messe. Eine Einführung, Freiburg – Basel – Wien 2009, 58–60.

Berger, Teresa
– @ Worship. Liturgical Practices in Digital Worlds, London – New York 2019.
– Sakramentale Vollzüge online? Auf der Suche nach Fragen, in: Online zu Gott?! Liturgische Ausdrucksformen und Erfahrungen im Medienzeitalter, hg. von St. Böntert und B. Krysmann, Freiburg – Basel – Wien 2020, 84–104.

Betz, Johannes
– Die Eucharistie in der Zeit der griechischen Väter I/1: Die Aktualpräsenz der Person und des Heilswerkes Jesu im Abendmahl nach der vorephesinischen griechischen Patristik, Freiburg 1955.
– Die Eucharistie in der Zeit der griechischen Väter Bd. II/1: Die Realpräsenz des Leibes und Blutes Jesu im Abendmahl nach dem Neuen Testament, Freiburg – Basel – Wien 1961.
– Die Eucharistie in der Didache, in: ALW 11 (1969) 10–39.
– Eucharistie als zentrales Mysterium, in: MySal IV/2 (1973) 185–313.
– Eucharistie in der Schrift und Patristik (HDG IV/4a), Freiburg – Basel – Wien 1979.

Bieler, Andrea – Schottroff, Luise
– Das Abendmahl. Essen, um zu leben, Gütersloh 2007.

Bieringer, Andreas
– A Halfway House to Aggiornamento? Die ersten muttersprachlichen Messbücher in den USA (1964–1966) (Studien zur

Pastoralliturgie 38), Regensburg 2014.

Bieritz, Karl-Heinz
– Liturgik, Berlin – New York 2004.

Bishop, Edmund
– The Genius of the Roman Rite, in: ders., Liturgica Historica, Oxford 1918, 1–19.

Blank, Josef
– Weißt du, was Versöhnung heißt? Der Kreuzestod Jesu als Sühne und Versöhnung, in: Sühne und Versöhnung (Theologie zur Zeit 1), hg. von J. Blank und J. Werbick, Düsseldorf 1987, 21–91.

Blomquist, Jerker – Blomquist, Karin
– Eucharist Terminology in Early Christian Literature: Philological and Semantics Aspects, in: The Eucharist – Its Origins and Contexts: Sacred Meal, Communal Meal, Table Fellowship in Late Antiquity, Early Judaism, and Early Christianity, Vol. I (WUNT 376), ed. by D. Hellhom und D. Sänger, Tübingen 2017, 389–421.

Böhler, Dieter
– Anmerkungen eines Exegeten zur Instructio Quinta „Liturgiam Authenticam", in: LJ 54 (2004) 205–222.

Böhm, Thomas
– Die Bindung Isaaks in ausgewählten Texten der Kirchenväter, in: Die Bindung Isaaks. Stimme, Schrift, Bild, hg. von H. Hoping, J. Knop und Th. Böhm (Studien zu Judentum und Christentum), Münster 2009, 128–142.

Böntert, Stefan
– Gottesdienste im Internet: Perspektiven eines Dialogs zwischen Internet und Liturgie, Stuttgart 2005.
– Gottesdienst nach dem Digital Turn. Zur Neuvermessung des theologischen Feldes, in: Online zu Gott?! Liturgische Ausdrucksformen und Erfahrungen im Medienzeitalter, hg. von St. Böntert und B. Krysmann, Freiburg – Basel – Wien 2020, 67–83.

Böntert, Stefan – Krysmann, Benjamin (Hg.)
– Online zu Gott?! Liturgische Ausdrucksformen und Erfahrungen im Medienzeitalter, Freiburg – Basel – Wien 2020.

Böttigheimer, Christoph
– Alles oder nichts? „Gemeinsam am Tisch des Herrn": Darum ist die römische Kritik nicht berechtigt, in: HK 74/11 (2020) 23–24.

Bornkamm, Günther
– Die eucharistische Rede im Johannes-Evangelium, in: ZNW 47 (1956) 161–169.

Botte, Bernard
– Le canon de la messe romaine. Edition critique, introduction et notes (Textes et études liturgiques 2), Louvain 1935.
– L'anaphora chaldéenne des Apôtres, in: OChrP 15 (1949) 259–276.
– In unitate Spiritus Sancti, in: L'Ordinaire de la Messe (Études liturgiques 2), ed. par B. Botte et C. Mohrmann, Paris – Louvain 1953, 133–139.
– Die Wendung „astare coram te et tibi ministrare" im Eucharistischen Hochgebet II, in: BiLi 49 (1976) 101–104.
– La Tradition apostolique de Saint Hippolyte. Essai de reconstitution,

5. verbesserte Auflage, hg. von A. Gerhards unter Mitarbeit von S. Felbecker (LQF 39), Münster 1989.

Bouhot, Jean-Paul
– Ratramne de Corbie. Histoire littéraire et controverses doctrinales, Paris 1976.

Bouley, Allan
– From Freedom to Formula: The Evolution of the Eucharistic Prayer from Oral Improvisation to Written Texts (Studies in Christian Antiquity 21), Washington D.C. 1981.

Bourdieu, Pierre
– Marginalia. Some Additional Note on the Gift, in: The Logic of the Gift. Towards an Ethic of Generosity, ed. by A.D. Schrift, New York 1997, 231–244.

Bouyer, Louis
– The Different Forms of the Eucharistic Prayer and Their Genealogy, in: Studia Patristica 8 (= Texte und Untersuchungen zur Geschichte der altchristlichen Literatur“: Patres apostolici, historica, liturgica, astetica et monastica), ed. by F. Cross, Berlin 1966, 156–170.
– Eucharist, Notre Dame 1968.
– Der Verfall des Katholizismus, München 1970.

Bradshaw, Paul F.
– ‚Zebah Todah‘ and the Origins of the Eucharist, in: Ecclesia Orans 8 (1991) 245–260.
– Eucharistic Origins (Alcuin Clube Collections 80), London 2004.
– Did the Early Eucharist ever have a Sevenfold Shape, in: Heythrop Journal 43 (2002) 73–76.
– Reconstructing Early Christian Worship, Collegeville 2010.

– The Eucharistic Liturgies. Their Evolution and Interpretation, Collegeville 2012.

Bradshaw, Paul F. – Johnson, Maxwel E.
– The Origins of Feasts and Seasons in Early Christianity, London – Collegeville 2011.
– The Eucharistic Liturgies. Their Evolution and Interpretation, Collegeville 2012, 19–24.

Bradshaw, Paul F. – Johnson, Maxwel E. – Phillips, L. Edward
– The Apostolic Tradition: A Commentary (Hermeia Series), ed. by H.W. Altridge, Minneapolis 2002.

Brakmann, Heinzgerd
– Der christlichen Bibel erster Teil in den gottesdienstlichen Traditionen des Ostens und Westens. Liturgiehistorische Anmerkungen zum sog. Stellenwert des Alten/Ersten Testaments im Christentum, in: Streit am Tisch des Wortes? Zur Deutung und Bedeutung des Alten Testaments und seiner Verwendung in der Liturgie, hg. von A. Franz, St. Ottilien 1997, 565–604.

Brändle, Rudolf
– Eucharistie und christliches Leben bei Johannes Chrysostomos und Theodor von Mopsuestia, in: The Eucharist – Its Origins and Contexts: Sacred Meal, Communal Meal, Table Fellowship in Late Antiquity, Early Judaism, and Early Christianity, Vol. II (WUNT 376), ed. by D. Hellhom und D. Sänger, Tübingen 2017, 1185–1209.

Brandt, Sigrid
– Opfer als Gedächtnis. Auf dem Weg zu einer befreienden theologischen Rede vom Opfer, Münster 2001.

Sekundärliteratur

Bricout, Hélène – Klöckener, Martin
(Hg.)
– Liturgie, pensée théologique et
mentalités religieuses au haut
Moyen Âge. Le témoignage des
sources liturgiques, Münster 2016.

Brinktrine, Johannes
– Der Messopferbegriff in den ersten
zwei Jahrhunderten. Eine biblisch-
patristische Untersuchung, Freiburg 1918.
– Die heilige Messe ([4]1950), hg. und
eingeleitet von Peter Hofmann,
Augsburg [5]2015.

*Brosseder, Johannes – Link, Hans-
Georg* (Hg.)
– Eucharistische Gastfreundschaft,
Neukirchen-Vluyn 2003.

Browe, Peter
– Die eucharistischen Wunder des
Mittelalters (BSHT 4), Breslau 1938.
– Die Verehrung der Eucharistie im
Mittelalter, Rom 1967.
– Eucharistie im Mittelalter. Liturgiehistorische Forschungen in kulturwissenschaftlicher Absicht. Mit
einer Einführung hg. von H. Lut-
terbach und Th. Flammer, Münster
2003.

Brown, Raymond E.
– The Gospel according to John
(I–XII): Introduction, Translation,
and Notes, Garden City N.Y. 1966.

Bruns, Peter
– Den Menschen mit dem Himmel
verbinden. Eine Studie zu den katechetischen Homilien des Theodor von Mopsuestia (CSCO.Sub
89), Löwen 1995.

Büchner, Christine
– Wie kann Gott in der Welt wirken?
Überlegungen zu einer theologischen Hermeneutik des Sich-Ge-
bens, Freiburg – Basel – Wien 2010.

Budde, Achim
– Die ägyptische Basilios-Anaphora.
Text – Kommentar – Geschichte
(Jerusalemer theologisches Forum
7), Münster 2004.

Buescher, Gabriel
– The Eucharistic Teaching of William Ockham (Repr. 1950), St. Bo-
naventure, NY 1974.

Bugnini, Annibale
– Die Liturgiereform. 1948–1975:
Zeugnis und Testament. Freiburg
1988.

Bultmann, Rudolf
– Theologie des Neuen Testaments
(1948–1953), Tübingen [9]1984.
– Das Verhältnis der urchristlichen
Christusbotschaft zum historischen Jesus (SHAW.PH), Heidelberg 1960.

Burkert, Walter
– Homo necans. Interpretationen
altgriechischer Opferriten und My-
then, Berlin – New York [2]1997.

Burnham, Douglas – Giaccherini, Enrico
– The Poetics of Transsubstantiation:
From Theology to Metaphor,
Aldershot 2005.

Byrskog, Samuel
– The Meal and the Temple. Probing
the Cult-Critical Implications of
the Last Supper, in: The Eucharist –
Its Origins and Contexts: Sacred
Meal, Communal Meal, Table Fel-
lowship in Late Antiquity, Early
Judaism, and Early Christianity,
Vol. I (WUNT 376), ed. by D.
Hellhom und D. Sänger, Tübingen
2017, 423–452.

Byers, Andrew
– TheoMedia: The Media of God and the Digital Age, Eugene 2013.

Caillé, Allain
– Anthropologie der Gabe (Theorie und Gesellschaft 65), Frankfurt/ Main 2007.

Campi, Emidio – Reich, Ruedi (Hg.)
– Consensus Tigurinus (1549). Die Einigung zwischen Heinrich Bullinger und Johannes Calvin über das Abendmahl. Werden – Wertung – Bedeutung, Zürich 2009.

Capelle, Bernard
– Et omnibus orthodoxis atque apostolicae fidei cultoribus, in: *ders.*, Travaux Liturgieques 2, Louvain 1962, 258–268.

Cappuyns, Maieul
– L'origine des Capitula pseudo-célestiniens contre le semipéligianisme, in: RBen 41 (1929) 156–170.

Caputo, John D. – Scanlon, Michael J. (Ed.)
– God, the Gift and Postmodernismus, Bloomington – Indianapolis 1999.

Casel, Odo
– Quam oblationem, in: JLW 2 (1922) 98–101.
– Das Mysteriengedächtnis der Meßliturgie im Lichte der Tradition, in: JLW 6 (1926) 113–204.
– Ein orientalisches Kultwort in abendländischer Umschmelzung, in: JLW 11 (1931) 1–19.
– Das christliche Festmysterium, Paderborn 1941.
– Das christliche Kultmysterium (1932), hg. von B. Neunheuser, Regensburg 1960.
– Das christliche Opfermysterium. Zur Morphologie und Theologie

des eucharistischen Hochgebetes (posthum), hg. von V. Warnach OSB, Graz – Wien – Köln 1968.

Casper, Bernhard
– Das Ereignis des Betens. Grundlinien einer Hermeneutik des religiösen Geschehens (Phänomenologie 1, Texte 3), Freiburg – München 1998.

Chauvet, Louis-Marie
– Symbol und Sakrament. Eine sakramentale Relecture der christlichen Existenz (Theologie der Liturgie 8). Übersetzt von Th. Freis, Regenburg [2]2017.

Chavasse, Antoine
– L'épistolier romain du Codex Wurtzbourg. Son organisation, in: RBen 91 (1981) 280–331.
– Les lectionnaires romains de la messe I–II (Spicilegii Friburgensis subsidia 22), Freiburg/Schweiz 1993.

Chazelle, Celia
– Figure, Character, and the Glorified Body in the Carolingian Eucharistic Controversy, in: Tr 47 (1992) 2–36.
– The Crucified God in the Carolingian Era: Theology and Art of Christ's Passion, Cambridge 2001.
– The Eucharist in Early Mediaeval Europe, in: A Companion to the Eucharist in the Middle Ages, ed. by J. C. Levy & K. van Ausdall (Brill's Companions to Christian Tradition 26), Leiden – Bosten 2012, 205–249.

Chilton, Bruce
– A Feast of Meaning. Eucharistic Theologies from Jesus through Johannine Circles, Leiden 1994.
– The Temple of Jesus. His Sacrificial

Sekundärliteratur

Program within a Cultural History of Sacrifice, Pennsylvania 1992.

Cipriani, Pierluigi
– Defectus ordinis. La sacramentalitá dell'ordine nelle chiese della riforma (Tesi di dottorato in teologia / Estratti 12), Neapel 2001.

Clark, Francis
– Eucharistic Sacrifice and the Reformation, Oxford [2]1967.

Clerck, Ewald de
– La „prière universelle" dans les liturgies latines anciennes. Témoignages patristique et textes liturgiques (LQF 62), Münster 1977.
– Renewal of the Liturgy in the Spirit of Tradition: Perspectives with a View Towards the Liturgical Development of the West, in: Antiphon 14 (2010) 95–136.

Conrad, Sven
– Renewal of the Liturgy in the Spirit of Tradition: Perspectives with a View Towards the Liturgical Development of the West, in: Antiphon 14 (2010) 95–136.

Crossan, Dominic
– The historical Jesus: The Life of a Mediterranean Jewish Peasant, San Francisco 1991.

Cuming, Geoffrey J.
– ΔΓ ΕΥΧΗΣ ΛΟΓΟΥ (Justin, *Apology*, i. 66. 2), in: JThS 31 (1980) 80–82.
– The Early Eucharistic Liturgies in Recent Research, in: The Sacrifice of Praise: Studies on the Themes of Thanksgiving and Redemption in the Central Prayer of the Eucharist and Baptismal Liturgies in Honour of Arthur Hubert Couratin (BEL.S 19), ed. by B.D. Spinks, Rom 1981, 65–59.

– The Liturgy of St. Mark. Edited from the Manuscripts with a Commentary (OrChrA 234), Rom 1990.

Dalferth, Ingolf U.
– Alles umsonst. Zur Kunst des Schenkens und den Grenzen der Gabe, in: Von der Ursprünglichkeit der Gabe. Jean-Luc Marios Phänomenologie in der Diskussion, hg. M. Gabel und H. Joas, Freiburg – München 2007, 159–191.
– Umsonst. Eine Erinnerung an die kreative Passivität des Menschen, Tübingen 2011.

Daly, Robert J.
– Christian Sacrifice: The Judaeo-Christian Background before Origen [Studies in Christian antiquity, Bd. 18], Washington D.C. 1978.
– Sacrifice Unveiled. The True Meaning of Christian Sacrifice, London – New York 2009.

Damerau, Rudolf
– Die Abendmahlslehre des Nominalismus insbesondere die des Gabriel Biel, Gießen 1963.

Danz, Christian
– Gottes Geist. Eine Pneumatologie, Tübingen 2019.
– Christus und seine Medienkörper. Religiöse Kommunikation im digitalen Zeitalter, in: Theologie und Digitalität. Ein Kompendium, hg. von W. Beck, I. Nord und J. Valentin, Freiburg – Basel 2021, 388–407.

Dassmann, Ernst
– „Bindung" und „Opferung" in jüdischer und patristischer Auslegung, in: Hairesis, hg. von M. Hutter, Münster 2002, 1–18.
– Ambrosius von Mailand. Leben und Werk, Stuttgart 2004.

Deeg, Alexander – Lehnert, Christian (Hg.)
– Liturgie – Körper – Medien. Herausforderungen für den Gottesdienst in der digitalen Gesellschaft (Beiträge zur Liturgie und Spiritualität 32), Leipzig 2019.

Delling, Gerhard
– Zum gottesdienstlichen Stil der Johannes-Apokalypse, in: *ders.*, Studien zum Neuen Testament und zum hellenistischen Judentum. Gesammelte Aufsätze 1950–1968, hg. von F. Hahn u. a., Göttingen 1970, 425–450.

Demel, Sabine
– Gemeinsam zum Tisch des Herrn? Ein theologisch-rechtliches Plädoyer zur Konkretisierung der „anderen schweren Notwendigkeit" des c. 844 § 4 CIC, in: StZ 221 (2003), 663–676.

Derrida, Jacques
– Falschgeld. Zeit geben I (1991). Aus dem Französischen von A. Knop und M. Wetzel, München 1993.
– Den Tod geben (1992), in: Gewalt und Gerechtigkeit. Derrida – Benjamin, hg. von A. Haverkamp, Frankfurt/Main 1994, 331–445.
– Jahrhundert der Vergebung. Verzeihen ohne Macht – unbedingt und jenseits der Souveränität, in: Lettre International (Frühjahr 2000) 10–18.
– On the Gift: A Discussion between Jacques Derrida and Jean-Luc Marion. Moderated by R. Kearney, in: God, the Gift and Postmodernismus, ed. by J.D. Caputo and M.J. Scanlon, Bloomington – Indianapolis 1999, 54–78.

Deshusses, Jean
– Le „Supplément" au sacramentaire grégorien: Alcuin ou Bénoît d'Aniane, in: ALW 9 (1965) 48–71.
– Le Sacramentaire Grégorien. Ses principales formes d'après les plus anciens manuscrits I. Le sacramentaire, le supplément d'Aniane (Spicilegium Friburgense 16), Freiburg/Schweiz [2]1979.
– Les sacramentaires. Etat actuel de la recherche, in: ALW 24 (1982) 19–46.

Dijk, Stephen J. P. van
– Sources of the Modern Roman Liturgy: The Ordinals from Haymo of Faversham and Related Documents (1243–1307), 2 Vols. (Studia et Documenta Franciscana), Leiden 1963.

Dix, Gregory
– The Shape of the Liturgy (Continuum), London 2005 ([1]1945).

Dölger, Franz-Josef
– Die Eucharistie nach Inschriften frühchristlicher Zeit, Münster 1922.
– Zu den Zeremonien der Meßliturgie III. ‚Ite missa est' in kultur- und sprachgeschichtlicher Bedeutung, in: AuC 6 (1950) 81–132.

Draper, Jonathan A.
– The Didache in the Modern Research. An Overview, in: The Didache in the Modern Research (Arbeiten zur Geschichte des antiken Judentums und des Urchristentums 37), Leiden – New York – Köln 1996, 1–42.

Drecoll, Volker Henning
– Liturgie bei Augustinus, in: Augustin Handbuch, hg. von V. H. Drecoll, Tübingen 2007, 224–232.

Sekundärliteratur

Driscoll, Jeremy
– Theology at the Eucharistic Table: Master Themes in the Theological Tradition, Rom – Herefordshire 2005.

Drumm, Joachim – Aymans, Winfried
– Communio, in: LThK 2 ([3]1994) 1280–1284.

Dünzel, Franz
– Herrenmahl ohne Herrenworte? Eucharistische Texte aus der Frühzeit des Christentums, in: Mehr als Brot und Wein. Theologische Kontexte der Eucharistie, hg. von W. Haunerland, Würzburg 2005, 50–72.

Ebner, Martin
– Jesus von Nazaret. Was wir von ihm wissen können, Stuttgart 2007.

Eizenhöfer, Leo
– Das Opfer der Gläubigen in den Sermones Leos des Großen, in: Die Messe in der Glaubensverkündigung, hg. von F.X. Arnold und B. Fischer, Freiburg [2]1953, 79–107.

Emminghaus, Johannes H.
– Die Messe. Wesen, Gestalt, Vollzug, Klosterneuburg [5]1992.

Faggioli, Massimo
– Sacrosanctum Concilium. Schlüssel zum Zweiten Vatikanischen Konzil, übers. von St. Meetschen, mit einem Vorwort von B. Kranemann, Freiburg – Basel – Wien 2015.

Fahey, John F.
– The Eucharistic Teaching of Ratram of Corbie (Dissertationes ad lauream 22), Mundelein 1951.

Federer, Karl
– Liturgie und Glaube. „Legem credendi lex statuat supplicandi“. Eine theologiegeschichtliche Untersuchung (Paradosis IV), Freiburg/Schweiz 1950.

Feiner, Johannes
– Kommentar zu „Unitatis Redintegratio“, in: LThK.E II (1967) 40–123.

Feneberg, Rupert
– Christliche Paschafeier und Abendmahl. Eine biblisch-hermeneutische Untersuchung der neutestamentlichen Einsetzungsberichte (StANT 27), München 1971.

Feulner, Hans-Jürgen
– Der *Ordo Missae* von 1965 und das *Missale Romanum* von 1962, in: Römische Messe und Liturgie in der Moderne, hg. von St. Wahle, H. Hoping und W. Haunerland, Freiburg – Basel – Wien 2013, 103–142.

Fiedler, Peter
– Probleme der Abendmahlsforschung (1982), in: *ders.,* Studien zur biblischen Grundlegung des christlich-jüdischen Verhältnisses (SBAB 35: Neues Testament), Stuttgart 2005, 22–69.
– Jesus und die Sünder (Beiträge zur biblischen Exegese und Theologie 3), Frankfurt/Main – Bern 1976.

Fiedrowicz, Michael
– Die überlieferte Messe. Geschichte, Gestalt, Theologie, Mühlheim/Mosel 2011.

Fischer, Balthasar
– Vom Beten zu Christus, in: Gott feiern. Theologische Anregung und geistliche Vertiefung zur Feier der Messe und des Stundengebets. FS Th. Schnitzler, hg. von J.G Plöger, Freiburg – Basel – Wien 1980, 94–99.

Sekundärliteratur

Flanagan, Kieran
– Sociology and Liturgy. Representations of the Holy, Okehampton – Rochdale 1991.

Flusser, David
– Sanktus und Gloria, in: *ders.*, Entdeckungen im Neuen Testament 1, hg. von M. Maier, Neukirchen-Vluyn [2]1992, 226–244.

Foley, Edward
– From Age to Age: How Christians Have Celebrated the Eucharist, Collegeville [2]2008.

Ford, Dennis
– A Theology for a Mediated God: How Media Shapes Our Notions about Divinity, New York 2016.

Fortescue, Adrian
– The Ceremonies of the Roman Rite described, London – New York [15]2009.

Frank, Karl Suso
– Maleachi 1,10ff. in der frühen Väterdeutung. Ein Beitrag zu Opferterminologie und Opferverständnis in der alten Kirche, in: ThPh 53 (1978) 70–79.

Franz, Adolph
– Die Messe im deutschen Mittelalter. Beiträge zur Geschichte der Liturgie und des religiösen Volkslebens, Darmstadt 1963.

Freitag, Josef
– Gemeinsam am Tisch des Herrn?, in: Cath. 74 (2020) 81–92.

Freudenberger, Theobald
– Die Meßliturgie in der Volkssprache im Urteil des Trienter Konzils, in: Reformatio ecclesiae. Beiträge zu kirchlichen Reformbemühungen von der Alten Kirche bis zur Neuzeit. FS E. Iserloh, hg. von R.

Bäumer, Paderborn 1980, 679–698.

Fries, Heinrich – Rahner, Karl
– Einigung der Kirchen – reale Möglichkeit (QD 100), Freiburg – Basel – Wien 1985.

Fries, Heinrich – Pesch, Otto Hermann
– Streiten für die eine Kirche, München 1987.

Fuller, Reginald H.
– The Double Origin of the Eucharist, in: Biblical Research 8 (1963) 60–72.

Fürst, Alfons
– Die Liturgie der Alten Kirche. Geschichte und Theologie, Münster 2008.

Gamber, Klaus
– Liturgie übermorgen. Gedanken zur Geschichte und Zukunft des Gottesdienstes, Freiburg – Basel – Wien 1966.
– Missa Romensis. Beiträge zur frühen römischen Liturgie und zu den Anfängen des Missale Romanum, Regensburg 1970.
– Alter und neuer Meßritus, Regensburg 1983.
– Zum Herrn hin! Fragen um Kirchenbau und Gebet nach Osten, Regensburg 1987.

Ganz, David
– Corbie in the Carolingean Renaissance, Sigmaringen 1990.
– Theology and the Organisation of Thought, in: The New Cambridge Mediaeval History Vol. II (c.700–c.900), Cambrigde 1995, 758–785.

Geerlings, Wilhelm
– Einleitung zur Traditio Apostolica, in: Zwölf-Apostel-Lehre. Apostoli-

543

sche Überlieferung (FC 1), Freiburg – Basel – Wien 1991, 143–208.

Geiselmann, Josef Rupert
– Die Eucharistielehre der Vorscholastik (Forschungen zur christlichen Literatur- und Dogmengeschichte 15), Paderborn 1926.
– Die Abendmahlslehre an der Wende der christlichen Spätantike zum Frühmittelalter, München 1933.

Gelineau, Joseph
– Die Liturgie von morgen, Regensburg 1979.

Gelston, Anthony
– ΔΙ᾽ ΕΥΧΗΣ ΛΟΓΟΥ (Justin, *Apology*, i. 66. 2), in: JThS 33 (1982) 172–175.
– Eucharistic Prayer of Addai and Mari, Oxford 1992.

Gerber, Simon
– Theodor von Mopsuestia und das Nicänum. Studien zu den katechetischen Homilien, Leiden – Boston – Köln 2000.

Gerhards, Albert
– Die literarische Struktur des eucharistischen Hochgebets, in: LJ 33 (1983) 90–104.
– Entstehung und Entwicklung des Eucharistischen Hochgebets im Spiegel der neueren Forschung. Der Beitrag der Liturgiewissenschaft zur liturgischen Erneuerung, in: Gratias Agamus. Studien zum Eucharistischen Hochgebet. FS B. Fischer, hg. von A. Heinz und H. Rennings, Freiburg/Schweiz 1992, 75–96.
– Die Synode von Pistoia 1786 und ihre Reform des Gottesdienstes, in: Liturgiereformen I, hg. von M. Klöckener und B. Kranemann, Münster 2002, 496–510.
– Liturgie, in: NHThG 3 (2005) 7–22.

– Crossing Borders. The Kedusha and the Sanctus: A Case Study of the Convergence of Jewish and Christian Liturgy, in: Jewish and Christian Liturgy and Worship. New Insights Into its History and Interaction (Jewish and Christian Perspectives 15), ed. by A. Gerhards & C. Leonhard, Leiden – Boston 2007, 27–40.
– Wie viele sind viele? Zur Diskussion um das „pro multis", in: HK 61 (2007) 79–83.
– Gipfelpunkt und Quelle. Intention und Rezeption der Liturgiekonstitution *Sacrosanctum Concilium*, in: Erinnerung an die Zukunft. Das Zweite Vatikanische Konzil, hg. von J.-H. Tück, Freiburg – Basel – Wien ²2012, 127–146.
– Liturgie in den ersten Jahrhunderten, in: Geschichte der Liturgie in den Kirchen des Westens. Rituelle Entwicklungen, theologische Konzepte und kulturelle Kontexte, hg. von J. Bärsch und B. Kranemann in Verbindung mit W. Haunerland und M. Klöckener, Bd. 1: Von der Antike bis zur Neuzeit, Münster 2018, 83–153.
– Gemeinsam am Tisch des Herrn – Zu einer neuen Studie des Ökumenischen Arbeitskreises, in: LJ 69 (2020) 244–252.

Gerhards, Albert – Schwier, Helmut
– Ambiguitätstoleranz. Liturgiewissenschaftliche Anmerkungen zur Frage der gegenseitigen Einladung zum Tisch des Herrn, in: Gemeinsam am Tisch des Herrn. Ein Votum des ökumenischen Arbeitskreises evangelischer und katholische Theologen II. Anliegen und

Rezeption, Freiburg – Göttingen 2021, 67–77.

Gerhards, Albert – Kranemann, Benedikt
– Einführung in die Liturgiewissenschaft, Darmstadt [2]2008.

Gerken, Alexander
– Dogmengeschichtliche Reflexionen über die heutige Wende in der Eucharistielehre, in: ZKTh 94 (1972) 199–226.
– Theologie der Eucharistie, München 1973.
– Kann sich die Eucharistielehre ändern?, in: ZKTh 97 (1975) 415–429.

Gese, Hartmut
– Die Herkunft des Abendmahles, in: *ders.*, Zur biblischen Theologie. Alttestamentliche Vorträge, München 1977, 107–127.

Gestrich, Christof
– Opfer in systematisch-theologischer Perspektive. Gesichtspunkte einer evangelischen Lehre vom Opfer, in: Opfer. Theologische und kulturelle Kontexte, hg. von B. Janowski und M. Welker, Frankfurt/Main 2000, 282–303.

Geuenich, Dieter
– Kritische Anmerkungen zur sogenannten „anianischen Reform", in: Mönchtum – Kirche – Herrschaft 750–1000. FS J. Semmler, hg. von D.R Bauer u. a., Sigmaringen 1998, 99–112.

Gibson, Margaret T.
– Lanfranc of Bec, Oxford 1978.

Gilles, Beate
– Durch das Auge der Kamera. Eine liturgisch-theologische Untersuchung zur Übertragung von Gottesdiensten im Fernsehen (Ästhetik –

Theologie – Liturgik 16), Münster – Hamburg – London 2000.

Girard, René
– Das Heilige und die Gewalt, Frankfurt/Main 1992.
– Ich sah den Satan vom Himmel fallen wie einen Blitz, München 2002.
– Das Ende der Gewalt, Freiburg – Basel – Wien 2009.

Giraudo, Cesare
– La struttura letteraria della preghiera eucaristica. Saggio sulla genesi letteraria di una forma; toda Veterotestamentaria, B[e]raka Giudaica, Anafori cristiana (Analecta biblica 92), Rom 1981.
– Le récit de l'institution dans la prière eucharistique a-t-il de précédents?, in: NRTh 106 (1984) 513–535.
– Eucaristia per la chiesa. Prospettive teologiche sull'eucaristia a partire dalla „lex orandi" (Aloisiana 22), Rom 1989.

Gnilka, Joachim
– Das Evangelium nach Markus (Mk 8,27–16,20) (Evangelisch-Katholischer Kommentar II/2), Zürich – Einsiedeln – Neukirchen-Vluyn 1979.
– Johannesevangelium (Die Echter Bibel), Würzburg [2]1985.
– Jesus von Nazaret. Botschaft und Geschichte (HThK Supplementband 3), Freiburg – Basel – Wien 1990.

Godelier, Maurice
– Das Rätsel der Gabe. Geld, Geschenke, heilige Objekte, München 1999.

Gormans, Andreas – Lentes, Thomas
– Das Bild der Erscheinung. Die Gregorsmesse im Mittelalter (Kult-Bild 3), Berlin 2007.

Sekundärliteratur

Greshake, Gisbert
- Communio – Schlüsselbegriff der Dogmatik, in: Gemeinsam Kirche sein. FS O. Saier, Freiburg – Basel – Wien 1992, 90–121.

Grillo, Andrea
- Beyond Pius V.: Conflicting Interpretations of the Liturgical Reform. Translated by B. Hudock, Collegeville/Ms. 2013.
- „Intellectus fidei" und „intellectus ritus". Die überraschende Konvergenz von Liturgietheologie, Sakramententheologie und Fundamentaltheologie, in: LJ 50 (2000) 143–165.
- Eucaristia. Azione rituale, forme storiche, essenza sistematica, Brescia 2019.

Guardini, Romano
- Vom Geist der Liturgie (1918). 20. Auflage, unveränderter Nachdruck der 19. Auflage (1957), Guardini Werke, hg. von F. Henrich, Mainz – Paderborn 1997.
- Über die systematische Methode in der Liturgiewissenschaft?, in: JLW 1 (1921) 97–108.
- Vom Sinn der Kirche. Vier Vorträge (1922), Mainz [7]1961.
- Besinnung vor der Feier der heiligen Messe (1939), Mainz [7]1961.

Guéranger, Prosper
- Institutions liturgiques I, Paris [2]1878.
- Institutions liturgiques II, Paris [2]1978.

Guitton, Jean
- Paul VI secret, Paris 1979.

Gy, Pierre-Marie
- L'office du Corpus Christi et Thomas d'Aquin. État d'une recherche, in: RSPhTh 64 (1980) 491–504.

- L'office du Corpus Christi et la théologie des accidents eucharistiques, in: RSPhTh 66 (1982) 81–86.
- La liturgie dans l'histoire, Paris 1990.

Haering, Stephan
- Recht verstehen. Anmerkungen aus kirchenrechtlicher Sicht zur Orientierungshilfe deutscher Bischöfe zu interkonfessionellen Ehen und Empfang der Eucharistie, in: Eucharistie – Kirche – Ökumene. Aspekte und Hintergründe des Kommunionstreits (QD 298), hg. von Th. Söding und W. Thönissen, Freiburg – Basel – Wien 2019, 455–471.

Häfner, Gerd
- Nach dem Tod Jesu fragen. Brennpunkte der Diskussion aus neutestamentlicher Sicht, in: Wie heute vom Tod Jesu sprechen? Neutestamentliche, systematisch-theologische und liturgiewissenschaftliche Perspektiven, hg. von G. Häfner und H. Schmidt, Freiburg 2002, 139–190.

Hallensleben, Barbara
- Nach uns die Sintflut. „Gemeinsam am Tisch des Herrn" in der Diskussion, in: HK 75 (2021) 36–39.

Hamm, Fritz
- Die liturgischen Einsetzungsberichte im Sinne vergleichender Liturgiewissenschaft untersucht (LQF 23), Münster 1928.

Hammond Bammel, Carolin P.
- Der Römerbrieftext des Rufin und seine Origenes-Übersetzung, Freiburg 1985.

Hanson, Richard P.C.
- Eucharistic Offering in the Early Church, Nottingham 1979.

Hardt, Tom G. A.
- Venerabilis et adorabilis eucharistia. Eine Studie über die lutherische Abendmahlslehre im 16. Jahrhundert (Forschungen zur Kirchen- und Dogmengeschichte 42), Göttingen 1988.

Harnoncourt, Philipp
- Gesamtkirchliche und teilkirchliche Liturgie. Studien zum liturgischen Heiligenkalender und zum Gesang im Gottesdienst unter besonderer Berücksichtigung des deutschen Sprachgebiets, Freiburg 1974.
- Betsingmesse, in: LThK 2 (^{3}1994), 340.
- Gemeinschaftsmesse, in: LThK 4 (^{3}1995), 437–438.

Hasselhorn, Benjamin – Gutjahr, Mirko
- Die Wahrheit über Luthers Thesenanschlag, Leipzig 2018.

Hauke, Manfred
- „Für viele vergossen". Studie zur sinngetreuen Wiedergabe des pro multis in den Wandlungsworten, Augsburg ^{2}2012.
- Das *Offertorium* als Herausforderung liturgischer Reformen in der Geschichte, in: Operationen am lebenden Objekt. Roms Liturgiereformen von Trient bis zum Vaticanum II, hg. von St. Heid, Berlin-Brandenburg 2014, 317–349.

Haunerland, Winfried
- Die Eucharistie und ihre Wirkungen im Spiegel der Euchologie des Missale Romanum (LQF 71), Münster 1989.
- Lingua Vernacula. Zur Sprache der Liturgie nach dem II. Vatikanum, in: LJ 42 (1992) 219–238.

- Einheitlichkeit als Weg der Erneuerung. Das Konzil von Trient und die nachtridentinische Reform der Liturgie, in: Liturgiereformen. Historische Studien zu einem bleibenden Grundzug des christlichen Gottesdienstes I, hg. von M. Klöckener u. B. Kranemann, Münster 2002. 436–465.
- Der bleibende Anspruch liturgischer Erneuerung. Herausforderungen und Perspektiven heute, in: Liturgiereform – eine bleibende Aufgabe. 40 Jahre Konzilskonstitution über die heilige Liturgie, hg. von K. Richter und Th. Sternberg, Münster 2004, 52–80.
- Die Leitlinien der Revision: Texttreue und Verständlichkeit, in: Gd 39 (2005) 153–156.
- Das eine Herrenmahl und die vielen Eucharistiegebete. Traditionen und Texte als theologische und spirituelle Impulse, in: Mehr als Brot und Wein. Theologische Kontexte der Eucharistie, hg. von W. Haunerland, Würzburg 2005, 119–144.
- Vom „Gottesdienst" zur „Gemeindefeier"? Herausforderungen nachkonziliarer Liturgiereform, in: ThPQ 153 (2005) 67–81.
- Participatio actuosa. Programmwort liturgischer Erneuerung, in: IKaZ 38 (2009) 585–595. Mysterium paschale. Schlüsselbegriff liturgietheologischer Erneuerung, in: Liturgie als Mitte des christlichen Lebens (Theologie im Dialog), Freiburg – Basel – Wien 2012, 189–209.
- Das Konzil von Trient und die nachtridentinische Liturgiereform, in: Geschichte der Liturgie in den

Kirchen des Westens. Rituelle Entwicklungen, theologische Konzepte und kulturelle Kontexte, hg. von J. Bärsch und B. Kranemann in Verbindung mit W. Haunerland und M. Klöckener, Bd. 1: Von der Antike bis zur Neuzeit, Münster 2018, 481–513.
– Liturgische Bewegung in der Katholischen Kirche im 20. Jahrhundert, in: Geschichte der Liturgie in den Kirchen des Westens. Rituelle Entwicklungen, theologische Konzepte und kulturelle Kontexte, hg. von J. Bärsch und B. Kranemann in Verbindung mit W. Haunerland und M. Klöckener, Bd. 2: Moderne und Gegenwart, Münster 2018, 165–205.
– Das Zweite Vatikanische Konzil und die Liturgiereform, in: Geschichte der Liturgie in den Kirchen des Westens. Rituelle Entwicklungen, theologische Konzepte und kulturelle Kontexte, hg. von J. Bärsch und B. Kranemann in Verbindung mit W. Haunerland und M. Klöckener, Bd. 2: Moderne und Gegenwart, Münster 2018, 207–246.
– Den Auftrag des Herrn erfüllen – auch in schwierigen Zeiten. Ein Blick zurück und nach vorn, in: Online zu Gott?! Liturgische Ausdrucksformen und Erfahrungen im Medienzeitalter, hg. von St. Böntert und B. Krysmann, Freiburg – Basel – Wien 2020, 220–234.

Häußling, Angelus A.
– Mönchskonvent und Eucharistiefeier. Eine Studie über die Messe in der abendländischen Klosterliturgie des frühen Mittelalters und zur

Geschichte der Meßhäufigkeit (LQF 58), Münster 1973.
– Literaturbericht zu Fronleichnam, in: JVK (1986) 228–240.
– Liturgie I–II: Begriff; systematisch-theologisch, in: LThK 6 ([3]1997) 969–970.
– Christliche Identität aus der Liturgie. Theologische und historische Studien zum Gottesdienst der Kirche (LQF 79), Münster 1997.

Heid, Stefan
– Gebetshaltung und Ostung in frühchristlicher Zeit, in: RArchChr 82 (2006 [2008]) 347–404.
– Altar und Kirche. Prinzipien christlicher Liturgie, Regensburg [2]2019.

Hoff, Gregor Maria – Knop, Julia – Kranemann, Benedikt (Hg.)
– Amt – Macht – Liturgie. Theologische Zwischenrufe für eine Kirche auf dem Synodalen Weg (QD 308), Freiburg – Basel – Wien 2020.

Heinemann, Joseph
– Prayer in the Talmud: Forms and Patterns, Berlin – New York 1977.

Heininger, Bernd
– Das letzte Mahl Jesu. Rekonstruktion und Deutung, in: Mehr als Brot und Wein. Theologische Kontexte der Eucharistie, hg. von W. Haunerland, Würzburg 2005, 10–49.

Heintz, Michael
– Justin, „Apology" I, 66, 2: Cuming and Gelston Revisited, in: StLi 33 (2003) 33–36.

Heinz, Andreas
– 25 Jahre Liturgiekonstitution, in: LJ 38 (1988) 197–198.
– Lebendiges Erbe. Beiträge zur abendländischen Liturgie- und

Frömmigkeitsgeschichte, Tübingen – Basel 2010.
– Papst Gregor der Große und die römische Liturgie. Zum Gregorius-Gedenkjahr 1400 Jahre nach seinem Tod († 604), in: LJ 54 (2004) 69–84.
– Zeige- und Darbringungsgestus. Zur Bedeutung der Elevation nach den Einsetzungsworten, in: Gemeinschaftlich im Danken. Grundfragen der Eucharistiefeier im ökumenischen Gespräch (StPli 40), hg. von St. Böntert, Regensburg 2015, 126–146.

Hell, Silvia – Lies, Lothar (Hgg.)
– Amt und Eucharistiegemeinschaft. Ökumenische Perspektiven und Probleme, Innsbruck 2004.

Hénaff, Marcel
– Der Preis der Wahrheit. Gabe, Geld und Philosophie, Frankfurt/Main 2009.

Hengel, Martin
– Proseuche und Synagoge. Jüdische Gemeinde, Gotteshaus und Gottesdienst in der Diaspora und Palästina, in: Tradition und Glaube. FS K.G. Kuhn, hg. von G. Jeremias u. a., Göttingen 1971, 157–184.
– Der stellvertretende Sühnetod Jesu, in: IKaZ 9 (1980) 1–25.135–147.
– Zur Wirkungsgeschichte von Jes 53 in vorchristlicher Zeit, in: Der leidende Gottesknecht. Jes 53 und seine Wirkungsgeschichte (Forschungen zum Alten Testament 14), hg. von B. Janowski, Tübingen 1996, 49–91.

Hengel, Martin – Schwemer, Anna Maria
– Jesus und das Judentum (Geschichte des frühen Christentums I), Tübingen 2007.

Heringer, Dominik
– Die Anaphora der Apostel Addai und Mari. Ausdrucksformen einer eucharistischen Ekklesiologie, Bonn 2013.

Herms, Eilert
– Einheit der Christen in der Gemeinschaft der Kirchen. Die ökumenische Bewegung der römischen Kirche im Lichte der reformatorischen Theologie; Antwort auf den Rahner-Plan (Kirche und Konfession 24), Göttingen 1984.

Herwegen, Ildefons
– Nachwort zu Casel, Oblatio rationabilis, ThQ 99 (1917/18), 429–439.

Hesse, Michael
– Die Eucharistie als Opfer der Kirche. Antwortversuche bei Odo Casel – Karl Rahner – Hans Urs von Balthasar (Bonner Dogmatische Studien 56), Würzburg 2015.

Hilberath, Bernd Jochen
– Kirche als Communio, in: ThQ 174 (1994) 45–65.
– Eucharistie, in: LThK 3 (^{2}1995) 946–951.
– Theologischer Kommentar zum Dekret über den Ökumenismus „Unitatis redintegratio", in: Herders Theologischer Kommentar zum 2. Vatikanischen Konzil, Bd. 3, hg. von P. Hünermann und B.J. Hilberath, Freiburg – Basel – Wien 2005, 69–223.
– Eucharistie und Kirchengemeinschaft, in: Die Kirche – erfahrbar und sichtbar in Amt und Eucharistie. Zur Problematik der Stellung von Amt und Abendmahl im ökumenischen Gespräch (Veröffentlichungen des Missionspriester-

seminars St. Augustin), hg. von J.G. Piepke, Nettetal 2006, 25–52.

Hintzen, Georg
– Transsignifkation und Transfinalisation. Überlegungen zur Eignung dieser Begriffe für das ökumenische Gespräch, in: Cath. 39 (1985) 193–216.
– Gedanken zu einem personalen Verständnis der eucharistischen Realpräsenz, in: Cath. 39 (1985) 279–310.
– Personale und sakramentale Gegenwart des Herrn in der Eucharistie. Zu Notker Slenczkas Buch „Realpräsenz und Ontologie", in: Cath. 47 (1993) 210–237.

Hintzen, Georg – Thönissen, Wolfgang
– Kirchengemeinschaft möglich? Einheitsverständnis und Einheitskonzepte in der Diskussion (Thema Ökumene 1), Paderborn 2001.

Hofius, Otfried
– Herrenmahl und Herrenmahlsparadosis. Erwägungen zu 1 Kor 11,23b–25, in: ders., Paulusstudien (WUNT 51), Tübingen 1989, 203–240.

Hoff, Johannes
– Verteidigung des Heiligen. Anthropologie der digitalen Transformation, Freiburg – Basel – Wien 2021.

Hoffmann, Veronika
– (Hg.), Die Gabe. Ein Urwort der Theologie?, Frankfurt/Main 2009.
– Skizzen zu einer Theologie der Gabe. Rechtfertigung – Opfer – Eucharistie – Gottes- und Nächstenliebe, Freiburg – Basel – Wien 2013.
– Ambivalenz des Gebens. Das Phänomen der Gabe aus philosophi-

scher und theologischer Perspektive, in: HK 63 (2009) 304–308.
– Die Opfergabe Jesu Christi, in: Geben und Nehmen – Jahrbuch für Biblische Theologie 27 (2012) 295–320.
– Die Eucharistie: Gabe und Opfer?, Opfer, Geschenke, Almosen. Die Gabe in Religion und Gesellschaft, hg. von A. Grund, Stuttgart 2015, 154–171.

Hofmann, Peter
– Kirche als universale concretum. Der „Streit der Kardinäle" und seine fundamentaltheologischen Voraussetzungen, in: Primato pontificio de episcopato. Dal I° Millennio al Concilio Ecumenico Vaticano II. Studi in onore dell' Archivescovo Agostino Marchetto, hg. von J. Ehret, Vatikan 2013, 391–426.

Hompel, Max ten
– Das Opfer als Selbsthingabe und seine ideale Verwirklichung im Opfer Christi. Mit besonderer Berücksichtigung neuerer Kontroversen, Freiburg 1920.

Hoping, Helmut
– Gottes äußerste Gabe. Die theologische Unverzichtbarkeit der Opfersprache, in: HK 56 (2002) 247–251.
– „Die sichtbarste Frucht des Konzils". Anspruch und Wirklichkeit der erneuerten Liturgie, in: Zweites Vatikanum – vergessene Anstöße, gegenwärtige Fortschreibungen (QD 207), hg. von G. Wassilowsky, Freiburg – Basel – Wien 2004, 90–115.
– Gottes Ebenbild. Theologische Anthropologie und säkulare Vernunft, in: ThQ 15 (2005) 127–149.

- Freiheit, Gabe, Verwandlung. Zur Hermeneutik des christlichen Opfergedankens, in: Freiheit Gottes und der Mensch. FS Thomas Pröpper, hg. von Michael Böhnke u. a., Regensburg 2006, 417–431.
- „Für die vielen". Der Sinn des Kelchwortes der römischen Messe, in: Gestorben für wen? Zur Diskussion um das „pro multis" (Theologie kontrovers), hg, von M. Striet, Freiburg – Basel – Wien 2007, 65–79.
- Das Beten Christi und seiner Kirche. Aspekte einer trinitarischen Theologie der Liturgie, in: Liturgie und Trinität, hg. von B. Groen und B. Kranemann (QD 229), Freiburg – Basel – Wien 2008, 88–107.
- Mehr als Brot und Wein. Zur Phänomenologie der Gabe, in: Glaube und Kultur. Begegnung zweier Welten?, hg. von Th. Böhm, Freiburg – Basel – Wien 2009, 187–202.
- Bewahren und Erneuern. Eine Relecture der Liturgiereform, in: IKaZ 38 (2009) 570–584.
- Kult und Reflexion. Joseph Ratzinger als Liturgietheologe, in: Der Logos-gemäße Gottesdienst. Theologie der Liturgie bei Joseph Ratzinger (Benedikt-Studien 1), hg. von R. Voderholzer, Regensburg 2009, 12–25.
- Die Ökonomie des Opfers und die Gabe der Eucharistie, in: Die Bindung Isaaks. Stimme – Schrift – Bild, hg. von H. Hoping, J. Knop und Th. Böhm, Paderborn – München – Wien – Zürich 2009, 203–210.
- Die Mysterientheologie Odo Casels und die Liturgiereform, in: Erinne-rung an die Zukunft. Das Zweite Vatikanische Konzil. Erweiterte und aktualisierte Auflage, hg. von J. H. Tück, Freiburg – Basel – Wien 2013, 163–184.
- Einführung in die Christologie, Darmstadt [3]2014.
- The Constitution Sacrosanctum Concilium and the Liturgical Reform, in: AHC 42 (2010) 297–316.
- The *Ordo Missae* of 1965: The Latin-German Altar missal and Liturgical Renewal, in: Benedict XVI and the Roman Missal (Fota Liturgy Series 4), ed. by J.E. Rutherford and J. O'Brien, Dublin – New York 2013, 292–309.
- Offerimus tibi, Domine. Die alten und neuen Offertoriumsgebete des römischen Messritus, in: Römische Messe und Liturgie der Moderne, hg. von St. Wahle, H. Hoping und W. Haunerland, Freiburg – Basel – Wien 2013, 378–395.
- Der *Introitus* und das Stufengebet als Schwellentexte der römischen Messe, in: Operationen am lebenden Objekt. Roms Liturgiereformen von Trient bis zum Vaticanum II, hg. von St. Heid, Berlin-Brandenburg 2014, 305–315.
- Christus praesens. Die Gabe der Eucharistie und ihre Zeitlichkeit, in: Phänomenologie der Gabe. Neue Zugänge zum Mysterium der Eucharistie (QD 270), hg. von F. Bruckmann, Freiburg – Basel – Wien 2015, 197–218.
- Il mio corpo dato per voi. Storia e teologia dell'eucaristia (Biblioteca di teologia contemporanea 173), Brescia 2015.

Sekundärliteratur

– Die Bindung Isaaks. Zur christlichen Rezeption des Opfers Abrahams, in: Gehorsam, hg. von P. Greenway, M. Kampmeyer und C. Kugelmann, Jüdisches Museum Berlin 2015, 46–51.

– Sein und Zeichen. Zur karolingischen Eucharistiekontroverse, in: ThPh 90 (2015) 321–335.

– Repraesentatio et memoria sacrificii. Zur Debatte um das sakramentale Gedächtnis des Kreuzopfers Christi in der Zeit des Konzils von Trient, in: MThZ 67 (2016) 111–122.

– My Body Given for You: History and Theology of the Eucharist, San Francisco 2019.

– Missbrauchte Liturgie. Kann ein demokratisierter Gottesdienst sexuelle Übergriffe verhindern?, in: HK 73 (2019) 48–51.

– Liturgy and the Triune God: Rethinking Trinitarian Theology, in: Authentic Liturgical Renewal in Contemporary Perspective. Proceedings of the Sacra Liturgia Conference held in London, 5–8 July 2016, ed. by Uwe Michael Lang, London – New York 2017, 21–30.

– Heilige Handlung: Überlegungen zur Liturgie im Anschluss an Josef Pieper, in: „Dein Antlitz, Herr will ich suchen!" Selbstoffenbarung Gottes und Antwort des Menschen. FS Michael Schneider SJ, hg. von Th. Kremer, Münster 2019, 461–475.

– Jesus aus Galiläa. Messias und Gottes Sohn, Freiburg – Basel – Wien ²2020.

– Sakramentalität und Sakralität als Kern katholischer Identität, in: Eucharistie. Verstehen – Leben – Feiern. FS Kurt Kardinal Koch, hg. von George Augustin, Ostfildern 2020, 178–200.

– Sakrament und Kirche. Arbeitskreisförmig konsensual: Die Interkommunion soll nicht so heißen dürfen, in: Frankfurter Allgemeine Zeitung (Geisteswissenschaften), 14. Oktober 2020, Nr. 239, N3.

– Mit dem Brecheisen – „Gemeinsam am Tisch des Herrn": Darum ist die römische Kritik berechtigt, in: HK 74/11 (2020) 25–26.

– Die Macht der Musik. Zur Frage ihrer metaphysischen und theologischen Dimension, in: Gottes-Klänge. Religion und Sprache in der Musik, hg. von H. Hoping, St. Wahle und M. Walter, Freiburg – Basel – Wien 2021, 13–35.

– Die Brotbitte des Vaterunsers und die Eucharistie, in: Ecclesia de Liturgia. Zur Bedeutung des Gottesdienstes für Kirche und Gesellschaft. FS Winfried Haunerland, hg. von J. Bärsch, St. Kopp und Chr. Rentsch unter Mitarbeit von M. Fischer, Regensburg 2021, 155–168.

– Der Liturgie-Hammer des Papstes, in: Frankfurter Allgemeine Zeitung (Feuilleton) vom 28. Juli 2021, 11.

Ihsen, Florian

– Eine Kirche in der Liturgie. Zur ekklesiologischen Relevanz ökumenischer Gottesdienstgemeinschaft (Forschungen zur systematischen und ökumenischen Theologie 129), Göttingen 2010.

Irlenborn, Bernd

– Die Liturgie im Zeitalter ihrer medialen Reproduzierbarkeit. Systematisch-Theologische Überlegungen zu Online-Gottesdiensten, in: Gottesdienst nach dem Digital Turn. Zur Neuvermessung des theologischen Feldes, in: Online zu Gott?! Liturgische Ausdrucksformen und Erfahrungen im Medienzeitalter, hg. von St. Böntert und B. Krysmann, Freiburg – Basel – Wien 2020, 105 –129.

Iserloh, Erwin
– Die Eucharistie in der Darstellung des Johannes Eck. Ein Beitrag zur vortridentinischen Kontroverstheologie über das Meßopfer (Reformationsgeschichtliche Studien und Texte 73/74), Münster 1950.
– Der Kampf um die Messe in den ersten Jahren der Auseinandersetzung mit Luther, Münster 1952.
– Messe als Repraesentatio Passionis in der Diskussion des Konzils von Trient während der Sitzungsperiode in Bologna 1547, in: Liturgie. Gestalt und Vollzug. FS J. Pascher, hg. von W. Dürig, München 1963, 138 –146.
– Das tridentinische Meßopferdekret in seinen Beziehungen zur Kontroverstheologie der Zeit, in: Il Concilio di Trento e la Riforma Tridentina. Atti del convegno storico internazionale. Trento – 2–6 Settembre 1963, t.2, Roma 1965, 401 –439.
– Der Wert der Messe in der Diskussion der Theologen vom Mittelalter bis zum 16. Jahrhundert, in: *ders.*, Kirche – Ereignis und Institution. Aufsätze und Vorträge (Reformationsgeschichtliche Studien und Texte, Supplementum 3, 2), Bd. 2, Münster 1985, 375 –413.

– Abendmahl III/3: Römisch-katholische Kirche, in: TRE 1 (1999) 122–131.

Ivánka, Endre von
– Plato Christianus. Übernahme und Umgestaltung des Platonismus bei den Vätern, Einsiedeln 1964.

Jammers, Ewald
– Das Alleluja in der gregorianischen Messe. Eine Studie über seine Entstehung und Entwicklung (LQF 55), Münster 1973.

Janowski, Bernd
– Auslösung des verwirkten Lebens, in: ZThK 79 (1983) 25 –59.

Jaubert, Annie
– La date de la cène. Calendrier biblique et liturgie chrétienne (EtB) Paris 1957.

Jeanes, Gordon P.
– Early Latin Parallels to the Roman Canon? Possible References to a Eucharistic Prayer in Zenon of Verona, in: JThS 37 (1986) 427–431.
– The Origins of the Roman Rite, edited and translated by G.P. Jeanes (Alcuin Club and The Group for the Renewal if Worship 20/Grove Liturgical Study 67), Bramcote – Nottingham 1991.

Jedin, Hubert
– Geschichte des Konzils von Trient, 4 Bde., Freiburg – Basel – Wien 1949–1975.

Jeffery, Peter
– The Introduction of Psalmody into the Roman Mass by Pope Coelestin I (422– 433): Reinterpreting a Passage in the Liber Pontificalis, in: ALW 26 (1984) 147–165.
– Translating Traditions: A Chant Historian reads *Liturgiam authenticam*, Collegeville 2005.

Sekundärliteratur

Jeggle-Merz, Birgit
– Gottesdienst und Internet. Ein Forschungsfeld im Zeitalter des Web 2.0, in: Zwischen Tradition und Postmoderne. Die Liturgiewissenschaft vor neuen Herausforderungen, hg. M. Durst und H. J. Münk, Freiburg/Schweiz 2010, 139–192.

Jeggle-Merz, Birgit – Kirchschläger, Walter – Müller, Jörg
– Die Feier der Eucharistie (Luzerner biblisch-liturgischer Kommentar zum Ordo Missae, Erschließung 2), Stuttgart 2017.

Jeremias, Joachim
– Die Abendmahlsworte Jesu, Göttingen [3]1960.
– polloi (= viele), in: ThWNT VI (1959) 536–545.

Johnson, Maxwell E.
– The Origins of the Anaphoral Use of the Sanctus und the Epiclesis Revisited: The Contribution of Gabriele Winkler and its Implications, in: The Crossroads Cultures: Studies in Liturgy and Patristics in Honor of Gabriele Winkler (OrChrA 260), ed. by H.-J. Feulner et al., Rom 2000, 405–442.
– The Prayers of Serapion of Thmuis: A Literary, Liturgical and Theological Analysis (OrChrA 249), Rom 1995.

Jones, Simon
– Introduction, in: Gregory Dix, The Shape of Liturgy, London 2005, X–XXVIII.

Joppich, Godehard
– Christologie im Gregorianischen Choral, in: Christologie der Liturgie. Der Gottesdienst der Kirche – Christusbekenntnis und Sinaibund

(QD 159), hg. von K. Richter, Freiburg – Basel – Wien 1995, 270–291.

Jorissen, Hans
– Die Entfaltung der Transsubstantiationslehre bis zum Beginn der Hochscholastik (MBTh 28/1), Münster 1965.
– Die Diskussion um die eucharistische Realpräsenz und die Transsubstantiation in der neueren Theologie, in: Beiträge zur Diskussion um das Eucharistieverständnis. Referate und Vorträge im Rahmen des Arbeitskreises „Eucharistie" im Collegium Albertinum, Bonn 1970, 33–57.
– Wandlungen des philosophischen Kontextes als Hintergrund der frühmittelalterlichen Eucharistiestreitigkeiten, in: Streit um das Bild. Das Zweite Konzil von Nizäa (787) in ökumenischer Perspektive (Studium Universale 9), hg. von J. Wohlmuth, Bonn 1989, 97–111.
– Abendmahlsstreit, in: LThK 1 ([3]1993) 36–39.
– Der Beitrag Alberts des Großen zur theologischen Rezeption des Aristoteles am Beispiel der Transsubstantiationslehre (Lectio Albertina 5), Münster 2002.

Jounel, Pierre
– La composition des nouvelles prières eucharistique, in: MD 94 (1968) 38–76.
– L'évolution du Missel Romain de Pie IX à Jean XXIII (1846–1962), in: Notitiae 14 (1978) 246–258.

Jüngel, Eberhard
– Das Evangelium von der Rechtfertigung des Gottlosen als Zentrum des christlichen Glaubens, Tübingen 1999.

Jungmann, Josef Andreas
– Der Gottesdienst der Kirche. Auf dem Hintergrund seiner Geschichte kurz erläutert, Innsbruck – Wien – München 1955.
– Symbolik der katholischen Kirche, Stuttgart 1960.
– Konstitution über die heilige Liturgie: Einleitung und Kommentar, in: Das Zweite Vatikanische Konzil = LThK, Ergänzungsband I, Freiburg – Basel – Wien 1966, 10–109.
– La liturgie des premiers siècles: jusqu'à l'époque de Grégoire le Grand (Lex orandi 33), Paris 1962.
– Von der ‚Eucharistia' zur ‚Messe', in: ZKTh 89 (1967) 29–40.
– „Abendmahl" als Name der Eucharistie, in: ZKTh 93 (1971) 91–94.
– Missarum Sollemnia. Eine genetische Erklärung der römischen Messe, Bd. I: Messe im Wandel der Jahrhunderte. Messe und kirchliche Gemeinschaft. Vormesse. Reprographischer Nachdruck der 5. verbesserten Auflage (Freiburg 1962). Mit einem Geleitwort zur Neuauflage von Hans-Jürgen Feulner, Bonn 2003.
– Missarum Sollemnia. Eine genetische Erklärung der römischen Messe, Bd. II: Opfermesse (1962) sowie im Anhang: Messe im Gottesvolk. Ein nachkonziliarer Durchblick (Freiburg 1970), Bonn 2003.

Kaczynski, Rainer
– Die Interzessionen im Hochgebet, in: Gemeinde im Herrenmahl. Zur Praxis der Messfeier, hg. von Th. Maas-Ewerd und Kl. Richter, Freiburg – Einsiedeln – Zürich – Wien 1976, 303–313.

– Theologischer Kommentar zur Konstitution über die heilige Liturgie *Sacroscanctum Concilium*, in: Herders Theologischer Kommentar zum Zweiten Vatikanischen Konzil, Bd. 2, hg. von P. Hünermann und B.J. Hilberath, Freiburg – Basel – Wien 2004, 1–227.
– Angriff auf die Liturgiekonstitution? Anmerkungen zu einer neuen Übersetzer-Instruktion, in: StZ 219 (2011) 651–668.

Kaiser, Andreas Peter
– Das lateinisch-deutsche Altarmessbuch (1965). Der vergessene Schritt in der Umsetzung der Liturgiereform (Pius Parsch-Studien 17), Freiburg – Basel – Wien 2020.

Kalb, Friedrich
– Liturgie, in: TRE 21 (1991) 358–377.

Kantorowicz, Ernst H.
– Laudes Regiae: A Study in Liturgical Acclamations and Mediaeval Ruler Worship, Berkeley – Los Angeles 1946.

Karrer, Martin
– Jesus Christus im Neuen Testament (GNT 11), Göttingen 1998.

Kasper, Walter
– Die Kirche Jesu Christi, in: WKGS 11 (2008) 15–120.
– Die Kirche als Communio, in: WKGS 11 (2008) 405–425.
– Das Verhältnis von Universalkirche und Ortskirche. Freundschaftliche Auseinandersetzung mit der Kritik von Joseph Kardinal Ratzinger, in: WKGS 11 (2008) 509–522.
– Neue Evangelisierung als theologische, pastorale und geistliche Herausforderung in: WKGS 5 (2009) 243–317.

Sekundärliteratur

- Zur Theologie und Praxis des bischöflichen Amtes, in: WKGS 12 (2009) 482–496.
- Gottesdienst nach katholischem Verständnis, in: WKG 10 (2010) 30–143.
- Die Eucharistie: Zeichen und Symbol des Lebens, in: WKGS 10 (2010) 206–221.
- Situation und Zukunft der Ökumene, in: WKGS 14 (2012) 343–364.
- Communio: Die Leitidee der katholischen ökumenischen Theologie, in: WKGS 14 (2012) 137–167.
- Ein Herr, ein Glaube, eine Taufe. Ökumenische Perspektiven der Zukunft, in: Von der Gemeinsamen Erklärung zum Gemeinsamen Herrenmahl? Perspektiven der Ökumene im 21. Jahrhundert, hg. von E. Pulsfort und R. Hanusch, Regensburg 2002, 217–228.
- Katholische Kirche. Wesen – Wirklichkeit – Sendung, Freiburg – Basel – Wien 2011.
- Die liturgische Erneuerung – Die erste und sichtbarste Frucht des Konzils, in: IKaZ 42 (2013) 621–632.
- Der „Streit der Kardinäle" – neu aufgelegt. Eine Zumutung, die man sich nicht bieten lassen kann, in: StZ 231 (2013) 119–123.
- Der Päpstliche Rat zur Förderung der Einheit der Christen im Jahre 1999, in: Catholica 54 (2000) 81–97.
- Sakrament der Einheit: Eucharistie und Kirche, Freiburg – Basel – Wien 2004.

Kaufmann, Thomas
- Abendmahl 3. Reformation, in: RGG 1 ([4]2008, Studienausgabe) 24–28.

- Geschichte der Reformation (Verlag der Weltreligionen), Frankfurt/ Main – Leipzig 2009.

Kehl, Medard
- Die Kirche. Eine katholische Ekklesiologie, Würzburg 1992.
- Die eine Kirche und die vielen Kirchen, in: StZ 219 (2001) 3–16.
- Zum jüngsten Disput um das Verhältnis von Universalkirche und Ortskirchen, in: Kirche in ökumenischer Perspektive. FS W. Kasper, hg. von P. Walter u. a., Freiburg – Basel – Wien 2003, 81–101.

Kilmartin, Edward J.
- The Eucharist in the West: History and Theology, ed. by R.J. Daly, Collegeville 1998.

Klauck, Hans-Josef
- Präsenz im Herrenmahl. 1 Kor 11,23–26 im Kontext hellenistischer Religionsgeschichte, in: ders., Amt – Sakrament. Neutestamentliche Perspektiven, Würzburg 1989, 313–330.
- Herrenmahl und hellenistischer Kult. Eine religionsgeschichtliche Untersuchung zum ersten Korintherbrief [NTA Neue Folge 15], Münster 1982.

Klauser, Theodor
- Kleine Abendländische Liturgiegeschichte. Bericht und Besinnung. Mit zwei Anhängen: Richtlinien für die Gestaltung des Gotteshauses. Ausgewählte bibliographische Hinweise, Bonn 1965.

Klawans, Jonathan
- Interpreting the Last Supper: Sacrifice, Spiritualization, and Anti-Sacrifice, in: NTS 48 (2002) 1–17.

Kleinheyer, Bruno
– Erneuerung des Hochgebets, Regensburg 1969.

Klinghardt, Matthias
– Gemeinschaftsmahl und Mahlgemeinschaft. Soziologie und Liturgie frühchristlicher Mahlfeiern (TANTZ 13), Tübingen – Basel 1996.

Klöckener, Martin
– Das eucharistische Hochgebet bei Augustinus. Zu Stand und Aufgaben der Forschung, in: Signum pietatis. FS C.P. Mayer (Cassiciacum XL), hg. im Auftrag des Augustinus-Instituts der deutschen Augustiner von A. Zumkeller, Würzburg 1989, 461–495.
– Die Bedeutung der neu entdeckten Augustinus-Predigten *(Sermones Dolbeau)* für die liturgiegeschichtliche Forschung, in: Augustin prédicateur (395–411). Actes du Colloque International de Chantilly (5–7 Septembre 1996) (Collection des Étude Augustiniennes, Série Antiquité 159), ed. par G. Madec, Paris 1998, 129–170.
– Das Eucharistische Hochgebet in der nordafrikanischen Liturgie der christlichen Spätantike, in: Prex Eucharistica, Bd. III/1, hg. von A. Gerhards, H. Brakmann und M. Klöckener, Freiburg/Schweiz 2005, 43–128.
– Die Bulle „Quo primum" Papst Pius' V. vom 14. Juli 1570. Zur Promulgation des nachtridentinischen Missale Romanum. Liturgische Quellentexte lateinisch-deutsch, in: ALW 48 (2008) 41–51.
– Liturgical Renewal through History, in: StLi 44 (2014) 13–33.

– Die liturgischen Vorstehergebete im Widerstreit. Theologische Begründungen, Anfragen, Konflikte, Perspektiven, in: Gemeinschaft im Danken. Grundfragen der Eucharistiefeier im ökumenischen Gespräch (StPli 40), hg. von St. Böntert, Regensburg 2015, 147–177.
– Liturgie in der Alten Kirche des Westens, in: Geschichte der Liturgie in den Kirchen des Westens. Rituelle Entwicklungen, theologische Konzepte und kulturelle Kontexte, hg. von J. Bärsch und B. Kranemann in Verbindung mit W. Haunerland und M. Klöckener, Bd. 1: Von der Antike bis zur Neuzeit, Münster 2018, 201–269.
– Liturgische Quellen des Frühmittelalters, in: Geschichte der Liturgie in den Kirchen des Westens. Rituelle Entwicklungen, theologische Konzepte und kulturelle Kontexte, hg. von J. Bärsch und B. Kranemann in Verbindung mit W. Haunerland und M. Klöckener, Bd. 1: Von der Antike bis zur Neuzeit, Münster 2018, 293–328.

Klösges, Johannes
– Traditionis confusionis. Kirchenrechtliche Wahrnehmungen zum Motu proprio „Traditionis custodes", in: HK 75/9 (2021) 24–26.

Knop, Julia
– Ecclesia orans. Liturgie als Herausforderung für die Dogmatik, Freiburg – Basel Wien 2012.
– Im Glauben vorangehen. Ökumenische Paare können Kommunion feiern, in: Söding – Thönissen (Hg.), Eucharistie – Kirche – Ökumene. Aspekte und Hintergründe

des Kommunionstreits (QD 298), hg. von Th. Söding und W. Thönissen, Freiburg – Basel – Wien 2019, 151–171.

Koch, Dietrich-Alex
– Eucharistievollzug und Eucharistieverständnis in der Didache, in: The Eucharist – Its Origins and Contexts: Sacred Meal, Communal Meal, Table Fellowship in Late Antiquity, Early Judaism, and Early Christianity, Vol. II (WUNT 376), ed. by D. Hellhom und D. Sänger, Tübingen 2017, 845–881.

Koch, Kurt
– Eucharistie. Herz des christlichen Glaubens, Freiburg/Schweiz 2005.
– Die Konstitution über die Heilige Liturgie und die nachkonziliare Liturgiereform, in: Papst Benedikt XVI. und sein Schülerkreis. Kurt Kardinal Koch, Das Zweite Vatikanische Konzil. Die Hermeneutik der Reform, hg. von St. Ott und S. Wiedenhofer, Augsburg 2012, 69–98.

Kollmann, Bernd
– Ursprung und Gestalten der frühchristlichen Mahlfeier (Göttinger theologische Arbeiten 43), Göttingen 1990, 251–258.

Kopp, Stefan
– Das „Amen" zum Hochgebet und beim Kommunionempfang, in: Söding – Thönissen (Hg.), Eucharistie –Kirche – Ökumene (2019), 111–134.

Kopp, Stefan – Krysmann, Benjamin (Hg.)
– Online zu Gott? Liturgische Ausdrucksformen und Erfahrungen im Medienzeitalter (Kirche in Zeiten der Veränderung 5), Freiburg – Basel – Wien 2020.

Korsch, Dietrich (Hg.)
– Die Gegenwart Jesu Christi im Abendmahl, Leipzig 2005.

Kottje, Raymund
– Oratio periculosa. Eine frühmittelalterliche Bezeichnung des Kanons?, in: ALW 10 (1967) 165–168.

Kranemann, Benedikt
– Liturgie im Widerspruch. Anfragen und Beobachtungen zum Motu proprio „Summorum Pontificum", in: Ein Ritus – zwei Formen. Die Richtlinie Benedikts XVI. zur Liturgie (Theologie kontrovers), Freiburg – Basel – Wien 2008, 50–66.
– Die Theologie des Pascha-Mysteriums im Widerspruch. Bemerkungen zur traditionalistischen Kritik katholischer Liturgietheologie, in: Exkommunikation oder Kommunikation? Der Weg der Kirche nach dem II. Vatikanum und die Pius-Brüder (QD 236), hg. von Peter Hünermann, Freiburg – Basel – Wien 2009, 123–151.
– Liturgien unter dem Einfluss der Reformation, in: Geschichte der Liturgie in den Kirchen des Westens. Rituelle Entwicklungen, theologische Konzepte und kulturelle Kontexte, hg. von J. Bärsch und B. Kranemann in Verbindung mit W. Haunerland und M. Klöckener, Bd. 1: Von der Antike bis zur Neuzeit, Münster 2018, 425–479.
– „Gemeinsam am Tisch des Herrn" – eine liturgiewissenschaftliche Stellungnahme, in: Cath. 74 (2020) 18–30.
– Das Konzil im Blick. Liturgiewis-

senschaftliche Wahrnehmungen zum Motu proprio „Traditionis custodes", in: HK 75/9 (2021) 22–23.

Krahe, Maria Judith
– Der Herr ist der Geist. Studien zur Theologie Odo Casels, 2 Bde., St. Ottilien 1986.

Kremer, Jacob
– „Herrenspeise" – nicht „Herrenmahl". Zur Bedeutung von κυριακον δειπνον φαγειν (1 Kor 11,20), in: Schrift und Tradition. FS J. Ernst, hg. von K. Backhaus, Paderborn – München – Wien – Zürich 1996, 227–242.

Kretschmar, Georg
– Die frühe Geschichte der Jerausalemer Liturgie, in: JLH 2 (1956/57), 22–46.

Kühn, Rolf
– Gabe als Leib in Christentum und Phänomenologie, Würzburg 2004.

Küng, Hans
– Das Eucharistiegebet – Konzil und Erneuerung der römischen Liturgie, in: Wort und Wahrheit 18 (1963) 102–107.

Kunzler, Michael
– Sein ist die Zeit. Eine Einführung in Liturgie und Frömmigkeit des Kirchenjahres, Paderborn 2012.

Kwasniewski, Peter A. (Ed.)
– From Benedict's Peace to Francis's War: Catholics Respond to the Motu Proprio *Traditiones custodes* on the Latin Mass, New York 2021.

Laarmann, Matthias
– Transsubstantiation. Begriffsgeschichtliche Materialien und bibliographische Notizen, in: ALW 41 (1999) 119–150.

Lahey, Stephen E.
– Late Medieval Eucharistic Theology, in: A Companion to the Eucharist in the Middle Ages, ed. by J. C. Levy & K. van Ausdall (Brill's Companions to Christian Tradition 26), Leiden – Bosten 2012, 499–539.

Lamberigts, Mathijs
– Die Liturgiedebatte, in: Geschichte des Zweiten Vatikanischen Konzils (1959–1965), Bd. II: Das Konzil auf dem Weg zu sich selbst. Erste Sitzungsperiode und Interesessio. Oktober 1962–September 1963, hg. von G. Alberigo, dt. Ausgabe von K. Wittstadt, Mainz – Löwen 2000, 129–199.

Leonhard, Clemens
– Pesach and Eucharist, in: The Eucharist – Its Origins and Contexts, in: Sacred Meal, Communal Meal, Table Fellowship in Late Antiquity, Early Judaism, and Early Christianity, Vol. I (WUNT 376), ed. by D. Hellhom und D. Sänger, Tübingen 2017, 275–312.

Lang, Bernhard
– Heiliges Spiel. Eine Geschichte des christlichen Gottesdienstes, München 1998.

Lang, Uwe Michael
– Conversi ad Dominum. Zur Geschichte der christlichen Gebetsrichtung. Mit einem Geleitwort von Joseph Ratzinger, Freiburg ³2005.
– Die Stimme der betenden Kirche. Überlegungen zur Sprache der Liturgie. Aus dem Englischen übersetzt von U. Spengeler (Neue Kriterien 14), Freiburg 2012.

Sekundärliteratur

- (Hg.), Die Anaphora von Addai und Mari. Studien zu Eucharistie und Einsetzungsworten (nova & vetera), Bonn 2007, 31–65.
- The Direction of Liturgical Prayer, in: Ever Directed Towards the Lord: The Love of God, ed. by U.M. Lang, New York 2007, 90–107.
- Rhetoric of Salvation: The Origins of Latin as the Language of the Roman Liturgy, in: The Genius of the Roman Rite: Historical, Theological and Pastoral Perspectives on Catholic Liturgy, ed. by U.M. Lang, Chicago/Mundelein 2010, 22–44.

Laporte, Jean
- Théologie liturgique de Philon d'Alexandrie et d'Origène (Liturgie 6), Paris 1995.
- La doctrine eucharistique chez Philon d'Alexandrie (Théologie historique 16), Paris 1972.

Leeuw, Gerardus van der
- Phänomenologie der Religion, Tübingen [3]1970.

Lehmann, Karl
- Einheit der Kirche und Gemeinschaft im Herrenmahl. Zur neueren ökumenischen Diskussion um Eucharistie- und Kirchengemeinschaft, in: Eucharistie. Positionen katholischer Theologen, hg. von Th. Söding, Regensburg 2002, 141–117.

Lengeling, Emil J.
- Die Konstitution des Zweiten Vatikanischen Konzils über die heilige Liturgie. Lateinisch-deutscher Text mit einem Kommentar von E. J. Lengeling (Lebendiger Gottesdienst 5/6), Regensburg 1964.
- Die neue Ordnung der Eucharistiefeier. Allgemeine Einführung in das römische Meßbuch. Endgülti-

ger lateinischer und deutscher Text. Einleitung und Kommentar (Lebendiger Gottesdienst 17/18), Münster [2]1971.
- Et cum spiritu tuo – Und auch mit dir?, in: RQ 70 (1975) 225–237.

Léon-Dufour, Xavier
- Abendmahl und Abschiedsrede im Neuen Testament, Stuttgart 1983.

Leonhard, Clemens
- The Jewish Pesach and the Origins of the Christian Easter: Open Questions in Current Research, Berlin 2006.

Leonhard-Balzer, Jutta
- Jewish Worship in Philo of Alexandria, Tübingen 2001.

Lepin, Marius
- L'ideé du sacrifice de la messe d'après les théologiens depuis l'origine jusqu'à nos jours, Paris [2]1926.

Leppin, Volker – Sattler, Dorothea
- (Hg.) Gemeinsam am Tisch des Herrn: Ein Votum des Ökumenischen Arbeitskreises evangelischer und katholischer Theologen = Together at the Lord's table: A Statement of the Ecumenical Study Group of Protestant and Catholic Theologians (Dialog der Kirche 17), Freiburg – Göttingen 2020.
- (Hg.) Gemeinsam am Tisch des Herrn. Ein Votum des ökumenischen Arbeitskreises evangelischer und katholischer Theologen II. Anliegen und Rezeption, Freiburg – Göttingen 2021.
- Einführung der Wissenschaftlichen Leitung, in: Gemeinsam am Tisch des Herrn (2021), 9–33.

Lersch, Markus
- Die Sakramentalität des Glaubens als „missing link" der jüngeren öku-

560

menischen Dialoge. Anmerkungen (nicht nur) zum Votum „Gemeinsam am Tisch des Herrn", in: Fides incarnata. FS Rainer Maria Kardinal Woelki, hg. von M. Graulich und K.-H. Menke, Freiburg – Basel – Wien 2021, 162–185.

Levy, Kenneth
– Gregorian chant and the Carolingians, Princeton 1998.

Lies, Lothar
– Eucharistie in ökumenischer Verantwortung, Graz 1996.
– Eulogia – Überlegungen zur formalen Sinngestalt der Eucharistie, in: ZKTh 100 (1978) 67–97.
– Mysterium fidei. Annäherungen an das Geheimnis der Eucharistie, Würzburg 2005.
– Wort und Eucharistie bei Origenes. Zur Spiritualisierungstendenz des Eucharistieverständnisses (Innsbrucker Theologische Studien 1), Innsbruck – Wien – München ²1982.

Lietzmann, Hans
– Messe und Herrenmahl. Eine Studie zur Geschichte der Liturgie (Arbeiten zur Kirchengeschichte 8), Berlin ³1955.

Ligier, Louis
– The Origins of the Eucharistic Prayer: From the Last Supper to the Eucharist, in: StLi 9 (1973) 161–185.

Lindemann, Andreas
– Die eucharistische Mahlfeier bei Justin und Irenäus, in: The Eucharist – Its Origins and Contexts: Sacred Meal, Communal Meal, Table Fellowship in Late Antiquity, Early Judaism, and Early Christianity, Vol. II (WUNT 376),

ed. by D. Hellhom und D. Sänger, Tübingen 2017, 901–933.

Lindsey, David
– „Todah" and the Eucharist: The Celebration of the Lord's Supper as a „Thanks Offering" in the Early Church, in: Restoration Quarterly 39 (1997) 83–100.

Lohfink, Gerhard,
– Gegen die Verharmlosung Jesu, Freiburg – Basel – Wien 2013.

Lohfink, Norbert
– Das „Pange Lingua" im „Gotteslob", in: BiLi 76 (2003) 276–285.

Löhr, Helmut
– Studien zum frühchristlichen und frühjüdischen Gebet. Untersuchungen zu 1 Clem 59 bis 61 in seinem literarischen, historischen und theologischen Kontext (WUNT 160), Tübingen 2003.
– Entstehung und Bedeutung des Abendmahls im frühen Christentum, in: ders. (Hg.), Abendmahl (Themen der Theologie 3), Tübingen 2012, 51–94.

Lohse, Bernhard
– Das Passafest der Quartodezimaner (Beiträge zur Förderung christlicher Theologie, Reihe 2: Sammlung wissenschaftlicher Monographien 54), Gütersloh 1953, 74–89.

Lohse, Wolfram
– Die Fußwaschung (Joh 13,1–20). Eine Geschichte ihrer Deutung. Diss. (2 Bde.), Erlangen 1967.

Lowe, Elias A. – Wilmart, André (Hgg.)
– The Bobbio Missal. A Gallican Mass-Book (Ms. Parisinus latinus 13246), Suffolk 1991.

Lubac, Henri de
– Corpus mysticum. Eucharistie und Kirche im Mittelalter. Eine historische Studie. Übertragen von Hans Urs von Balthasar, Einsiedeln [2]1995 (1959; franz. 1949).

Lurz, Friedrich
– Erhebet die Herzen. Das Eucharistische Hochgebet verstehen, Kevelaer 2011.

Lurz, Wilhelm
– Einführung in die neuen Rubriken des Römischen Breviers und Missale, München 1960.

Lutz, Ulrich
– Das Herrenmahl im Neuen Testament, in: BiLi 57 (2002) 2–8.

Luykx, Bonifas
– Der Ursprung der gleichbleibenden Teile der Heiligen Messe, in: Priestertum und Mönchtum (LuM 29), hg. von Th. Bogler, Maria Laach 1961, 72–119.

Maas-Ewerd, Theodor
– Die Krise der liturgischen Bewegung in Deutschland und Österreich. Studien zu den Auseinandersetzungen um die „liturgische Frage" in den Jahren 1939 bis 1944 (StPLi 3), Regensburg 1981.
– Auf dem Weg zur „Gemeinschaftsmesse". Romano Guardinis „Meßandacht" aus dem Jahre 1920, in: EuA 66 (1990) 450–468.

Macy, Gary
– The Theologies of the Eucharist in the Early Scholastic Period: A Study of the Salvific Function of the Sacrament according to the Theologians c. 1080 – c. 1220, Oxford 1984.
– Treasures from the Storeroom.

Medieval Religion and the Eucharist, Collegeville 1999.
– Theology of the Eucharist in the High Middle Ages, in: A Companion to the Eucharist in the Middle Ages, ed. by J. C. Levy & K. van Ausdall (Brill's Companions to Christian Tradition 26), Leiden – Bosten 2012, 365–398.

Magielse, Michael-Dominique
– A Distanced Eucharist in Bits and Bytes: Creating a True Encounter in Online Celebrations of the Mass during the COVID-19 Crisis, in: Yearbook for Ritual and Liturgical Studies 36 (2020) 18–33.

Maier, Esther
– Die Gregorsmesse. Funktion eines spätmittelalterlichen Bildtypus, Köln – Weimar – Wien 2006.

Maier, Johann
– Zwischen den Testamenten. Geschichte und Religion in der Zeit des zweiten Tempels, Würzburg 1990.

Margoni-Kögler, Michael
– Die Perikopen im Gottesdienst bei Augustinus. Ein Beitrag zur Erforschung der liturgischen Schriftlesung in der frühen Kirche (Veröffentlichungen der Kommission zur Herausgabe des Corpus der Lateinischen Kirchenväter 29; Sitzungsberichte/Österreichische Akademie der Wissenschaften, Philosophisch-Historische Klasse 810), Wien 2010.

Marini, Piero
– A Challenging Reform: Realizing the Vision of the Liturgical Renewal (1963–1975), Collegeville 2007.

Marion, Jean-Luc
– Verklärte Gegenwart, in: Credo. Ein theologisches Lesebuch, hg. von J.

Ratzinger und P. Henrici, Köln 1992, 181–190.
– Esquisse d'un concept phénoménologique du don, in: Filosofia della rivelazione, ed. M. Olivetti, Padua 1994, 75–94.
– De surcroît. Études sur les phénomènes saturés, Paris 2001.
– Gegeben sei. Entwurf einer Phänomenologie der Gegebenheit (Eichstätter Philosophische Studien 2). Aus dem Französischen von Th. Alferi, Freiburg – München 2015 = Etant donné. Essai d'une phénoménologie de la donation, Paris 1997.
– Das Erotische. Ein Phänomen. Sechs Meditationen. Übersetzt aus dem Französischen von A. Letzkus, Freiburg – München 2011 = Le phénomène érotique, Paris 2003.
– Aspekte der Religionsphänomenologie. Grund, Horizont und Offenbarung, in: Von der Ursprünglichkeit der Gabe, hg. von M. Gabel und H. Joas, Freiburg – München 2007, 15–36.
– Die Phänomenalität des Sakraments. Wesen und Gegebenheit, in: Von der Ursprünglichkeit der Gabe, hg. von M. Gabel und H. Joas, Freiburg – München 2007, 78–95.
– Gott ohne Sein. Aus dem Französischen übersetzt von A. Letzkus, hg. und mit einem Nachwort versehen von K. Ruhstorfer, Paderborn – München – Wien – Zürich 2014 = Dieu sans l'être (1982), Paris 2002 (3e édition revue et augmentée).

Markschies, Christoph
– Wer schrieb die sogenannte „Traditio apostolica". Neue Hypothesen und Beobachtungen zu einer kaum lösbaren Frage aus der altkirchlichen Literaturgeschichte, in: Tauffragen und Bekenntnis. Studien zur sogenannten „Traditio Apostolica", zu den „Interrogationes de fide" und dem „Römischen Glaubensbekenntnis" (Arbeiten zur Kirchengeschichte 74), hg. W. Kinzig u. a., Berlin – New York 1999, 1–74.

Marschler, Thomas
– Für viele. Eine Studie zu Übersetzung und Interpretation des liturgischen Kelchwortes, Bonn 2013.

Martimort, Aimé Georges
– Les lectures liturgiques et leurs livres (Typologie des sources du moyen âge occidental 64), Turnhout 1992.

Marxsen, Willi
– Der Ursprung des Abendmahls, in: EvTh 12 (1952/53) 293–303.
– Anfangsprobleme der Christologie, Gütersloh 1960.

Mauss, Marcel
– Die Gabe. Form und Funktion des Austausches in archaischen Gesellschaften, Frankfurt/Main ^{3}1996.

May, Gerhard (Hg.)
– Das Marburger Religionsgespräch (1529) (Texte zur Kirchen- und Theologiegeschichte 13), Gütersloh ^{2}1979.

Mayer, Cornelius P.
– Die Zeichen in der geistigen Entwicklung und in der Theologie des jungen Augustinus, Bd. 1, Würzburg 1969.
– Die Zeichen in der geistigen Entwicklung und in der Theologie des jungen Augustinus, Bd. 2, Würzburg 1974.

Sekundärliteratur

Mazza, Enrico
– Alle origini del canone romano, in: Christianesimo nella storia 13 (1992) 1–46.
– L'anafora eucaristica. Studi sulle origini (BEL.S 62), Rom 1992.
– The Origins of the Eucharistic Prayer, Minnesota 1995.
– Tavolà e altare. Due modi non alternative per designare un'ogetto liturgico, in: Frédéric Debuyst u. a., L'altare. Mistero di presenza, opera dell'arte, Magnano 2005, 57–59.

McGowan, Andrew B.
– Naming the Feast: „Agape" and the Diversity of Early Christian Meals, in: StPatr 30 (1997) 314–318.
– Ascetic Eucharists: Food and Drink in Early Christian Ritual Meals (Oxford Early Christian Studies), Oxford 1999.
– „Is there a Liturgical Text in this Gospel?": The Institution Narratives and Their Early Interpretive Communities, in: JBL 118 (1999) 73–97.

McGuckian, Michael
– The Holy Sacrifice of the Mass: A Search for an Acceptable Notion of Sacrifice, Herefordshire – Chicago 2005.

McKinnock, James
– The Advent Project: The Later-Seventh-Century Creation of the Roman Mass Proper, Berkeley 2000.

McKitterick, Rosamond
– The Frankish Church and the Carolingian Reforms 789–895, London 1977.

McManus, Dennis
– Übersetzungstheorie in Liturgiam authenticam, in: Papst Benedikt XVI. und die Liturgie, Regensburg 2014, 131–149.

McManus, Frederick R.
– The Congregation of Rites (Canon Law Studies 352), Washington D.C. 1954.

McPartlan, Paul
– The Eucharist makes the Church: Henri de Lubac and Jean Zizioulas in Dialogue, Edingburgh 1993.

Meier, John P.
– A Marginal Jew. Rethinking the Historical Jesus I: The Roots of the Problem and the Person, New York 1991.
– The Eucharist at the Last Supper: Did it happen?, in: Theology Digest 42 (1995) 335–351.

Merklein, Helmut
– Die Gottesherrschaft als Handlungsprinzip. Untersuchung zur Ethik Jesu (FzB 34), Würzburg [2]1981, 139–144.
– Erwägungen zur Überlieferungsgeschichte der neutestamentlichen Abendmahlstradition, in: ders., Studien zu Jesus und Paulus (WUNT 43), Bd. 1, Tübingen 1987, 157–180.
– Wie hat Jesus seinen Tod verstanden?, in: ders., Studien zu Jesus und Paulus (WUNT 105), Bd. 2, Tübingen 1998, 174–189.
– Jesu Botschaft von der Gottesherrschaft, Stuttgart [3]1989.

Merleau-Ponty, Maurice
– Phänomenologie der Wahrnehmung, Berlin 1966 = La phénoménologie de la perception, Paris 1945.

Meßner, Reinhard
– Die Messreform Martin Luthers und die Eucharistie der Alten Kir-

564

Sekundärliteratur

che: ein Beitrag zu einer systematischen Liturgiewissenschaft, Innsbruck 1989.
– Was ist systematische Liturgiewissenschaft?, in: ALW 40 (1998) 257–274.
– Reformen des Gottesdienstes in der Wittenberger Reformation, in: Liturgiereformen I. 1. Biblische Modelle und Liturgiereformen von der Frühzeit bis zur Aufklärung, hg. von M. Klöckener und B. Kranemann, Münster 2002, 381–416.
– Gebetsrichtung, Altar und die exzentrische Mitte der Gemeinde, in: Communio-Räume. Auf der Suche nach der angemessenen Raumgestalt katholischer Liturgie, hg. von A. Gerhards, Regensburg 2003, 27–36.
– Grundlinien der Entwicklung des eucharistischen Gebets in der frühen Kirche, in: Prex Eucharistica, Bd. III/1 (Spicilegium Friburgense: Texte zur Geschichte des kirchlichen Lebens 42), hg. von A. Gerhards, H. Brakmann und M. Klöckener, Freiburg/Schweiz 2005, 3–41.
– Einführung in die Liturgiewissenschaft, Paderborn ²2009.

Metzger, Marcel
– La place des liturges à l'autel, in: RSR 5 (1971) 113–145.
– Les sacramentaires (Typologie des sources du moyen âge occidental 70), Turnhout 1994.
– Geschichte der Liturgie. Vom Verfasser autorisierte Übersetzung von A. Knoop, Paderborn – München – Wien – Zürich 1998.

Meyer, Hans Bernhard
– Luther und die Messe. Eine liturgiewissenschaftliche Untersuchung über das Verhältnis Luthers zum Meßwesen des späten Mittelalters, Paderborn 1965.
– Abendmahlsfeier II (Mittelalter), in: TRE 1 (1977) 278–287.
– Odo Casels Idee der Mysteriengegenwart in neuer Sicht, in: ALW 28 (1986) 388–395.
– Eucharistie. Geschichte, Theologie, Pastoral (GdK 4), Regensburg 1989.
– Benedikt von Aniane (ca. 750–821). Reform der monastischen Tagzeiten und Ausgestaltung der römisch-fränkischen Messfeier, in: Liturgiereformen. Historische Studien zu einem bleibenden Grundzug des christlichen Gottesdienstes. FS A.A. Häußling, Bd. 1: Biblische Modelle und Liturgiereform von der Frühzeit bis zur Aufklärung (LQF 88), hg. M. Klöckener und B. Kranemann, Münster 2002, 229–261.

Meyer, Harding
– Ökumenische Zielvorstellungen (Bensheimer Hefte 78), Göttingen 1984.

Mikoski, Gordon S.
– Bringing the Body to the Table, in: Theology Today 67 (2010) 255–259.

Moll, Helmut
– Die Lehre von der Eucharistie als Opfer. Eine dogmengeschichtliche Untersuchung vom Neuen Testament bis Irenäus von Lyon, Köln 1975.

Milbank, John
– Theology and Social Theory. Beyond Secular Reason, Oxford 1990.

565

Sekundärliteratur

– Can a Gift be Given? Prolegomena to a Future Trinitarian Metaphysic, in: Modern Theology 11 (1995) 119–161.
– The World Made Strange. Theology, Language, Culture, Oxford 1997.
– Being Reconciled: Ontology and Pardon, London 2003.

Mitchell, Nathan
– Cult and Controversy: The Worship of the Eucharist Outside the Mass (Studies in the Reformed Rites of the Catholic Church 4), Collegeville 1982.

Montclos, Jean de
– Lanfranc et Bérengar. La controverse eucharistique du XIe siècle, (SSL 37), Louvain 1971.

Moreton, Michael J.
– Rethinking the Origin of the Roman Canon, in: StPatr 26 (1993) 63–66.

Mosebach, Martin
– Häresie der Formlosigkeit. Die römische Liturgie und ihr Feind (erweiterte Neuausgabe), München 2007.
– Drei Bemerkungen zum päpstlichen Motu proprio „Traditionis custodes", in: Vatican Magazin 8–9 (2021) 26–28.

Müller, Wolfgang W.
– Simone Weil. Theologische Splitter, Zürich 2009.

Naegle, August
– Die Eucharistielehre des heiligen Johannes Chrysostomus, des Doctor Eucharistiae (Strassburger theologische Studien 3, 4/5), Freiburg 1900.

Nebel, Johannes
– Die Entwicklung des römischen Messritus im ersten Jahrtausend anhand der Ordines Romani. Eine synoptische Darstellung (Pontificium Athenaeum S. Anselmi de Urbe, Pontificum Liturgicum Thesis ad Lauream 264), Rom 2000.
– Die „ordentliche" und die „außerordentliche" Form des römischen Messritus. Versuch einer Orientierungshilfe zum tieferen Verständnis beider Formen, in: FoKTh 25 (2009) 173–213.

Negel, Joachim
– Ambivalentes Opfer. Studien zur Symbolik, Dialektik und Aporetik eines theologischen Fundamentalbegriffs, Paderborn – München – Wien – Zürich 2005.

Neuenheuser, Burkhard
– Eucharistie in Mittelalter und Neuzeit (HDG IV/4c), Freiburg – Basel – Wien 1963.

Neuenzeit, Paul
– Das Herrenmahl. Studien zur paulinischen Eucharistieauffassung, München 1960.

Nichols, Aidan
– Looking at the Liturgy: The Critical View of Its Contemporary Form, San Francisco 1996.

Niederwimmer, Kurt
– Die Didache (Kommentar zu den Apostolischen Vätern 1), Göttingen [2]1993.

Niemand, Christoph
– Die Fußwaschungserzählung des Johannesevangeliums. Untersuchung zu ihrer Entstehung und Überlieferung im Urchristentum (StAns 114), Rom 1993.
– Jesu Abschiedsmahl. Versuche zur historischen Rekonstruktion und seiner theologischen Deutung, in:

Forschungen zum Neuen Testament und seiner Umwelt. FS A. Fuchs, hg. von Chr. Niemand, Frankfurt/Main 2002, 81–122.

Norderval, Øyvind
– The Eucharist in Tertullian and Cyprian, in: The Eucharist – Its Origins and Contexts: Sacred Meal, Communal Meal, Table Fellowship in Late Antiquity, Early Judaism, and Early Christianity, Vol. II (WUNT 376), ed. by D. Hellhom und D. Sänger, Tübingen 2017, 935–955.

Nordhofen, Eckhard
– Corpora. Die anarchische Kraft des Monotheismus, Freiburg – Basel – Wien [3]2020.

Nußbaum, Otto
– Kloster, Priestermönch und Privatmesse. Ihr Verhältnis im Westen von den Anfängen bis zum hohen Mittelalter (Theophaneia 14), Bonn 1961.
– Die Zelebration versus populum und der Opfercharakter der Messe (1971), in: ders., Geschichte und Reform des Gottesdienstes. Liturgiewissenschaftliche Untersuchungen, hg. von A. Gerhards und H. Brakmann, Paderborn – München – Wien – Zürich 1996, 50–70.

Nüssel, Friederike – Sattler, Dorothea
– Einführung in die ökumenische Theologie, Darmstadt 2008.

Oberman, Heiko A.
– The Harvest of Medieval Theology: Gabriel Biel and Late Medieval Nominalism (The Robert Troup Prize-Treatise for the Year 1962), Cambridge 1963.

Odenthal, Andreas
– Ein Formular des „Rheinischen Messordo" aus St. Aposteln in Köln, in: ALW 34 (1992) 333–344.
– „Ante conspectum divinae maiestatis tuae reus assisto". Liturgie- und frömmigkeitsgeschichtliche Untersuchungen zum „Rheinischen Messordo" und dessen Beziehungen zur Fuldaer Sacramentartradition, in: ALW 49 (2007) 1–35.

O'Malley, John W.
– What Happened at Vatican II, Cambridge – London 2008.
– Trent: What Happened at the Council, Cambridge 2013.

Onfray, Michel
– „Ite missa est", in: Le Figaro, 19. Juli 2021, 18.

Osten-Sacken, Peter von der
– Von den jüdischen Wurzeln des christlichen Gottesdienstes, in: Liturgie als Theologie, hg. von W. Homolka, Berlin 2005, 130–153.

Oster, Stefan
– Person und Transsubstantiation. Mensch-Sein, Kirche-Sein und Eucharistie – eine ontologische Zusammenschau, Freiburg – Basel – Wien 2010.

Otten, Willemien
– Between Augustinian Sign und Carolingian Reality: The Presence of Ambrose und Augustin in the Eucharistic Debate between Paschasius Radbertus and Ratramnus of Corbie, in: Dutch Review of Church History 80 (2000) 137–156.

Paget, James Carlet
– The Epistel of Barnabas: Outlook and Background, Tübingen 1994.

Sekundärliteratur

Pahl, Irmgard (Hg.)
- Coena Domini, Bd. 1: Die Abendmahlsliturgie der Reformationskirchen im 16./17. Jahrhundert, Freiburg/Schweiz 1983.

Pannenberg, Wolfhart
- Systematische Theologie III, Göttingen 1993.
- Kirche und Ökumene. Beiträge zur systematischen Theologie 3, Göttingen 2000, 11–22.

Pascher, Joseph
- Eucharistia. Gestalt und Vollzug, Münster 1947.

Patsch, Hermann
- Abendmahl und historischer Jesus (Calwer theologische Monographien: Reihe A, Bibelwissenschaft 1), Stuttgart 1972.

Patzold, Steffen
- Visibilis creatura – invisibilis salus. Zur Deutung der Wahrnehmung in der Karolingerzeit, in: Zwischen Wort und Bild. Wahrnehmungen und Deutungen im Mittelalter, hg. von H. Bleumer u. a., Köln – Weimar – Wien 2010, 79–108.

Pecklers, Keith F.
- Dynamic Equivalence: The Living Language of Christian Worship, Collegville/Ms. 2003.

Pelikan, Jaroslav
- The Christian Tradition: A History of the Development of Doctrine, Vol. 3: The Growth of Medieval Theology (600–1300), Chicago – London 1978.

Pesch, Rudolf
- Das Markusevangelium II: Kommentar zu Kap. 8,27–16,20 (HThK II), Freiburg – Basel – Wien 1977.

- Wie Jesus sein Abendmahl hielt. Der Grund der Eucharistie, Freiburg – Basel – Wien [2]1978.
- Das Abendmahl und Jesu Todesverständnis (QD 80), Freiburg – Basel – Wien 1978.

Petitjean, Anne-Marie
- L'offertoire à la préparation des dons. Genese et l'histoire d'une réforme, avec une préface de M. Klöckener (QF 104), Münster 2016.

Peterson, Erik
- Das Buch von den Engeln. Stellung und Bedeutung der heiligen Engel im Kultus, München [2]1955.
- Über einige Probleme der Didache-Überlieferung, in: ders., Frühkirche, Judentum und Gnosis. Studien und Untersuchungen, Rom – Freiburg – Wien 1969, 146–182.
- Der erste Brief an die Korinther und Paulus-Studien. Aus dem Nachlass hg. von H.-U. Weidemann, Würzburg 2006.

Pickstock, Catherine
- After Writing: On the Liturgical Consummation of Philosophy, Oxford [2]2000.

Pinelli, Jordi
- La grande conclusion du Canon romain, in: MD 88 (1966) 96–115.

Plank, Peter
- Die Eucharistieversammlung als Kirche. Zur Entstehung und Entwicklung der eucharistischen Ekklesiologie Nikolaj Afanasjevs (1893–1966) (Das östliche Christentum, Neue Folge 31), Würzburg 1980.

Pratzner, Ferdinand
- Messe und Kreuzsopfer. Die Krise der sakramentalen Idee bei Luther

und in der mittelalterlichen Scholastik, Wien 1970.

Probst, Manfred
– Gottesdienst in Geist und Wahrheit. Die liturgischen Ansichten und Bestrebungen Johann Michael Sailers (1751–1832) (StPLi 2), Regensburg 1976.

Pröpper, Thomas
– Zur vielfältigen Rede von der Gegenwart Gottes und Jesu Christi, in: ders., Evangelium und freie Vernunft, Freiburg – Basel – Wien 2001, 245–265.

Prosinger, Franz
– Das Blut des Bundes – vergossen für viele? Zur Übersetzung und Interpretation des hyper pollôn in Mk 14,24, Siegburg 2007.

Raffaele, Simone
– Die Semiotik Augustins, in: Zeichen. Semiotik in Theologie und Gottesdienst, hg. von R. Volp, München 1982, 79–113.

Rahner, Karl
– Opfer V. Dogmatisch, in: LThK 7 (^{2}1962) 1174–1175.
– Die Gegenwart Christi im Sakrament des Herrenmahles, in: Schriften zur Theologie IV, Einsiedeln – Zürich – Köln ^{5}1967, 357–385.

Ramb, Martin W. u. a. (Hg.)
Die anarchische Kraft des Monotheismus. Eckhard Nordhofens „Corpora" in der Diskussion, Freiburg – Basel – Wien 2021.

Ratcliff, Edward C.
– The Sanctus and the Pattern of the Early Anaphora, in: Journal of Ecclesiastical History 1 (1950) 29–36.125–134.
– The Institution Narrative of the Roman Canon Missae: Its Beginning and Early Background, in: Studia patristica = Texte und Untersuchungen zur altchristlichen Literatur 64, Berlin 1957, 64–83.
– Expositio antiquae liturgiae Gallicanae (Henry Bradshaw Society 98), ed. by E.C. Ratcliff, London 1971.
– The Eucharistic Institution Narrative of Justin Martyr's „First Apology" (1971), in: ders., Liturgical Studies, ed. by A.H. Couratin and D. H. Tripp, London 1976, 41–48.

Ratzinger, Joseph
– Jesus von Nazareth. Prolog: Die Kindheitsgeschichten, in: JRGS 6/1 (2013) 39–126.
– Jesus von Nazareth I: Von der Taufe im Jordan bis zur Verklärung, in: JRGS 6/1 (2013) 127–413.
– Jesus von Nazareth II: Vom Einzug in Jerusalem bis zur Auferstehung, in: JRGS 6/1 (2013) 415–635.
– Himmelfahrt Christi, in: JRGS 6/2 (2013) 856–858.
– Die erste Sitzungsperiode des zweiten Vatikanischen Konzils, in: JRGS 7/1 (2012) 296–322.
– Theologische Fragen auf dem II. Vatikanischen Konzil, in: JRGS 7/1 (2012) 330–344.
– Das Konzil auf dem Weg. Rückblick auf die zweite Sitzungsperiode des Zweiten Vatikanischen Konzils, in: JRGS 7/1 (2012) 359–410.
– Der Katholizismus nach dem Konzil, in: JRGS 7/2 (2012) 1003–1025.
– Die Ekklesiologie des Zweiten Vatikanums, in: JRGS 8/1 (2010) 258–282.
– Kommunion – Kommunität – Sendung. Über den Zusammen-

Sekundärliteratur

hang von Eucharistie, Gemeinschaft (Gemeinde) und Sendung in der Kirche, in: JRGS 8/1 (2010) 308–332.

– Gesamtkirche und Teilkirche. Der Auftrag des Bischofs, in: JRGS 8/1 (2010) 519–537.

– Fragen zu Struktur und Aufgaben der Bischofssynode, in: JRGS 8/1 (2010) 556–572.

– Die Ekklesiologie der Konstitution *Lumen gentium*, in: JRGS 8/1 (2010) 573–596.

– Ortskirche und Universalkirche. Antwort auf Walter Kasper, in: JRGS 8/1 (2010) 597–604.

– Der Geist der Liturgie. Eine Einführung, in: JRGS 11 (2008) 29–194.

– Von der Bedeutung des Sonntags für Beten und Leben des Christen, in: JRGS 11 (2008) 235–257.

– Ist die Eucharistie ein Opfer?, in: JRGS 11 (2008) 259–270.

– Das Problem der Transsubstantiation und die Frage nach dem Sinn der Eucharistie, in: JRGS 11 (2008) 271–298.

– Eucharistie – Mitte der Kirche, in: JRGS 11 (2008) 305–358.

– Gestalt und Gehalt der eucharistischen Feier, in: JRGS 11 (2008) 359–382.

– Eucharistie, Communion und Solidarität, in: JRGS 11 (2008) 425–442.

– Theologie der Liturgie, in: JRGS 11 (2008) 639–656.

– Bilan et Perspectives/Bilanz und Perspektiven, in: JRGS 11 (2008) 657–682.

– 40 Jahre Konstitution über die heilige Liturgie. Rückblick und Vorblick, in: JRGS 11 (2008) 695–711.

– Aus meinem Leben: Erinnerungen (1927–1977), München 1998.

Rauch, Albert (Hg.)
– Die Eucharistie der Einen Kirche. Eucharistische Ekklesiologie. Perspektiven und Grenzen (Regensburger Ökumenisches Symposium 1981), München 1983.

Ray, Walter D.
– Rom and Alexandria: Two Cities, One Anaphoral Tradition, in: Issues in Eucharistic Praying in East and West. Essays in Liturgical and Theological Analysis, ed. by M. E. Johnson, Collegeville 2010, 99–127.

Reid, Alcuin
– The Organic Development of the Liturgy: The Principles of Liturgical Reform and their Relation to the Twentieth Century Liturgical Movement prior to the Second Vatican Council, San Francisco [2]2005.

– Sacrosanctum Concilium and the Organic Development of the Liturgy, in: The Genius of the Roman Rite: Historical, Theological, and Pastoral Perspectives on Catholic Liturgy, ed. by U.M. Lang, Chicago 2010, 198–215.

– Eine Präzisierung von „The Organic Development of the Liturgy" – Das grundlegende Prinzip zur Beurteilung der Reform, in: Römische Messe und Liturgie in der Moderne, hg. von St. Wahle, H. Hoping und W. Haunerland, Freiburg – Basel – Wien 2013, 73–102.

Reiser, Marius
– Eucharistische Wissenschaft. Eine exegetische Betrachtung zu Joh 6,26–59, in: Vorgeschmack. Ökumenische Bemühungen um die

Eucharistie. FS Th. Schneider, hg. von B.J. Hilberath und D. Sattler, Freiburg – Basel – Wien 1995, 164–177.

Riché, Pierre
– Die Welt der Karolinger, Stuttgart [3]2009 = La vie quotidienne dans l'empire Carolingien, Paris 1973.

Richter, Georg
– Die Fußwaschung im Johannesevangelium. Geschichte ihrer Deutung (BU 1), Regensburg 1967.

Richter, Klemens
– Die Liturgiekonstitution „Sacrosanctum Concilium" des Zweiten Vatikanischen Konzils, in: Liturgiereform: Eine bleibende Aufgabe. 40 Jahre Konzilskonstitution über die heilige Liturgie, hg. von K. Richter und Th. Sternberg, Münster 2004, 23–51.
– Vom Sinn der Liturgiereform, in: Ein Ritus – zwei Formen. Die Richtlinie Papst Benedikts XVI. zur Liturgie (Theologie kontrovers), hg. von A. Gerhards, Freiburg – Basel – Wien 2008, 62–74.
– Ein halbes Jahrhundert Sacrosanctum Concilium. Anmerkungen eines Liturgiewissenschaftlers, in: Sacrosanctum Concilium. Eine Relecture der Liturgiekonstitution des 2. Vatikanischen Konzils (Theologie der Liturgie 1), hg. von M. Stuflesser, Regensburg 2011, 97–115.
– Zum Verhältnis von Kirchenbild und Liturgie. Die erneuerte Liturgie und der alte Ritus im Widerspruch, in: Objektive Feier und subjektiver Glaube? Beiträge zum Verhältnis von Liturgie und Spiritualität (StPli 32), Regensburg 2011, 147–169.

– Eucharistisches Hochgebet ohne Einsetzungsworte. Überwindung eines zentralen Aspekts scholastischer Sakramententheologie durch die römische Kongregation für die Glaubenslehre, in: Gemeinschaftlich im Danken. Grundfragen der Eucharistiefeier im ökumenischen Gespräch (StPli 40), hg. von St. Böntert, Regensburg 2015, 69–83.

Roloff, Jürgen
– Die Kirche im Neuen Testament (GNT 10), Göttingen 1993.
– Jesus, München 2000.

Rordorf, Willy
– Der Sonntag. Geschichte des Ruhe- und Gottesdiensttages im ältesten Christentum (AThANT 43), Zürich 1962.
– La Didaché, in: L'eucharistie des premiers chrétiens (Le point théologique 17), Paris 1976, 7–28.
– Sabbat und Sonntag in der Alten Kirche (Traditio Christiana 2), Zürich 1972.
– Die Mahlgebete der Didache Kap. 9–10. Ein neuer ‚status quaestionis', in: VigChr 51 (1997) 229–246.

Rosa, Hartmut
– Resonanz. Eine Soziologie der Weltbeziehung, Frankfurt/Main 2018.

Rosenberger, Michael (Hg.)
– Geschenkt – umsonst gegeben? Gabe und Tausch in Ethik, Gesellschaft und Religion (Linzer Philosophisch-Theologische Beiträge 14), Frankfurt/Main – Berlin 2006.

Roth, Cornelius
– Digital Community und liturgische Gemeinschaft. Gedanken zur Bedeutung der *communio* und der *participatio actuosa* im Internet, in:

Gottesdienst nach dem Digital Turn. Zur Neuvermessung des theologischen Feldes, in: Online zu Gott?! Liturgische Ausdrucksformen und Erfahrungen im Medienzeitalter, hg. von St. Böntert und B. Krysmann, Freiburg – Basel – Wien 2020, 176–191.

Roth, Peter – Stefan Schreiber – Stefan Siemons (Hg.)
– Die Anwesenheit des Abwesenden. Theologische Annäherungen an Begriff und Phänomene von Virtualität, Augsburg 2000.

Rouwhorst, Gerard
– The Reception of the Jewish Sabbath in Early Christianity, in: Christian Feast and Festival: The Dynamics of Western Liturgy and Culture (Liturgia condenda 12), ed. by P. Post u. a., Leuven 2001, 223–266.
– The Reading of Scripture in Early Christian Liturgy, in: What Athens has to do with Jerusalem: Essays in Classical, Jewish and Early Christian Art and Archeology. In honor of G. Foerster (Interdisciplinary Studies in Ancient Culture and Religion 1), ed. by L.V. Rutgers, Leuven 2002, 305–331.
– Didache 9–10: A Litmus Test for the Research on Early Christian Eucharist, in: Matthew and the Didache: Two Documents from the Same Jewish Christian Millieu?, ed. by H. van de Sandt, Assen – Minneapolis 2005, 143–156.
– Christlicher Gottesdienst und der Gottesdienst Israels. Forschungsgeschichte, historische Interaktion, Theologie, in: Theologie des Gottesdienstes. Gottesdienst im Leben

der Christen; Christliche und jüdische Liturgie (GdK II/2), Regensburg 2008, 491–572.
– Frühchristliche Eucharistiefeiern. Die Entwicklung östlicher und westlicher Traditionsstränge, in: The Eucharist – Its Origins and Contexts: Sacred Meal, Communal Meal, Table Fellowship in Late Antiquity, Early Judaism, and Early Christianity, Vol. II (WUNT 376), ed. by D. Hellhom und D. Sänger, Tübingen 2017, 771–786.

Roy, Neil J.
– The Roman Canon: Deësis in Euchological Form, in: Benedict XVI. and the Sacred Liturgy. Proceedings of the First Fota International Liturgy Conference 2008, ed. by N. J. Roy and J. E. Rutherford, Dublin – Portland 2010, 181–199.

Rubin, Miri
– Corpus Christi: The Eucharist in Late Medieval Culture, Cambridge 1991.

Russo, Nicholas V.
– The Validity of the Anaphora of Addai and Mari: Critique of the Critiques, in: Issues in Eucharistic Praying in East and West. Essays in Liturgical and Theological Analysis, ed. by M.E. Johnson, Collegeville 2010, 21–62.

Ruster, Thomas
– Wandlung. Ein Traktat über Eucharistie und Ökonomie, Mainz 2006.

Saberschinsky, Alexander
– Einführung in die Feier der Eucharistie: historisch – systematisch – praktisch, Freiburg – Basel – Wien 2009.

Sage, Athanase
– L'Eucharistie dans la pensée de saint Augustin, in: RechAug 15 (1969) 209–240.

Sailer, Johann Michael
– Vollständiges Gebet- und Lesebuch für katholische Christen, aus dem größeren Werk von ihm selbst herausgezogen, München 1785.
– Neue Beyträge zur Bildung des Geistlichen, Bd. 2, München 1811.
– Rede zum Andenken an Vitus Anton Winter, Professor und Stadtpfarrer bei St. Jodok in Landshut (1814), in: Sämtliche Werke unter Anleitung des Verfassers, hg. von J. Widmer, Sulzbach 1830–1841, Bd. 38, 123–156.

Sammaciccia, Bruno
– Das Eucharistie-Wunder von Lanciano, Hauteville [2]1992.

Santogrossi, Ansgar
– Historical and Theological Argumentation in Favour of Anaphoras without Institution Narrative, in: Die Anaphora von Addai und Mari. Studien zu Eucharistie und Einsetzungsworten, hg. von U. M. Lang, Bonn 2007, 175–210.

Sarah, Robert Kardinal
– Towards an Authentic Implementation of Sacrosanctum Concilium (2017). in: Authentic Liturgical Renewal in Contemporary Perspective: Proceedings of the Sacra Liturgia Conference held in London, 5–8 July 2016, ed. by U.M. Lang, London – New York 2017, 3–20.

Sasse, Hermann
– Corpus Christi. Ein Beitrag zum Problem der Abendmahlskonkordie, Erlangen 1979.

Sattler, Dorothea
– Auf dem Weg zu einem gemeinsamen Verständnis der Eucharistie. Erinnerung an ökumenische Dialoge – um der Zukunft willen, in: Söding – Thönissen (Hg.), Eucharistie – Kirche – Ökumene, 191–210.

Schäfer, Rolf
– Communio 1. Dogmatisch, in: RGG 2 (1999) 435–437.

Schille, Gottfried
– Das Leiden des Herrn. Die evangelische Passionstradition und ihr „Sitz im Leben", in: ZThK 52 (1955) 161–205.

Schillebeeckx, Edward
– Die eucharistische Gegenwart. Zur Diskussion über die Realpräsenz, Düsseldorf 1967.

Schilling, Heinz
– Martin Luther. Rebell in einer Zeit des Umbruchs. Eine Biographie, München 2012.

Schilson, Arno
– Theologie als Sakramententheologie. Die Mysterientheologie Odo Casels (TTS 18), Mainz [2]1987.
– Die Gegenwart des Ursprungs. Überlegungen zur bleibenden Bedeutung der Mysterientheologie Odo Casels, in: LJ 43 (1993) 6–29.

Schmemann, Alexander
– Eucharistie. Sakrament des Gottesreiches. Mit einer Einleitung von J.-H. Tück, Freiburg [7]2012.

Schmidt, Bernward
– Die Trennung erklären – an der Gemeinschaft mitarbeiten? Historische Argumentationen auf dem Weg zur Einheit im Herrenmahl, in: Cath. 74 (2020) 81–92.

Sekundärliteratur

Schmitz, Joseph
– Canon Romanus, in: Prex Eucharistica, Bd. III/1, hg. von A. Gerhards, H. Brakmann und M. Klöckener. Freiburg/Schweiz 2005, 281–310.
– Einleitung, in: Ambrosius, De Sacramentis, De Mysteriis – Über die Sakramente, Über die Mysterien (FC 3), Freiburg – Basel – Wien 1990, 7–68.
– Gottesdienst im altchristlichen Mailand. Eine liturgiewissenschaftliche Untersuchung über Initiation und Messfeier während des Jahres zur Zeit des Bischofs Ambrosius († 397) (Theophaneia 25), Köln 1975.

Schnackenburg, Rudolf
– Das Johannesevangelium (HThK IV 2), Freiburg – Basel – Wien 1971.

Schnitzler, Theodor
– Der Römische Meßkanon. In Betrachtung, Verkündigung und Gebet, Freiburg – Basel – Wien 1968.
– Die drei neuen Hochgebete und die neuen Präfationen, Freiburg 1969.

Scholtissek, Klaus
– Mit ihm sein und bleiben. Die Sprache der Immanenz in den johanneischen Schriften (Herders biblische Studien 21), Freiburg – Basel – Wien 2000.

Schönborn, Christoph
– Aus einem Brief an einen evangelischen Christen, in: thema kirche. Das Magazin für Mitarbeiter/innen der Erzdiözese Wien (9/1999), 10.
– Wovon wir leben können. Das Geheimnis der Eucharistie, hg. von H. P. Weber, Freiburg – Basel – Wien 2005.

Schoonenberg, Piet
– De tegenwoordigheid van Christus, in: Verbum 26 (1959) 148–157.
– Inwieweit ist die Lehre von der Transsubstantiation historisch bestimmt?, in: Conc. (D) 3 (1967) 305–311.
– Tegenwoordigheid, in: Verbum 31 (1964) 395–415.

Schröter, Jens
– Das Abendmahl. Frühchristliche Deutungen und Impulse für die Gegenwart, Stuttgart 2006.
– Nehmt – esst und trinkt. Das Abendmahl verstehen und feiern, Stuttgart 2010.
– Das Abendmahl. Frühchristliche Deutungen und Impulse für die Gegenwart (SBS 210), Stuttgart 2006.
– Jesus. Leben und Wirkung, München 2020.

Schrott, Simon A.
– Pascha-Mysterium. Zum liturgietheologischen Leitbegriff des Zweiten Vatikanischen Konzils (Theologie der Liturgie 6), Regensburg 2014.

Schuegraf, Oliver
– Der einen Kirche Gestalt geben. Ekklesiologie in den Dokumenten der Konsensökumene (Jerusalemer Theologisches Forum), Münster 2001.

Schulz, Frieder
– Der Gottesdienst bei Luther, in: Leben und Werk Martin Luthers von 1526–1546. FS zu seinem 500. Geburtstag, hg. von H. Junghans, Bd. 1, Göttingen 1983, 297–302.
– Luthers liturgische Reformen. Kontinuität und Innovation, in: ders., Synaxis. Beiträge zur Litur-

gik. Zum 80. Geburtstag des Autors im Auftrag der Evangelischen Landeskirche Baden, hg. von G. Schwinge, Göttingen 1997, 37–69.
– Eingrenzung oder Ausstrahlung? Liturgiewissenschaftliche Bemerkungen zu Dorothea Wendebourg, in: Liturgiewissenschaft und Kirche. Ökumenische Perspektiven, hg. von M. Meyer-Blanck, Rheinbach 2003, 91–107.

Schulz, Hans-Joachim
– Christusverkündigung und kirchlicher Opfervollzug nach den Anamnesetexten der eucharistischen Hochgebete, in: Christuszeugnis der Kirche, hg. von P.-W. Scheele und G. Schneider, Essen 1970, 91–128.
– Ökumenische Glaubenseinheit aus eucharistischer Überlieferung (KKTS 39), Paderborn 1976.
– Ökumenische Aspekte der Darbringungsaussagen in der erneuerten römischen und in der byzantinischen Liturgie, in: ALW 19 (1977) 7–28.

Schürmann, Heinz
– Eine quellenkritische Untersuchung des lukanischen Abendmahlsberichtes Lk 22,7–38, 3 Bde., Münster 1953–1957.
– Joh 6,51c – ein Schlüssel zur großen johanneischen Brotrede, in: BZ 2 (1958) 244–262.
– Die Gestalt der urchristlichen Eucharistiefeier, in: ders., Ursprung und Gestalt. Erörterungen und Besinnungen zum Neuen Testament (Kommentare und Beiträge zum Alten und Neuen Testament), Düsseldorf 1970, 77–99.

Schwarz, Rudolf
– Vom Bau der Kirche, Heidelberg [2]1947.
– Kirchenbau. Welt vor der Schwelle, Heidelberg 1960.

Seifert, Oliver – Backhaus, Ambrosius (Hg.)
– Panis Angelorum. Das Brot der Engel. Kulturgeschichte der Hostie, Ostfildern 2004.

Seraphim, Hans-Christian
– Von der Darbringung des Leibes Christi in der Messe. Studien zur Auslegungsgeschichte des römischen Meßkanons, München 1970.

Simon, Wolfgang
– Die Messopfertheologie Martin Luthers. Voraussetzungen, Genese, Gestalt und Rezeption (Spätmittelalter und Reformation. Neue Reihe 22), Tübingen 2003.

Slenczka, Notger
– Neubestimmte Wirklichkeit. Zum systematischen Zentrum der Lehre Luthers von der Gegenwart Christi unter Brot und Wein, in: Die Gegenwart Jesu Christi im Abendmahl, hg. von D. Korsch. Leipzig 2005, 79–98.
– Realpräsenz und Ontologie. Untersuchung der ontologischen Grundlagen der Transsignifikationslehre (Forschungen zur systematischen und ökumenischen Theologie 66), Göttingen 1993.
– Zur ökumenischen Bedeutung der Transsignifikationslehre. Eine Antwort an Georg Hintzen, in: Cath. 48 (1994) 62–76.

Slenczka, Wenrich
– Heilsgeschichte und Liturgie. Studien zum Verhältnis von Heilsgeschichte und Heilsteilhabe an-

Sekundärliteratur

hand liturgischer und katechetischer Quellen des dritten und vierten Jahrhunderts, Berlin – New York 2000.

Smyth, Matthieu
– The Anaphora of the So-Called „Apostolic Tradition" and the Roman Eucharistic Prayer, in: Issues in Eucharistic Praying in East and West: Essays in Liturgical and Theological Analysis, ed. by M.E. Johnson, Collegeville 2010, 71–97.

Söding, Thomas
– Das Mahl des Herrn. Zur Gestalt und Theologie der ältesten nachösterlichen Tradition, in: Vorgeschmack. Ökumenische Bemühungen um die Eucharistie. FS Th. Schneider, hg. von B.J. Hilberath und D. Sattler, Mainz 1995, 134–163.
– Gott und das Lamm. Theozentrik und Christologie in der Johannesapokalypse, in: Theologie als Vision. Studien zur Johannes-Offenbarung, hg. von K. Backhaus (SBS 191), Stuttgart 2001, 77–120.
– Für euch – für viele – für alle. Für wen feiert die Kirche Eucharistie?, in: Gestorben für wen? Zur Diskussion um das „pro multis" (Theologie kontrovers), hg. von M. Striet, Freiburg – Basel – Wien 2007, 17–27.
– Wie viele sind viele?, in: HK 61 (2007) 79–83.
– Vorgeschmack der Einheit. Eine Einordnung der Studien „Gemeinsam am Tisch des Herrn", in: HK 74/8 (2020) 27–30.
– Sakramente virtuell? Eucharistie in der digitalen Welt, in: HK 75/8 (2021) 40–43.

– Kommunion ohne communio plena? Das Sakrament der Eucharistie und das Wachstum in der Gemeinschaft des Glaubens, in: Cath. 75 (2021) 143–154.

Söding, Thomas – Thönissen, Wolfgang (Hg.)
– Eucharistie –Kirche – Ökumene. Aspekte und Hintergründe des Kommunionstreits (QD 298), Freiburg – Basel – Wien 2019.

Söhngen, Gottlieb
– Das sakramentale Wesen des Messopfers, Essen 1946.
– Der Wesensaufbau des Mysteriums (Grenzfragen zwischen Theologie und Philosophie 6), Bonn 1938.
– Christi Gegenwart in uns durch den Glauben (Eph 3,17). Ein vergessener Gegenstand unserer Verkündigung von der Messe, in: Die Messe in der Glaubensverkündigung, hg. Franz Xaver Arnold, Freiburg ^{2}1953, 14–28.

Soosten, Joachim von
– Präsenz und Repräsentation. Die Marburger Unterscheidung, in: Die Gegenwart Jesu Christi im Abendmahl, hg. von D. Korsch, Leipzig 2005, 99–122.

Spadaro, Antonio
– Cybertheology: Thinking Christianity in the Era of the Internet. Translated by Maria Way, New York 2014.

Spaemann, Robert
– Die Präsenz des klassischen römischen Ritus in der katholischen Kirche, in: Der Widerstand gegen die alte Messe, hg. von E. Muschalek, Denkendorf 2007, 13–54.

– Gedanken eines Laien zur Reform der Reform, in: IKaZ 38 (2009) 82–89.

Spinks, Brian D.
– The Original Form of the Anaphora of the Apostels: Suggestion in Light of Maronite Sharar, in: EL 91 (1977) 146–161.
– Addai and Mari – The Anaphora of the Apostles. A Text for Students (Grove Liturgical Study 24), Nottingham 1980.
– The Jewish Sources for the Sanctus, in: HeyJ 21 (1980), 168–179.
– Mis-Shapen. Gregory Dix and the Four-Action Shape of the Liturgy, in: Lutheran Quarterly 4 (1990) 161.
– The Sanctus in the Eucharistic Prayer, Cambridge 1991.
– The Roman Canon Missae, in: Prex Eucharistica, Bd. III/1, hg. von A. Gerhards, H. Brakmann und M. Klöckener. Freiburg/Schweiz 2005, 129–143.

Staedtke, Joachim
– Abendmahl III/3. Reformationszeit, in: TRE 1 (1977) 106–122.

Steck, Wolfgang
– Der Liturgiker Amalarius. Eine quellenkritische Untersuchung zu Leben und Werk eines Theologen der Karolingerzeit (MThS.H 35), St. Ottilien 2000.

Stein, Hans Joachim
– Frühchristliche Mahlfeiern: ihre Gestalt und Bedeutung nach der neutestamentlichen Briefliteratur und der Johannesoffenbarung, Tübingen 2008.

Steiner, George
– Von realer Gegenwart. Hat unsere Sprache Inhalt? Mit einem Nach-

wort von Botho Strauß. Aus dem Englischen von J. Trobitius, München – Wien 1990.

Steiner, Josef
– Liturgiereform in der Aufklärungszeit. Eine Darstellung am Beispiel Vitus Anton Winters (FThS 100), Freiburg 1978.

Stemberger, Günter
– Pesachhaggada und Abendmahlsbericht des Neuen Testaments, in: ders., Studien zum rabbinischen Judentum (SBAB 10: Altes Testament), Stuttgart 1990, 357–374.

Stock, Alex
– Poetische Dogmatik: Christologie, Bd. 3: Leib und Leben, Paderborn – München – Wien – Zürich 1998.
– Gabenbereitung. Zur Logik des Opfers, in: LJ 53 (2003), 33–51.
– Liturgie und Poesie. Zur Sprache des Gottesdienstes, Kevelaer 2010.
– Orationen. Die Tagesgebete im Festkreis neu übersetzt und erklärt, Regensburg 2014.
– Orationen. Die Tagesgebete im Jahreskreis neu übersetzt und erklärt, Regensburg 2016.

Stollberger-Rilinger, Barbara
– Rituale (Historische Einführungen 16), Frankfurt/Main – New York 2013.

Strauß, Botho
– Der Aufstand gegen die sekundäre Welt. Bemerkungen zu einer Ästhetik der Anwesenheit, in: Steiner, Von realer Gegenwart (1990), 303–320.

Striet, Magnus
– Nur für viele oder doch für alle? Das Problem der Allerlösung und die Hoffnung der betenden Kirche,

in: *ders.* (Hg.), Gestorben für wen? Zur Diskussion um das „pro multis" (Theologie kontrovers), hg. von M. Striet, Freiburg – Basel – Wien 2007, 81–92.

Stroumsa, Guy G.
– Das Ende des Opferkultes. Die religiösen Mutationen der Spätantike, Berlin 2011.

Stubenrauch, Bertram
– Ökumene mit dem Brecheisen? Kritische Nachfragen zum Dokument „Gemeinsam am Tisch des Herrn" von 2019, in: MThZ 71 (2020) 76–79.

Stuflesser, Martin
– Memoria passionis. Das Verständnis von lex orandi und lex credendi am Beispiel des Opferbegriffs in den eucharistischen Hochgebeten nach dem II. Vatikanischen Konzil (Münsteraner theologische Abhandlungen 51), Altenberge 1998.
– Actuosa participatio. Zwischen hektischem Aktionismus und neuer Innerlichkeit. Überlegungen zur „tätigen Teilnahme" am Gottesdienst der Kirche als Recht und Pflicht der Getauften, in: LJ 59 (2009) 147–186.
– Eucharistie. Liturgische Feier und theologische Erschließung, Regensburg 2013.

Stuflesser, Martin – Winter, Stephan
– Geladen zum Tisch des Herrn. Die Feier der Eucharistie (Grundkurs Liturgie 3), Regensburg 2004.

Stuhlmacher, Peter
– Existenzstellvertretung für die vielen: Mk 10,45 (Mt 20,28), in: Werden und Wirken des Alten Testaments. FS C. Westermann, hg. von R. Albertz u. a., Göttin-

gen – Neukirchen-Vluyn 1980, 412–427.
– Biblische Theologie des Neuen Testaments I: Grundlegung. Von Jesus zu Paulus, Göttingen 1992.

Stuiber, Alfred
– Die Diptychon-Formel für die *nomina offerentium* im römischen Meßkanon, in: EL 68 (1954) 127–146.

Sullivan, Francis A.
– Quaestio Disputata. A Response to Karl Becker on the Meaning of ‚subsistit in', in: TS 67 (2006) 395–409.
– Further Thoughts on the Meaning of subsistit in, in: TS 71 (2010) 133–147.

Taft, Robert F.
– The Interpolation of the Sanctus into the Anaphora: When and Where? A Review of the Dossier, in: OrChrP 57 (1991) 281–308; 58 (1992) 83–121.
– The Frequency of the Celebration of the Eucharist Throughout History, in: Between Memory and Hope. Readings on the Liturgical Year, ed. by M.E. Johnson, Collegeville 2000, 77–96.
– Beyond East and West: Problems in Liturgical Understanding, Rom [2]2001.
– Mass Without the Consecration? The Historic Agreement on the Eucharist between the Catholic Church and the Assyrian Church of the East Promulgated 26 October 2001, in: Worship 77 (2003) 482–509.

Talley, Thomas J.
– Von der Berakha zur Eucharistia. Das eucharistische Hochgebet der

alten Kirche in neuerer Forschung. Ergebnisse und Fragen, in: LJ 26 (1976) 93–115.
– The Literary Structure of the Eucharistic Prayer, in: Worship 58 (1984) 404–419.

Teilhard de Chardin, Pierre
– Lobgesang des Alls, Olten 1961.

Teuffenbach, Alexandra von
– Die Bedeutung des subsistit in (LG 8). Zum Selbstverständnis der katholischen Kirche, München 2002.

Theißen, Gerd
– Sakralmahl und sakramentales Geschehen. Abstufungen in der Ritualdynamik des Abendmahls, in: Herrenmahl und Gruppenidentität (QD 221), hg. von M. Ebner, Freiburg – Basel – Wien 2007, 166–186.

Theißen, Gerd – Merz, Annette
– Der historische Jesus. Ein Lehrbuch, Göttingen [2]1997.

Theobald, Michael
– Das Herrenmahl im Neuen Testament, in: ThQ 138 (2003) 257–280.
– Leib und Blut Christi. Erwägungen zu Herkunft, Funktion und Bedeutung des sogenannten „Einsetzungsberichts", in: Herrenmahl und Gruppenidentität (QD 221), hg. von M. Ebner, Freiburg – Basel – Wien 2007, 121–165.
– „Pro multis" – Ist Jesus nicht „für alle" gestorben? Anmerkungen zu einem römischen Entscheid, in: Gestorben für wen? Zur Diskussion um das „pro multis" (Theologie kontrovers), hg. von M. Striet, Freiburg – Basel – 2007, 29–54.
– Eucharistie als Quelle sozialen Handelns. Eine biblisch-frühkirch-

liche Besinnung (Biblisch-Theologische Studien 77), Neukirchen-Vluyn 2012.
– Anfänge christlichen Gottesdienstes in neutestamentlicher Zeit, in: Geschichte der Liturgie in den Kirchen des Westens. Rituelle Entwicklungen, theologische Konzepte und kulturelle Kontexte, hg. von Jürgen Bärsch und Benedikt Kranemann in Verbindung mit Winfried Haunerland und Martin Klöckener, Bd. 1: Von der Antike bis zur Neuzeit, Münster 2018, 37–82.

Thomas, John Christopher
– Footwashing in John 13 and the Johannine Community (JSNT. S 61), Academic Press, Sheffield 1991.

Thönissen, Wolfgang
– Gemeinschaft durch Teilhabe an Jesus Christus. Ein katholisches Modell für die Einheit der Kirchen, Freiburg – Basel – Wien 1996.
– Einheitsverständnis und Einheitsmodell nach katholischer Lehre, in: Kirchengemeinschaft möglich? Einheitsverständnis und Einheitskonzepte in der Diskussion (Thema Ökumene 1), hg. von G. Hitzen und W. Thönissen, Paderborn 2001, 73–125.
– „Unitatis redintegratio". 40 Jahre Ökumenismusdekret – Erbe und Auftrag (Konfessionskundliche Schriften 23), Paderborn 2005.
– Gravis spiritualis necessitas. Die Karriere eines neuscholastischen Gnadenmotivs in der Ökumene, in: Söding – Thönissen (Hg.), Eucharsitie – Kirche – Ökumene, 313–332.

Sekundärliteratur

Thraede, Klaus
– Noch einmal: Plinius d.J. und die Christen, in: ZNW 95 (2004) 102–128.

Töth, Franz
– Der himmlische Kult. Untersuchungen zur kultischen Wirklichkeit der Johannesoffenbarung (Arbeiten zur Bibel und ihrer Geschichte 22), Leipzig 2006.

Torevell, David
– Losing the Sacred: Ritual, Modernity and Liturgical Reform, Edinburgh 2000.

Torrell, Jean-Pierre
– Magister Thomas. Leben und Werk des Thomas von Aquin, Freiburg – Basel – Wien 1995.

Toussaint, Gia
– Kreuz und Knochen. Reliquien zur Zeit der Kreuzzüge, Berlin 2011.

Trapp, Waldemar
– Vorgeschichte und Ursprung der liturgischen Bewegung vorwiegend in Hinsicht auf das deutsche Sprachgebiet (1940), Regensburg 1979.

Tück, Jan-Heiner
– Memoriale passionis. Die Selbstgabe Jesu Christi für alle als Anstoß für eine eucharistische Erinnerungssolidarität, in: Gestorben für wen? Zur Diskussion um das „pro multis" (Theologie kontrovers), hg. von M. Striet, Freiburg – Basel – Wien 2007, 93–100.
– Für viele und für alle. Marginalien zur „pro multis"-Entscheidung des Papstes, in: IkaZ 41 (2012) 348–356.
– Gabe der Gegenwart. Theologie und Dichtung der Eucharistie bei Thomas von Aquin, Freiburg – Basel – Wien [3]2014.

Tymister, Markus
– Epiklese und Opfer. Anmerkungen zum Römischen Messkanon, in: Gd 47 (2007) 153–155.

Vagaggini, Cyprian
– Theologie der Liturgie. Ins Deutsche übertragen und bearbeitet von A. Berz, Einsiedeln – Köln 1959.
– Le canon de la messe et la réforme liturgique (Lex orandi 41). Traduit par A.-M. Roguet et Ph. Rouillard, Paris 1967.

Verweyen, Hansjürgen
– Gottes letztes Wort. Grundriss der Fundamentaltheologie, Regensburg [4]2002.
– Liturgie in den frühen Schriften Joseph Ratzingers, in: Ein hörendes Herz. Hinführung zur Theologie und Spiritualität von Joseph Ratzinger/Papst Benedikt XVI. (Ratzinger-Studien V), hg. von M. Chr. Hastetter und H. Hoping, Regensburg 2012, 74–89.

Vietsis, Athansios
– Ehe als Brücke zwischen den getrennten Kirchen? Konfessionsverbindende Ehe als Modell der Wiederherstellung der eucharistischen Gemeinschaft zwischen den Kirchen: eine orthodoxe Stimme, in: Söding – Thönissen (Hg.), Eucharistie – Kirche – Ökumene (2019), 254–261.

Vlatnis, Georgios
– Bitte keine Lungenentzündung. „Gemeinsam am Tisch des Herrn" in der Diskussion, in: HK 74/12 (2020) 50–51.

Vogel, Cyrille
– Medieval Liturgy: An Introduction to the Sources, Washington D.C. 1986.

Vögtle, Anton
– Grundfragen der Diskussion um das heilsmittlerische Todesverständnis Jesu, in: ders., Offenbarungsgeschehen und Wirkungsgeschichte. Neutestamentliche Beiträge, Freiburg – Basel – Wien 1985, 141–167.

Vööbus, Arthur
– Liturgical Traditions in the Didache (Papers of the Estonian Theological Society in Exile: Scholarly Series 16), Stockholm 1968.

Vorgrimler, Herbert
– Sakramententheologie (Leitfaden Theologie 7), Düsseldorf ³1992.
– Versteht ihr, was ihr glaubt? Neuere Versuche zum Eucharistieverständnis, in: StZ 231 (2013) 352–355.

Vorholt, Robert
– „Gemeinam am Tisch des Herrn" – exegetische Highlights einer ökumenischen Spurensuche, in: Cath. 74 (2020) 11–17.

Wagner, Johannes
– Mein Weg zur Liturgiereform 1936–1986. Erinnerungen, Freiburg – Basel – Wien 1993.

Wahle, Stephan
– Gottes-Gedenken. Untersuchungen zum anamnetischen Gehalt christlicher und jüdischer Liturgie (IThZ 73), Innsbruck – Wien 2006.

Wallraff, Martin
– Christus versus Sol. Sonnenverehrung und Christentum in der Spätantike, Münster 2001.

Walter, Peter
– Ein Blick zurück und nach vorne aus dem Abstand von fast vierzig Jahren am Beispiel des Verhältnisses von Orts- und Universalkirche, in: Zweites Vatikanisches Konzil –

vergessene Anstöße, gegenwärtige Fortschreibungen (QD 207), hg. von G. Wassilowsky, Freiburg – Basel – Wien 2004, 116–136.

Wegman, Herman A.J.
– Genealogie des Eucharistiegebets, in: ALW 33 (1991) 193–216.
– Liturgie in der Geschichte des Christentums, Regensburg 1994.

Wehr, Lothar
– Die Eucharistie in den Briefen des Ignatius von Antiochen, in: The Eucharist – Its Origins and Contexts: Sacred Meal, Communal Meal, Table Fellowship in Late Antiquity, Early Judaism, and Early Christianity, Vol. II (WUNT 376), ed. by D. Hellhom und D. Sänger, Tübingen 2017, 883–900.

Weiland, Maria
– Geste des Gebens. Zu einer Phänomenologie gebrochener Gegenwart, in: Jesus Christus – Alpha und Omega. Für H. Hoping, hg. v. J.-H. Tück und M. Striet unter Mitarbeit von P.P. Morgalla, Freiburg – Basel – Wien 2021, 578–591.

Weil, Simone
– Das Unglück und die Gottesliebe. Mit einer Einführung von T. S. Elliot, München ²1961.
– Cahiers/Aufzeichnungen, Bd. II, hg. und übersetzt von E. Edl und W. Matz, München – Wien 1993.

Welte, Bernhard
– Diskussionsbeiträge, in: Aktuelle Fragen der Eucharistie, hg. von M. Schmaus, München 1960, 184–190.

Wendebourg, Dorothea
– Den falschen Weg Roms zu Ende gegangen? Zur gegenwärtigen Dis-

kussion über Martin Luthers Gottesdienstreform und ihr Verhältnis zu den Traditionen der Kirche, in: ZThK 94 (1997) 437–467.
– Noch einmal „Den falschen Weg Roms zu Ende gegangen?" Auseinandersetzung mit meinen Kritikern, in: ZThK 99 (2002) 400–440.
– Taufe und Abendmahl, in: Luther Handbuch, hg. von A. Beutel, Tübingen 2005, 414–423.
– Essen zum Gedächtnis. Der Gedächtnisbefehl in den Abendmahlstheologien der Reformation (Beiträge zur historischen Theologie 148), Tübingen 2009.

Wengst, Klaus
– Didache (Apostellehre), Barnabasbrief, Zweiter Klemensbrief, Schrift an Diognet (Schriften des Urchristentums 2), Darmstadt 1984.

Wenz, Gunther
– Communio Ecclesiarum. Die theologische Relevanz der ökumenischen Verständigung. Bestimmung und Beleuchtung einer protestantischen Zentralperspektive, in: KNA-Dokumentation Nr. 7, 10. Juli 2001, 1–10.
– Das kirchliche Amt aus evangelischer Perspektive, in: StZ 128 (2003) 376–385.
– Herrenmahl und kirchliches Amt. Versuch einer Bestandsaufnahme in evangelischer Perspektive, in: Leppin – Sattler (Hg.), Gemeinsam am Tisch des Herrn II (2021), 163–191.

Wenzel, Knut
– Sakramentales Selbst. Der Mensch als Zeichen des Heils, Freiburg – Basel – Wien 2003.

Werner, Eric
– The Sacred Bridge: The Interdependence of Liturgy and Music in Synagogue und Church during the First Millennium I, London 1959.
– The Sacred Bridge: The Interdependence of Liturgy and Music in Synagogue and Church during the First Millennium II, New York 1984.

Westfehling, Uwe
– Die Messe Gregors des Großen. Vision, Kunst, Realität, hg. vom Schnütgen-Museum/Köln, Köln 1970.

Wick, Peter
– Die urchristlichen Gottesdienste. Entstehung und Entwicklung im Rahmen der frühjüdischen Tempel-, Synagogen- und Hausfrömmigkeit (BWANT 150), Stuttgart – Berlin – Köln 2002.

Wilckens, Ulrich
– Das Abendmahlzeugnis im vierten Evangelium, in: EvTh 18 (1958) 354–371.
– Theologie des Neuen Testaments I/2: Jesu Tod und Auferstehung und die Entstehung der Kirche aus Juden und Heiden, Neukirchen-Vluyn 2003.

Wilhite, David E.
– Tertullian the African: An Anthropological Reading of Tertullian's Context and Identities (Millennium-Studien zu Kultur und Geschichte des ersten Jahrtausends n. Chr. 14), Berlin – New York 2007.

Willis, Geoffrey G.
– Essays in Early Roman Liturgy (Alcuin Club Collections 46), London 1964.

- Further Essays in Early Roman Liturgy, London 1968.

Wilson, Stephen G.
- Related Strangers: Jews and Christians 70–170 CE, Minneapolis 1995.

Wiltgen, Ralph
- Der Rhein fließt in den Tiber, Feldkirch 1988.

Winkler, Gabriele
- Das Sanctus. Über den Ursprung und die Anfänge des Sanctus und sein Fortwirken (OrChrA 267), Rom 2002.

Winter, Stephan
- Eucharistische Gegenwart. Liturgische Redehandlung im Spiegel mittelalterlicher und analytischer Sprachtheorie (ratio fidei 13), Regensburg 2002.

Winter, Vitus Anton
- Versuche zur Verbesserung der Katholischen Liturgie. Erster Versuch. Prüfung des Werthes und Unwerthes unserer liturgischen Bücher, München 1804.
- Liturgie, was sie sein soll, unter Hinblick auf das, was sie im Christenthum ist, oder Theorie der öffentlichen Gottesverehrung, München 1809.
- Erstes deutsches kritisches Meßbuch, München 1810.

Witt, Thomas
- Repraesentatio sacrificii. Das eucharistische Opfer und seine Darstellung in den Gebeten und Riten des Missale Romanum 1970. Untersuchungen zur darstellenden Funktion der Liturgie (PaThSt 31), Paderborn – München – Wien – Zürich 2002.

Wohlmuth, Josef
- Realpräsenz und Transsubstantiation auf dem Konzil von Trient. Eine historisch-kritische Analyse der Canones 1–4 der Sessio XIII, Bd. 1, Bern 1975.
- Opfer – Verdrängung und Wiederkehr eines schwierigen Begriffs, in: Das Opfer (QD 186), hg. von A. Gerhards und K. Richter, Freiburg – Basel – Wien 2000, 100–127.
- Eucharistie als liturgische Feier der Gegenwart Christi. Realpräsenz und Transsubstantiation im Verständnis katholischer Theologie, in: Eucharistie. Positionen katholischer Theologie, hg. von Th. Söding, Regensburg 2002, 87–119.
- Impulse für eine künftige Theologie der Gabe bei Jean-Luc Marion, in: Von der Ursprünglichkeit der Gabe, hg. von M. Gabel und H. Joas, Freiburg – München 2007, 252–272.
- Vom Tausch zur Gabe. Die theologische Bedeutung des neueren Gabendiskurses, in: ders., An der Schwelle zum Heiligtum. Christliche Theologie im Gespräch mit jüdischem Denken, Paderborn – München – Wien – Zürich 2007, 194–226.
- „… mein Leib, der für euch gegebene" (Lk 29,19)· Eucharistie – Gabe des Todes Jesu jenseits der Ökonomie, in: Die Gabe – Ein „Urwort" der Theologie?, hg. von V. Hoffmann, Frankfurt/Main 2009, 55–72.

Wolf, Kurt
- Philosophie der Gabe. Meditationen über die Liebe in der französi-

Sekundärliteratur

schen Gegenwartsphilosophie, Stuttgart 2006.

Wolff, Hans Walter
– Anthropologie des Alten Testaments, München [4]1984.

Wollbold, Andreas
– Ungeduld ist ein schlechter Theologe. Zum Votum des Ökumenischen Arbeitskreises „Gemeinsam am Tisch des Herrn", in: Fides incarnata. FS Rainer Maria Kardinal Woelki, hg. von M. Graulich und K.-H. Menke, Freiburg – Basel – Wien 2021, 125–160.

Wucherpfennig, Ansgar
– Wie hat Jesus die Eucharistie gewollt? Neutestamentliche Gedanken zur eucharistischen Gastfreundschaft, in: StZ 143 (2018) 855–860.
– Jesus als Gastgeber der Eucharistie? Eine Einladung zur Mahlgemeinschaft der getrennten konfessionellen Kirchen, in: StZ 145 (2020) 371–380.
– Wie hat Jesus Eucharistie gewollt? Ein Blick zurück nach vorn, Ostfildern 2021.

Yarnold, Edward
– Anaphoras without Institution Narratives?, in: StPatr 30 (1997) 395–410.

Yuval, Israel
– Pessach und Ostern. Dialog und Polemik in Spätantike und Mittelalter. Mit einer Würdigung von Dr. Herbert Fischer, Arye Maimon (1903–1988) anlässlich des 1. Arye Maimon-Vortrags an der Universität Trier am 4. November 1998 von Alfred Haverkamp (Kleine Schriften des Arye-Maimon-Instituts 1), Trier 1999, 10–23.

– Zwei Völker in deinem Leib. Gegenseitige Wahrnehmung von Juden und Christen in Spätantike und Mittelalter. Aus dem Hebräischen von D. Mach (Jüdische Religion, Geschichte und Kultur 4), Göttingen 2007, 69–75.210–256.

Zaborowski, Holger
– Enthüllung und Verbergung. Phänomenologische Zugänge zur Eucharistie, in: HK 57 (2003) 580–584.

Zahnd, Ueli
– Wirksame Zeichen? Sakramentenlehre und Semiotik in der Scholastik des ausgehenden Mittelalters (Spätmittelalter, Humanismus, Reformation 80), Tübingen 2014.

Zawilla, Ronald
– The Biblical Sources of the Historiae Corporis Christi Attributed to Thomas Aquinas: A Theological Study to Determine their Authenticity, Ph.D. diss. University of Toronto 1985.

Zerwick, Max
– Pro vobis et pro multis effundetur, in: Notitiae 6 (1970) 138–140.

Ziegler, Roland
– Das Eucharistiegebet in Theologie und Liturgie der lutherischen Kirchen seit der Reformation. Die Deutung des Herrenmahles zwischen Promissio und Eucharistie, Göttingen 2013.

Zilling, Henrike Maria
– Tertullian. Untertan Gottes und des Kaisers, Paderborn – München – Wien – Zürich 2004.

Zirkel, Patricia McCormick
– „Why should it be necessary that Christ be immolated daily?: Paschasius Radbertus on Daily Eucharist, in: ABenR 47 (1996) 240–259.

Zizioulas, Jean
- L'eucharistie, l'évêque et l'église durant les trois premiers siècles (Theophanie), Paris 1994.
- Being as Communion. Studies in Personhood and the Church, Crestwood 1985.
- Communion and Otherness. Further Studies in Personhood and the Church, ed. by P. McPartlan, London – New York 2006.
- Die Eucharistie in der neuzeitlichen orthodoxen Theologie, in: Die Anrufung des Heiligen Geistes im Abendmahl. Viertes Theologisches Gespräch zwischen dem Ökumenischen Patriarchat und der Evangelischen Kirche in Deutschland (Beiheft zur Ökumenischen Rundschau 31), Frankfurt/Main 1977, 163–179.

Zsupan-Jerome, Daniella
- Virtual Presence as Real Presence? Sacramental Theology and Digital Culture in Dialogue, in: Worship 89 (2015) 526–542.

Personenregister

Abbt, Imelda 411, 532
Abonjaunde, Elias 494, 532
Adelmann von Lüttich 208
Afanasjew, Nikolaj 418, 532
Agamben, Giorgio 111, 532
Ahlers, Reinhild 419, 532
Akam, Felix Uche 499, 532
Albertus Magnus 210, 212, 221, 506, 532
Albrecht von Mainz 235
Aldenhoven, Herwig 166, 532
Alexander III. 200, 210
Alexander von Hales 211, 217
Alferi, Thomas 472, 532
Alkuin 158, 172, 190, 201
Amalarius von Metz 175, 577
Ambrosius von Mailand 11, 54; 68, 91, 101, 106, 110–114, 117, 122, 125f., 128, 130–134, 136, 161, 164, 185, 187ff., 190f., 193, 195, 203, 233, 269, 505, 521, 540, 574f.
Andrieu, Michel 146f., 149, 170, 532
Angenendt, Arnold 15, 173, 192f., 210, 224, 235, 315, 366, 532
Ansorge, Dirk 214, 227, 533
Antonelli, Giuseppe Ferdinando 303, 305, 337f.
Appleby, David 188, 533
Arinze, Francis 441
Aris, Marc-Aeilko 533
Athenagoras I. von Konstantinopel 201, 423

Auf der Maur, Hansjörg 64, 533
Augustinus 68; 91, 106, 114, 121, 124f., 131, 139, 141f., 185, 197f., 205, 215f., 398, 505, 507, 541, 557, 561, 564
Ausdall, Kristen van 228, 533, 539, 559, 562
Axt-Piscalar, Christine 451, 533
Aymans, Winfried 419, 533, 542

Bachl, Gottfried 506, 510, 533
Backhaus, Knut 30, 35, 38, 68, 398, 533, 559, 575f.
Bakker, Paul J.J.M. 211, 533
Baldovin, John F. 126, 140, 343, 375, 534
Balthasar, Hans Urs von 16, 394, 405f., 532, 549, 562
Bandinelli, Roland 200, 210
Barba, Maurizio 326f., 534
Barr, David 218, 534
Bärsch, Jürgen 222, 533, 544, 548, 552f., 557f., 579
Bätzing, Georg 448f.
Barth Markus 42, 534
Barth, Heinz-Lothar 372, 395, 534
Basilius von Caesarea 86, 137, 234
Battifol, Pierre 366
Bauckham, Richard 57f., 534
Baudler, Georg 14, 534
Bäumer, Remigius 267, 534, 543
Baumert, Norbert 406, 534

Personenregister

Baumstark, Anton 23, 82, 152, 155, 315f., 334f.
Bayer, Axel 201, 534
Bayer, Oswald 470, 490, 535
Beauduin, Dom Lambert 299f., 535
Beccadelli von Ragusa, Ludovico 281
Becker, Jürgen 26, 420, 535
Becker, Karl J. 578, 535
Belting, Hans 251, 256, 535
Benedikt VIII. 174
Benedikt XV 289, 296
Benedikt XVI. 18, 24, 341–343, 345–347, 350f., 277, 380, 395, 397f., 408, 412f., 458, 460f., 505, 508, 523, 558, 561, 571, 580
Benedikt von Aniae 158, 168, 172f., 565
Benjamin, Walter 492
Benz, Ernst 510, 535
Berengar von Tours 198–200, 202–209, 222, 256
Berger, Klaus 29, 56, 71, 83, 155, 535
Berger, Rupert 23, 109, 535
Berger, Teresa 535
Bernold von Konstanz 174
Bérulle, Pierre de 286
Betz, Johannes 19f., 29, 48, 51, 74, 76, 83f., 97, 99, 102, 110, 168, 485, 490, 535
Betz, Otto 39
Biel, Gabriel 219f.
Bieler, Andrea 490, 535
Bieringer, Andreas 321, 535
Bieritz, Karl-Heinz 246–249, 251, 536
Bishop, Edmund 335, 536
Blank, Josef 36, 91, 536
Blomquist, Jerker 25, 536

Blomquist, Karin 25, 536
Boethius 204
Böhler, Dieter 331, 335, 536
Böhm, Thomas 93, 536, 551
Bomm, Urbanus 295, 299, 400, 512
Böntert, Stefan 492, 535f., 548f., 553, 557, 571f.
Bornkamm, Günther 48, 536
Botte, Bernard 86, 151, 170, 374, 536
Böttigheimer, Christoph 447, 449, 536
Bouhot, Jean-Paul 183, 186, 537
Bouley, Allan 151, 537
Bourdieu, Pierre 470, 537
Bouyer, Louis 152, 167, 322, 337, 537
Bradshaw, Paul F. 26f., 56–58, 63f., 72f., 84, 87, 126, 128, 537
Brakmann, Heinzgerd 142, 537, 557, 565, 567, 574, 577
Brändle, Rudolf 100, 537
Brandt, Sigrid 15, 537
Bricout, Hélène 538
Brinktrine, Johannes 24, 97, 157, 159f., 538
Brosseder, Johannes 426, 538
Browe, Peter 209, 222, 224–227, 244, 538
Brown, Raymond E. 48, 538
Bruns, Peter 108, 538
Bucer, Martin 246f., 257
Büchner, Christine 470, 538
Buckenmaier, Achim 456
Budde, Achim 129, 538
Buescher, Gabriel 218, 538
Bugnini, Annibale 303, 323f., 326, 329f., 337, 339, 361f., 407, 538
Bullinger, Heinrich 260

587

Personenregister

Bultmann, Rudolf 26f., 39, 73, 538
Burckard, Johannes 277, 280, 283–286
Burke, Leo Kardinal 348
Burkert, Walter 15, 538
Burnham, Douglas 229, 538
Byers, Andrew 539
Byrskog, Samuel 46, 538

Caesarius von Arles 221
Caesarius von Heisterbach 210
Caillé, Allain 470, 539
Caloen, Gérard van 295
Calvin, Johannes 240–242, 258–260, 539
Campeggi, Tommaso 280
Campi, Emidio 260, 262, 539
Capelle, Bernard 156, 539
Cappuyns, Maïeul 22, 539
Casel, Odo 16, 19f., 132, 160–162, 300, 308, 539, 549, 551, 559, 565, 573
Casper, Bernhard 491, 539
Cassidy, Edward Iris 439
Chauvet, Louis-Marie 480, 539
Chavasse, Antoine 141, 539
Chazelle, Celia 183, 186, 188, 190, 192f., 196f., 539
Chilton, Bruce 46, 539
Christie, Agatha 339f.
Chrodegang 171
Cicero 168
Cicognani, Amleto Giovanni 321
Cicognani, Gaetano 305
Cipriani, Pierluigi 453, 540
Clark, Francis 237, 540
Clemens V. 228
Clemens VIII. 287
Clemens XIII. 289

Clemens von Alexandrien 51, 95–97, 509
Clerck, Ewald de 143f.m 540
Clichtoveus, Jodocus 248
Crossan, Dominic 26, 540
Cuming, Geoffrey J. 82, 85, 152, 540, 548
Cyprian von Karthago 68, 06, 108f.
Cyrill von Jerusalem 110

Dalferth, Ingolf U. 471f., 490, 540
Daly, Robert J. 16, 489, 540, 556
Damasus I. 138
Damerau, Rudolf 218, 540
Danz, Christian 495f., 540
Dassmann, Ernst 83, 110, 540
Decentius von Gubbio 147
Deeg, Alexander 496, 541
Delling, Gerhard 66, 541
Demel, Sabine 444, 541
Derrida, Jacques 471f., 541
Deshusses, Jean 172, 277, 410, 541
Dijk, Stephen J.P. van 280, 541
Dioskur von Alexandrien 139
Dix, Gregory 63, 73, 82, 541
Döber, Andreas 247
Dölger, Franz-Josef 84, 136, 541
Draper, Jonathan A. 73, 541
Drecoll, Volker Henning 125, 541
Driscoll, Jeremy 127, 542
Drumm, Joachim 418, 542
Duchesne, Louis 145, 154, 165
Dünzel, Franz 71, 75, 542
Durandus von Mende, Wilhelm 179, 228
Durandus von Troarn 199, 205

Ebner, Martin 542, 579
Eck, Johannes 245, 265f.
Eizenhöfer, Leo 122, 542

Personenregister

Emminghaus, Johannes H. 355, 542
Emser, Hieronymus 248
Erasmus von Rotterdam 205, 244
Eusebius von Caearea 58

Fabisch, Peter 266
Faggioli, Massimo 306, 339, 342f., 542
Fahey, John F. 183, 196, 542
Faustus von Riez 197
Federer, Karl 22, 542
Feeney, Leonard 405
Feige, Gerhard 441
Feiner, Johannes 416, 422f., 542
Felix II. 143
Feneberg, Rupert 64, 542
Feulner, Hans-Jürgen 321, 542, 554
Fiddes, Paul S. 499f.
Fiedler, Peter 27, 40, 542
Fiedrowicz, Michael 174, 285, 288, 296, 391, 395, 542
Fischer, Balthasar 153, 542, 552, 584
Flanagan, Kieran 396, 542
Flusser, David 155, 543
Foley, Edward 139, 140f., 145, 534, 543
Ford, Dennis 503
Fortescue, Adrian 380, 543
Frank, Karl Suso 90, 543
Franz, Adolph 180, 236, 286, 543
Franz von Assisi 179
Franziskus, Papst 12, 341, 344–353, 414, 441, 458
Fredugard 187, 190f., 197f.
Freitag, Josef 447, 543
Freudenberger, Theobald 275, 543
Fries, Heinrich 417, 543

Fuller, Reginald H. 64f., 89, 543
Fürst, Alfons 78, 137, 158, 225, 290, 543

Gamber, Klaus 130, 136, 147, 151, 155, 158, 321, 391, 543
Gansfort, Johannes Wessel 252
Ganz, David 196, 184, 543
Geerlings, Wilhelm 126, 375, 543
Geiselmann, Josef Rupert 117, 120, 162, 196, 201f., 208, 544
Gelasius I. 143, 152, 151, 278
Gelineau, Joseh 334, 544
Gelston Anthony 84–86, 544, 548
Gerber, Simon 103, 544
Gerhards, Albert 17, 74, 85, 87, 145, 154–156, 276, 292, 309, 316, 401, 410, 445, 447, 492, 534, 544f., 557, 565, 567, 571, 577, 583
Gerken, Alexander 118, 182, 206, 240, 478, 480, 483, 545
Gese, Hartmut 45, 545
Gestrich Christof 15, 545
Geuenich, Dieter 173, 545
Giaccherini, Enrico 229, 538
Gibson, Margaret T. 202, 206, 545
Gilles, Beate 492, 545
Girard, René 15, 341, 545
Giraudo, Cesare 23, 86, 545
Giustiniani, Paolo 276
Gnilka, Joachim 30, 36, 47, 51, 545
Godelier, Maurice 470, 545
Goethe, Johann Wolfgang 352
Goppelt, Leonhard 39
Gormans, Andreas 224, 545
Gottschalk von Orbais 186f., 404
Green, Julien 340
Greene, Graham 339

Personenregister

Gregor I., der Große 122f., 139,
141, 143f., 152, 154, 158f., 166,
172, 224, 277, 376, 549, 582
Gregor II. 171
Gregor IV. 172
Gregor VII. 174f., 199, 284
Gregor XIII. 271
Greshake, Gisbert 418, 546
Grillo, Andrea 23, 339, 343, 348,
546
Guardini, Romano 21, 23, 297,
300, 302, 392, 466, 546, 562
Guéranger, Prosper 22, 289, 294,
546
Guibert von Nogent/Laon 200f.
Guitmund von Aversa 205f.
Gut, Benno 319, 326
Gutjahr, Mirko 236, 547
Gy, Pierre-Marie 229, 546

Hadrian I. 172
Haering, Stephan 446, 546
Häfner, Gerd 40, 546
Haimo von Faversham 280
Hallensleben, Barbara 447, 546
Hamm, Fritz 85, 546
Hammond Bammel, Carolin P.
115, 546
Hanson, Richard P. C. 72, 546
Hardt, Tom G. A. 237, 547
Harnack, Adolf von 73, 117
Harnoncourt, Philipp 276, 302,
547
Hasselhorn, Benjamin 236, 547
Hauke, Manfred 361, 401, 409,
547
Haunerland, Winfried 139, 162,
164, 271, 274, 282–285, 288,
298, 304, 308, 312, 315, 387,
398, 489, 493, 533, 542, 544,
547f., 551f., 557f., 571, 579

Hausmann, Nikolaus 248
Häußling, Angelus A. 17, 179,
228, 312, 548, 565
Heenan, John Carmel 339
Heid, Stefan 392, 63, 70f., 80, 548
Heidegger, Martin 471, 473
Heinemann, Joseph 45, 548
Heininger, Bernd 36, 548
Heinrich II. 174
Heintz, Michael 85, 548
Heinz, Andreas 24, 135, 144, 304,
370, 544, 548
Hell, Silvia 435, 549
Hénaff, Marcel 15, 470, 474, 549
Hengel, Martin 37–40, 43, 82, 549
Heringer, Dominik 86, 549
Herms, Eilert 417, 549
Herrera, Carlos 348
Herwegen, Ildefons 161, 300, 549
Hesse, Michael 16, 549
Heße, Stefan 441
Hilberath, Bernd Jochen 375,
416, 418, 521, 549, 555, 571,
576
Hildebrand von Soana 199
Hinkmar von Reims 186
Hintzen, Georg 417, 483, 550,
576
Hippolyt von Rom 126f., 167,
372, 534, 537
Hoen, Cornelius 252, 254
Hoff, Gregor Maria 548
Hoff, Johannes 494, 502
Hoffmann, Veronika 470, 474,
476, 479, 535, 550, 584
Hofius, Otfried 34, 36, 60, 84, 550
Hofmann, Peter 420, 538, 550
Hompel, Max ten 15, 550
Honorius I. 278
Hoping, Helmut 15f., 184, 272,
305, 308, 321, 336, 343, 348,

361, 394, 396, 402f., 441, 447, 473, 479, 497, 513, 536, 542, 550–552, 571, 580
Hrabanus Maurus 186, 201
Hugo von St. Cher 227
Hugo von St. Viktor 178
Humbert de Silva Candida 199, 201f., 205
Husserl, Edmund 470, 473

Ignatius von Antiochien 18, 25, 52, 55f., 71, 79f., 508, 525, 589
Ihsen, Florian 445, 552
Innozenz I. 147, 157
Innozenz III. 178, 210, 280
Innozenz IV. 223
Irenäus von Lyon 85, 90–93, 151, 566
Irlenborn, Bernd 492, 552f.
Iserloh, Erwin 236, 239, 245, 264–267, 271, 543, 553
Isidor von Sevilla 120, 162
Ivánka, Endre von 98, 553
Ivo von Chartres 177

Jammers, Ewald 142, 553
Janowski, Bernd 89, 549, 553
Jaubert, Annie 43, 553
Jeanes, Gordon P. 133, 152, 165, 553
Jedin, Hubert 267, 563
Jeffery, Peter 142, 331, 553
Jeggle-Merz, Birgit 554
Jeremias, Joachim 32, 35, 39, 42f., 48, 402–404, 549, 554
Johannes XXII. 228
Johannes XXIII. 159, 304, 346, 380
Johannes Chrysostomus 100, 102, 238, 461, 489, 566
Johannes Duns Scotus 217f.

Johannes Paul II. 18, 312, 330–332, 340f., 346, 409–411, 423, 442–444, 501, 507
Johannes Scotus Eriugena 199
Johannes von Damaskus 102, 168
Johannes von Jerusalem 110
Johnson, Maxwell E. 27, 56–58, 126, 152, 154, 537, 554, 570, 573, 576, 578
Jones, Simon 63, 554
Joppich, Godehard 280, 554
Jorissen, Hans 183f., 196, 207f., 212, 482, 554
Jounel, Pierre 287, 323, 554
Juliana von Mont Cornillon 226f.
Jüngel, Eberhard 439, 554
Jungmann, Josef Andreas 23, 25, 77, 85, 88, 120, 132, 136, 140, 145–147, 149, 156–160, 162–170, 174, 178, 180, 224, 277, 283, 286, 289f., 292, 299f., 308, 322, 363f., 366, 392, 555
Justin der Märtyrer 25, 56f., 79f., 82–84, 90, 92, 376

Kabasilas, Nikolaos 418
Kaczynski, Rainer 309, 331, 408, 555
Kaiser, Andreas Peter 321, 555
Kalb, Friedrich 17, 555
Kantorowicz, Ernst H. 179, 555
Kantz, Kaspar 246
Karl der Große 171–173, 183–185
Karl der Kahle 186, 192
Karlstadt, Andreas Bodenstein von 246, 251
Karrer, Martin 555
Kasper, Walter 331f., 396, 399, 418, 420, 422, 439, 445, 516, 555

Personenregister

Kaufmann, Thomas 235, 251f., 257, 271, 556
Kehl, Medard 420, 423, 556
Ketschmar, Georg 110, 559
Kilmartin, Edward J. 19f., 24, 556
Kirchschläger, Walter 554
Klauck, Hans-Josef 29, 35, 39, 60, 87f., 556
Klauser, Theodor 139, 146f., 333, 556
Klawans, Jonathan 46, 556
Kleinheyer, Bruno 152, 170, 372, 557
Klinghardt, Matthias 27, 78, 557
Klöckener, Martin 106, 108, 124f., 130, 138, 141, 144, 152, 277, 279f., 284, 287, 331f., 533, 538, 544, 548, 551, 565, 572
Klösges, Johanes 347, 557
Knop, Julia 22, 492f., 548, 557f.
Koch, Kurt Kardinal 55, 71, 314, 425, 427, 436, 448–450, 466, 476, 484–486, 508f., 511, 552, 558
Kollmann, Bernd 27, 88, 558
Konstantin I., der Große 57f., 139
Kopp, Stefan 445, 552, 558
Korsch, Dietrich 251, 558, 575f.
Kottje, Raymund 193, 558
Krahe, Maria Judith 19, 559
Kranemann, Benedikt 246, 343, 347, 447, 492, 533, 544f., 547f., 551, 558, 565
Krause, Christian 439
Kremer, Jacob 25, 59, 552, 559
Krysmann, Banjamin 492, 535f., 548, 553, 558, 572
Kühn, Rolf 486, 488, 507, 559
Küng, Hans 372, 559
Kunzler, Michael 55, 559
Kwasniewski, Peter A. 348f., 351, 559

Laarmann, Matthias 210, 559
Ladaria, Luis Kardinal 440f.
Lahey, Stephen E. 219, 559
Lamberigts, Mathijs 305, 559
Lanfrank von Bec 198f., 202–205, 207, 216
Lang, Bernhard 46, 559
Lang, Uwe Michael 86, 139, 330, 391, 394, 552, 559f., 570, 573
Laporte, Jean 16, 560
Leeuw, Gerardus van der 15, 560
Lefebvre, Marcel 340, 412
Lehmann, Karl 426, 439, 513, 560
Lehnert, Christian 496, 541
Leisentritt, Johann 284
Lengeling, Emil J. 153, 305, 333, 362, 560
Lentes, Thomas 224, 545
Leo I., der Große 122, 139, 143, 148, 165f., 278, 479, 498, 505
Leo III. 183
Leo IX. 198, 201
Leo X. 222, 235, 240, 266, 276
Leo XIII. 295
Leonardo da Vinci 250
Léon-Dufour, Xavier 87, 560
Leonhard, Clemens 42, 56, 544, 559f.
Leonhard-Balzer, Jutta 560
Leopold II. 290
Lepin, Marius 186, 560
Leppin, Volker 440, 447, 453, 514, 560
Lercaro; Giacomo 319, 322f., 329
Lersch, Markus 447, 456
Lessing, Gotthold Ephraim 204
Levy, Kenneth 279, 533, 539, 559, 561f.
Lies, Lothar 98, 420, 435, 466, 476, 484, 549, 561

Personenregister

Lietzmann, Hans 26f., 37, 64, 78f., 82, 561
Ligier, Louis 78, 456, 561
Lindemann, Andreas 80, 561
Lindsey, David 45, 561
Link, Hans-Georg 426, 538
Lohfink, Gerhard 402, 561
Lohfink, Norbert 233, 561
Löhr, Helmut 25, 36, 72, 561
Lohse, Bernhard 65, 561
Lohse, Wolfram 54, 561
Loofs, Friedrich 117
Lowe, Elias A. 168, 561
Lubac, Henri de 115, 562, 564
Ludwig der Fromme 172f., 186
Lurz, Friedrich 23, 367, 562
Lurz, Wilhelm 304, 562
Luther, Martin 24f., 67, 133, 162, 166, 183, 219f., 235–263, 265–267, 271, 273f., 413, 417, 422, 426–432, 437, 439, 451, 453, 455, 498, 516, 526, 547, 553, 565, 569, 573, 575, 582
Lutz, Ulrich 36, 562
Luykx, Bonifas 174, 562
Lyon, Florus von 161, 177, 184

Macy, Gary 186, 199, 201, 205, 209–211, 216f., 562
Magielse, Michael-Dominique 493, 562
Maier, Esther 224, 562
Maier, Johann 82, 562
Malraux, André 351
Marcel, Gabriel 340
Margoni-Kögler, Michael 142, 562
Marini, Piero 319, 562
Marion, Jean-Luc 471–473, 478–480, 486, 489, 532, 562
Maritain, Jacques 340
Markschies, Christoph 126, 563

Marschler, Thomas 401, 403, 409, 563
Martimort, Aimé-Georges 279, 300, 322, 563
Marx, Reinhard Kardinal 441
Marxsen, Willi 27, 563
Mauss, Marcel 15, 470, 474, 563
May, Gerhard 251, 257, 563
Mayer, Cornelius P. 115, 557, 563
Mayer, Joseph Ernst 320
Mazza, Enrico 63, 71, 78, 88, 110, 126, 130, 152, 564
McGowan, Andrew B. 66, 77, 564
McGuckian, Michael 16, 564
McKinnock, James 141, 564
McKitterick, Rasamond 184, 564
McManus, Dennis 330f., 564
McManus, Frederick R. 288, 564
McPartlan, Paul 418, 564, 585
Meier, John P. 26, 44, 46, 564
Melanchthon, Philipp 246
Melito von Sardes 91, 126
Menuhin, Yehudi 339
Merklein, Helmut 26, 36–40, 564
Merleau-Ponty, Maurice 502, 564
Merz, Annette 36f., 44, 46, 579
Meßner, Reinhard 23, 26, 45, 60f., 72, 77, 79, 81, 83f., 87, 133, 162, 164, 166, 237, 247, 279, 355, 357, 393, 564f.
Metzger, Marcel 172, 391, 565
Meyer, Hans Bernhard 19f., 82, 87, 140, 144, 146, 131f., 174, 199, 220, 222, 235, 337–239, 283, 285, 289, 304, 355, 513, 526, 565
Meyer, Harding 417, 565
Michael Kerullarios von Konstantinopel 201
Mikoski, Gordon S. 565

Personenregister

Milbank, John 396, 470, 473, 486, 565f.
Mitchell, Nathan 114, 136, 566
Mohlberg, Leo Cunibert 143, 152, 171, 235
Möhler, Johann Adam 295
Moll, Helmut 92, 565
Montclos, Jean de 200, 566
Moreton, Michael J. 152, 166, 566
Mosebach, Martin 341, 348, 396, 566
Mozart, Wolfgang Amadeus 233
Müller, Gerhard Kardinal 348
Müller, Jörg 554
Müller, Wolfgang W. 491, 532, 566
Müntzer, Thomas 246f.
Mutsaerts, Robert 348

Naegle, August 100, 566
Nausea, Friedrich 284
Nebel, Johannes 146, 341, 566
Negel, Joachim 14f., 566
Neuenheuser, Burkhard 215, 566
Neuenzeit, Paul 29, 566
Nichols, Aidan 343, 566
Niederwimmer, Kurt 71, 73, 77, 566
Niemand; Christoph 37, 54, 566
Nietzsche, Friedrich 14
Nieuwland, Nicolaas van 244
Nikolaus II. 199f.
Nikolaus von Kues 225, 276
Nord, Christiane 17, 56, 71, 83
Norderval, Øyvind 109, 567
Nordhofen, Eckhart 494, 567, 569
Notker von St. Gallen 173
Nußbaum; Karl-Otto 180, 193, 391, 567
Nüssel, Friederike 416, 567

Oberman, Heiko A. 219, 567
Odenthal, Andreas 174, 567
Odo von Sully 222
Oekolampad, Johannes 257
O'Malley, John W. 267, 305, 567
Onfray, Michel 348f., 351, 567
Optatus von Mileve 140
Origenes 51, 91, 98–100, 115, 546, 561
Orlando di Lasso 230
Osiander, Andreas 257
Osten-Sacken, Peter von der 82, 127, 567
Oster, Stefan 476, 486, 567
Otten, Willemien 184, 567
Otto I. 173
Otto II. 173

Paget, James Carlet 56, 567
Pahl, Irmgard 59, 76, 151, 154, 161, 163, 245, 568
Palestrina, Giovanni Pierluigi da 230
Pannenberg, Wolfhart 424, 437, 513, 568
Parmenianus 140
Parolin, Pietro Kardinal 346
Parsch, Pius 301f., 555
Paschasius Radbertus 162, 185, 188, 206, 266, 269, 533
Pascher, Joseph 325, 406, 466, 553, 568
Patsch, Hermann 40, 568
Patzold, Steffen 184, 186, 568
Paul V. 287f.
Paul VI. 287f. 339f., 345–347, 350, 361, 482, 493, 515
Pecklers, Keith F. 331, 568
Pelikan, Jaroslav 207, 209, 568
Pesch, Otto Hermann 40, 568
Pesch, Rudolf 31, 35f., 40, 568

Personenregister

Peters, Bosco 500
Peterson, Erik 65, 73f., 155, 568
Petitjean, Anne-Marie 568
Petrus Comestor 210
Petrus Damiani 198, 210, 493,
522
Petrus Lombardus 200
Phillips, L. Edward 126, 537
Philo von Alexandrien 16, 95
Pickstock, Catherine 394, 396,
568
Pierre d'Ailly 219
Pinelli, Jordi 170, 568
Pinsk, Johann 301
Pippin der Jüngere 171
Pius IV. 270f., 282
Pius V. 273, 282, 284, 287, 346,
352, 546, 557
Pius VI. 292
Pius IX. 294–296, 349
Pius X. 296, 299, 306, 340–342,
344f., 412, 462
Pius XII. 18, 303, 306
Plank, Peter 418, 568
Platon 97
Porphyrius 204
Pratzner, Ferdinand 215, 238,
240, 266, 271, 568
Probst, Manfred 293, 569
Pröpper, Thomas 488, 551 569
Prosinger, Franz 401, 569

Quirini, Vincenzo 276

Raffaele, Simone 115, 569
Rahner, Karl 14, 16, 270, 417,
543, 549, 569
Ramb, Martin W. 494, 569
Ratcliff, Edward C. 84, 126, 162,
569

Ratramnus 162, 186f., 192–197,
199, 567
Ratzinger, Joseph 11, 20f., 27, 44,
46, 272, 305f., 313, 333f., 390,
394f., 397–399, 407, 413,
418–421, 466f., 477, 480, 484,
506f., 514, 556, 559, 563, 569,
580
Rauch, Albert 418, 570
Ray, Walter D. 152, 570
Reid, Alcuin 315f., 570
Reiser, Marius 47, 570f.
Rhodius, Johann 252
Ricci von Pistoia-Prato, Scipione
de' 290
Riché, Pierre 172, 571
Richter, Georg 54, 571
Richter, Klemens 331, 333, 342,
370, 547, 554f., 579
Robert de Torote 227
Robertus Pullus 210
Roche, Arthur 350
Roloff, Jürgen 49, 67, 571
Rordorf, Willy 57, 77, 571
Rosa, Hartmut 495, 571
Rose, Stephan C. 500
Rosenberger, Michael 470, 571
Roth, Cornelius 499, 571f.
Roth, Peter 492, 572
Rouwhorst, Gerard 30, 57f., 64f.,
71, 75, 78, 87, 89, 142, 572
Roy, Neil J. 158, 572
Rubin, Miri 223, 226, 228f., 572
Rupert von Deutz 178, 209
Russo, Nicholas V. 86, 572
Ruster, Thomas 475, 477, 572

Saberschinsky, Alexander 366,
489, 572
Sage, Athanase 124, 573

Personenregister

Sailer, Johann Michael 293f. 569, 573
Sammaciccia, Bruno 183, 573
Santogrossi, Ansgar 86, 573
Sarah, Robert Kardinal 349–352, 573
Saralegui, Arcadio María Larraona 305
Sasse, Hermann 259, 573
Sattler, Dorothea 415, 440, 447, 453, 513f., 560, 567, 571, 573, 576, 582
Schäfer, Rolf 419, 573
Schatzgeyer, Kaspar 265f.
Schille, Gottfried 64, 573
Schillebeeckx, Edward 270, 481, 573
Schilling, Heinz 235, 573
Schilson, Arno 19, 573
Schmemann, Alexander 418, 573
Schmidt, Bernward 447, 573
Schmitz, Joseph 54, 111, 113, 122, 130f., 133, 152f., 157f., 162, 166, 169, 574
Schnackenburg, Rudolf 47–50, 53, 574
Schnitzler, Theodor 325, 367, 542, 574
Scholtissek, Klaus 51, 574
Schönborn, Christoph Kardinal 444f., 574
Schoonenberg, Piet 481f., 574
Schottroff, Luise 490, 535
Schreiber, Stefan 492, 572
Schröter, Jens 26, 29, 51, 574
Schrott, Simon A. 308, 574
Schubert, Franz 302
Schuegraf, Oliver 417, 574
Schulz, Frieder 248, 250, 431, 574f.
Schulz, Hans-Joachim 133, 164, 166, 272, 575

Schürmann, Heinz 29, 34, 50, 60, 575
Schwarz, Rudolf 392, 575
Schwemer, Anna Maria 37, 43, 549
Schwier, Helmut 445, 544
Seewann, Maria-Irma 401, 406, 534
Seifert, Oliver 145, 575
Šeper, Franjo 327
Seraphim, Hans-Christian 161, 164, 575
Serapion von Thmuis 66, 75, 152, 156, 161, 554
Sergius I. 145
Siemons, Stefan 492, 572
Simon, Wolfgang 237, 544, 575
Sixtus I. 154
Sixtus III. 154
Sixtus V. 288
Slenczka, Notger 256, 483, 550, 575
Slenczka, Wenrich 110, 575f.
Smyth, Matthieu 126, 152f., 167, 576
Söding, Thomas 35, 37f., 66, 401, 403, 440, 447, 449, 501f., 533, 546, 558, 573, 576, 580f.
Söhngen, Gottlieb 19f., 498, 576
Soosten, Joachim von 251, 256, 576
Spadarao, Antonio 499, 501, 503, 576
Spaemann, Robert 342f., 576f.
Spinks, Brian D. 63, 86, 130f., 152, 154–156, 540, 577
Staedtke, Joachim 251, 254, 577
Staudenmaier, Franz Anton 295
Steck, Wolfgang 175, 577
Stein, Hans Joachim 66, 68, 577
Steiner, George 487, 577

Steiner, Josef 293, 577
Stemberger, Günter 42, 577
Stock, Alex 226, 230, 323f., 332, 365f., 490, 577
Stollberger-Rilinger, Barbara 577
Strauß, Botho 487, 577f.
Striet, Magnus 401, 551, 576, 577f.
Stroumsa, Guy G. 578
Stubenrauch, Bertram 447, 452, 457, 578
Stuflesser, Martin 78, 88, 127, 164, 315, 571, 578
Stuhlmacher, Peter 36, 38–40, 578
Stuiber, Alfred 158, 578
Sullivan, Francis A. 420, 578
Symmachus 140

Taft, Robert F. 56, 83, 86, 136, 154, 578
Talley, Thomas J. 71, 78, 87, 578f.
Teilhard de Chardin, Pierre 510, 535, 579
Tertullian 57, 106–109, 132, 141, 151, 155, 187, 567, 582, 585
Teuffenbach, Alexandra von 420, 579
Theißen, Gerd 36f., 44, 46, 85, 579
Theobald, Michael 34, 96f., 41, 65, 87, 89, 401, 404, 413, 579
Theodor von Mopsuestia 100, 102–105, 129, 175, 537, 544
Thomas von Aquin 102, 166, 177, 182, 210, 212–218, 221, 225, 228f., 233f., 408, 465, 490, 506, 580f., 584
Thomas, John Christopher 51, 579
Thönissen, Wolfgang 417, 419, 424, 440, 444, 550, 573, 576, 579

Thraede, Klaus 56, 579
Thurmair, Maria Luise 233
Torevell, David 396, 580
Torrell, Jean-Pierre 229, 580
Töth, Franz 66, 580
Toussaint, Gia 182, 580
Trapp, Waldemar 295, 580
Tück, Jan-Heiner 182, 229–231, 233, 401, 406, 544, 551, 574, 580
Tymister, Markus 111, 132, 580

Ullrich, Lothar 420
Urban IV. 227–229, 490, 506
Urban VIII. 288

Vagaggini, Cyprian 22, 152, 300, 328, 580
Verweyen, Hansjürgen 62, 390, 580
Vietsis, Athansios 580
Vigilius 278
Vio, Thomas Cajetan de 266
Vlatnis, Georgios 580
Vogel, Cyrille 146, 580
Vögtle, Anton 40, 580f.
Vööbus, Arthur 73, 75, 78, 581
Vorgrimler, Herbert 41, 581
Vorholt, Robert 447, 581

Wagner. Johannes 323, 401, 581
Wahle, Stephan 19, 542, 551f., 571, 581
Wallraff, Martin 57, 391, 581
Walter, Peter 420, 556, 581
Warin 186
Wegman, Herman A.J. 78, 103, 581
Wehr, Lothar 80, 581
Weigel, George 348
Weil, Simone 491, 504, 532, 566, 581

Personenregister

Weiland, Maria 488
Welte, Bernhard 483, 581
Wendebourg, Dorothea 237, 264, 431, 581f.
Wengst, Klaus 77, 582
Wenz, Gunther 424, 437, 513, 582
Wenzel, Knut 502, 582
Werner, Eric 155, 582
Westfehling, Uwe 224, 582
Wick, Peter 53, 582
Wilckens, Ulrich 28, 32f., 38, 40, 43f., 48, 87, 582
Wilhelm Durandus von Mende 179, 228
Wilhelm von Ockham 218
Wilhite, David E. 106, 582
Willis, Geoffrey G. 144, 152, 156, 582
Wilmart, André 168, 561
Wilson, Stephen G. 56, 582
Wiltgen, Ralph 306, 583
Winkler, Gabriele 154, 554, 583
Winter, Stephan 78, 88, 123, 492, 578, 583
Winter, Vitus Anton 293, 573, 577, 583
Witt, Thomas 16, 583
Wohlmuth, Josef 268, 470, 470, 474, 481, 488–490, 513, 554, 583

Wolf, Kurt 470, 583
Wolff, Hans Walter 37, 583
Wollbold, Andreas 447, 452f., 584
Wolter, Maurus 302
Wucherpfennig, Ansgar 79, 127, 456, 584

Yarnold, Edward 86, 584
Yuval, Israel 42, 584

Zaborowski, Holger 470, 584
Zahnd, Ueli 219, 584
Zawilla, Ronald 229, 584
Zen, Joseph Kardinal 348
Zenon von Verona 133, 151, 165, 553
Zepherinus 145
Zerwick, Max 403, 584
Zilling, Henrike Maria 106, 584
Zirkel, Patricia McCormick 184, 187, 584
Zizioulas, Jean 418, 457, 564, 584f.
Zsupan-Jerome, Daniella 585
Zwilling, Gabriel 245f.
Zwingli, Huldrych 240, 252–254, 256f., 259f.

Sachregister

Abbild 118, 188, 214, 241, 256, 269

Abendmahl 13, 24, 54, 59–64, 67, 78f., 87f., 100, 102, 177, 197, 201f., 237, 240–243, 250, 252, 261, 264, 267, 271, 402–404, 406–408, 413, 425f., 428–438, 440, 442, 447–452, 454, 561, 469f., 475, 490, 495, 505, 512, 517, 526

Abendmahlsbericht 7, 27–29, 35, 39, 47, 87, 97, 128

Abendmahlsgemeinschaft 422, 428

Abendmahlsgottesdienst 246, 248f.

Abendmahlsmesse 163

Abendmahlsstreit, reformatorischer 8, 24, 283, 296, 208, 251, 253, 260

Abwesenheit 199, 385, 478f., 487f.

Agape 73, 77, 472

Agnus Dei 140, 145, 150, 175f., 146, 249, 290, 293, 302, 357, 377, 383, 386, 388, 520, 526

Akklamation 77, 83, 155, 163, 322, 328, 356, 362, 370

Akzidenz 204, 212, 214

Albigenser 226

Allerheiligstes 101, 147, 177, 181, 228

Altar 33, 63, 66, 68, 70, 72, 80, 94, 102, 104f., 114, 120–123, 125,
132, 136, 138, 144–151, 157, 166f., 173, 175, 178–180, 190f., 196, 200, 203–212, 223–228, 233–236, 241f., 244, 249–251, 256, 264–272, 284, 291, 294, 298, 320–322, 330, 332, 355–357, 359–361, 365f., 378–390, 393f., 316, 400, 414, 466, 472, 509, 512, 524

Altarmessbuch 320, 400, 512

Alter Bund 68, 91, 214

Ambo 148, 322, 355, 359f., 389

Amen-Regel 445

Amt/Weiheamt 153, 177f., 220f., 236, 276, 285, 290, 292, 294, 297, 309f., 317, 335, 358, 367, 371, 374, 381, 384, 386, 397, 416, 418, 420–422, 424f., 428, 432–439, 442f., 463, 450, 452–458, 463f., 500

Anamnese 60f., 77, 79, 86, 88, 100, 102, 105, 124, 127f., 131f., 153f., 162–167, 356, 369f., 430

Anaphora 66, 73, 83, 85f., 126.129, 152–156, 161, 167, 328, 367, 460f.

Anbetung 17, 67f., 180, 182, 185, 223, 225f., 229, 232f., 241–243, 170, 310f., 343, 394, 397, 429, 491, 503, 507–509

Anwesenheit 285, 278, 284, 287f., 492, 572, 578

Annihilationstheorie 211

Sachregister

Antiphon 13, 149f., 151, 357, 384, 477
Antiphonarium/Antiphonale 141, 172, 279
Antwortpsalm 356, 359
Apostolicum 360, 415
Ars celebrandi 23, 287, 395, 398, 508
Auferstehung der Toten 18, 53, 93f.
Auferweckung/Auferstehung Christi 13, 55, 74f., 79, 94, 104f., 113, 128f., 131f., 155, 163f., 176, 370f., 373f., 378, 392, 405, 428, 478–480, 497, 506, 510f.
Aufklärung 90, 292f., 299
Aufmerksamkeit 491
Azymen/Azymenstreit 201, 461

Bedürfnis, geistliches 443, 446
Beginen 226f.
Benediktion/Segnung 13, 44f., 82, 112, 144, 158, 169, 278, 363
Betsingmesse 302
Bilderstreit 168, 184
Bindung Isaaks/Opfer Abrahams 14, 93, 133, 163
Bischofskonferenz 302, 317, 320, 324, 340, 345, 367, 377, 389, 414, 440–442, 448
Blut des Bundes/Bundesblut 30–34, 36–40, 69, 95, 99, 366, 397, 401, 404, 517f.
Brotbrechen 26, 45f., 53, 58f., 78, 378
Brot des Lebens 16, 18, 49f., 62, 74, 114, 132, 134, 164, 208, 357, 361, 371, 374, 407f., 414, 453, 476, 489, 510, 524, 530
Brot des Überlebens 510

Brotrede, eucharistische 47–52, 80, 116, 186, 197f., 376
Brotwort 33–37, 162f., 390, 407, 526
Bund, ewiger 163

Canon Romanus/römischer Kanon 69, 110, 127–130–133, 149, 151–170, 176–178, 210, 147, 149f., 184, 189, 320–328, 335, 363–368, 385, 397, 434, 438, 460
character indelebilis 455
Choral 171f., 247, 280, 291f., 301, 512
Collecta/Tagesgebet 141, 143, 145, 148, 150, 354, 479, 354, 384, 519
Communicatio in sacris 423f., 445, 457
Confessio Augustana 259–263, 429, 436, 512
Confessio Helvetica 260
Corpus Christi mysticum 115, 301
Credo 21, 140f., 148, 175, 236, 248, 285, 289, 357, 360, 381, 384, 408
Cyberspace 492
Cyber-Eucharistie 500
Cyber-Theologie 499, 501, 503

Dankopfer 45f., 263, 272, 375
Danksagung 13, 16, 62, 73–78, 81, 94, 100, 120, 124, 127, 129, 131, 151, 153, 166, 241, 253f., 309, 379, 434, 466f., 476, 491, 500
Darbringung 16, 20, 63, 69–72, 80, 91–93, 97, 103–109, 122–124, 128, 131f.,136, 151,

159, 161–167, 180, 215, 220, 222, 237–241, 247, 265, 271f., 279, 286, 299, 312, 356–365, 370f., 374f., 382, 284f., 390, 393f., 434, 444f., 453–459, 465–470, 474–477, 490, 520

Dei Verbum 22, 307

Dies Dominica 55, 57f., 60, 167–169

digital/Digital 492, 494–496, 499–503

Diptychen 158

Dominus Iesus 422, 427, 455

Doxologie 128, 136, 152, 169–171, 176, 234, 286, 368, 371

Ebenbild 473

Einheitsmissale 277, 281f., 287

Einsetzungsbericht 47, 85, 87, 105, 113, 128, 131f., 153, 161–163, 193, 253, 255, 369f., 410, 475

Einsetzungsworte/Verba Testamenti 11, 24f., 77, 85f., 88, 108, 124f., 128, 162, 199, 214f., 233, 246, 250, 255, 285, 326, 356, 369f., 400–413, 421, 500

Ekklesiologie, eucharistische 306, 415–419, 463

Elevation 149, 170, 180, 222–224, 249, 251, 289, 365f., 370, 385

Embolismus 86, 145, 356, 376

Engel 67, 105, 123, 153, 166f., 183, 358, 368

Entlassung 136, 249, 357, 380, 383, 387

Epiklese 84–86, 94, 102, 105, 124–129, 132, 160f., 164–169, 356, 363–369, 371–375, 431, 459–462, 475, 489, 508, 521

Epistel 141f., 148, 248, 250, 279, 359, 384–387

Eulogie 137

Eucharistiefeier 13, 32, 42, 63, 124, 129, 136, 140, 155f., 350, 355, 357f., 362, 376, 389, 393f., 419, 450, 461f., 608

Eucharistiegebet 11f., 71, 73, 75, 78f., 82–85, 103, 126–132, 144, 151–155, 159, 164–167, 171, 193, 372–374, 407, 431, 456, 495, 500

Eucharistiefrömmigkeit 221–225

Eucharistiegemeinschaft 419, 425, 427, 435–439, 442

Eucharistiewunder 182f., 224f.,

Eucharistische Gastfreundschaft 449

Evangelium 14, 86, 135, 141f., 163, 174, 176, 197, 229, 242, 279, 359f., 380f., 384

Feiergestalt 11, 21, 23, 25, 60, 123, 395, 398, 465, 477, 509

Fermentum 147, 378

Friedensgruß 150, 249, 356, 376f., 383, 386

Fronleichnam 226, 338–231, 241, 274, 284

Fürbittgebet/Oratio fidelium 83, 143f., 148f., 156f., 250, 297, 297, 312, 323, 336, 360, 384

Fußwaschung 47, 53f., 227

Gabenbereitung/Offertorium 80, 365

Gabenepiklese/Wandlungsepiklese 94, 161, 167, 356, 363, 368f., 475, 489, 508

Gabengebet/Oratio super oblata 144, 146, 149, 174, 264, 293, 361f., 364–366, 382, 285, 475

Sachregister

Ganzopfer (holocaustum) 214
Gastfreundschaft, eucharistische
426, 437, 440, 447, 449
Gebetsgottesdienst 381, 384
Gebetsrichtung 249, 300, 350,
387–390, 394
Gedächtnis 13, 18f., 34f., 55, 61f.,
64f., 73, 75, 79f., 84, 87, 91, 100,
103, 123, 125, 128, 131, 133,
153, 158, 163, 168, 177, 193,
220, 227, 237, 239, 245, 253,
264f., 272, 311, 355f., 358, 377f.,
382, 392, 407, 428, 432, 466f.,
469f., 476, 478, 486, 503, 509,
511
Gedächtnisbefehl 34f., 61, 64f.,
87, 128, 133, 163
Geistepiklese 102, 126, 160f., 375
Gemeindemesse 298, 349
Gemeinschaftsmesse 301f.
Gewissensentscheidung, individuelle 449f.
Gloria 140f., 147f., 170, 174f.,
248, 250, 285, 290, 323, 336,
355, 357f., 381, 526
Gottesdienst 11, 13, 17, 19, 21,
34f., 42, 46, 54f., 58f., 66, 68, 70,
82, 88, 100, 135, 140, 143, 160,
172, 246, 248f., 293, 297f., 301,
303, 310, 317, 325f., 330, 339f.,
349, 355, 358f., 367, 381, 383f.,
386, 389f., 392f., 399, 401, 411,
416f., 430, 492, 495, 502
Gottesdienstkongregation 330,
339f., 350f., 389f.
Götzendienst 63, 282
Graduale 140, 142, 229, 248f.,
279, 328, 337, 381, 384
Gregorianik 172, 290, 294, 299
Gregorsmesse 224f.
Gründonnerstag 42, 159, 410f.

Händewaschung 356, 361, 363,
382, 385
Handkommunion 324f., 362, 379
Heidelberger Katechismus 260
Heilige 67, 86, 120, 139, 158f.,
169, 179, 273, 278, 283, 311,
345, 371, 375, 382
Heiligengedächtnis/Communican-
tes 55, 158, 169, 356, 382
Heiliger Geist 18, 90, 102–105, 109,
127–129, 137, 153, 160f., 167,
170, 190, 283, 309f., 354, 360,
365, 368–370, 375, 379, 390, 407,
409, 416, 444, 456, 459–461, 466,
468, 475, 477, 480, 489
Heilige Schrift 18, 21, 55, 82f.,
141f., 229, 267, 273, 276, 309,
318, 335, 358, 496
Heiligtum 17, 68, 70, 72, 135,
289, 310f.
Heilsmysterium 19, 498
Heilsoptimismus 406
Heilspartikularismus 404
Herrenmahl 24f., 35, 56, 60–62,
64f., 73f., 78f., 88, 425f.,
431–433, 438f., 456f., 486, 497
Herrentag 55f., 71
Himmelfahrt 105, 132f., 163f.,
176, 302, 370, 433, 479f.
Himmelsbrot 47, 49
Hochgebet 11f., 55, 90, 106–108,
124–126, 134, 144, 149, 157,
162, 164f., 170, 176, 180, 250,
286, 293, 320, 322–324, 326,
328, 330, 332f., 336, 363, 366,
375, 385, 390f., 393, 401, 408,
434, 444f., 447, 453, 457, 460,
465, 468, 475f.
Hohepriester 17, 44, 68–70, 96,
101, 103, 109, 120, 132, 165,
170, 177, 214, 298, 310

602

Sachregister

Hostie 99, 145, 150, 180f., 183, 209, 220, 222–228, 241, 246, 285, 291, 378f., 385f., 430, 491, 503, 508
Hylemorphismus 214
Hymnus 140, 148, 174, 182, 223, 229f., 234, 358

Idiomenkommunikation 255
Idol/Idolatrie 239, 241
Ikone 225, 473, 489
Ikonographie 165, 224
Inkarnation 52, 83, 96, 309, 363, 485, 499
Institutio generalis 326, 332f., 365
Interkommunion 438
Internet 499, 501f.
Interzessionen 144, 153, 356, 363, 371, 408
Introitus 13, 140f., 147, 175f., 221, 248, 250, 276, 279, 323, 336f., 354f., 358, 381

Karolingische Eucharistiekontroverse 133, 183, 198, 251
Karolingische Reform 171–175, 308
Katechumenenmesse 136, 355, 381, 383
Katharer 226
Kelch des Heils 16, 18, 31, 34, 83, 404, 407f., 414, 476, 489
Kelchwort 31–34, 36–38, 40, 65, 88, 163, 251, 328, 330, 370, 400–403, 406f., 409f., 412–414
Kirchengebäude 135
Kirchengemeinschaft 137, 419, 426f., 435, 438, 455f.
Kirchenmusik 283, 289, 299
Kommunion 63, 77, 83, 97–99, 105, 119f., 122, 129, 136, 145, 149–151, 167f., 180, 192, 203, 246, 248, 241, 257, 267–270, 274f., 285f., 289, 291f., 296, 306, 317, 319, 322, 324f., 336, 356, 371, 376f., 379, 383, 385f., 418f., 438–447, 459, 461–464, 478, 491, 500f., 503f., 508
Kommunionepiklese 167f., 356, 371
Konfessionsverschiedene Ehen 443
Konkomitanz 211, 222, 244
Konsekration/Konsekrationsworte 86, 102, 110–113, 117, 122, 125, 131–134, 159, 161, 177f., 180, 183, 187, 191, 193, 196, 200, 202–204, 206f., 211, 213, 220, 222, 224, 242, 250, 267f., 366, 370f., 375, 378, 385, 400, 407, 466, 481, 488, 500f.
Konsubstantiation 211, 217, 430
Konzelebration 306, 318, 359
Konzil von Trient 24, 235–277, 282, 384, 461
Kopräsenz 494–496, 499, 502f.
Kreuzesopfer 13f., 97, 103f., 121, 123, 165, 190f., 204, 216, 220, 239–241, 247, 263, 265f., 271–273, 435, 466f.
Kreuzzeichen 170, 354f., 360, 369, 385
Kult 17, 19f., 23, 35, 57, 60, 70, 72, 85, 160, 171, 307, 309, 311, 349, 355, 393f.
Kultlegende/Kultätiologie 27, 65
Kultmahl 60f., 65
Kultmysterium 19, 308
Kultopfer 15, 69, 470
Kyrie 140, 143, 146, 167, 175, 248, 250, 285, 302, 323, 336, 357f., 381

603

Sachregister

Laienkelch 244f.,257, 267, 270, 273
Leben, ewiges 76f., 378, 470, 503
Lebenshingabe Jesu 25, 38, 40, 47,
  62, 69, 80, 272, 453, 474
Lehrgottesdienst 381f., 383f., 392
Leibkörper 495, 497, 502
Leiblichkeit 255, 480, 495f., 497,
  511
Lesegottesdienst 358
Leseordnung 141f., 323, 359
Leuenberger Konkordie 426f.,
  431f., 437, 450f.
Lex orandi, lex credendi 21, 343,
  346f., 398, 457
Libri Carolini 184f.
Liturgiam authenticam 331f.,
  401, 411f.
Liturgie 11, 13, 16–24, 32, 54, 59,
  62, 71, 83, 104, 111, 114, 126,
  130, 137–142, 144–146, 148f.,
  156, 166f., 171–176, 178, 201,
  221, 250, 275f., 278–280,
  284–286, 288, 290f., 293f., 295,
  297–300, 302–323, 333–335,
  337–344, 348f., 355f., 360, 366,
  377, 397–391, 395–399, 413,
  428, 431, 459, 461, 463, 466,
  469, 474f., 477, 492, 497–499,
  508
Liturgierecht 462
Liturgiereform 24, 171, 175, 250,
  276, 283, 298, 304f., 307f., 312,
  314–316, 319, 321, 323, 327,
  330, 333f., 337, 349, 364, 366,
  372, 374, 388, 309–392,
  395–397, 493
Liturgiesprache, lateinische 138,
  289, 314f., 387f.
Liturgiewissenschaft 11, 23, 316
Liturgische Bewegung 298, 300f.,
  303

Liturgische Ordnung 282, 288,
  317, 333, 395, 399
Lobopfer 241, 285
Lobpreis 13, 16, 29–31, 44f., 75,
  78, 111, 134, 142, 154, 170, 231,
  291, 358, 367f., 382, 393, 417,
  497
Lumen gentium 312, 418

Mahlfeier 28, 52, 58, 60–63, 65,
  68, 72f., 75, 78f., 87, 449
Mandatum novum 47, 54
Manna 48–50, 66, 199
Märtyrer 38, 56f., 79, 90, 92, 122,
  140, 158, 339, 371, 444
media salutis 494f.
Medienkörper 494–496
Messallegorese 171, 175f., 178f.
Messbuchreform 24, 126, 130,
  276f., 281, 297f., 308, 315–337,
  372, 400
Messformular 247f., 278, 321, 413
Messfrüchte 235–237, 266
Messintention/Messstiftungen 235
Messkommentar/Messtraktat 24,
  265, 276
Messopfer 24, 180, 221, 236f.,
  239f., 242f., 245, 251, 265, 267,
  272, 282, 291, 434
Messschema 81
Missa cum populo 298, 354
Missale Romanum 159, 223,
  276f., 283–285, 287f., 294, 304,
  321, 326f., 331–333, 339, 342,
  354, 368, 377, 384, 386, 402,
  412
Missa sine populo 179
Mundkommunion 324, 379, 383
Mysterientheologie 300, 308
Mysterium 19f., 55, 99f., 110f., 114,
  122, 162f., 185, 188, 190,

Sachregister

192–194, 203, 211, 230–233, 297, 308, 324, 324, 356, 369, 400, 428, 438, 475, 482f., 504, 508
Mysterium Lidei 163f., 328, 356, 369, 400, 475, 482f., 508
Mysterium paschale 297, 308, 312

Neuer Bund 17, 33f., 37, 39, 68, 92f., 85, 103, 108f., 163, 214, 266, 475
Neumen 279
Nicaeno-Constantinopolitanum 174, 360, 415
Notlage, schwere 438, 442–444, 446f., 493

Offenbarung 11, 20f., 53, 59, 65–67, 305, 472f., 481, 486, 495, 497
Ökonomie 170, 235, 471, 474, 490
Ökumene/Ökumenismus 415–418, 426–428, 430, 445, 448, 455, 457
Ontologie 209, 217, 270, 483, 501
Opfer, geistiges 16, 263, 468
Opfer, reines 72, 80, 89, 93, 132, 159f.
Opfer der Eucharistie 13, 15, 17f. 73, 80–83, 94, 101, 106, 109, 122f., 191, 216, 312, 385, 434, 468, 476
Opfer der Kirche 93, 109, 121, 123, 239, 247, 263, 265, 371, 385, 453
Opfergabe 20, 69, 71f., 80, 90, 92, 94, 101, 104, 109, 121–123, 129, 132f., 143f., 149f., 156, 158f., 164–166, 175, 177f., 181, 193, 214f., 235, 263–272, 286, 356f., 374f., 382, 384f., 416, 434, 468f., 474f., 477, 485

Opfer Melchisedeks 69, 109, 122, 133, 165, 367
Opfermesse 239, 382, 384
Opfersprache 46, 109, 327, 365
Orate fratres 174, 285, 336, 364, 382, 385, 475
Ordinarium 140f., 146, 279, 289f., 302
Ordo Missae 162, 277, 289, 314, 319–327, 332, 336f., 354, 366, 380
Ordo Romanus 146f.
Organische Liturgieentwicklung 315f., 336

Pange lingua 229–231, 234
Participatio actuosa/tätige Teilnahme 298, 313f., 316, 396
Pascha/Paschalamm 33, 43, 46f., 64f. 91, 99, 233, 397, 433, 461, 467, 477
Paschamysterium 19f., 104f., 162, 309, 328, 469, 497
Perikopen 141f., 318
Pessach 41–48, 61, 64–66, 200, 231, 398, 440
Petrusamt 463f.
Phänomenologie 465, 470f.
Postcommunio 76, 151, 286, 357, 376f., 383, 387
Präfation 124, 130, 144, 148, 152–154, 246, 248f., 281–283, 285, 293, 296, 320, 336, 345, 356, 366, 368, 373, 385, 468
Präsenz
– leibliche 182, 242, 253f., 260, 479, 483, 494–496, 499, 501–503
– sakramentale 189, 221, 245, 256, 267, 309, 428, 451, 480, 483, 486, 498f., 501–503

Sachregister

– virtuelle 494–496, 501–503
Predigt/Homilie 54, 91, 103,
123–126, 129, 143, 146, 148,
165, 246–250, 252f., 276, 309,
318, 336, 356f., 384, 435
Priesteramt 309, 428, 436, 455, 457
Priesteramt Christi 309
Priestertum, gemeinsames 428,
454
Priestertum des Dienstamtes 423,
435, 454
Privatmesse 158, 179f., 245, 280
Proprium 140f., 170, 279, 302,
304
Proskomidie 461
Prozession 147f., 151, 226, 228,
241, 245, 270, 274, 360, 384,
463
Psalmen 43, 117, 141f., 145,
149–151, 250, 320, 354, 356,
359f., 354, 384f.

Realpräsenz, eucharistische 216,
225, 251, 256, 260f., 267, 309,
428–431, 482f., 486, 499, 503
Realsymbol 118, 124
Rechtfertigung 218, 424f., 455,
490
Reform der Reform 24, 343, 350
Ritenkongregation 303, 321, 325f.
Ritus/Messritus, römischer 17,
23–25, 172, 280, 283, 304, 310,
312, 317f., 334f., 342f.,
344–347, 349f., 354, 361, 375,
395, 460
Romantik 294, 301

Sabbat 55, 57f., 65, 83
Sacrosanctum Concilium 13, 17,
24, 55, 304f., 307f., 312, 319,
388, 396f., 493, 496

Sakral 152, 235, 283, 338, 342f.,
349, 387, 395–397
Sakramentar 130, 152, 171f–174,
277–279
Sanctus/Benedictus 90, 124, 140,
149, 153–156, 175f., 249, 290,
302, 368f., 372, 382, 385
Schaufrömmigkeit 182, 244
Schlussdoxologie 152, 169–171,
286, 356
Schriftlesung 82, 141f., 279, 328,
358, 394
Schwesterkirchen 423, 458
Sedilien 148, 322, 354, 357, 379
Seelenmesse/Requiem 236
Segen/Segensgebet 27, 30f., 46,
62, 73, 79, 95, 99, 131, 146–148,
150f., 153, 168f., 230, 234, 249,
251, 288f., 357–361, 363f., 369f.,
379–384, 386, 419, 509
Sequenz 229f., 250, 276, 280–284,
337, 381
Sinngehalt 11, 23, 448–450, 465f.
Sonntag 55–58, 64, 140, 142, 159,
174, 176, 236, 264, 278, 318f.,
321, 355f., 360, 367
Sühnopfer 240f., 403f., 467
Sündermähler 425f., 403f., 467
Stationsliturgie/Stationsgottes-
dienst 139f., 172
Stufengebet 285, 321, 322f., 336,
354, 381, 383, 551
Subsistenz 213, 485
Substanz 35f., 91f., 95, 162, 193f.,
202–206, 211–214, 217–220,
243, 268, 274, 308, 314
Summorum Pontificum 341–347,
351, 395, 397f., 515, 558
Symbol, symbolisch 41, 45, 54,
103, 107f., 113–118, 133, 174f.,
195, 198, 202f., 206, 256 f., 262,

606

340, 378, 390, 392, 426, 466, 480, 482, 494, 539

Synagoge 39, 48, 82, 116

Tagesgebet/Collecta 140f., 143, 145f., 245, 250, 279, 320, 355–358, 384

Taufe 32, 54, 116, 138, 137f., 159, 168, 218, 237, 243, 270, 309f., 313, 407, 409, 414, 416f., 423, 426, 435, 423f., 426, 428, 439, 452, 456, 473, 495, 498, 556

Tempel 16, 41, 43f., 46, 58f., 64, 67f., 135f., 362

Tractus 279, 381, 384

Träger der Liturgie 146, 297, 299, 310, 390

Transfinalisation 481f.

Transitus 91, 433, 507, 509, 511

Transsignifikation 481–484, 576

Transsubstantiation 24, 193, 206–213, 217–220, 224, 229, 233, 245, 252, 254, 257f., 261, 268f., 430, 461, 476, 481, 484, 486–488, 534, 538, 559, 567, 574, 583

Triduum paschale 25, 507

Typologie 68, 70, 153, 187, 563, 565

Ubiquität 255, 498

Ubiquitätslehre 254f.

Unitatis redintegratio 416, 418, 422f., 442, 452, 516, 549, 580

Unsterblichkeit 18, 74f., 105, 476, 508f.

Usus antiquior/forma extraordinaria 24, 339, 341f.

Usus recentior (modernus)/forma ordinaria 342–347, 390

Vater unser/Pater noster 145, 176, 210, 246, 249f., 289, 322, 356, 368, 383, 385, 500, 509, 520, 526

Volksfrömmigkeit 182

Volksmessbuch 295, 299–301, 321, 328, 400, 512

Volkssprache/volkssprachlich 128f., 223, 275–277, 281, 284, 289–295, 300, 305, 315, 320–323, 328–331, 336, 361, 366, 387, 389, 391f., 396, 400, 412, 414

Votivmesse 159, 236, 278

Wandlung/Verwandlung 16, 84, 94, 97, 102, 110f., 113, 129, 132f., 160–164, 167, 175f., 183f., 190f., 195f., 203f., 207–209, 212f., 215, 219, 222–224, 230, 232f., 268–270, 292, 356, 363, 369, 382, 385, 485, 490, 501, 503, 505f., 508, 510f., 520, 547, 551, 573

Weihrauch/Inzens 148, 173, 357, 360

Werkgerechtigkeit 238, 247

Wiederkunft/Parusie Christi 13, 26, 59, 61, 65, 370, 391f., 428, 449, 476f.

Wortgottesdienst/Liturgia Verbi 13, 317, 355–358

Zeichen 28, 47f., 53f., 61f., 78f., 96, 99f., 104, 110, 114–116, 118–120, 136, 149, 176, 180, 182, 184, 187f., 194f., 197f., 208, 211f., 214–216, 218–220, 223f., 226, 232f., 242f., 245, 251, 256, 258f., 262, 268f., 293, 309, 311, 333, 352, 354f., 357f., 360, 362,

Sachregister

369, 377f., 385, 397f., 404, 408, 419, 425f., 429, 431f., 453, 462, 465, 481–484, 487f., 494f., 498, 501–503, 506, 508, 55, 556, 563f., 582, 584

Zeichen der Einheit 79, 114, 311, 378, 398, 425f.

Zeichen des Friedens/Pax 285, 377

Zeichentheorie 16, 187, 495

Zweites Vatikanisches Konzil 13, 22, 24, 228, 264, 287, 292, 297, 299, 303–305, 308, 318f., 328, 331, 333f., 340–343, 345f., 450, 354, 379, 388, 392, 398, 400, 405, 412, 415, 417, 420, 422, 428, 434, 462, 469, 499